A book for You

赤本バックナンバーのご案内

赤本バックナンバーを1年単位で印刷製本しお届

弊社発行の「**高校別入試対策シリーズ(赤本)**」の収録から外れた　入いただくことができます。

「**赤本バックナンバー**」はamazon(アマゾン)の***プリント・オン・デマンドサービス**によりご提供いたします。

定評のあるくわしい解答解説はもちろん赤本そのまま,解答用紙も付けてあります。

志望校の受験対策をさらに万全なものにするために,「**赤本バックナンバー**」をぜひご活用ください。

⚠*プリント・オン・デマンドサービスとは,ご注文に応じて1冊から印刷製本し,お客様にお届けするサービスです。

ご購入の流れ

① 英俊社のウェブサイト https://book.eisyun.jp/ にアクセス

② トップページの「高校受験」 赤本バックナンバー をクリック

③ ご希望の学校・年度をクリックすると,amazon(アマゾン)のウェブサイトの該当書籍のページにジャンプ

④ amazon(アマゾン)のウェブサイトでご購入

⚠ 納期や配送,お支払い等,購入に関するお問い合わせは,amazon(アマゾン)のウェブサイトにてご確認ください。

⚠ 書籍の内容についてのお問い合わせは英俊社(06−7712−4373)まで。

国私立高校・高専 バックナンバー

⚠表中の×印の学校・年度は,著作権上の事情等により発刊いたしません。あしからずご了承ください。

(アイウエオ順)

※価格はすべて税込表示

学校名	2019年 実施問題	2018年 実施問題	2017年 実施問題	2016年 実施問題	2015年 実施問題	2014年 実施問題	2013年 実施問題	2012年 実施問題	2011年 実施問題	2010年 実施問題	2009年 実施問題	2008年 実施問題	2007年 実施問題	2006年 実施問題	2005年 実施問題	2004年 実施問題	2003年 実施問題
大阪教育大附高池田校舎	1,540円 66頁	1,430円 60頁	1,430円 62頁	1,430円 60頁	1,430円 60頁	1,430円 58頁	1,430円 58頁	1,430円 60頁	1,430円 58頁	1,430円 56頁	1,430円 54頁	1,320円 50頁	1,320円 52頁	1,320円 52頁	1,320円 48頁	1,320円 48頁	
大阪星光学院高	1,320円 48頁	1,320円 44頁	1,210円 42頁	1,210円 34頁	×	1,210円 36頁	1,210円 30頁	1,210円 32頁	1,650円 88頁	1,650円 84頁	1,650円 84頁	1,650円 80頁	1,650円 86頁	1,650円 80頁	1,650円 82頁	1,320円 52頁	1,430円 54頁
大阪桐蔭高	1,540円 74頁	1,540円 66頁	1,540円 68頁	1,540円 66頁	1,540円 66頁	1,430円 64頁	1,540円 68頁	1,430円 62頁	1,430円 62頁	1,540円 68頁	1,430円 62頁	1,430円 62頁	1,430円 60頁	1,430円 62頁	1,430円 58頁		
関西大学高	1,430円 56頁	1,430円 56頁	1,430円 58頁	1,430円 54頁	1,320円 52頁	1,320円 52頁	1,430円 54頁	1,320円 50頁	1,320円 52頁	1,320円 50頁							
関西大学第一高	1,540円 66頁	1,430円 64頁	1,430円 64頁	1,430円 56頁	1,430円 62頁	1,430円 54頁	1,320円 48頁	1,430円 56頁	1,430円 56頁	1,430円 56頁	1,430円 56頁	1,320円 52頁	1,320円 52頁	1,320円 50頁	1,320円 46頁	1,320円 52頁	
関西大学北陽高	1,540円 68頁	1,540円 72頁	1,540円 70頁	1,430円 64頁	1,430円 62頁	1,430円 60頁	1,430円 60頁	1,430円 58頁	1,430円 58頁	1,430円 58頁	1,430円 56頁	1,430円 54頁					
関西学院高	1,210円 36頁	1,210円 36頁	1,210円 34頁	1,210円 34頁	1,210円 32頁	1,210円 32頁	1,210円 32頁	1,210円 32頁	1,210円 28頁	1,210円 30頁	1,210円 28頁	1,210円 30頁	×	1,210円 30頁	1,210円 28頁	×	1,210円 26頁
京都女子高	1,540円 66頁	1,430円 62頁	1,430円 60頁	1,430円 60頁	1,430円 60頁	1,430円 54頁	1,430円 56頁	1,430円 56頁	1,430円 56頁	1,430円 56頁	1,430円 56頁	1,430円 54頁	1,430円 54頁	1,320円 50頁	1,320円 50頁	1,320円 48頁	
近畿大学附属高	1,540円 72頁	1,540円 68頁	1,540円 68頁	1,540円 66頁	1,430円 64頁	1,430円 62頁	1,430円 58頁	1,430円 60頁	1,430円 58頁	1,430円 60頁	1,430円 54頁	1,430円 58頁	1,430円 56頁	1,430円 54頁	1,430円 56頁	1,320円 52頁	
久留米大学附設高	1,430円 64頁	1,430円 62頁	1,430円 58頁	1,430円 60頁	1,430円 58頁	1,430円 58頁	1,430円 58頁	1,430円 58頁	1,430円 56頁	1,430円 58頁	1,430円 54頁	×	1,430円 54頁	1,430円 54頁			
四天王寺高	1,540円 74頁	1,430円 62頁	1,430円 64頁	1,540円 66頁	1,210円 40頁	1,210円 40頁	1,430円 64頁	1,430円 64頁	1,430円 58頁	1,430円 62頁	1,430円 60頁	1,430円 60頁	1,430円 64頁	1,430円 58頁	1,430円 62頁	1,430円 58頁	
須磨学園高	1,210円 40頁	1,210円 40頁	1,210円 36頁	1,210円 42頁	1,210円 40頁	1,210円 40頁	1,210円 38頁	1,210円 38頁	1,320円 44頁	1,320円 48頁	1,320円 46頁	1,320円 48頁	1,320円 46頁	1,320円 44頁	1,210円 42頁		
清教学園高	1,540円 66頁	1,540円 66頁	1,430円 64頁	1,430円 56頁	1,320円 52頁	1,320円 50頁	1,320円 52頁	1,320円 48頁	1,320円 52頁	1,320円 50頁	1,320円 50頁	1,320円 46頁					
西南学院高	1,870円 102頁	1,760円 98頁	1,650円 82頁	1,980円 116頁	1,980円 112頁	1,980円 112頁	1,870円 110頁	1,870円 112頁	1,870円 106頁	1,540円 76頁	1,540円 76頁	1,540円 72頁	1,540円 72頁	1,540円 70頁			
清風高	1,430円 58頁	1,430円 54頁	1,430円 60頁	1,430円 60頁	1,430円 60頁	1,430円 60頁	1,430円 60頁	1,430円 60頁	1,430円 56頁	1,430円 58頁	×	1,430円 56頁	1,430円 58頁	1,430円 54頁	1,430円 54頁		

※価格はすべて税込表示

学校名	2019年実施問題	2018年実施問題	2017年実施問題	2016年実施問題	2015年実施問題	2014年実施問題	2013年実施問題	2012年実施問題	2011年実施問題	2010年実施問題	2009年実施問題	2008年実施問題	2007年実施問題	2006年実施問題	2005年実施問題	2004年実施問題	2003年実施問題
清風南海高	1,430円 64頁	1,430円 64頁	1,430円 62頁	1,430円 60頁	1,430円 60頁	1,430円 58頁	1,430円 58頁	1,430円 60頁	1,430円 56頁	1,430円 56頁	1,430円 56頁	1,430円 56頁	1,430円 58頁	1,430円 58頁	1,320円 52頁	1,430円 54頁	
智辯学園和歌山高	1,320円 44頁	1,210円 42頁	1,210円 40頁	1,210円 40頁	1,210円 38頁	1,210円 38頁	1,210円 40頁	1,210円 38頁	1,210円 38頁	1,210円 40頁	1,210円 40頁	1,210円 38頁	1,210円 38頁	1,210円 38頁	1,210円 38頁		
同志社高	1,430円 56頁	1,430円 56頁	1,430円 54頁	1,430円 54頁	1,430円 56頁	1,430円 54頁	1,320円 52頁	1,320円 52頁	1,320円 50頁	1,320円 48頁	1,320円 50頁	1,320円 50頁	1,320円 46頁	1,320円 48頁	1,320円 44頁	1,320円 48頁	1,320円 46頁
灘高	1,320円 52頁	1,320円 46頁	1,320円 48頁	1,320円 46頁	1,320円 46頁	1,320円 48頁	1,210円 42頁	1,320円 44頁	1,320円 50頁	1,320円 48頁	1,320円 46頁	1,320円 48頁	1,320円 48頁	1,320円 46頁	1,320円 44頁	1,320円 46頁	1,320円 46頁
西大和学園高	1,760円 98頁	1,760円 96頁	1,760円 90頁	1,540円 68頁	1,540円 66頁	1,430円 62頁	1,430円 62頁	1,430円 62頁	1,430円 64頁	1,430円 64頁	1,430円 62頁	1,430円 64頁	1,430円 64頁	1,430円 62頁	1,430円 60頁	1,430円 56頁	1,430円 58頁
福岡大学附属大濠高	2,310円 152頁	2,310円 148頁	2,200円 142頁	2,200円 144頁	2,090円 134頁	2,090円 132頁	2,090円 128頁	1,760円 96頁	1,760円 94頁	1,650円 88頁	1,650円 84頁	1,760円 88頁	1,760円 90頁	1,760円 92頁			
明星高	1,540円 76頁	1,540円 74頁	1,540円 68頁	1,430円 62頁	1,430円 62頁	1,430円 64頁	1,430円 64頁	1,430円 60頁	1,430円 58頁	1,430円 56頁	1,430円 56頁	1,430円 54頁	1,430円 54頁	1,430円 54頁	1,320円 52頁	1,320円 52頁	
桃山学院高	1,430円 64頁	1,430円 64頁	1,430円 62頁	1,430円 60頁	1,430円 58頁	1,430円 54頁	1,430円 56頁	1,430円 54頁	1,430円 58頁	1,430円 58頁	1,430円 56頁	1,320円 52頁	1,320円 52頁	1,320円 48頁	1,320円 46頁	1,320円 50頁	1,320円 50頁
洛南高	1,540円 66頁	1,430円 64頁	1,540円 66頁	1,540円 66頁	1,430円 62頁	1,430円 64頁	1,430円 62頁	1,430円 62頁	1,430円 62頁	1,430円 60頁	1,430円 58頁	1,430円 64頁	1,430円 60頁	1,430円 62頁	1,430円 58頁	1,430円 58頁	1,430円 60頁
ラ・サール高	1,540円 70頁	1,540円 66頁	1,430円 60頁	1,430円 62頁	1,430円 60頁	1,430円 58頁	1,430円 60頁	1,430円 60頁	1,430円 58頁	1,430円 54頁	1,430円 60頁	1,430円 54頁	1,430円 56頁	1,320円 50頁			
立命館高	1,760円 96頁	1,760円 94頁	1,870円 100頁	1,760円 96頁	1,870円 104頁	1,870円 102頁	1,870円 100頁	1,760円 92頁	1,650円 88頁	1,760円 94頁	1,650円 88頁	1,650円 86頁	1,320円 48頁	1,650円 80頁	1,430円 54頁		
立命館宇治高	1,430円 62頁	1,430円 60頁	1,430円 58頁	1,430円 58頁	1,430円 56頁	1,430円 54頁	1,430円 54頁	1,320円 52頁	1,320円 52頁	1,430円 54頁	1,430円 56頁	1,320円 52頁					
国立高専	1,650円 78頁	1,540円 74頁	1,540円 66頁	1,430円 64頁	1,430円 62頁	1,430円 62頁	1,430円 62頁	1,540円 68頁	1,540円 70頁	1,430円 64頁	1,430円 62頁	1,430円 60頁	1,430円 58頁	1,430円 60頁	1,430円 56頁	1,430円 60頁	

公立高校 バックナンバー

※価格はすべて税込表示

府県名・学校名	2019年実施問題	2018年実施問題	2017年実施問題	2016年実施問題	2015年実施問題	2014年実施問題	2013年実施問題	2012年実施問題	2011年実施問題	2010年実施問題	2009年実施問題	2008年実施問題	2007年実施問題	2006年実施問題	2005年実施問題	2004年実施問題	2003年実施問題
岐阜県公立高	990円 64頁	990円 60頁	990円 60頁	990円 60頁	990円 58頁	990円 56頁	990円 58頁	990円 52頁	990円 54頁	990円 52頁	990円 52頁	990円 48頁	990円 50頁	990円 52頁			
静岡県公立高	990円 62頁	990円 58頁	990円 58頁	990円 60頁	990円 60頁	990円 56頁	990円 58頁	990円 58頁	990円 56頁	990円 54頁	990円 52頁	990円 54頁	990円 52頁	990円 52頁			
愛知県公立高	990円 126頁	990円 120頁	990円 114頁	990円 114頁	990円 114頁	990円 110頁	990円 112頁	990円 108頁	990円 108頁	990円 110頁	990円 102頁	990円 102頁	990円 102頁	990円 100頁	990円 100頁	990円 96頁	990円 96頁
三重県公立高	990円 72頁	990円 66頁	990円 66頁	990円 64頁	990円 66頁	990円 64頁	990円 66頁	990円 64頁	990円 62頁	990円 62頁	990円 58頁	990円 58頁	990円 52頁	990円 54頁			
滋賀県公立高	990円 66頁	990円 62頁	990円 60頁	990円 62頁	990円 62頁	990円 46頁	990円 48頁	990円 46頁	990円 48頁	990円 44頁	990円 44頁	990円 44頁	990円 46頁	990円 44頁	990円 44頁	990円 40頁	990円 42頁
京都府公立高(中期)	990円 60頁	990円 56頁	990円 54頁	990円 54頁	990円 56頁	990円 54頁	990円 56頁	990円 54頁	990円 56頁	990円 54頁	990円 52頁	990円 50頁	990円 50頁	990円 50頁	990円 46頁	990円 46頁	990円 48頁
京都府公立高(前期)	990円 40頁	990円 38頁	990円 40頁	990円 38頁	990円 38頁	990円 36頁											
京都市立堀川高 探究学科群	1,430円 64頁	1,540円 68頁	1,430円 60頁	1,430円 62頁	1,430円 64頁	1,430円 60頁	1,430円 60頁	1,430円 58頁	1,430円 58頁	1,430円 64頁	1,430円 54頁	1,320円 48頁	1,210円 42頁	1,210円 38頁	1,210円 36頁	1,210円 40頁	
京都市立西京高 エンタープライジング科	1,650円 82頁	1,540円 76頁	1,650円 80頁	1,540円 72頁	1,540円 72頁	1,540円 70頁	1,320円 46頁	1,320円 50頁	1,320円 46頁	1,320円 44頁	1,210円 42頁	1,210円 42頁	1,210円 38頁	1,210円 38頁	1,210円 40頁	1,210円 34頁	
京都府立嵯峨野高 京都こすもす科	1,540円 68頁	1,540円 66頁	1,540円 68頁	1,430円 64頁	1,430円 64頁	1,430円 62頁	1,210円 42頁	1,210円 42頁	1,320円 46頁	1,320円 44頁	1,210円 42頁	1,210円 40頁	1,210円 40頁	1,210円 36頁	1,210円 36頁	1,210円 34頁	
京都府立桃山高 自然科学科	1,320円 46頁	1,320円 46頁	1,210円 42頁	1,320円 44頁	1,320円 46頁	1,320円 44頁	1,210円 42頁	1,210円 38頁	1,210円 42頁	1,210円 40頁	1,210円 40頁	1,210円 38頁	1,210円 34頁	1,210円 34頁			

※価格はすべて税込表示

府県名・学校名	2019年 実施問題	2018年 実施問題	2017年 実施問題	2016年 実施問題	2015年 実施問題	2014年 実施問題	2013年 実施問題	2012年 実施問題	2011年 実施問題	2010年 実施問題	2009年 実施問題	2008年 実施問題	2007年 実施問題	2006年 実施問題	2005年 実施問題	2004年 実施問題	2003年 実施問題
大阪府公立高(一般)	990円 148頁	990円 140頁	990円 140頁	990円 122頁													
大阪府公立高(特別)	990円 78頁	990円 78頁	990円 74頁	990円 72頁													
大阪府公立高(前期)					990円 70頁	990円 68頁	990円 66頁	990円 72頁	990円 70頁	990円 60頁	990円 58頁	990円 56頁	990円 56頁	990円 54頁	990円 52頁	990円 52頁	990円 48頁
大阪府公立高(後期)					990円 82頁	990円 76頁	990円 72頁	990円 64頁	990円 64頁	990円 64頁	990円 62頁	990円 62頁	990円 62頁	990円 58頁	990円 56頁	990円 58頁	990円 56頁
兵庫県公立高	990円 74頁	990円 78頁	990円 74頁	990円 74頁	990円 74頁	990円 68頁	990円 66頁	990円 64頁	990円 60頁	990円 56頁	990円 58頁	990円 56頁	990円 58頁	990円 56頁	990円 56頁	990円 54頁	990円 52頁
奈良県公立高(一般)	990円 62頁	990円 50頁	990円 50頁	990円 52頁	990円 50頁	990円 52頁	990円 50頁	990円 48頁	990円 48頁	990円 48頁	990円 48頁	990円 48頁	×	990円 44頁	990円 46頁	990円 42頁	990円 44頁
奈良県公立高(特色)	990円 30頁	990円 38頁	990円 44頁	990円 46頁	990円 46頁	990円 44頁	990円 40頁	990円 40頁	990円 32頁	990円 32頁	990円 32頁	990円 32頁	990円 28頁	990円 28頁			
和歌山県公立高	990円 76頁	990円 70頁	990円 68頁	990円 64頁	990円 66頁	990円 64頁	990円 64頁	990円 62頁	990円 66頁	990円 62頁	990円 60頁	990円 60頁	990円 58頁	990円 56頁	990円 56頁	990円 56頁	990円 52頁
岡山県公立高(一般)	990円 66頁	990円 60頁	990円 58頁	990円 56頁	990円 58頁	990円 56頁	990円 58頁	990円 60頁	990円 56頁	990円 56頁	990円 52頁	990円 52頁	990円 50頁				
岡山県公立高(特別)	990円 38頁	990円 36頁	990円 34頁	990円 34頁	990円 34頁	990円 32頁											
広島県公立高	990円 68頁	990円 70頁	990円 74頁	990円 68頁	990円 60頁	990円 58頁	990円 54頁	990円 46頁	990円 48頁	990円 46頁	990円 46頁	990円 46頁	990円 44頁	990円 46頁	990円 44頁	990円 44頁	990円 44頁
山口県公立高	990円 86頁	990円 80頁	990円 82頁	990円 84頁	990円 76頁	990円 78頁	990円 76頁	990円 64頁	990円 62頁	990円 58頁	990円 58頁	990円 60頁	990円 56頁				
徳島県公立高	990円 88頁	990円 78頁	990円 86頁	990円 74頁	990円 76頁	990円 80頁	990円 64頁	990円 62頁	990円 60頁	990円 58頁	990円 60頁	990円 54頁	990円 52頁				
香川県公立高	990円 76頁	990円 74頁	990円 72頁	990円 74頁	990円 72頁	990円 68頁	990円 68頁	990円 66頁	990円 66頁	990円 62頁	990円 62頁	990円 60頁	990円 62頁				
愛媛県公立高	990円 72頁	990円 68頁	990円 66頁	990円 64頁	990円 68頁	990円 64頁	990円 62頁	990円 60頁	990円 62頁	990円 56頁	990円 58頁	990円 56頁	990円 54頁				
福岡県公立高	990円 66頁	990円 68頁	990円 68頁	990円 66頁	990円 60頁	990円 56頁	990円 56頁	990円 54頁	990円 56頁	990円 58頁	990円 52頁	990円 54頁	990円 52頁	990円 48頁			
長崎県公立高	990円 90頁	990円 86頁	990円 84頁	990円 84頁	990円 82頁	990円 80頁	990円 80頁	990円 82頁	990円 80頁	990円 80頁	990円 80頁	990円 78頁	990円 76頁				
熊本県公立高	990円 98頁	990円 92頁	990円 92頁	990円 92頁	990円 94頁	990円 74頁	990円 72頁	990円 70頁	990円 70頁	990円 68頁	990円 68頁	990円 64頁	990円 68頁				
大分県公立高	990円 84頁	990円 78頁	990円 80頁	990円 76頁	990円 80頁	990円 66頁	990円 62頁	990円 62頁	990円 62頁	990円 58頁	990円 58頁	990円 56頁	990円 58頁				
鹿児島県公立高	990円 66頁	990円 62頁	990円 60頁	990円 60頁	990円 60頁	990円 60頁	990円 60頁	990円 60頁	990円 60頁	990円 58頁	990円 58頁	990円 54頁	990円 58頁				

英語リスニング音声データのご案内

英語リスニング問題の音声データについて

赤本収録年度の音声データ　弊社発行の**「高校別入試対策シリーズ（赤本）」に収録している年度**の音声データは，以下の一覧の学校分を提供しています。希望の音声データをダウンロードし，赤本に掲載されている問題に取り組んでください。

赤本収録年度より古い年度の音声データ　**「高校別入試対策シリーズ（赤本）」に収録している年度よりも古い年度**の音声データは，6ページの国私立高と公立高を提供しています。赤本バックナンバー（1～3ページに掲載）と音声データの両方をご購入いただき，問題に取り組んでください。

ご購入の流れ

① 英俊社のウェブサイト https://book.eisyun.jp/ にアクセス
② トップページの「高校受験」 リスニング音声データ をクリック
③ ご希望の学校・年度をクリックすると，オーディオブック（audiobook.jp）のウェブサイトの該当ページにジャンプ
④ オーディオブック（audiobook.jp）のウェブサイトでご購入。※初回のみ会員登録（無料）が必要です。

⚠ ダウンロード方法やお支払い等，購入に関するお問い合わせは，オーディオブック（audiobook.jp）のウェブサイトにてご確認ください。

音声データを入手できる学校と年度

赤本収録年度の音声データ

ご希望の年度を1年分ずつ，もしくは赤本に収録している年度をすべてまとめてセットでご購入いただくことができます。セットでご購入いただくと，1年分の単価がお得になります。

⚠ ×印の年度は音声データをご提供しておりません。あしからずご了承ください。

国私立高（アイウエオ順）

※価格は税込表示

学校名	税込価格				
	2020年	2021年	2022年	2023年	2024年
アサンプション国際高	¥550	¥550	¥550	¥550	¥550
5か年セット	¥2,200				
育英西高	¥550	¥550	¥550	¥550	¥550
5か年セット	¥2,200				
大阪教育大附高池田校	¥550	¥550	¥550	¥550	¥550
5か年セット	¥2,200				
大阪薫英女学院高	¥550	¥550	¥550	¥550	×
4か年セット	¥1,760				
大阪国際高	¥550	¥550	¥550	¥550	¥550
5か年セット	¥2,200				
大阪信愛学院高	¥550	¥550	¥550	¥550	¥550
5か年セット	¥2,200				
大阪星光学院高	¥550	¥550	¥550	¥550	¥550
5か年セット	¥2,200				
大阪桐蔭高	¥550	¥550	¥550	¥550	¥550
5か年セット	¥2,200				
大谷高	×	×	×	¥550	¥550
2か年セット	¥880				
関西創価高	¥550	¥550	¥550	¥550	¥550
5か年セット	¥2,200				
京都先端科学大附高（特進・進学）	¥550	¥550	¥550	¥550	¥550
5か年セット	¥2,200				

※価格は税込表示

学校名	税込価格				
	2020年	2021年	2022年	2023年	2024年
京都先端科学大附高（国際）	¥550	¥550	¥550	¥550	¥550
5か年セット	¥2,200				
京都橘高	¥550	×	¥550	¥550	¥550
4か年セット	¥1,760				
京都両洋高	¥550	¥550	¥550	¥550	¥550
5か年セット	¥2,200				
久留米大附設高	×	¥550	¥550	¥550	¥550
4か年セット	¥1,760				
神戸星城高	¥550	¥550	¥550	¥550	¥550
5か年セット	¥2,200				
神戸山手グローバル高	×	×	×	¥550	¥550
2か年セット	¥880				
神戸龍谷高	¥550	¥550	¥550	¥550	¥550
5か年セット	¥2,200				
香里ヌヴェール学院高	¥550	¥550	¥550	¥550	¥550
5か年セット	¥2,200				
三田学園高	¥550	¥550	¥550	¥550	¥550
5か年セット	¥2,200				
滋賀学園高	¥550	¥550	¥550	¥550	¥550
5か年セット	¥2,200				
滋賀短期大学附高	¥550	¥550	¥550	¥550	¥550
5か年セット	¥2,200				

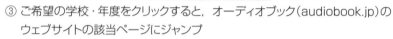

国私立高（アイウエオ順）

※価格は税込表示

学校名	税込価格 2020年	2021年	2022年	2023年	2024年
樟蔭高	¥550	¥550	¥550	¥550	¥550
5か年セット	¥2,200				
常翔学園高	¥550	¥550	¥550	¥550	¥550
5か年セット	¥2,200				
清教学園高	¥550	¥550	¥550	¥550	¥550
5か年セット	¥2,200				
西南学院高（専願）	¥550	¥550	¥550	¥550	¥550
5か年セット	¥2,200				
西南学院高（前期）	¥550	¥550	¥550	¥550	¥550
5か年セット	¥2,200				
園田学園高	¥550	¥550	¥550	¥550	¥550
5か年セット	¥2,200				
筑陽学園高（専願）	¥550	¥550	¥550	¥550	¥550
5か年セット	¥2,200				
筑陽学園高（前期）	¥550	¥550	¥550	¥550	¥550
5か年セット	¥2,200				
智辯学園高	¥550	¥550	¥550	¥550	¥550
5か年セット	¥2,200				
帝塚山高	¥550	¥550	¥550	¥550	¥550
5か年セット	¥2,200				
東海大付大阪仰星高	¥550	¥550	¥550	¥550	¥550
5か年セット	¥2,200				
同志社高	¥550	¥550	¥550	¥550	¥550
5か年セット	¥2,200				
中村学園女子高（前期）	×	¥550	¥550	¥550	¥550
4か年セット	¥1,760				
灘高	¥550	¥550	¥550	¥550	¥550
5か年セット	¥2,200				
奈良育英高	¥550	¥550	¥550	¥550	¥550
5か年セット	¥2,200				
奈良学園高	¥550	¥550	¥550	¥550	¥550
5か年セット	¥2,200				
奈良大附高	¥550	¥550	¥550	¥550	¥550
5か年セット	¥2,200				

※価格は税込表示

学校名	税込価格 2020年	2021年	2022年	2023年	2024年
西大和学園高	¥550	¥550	¥550	¥550	¥550
5か年セット	¥2,200				
梅花高	¥550	¥550	¥550	¥550	¥550
5か年セット	¥2,200				
白陵高	¥550	¥550	¥550	¥550	¥550
5か年セット	¥2,200				
初芝立命館高	×	×	×	×	¥550
東大谷高	×	×	¥550	¥550	¥550
3か年セット	¥1,320				
東山高	×	×	×	×	¥550
雲雀丘学園高	¥550	¥550	¥550	¥550	¥550
5か年セット	¥2,200				
福岡大附大濠高（専願）	¥550	¥550	¥550	¥550	¥550
5か年セット	¥2,200				
福岡大附大濠高（前期）	¥550	¥550	¥550	¥550	¥550
5か年セット	¥2,200				
福岡大附大濠高（後期）	¥550	¥550	¥550	¥550	¥550
5か年セット	¥2,200				
武庫川女子大附高	×	×	¥550	¥550	¥550
3か年セット	¥1,320				
明星高	¥550	¥550	¥550	¥550	¥550
5か年セット	¥2,200				
和歌山信愛高	¥550	¥550	¥550	¥550	¥550
5か年セット	¥2,200				

公立高

※価格は税込表示

学校名	税込価格 2020年	2021年	2022年	2023年	2024年
京都市立西京高（エンタープライジング科）	¥550	¥550	¥550	¥550	¥550
5か年セット	¥2,200				
京都市立堀川高（探究学科群）	¥550	¥550	¥550	¥550	¥550
5か年セット	¥2,200				
京都府立嵯峨野高（京都こすもす科）	¥550	¥550	¥550	¥550	¥550
5か年セット	¥2,200				

赤本収録年度より古い年度の音声データ

以下の音声データは，赤本に収録以前の年度ですので，赤本バックナンバー（P.1～3に掲載）と合わせてご購入ください。
赤本バックナンバーは1年分が1冊の本になっていますので，音声データも1年分ずつの販売となります。

※価格は税込表示

国私立高（アイウエオ順）

学 校 名	税込価格																
	2003年	2004年	2005年	2006年	2007年	2008年	2009年	2010年	2011年	2012年	2013年	2014年	2015年	2016年	2017年	2018年	2019年
大阪教育大附高池田校		¥550	¥550	¥550	¥550	¥550	¥550	¥550	¥550	¥550	¥550	¥550	¥550	¥550	¥550	¥550	¥550
大阪星光学院高（1次）	¥550	¥550	¥550	¥550	¥550	¥550	¥550	¥550	¥550	¥550	×	¥550	×	¥550	¥550	¥550	¥550
大阪星光学院高（1.5次）			¥550	¥550	¥550	¥550	¥550	¥550	×	×	×	×	×	×	×	×	×
大阪桐蔭高						¥550	¥550	¥550	¥550	¥550	¥550	¥550	¥550	¥550	¥550	¥550	¥550
久留米大附設高				¥550	¥550	×	¥550	¥550	¥550	¥550	¥550	¥550	¥550	¥550	¥550	¥550	¥550
清教学園高														¥550	¥550	¥550	¥550
同志社高						¥550	¥550	¥550	¥550	¥550	¥550	¥550	¥550	¥550	¥550	¥550	¥550
灘高																¥550	¥550
西大和学園高				¥550	¥550	¥550	¥550	¥550	¥550	¥550	¥550	¥550	¥550	¥550	¥550	¥550	¥550
福岡大附大濠高（専願）											¥550	¥550	¥550	¥550	¥550	¥550	¥550
福岡大附大濠高（前期）				¥550	¥550	¥550	¥550	¥550	¥550	¥550	¥550	¥550	¥550	¥550	¥550	¥550	¥550
福岡大附大濠高（後期）				¥550	¥550	¥550	¥550	¥550	¥550	¥550	¥550	¥550	¥550	¥550	¥550	¥550	¥550
明星高															¥550	¥550	¥550
立命館高（前期）						¥550	¥550	¥550	¥550	¥550	¥550	¥550	¥550	×	×	×	×
立命館高（後期）						¥550	¥550	¥550	¥550	¥550	¥550	¥550	¥550	×	×	×	×
立命館宇治高										¥550	¥550	¥550	¥550	¥550	¥550	¥550	×

※価格は税込表示

公立高（府県順）

府県名・学校名	税込価格																
	2003年	2004年	2005年	2006年	2007年	2008年	2009年	2010年	2011年	2012年	2013年	2014年	2015年	2016年	2017年	2018年	2019年
岐阜県公立高				¥550	¥550	¥550	¥550	¥550	¥550	¥550	¥550	¥550	¥550	¥550	¥550	¥550	¥550
静岡県公立高				¥550	¥550	¥550	¥550	¥550	¥550	¥550	¥550	¥550	¥550	¥550	¥550	¥550	¥550
愛知県公立高（Aグループ）	¥550	¥550	¥550	¥550	¥550	¥550	¥550	¥550	¥550	¥550	¥550	¥550	¥550	¥550	¥550	¥550	¥550
愛知県公立高（Bグループ）	¥550	¥550	¥550	¥550	¥550	¥550	¥550	¥550	¥550	¥550	¥550	¥550	¥550	¥550	¥550	¥550	¥550
三重県公立高				¥550	¥550	¥550	¥550	¥550	¥550	¥550	¥550	¥550	¥550	¥550	¥550	¥550	¥550
滋賀県公立高	¥550	¥550	¥550	¥550	¥550	¥550	¥550	¥550	¥550	¥550	¥550	¥550	¥550	¥550	¥550	¥550	¥550
京都府公立高（中期選抜）	¥550	¥550	¥550	¥550	¥550	¥550	¥550	¥550	¥550	¥550	¥550	¥550	¥550	¥550	¥550	¥550	¥550
京都府公立高（前期選抜 共通学力検査）												¥550	¥550	¥550	¥550	¥550	¥550
京都市立西京高（エンタープライジング科）		¥550	¥550	¥550	¥550	¥550	¥550	¥550	¥550	¥550	¥550	¥550	¥550	¥550	¥550	¥550	¥550
京都市立堀川高（探究学科群）												¥550	¥550	¥550	¥550	¥550	¥550
京都府立嵯峨野高（京都こすもす科）		¥550	¥550	¥550	¥550	¥550	¥550	¥550	¥550	¥550	¥550	¥550	¥550	¥550	¥550	¥550	¥550
大阪府公立高（一般選抜）														¥550	¥550	¥550	¥550
大阪府公立高（特別選抜）														¥550	¥550	¥550	¥550
大阪府公立高（後期選抜）	¥550	¥550	¥550	¥550	¥550	¥550	¥550	¥550	¥550	¥550	¥550	¥550	¥550	×	×	×	×
大阪府公立高（前期選抜）	¥550	¥550	¥550	¥550	¥550	¥550	¥550	¥550	¥550	¥550	¥550	¥550	¥550	×	×	×	×
兵庫県公立高	¥550	¥550	¥550	¥550	¥550	¥550	¥550	¥550	¥550	¥550	¥550	¥550	¥550	¥550	¥550	¥550	¥550
奈良県公立高（一般選抜）	¥550	¥550	¥550	¥550	×	¥550	¥550	¥550	¥550	¥550	¥550	¥550	¥550	¥550	¥550	¥550	¥550
奈良県公立高（特色選抜）				¥550	¥550	¥550	¥550	¥550	¥550	¥550	¥550	¥550	¥550	¥550	¥550	¥550	¥550
和歌山県公立高	¥550	¥550	¥550	¥550	¥550	¥550	¥550	¥550	¥550	¥550	¥550	¥550	¥550	¥550	¥550	¥550	¥550
岡山県公立高（一般選抜）					¥550	¥550	¥550	¥550	¥550	¥550	¥550	¥550	¥550	¥550	¥550	¥550	¥550
岡山県公立高（特別選抜）												¥550	¥550	¥550	¥550	¥550	¥550
広島県公立高	¥550	¥550	¥550	¥550	¥550	¥550	¥550	¥550	¥550	¥550	¥550	¥550	¥550	¥550	¥550	¥550	¥550
山口県公立高					¥550	¥550	¥550	¥550	¥550	¥550	¥550	¥550	¥550	¥550	¥550	¥550	¥550
香川県公立高					¥550	¥550	¥550	¥550	¥550	¥550	¥550	¥550	¥550	¥550	¥550	¥550	¥550
愛媛県公立高					¥550	¥550	¥550	¥550	¥550	¥550	¥550	¥550	¥550	¥550	¥550	¥550	¥550
福岡県公立高				¥550	¥550	¥550	¥550	¥550	¥550	¥550	¥550	¥550	¥550	¥550	¥550	¥550	¥550
長崎県公立高					¥550	¥550	¥550	¥550	¥550	¥550	¥550	¥550	¥550	¥550	¥550	¥550	¥550
熊本県公立高（選択問題A）													¥550	¥550	¥550	¥550	¥550
熊本県公立高（選択問題B）													¥550	¥550	¥550	¥550	¥550
熊本県公立高（共通）					¥550	¥550	¥550	¥550	¥550	¥550	¥550	¥550	×	×	×	×	×
大分県公立高					¥550	¥550	¥550	¥550	¥550	¥550	¥550	¥550	¥550	¥550	¥550	¥550	¥550
鹿児島県公立高					¥550	¥550	¥550	¥550	¥550	¥550	¥550	¥550	¥550	¥550	¥550	¥550	¥550

受験生のみなさんへ

英俊社の高校入試対策問題集

各書籍のくわしい内容はこちら→

近畿の高校入試シリーズ

最新の近畿の入試問題から良問を精選。
私立・公立どちらにも対応できる定評ある問題集です。

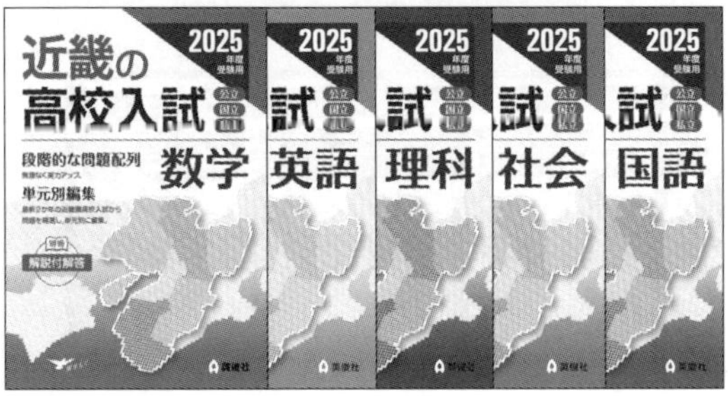

近畿の高校入試シリーズ

中1･2の復習

近畿の入試問題から１・２年生までの範囲で解ける良問を精選。
高校入試の基礎固めに最適な問題集です。

最難関高校シリーズ

最難関高校を志望する受験生諸君におすすめのハイレベル問題集。
灘、洛南、西大和学園、久留米大学附設、ラ・サールの最新７か年入試問題を単元別に分類して収録しています。

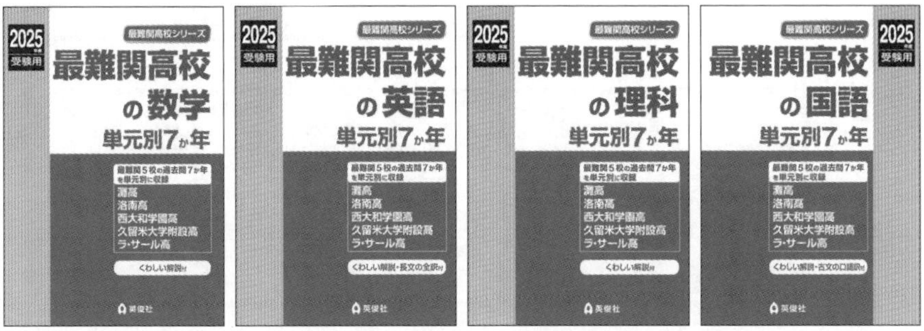

ニューウイングシリーズ　出題率

入試での出題率を徹底分析。出題率の高い単元、問題に集中して効率よく学習できます。

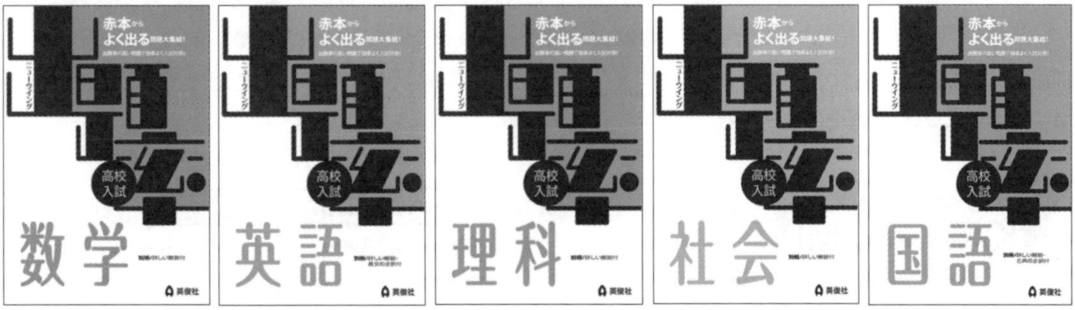

近道問題シリーズ

重要ポイントに絞ったコンパクトな問題集。苦手分野の集中トレーニングに最適です!

数学5分冊

01 式と計算
02 方程式･確率･資料の活用
03 関数とグラフ
04 図形〈1･2年分野〉
05 図形〈3年分野〉

英語6分冊

06 単語･連語･会話表現
07 英文法
08 文の書きかえ･英作文
09 長文基礎
10 長文実践
11 リスニング

理科6分冊

12 物理
13 化学
14 生物･地学
15 理科計算
16 理科記述
17 理科知識

社会4分冊

18 地理
19 歴史
20 公民
21 社会の応用問題 ―資料読解･記述―

国語5分冊

22 漢字･ことばの知識
23 文法
24 長文読解 ―攻略法の基本―
25 長文読解 ―攻略法の実践―
26 古典

学校･塾の指導者の先生方へ

赤本収録の**入試問題データベース**を利用して、**オリジナルプリント教材**を作成していただけるサービスが登場!! 生徒**ひとりひとりに合わせた**教材作りが可能です。

プリント教材作成システム
KAWASEMI Lite

くわしくは KAWASEMI Lite 検索 で検索!
まずは**無料体験版**をぜひお試しください。

※指導者の先生方向けの専用サービスです。受験生など個人の方はご利用いただけませんので、ご注意ください。

公立高校入試対策シリーズ 3040

もくじ

（注）　著作権の都合により，実際に使用された写真と異なる場合があります。

（注）　本書の内容についての一切の責任は英俊社にございます。ご不審の点は当社へご質問下さい。
（編集部）

2020～2024年度のリスニング音声（書籍収録分すべて）は
英俊社ウェブサイト「**リスもん**」から再生できます。
https://book.eisyun.jp/products/listening/index/

リスもん
リスニング問題　音声再生ウェブページ

再生の際に必要な入力コード→ **53264789**
（コードの使用期限：2025年７月末日）

スマホはこちら ——→

※音声は英俊社で作成したものです。

❖公立高校入試（全日制課程）について（前年度参考）

―――一般入学者選抜―――

★出　願

●入学志願者は，「福岡県立高等学校の通学区域に関する規則」（6ページの「全日制県立高校学区一覧表」を参照）の規定するところにより，本人及びその保護者の居住地の属する学区の1校に限り志願できる。

●入学志願者は，一般入学者選抜に限り，一部の対象校（学科等）へ第2志望による志願ができる。第2志望による志願ができる学校（学科等）は，別表⑴「第2志望校の対象校」（4ページ）。

●入学志願書類提出後，所属学区内において志願高等学校の変更を希望する者は，1回に限り他校（同一校内の変更を含む）へ志願先を変更することができる。

●入学願書提出の際，志願先高等学校長が認める場合においては，志望順位をつけて当該高等学校の複数の学科，コースまたは系に志願することができる。

★学力検査

●国語，数学，社会，理科及び外国語（英語）の5教科，各教科の配点は60点とする。

●外国語（英語）についてはリスニングテストを行う。

●別表⑷「個性重視の特別試験」（5ページ）に掲げる学校の学科またはコース・系においては，検査当日か翌日に面接・作文・実技等の試験を実施する。

★選抜方法

①調査書の第3学年における9教科の評定（5段階）の合計の順位

※順位を定めるにあたって，一部の教科を加重評価する学科やコースがある。別表⑵「調査書における特定教科の加重評価」（5ページ）に示す学校の学科またはコースにおいては，「加重教科」欄に掲げる教科の評定を1.5倍する。

②学力検査の5教科各60点満点の合計の順位

※順位を定めるにあたって，一部の教科を加重配点する学科やコースがある。別表⑶「学力検査における特定教科の加重配点」（5ページ）に示す学校の学科またはコースにおいては，「加重教科」欄に掲げる教科の学力検査の得点を1.5倍する。

③上記①の調査書，②の学力検査のどちらの順位もともに校長が定める一定数（入学定員以内）に入っている者を「A群」とし，その他の者を「B群」とする。

※「A群」の割合は，高校によって違いはあるが，概ね一般入試の定員の6割程度を占めている。

④「A群」については，調査書の内容等に特に支障がなければ，入学予定者とする。

⑤「A群」の者のうち入学予定者とならなかった者及び「B群」の者については，

調査書の「各教科の学習の記録」の第３学年における各教科の評定の数値以外の記載事項を重視しながら，前記①の調査書の順位，②の学力検査の順位及びその他の資料を精査し，総合的に選考して，前記④の入学予定者と併せて，合否を決定する。

なお，各高等学校において，その特色等に応じ，調査書の記載事項のうち特に重視する部分を定め，選考する。

⑥別表⑷「個性重視の特別試験」（5ページ）を実施する高等学校においては，上記⑤の総合的な選考にあたり，その結果を活用する。

★合格者発表　志願先高等学校で行う。

―― 推薦入学者選抜 ――

★募集人員　各高等学校において，その特色等に応じ校長が定める。

★出　願　出願は１校に限る。推薦入学と特色化選抜，連携型選抜の併願は不可。

★面接，作文及び実技試験

①志願者全員に面接を行う。

②一部の学科，コースまたは系において，作文または実技試験を実施する。

③期日：志願先高等学校長が指定する日

★選　考　高等学校長は，中学校長から提出された書類及び面接等の結果を資料として，総合的に選考して，合格者を内定する。

―― 特色化選抜 ――

★募集人員　特色化選抜の募集人員については，設定しない。ただし，入学定員に対する内定者上限人数（目安）を各実施校において，その特色等に応じ校長が定める。

★出　願　出願は，１校に限る。特色化選抜と推薦入学，連携型選抜の併願は不可。

入学願書提出の際，志願先高等学校長が認める場合，志望順位をつけて当該高等学校の複数の学科またはコースに志願することができる。

内定とならなかった場合は，後日行われる学力検査に出願できる。

★選　考　志願者全員に面接を行い，一部の学科・コースによっては作文または実技試験を実施する。高等学校長は，調査書及び面接等の結果を資料として選考し，合格者を内定する。

―― 2025年度入学者選抜の日程 ――

★一般入学者選抜

●学区外高等学校入学志願申請受付

2025年２月５日㈬～２月21日㈮　正午まで

●入学願書受付　2025年２月７日㈮～２月17日㈪　正午まで

●志願先変更受付　2025 年 2 月18日(火)～ 2 月21日(金) 正午まで

●学力検査　2025 年 3 月 5 日(水)

●個性重視の特別試験（実施校のみ）

2025 年 3 月 5 日(水) 学力検査終了後，もしくは 3 月 6 日(木)

●合格者発表　2025 年 3 月17日(月) 午前 9 時

★推薦入学者選抜，特色化選抜，連携型選抜

●入学願書受付　2025 年 1 月22日(水)～ 1 月28日(火) 正午まで

●面接・作文・実技試験・学力検査等　2025 年 1 月30日(木)・31日(金)

●合格内定通知　2025 年 2 月 5 日(水) 午前 9 時

●合格者発表　2025 年 3 月17日(月) 午前 9 時

別表(1) 第２志望校の対象校

学校名	学科・コース・系名
若松	普通科
八幡工業	機械系，電気系，土木系
遠賀	普通科（情報科学コース★，情報ビジネスコース★，生活創造コース★），農業食品科
早良	普通科，普通科スポーツコミュニケーションコース
玄洋	普通科
太宰府	普通科　※芸術科は除く
三井	普通科　※普通科福祉教養コース及びスポーツ健康コースは除く
三潴	普通科　※普通科スポーツ文化コースは除く
大川樟風	普通科（総合コース★，文理コース★），住環境システム科
山門	普通科，普通科理数探究コース
浮羽工業	建設系，機械・電気系
浮羽究真館	普通科総合コース
朝倉光陽	食農科学科　※普通科は除く
東鷹	普通科総合コース，総合生活科
田川科学技術	農業食品科，工業システム科機械・電気コース，工業システム科建築・土木コース，ビジネス科学科
稲築志耕館	総合学科
嘉穂東	普通科，英語科
嘉穂総合	普通科総合コース，農業食品科，工業科，情報科
直方	普通科　※普通科スポーツ科学コースは除く
筑豊	総合ビジネス科◆，ビジネス情報科◆，生活デザイン科
鞍手竜徳	総合学科

★　遠賀と大川樟風の普通科各コースは，普通科として一括して募集する。

◆　筑豊の総合ビジネス科とビジネス情報科は，商業に関する学科としてまとめて募集する。

別表(2) 調査書における特定教科の加重評価（前年度参考）

学校名	学科・コース名	加重教科
北九州	普通科体育コース	保健体育
三井	普通科スポーツ健康コース	保健体育
直方	普通科スポーツ科学コース	保健体育
早良	普通科スポーツコミュニケーションコース	保健体育

別表(3) 学力検査における特定教科の加重配点（前年度参考）

学校名	学科・コース・系名	加重教科
玄界	普通科国際文化コース	外国語（英語）
城南	普通科理数コース	数学　理科
香住丘	普通科数理コミュニケーションコース	数学　理科
	英語科	外国語（英語）
八幡	理数科	数学　理科
新宮	理数科	数学　理科
鞍手	理数科	数学　理科
筑紫丘	理数科	数学　理科
明善	理数科	数学　理科
嘉穂	理数科	数学　理科
北筑	英語科	外国語（英語）
久留米	英語科	外国語（英語）
嘉穂東	英語科	外国語（英語）

別表(4) 個性重視の特別試験（前年度参考）

実施校	実施学科・コース・系	試験方法
北九州	普通科体育コース	面接・実技
八幡中央	普通科芸術コース	実技
太宰府	芸術科	実技
糸島農業	園芸技術科，動植物活用科，食品科学科，生活科学科	面接
三潴	普通科スポーツ文化コース	面接・実技
八女工業	電子機械科，IT自動車科，電気科，情報技術科，工業化学科，土木科	面接
八女農業	生産技術科，システム園芸科，動物ペット科，食品開発科	面接
直方	普通科スポーツ科学コース	面接・実技
鞍手竜徳	総合学科	面接

❖全日制県立高校学区一覧表（前年度参考）

学 区	普通科	特色ある学科・コース
第１学区	築上西　育徳館 京都	【理数科】 八幡 【英語科】 北筑
第２学区	門司学園　小倉南 小倉　小倉西 北九州　小倉東 戸畑	
第３学区	若松　八幡 八幡中央　八幡南 北筑　東筑 中間　遠賀	
第４学区	宗像　光陵　玄界 新宮　須恵 香住丘　香椎 福岡	【理数科】 新宮　筑紫丘 【英語科】 香住丘
第５学区	筑紫丘　柏陵 福岡中央　春日 太宰府　筑紫中央 武蔵台　筑紫	
第６学区	城南　修猷館 早良　玄洋　筑前 糸島	
第７学区	浮羽究真館　朝倉 朝倉東　朝倉光陽	【理数科】 明善 【英語科】 久留米
第８学区	小郡　三井　明善 久留米	
第９学区	八女　福島	
第10学区	三潴　大川樟風 伝習館　山門 三池	
第11学区	田川　東鷹	【理数科】 嘉穂　鞍手 【英語科】 嘉穂東
第12学区	嘉穂　嘉穂東 嘉穂総合	
第13学区	鞍手　直方	

【普通科】
（体育コース）　北九州
（芸術コース）　八幡中央
（情報ビジネスコース）
（生活創造コース）　｝遠賀
（環境共生コース）
（国際文化コース）　玄界
（数理コミュニケーションコース）　香住丘
（環境科学コース）　柏陵
（スポーツコミュニケーションコース）　早良
（理数コース）　城南
（理数探究コース）　山門
（総合コース）　浮羽究真館　大川樟風　東鷹　嘉穂総合
（総合文科コース）　明善
（福祉教養コース）
（スポーツ健康コース）｝三井
（スポーツ文化コース）　三潴
（文理コース）　大川樟風
（武道・日本文化コース）　嘉穂
（人間文科コース）　鞍手
（スポーツ科学コース）　直方

【単位制普通科】
門司大翔館

【総合学科】
青豊　福岡魁誠　福岡講倫館
ありあけ新世　稲築志耕館
鞍手竜徳

【芸術科】
太宰府

【職業系専門学科】
○農業に関する学科〔各学校名は欄外に記載〕
○工業に関する学科〔各学校名は欄外に記載〕
○商業に関する学科〔各学校名は欄外に記載〕
○家庭に関する学科〔各学校名は欄外に記載〕
○水産に関する学科
水産
○情報に関する学科
嘉穂総合
○福祉に関する学科
久留米筑水

●職業系専門学科を有する高校一覧

○農業に関する学科	○工業に関する学科	○商業に関する学科	○家庭に関する学科
行橋　遠賀　福岡農業 糸島農業　久留米筑水 八女農業　朝倉光陽 田川科学技術 嘉穂総合	苅田工業　小倉工業　戸畑工業 八幡工業　香椎工業 福岡工業　大川樟風 三池工業　八女工業　浮羽工業 田川科学技術　嘉穂総合	行橋　小倉商業 若松商業　折尾 宇美商業　福島　朝倉東 田川科学技術　筑豊	行橋　折尾　香椎 福岡農業　久留米筑水 福島　東鷹　筑豊

2024年度全日制公立高校　入学定員と志願状況

【県　立】

学校名	学科(コース)名等 (※印はくくり募集)	入学定員	確定志願者数	倍率	内定者数
青　豊	総合学科	280	280	1.00	〈224〉
築上西	普　通	120	117	0.98	〈84〉
育徳館	普　通	160	152	0.95	〈149〉
苅田工業	計	160	177	1.11	〈144〉
	電　気	40	41	1.03	〈34〉
	機　械	80	89	1.11	〈76〉
	情報技術	40	47	1.18	〈34〉
京　都	普　通	240	208	0.87	〈91〉
行　橋	計	200	210	1.05	〈142〉
	農業技術	40	44	1.10	〈25〉
	環境緑地	40	47	1.18	〈29〉
	総合ビジネス	40	46	1.15	〈36〉
	生活デザイン	80	73	0.91	〈52〉
門司学園	普　通	160	114	0.71	〈108〉
門司大翔館	普　通	160	181	1.13	〈155〉
小倉南	普　通	240	271	1.13	〈157〉
小倉商業	計	240	332	1.38	〈141〉
	商業進学※	40	332	1.38	〈141〉
	総合ビジネス※	40			
	観光ビジネス※	40			
	国際ビジネス※	40			
	ビジネス情報※	40			
	会計ビジネス※	40			
小　倉	普　通	280	359	1.28	〈37〉
小倉工業	計	200	217	1.09	〈173〉
	機械系 (機械・電子機械)	80	82	1.03	〈62〉
	電気系 (電気・電子)	80	91	1.14	〈73〉
	化学系 (工業化学)	40	44	1.10	〈38〉
小倉西	普　通	240	292	1.22	〈62〉
北九州	計	200	292	1.46	〈100〉
	普通[コースを除く]	160	250	1.56	〈65〉
	普通　体育コース	40	42	1.05	〈35〉
小倉東	普　通	160	166	1.04	〈78〉
戸　畑	普　通	240	272	1.13	〈99〉
戸畑工業	計	160	155	0.97	〈70〉
	機械・電気系 (機械・電気・情報技術)	120	125	1.04	〈53〉
	建築系（建築）	40	30	0.75	〈17〉
若　松	普　通◆	160	148	0.93	〈118〉
若松商業	計	160	145	0.91	〈120〉
	総合ビジネス※	120	145	0.91	〈120〉
	ビジネス情報※	40			
八　幡	計	280	329	1.18	〈131〉
	文理共創	200	242	1.21	〈99〉
	理　数	80	87	1.09	〈32〉
八幡中央	計	200	224	1.12	〈125〉
	普通[コースを除く]	160	175	1.09	〈89〉
	普通　芸術コース	40	49	1.23	〈36〉

学校名	学科(コース)名等 (※印はくくり募集)	入学定員	確定志願者数	倍率	内定者数
八幡工業	計	200	205	1.03	〈154〉
	機械系 (機械◆・電子機械◆・材料技術◆)	120	122	1.02	〈91〉
	電気系（電気◆）	40	37	0.93	〈28〉
	土木系（土木◆）	40	46	1.15	〈35〉
八幡南	普　通	240	334	1.39	〈121〉
北　筑	計	240	310	1.29	〈153〉
	普　通	200	266	1.33	〈124〉
	英　語	40	44	1.10	〈29〉
東　筑	普　通	280	350	1.25	〈41〉
折　尾	計	160	191	1.19	〈142〉
	総合ビジネス※	40	111	1.39	〈75〉
	ビジネス情報※	40			
	生活デザイン	80	80	1.00	〈67〉
中　間	普　通	200	221	1.11	〈104〉
遠　賀	計	160	138	0.86	〈87〉
	普通　情報科学コース★◆	120	101	0.84	〈67〉
	普通　情報ビジネスコース★◆				
	普通　生活創造コース★◆				
	農業食品◆	40	37	0.93	〈20〉
宗　像	普　通	400	414	1.04	〈301〉
光　陵	普　通	400	436	1.09	〈334〉
水　産	計	160	168	1.05	〈58〉
	海　洋※	80	168	1.05	〈58〉
	食品流通※	40			
	アクアライフ※	40			
玄　界	計	320	357	1.12	〈316〉
	普通[コースを除く]	280	305	1.09	〈278〉
	普通　国際文化コース	40	52	1.30	〈38〉
新　宮	計	400	519	1.30	〈114〉
	普　通	360	435	1.21	〈100〉
	理　数	40	84	2.10	〈14〉
福岡魁誠	総合学科	280	311	1.11	〈145〉
須　恵	普　通	360	450	1.25	〈153〉
宇美商業	計	200	217	1.09	〈194〉
	ビジネス探究	200	217	1.09	〈194〉
香住丘	計	400	561	1.40	〈118〉
	普通[コースを除く]	320	437	1.37	〈78〉
	普通　数理コミュニケーションコース	40	60	1.50	〈13〉
	英　語	40	64	1.60	〈27〉
香　椎	計	400	581	1.45	〈130〉
	普　通	360	534	1.48	〈93〉
	ファッションデザイン	40	47	1.18	〈37〉
香椎工業	計	280	350	1.25	〈130〉
	電　気	80	91	1.14	〈36〉
	電子機械	40	53	1.33	〈20〉
	工業化学	40	48	1.20	〈13〉
	機　械	80	93	1.16	〈41〉
	情報技術	40	65	1.63	〈20〉
福　岡	普　通	440	644	1.46	〈40〉

学校名	学科(コース)名等 (※印はくくり募集)	入学定員	確定志願者数	倍率	内定者数
筑紫丘	計	440	653	1.48	〈47〉
	普通	400	536	1.34	〈40〉
	理数	40	117	2.93	〈7〉
柏陵	計	400	366	0.92	〈245〉
	普通[コースを除く]	360	334	0.93	〈218〉
	普通 環境科学コース	40	32	0.80	〈27〉
福岡中央	普通	360	588	1.63	〈71〉
城南	計	400	694	1.74	〈57〉
	普通[コースを除く]	360	616	1.71	〈52〉
	普通 理数コース	40	78	1.95	〈5〉
修猷館	普通	440	752	1.71	〈37〉
福岡工業	計	360	415	1.15	〈288〉
	工業進学	40	50	1.25	〈27〉
	機械工学	40	47	1.18	〈35〉
	電子情報工学	80	98	1.23	〈68〉
	電気工学	40	44	1.10	〈31〉
	環境化学	40	39	0.98	〈26〉
	染織デザイン	40	47	1.18	〈33〉
	建築	40	43	1.08	〈32〉
	都市工学	40	47	1.18	〈36〉
福岡講倫館	総合学科	320	358	1.12	〈213〉
早良	計	160	112	0.70	〈82〉
	普通[コースを除く]◆	120	93	0.78	〈67〉
	普通 スポーツコミュニケーションコース◆	40	19	0.48	〈15〉
玄洋	普通◆	280	204	0.73	〈165〉
筑前	普通	440	491	1.12	〈114〉
春日	普通	440	624	1.42	〈167〉
太宰府	計	320	275	0.86	〈230〉
	普通◆	280	231	0.83	〈192〉
	芸術	40	44	1.10	〈38〉
福岡農業	計	160	166	1.04	〈81〉
	都市園芸	40	43	1.08	〈22〉
	環境活用	40	40	1.00	〈19〉
	食品科学	40	47	1.18	〈18〉
	生活デザイン	40	36	0.90	〈22〉
筑紫中央	普通	440	604	1.37	〈186〉
武蔵台	普通	440	438	1.00	〈350〉
筑紫	普通	400	530	1.33	〈360〉
糸島	普通	360	422	1.17	〈294〉
糸島農業	計	160	147	0.92	〈125〉
	園芸技術	40	33	0.83	〈30〉
	動植物活用	40	38	0.95	〈32〉
	食品科学	40	40	1.00	〈32〉
	生活科学	40	36	0.90	〈31〉
小郡	普通	240	280	1.17	〈78〉
三井	計	160	113	0.71	〈82〉
	普通[コースを除く]◆	80	64	0.80	〈40〉
	普通 福祉教養コース	40	22	0.55	〈15〉
	普通 スポーツ健康コース	40	27	0.68	〈27〉
久留米筑水	計	160	159	0.99	〈89〉
	園芸技術★ 食品流通★ 造園デザイン★	80	83	1.04	〈47〉
	社会福祉	40	26	0.65	〈13〉
	食物調理	40	50	1.25	〈29〉
明善	計	280	395	1.41	〈50〉
	普通[コースを除く]	200	239	1.20	〈33〉
	普通 総合文科コース	40	57	1.43	〈9〉
	理数	40	99	2.48	〈8〉
久留米	計	240	298	1.24	〈76〉
	普通	200	244	1.22	〈52〉
	英語	40	54	1.35	〈24〉
三潴	計	160	82	0.51	〈62〉
	普通[コースを除く]◆	100	45	0.45	〈27〉
	普通 スポーツ文化コース	60	37	0.62	〈35〉
大川樟風	計	120	88	0.73	〈72〉
	普通 総合コース★◆ 普通 文理コース★◆	80	66	0.83	〈55〉
	住環境システム◆	40	22	0.55	〈17〉
伝習館	普通	200	208	1.04	〈78〉
山門	計	160	159	0.99	〈154〉
	普通[コースを除く]◆	140	142	1.01	〈138〉
	普通 理数探究コース◆	20	17	0.85	〈16〉
三池	普通	200	190	0.95	〈136〉
三池工業	計	160	169	1.06	〈128〉
	エネルギー系(電気)	40	40	1.00	〈37〉
	メカトロニクス系 (電子機械・情報電子)	80	82	1.03	〈56〉
	社会基盤系 (土木・工業化学)	40	47	1.18	〈35〉
ありあけ新世	総合学科	160	157	0.98	〈132〉
八女	普通	240	281	1.17	〈120〉
八女工業	計	240	291	1.21	〈108〉
	電子機械	40	59	1.48	〈15〉
	IT自動車	40	48	1.20	〈23〉
	電気	40	42	1.05	〈20〉
	情報技術	40	61	1.53	〈15〉
	工業化学	40	43	1.08	〈20〉
	土木	40	38	0.95	〈15〉
福島	計	160	136	0.85	〈75〉
	普通	80	66	0.83	〈39〉
	総合ビジネス	40	37	0.93	〈16〉
	生活デザイン	40	33	0.83	〈20〉
八女農業	計	120	121	1.01	〈90〉
	生産技術★ システム園芸★ 動物ペット★ 食品開発★	120	121	1.01	〈90〉
浮羽工業	計	160	97	0.61	〈70〉
	建設系 (建築◆・環境デザイン◆)	80	39	0.49	〈31〉
	機械・電気系 (機械◆・材料技術◆・電気◆)	80	58	0.73	〈39〉
浮羽究真館	普通 総合コース◆	160	115	0.72	〈86〉
朝倉	普通	240	276	1.15	〈144〉
朝倉東	計	160	169	1.06	〈119〉
	普通	80	81	1.01	〈54〉
	ビジネス	80	88	1.10	〈65〉
朝倉光陽	計	120	152	1.27	〈69〉
	普通	40	73	1.83	〈31〉
	食農科学◆	80	79	0.99	〈38〉

学校名	学科(コース)名等 (※印はくくり募集)	入学 定員	確定 志願者数	倍率	内定 者数
田　　川	普　　通	200	155	0.78	〈140〉
東　　鷹	計	160	120	0.75	〈109〉
	普通　総合コース◆	120	88	0.73	〈81〉
	総合生活◆	40	32	0.80	〈28〉
田川科学技術	計	200	185	0.93	〈131〉
	農業食品◆	80	77	0.96	〈49〉
	工業システム 機械・電気コース◆	40	36	0.90	〈31〉
	工業システム 建築・土木コース◆	40	45	1.13	〈31〉
	ビジネス科学◆	40	27	0.68	〈20〉
稲築志耕館	総合学科◆	200	134	0.67	〈96〉
嘉　　穂	計	320	330	1.03	〈293〉
	普通[コースを除く]	240	248	1.03	〈226〉
	普通 武道・日本文化コース	40	41	1.03	〈38〉
	理　　数	40	41	1.03	〈29〉
嘉 穂 東	計	240	255	1.06	〈208〉
	普　　通◆	200	220	1.10	〈180〉
	英　　語◆	40	35	0.88	〈28〉
嘉穂総合	計	160	161	1.01	〈122〉
	普通　総合コース◆	40	46	1.15	〈31〉
	農業食品◆	40	41	1.03	〈38〉
	工　　業◆	40	32	0.80	〈19〉
	情　　報◆	40	42	1.05	〈34〉
鞍　　手	計	240	242	1.01	〈201〉
	普通[コースを除く]	160	174	1.09	〈145〉
	普通　人間文科コース	40	35	0.88	〈31〉
	理　　数	40	33	0.83	〈25〉
直　　方	計	200	165	0.83	〈121〉
	普通[コースを除く]◆	160	135	0.84	〈96〉
	普通　スポーツ科学コース	40	30	0.75	〈25〉
筑　　豊	計	160	85	0.53	〈65〉
	総合ビジネス※◆	40	59	0.49	〈46〉
	ビジネス情報※◆	80			
	生活デザイン◆	40	26	0.65	〈19〉
鞍手竜徳	総合学科◆	160	123	0.77	〈91〉

（注1）※はくくり募集
（注2）★はまとめて入学定員を設定するもの
（注3）◆は第2志望校制度の対象学科(コース)
（注4）入学定員・・・帰国生徒等特別学力検査合格内定者数，特色化選抜合格内定者数，連携型選抜合格内定者数，推薦入学合格内定者数および併設中学校からの入学予定者数を含む
（注5）志願者数・・・帰国生徒等特別学力検査合格内定者数，特色化選抜合格内定者数，連携型選抜合格内定者数，推薦入学合格内定者数および併設中学校からの入学予定者数を含み，第2志望校制度による志願者数は含まない
（注6）内定者数・・・帰国生徒等特別学力検査，特色化選抜，連携型選抜および推薦入学の合格内定者数及び併設中学校からの入学予定者数
（注7）コースを有する学科に係る定員等については，コース分を除いた学科の人数とコース分の人数を別々に表記

【市(組合)立】

学校名	学科(コース)名等 (※印はくくり募集)	入学 定員	確定 志願者数	倍率	内定 者数
福　　翔	総合学科	320	481	1.50	〈126〉
博多工業	計	280	304	1.09	〈180〉
	機　　械	80	93	1.16	〈55〉
	自動車工学	40	47	1.18	〈27〉
	インテリア	40	37	0.93	〈25〉
	建　　築	40	53	1.33	〈27〉
	画像工学	40	32	0.80	〈21〉
	電子情報	40	42	1.05	〈25〉
福岡女子	計	320	300	0.94	〈246〉
	普　　通	120	112	0.93	〈90〉
	生活情報	40	41	1.03	〈32〉
	食物調理	40	36	0.90	〈30〉
	服飾デザイン	40	33	0.83	〈30〉
	保育福祉	40	35	0.88	〈32〉
	国際教養	40	43	1.08	〈32〉
福岡西陵	普　　通	320	368	1.15	〈139〉
北九州市立	計	200	233	1.17	〈166〉
	未来共創	120	145	1.21	〈105〉
	情報ビジネス	80	88	1.10	〈61〉
南　　筑	普　　通	240	287	1.20	〈198〉
久留米商業	計	240	278	1.16	〈179〉
	経営科学 大学進学コース	60	278	1.16	〈179〉
	経営科学 経営情報コース	60			
	経営科学 経営総合コース	120			
古賀竟成館	計	200	452	2.26	〈152〉
	普通　特進コース	40	137	3.43	〈26〉
	普通　進学コース	105	237	2.26	〈91〉
	普通 ベーシックデザインコース	15	10	0.67	〈7〉
	総合ビジネス	40	68	1.70	〈28〉

（注1）入学定員および志願者数・・・帰国生徒等特別学力検査合格内定者数，特色化選抜合格内定者数および推薦入学合格内定者数を含む
（注2）内定者数・・・帰国生徒等特別学力検査，特色化選抜および推薦入学の合格内定者数
（注3）組合立（古賀竟成館）は別入試日
（注4）コースを有する学科に係る定員等については，各コースの人数を別々に表記

❖傾向と対策〈数学〉

出題傾向

	数と式							方程式						関数					図形								資料の活用	
	数の計算	数の性質	平方根の計算	平方根の性質	文字式の利用	式の計算	式の展開・因数分解	一次方程式の計算	一次方程式の応用	連立方程式の計算	連立方程式の応用	二次方程式の計算	二次方程式の応用	比例・反比例	一次関数	関数$y=ax^2$	いろいろな事象と関数	関数と図形	図形の性質	平面図形の計量	空間図形の計量	図形の証明	作図	中3単元 相似	中3単元 三平方の定理	中3単元 円周角の定理	場合の数・確率	資料の分析と活用・標本調査
2024年度	○		○		○	○						○		○		○	○			○	○	○		○	○	○	○	○
2023年度	○		○		○	○			○			○		○	○		○			○	○	○		○	○	○	○	○
2022年度	○		○		○	○						○		○		○	○			○	○	○		○	○	○	○	○
2021年度	○		○		○	○						○		○		○	○			○	○	○		○	○	○	○	○
2020年度	○		○		○	○		○					○	○		○	○			○	○	○		○	○	○	○	○

出題分析

★数と式…………数の計算，式の計算，平方根の計算などから出題されている。また，文字式を利用した応用問題が大問で出題されることもあり，証明問題を含む場合もあるので注意したい。

★方程式…………単に方程式を解く問題のほかに，方程式を利用した文章題が大問として出題される場合がある。

★関　数…………小問では基本事項を問う問題，大問では時間経過と距離，水量，プランの比較など，様々な事象について関係式をつくったり，グラフを読みとる問題が主に出題されている。

★図　形…………円の性質，三平方の定理，合同，相似，空間図形など広範囲にわたっており，証明問題も毎年出題されている。

★資料の活用……さいころ，カードなどを利用した，場合の数や確率について出題されるほか，標本調査や資料の活用に関する問題も多く出題されている。

来年度の対策

①基本事項をマスターすること！

出題は広範囲にわたるので，教科書の全範囲の復習をし，基本をマスターすることが大切である。総仕上げは，出題頻度の高い問題を抽出した「**ニューウイング 出題率 数学**」（英俊社）を使えば効果的だ。

②正確な計算力を身につけること！

計算問題だけでなく，他の分野の問題でもていねいで正確な計算力が必要になる。計算力の育成には，**数学の近道問題シリーズ**の「**式と計算**」「**方程式・確率・資料の活用**」（ともに英俊社）がお勧めだ。ぜひ仕上げておこう。

③図形や関数の分野に強くなること！

平面図形，空間図形に関する問題や，グラフを利用した文章題がよく出題されているので，何度も演習を重ねておこう。上記シリーズの「**図形〈1・2年分野〉**」「**図形〈3年分野〉**」「**関数とグラフ**」（いずれも英俊社）を役立ててほしい。解説もくわしいので，強い味方になってくれるだろう。

英俊社のホームページにて，中学入試算数・高校入試数学の解法に関する補足事項を掲載しております。必要に応じてご参照ください。

URL → https://book.eisyun.jp/

スマホはこちら ──→

❖傾向と対策〈英語〉

出題傾向

	放送問題	語い	音声			英文法					英作文			読解		長文問題										
			語の発音	語のアクセント	文の区切り・強勢	語形変化	英文完成	同意文完成	指示による書きかえ	正誤判断	整序作文	和文英訳	その他の英作文	問答・応答	絵や表を見て答える問題	会話文	長文読解	長文総合	設問の内容：音声・語い	文法事項	英文和訳	英作文	内容把握	文の整序・挿入	英問英答	要約
2024 年度	○												○	○		○		○	○			○	○	○	○	
2023 年度	○												○	○		○		○	○			○	○	○	○	
2022 年度	○												○	○		○		○	○			○	○	○	○	
2021 年度	○												○	○		○		○	○			○	○	○	○	
2020 年度	○												○	○		○		○	○			○	○		○	○

出 題 分 析

★長文問題は内容把握に関する設問が多く，語句挿入・英問英答・日本語記述などさまざまな形式で出題されている。作文問題は条件作文が出題されており，しっかりとした表現力が要求されている。

★リスニングテストは指示にしたがって作文を書く問題，選択肢の聞き取りが必要な問題が出題されている。

来年度の対策

①長文を数多く読んでおくこと！

長文をできるだけたくさん読んで，英文を読むスピードを上げるようにしておきたい。**英語の近道問題シリーズ**の「**長文基礎**」（英俊社）でトレーニングしておこう。

②リスニングに慣れておくこと！

日ごろからネイティブスピーカーの話す英語に慣れるように聞き取りの練習をしておこう。

③作文に強くなっておくこと！

整序作文，条件作文など，表現力を必要とする問題が多く出されている。上記シリーズの「**文の書きかえ・英作文**」（英俊社）などを利用して，しっかりとした作文力をつけておこう。

❖傾向と対策〈社会〉

出題傾向

	地理							歴史							公民										融合問題
	世界地理			日本地理			世界地理・日本地理総合	日本史					世界史	日本史・世界史総合	政治				経済				国際社会	公民総合	
	全域	地域別	地図・時差（単独）	全域	地域別	地形図（単独）		原始・古代	中世	近世	近代・現代	複数の時代			人権・憲法	国会・内閣・裁判所	選挙・地方自治	総合・その他	しくみ・企業	財政・金融	社会保障・労働・人口	総合・その他			
2024年度	○			○							○	○												○	○
2023年度	○			○								○		○										○	○
2022年度	○			○								○		○									○	○	
2021年度	○			○							○	○										○		○	
2020年度	○			○							○	○											○	○	

出題分析

★出題数と時間　過去5年間，大問数は6で一定。小問数は28～36なので，試験時間に対して標準的な問題量といえる。

★出題形式　作図の問題は出されていないが，短文による説明を求める問題の割合は高い。

★出題内容　①地理的内容について

日本地理・世界地理ともに出題されている。いずれも，地図の読解，統計・グラフの読み取り，短文説明の記述式の問題など，さまざまな内容となっている。日本地理では各地方の自然と産業について，世界地理では各国の特色が問われることが多い。

②歴史的内容について

日本史を中心に出題され，古代から近世までで1題，近現代から1題の出題になっていることが多い。関連する世界史の内容についてもチェックが必要。各時代の重要なできごとや人物を中心に，略年表やグラフ・写真・史料を利用し，時代判断や年代順などがよく問われている。また，時代背景を考えて短文で説明しなければならない問題もある。

③公民的内容について

政治・経済・国際関係・環境問題などについて，幅広く出題されている。いずれの内容も現代の課題を出題の導入とし，基礎・基本となる知識を問うものが中心。グラフ・資料の読解や指定語句を用いた短文説明は，難度が高い。

★難 易 度　全体的に標準的なレベルだが，統計読解や短文記述が必要な問題は点差がつきやすいので，ミスなく得点しておきたい。

来年度の対策

①地図・グラフ・統計・雨温図などを使って学習しておくこと！

地理分野では教科書の内容だけではなく，地図帳・資料集等の細かい内容も確認し，広くていねいな学習を心がけること。

②人物や代表的な事件について年代とともにまとめておくこと！

年代順や時代判断，時代背景を問う問題に対応するために，年表を作成・利用するなどして重要事項や人物を整理することが効果的な学習法といえる。また，教科書・参考書などの写真や史料にも注意しておきたい。

③時事問題にも関心を持とう！

公民分野では現代社会の課題が問題のテーマとなることが多いので，時事問題には関心を持っておこう。また，グラフや資料の読解からの出題も多いので，**社会の近道問題シリーズ「社会の応用問題―資料読解・記述―」**（英俊社）を使って数多くの問題をこなし，苦手意識をなくしておこう。

④苦手な分野をなくして合格を手にしよう！

短文記述の問題が苦手な受験生は，本県の入試に対して相当な心がまえが必要。学習の仕上げには出題率の高い問題が収録された**「ニューウイング 出題率 社会」**（英俊社）を使って自信をつけていこう。

❖傾向と対策〈理科〉

出題傾向

	物理					化学					生物					地学					環境問題
	光	音	力	電流の性質とその利用	運動とエネルギー	物質の性質	物質どうしの化学変化	酸素が関わる化学変化	いろいろな化学変化	酸・アルカリ	植物	動物	ヒトのからだのつくり	細胞・生殖・遺伝	生物のつながり	火山	地震	地層	天気とその変化	地球と宇宙	
2024年度			○	○					○	○	○	○						○		○	
2023年度				○	○	○			○		○			○		○			○		
2022年度	○		○						○		○		○						○	○	
2021年度				○	○	○	○					○		○				○	○		
2020年度	○			○				○		○	○		○						○	○	

出題分析

★物　理…………電流・力や運動などの出題が多く見られる。計算問題や作図・グラフ作成などの形式が出題されている。

★化　学…………酸化・還元，イオンなどの基本的な化学変化や，状態変化について出題されている。この分野は，記述や選択での出題が多く見られる。

★生　物…………様々な単元から出されている。記述や選択の他に，短文で解答する問題も多い。

★地　学…………天体・地層・雲のでき方など，様々な単元の問題が出されている。短文で解答する問題が多く見られ，計算問題の出題もある。

全体的にみると…毎年，物理・化学・生物・地学の各分野から２題ずつ出題されている。基本的な内容が出題されており，難問は少ない。

来年度の対策

①計算問題は素早く解こう！

数は多くないが，計算問題も出題される。そのほとんどが公式や基本的な考えで解くことができる問題なので，よく練習しておきたい。

②短文説明に備えよう！

語句や公式などを暗記しているだけでは，短文説明の問題でつまずいてしまう。実際に覚えた知識や語句は，内容を正しく理解し，言葉で説明できるようになっておこう。対策には，**理科の近道問題シリーズ**の「**理科記述**」(英俊社)がおすすめだ。短文説明の重要事項がコンパクトにまとまっているので，入試までに必ずやっておいてほしい。

③重要事項をまとめよう！

教科書に載っている太字の重要語句は，必ず理解しておこう。こういった重要事項は問題として出されやすい。学習の仕上げに，「**ニューウイング 出題率 理科**」(英俊社)をやってみよう。入試でよく出題される問題を集めた問題集なので，効率よく学習できる。

④苦手分野をなくそう！

各分野の問題が均等に出されるため，苦手な分野は極力なくしておきたい。特に苦手な分野については，**理科の近道問題シリーズ**の「**物理**」「**化学**」「**生物・地学**」(いずれも英俊社)を利用し，しっかりと克服してほしい。

❖傾向と対策〈国語〉

出題傾向

	現代文の読解									国語の知識									作文		古文・漢文								
	内容把握	原因・理由	接続語	適語挿入	脱文挿入	段落の働き・論の展開	要旨・主題	心情把握・人物把握	表現把握	漢字の読み書き	漢字・熟語の知識	ことばの知識	慣用句・ことわざ・四字熟語	文法	敬語	文学史	韻文の知識	表現技法	課題作文・条件作文	短文作成・表現力	読解問題	主語・動作主把握	会話文・心中文	要旨・主題	古語の意味・口語訳	仮名遣い	文法・係り結び	返り点・書き下し文	古文・漢文・漢詩の知識
2024 年度	○	○		○				○	○	○	○			○				○	○		○		○			○		○	
2023 年度	○			○				○			○		○	○					○		○		○	○		○		○	
2022 年度	○	○	○			○			○	○	○			○					○		○				○	○		○	
2021 年度	○	○		○	○					○	○			○					○		○					○			
2020 年度	○							○	○	○	○								○		○	○			○	○			

【出典】

2024年度 ①論理的文章　小林康夫「学ぶことの根拠」(『何のために「学ぶ」のか〈中学生からの大学講義〉1』所収)

②文学的文章　天沢夏月「ヨンケイ!!」

③漢文(書き下し文)「新釈漢文大系　第95巻　貞観政要(上)」

2023年度 1論理的文章・文学的文章　山極寿一「ゴリラからの警告『人間社会、ここがおかしい』」／ミヒャエル・エンデ作，大島かおり訳「モモ」
2文学的文章　森　絵都「鐘の音」
3漢文(書き下し文)「新釈漢文大系　第 8 巻　荘子（下)」

2022年度 1論理的文章　河合雅司「未来を見る力　人口減少に負けない思考法」
2文学的文章　阿部暁子「パラ・スター〈Side　百花〉」
3漢文(書き下し文)・古文「新釈漢文体系　第 58 巻　蒙求　上」・「新編日本古典文学全集　44　徒然草」

2021年度 1論理的文章　榎本博明「『さみしさ』の力　孤独と自立の心理学」
2文学的文章　重松　清「バスに乗って」
3古文「新編日本古典文学全集 64　仮名草子集」

2020年度 2論理的文章　市橋伯一「協力と裏切りの生命進化史」
3文学的文章　竹田真砂子「七代目」
4漢文(書き下し文)　林　秀一「新釈漢文大系　第 47 巻　戦国策（上)」

出題分析

★現代文…………論理的文章と文学的文章が 1 題ずつ出されている。設問の特色は，本文中の内容が理解できているかについて，いろいろな角度から問われる点にある。文章のまとめを表した図や文の空欄をうめる問題や，資料を用いた設問がよく出題される。

★古　文…………現代かなづかいや口語訳に加えて，内容把握の設問が中心となっている。記述式で答えさせるものもあるので，文章全体の流れを読み取って内容をとらえる力が求められる。2022～2024 年度では，返り点に関する問題が出された。

★漢　字…………長文問題の中で，書きとりと読みがなが 1～2 問ずつ出題されることが多い。

★作　文…………文字やイラスト，グラフが中心となった資料をもとに，181～240 字で自分の意見を書く条件作文が大問で出されている。段落数や段落ごとの内容が決められていることが多い。

来年度の対策

資料を使って国語の知識を問う大問や，作文もあるので，時間配分を意識しながらあせらずに取り組むことが大切。長文問題では，文章の内容をまとめた図が出されることもあるので，日頃から文章の要旨を把握できるようにたくさんの問題にあたって練習しておきたい。古文は，基本的な古語の意味を覚え，文章の流れがとらえられる読解力をつけておきたい。また，漢文の返り点についての問題が出されることもあるので，基礎的な知識はおさえておくこと。そのためには，まず教科書で学んだことをしっかりと復習することが重要である。基礎力を養い，弱点を克服するために問題集「**国語の近道問題シリーズ**（全 5 冊)」(英俊社）に取り組むとよいだろう。作文は自分の意見をまとめる力が求められるので，論理的に順序立てて，自分の考えを簡潔に表現できる文章力を養っておくこと。

【写真協力】 厚生労働省ホームページ ／ 国土地理院ホームページ ／ 読売新聞社 ／ 北海道開発局ホームページ ／ 毎日新聞社厚生労働省ホームページ ／ 国土地理院ホームページ ／ 読売新聞社 ／ 北海道開発局ホームページ ／ 毎日新聞社
【地形図】 本書に掲載した地形図は，国土地理院発行の地形図・地勢図を使用したものです。

~MEMO~

~MEMO~

福岡県公立高等学校

2024年度
入学試験問題

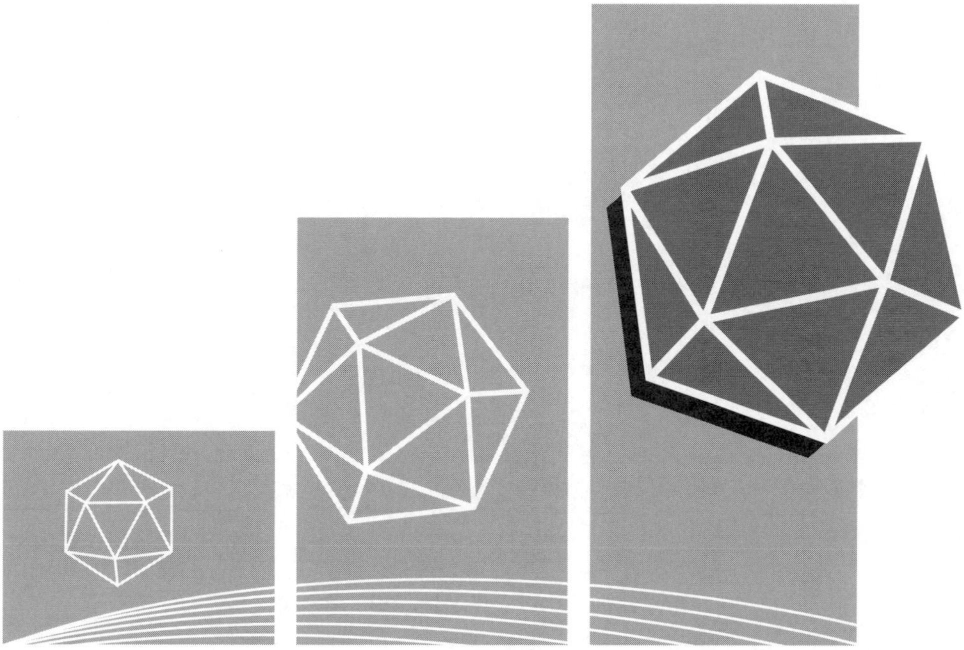

数学

時間　50分　　　　満点　60点

（注）　答えが数または式の場合は，最も簡単な数または式にすること。
答えに根号を使う場合は，$\sqrt{\quad}$ の中を最も小さい整数にすること。
答えに円周率を使う場合は，π で表すこと。

1　次の(1)～(9)に答えよ。

(1)　$7 + 3 \times (-4)$ を計算せよ。(　　　)

(2)　$5(2a + b) - (3a - b)$ を計算せよ。(　　　)

(3)　$\sqrt{18} + \dfrac{14}{\sqrt{2}}$ を計算せよ。(　　　)

(4)　y は x に反比例し，$x = -4$ のとき $y = 3$ である。
$x = 6$ のときの y の値を求めよ。(　　　)

(5)　2次方程式 $x(x + 7) = 8(x + 9)$ を解け。(　　　)

(6)　右の表は，A中学校の1年生65人を対象に通学時間を調査し，その結果を度数分布表に整理したものである。
この表をもとに，通学時間が5分以上10分未満の階級の相対度数を四捨五入して小数第2位まで求めよ。(　　　)

階級(分)	度数(人)
以上　未満 0 ～ 5	11
5 ～ 10	23
10 ～ 15	14
15 ～ 20	12
20 ～ 25	3
25 ～ 30	2
計	65

(7)　関数 $y = -\dfrac{1}{2}x^2$ のグラフをかけ。

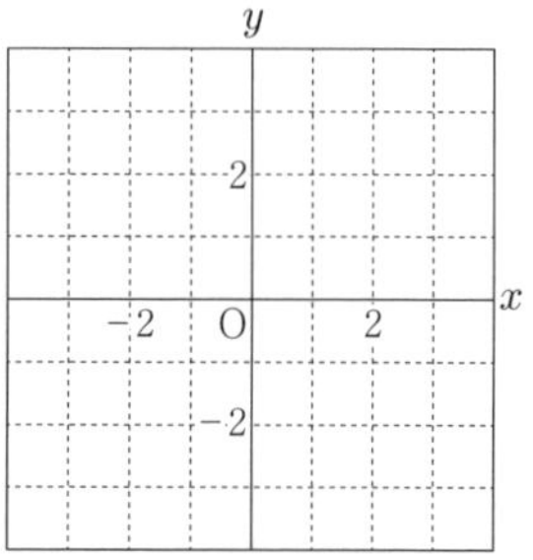

(8)　下のデータは，ある学級の生徒13人について，反復横とびを20秒間行ったときの記録を，回数の少ない方から順に並べたものである。

（単位：回）

35　41　41　45　47　48　49　51　52　53　56　56　57

このデータの第3四分位数を求めよ。(　　　回)

(9)　B 中学校の全校生徒 560 人の中から無作為に抽出した 60 人に対してアンケートを行ったところ，外国の文化について興味があると回答した生徒は 45 人であった。

B 中学校の全校生徒のうち，外国の文化について興味がある生徒の人数は，およそ何人と推定できるか答えよ。(およそ　　　人)

2　袋の中に，赤玉 1 個と白玉 3 個が入っており，この袋から玉を取り出す。

ただし，どの玉を取り出すことも同様に確からしいとする。

次の(1)，(2)に答えよ。

(1)　玉を 1 個取り出し，取り出した玉を袋にもどし，もう一度，玉を 1 個取り出す。取り出した 2 個の玉のうち，少なくとも 1 個は白玉が出る確率を求めよ。(　　　)

(2)　A さんが玉を 1 個取り出し，取り出した玉を袋にもどさず，続けて B さんが玉を 1 個取り出す。このとき，A さんの白玉の出やすさと B さんの白玉の出やすさに違いがあるかを説明せよ。説明する際は，樹形図または表を示すこと。

説明(　　　　　　　　　　　　　　　　　　　　　　　　　　　)

3　光さんと明さんは，文字を用いて，整数の性質を調べている。下の会話文は，その内容の一部である。

光さん

連続する 3 つの整数は，文字を用いて，どのように表したらいいかな。

明さん

連続する 3 つの整数は，最も小さい数を n とすると，n，$n+1$，$n+2$ と表されるね。これらを使って計算すると，連続する 3 つの整数の和は，いつでも（ Ⓟ ）の倍数になることがわかるよ。

本当だね。計算した式から，連続する 3 つの整数の和は，真ん中の数の（ Ⓟ ）倍になることもわかるね。

そうだね。連続する 3 つの整数について，ほかにわかることはないかな。

例えば，最も小さい数を n として，真ん中の数と最も大きい数の積から，最も小さい数と真ん中の数の積をひいた差は，[A] と表されるから，真ん中の数の倍数になるよ。

確かにそうだね。他にも [A] の式を別の形に表すと，（ B ）になることがわかるね。

次の(1)～(4)に答えよ。

(1)　（ Ⓟ ）にあてはまる数をかけ。(　　　)

(2)　[A] にあてはまる式をかけ。また，(B)にあてはまるものを，次のア～エから 1 つ選び，記号をかけ。A (　　　)　B (　　　)

ア　真ん中の数と最も小さい数の和　　　イ　真ん中の数から最も小さい数をひいた差

ウ　最も大きい数と最も小さい数の和　　エ　最も大きい数から最も小さい数をひいた差

(3)　光さんと明さんは，次のことを予想した。

予想

> 連続する3つの整数のうち，真ん中の数の2乗から1をひいた差は，最も小さい数と最も大きい数の積になる。

予想がいつでも成り立つことの証明を，整数 m を用いて完成させよ。

証明

> （　　　　　　　　　　　　　　　　　　　　）
>
> したがって，連続する3つの整数のうち，真ん中の数の2乗から1をひいた差は，最も小さい数と最も大きい数の積になる。

(4)　光さんと明さんは，連続する4つの整数について調べたことを，次のようにまとめた。

まとめ

> 連続する4つの整数のうち，最も小さい数と2番目に小さい数の和をX，2番目に大きい数と最も大きい数の和をYとするとき，XとYの積に，正の整数（ Ⓠ ）を加えた数は，（ C ）の積の4倍になる。

上のまとめはいつでも成り立つ。（ Ⓠ ）にあてはまる数をかけ。また，（ C ）にあてはまるものを，次のア～エから1つ選び，記号をかけ。Ⓠ(　　　)　C(　　　)

ア　最も小さい数と2番目に大きい数　　イ　最も小さい数と最も大きい数

ウ　2番目に小さい数と2番目に大きい数　　エ　2番目に小さい数と最も大きい数

4　3つの電力会社A社，B社，C社がある。どの電力会社を利用するときも，1か月の電気料金は，基本料金と電気の使用量に応じた料金の合計である。

表は，3つの電力会社の電気料金のプランを示したものである。

表

	1か月の電気料金	
	基本料金	電気の使用量に応じた料金
A社	400円	200kWhまでは，1kWhあたり24円 200kWhをこえた使用量に対しては，1kWhあたり20円
B社	a円	120kWhまでは，1kWhあたりb円 120kWhをこえた使用量に対しては，1kWhあたりc円
C社	4000円	240kWhまでの使用量に対しては，無料 240kWhをこえた使用量に対しては，1kWhあたり一定の料金がかかる。

電気の使用量がx kWh のときの１か月の電気料金をy円とするとき，図は，A社を利用する場合について，電気の使用量が0kWh から350kWh までのxとyの関係をグラフに表したものである。

図

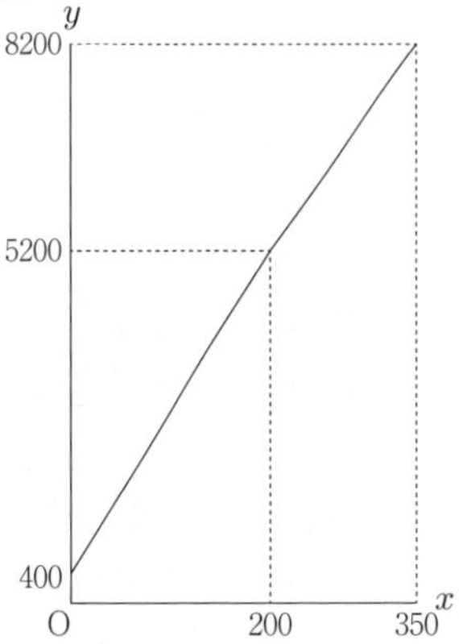

次の(1)～(3)に答えよ。

(1)　A社を利用する場合，電気の使用量が80kWh のときの１か月の電気料金を求めよ。(　　　　円)

(2)　B社を利用する場合，表のa，b，cについて，$a > 400$，$b < 24$，$c > 20$ である。

このとき，電気の使用量が0kWh から350kWh までのxとyの関係を表したグラフを，図にかき入れたものが次のア～エの中に１つある。それを選び，記号をかけ。(　　　　)

ア

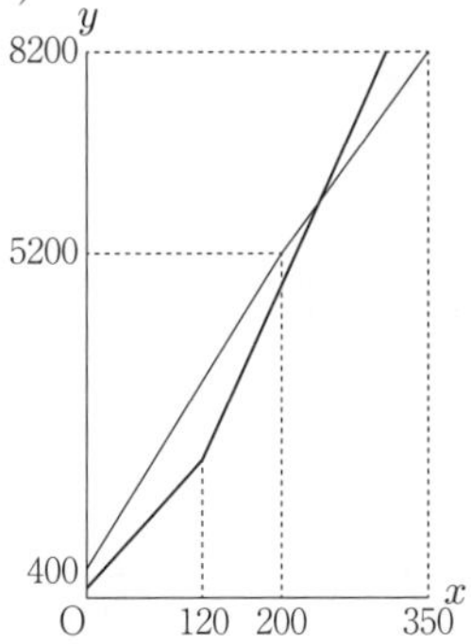

イ

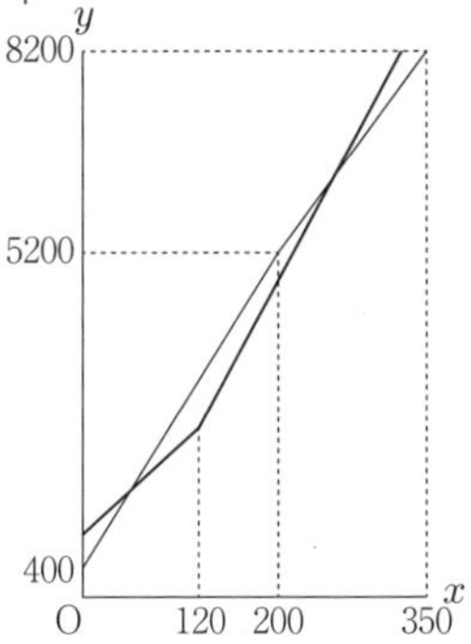

ウ

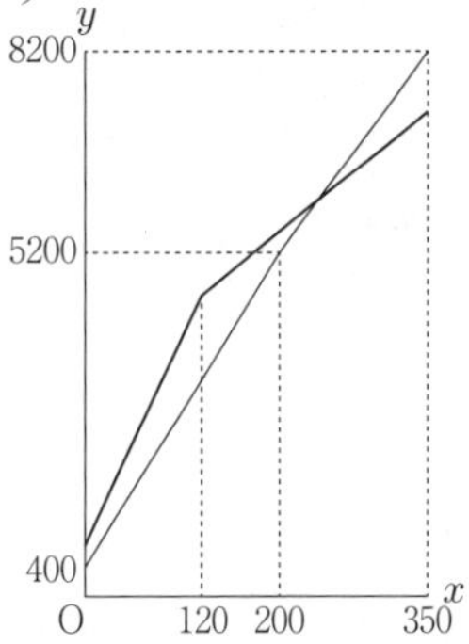

エ

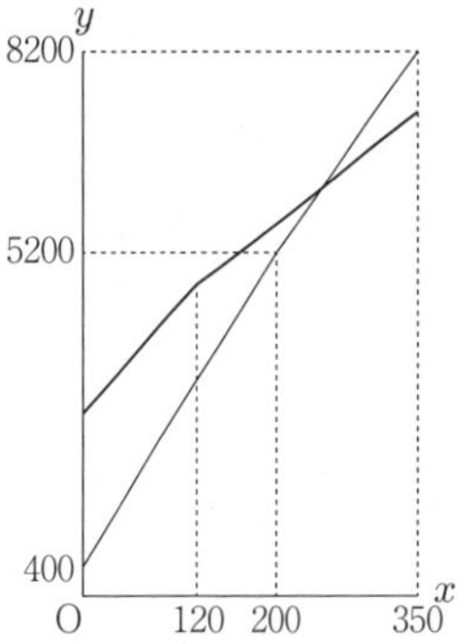

(3)　C社を利用する場合，電気の使用量が350kWh のときの１か月の電気料金は，8400円である。

１か月の電気料金について，C社を利用する方がA社を利用するよりも安くなる場合を，次のように説明した。

説明

> C社を利用する方がA社を利用するよりも安くなるのは，電気の使用量が150kWh をこえて［　Ⓡ　］kWh よりも少ないときである。

説明の［　Ⓡ　］にあてはまる数を求めよ。(　　　　)

5　図１のように，AB ＞ AC の鋭角三角形 ABC がある。

図１

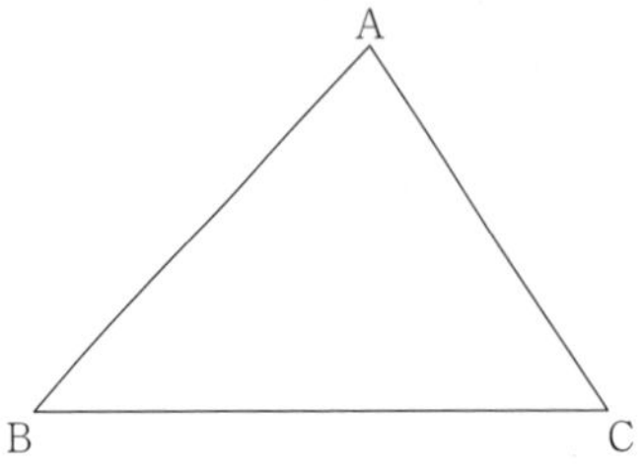

図２

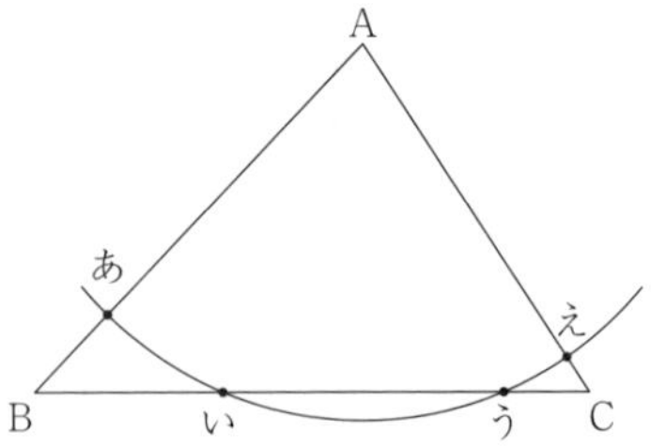

次の(1)～(4)に答えよ。

(1)　図１において，点 A から辺 BC への垂線を作図する。図２は，点 A を中心として，△ABC と４点で交わるように円をかき，その交点を，あ，い，う，え としたものである。

図２の あ～え の点の中からどれか２点を P，Q とすることで，次の手順によって，点 A から辺 BC への垂線を作図することができる。

手順

① 点 P，Q をそれぞれ中心として，互いに交わるように等しい半径の円をかく。
② ①でかいた２つの円の交点の１つを R とする。ただし，点 R は点 A とは異なる点とする。
③ 直線 AR をひく。

このとき，点 P，Q とする２点を，図２の あ～え から２つ選び，記号をかけ。

また，手順によって，点 A から辺 BC への垂線を作図することができるのは，点 A と点 P，点 P と点 R，点 R と点 Q，点 Q と点 A をそれぞれ結んでできる図形が，ある性質をもつ図形だからである。その図形を次のア～エから１つ選び，記号をかけ。

点 P，Q とする２点（　　）（　　）　図形（　　）

ア　直線 AR を対称の軸とする線対称な図形
イ　∠BAC の二等分線を対称の軸とする線対称な図形
ウ　点 A を対称の中心とする点対称な図形
エ　点 R を対称の中心とする点対称な図形

(2)　図３は，図１において，点 A から辺 BC に垂線をひき，辺 BC との交点を D，点 B から辺 CA に垂線をひき，辺 CA との交点を E，線分 AD と線分 BE との交点を F としたものである。

図３において，△AFE ∽ △BCE であることを証明せよ。

（　　　　　　　　　　　　）

図３

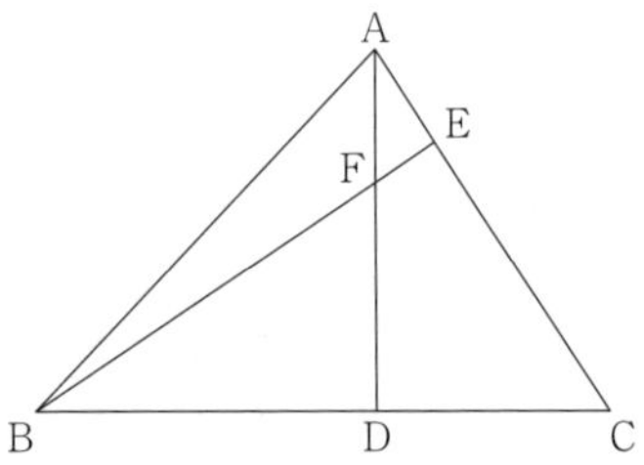

(3)　図3において，次のことが成り立つ。

成り立つこと

点A，B，C，D，E，Fのうち，4点（㋐，㋑，㋒，㋓）は，1つの円周上にある。

成り立つことの，㋐～㋓にあてはまる4点の組が2組ある。㋐～㋓にあてはまる4点を，図3の点A，B，C，D，E，Fから選んで2組かけ。(　　，　　，　　，　　)(　　，　　，　　，　　)

(4)　図4は，図3において，BD = 11cm，CD = 5cm，∠BCA = 60°となる場合に，点Aを通り辺BCに平行な直線をひき，直線BEとの交点をGとし，点Cと点Gを結んだものである。

このとき，△ABEの面積は，四角形ABCGの面積の何倍か求めよ。(　　　倍)

図4

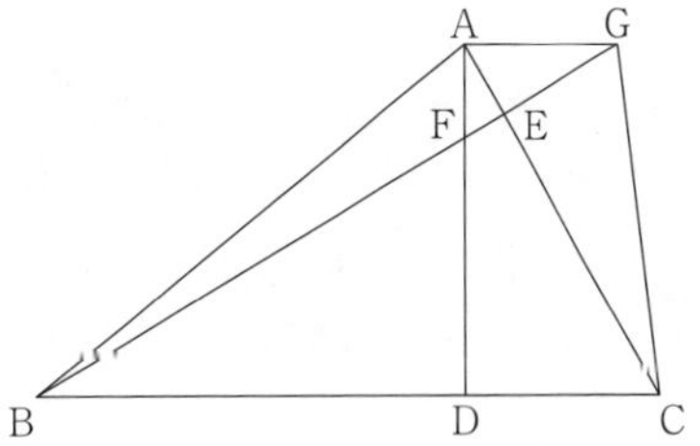

6　図1は，AB = 8cm，BC = 4cm，AE = 4cmの直方体ABCDEFGHを表している。

次の(1)～(3)に答えよ。

(1)　図1に示す直方体において，辺ADとねじれの位置にあり，面EFGHに垂直な辺を全てかけ。(　　　　)

(2)　図1に示す直方体において，辺EF上に点P，辺FG上に点Qを，AP + PQ + QCの長さが最も短くなるようにとる。

このとき，線分PQの長さを求めよ。(　　　cm)

(3)　図2は，図1に示す直方体において，辺ABの中点をI，辺HGの中点をJとし，四角形EICJをつくったものである。

図2に示す直方体において，辺EF上に点Kを，EK = KCとなるようにとるとき，四角すいKEICJの体積を求めよ。

(　　　cm^3)

図1

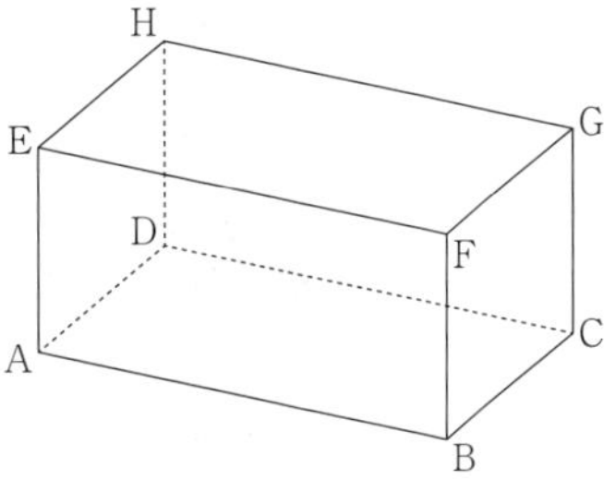

図2

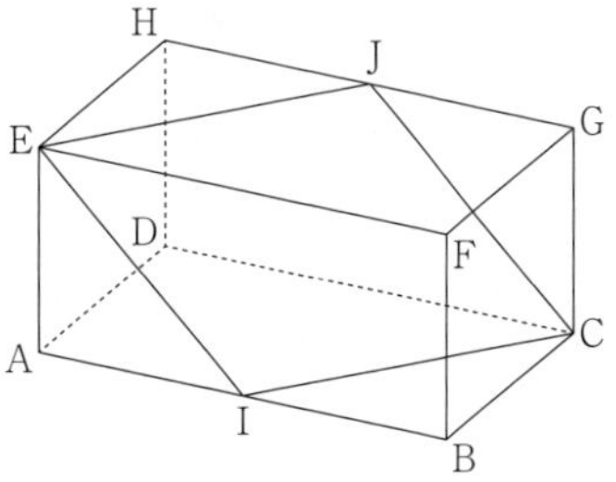

英語

時間　55分　　　満点　60点

（編集部注）　放送問題の放送原稿は英語の末尾に掲載しています。
音声の再生についてはもくじをご覧ください。

1　放送を聞いて，問題1，問題2，問題3，問題4に答えよ。

問題1　英語の短い質問を聞き，その後に読まれるア，イ，ウ，エの英語の中から，答えとして最も適当なものを一つずつ選ぶ問題　(1)(　　　)　(2)(　　　)　(3)(　　　)

※記号で答えよ。問題は3問ある。

※英語は1回だけ読まれる。

問題2　地図を見て，質問に答える問題　(1)(　　　)　(2)(　　　)

※答えとして最も適当なものを地図の中から抜き出して答えよ。問題は2問ある。

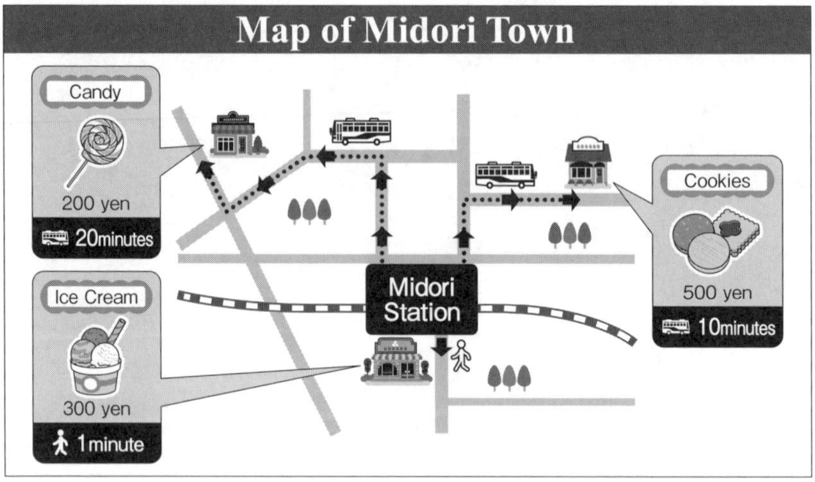

問題3　留学中の久美（Kumi）と友人のマイク（Mike）の対話を聞いて，質問に答える問題
(1)(　　　)　(2)(　　　)　(3)(　　　)

※答えとして最も適当なものをア，イ，ウ，エの中から一つずつ選び，記号で答えよ。

(1)　ア　Yes, she will.　　イ　No, she won't.　　ウ　Yes, she has.　　エ　No, she hasn't.

(2)　ア　Because Mike was a little shy and he asked Kumi for help.
　　イ　Because Mike spoke to Kumi when she felt lonely at school.
　　ウ　Because Kumi introduced Mike to her classmates and they became good friends.
　　エ　Because Kumi could easily make friends without Mike's help.

(3)　ア　She didn't remember how she tried to express her opinions in class.
　　イ　It was not difficult for her to share her opinions when she came to Australia.
　　ウ　She became nervous after talking with Mike about her ideas.
　　エ　In Australia she learned that expressing her opinions was important.

問題4　英文を聞いて，質問に答える問題

留学中の裕二（Yuji）が，班別研修で映画博物館を訪れ，館内図を見ながら，説明を受ける。裕二は，C 班に所属している。説明を聞いて，〈問 1〉と〈問 2〉の質問に答えよ。

※〈問 1〉の(1)はア，イ，ウ，エの中から一つ選び記号で，(2)は（　　）内にそれぞれ **1 語の英語**で，(3)は **2 語以上の英語**で答えよ。

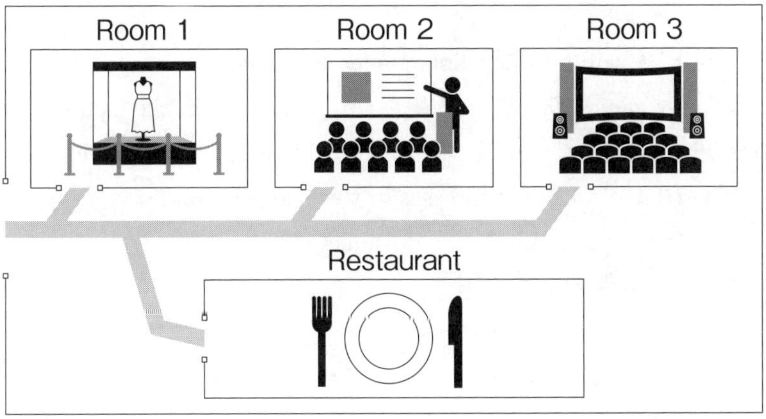

〈問 1〉

(1)　Where will Yuji go first in the museum?（　　　）

ア　Room 1.　　イ　Room 2.　　ウ　Room 3.　　エ　Restaurant.

(2)　What will Yuji watch in Room 3?

He will watch an（　　　）（　　　）in Room 3.

(3)　What present will Yuji get before he leaves the museum?

（　　　　　　　　　　　　　　　　　　　　　　　　　　　　）

〈問 2〉　英語の指示にしたがって答えよ。

（　　　　　　　　　　　　　　　　　　　　　　　　　　　　）

※ **4 語以上の英語**で文を書け。

2　次の 1～3 の各組の対話が成り立つように，[A]～[D]にあてはまる最も適当なものを，それぞれのア～エから一つ選び，記号を書け。A（　　）B（　　）C（　　）D（　　）

1　*Jack:*　What did you do last Sunday, Takashi?

Takashi:　I had a game in a basketball tournament.

Jack:　You look happy. [A]

Takashi:　Yes! We will have our final game next Sunday.

A　ア　How many games did you have?　イ　Did you win the game?

ウ　Was it your final game?　エ　Where did you play the game?

2　*Risa:*　There are a lot of pencil cases in this shop, Emma.

Emma:　I want this one. What do you think?

Risa:　It looks nice, but [B]

Emma:　Well, I have many pens and pencils.

Risa:　I understand, so you can put all of them in it.

B　ア　it may be too large.　イ　it is too small for your pens.

ウ　it's not as large as your pencil case.　エ　it's the smallest of all the pencil cases.

3　*Flight Attendant:*　Excuse me. Would you like another coffee?

Kentaro:　Yes, please. How is the weather in London today?

Flight Attendant:　It's cloudy. [C]

Kentaro:　For two weeks. In fact, I traveled there twice last year.

Flight Attendant:　Wow! How do you like London?

Kentaro:　It's great! [D]

Flight Attendant:　You're right. They are kind people. Enjoy your trip!

C　ア　When did you go to London?

イ　How long will you stay in London?

ウ　What will you do in London?

エ　Why do you want to know the weather in London?

D　ア　You can go to many libraries in London.

イ　There are a lot of places to visit in London.

ウ　I have lived in London for a long time.

エ　People in London are friendly to visitors.

3 次の英文は，英語の授業中に香織（Kaori）と留学生のジェームズ（James）が，ベル先生（Ms. Bell）からアドバイスを受けている会話の場面である。これを読んで，後の各問に答えよ。

Ms. Bell: Hi, Kaori and James. How's your research for the presentation?

Kaori: ① Ms. Bell, we (talking / been / about / have / are) an effective way to make our research better, but we don't know what to do next.

Ms. Bell: Well, please tell me what you found.

Kaori: OK. We are trying to research the food that people in this area ate in the past. We looked at some websites about the history of our city. We found a lot of information from them.

Ms. Bell: Sounds good. What did you find?

James: Our city is located near the sea and the people in this area ate fish about 2,000 years ago.

Ms. Bell: That's interesting. Did the people in this area eat other things?

James: [　　　　] They cut down trees to make rice fields. Some of the rice fields became the remnants that are located near our school.

Kaori: Actually, we visited the remnants of rice fields and met a woman who knew a lot about them.

Ms. Bell: Did you interview her?

Kaori: Yes. ② She (information / us / we / giving / gave) needed. For example, the size of the rice fields, the kind of rice people in this area made, and how they cooked it.

Ms. Bell: You learned a lot together. If you need more information, you can ask the history teacher. He taught me the history of our city.

James: Oh, Mr. Yamada! That's nice! Kaori, let's ask him after school.

Kaori: Yes! I'm sure we will improve our presentation and choose a good title if we continue working together.

Ms. Bell: I think so, too. You should start to think about the title of the presentation.

（注） research…調査(する)　located…位置している　cut down…切り倒した　rice fields…水田　remnants…遺跡　interview…インタビューする　title…タイトル

問1 英文中の下線部①，②が，会話の内容から考えて意味がとおるように，それぞれ（　）内から4語を選び，それらを正しい語順に並べて書け。

①(　　　　　　　　　　) ②(　　　　　　　　　　)

問2 英文中の[　　　]には，次のア～エのいずれかが入る。会話の内容から考えて，最も適当なものを，一つ選び，記号を書け。(　　　)

ア No, they only ate fish.　イ No, they didn't eat fish.　ウ Yes, they ate rice, too.

エ Yes, they only ate rice.

問3 次は，授業の終わりに，学習した内容を振り返る場面で，香織がタブレットパソコンに入力した振り返りの英文である。下の各問に答えよ。

Today's Goal：Let's Decide the Next Step of the Research!

Today I learned [　　　]. We had time to share our research with other groups. I got some hints from them. Now I know the good websites we should visit, the places we should research, and the people we should interview.

I need more information about the rice fields of our city, so I'll ask Mr. Yamada after school.

(1)　英文中の [　　] には，次のア～エのいずれかが入る。会話と振り返りの内容から考えて，最も適当なものを，一つ選び，記号を書け。(　　　)

ア　working together helps us find new ideas

イ　it is difficult to talk with other groups in class

ウ　it is important to research the history in this area by myself

エ　using the Internet is the best way for my research

(2)　次の質問の答えとして，会話と振り返りの内容から考えて，最も適当なものを，後のア～エから一つ選び，記号を書け。(　　　)

Which is the best title for the presentation that Kaori and James will make?

ア　Useful Websites about Japanese Culture　　イ　History of Food in This Area

ウ　How to Visit Our City　　エ　The Way of Cooking Japanese Food

4　次の英文を読んで，後の各問に答えよ。

Yumi is a high school student in Fukuoka. Her brother, Ken, studies photography in New York. One day their mother, Tomoko, said, "Yumi, why don't you visit Ken this summer? It'll be a good [　　]." Yumi was excited to hear that because she wanted to go there for a long time.

In the summer, Yumi visited New York. At the airport in New York, Ken was waiting. She was very happy to see him there. While they were eating dinner, Ken showed an old photo to Yumi. In the photo, a man and a young woman were standing in front of a pizzeria. The woman was their mother. The photo was taken in New York and the address of the pizzeria was written on it. Ken got it before he left Japan a year ago. Yumi said to Ken, "I know she lived in New York but she never told me any details." "I've never been to this pizzeria. How about visiting there for lunch tomorrow?" said Ken. Yumi agreed.

The next day, they went to the pizzeria. Yumi soon found the old man in the photo. Yumi showed the photo to him and asked, "Do you remember this woman?" He looked at the photo and said, "Of course, that's Tomoko. Are you Tomoko's daughter?" Yumi said, "Yes, I am!" ①The old man was surprised and said, "Wow! I can't believe Tomoko's daughter is in front of me! Tomoko lived on the third floor of this building 25 years ago. She studied the piano in university to be a music teacher and practiced very hard every day. What does she do now?" Yumi answered, "She is a music teacher." He said, "Oh, good! She always said she wanted to make people happy through music. OK. Let's eat pizza. I'll tell you more." While Yumi and Ken ate pizza, they enjoyed listening to memories of Tomoko.

After talking and eating pizza, Yumi said to the old man, "Thanks to this photo, I could meet you. I'll visit you again with my mom next time!" Yumi and Ken said goodbye to the man and left the pizzeria. Yumi asked Ken why he studied photography. He answered, "I think people have their wonderful memories. I want to share them through photos. It's ②my dream." Yumi was excited and said, "That's nice! I want to find my dream, too."

（注）photography…写真撮影，写真技術　in front of ～…～の前に　pizzeria…ピザ屋
address…住所　details…詳しいこと　building…建物　Thanks to ～…～のおかげで

問1　英文中の［　　］に入る最も適当な語を，次のア～エから一つ選び，記号を書け。(　　　)

ア　expression　イ　instrument　ウ　experience　エ　friendship

問2　下線部①について，次の質問の答えを，5語以上の英語で書け。

Why was the old man surprised?

(　　　　　　　　　　　　　　　　　　　　　　　　　　　)

問3　下線部②の具体的な内容を，英文中から探し，日本語で書け。

(　　　　　　　　　　　　　　　　　　　　　　　　　　　)

問4　英文の内容に合っているものを，次のア～カから二つ選び，記号を書け。(　　　)(　　　)

ア　The photo Ken showed to Yumi in New York was taken in Japan.

イ　Yumi and Ken visited the pizzeria together to take photos with the man there.

ウ　When Yumi went to the pizzeria, she couldn't find the man in the old photo which Ken had in New York.

エ　Tomoko studied the piano when she was a university student in New York.

オ　Tomoko didn't become a music teacher after going back to Japan.

カ　Yumi felt excited and wanted to find her dream when Ken told her about his dream.

問５　次の質問にあなたならどう答えるか。6語以上の英語で書け。

What will you do if you find your old photo?

(　　)

5　あなたは留学先で，友達のケビン（Kevin）とメッセージのやり取りをしている。あなたはケビンの質問に対して，どのような返信をするか，【条件】にしたがって書け。

(□ is the best month.

　　)

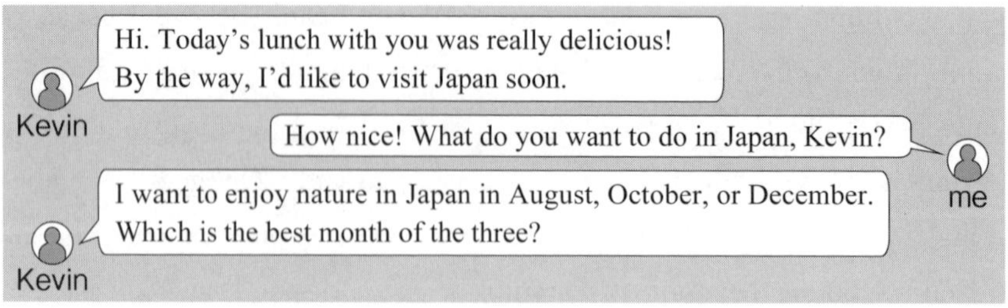
Hi. Today's lunch with you was really delicious!
By the way, I'd like to visit Japan soon.
Kevin
How nice! What do you want to do in Japan, Kevin?
me
I want to enjoy nature in Japan in August, October, or December.
Which is the best month of the three?
Kevin

【条件】

・最初の文は，□ is the best month.を用いること。

　その際，解答欄の□には，適当な語を英語で記入すること。

・やり取りの内容をふまえた上で，あなたの考えを理由とともに書くこと。

・最初の文は語数に含めずに，30語以上の英語で書くこと。

〈放送原稿〉

これから，2024 年度福岡県公立高等学校入学試験「英語リスニングテスト」を行います。問題は，問題 1 から問題 4 まであります。なお，放送中にメモをとってもかまいません。

問題 1 （チャイム）

それではテストを始めます。問題 1 を見てください。これから，英語で短い質問をします。その後に続けて読まれるア，イ，ウ，エの英語の中から，答えとして最も適当なものを一つずつ選び，記号で答えてください。問題は 3 問あり，英語はそれぞれ 1 回だけ読まれます。それでは始めます。

(1) Hi. I want a hamburger, please. How much is it?

ア Three times.　イ Two cups.　ウ Four dollars.　エ Five hours.

(2) Jane, do you listen to music at home?

ア No, pop music.　イ Yes, you are.　ウ No, you don't.　エ Yes, every day.

(3) Lucy, which baseball cap do you want to buy?

ア Two balls, please.　イ She is in the stadium.　ウ The blue one.　エ It's yours.

問題 2 （チャイム）

問題 2 を見てください。これから，英語で地図を用いた質問をします。その答えとして最も適当なものを，地図の中から抜き出して答えてください。問題は 2 問あり，英語はそれぞれ 2 回繰り返します。それでは始めます。

(1) John is at Midori Station and he is going to walk around the town. He wants to go to one of the shops on the map. He has decided to walk to the shop next to the station. What is he going to buy?

「2 回目」――（繰り返し）――

(2) Saki and Amy are going to visit Midori Town next Saturday. They love candy and have found a nice candy shop on the map. From Midori Station to the shop, how long will it take by bus?

「2 回目」――（繰り返し）――

問題 3 （チャイム）

問題 3 を見てください。これから，留学中の久美と友人のマイクが対話をします。その対話の後で，「クエスチョン（Question）」と言って英語で質問します。その答えとして最も適当なものをア，イ，ウ，エの中から一つずつ選び，記号で答えてください。英語は 2 回繰り返します。それでは始めます。

Mike: Kumi, I heard you will finish studying in Australia soon.

Kumi: Yes, Mike. I will go back to Japan next week. I will miss you very much.

Mike: I will miss you, too. Do you remember how we became friends?

Kumi: Yes, of course. On the first day, I was lonely. So I was very happy when you spoke to me. Then, you introduced your classmates to me and helped me make friends.

Mike: You were a little shy then, but you became active and are enjoying your school life now.

Kumi: Yes, I am. Oh, there is one more thing I will never forget. When I came here, it was difficult to share my opinion in class because I was so nervous. But when I tried, you told me that it was a good idea. Now, I'm not nervous when I share my opinions.

Mike: I am glad to hear that. We've learned a lot of things by talking with you, Kumi.

Kumi: Thank you. Now I know it's important to express my opinions. I won't be afraid of doing so after going back to Japan.

Question (1) Will Kumi go back to Japan next week?

Question (2) Why was Kumi happy on her first day at her school in Australia?

Question (3) Which is true about Kumi?

「2回目」――（繰り返し）――

問題4（チャイム）

問題4を見てください。これから，留学中の裕二が班別研修で映画博物館を訪れ，館内図を見ながら説明を受けます。裕二はC班に所属しています。説明を聞いて，〈問1〉と〈問2〉の質問に答えてください。

〈問1〉の(1)はア，イ，ウ，エの中から一つ選び記号で，(2)はカッコ内にそれぞれ1語の英語で，(3)は2語以上の英語で答えてください。なお，英語による説明の後には，記入の時間が約40秒ずつあります。英語は2回繰り返します。それでは始めます。

Welcome to the World Movie Museum. My name is Kate. Today we will show you around the museum. You are in one of the three groups: Group A, B, or C. We have three rooms to learn about movies. You will visit all three rooms. I will tell you the first room for each group. Group A will go to Room 2. Group B will go to Room 3. Group C will go to Room 1.

Now I will introduce each room. In Room 1, you can see real dresses, hats, and shoes used in movies. In Room 2, our staff member will tell you about how movies are made. And Room 3 is a movie theater. We collect movies from many countries. Today, we have chosen an American movie. You will watch it in Room 3.

After visiting two rooms, we will have lunch at the restaurant. Then, you will visit the last room.

Before you leave our museum, we will give you a notebook as a present.

If you have any questions, please let us know.

「答えを記入してください。」

「2回目」――（繰り返し）――

〈問2〉 英語で質問と指示をします。その指示にしたがって4語以上の英語で文を書いてください。なお，質問と指示を2回繰り返した後，記入の時間が約40秒あります。それでは始めます。

What do you want to ask the staff member in Room 2 about making movies? Write one question.

「2回目」――（繰り返し）――

「答えを記入してください。」

これで,「英語リスニングテスト」を終わります。なお,この後の筆記テスト中に,見直して,訂正してもかまいません。それでは,筆記テストの解答を始めてください。

社会

時間　50分　　　満点　60点

1　千秋さんは，わが国の古代から近代の各時代の政治，文化，経済に関するおもなできごとを表にまとめた。表をみて，各問に答えよ。

〈表〉

時代	政治	文化	経済
古代	貴族による摂関政治《せっかんせいじ》が行われた。	日本の風土に合った①国風文化が生まれた。	A
中世	②武家《ぶけ》政権による支配がしだいに広がった。	禅宗《ぜんしゅう》の影響を受けた文化が栄えた。	B
近世	③幕藩《ばくはん》体制による支配のしくみが整えられた。	上方《かみがた》を中心に，町人の文化が栄えた。	C
近代	④立憲《りっけん》制国家のしくみが整えられた。	西洋の影響を受けた文化が広まった。	D

問1　下線部①に最も関係の深い人物を，次の1～4から一つ選び，番号を書け。(　　　)

　1　鑑真《がんじん》　　2　聖武《しょうむ》天皇　　3　清少納言《せいしょうなごん》　　4　中大兄皇子《なかのおおえのおうじ》

問2　表のA～Dには，各時代の経済に関するできごとがあてはまる。Bにあてはまるものを，次の1～4から一つ選び，番号を書け。(　　　)

　1　商工業者が同業者ごとに株仲間《かぶなかま》をつくり，営業を独占した。

　2　都と地方を結ぶ道路が整えられ，調《ちょう》や庸《よう》などの税が運ばれた。

　3　殖産興業《しょくさんこうぎょう》政策のもと，新しい技術の開発や普及がはかられた。

　4　交通の盛んな所では馬借《ばしゃく》や車借《しゃしゃく》，問《とい》（問丸《といまる》）といった運送業者が活躍した。

問3　下線部②に関する次の1～4のできごとを，年代の古い方から順に並べ，番号で答えよ。

(　　→　　→　　→　　)

　1　南朝が北朝に統一され，南北朝の内乱が終わった。

　2　上皇《じょうこう》らが隠岐《おき》などに追放され，京都に六波羅探題《ろくはらたんだい》が置かれた。

　3　多くの守護大名《だいみょう》を巻き込んだ戦乱が京都で起き，下剋上《げこくじょう》の風潮が広まった。

　4　国ごとに守護《しゅご》を，荘園《しょうえん》や公領《こうりょう》ごとに地頭《じとう》を置くことを，初めて朝廷《ちょうてい》が認めた。

問4　次の[　　]内は，千秋さんが，下線部③の時期のできごとについてまとめたものである。㋑，㋺の（　）にあてはまるものを，それぞれ一つ選び，記号を書け。㋑(　　　)　㋺(　　　)

> 幕府は，㋑（a　御成敗式目《ごせいばいしきもく》，b　武家諸法度《ぶけしょはっと》）を定め，築城などに規制を設けて，大名を統制した。また，幕府は，年貢を負担する百姓《ひゃくしょう》が㋺（c　米，d　土地）を売買することを禁止した。

問5　次の[　　]内は，千秋さんが，下線部④についてまとめたものである。㋩の（　）にあてはまるものを一つ選び，記号を書け。また，（ ㊁ ）にあてはまる語句を書け。

　㋩(　　　)　㊁(　　　)

> ㋩(a　板垣退助《いたがきたいすけ》，b　伊藤博文《いとうひろぶみ》）らが作成した憲法案は，審議を経て，大日本帝国憲法として発布された。この憲法の条文には，国民に（ ㊁ ）の範囲内で言論の自由といった権利を認めることが定められた。

問6　次の□内は，千秋さんが，近世から近代へと移り変わるころのできごとが人々の生活に与えた影響についてまとめたものである。(㋭)，(㋬ ）にあてはまる語句を正しく組み合わせたものを，下の1～4から一つ選び，番号を書け。また，〔 ㋣ 〕にあてはまる内容を，「物価」の語句を使って書け。番号(　　　)　㋣(　　　　　　　　　　　　　　　　　)

> 欧米《おうべい》諸国と貿易が始まると，日本からはおもに（ ㋭ ）が輸出されたが，生産が追いつかず，国内では品不足となった。また，日本と外国の金と銀の交換比率が異なっていたことから（ ㋬ ）が流出した。これらの影響で，国内では〔 ㋣ 〕こともあり，人々の生活は苦しくなった。

1　㋭は生糸，㋬は金　　2　㋭は生糸，㋬は銀　　3　㋭は綿糸，㋬は銀

4　㋭は綿糸，㋬は金

2　緑さんは，20世紀以降のわが国と世界との関わりについて調べ，カードにまとめた。カードをみて，各問に答えよ。

〈カード〉

A
第二次世界大戦後の欧米で民衆の政治参加が進む中，わが国では民主主義を求める風潮である（　　）が広がった。

B
国際情勢の変化により，GHQは占領政策を転換し，①わが国は国際社会に復帰した。

C
②高度経済成長の時期に，わが国は貿易を拡大し，GNPは資本主義国の中で第2位となった。

D
グローバル化が進み，地球規模の課題解決に向け，わが国も③環境分野で貢献している。

問1　カードAについて，（　　）にあてはまる語句を書け。（　　　）

問2　次の［　　］内は，緑さんが，下線部①について，資料Ⅰ，Ⅱから読み取れることをもとにまとめたものである。㋑と㋺の（　　）にあてはまるものを，それぞれ一つ選び，記号を書け。
㋑（　　　）　㋺（　　　）

> 資料Ⅰに調印すると同時に，わが国は㋑（a　日米安全保障条約，b　日中平和友好条約）を結んだ。資料Ⅱに調印した年と同じ年に，わが国は㋺（c　国際連盟，d　国際連合）に加盟した。

〈資料Ⅰ〉

日本国と各連合国との戦争状態は，第23条の定めるところにより，この条約が日本国と当該連合国との間に効力を生ずる日に終了する。

〈資料Ⅱ〉

日本国とソ連との間の戦争状態は，この宣言が効力を生ずる日に終了し，両国の間に平和及び友好善隣関係が回復される。

※資料Ⅰ，Ⅱは，条約等を抜粋，改変

（資料Ⅰ，Ⅱは，外務省ホームページから作成）

問3　次の［　　］内は，緑さんが，下線部②のわが国の人々のくらしについてまとめたものである。〔　　〕にあてはまる内容を，資料Ⅲ，Ⅳから読み取って書け。
（　　　　　　　　　　　　　　　　　　　　　　　　　　　）

> わが国では，〔　　　　　　〕ことで，家事の時間が短縮され，人々は余暇を楽しむゆとりができた。

〈資料Ⅲ〉　1世帯あたり年平均1か月間の収入額の推移

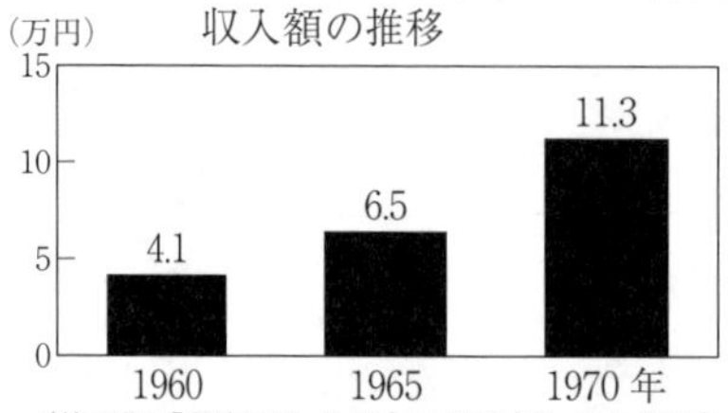

（第7版「数字でみる日本の100年」から作成）

〈資料Ⅳ〉　家庭電化製品の普及率の推移

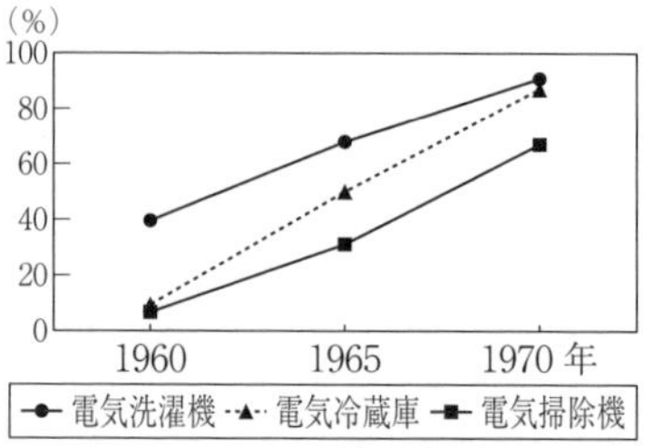

（内閣府資料から作成）

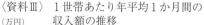

問4　下線部③に関する次の あ～う のできごとを，年代の古い方から順に並べ，記号で答えよ。

（　　→　　→　　）

あ　地球環境問題への対策を進めるため，環境基本法を制定した。

い　温室効果ガスの削減目標を全参加国が定めるパリ協定に参加した。

う　排煙の基準を決めるなど，公害防止の規制を強めた公害対策基本法を制定した。

[3]　由希さんは，世界の州や国の特色などについて調べるため，略地図を作成した。略地図の[A]～[F]は，世界の六つの州を示している。略地図をみて，各問に答えよ。

〈略地図〉

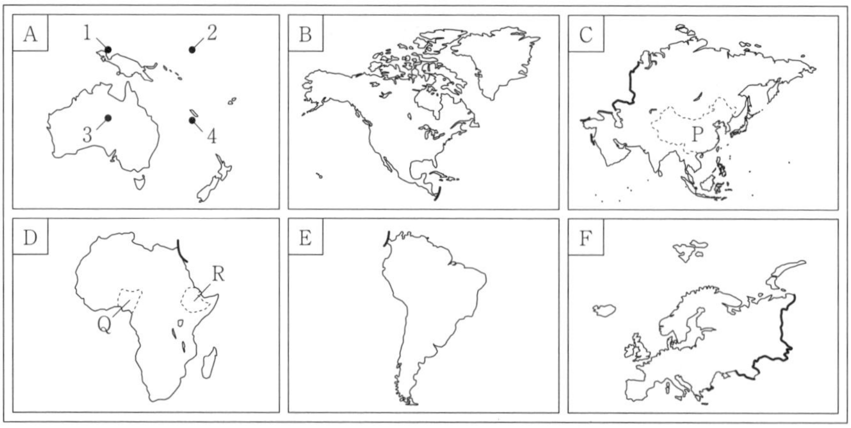

（〜は州境を示す。略地図[A]～[F]，資料Ⅵの図法，縮尺は同じではない。）

問１　略地図[A]中に1～4で示した・のうち，赤道と日本標準時子午線の交点を，1～4から一つ選び，番号を書け。（　　　）

問２　資料Ⅰのw～zには，略地図[A]～[F]の州のうちヨーロッパ州とオセアニア州以外の州があてはまる。[B]の州にあてはまるものを，w～zから一つ選び，記号を書け。（　　　）

〈資料Ⅰ〉　人口，穀物生産量の州別割合（2020年）

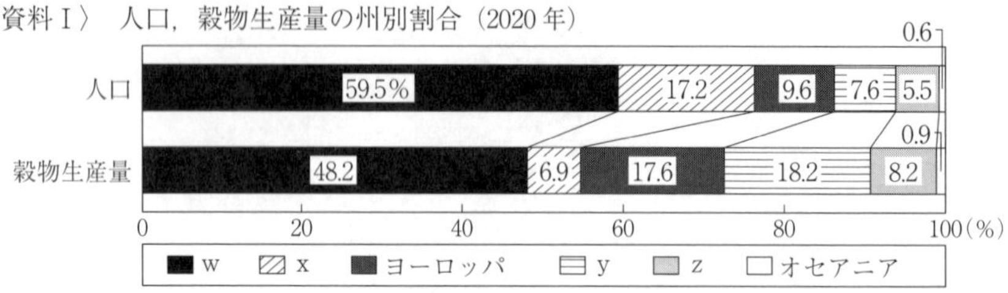

※ロシア連邦の人口，穀物生産量は，ヨーロッパ州に含む。

（2022年版「データブック　オブ・ザ・ワールド」等から作成）

問３　次の［　　］内は，略地図[C]中のPの国について説明したものである。〔　　〕にあてはまる内容を，「経済特区」と「受け入れる」の語句を使って書け。

（　　　　　　　　　　　　　　　　　　　　　　　　　　　　　　）

> Pの国は，〔　　　　　　〕ことで，資本や技術の導入を進め，急速に工業を発展させてきた。それにともない，国内では，内陸の農村部から沿岸の都市部への人口移動がみられるようになった。

問４　次の［　　］内は，由希さんが，資料Ⅱ，Ⅲから，略地図[D]の州について調べたことをまとめたものである。（㋐）にあてはまる語句を書け。また，㋑，㋒の（　　）にあてはまるものをそれぞれ一つ選び，記号を書け。ただし，同じ記号は同じ語句を示している。

㋐（　　　）　㋑（　　　）　㋒（　　　）

Q，Rの国は，輸出の特色から，（ ㋐ ）とよばれる状態にあり，Dの州には，（ ㋐ ）の国が多くみられる。Q，Rの国のおもな輸出品は，国際価格の変動が㋑（a 大きい，b 小さい）ため，国の収入が㋒（c 安定しやすい，d 不安定になりやすい）傾向がある。

〈資料Ⅱ〉 Qの国のおもな輸出品目の内訳（2020年）

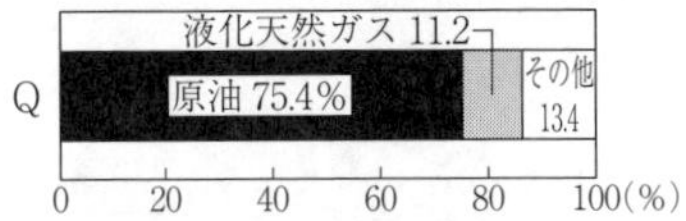

〈資料Ⅲ〉 Rの国のおもな輸出品目の内訳（2020年）

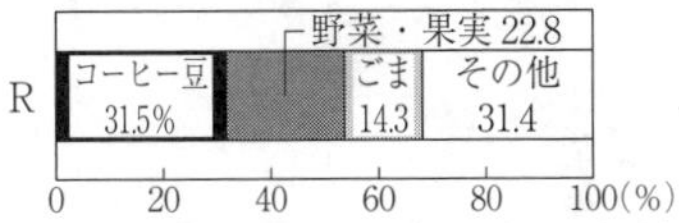

（資料Ⅱ，Ⅲは，2022／23年版「世界国勢図会」から作成）

問5 次の[　　]内は，由希さんが略地図Fの州について調べたことをまとめたものである。〔　　〕にあてはまる内容を，資料Ⅴ，Ⅵを関連づけ，「関税」の語句を使って書け。

（　　　　　　　　　　　　　　　　　　　　）

2004年以降，資料Ⅳのように，東ヨーロッパの国の自動車生産台数の伸びが著しい。その理由の一つに，企業が，生産拠点を西ヨーロッパから東ヨーロッパに移していることがある。企業が，生産拠点を東ヨーロッパに移す利点は，〔　　　　　〕ことである。

〈資料Ⅳ〉 自動車生産台数割合の推移

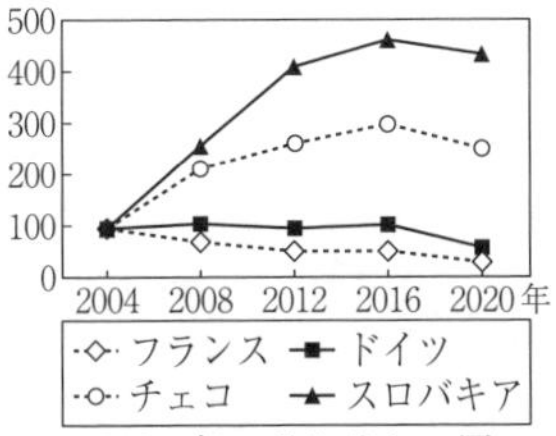

※2004年のそれぞれの国の生産台数を100として表している。

（国際自動車工業連合会ホームページから作成）

〈資料Ⅴ〉 製造業月平均賃金（2020年）

項目／国名	製造業月平均賃金（ドル）
フランス	6 222
ドイツ	5 252
チェコ	1 618
スロバキア	1 566

（「世界の統計2023」から作成）

〈資料Ⅵ〉 EU加盟国

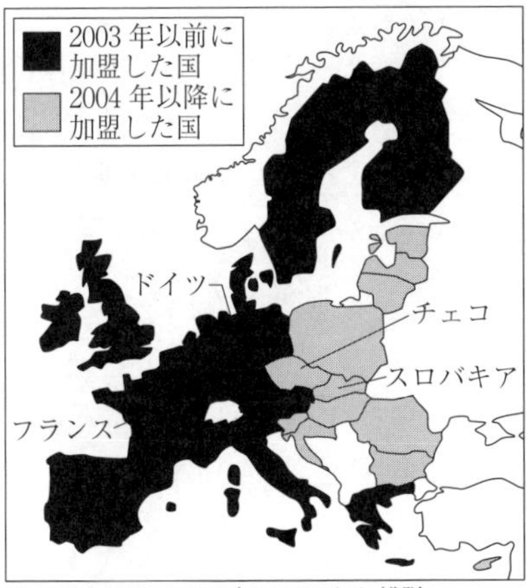

※イギリスは，2020年にEUから離脱

（2022／23年版「世界国勢図会」から作成）

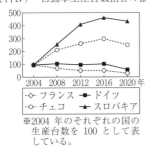

4　優真さんは，日本の七つの地方（中国・四国地方を一つの地方とする。）の特色を調べるため，略地図を作成し，資料を集めた。略地図のA～Gは，日本の各地方を示している。略地図と資料をみて，各問に答えよ。ただし，同じ記号は同じ地方を示している。

〈略地図〉

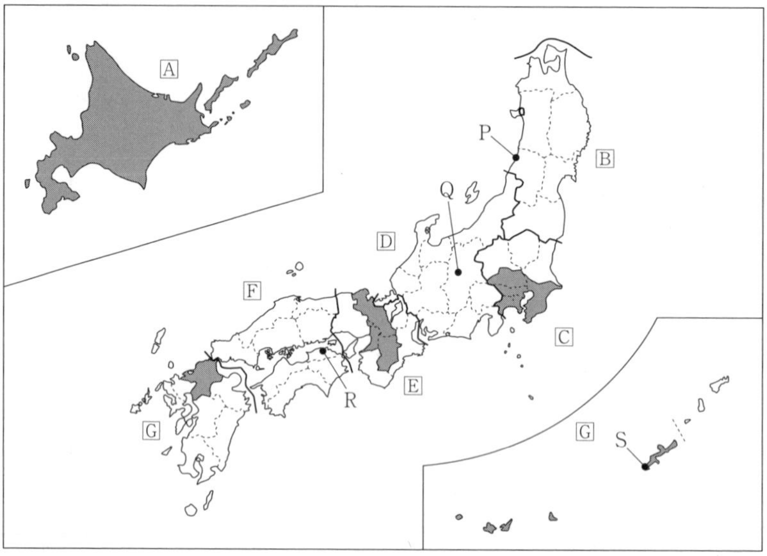

（〜は地方の境界を示す。略地図，資料Ⅱ，Ⅲの図法，縮尺は同じではない。）

問1　次の1～4は，略地図中P～Sのいずれかの都市の雨温図である。P，Rの都市の雨温図を，1～4からそれぞれ一つ選び，番号を書け。P（　　　）　R（　　　）

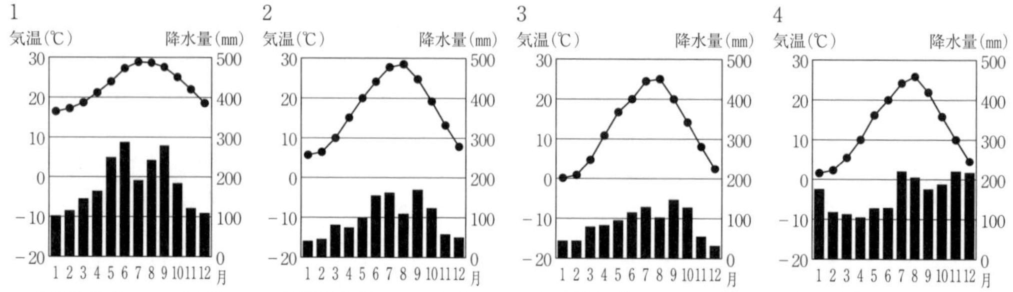

1　年平均気温　23.3℃　年降水量　2161.0 mm

2　年平均気温　16.7℃　年降水量　1150.1 mm

3　年平均気温　12.2℃　年降水量　1045.1 mm

4　年平均気温　13.0℃　年降水量　1986.8 mm

（気象庁ホームページから作成）

問2　略地図中　で示した都道府県は，次の1～4のいずれかの都道府県別統計（2020年）の上位10都道府県である。どの統計をもとにしたものか，1～4から一つ選び，番号を書け。（　　　）

1　火力発電発電量　　2　65歳以上人口の割合　　3　産業別人口に占める第三次産業の割合

4　林野面積

問3　資料Ⅰのあ～おには，略地図のA～GのうちA地方とF地方以外の地方があてはまる。E地方にあてはまるものを，あ～おから一つ選び，記号を書け。（　　　）

〈資料Ⅰ〉 農産物の産出額と工業製品の製造品出荷額等の地方別割合（2019 年）

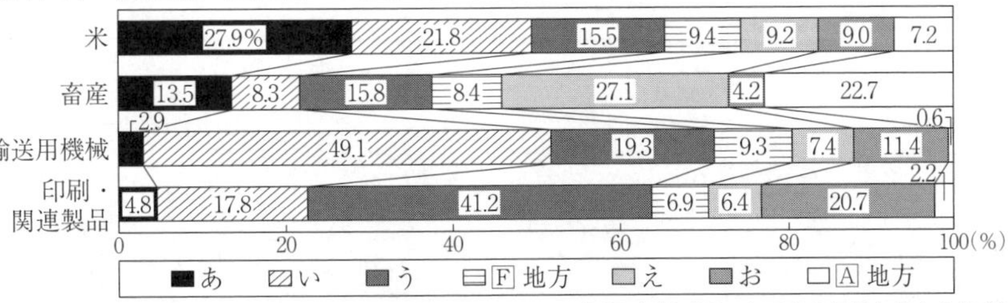

（2023 年版「データでみる県勢」等から作成）

問 4 次の［ ］内は，優真さんが，略地図のB，G地方の特色についてまとめたものである。（㋑），（㋺）にあてはまる県名をそれぞれ書け。また，〔㋩〕にあてはまる内容を，資料Ⅱ，Ⅲから読み取って書け。㋑（ 県） ㋺（ 県） ㋩（ ）

> B地方の（㋑），G地方の（㋺）は，〔 ㋩ 〕ことから，両県は，それぞれの地方の産業や交通の中心となっているといえる。

〈資料Ⅱ〉 人口と事業所数（2019 年）

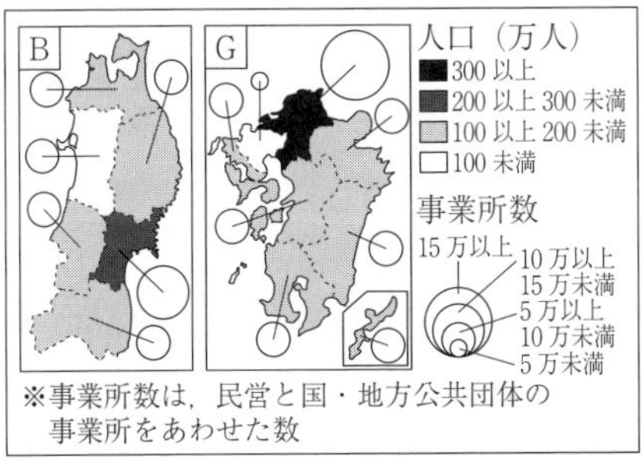

（2022 年版「データでみる県勢」等から作成）

〈資料Ⅲ〉 高速バスの輸送客数（2019 年）

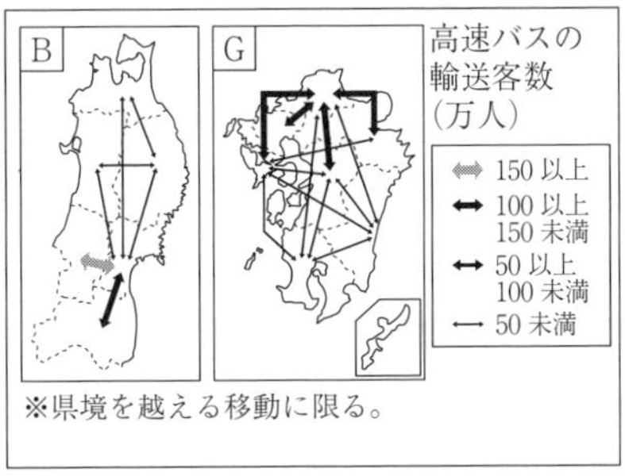

（国土交通省ホームページから作成）

問 5 次の［ ］内は，優真さんが，略地図のA地方の農業の特色についてまとめたものである。〔 〕にあてはまる内容を，資料Ⅴ，写真から読み取って書け。

（ ）

> A地方の農業は，資料Ⅳから，A地方以外の地方の平均と比べて，農業従事者一人あたりの農業産出額が多い。また，資料Ⅴ，写真から〔 〕という特色があるといえる。

〈資料Ⅳ〉 農業従事者一人あたりの農業産出額（2020 年）

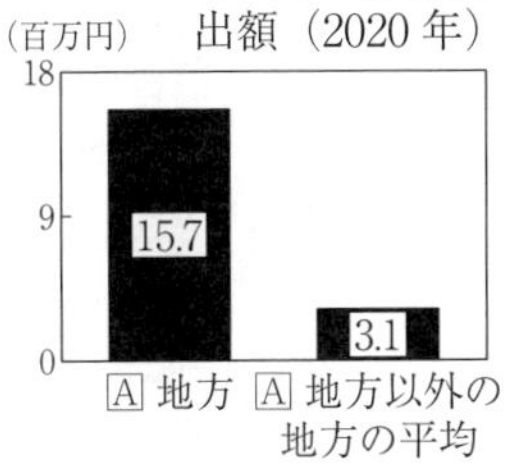

（2023 年版「データでみる県勢」から作成）

〈資料Ⅴ〉 A～G 地方の耕地面積と農業従事者数（2020 年）

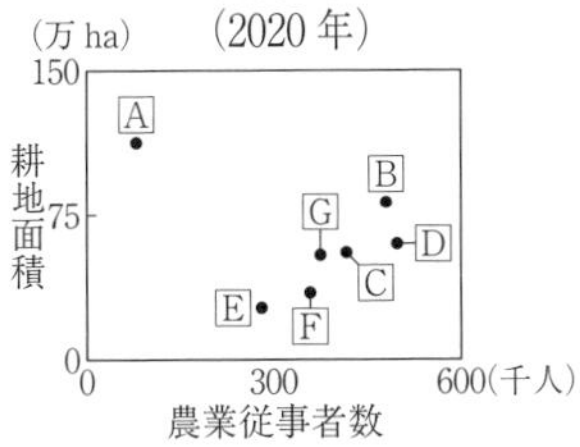

（2023 年版「データでみる県勢」等から作成）

〈写真〉 A 地方でみられる大型の機械を利用した農作業の様子

（北海道庁ホームページから引用）

5　直美さんと知広さんの学級では，班ごとにテーマを決めて発表することになり，調べた内容の一部をカードにまとめた。カードをみて，各問に答えよ。

〈カード〉

1班　テーマ「日本国憲法と三権分立」

①日本国憲法は，国民主権，基本的人権の尊重，平和主義を基本原則としている。この憲法では，②三権が互いに権力の均衡を保つしくみがとられている。

2班　テーマ「地方自治と政治参加」

③地方の政治は，私たちのくらしに深く関わっている。よりよい地域社会を築くために，積極的に政治参加していくことが求められている。

3班　テーマ「経済政策と金融」

日本銀行や政府は，景気の安定を図る④経済政策を行っている。また，金融は，資金の流れを円滑にすることで，個人や⑤企業の経済活動を助けている。

4班　テーマ「これからの社会保障制度」

⑥社会保障制度の充実，安定化のためには，自助，共助及び公助が適切に組み合わされるように，世代を超えた協力が必要になる。

問1　下線部①について，次の［　　］内の（㋑），（㋺）にあてはまる語句をそれぞれ書け。

㋑(　　　)　㋺(　　　)

日本国憲法は，子どもに普通（㋑）を受けさせる義務，（㋺）の義務，納税の義務を，国民の義務として定めている。

問2　下線部②について，図ⅠのP～Rには，国会，内閣，裁判所のいずれかが入る。図ⅠのP～Rのうち，内閣を示すものはどれか，P～Rから一つ選び，記号を書け。また，衆議院の解散を示すものを，ア～オから一つ選び記号を書け。

内閣(　　　)　衆議院の解散(　　　)

〈図Ⅰ〉

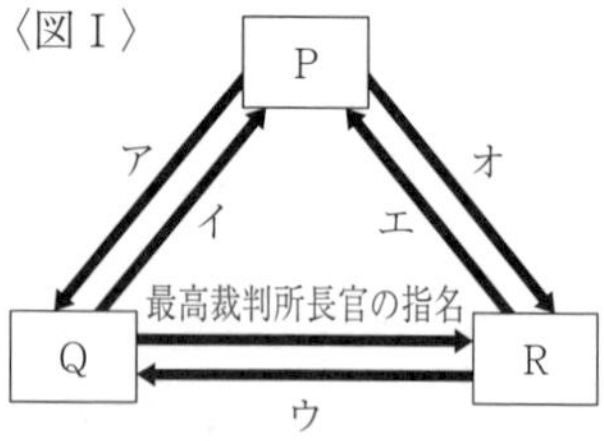

問3　下線部③について，図Ⅱは地方の政治のしくみを模式的に示したものである。国の政治のしくみにはみられない，地方の政治の特徴を，図Ⅱから読み取り，「首長が,」の書き出しで書け。

(首長が,　　　　　　　　　　　　　　　　　)

〈図Ⅱ〉

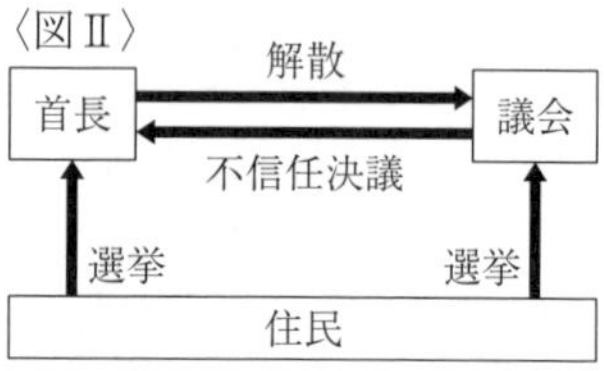

問4　下線部④について，表は，金融政策と財政政策の一部をまとめたものである。次のア～エは，表中のⓐ～ⓓのいずれかにあてはまる。ⓑ，ⓒにあてはまるものを，ア～エからそれぞれ一つ選び，記号を書け。ⓑ(　　　)　ⓒ(　　　)

ア　減税政策を行う。

イ　国債などを売る政策を行う。

ウ　国債などを買う政策を行う。

エ　公共投資を減らす政策を行う。

〈表〉

政策／状況	金融政策	財政政策
好景気（好況）のとき	ⓐ	ⓑ
不景気（不況）のとき	ⓒ	ⓓ

問5　次の□内は，下線部⑤について，図Ⅲ，Ⅳをもとに，企業が家計から資金を集める方法についてまとめたものである。(1)，(2)に答えよ。ただし，同じ記号は同じ語句を示している。

> 企業が家計から資金を集める方法は，おもに二つある。一つは，間接金融で，図Ⅲのように，企業が〔　㋩　〕方法である。もう一つは，直接金融で，図Ⅳのように，企業が（ ㊁ ）を発行することで家計から資金を調達する方法である。

〈図Ⅲ〉

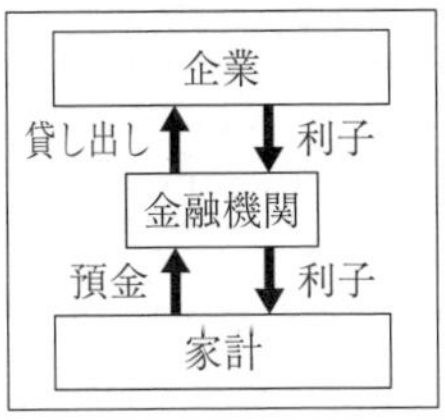

〈図Ⅳ〉

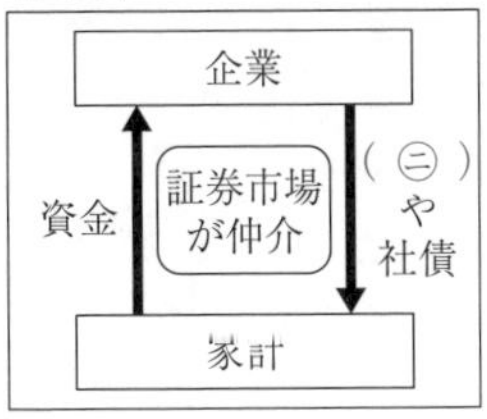

(1)〔 ㋩ 〕にあてはまる内容を，図Ⅲから読み取り，「家計」の語句を使って書け。
(　　　　　　　　　　　　　　　　　　)

(2)（ ㊁ ）にあてはまる語句を書け。(　　　　)

問6　次の□内は，下線部⑥について，直美さんと知広さんが，資料Ⅰ，Ⅱをもとに会話した内容の一部である。会話文を読み，(1)，(2)に答えよ。ただし，同じ記号は同じ語句を示している。

〈会話文〉

> 直美：わが国の社会保障制度は，日本国憲法第 25 条の（ ㋭ ）の規定に基づいているよ。
>
> 知広：そうだね。これまでわが国の社会保障制度は，（ ㋭ ）を実現するための制度として，国民の生活水準の向上に役立ってきたけれど，現在，資料Ⅰのように，社会保障給付費の増加にともない，国民負担率が上昇していることがわかったよ。
>
> 直美：その理由の一つには，〔　㋬　〕ことで，社会保障給付費の財源となる，社会保険料収入や税収が不足していることが考えられるね。
>
> 知広：こうした課題を踏まえ，私たちも自分のこととして，今後のわが国の社会保障のあり方について，考え続けていくことが大切だね。

〈資料Ⅰ〉　社会保障給付費と国民負担率（対国民所得比）の推移

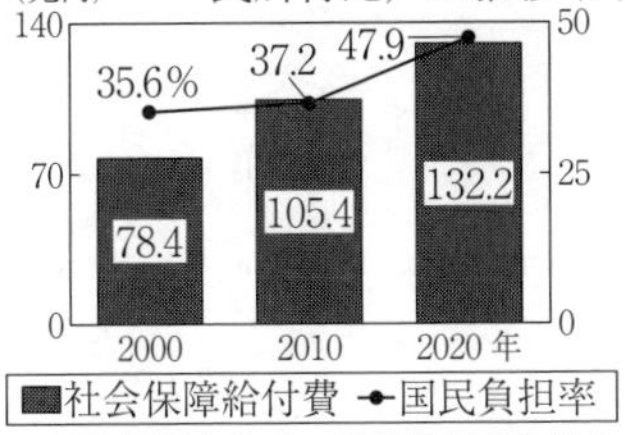

※国民負担率とは，租税負担率と社会保障負担率との合計

〈資料Ⅱ〉　わが国の総人口と年齢別人口割合の推移

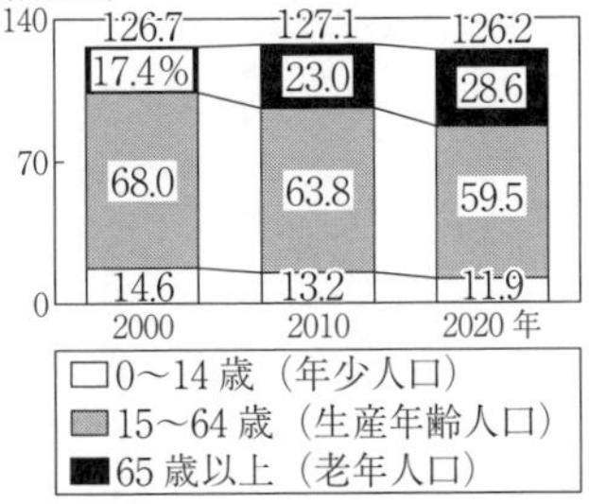

（資料Ⅰ，Ⅱは，厚生労働省資料等から作成）

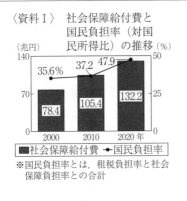

(1)（ ㋭ ）にあてはまるものを，次の1～4から一つ選び，番号を書け。(　　　)

1　団結権　　2　生存権　　3　自由権　　4　平等権

(2)〔 ㋬ 〕にあてはまる内容を，資料Ⅱから読み取り，「老年人口」と「生産年齢人口」の語句を使って書け。

(　　　　　　　　　　　　　　　　　　　　　　　　　　　　　　)

6　次の□内は，博実さんと千里さんが，漁業と海洋汚染について調べ，それぞれ作成したノートをもとに，会話した内容の一部である。会話文を読み，各問に答えよ。ただし，同じ記号は同じ内容を示している。

〈会話文〉

千里：博実さんのノートの図Ⅰは，（　P　）の「海の豊かさを守ろう」という目標を示したものだよね。

博実：そうだよ。私は，「海の豊かさを守ろう」の中の漁業について調べたよ。資料Ⅰから，1979年と2019年を比べると，〔　　Q　　〕というおそれがあることがわかったよ。

千里：何か解決に向けた取り組みは行われていないのかな。

博実：消費者が適正に漁獲された魚介類を選びやすくするために，図Ⅱのようなラベルを商品につける取り組みが行われているみたいだよ。

千里：消費者がラベルのついた商品を選ぶことで，どんな効果があるのかな。

博実：ノートの【考えたこと】に効果をまとめたよ。

千里：なるほど，私たちにできる身近なことが，海の豊かさを守ることにつながっているんだね。

博実：千里さんは，どんなことを調べたのかな。

千里：私は，海洋汚染について調べて，資料Ⅱのようなことがわかったよ。海洋汚染を解決する上でも，私たちにできる身近なことが大切で，それが海の豊かさを守ることにつながると思うよ。

〈博実さんのノート〉

〈図Ⅰ〉

（外務省ホームページから引用）

〈資料Ⅰ〉　世界の魚介類の状態の推移

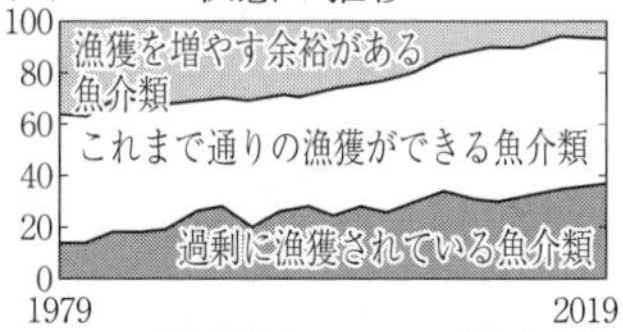

（水産庁ホームページ等から作成）

〈図Ⅱ〉

※水産庁ホームページ等で紹介されている水産エコラベルの一つ

（日本水産資源保護協会ホームページから引用）

【考えたこと】

消費者が，水産エコラベルがついた商品を選ぶ。 ⇨ 小売業者が，水産エコラベルがついた商品の取り扱いを増やす。 ⇨ 生産者が，漁獲を調整する。 ⇨ 〔Q〕という問題の解決が期待できる。

〈千里さんのノート〉

〈資料Ⅱ〉　海洋プラスチックごみの状況

- 海洋ごみの 65.8％は海洋プラスチックごみ
- 総量は年間約 800 万 t
- 約 8 割以上が陸から海に流れ着いたもの
- 海洋プラスチックごみの自然分解に必要な期間は長いもので数百年

（WWF ジャパンホームページから作成）

〈資料Ⅲ〉　福岡県の認証ステッカーとプラスチックごみ削減に協力する小売業者の取り組みの一部

小売業者の取り組み例
- レジ袋の削減
- 紙ストローへの変更
- 食品トレー，ペットボトルの回収

（福岡県ホームページから作成）

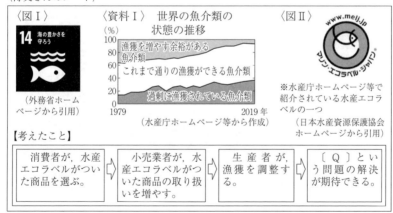

問１　会話文の（ P ）にあてはまるものを，次の1～4から一つ選び，番号を書け。(　　　)

1　ODA　　2　APEC　　3　SDGs　　4　TPP

問２　〔 Q 〕にあてはまる内容を，資料Ⅰから読み取れることをもとに，「維持」の語句を使って書け。

(　　　　　　　　　　　　　　　　　　　　　　　　　　　　　　　　　　　)

問３　下線部について，資料Ⅲは，福岡県の取り組みの一つである。消費者が，資料Ⅲの取り組みに協力することで期待できる効果を，消費者としてあなたが行う具体的な行動をあげて書け。その際，資料Ⅲに示す小売業者の取り組み例のいずれか一つを踏まえ，「供給」と「海洋プラスチックごみ」の語句を使って書け。

(　　　　　　　　　　　　　　　　　　　　　　　　　　　　　　　　　　　)

理科

時間　50分　　　　満点　60点

1　悠さんと陽さんは，セキツイ動物のグループごとの特徴について，発表するための資料を作成した。図はその資料の一部である。

図

セキツイ動物のグループごとの特徴

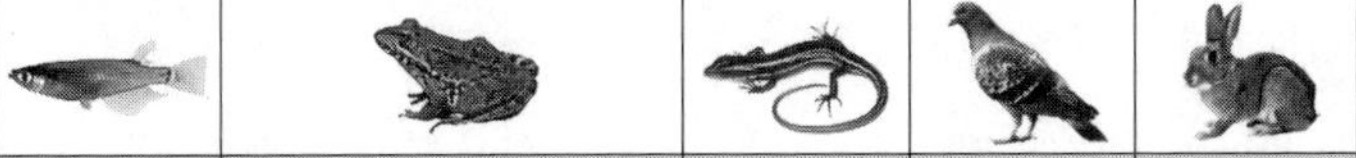

	魚類	両生類	ハチュウ類	鳥類	ホニュウ類
呼吸のしかた	えらで呼吸	子　:(A)と皮ふで呼吸 おとな:(B)と皮ふで呼吸	肺で呼吸	肺で呼吸	肺で呼吸
体表	うろこ	しめった皮ふ	かたい(C)	羽毛	毛
子のうまれ方	卵生	卵生	卵生	卵生	胎生《たいせい》

問1　魚類を，次の1～4の動物から全て選び，番号を書け。(　　　)

1　ペンギン　　2　サケ　　3　クジラ　　4　アジ

問2　図の中の（ A ），（ B ）に，適切な語句を入れよ。A(　　　)　B(　　　)

問3　下は，資料をもとに発表する内容について考えているときの，悠さんと陽さんと先生の会話の一部である。

先生：発表では，どのグループの特徴について説明しようと考えていますか。

悠さん：両生類とハチュウ類の体表の特徴について説明しようと思います。両生類の体表はしめった皮ふですが，ハチュウ類の体表はかたい（ C ）でおおわれているというちがいがあります。

陽さん：体表の特徴のちがいから，両生類とハチュウ類では，ハチュウ類の方が（ D ）に強いため，陸上の生活に適していると考えられることも説明しようと思います。

先生：よく考えましたね。グループの特徴について，他に説明しようと考えていることは何ですか。

陽さん：子のうまれ方について，鳥類は卵生でホニュウ類は胎生であるということを説明しようと思います。卵生とちがい胎生では，ある程度雌の〔　　　〕という特徴があります。

先生：グループの特徴のちがいに着目して，考えることができていますね。

(1)　会話文中の（ C ），（ D ）に，適切な語句を入れよ。C(　　　)　D(　　　)

(2)　会話文中の〔　　〕にあてはまる内容を，「子」という語句を用いて，簡潔に書け。

(　　　　　　　　　　　　　　　　　　　　　　　　　　　)

2　友さんは，光合成について調べるために，鉢《はち》植えしたポトスの，ふ入りの葉を使って実験を行った。下の□内は，その実験の手順と結果である。

【手順】

① 図1のように，葉Xとアルミニウムはくでおおった葉Yを，暗いところに一晩置く。

② ①の葉に，光を十分《じゅうぶん》にあてた後，図2のように，茎からX，Yを切りとり，Yのアルミニウムはくをはずす。

③ ②のX，Yをあたためたエタノールにひたす。

④ あたためたエタノールからX，Yをとり出して水洗いし，ヨウ素液につける。

⑤ ヨウ素液からX，Yをとり出し，図2のA～Dの色の変化を観察する。

図1

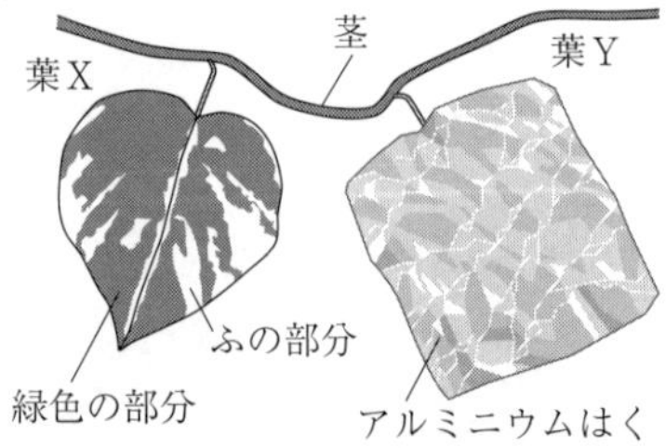

図2

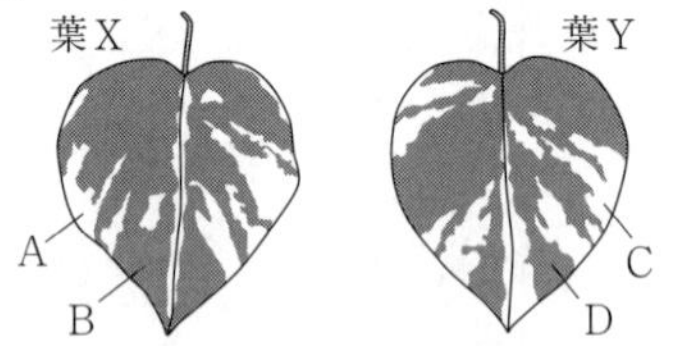

A：葉Xのふの部分　C：葉Yのふの部分
B：葉Xの緑色の部分　D：葉Yの緑色の部分

【結果】

図2の葉の部分	色の変化
A	変化しなかった。
B	青紫色になった。
C	変化しなかった。
D	変化しなかった。

問1　下線部の操作を行ったのは，エタノールにどのようなはたらきがあるからか，簡潔に書け。

（　　　　　　　　　　　　　　　　　　　　）

問2　下の□内は，この実験について考察した内容の一部である。文中のア［（　　）と（　　）］，イ［（　　）と（　　）］の（　　）にあてはまる葉の部分を，A～Dから選び，記号を書け。また，ウの（　　）内から，適切な語句を選び，記号を書け。

ア（　　と　　）　イ（　　と　　）　ウ（　　　）

ア［（　　）と（　　）］の結果を比べると，デンプンをつくるためには，光が必要だとわかった。また，イ［（　　）と（　　）］の結果を比べると，デンプンがつくられるのは，葉のウ（P　緑色の部分　　Q　ふの部分）であると考えられる。

問3　実験後，光合成について関心をもった友さんは，光合成で使われる物質を調べる実験を行った。次の□内は，その実験についてまとめたものの一部である。試験管Rに対して試験管Tを用いたように，調べようとすることがら以外の条件を同じにして行う実験を何というか。また，文中の下線部からどのようなことがわかるか。その内容を「光」という語句を用いて，簡潔に書け。

名称(　　　　実験)

内容(　　　　　　　　　　　　　　　　　　　　　　　　　　　　　　　　　)

　2本の試験管にそれぞれタンポポの葉を入れた試験管R と試験管S，タンポポの葉を入れない試験管Tを用意し，それぞれにストローで息をふきこみ，ゴム栓をする。次に，図3のように，Sをアルミニウムはくでおおい，3本の試験管に30分間光をあてる。その後，それぞれの試験管に少量の石灰水を入れ，再びゴム栓をしてよく振ると，SとTの石灰水は白くにごり，Rは変化しなかった。

図3

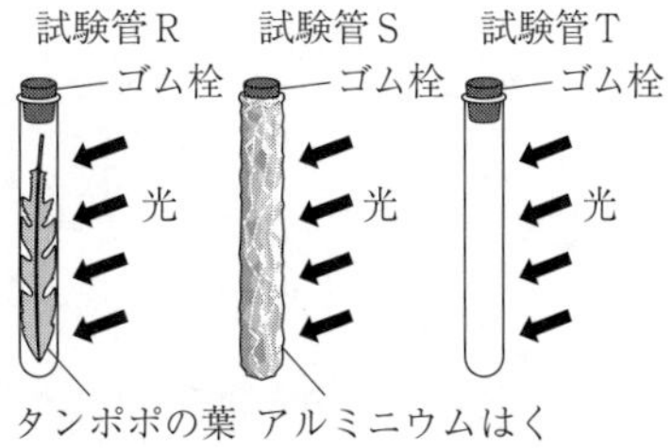

3　酸化銅と炭素の粉末の混合物を加熱したときの変化を調べる実験を行った。下の□内は，その実験の手順と結果である。

【手順】

① 酸化銅2.0gと炭素の粉末0.2gをよく混ぜ，試験管Aに入れる。

② 図1のような装置を用いて，混合物を十分《じゅうぶん》に加熱し，発生した気体を石灰水に通したときの変化を観察する。

③ 気体の発生がとまったら，石灰水からガラス管を抜きとって加熱をやめ，ピンチコックでゴム管を閉じる。

④ Aが冷えた後，中の物質をとり出して，加熱後の物質の色と，薬さじでこすったときのようすを調べる。

図1

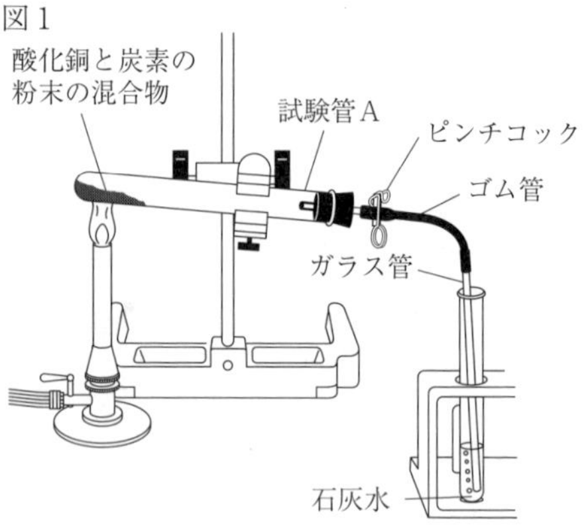

【結果】

○ 石灰水は，白くにごった。

○ 加熱前の酸化銅は（ P ）色であったが，加熱後，試験管A内には赤色の物質ができた。赤色の物質をこすると（ Q ）が見られた。

問1　下線部の操作を行う理由を，「試験管Aに，」という書き出しで，簡潔に書け。
（試験管Aに，　　　　　　　　　　　　　　　）

問2　【結果】の（ P ）に，適切な語句を入れよ。（　　　）

問3　【結果】の（ Q ）に入る，金属がもつ共通の性質を書け。（　　　）

問4　下の□内は，この実験についてまとめた内容の一部である。文中の下線部の化学変化を，化学反応式で表すとどうなるか。解答欄の図2を完成させよ。

酸化銅と炭素を混ぜて加熱すると，二酸化炭素が発生して銅ができた。この化学変化では，酸化銅は還元され，炭素は逆に酸化されている。このように，酸化と還元は，1つの化学変化の中で同時に起こる。

図2

（　　　）+（　　　）→（　　　）+ CO_2

4　塩酸と水酸化ナトリウム水溶液を混ぜ合わせたときの，水溶液の性質を調べる実験を行った。下の［　　］内は，その実験についてまとめたものである。

> うすい塩酸（A 液）とうすい水酸化ナトリウム水溶液（B 液）を用意し，A 液 5.0mL をビーカーにとり，緑色の BTB 液を数滴加えて，ビーカー内の液を黄色にした。
>
> 次に，図 1 のように，B 液をこまごめピペットで 2.0mL ずつ加え，加えるごとにビーカーを揺《ゆ》り動かして液を混ぜ，液の色を確認する。B 液を 6.0mL 加えたときの，ビーカー内の液は青色であった。
>
> その後，ビーカー内の液に，A 液をこまごめピペットで 1 滴ずつ加え，加えるごとにビーカーを揺り動かして液を混ぜ，緑色になるまでくり返し，液を中性にした。
>
> 最後に，中性にした液をスライドガラスに少量とり，水を蒸発させると，白い固体が残った。
>
> 図 1
>
> 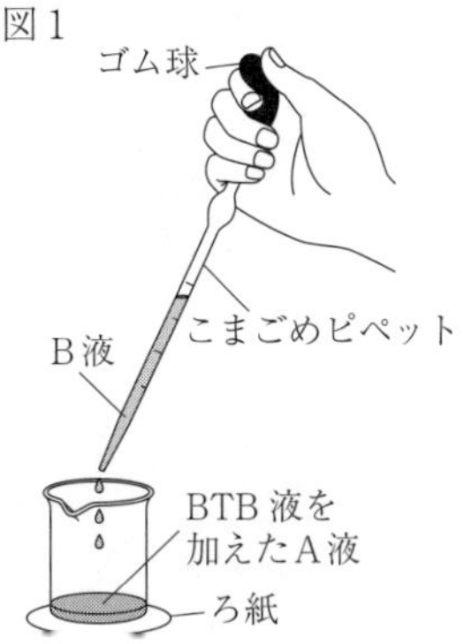
>

問 1　塩酸はある気体が水に溶けてできている。その気体の名称を書け。（　　　）

問 2　下線部について，B 液を吸い上げた後，ゴム球がいたむのを防ぐために注意しなければならないことを，「こまごめピペットの先端を」という書き出しで，簡潔に書け。

（こまごめピペットの先端を　　　　　　　　　　　　　　　　　　　　）

問 3　図 2 は，この実験で，A 液 5.0mL に B 液 6.0mL を加えた後，A 液を加えて中性にするまでの，液中のイオンをモデルで表そうとしたものである。Y について，A 液 5.0mL に B 液 6.0mL を加えて十分《じゅうぶん》に反応させたときの，液中のイオンの種類と数を，X，Z にならって，Y にモデルで表せ。ただし，水素イオンを⊕，塩化物イオンを○，ナトリウムイオンを●，水酸化物イオンを◎で表せ。

図 2

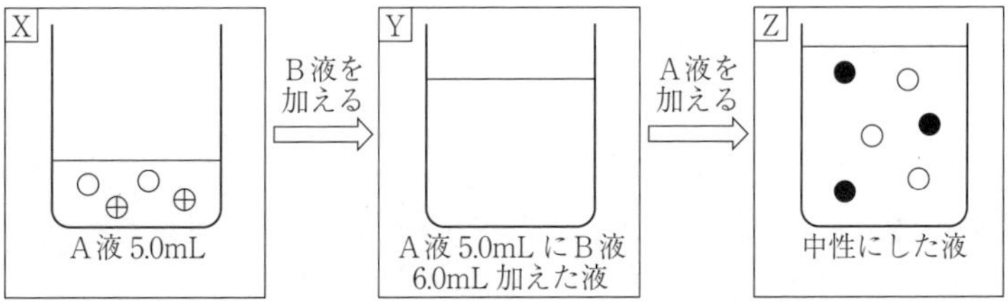

問 4　下の［　　］内は，作物の成長と土の pH について，生徒が調べた内容の一部である。文中の①の（　　）内から，適切な語句を選び，記号を書け。また，（ ② ）に，適切な語句を入れよ。

①（　　　）　②（　　　）

> 作物が成長するのに最適な土の pH は，作物の種類によって異なる。チャノキ（茶）の成長に最適な土の pH は 5.0～5.5 程度であるが，同じ場所で栽培を続けると，土が強い①（P　酸性　　Q　アルカリ性）になり，うまく育たなくなる。そのため，畑に消石灰をまくことで，土の pH を調整している。これは，（ ② ）という化学変化を利用したものである。

5　明さんは，地層の特徴を調べるために，学校の近くの道路わきで見られた露頭（地層が地表に現れているがけ）を観察した。下の□内は，その観察の手順と結果である。ただし，露頭を観察した地域では，地層の上下の逆転や断層はないことがわかっている。

【手順】

地層の広がり，重なり，傾きを観察し，露頭全体をスケッチする。次に，層の厚さ，色，粒の大きさを調べ，それぞれの層の特徴を記録する。また，化石があるかどうかを調べ，記録する。

【結果】

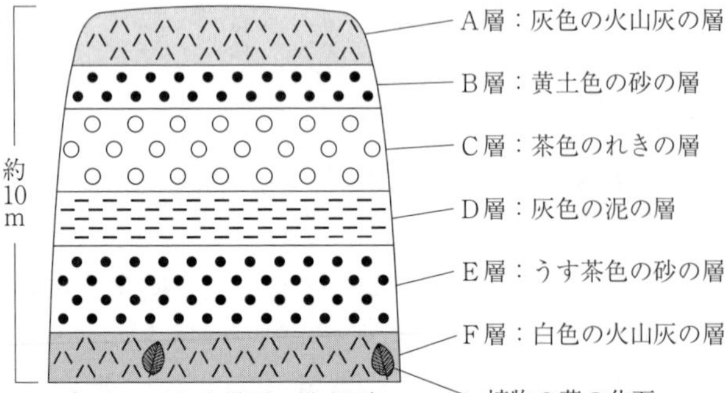

〔スケッチした露頭の模式図〕

〈気づいたこと〉

○　C層にふくまれるれきは，①角がとれて丸くなっていた。

○　F層には，②植物の葉の化石があった。

問1　A層～F層のうち，最も新しい地層はどれか。A～Fから1つ選び，記号を書け。(　　　)

問2　下線部①について，C層にふくまれるれきが，丸みを帯びた理由を，「はたらき」という語句を用いて，簡潔に書け。

(　　　　　　　　　　　　　　　　　　　　　　　　　　　　　　　　)

問3　下線部②について，植物は種類によって生活する環境がちがうため，化石をふくむ地層が堆積した当時の環境を推定することができる。このように地層が堆積した当時の環境を示す化石を何というか。(　　　化石)

問4　下の□内は，観察後，明さんが，堆積岩について調べた内容の一部である。文中の下線部のようすを，「石灰岩」，「チャート」の2つの語句を用いて，簡潔に書け。

(　　　　　　　　　　　　　　　　　　　　　　　　　　　　　　　　)

堆積物が固まってできた岩石を堆積岩という。堆積岩のうち，貝殻やサンゴなどが堆積してできたものを石灰岩，海水中をただよう小さな生物の殻などが堆積してできたものをチャートという。石灰岩とチャートは，うすい塩酸をかけたときのようすから見分けることができる。

6　福岡県のある地点で，ある年の３月１日の午後８時に，オリオン座と金星を観察し，それぞれの位置を記録した。図１は，その観察記録である。また，図２は，３月１日の１か月後の４月１日の午後８時に，同じ地点で観察したオリオン座と金星の位置を記録したものである。

下は，観察記録をふまえて考察しているときの，鈴さんと涼さんと先生の会話の一部である。また，図３は，天体シミュレーションソフトの画面を模式的に示したものである。

図１

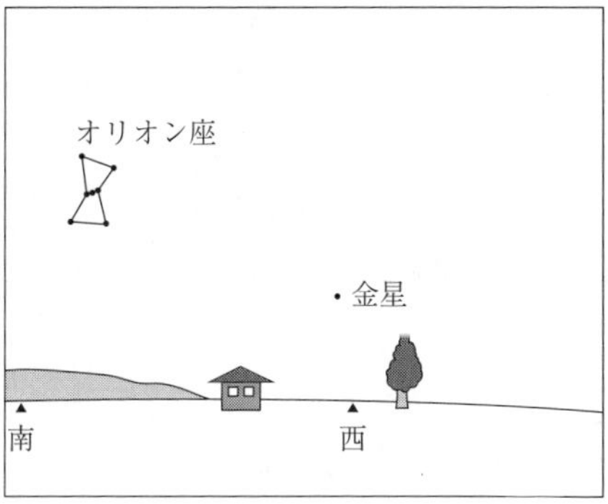

図２

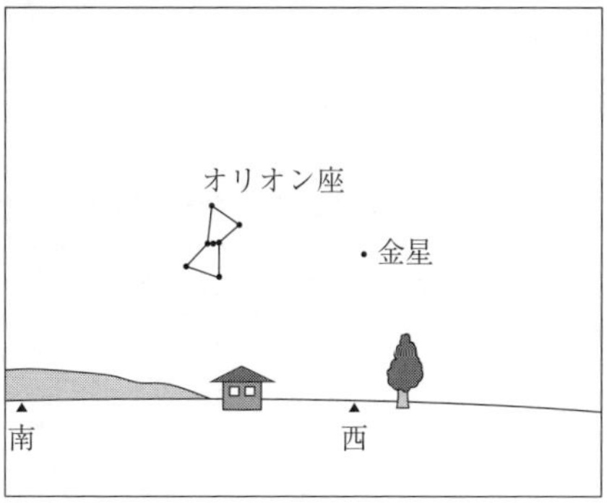

先生

３月１日と４月１日の観察記録から，どのようなことがわかりますか。

２つの記録を比べると，オリオン座の見える位置は，南の空から西の空に変わっています。また，金星はオリオン座ほど見える位置が変化していないようです。

鈴さん

金星の見える位置は変わっていないのかな。観察した日だけでなく，もっと長い期間の観察記録があれば，金星の見える位置の変化がわかるかもしれません。

涼さん

よい点に気づきましたね。天体シミュレーションソフトを使えば，観察していない日の金星の見える位置や見え方を調べることができます。それでは，天体シミュレーションソフトを使って，金星について調べてみましょう。

【天体シミュレーションソフトを使って調べる】

図３

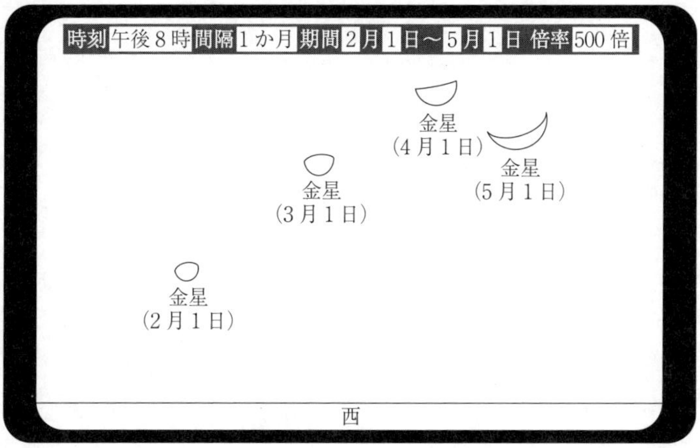

天体シミュレーションソフトの画面では，1 か月ごとの金星の見える位置が変化していることがわかります。

金星は，見える位置が変化するだけでなく，見える形も変化していて，欠けていくように見えます。金星は月と同じように，太陽の（ ① ）ことでかがやいていると考えられます。

そうですね。月の満ち欠けと金星の見える形の変化を，関係づけて考えることができましたね。それでは，金星の見える大きさの変化からは，どのようなことが考えられますか。

画面に表示された金星の倍率はどれも同じなので，2 月 1 日から 5 月 1 日にかけて（ ② ）と考えられます。

そのとおりです。金星の見える形が変化するとともに，金星の大きさも変化して見えることから，（ ③ ）ことがわかります。

問1　会話文中の下線部のように，同じ時刻に見えるオリオン座の位置は変化し，1 年でもとの位置にもどる。このような星の見かけ上の動きを，星の何というか。(　　　)

問2　会話文中の（ ① ）にあてはまる内容を，簡潔に書け。(　　　　　　　　　　　)

問3　会話文中の（ ② ）にあてはまる内容を，簡潔に書け。

(　　　　　　　　　　　　　　　　　　　　　　　　)

問4　会話文中の（ ③ ）にあてはまる内容を，「公転」という語句を用いて，簡潔に書け。

(　　　　　　　　　　　　　　　　　　　　　　　　　　　　　　　　　　　　　　　)

7　力の大きさとばねののびの関係について調べる実験を行った。実験では，図1のように，ばねAの先端にクリップ（指標）をはさんで，スタンドにつるし，クリップが0cmを示すように，ものさしをスタンドに固定する。その後，ばねAに質量20gのおもりを1個，2個，3個，4個，5個とつるしたときの，ばねののびをそれぞれはかった。また，ばねBについても同じようにして，実験を行った。表は，その実験の結果である。ただし，質量100gの物体にはたらく重力の大きさを1Nとし，ばねやクリップの重さは考えないものとする。

図1

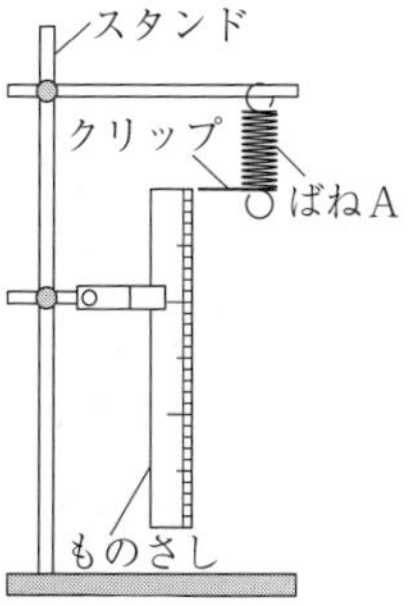

表

おもりの数〔個〕		0	1	2	3	4	5
ばねののび〔cm〕	ばねA	0	2.4	4.8	7.2	9.6	12.0
	ばねB	0	0.8	1.6	2.4	3.2	4.0

問1　変形したばねがもとに戻ろうとする性質を何というか。(　　　)

問2　ばねAとばねBに同じ大きさの力を加えたとき，ばねAののびは，ばねBののびの何倍か。

(　　　倍)

問3　表をもとに，ばねAについて，「ばねに加えた力の大きさ」と「ばねののび」の関係を，解答欄の図2にグラフで表せ。なお，グラフには表から求めた値を•で示すこと。

図2

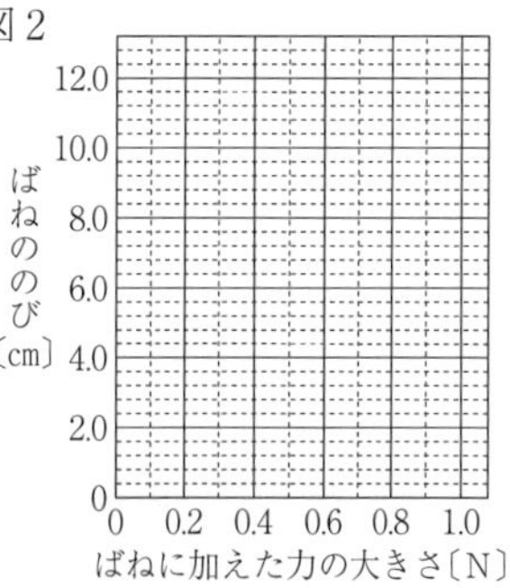

問4　実験後，ばねA，ばねB，糸a，糸bを用いて，質量100gの物体Pをもち上げ，図3のように静止させた。図4は，静止させた物体Pにはたらく重力とつりあう力Fを，矢印で示したものである。力Fを，糸aが物体Pを引く力と，糸bが物体Pを引く力に分解し，それぞれの力を図4に力の矢印で示せ。また，図3のばねAののびが9.6cmであるとき，図3のばねBののびは何cmか。ただし，糸の重さと糸ののびは考えないものとする。ばねBののび(　　　cm)

図3

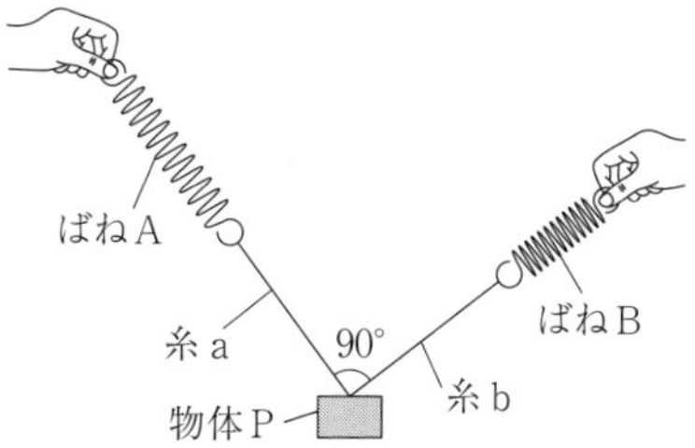

図4

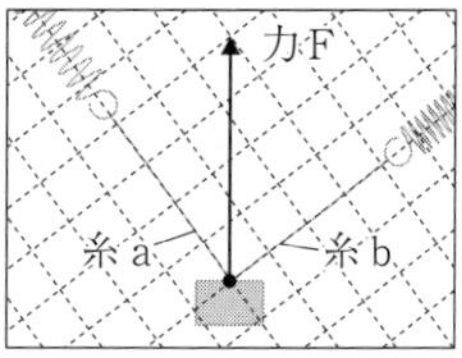

8　電熱線 a と電熱線 b を用いて，図 1 の回路をつくり，電流の大きさと電圧の大きさを調べる実験を行った。実験では，電源装置の電圧を 3.0V にして，回路を流れる電流の大きさと回路の各部分に加わる電圧の大きさを測定した。このとき，回路を流れる電流は 60mA であり，アイ間に加わる電圧は 1.2V であった。ただし，電熱線以外の抵抗は考えないものとする。

図 1

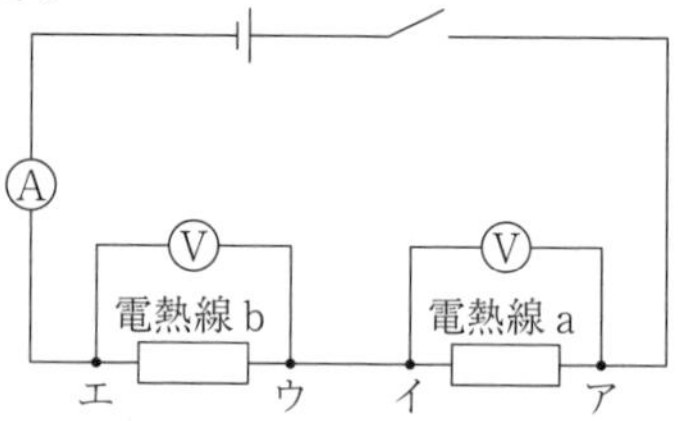

問 1　電熱線には金属が使われている。金属のように，電流が流れやすい物質を何というか。

(　　　)

問 2　アイ間に加わる電圧を測定している電圧計のようすを示した図として，最も適切なものを，次の 1～4 から 1 つ選び，番号を書け。ただし，P はアにつないだ導線，Q はイにつないだ導線を示している。(　　　)

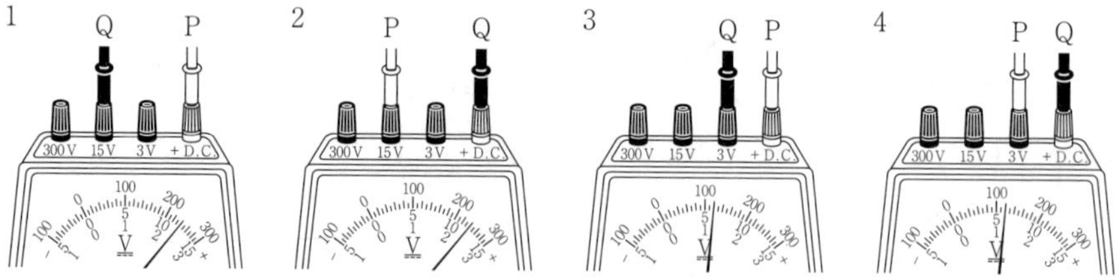

問 3　ウエ間に加わる電圧は何 V か。(　　　V)

問 4　次に，図 1 の回路の電熱線 b を，抵抗の異なる電熱線 c にかえて，図 2 の回路をつくった。電源装置の電圧を 3.0V にして図 2 の回路に電流を流すと，回路を流れる電流は 100mA であった。

図 2

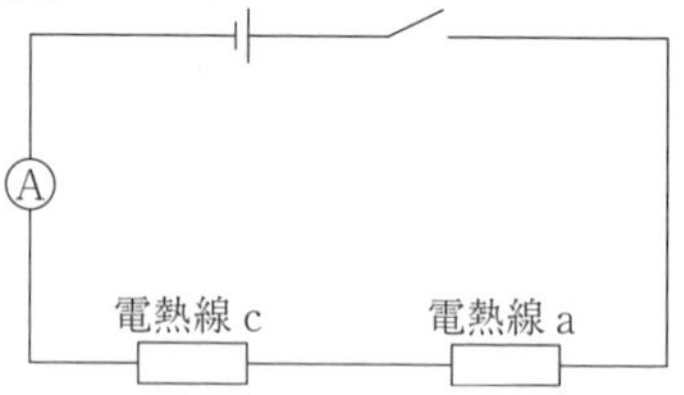

(1)　電熱線 c の抵抗の大きさは何Ωか。(　　　Ω)

(2)　図 2 の回路に 3 分間電流を流したとき，回路全体で消費した電力量は何 J か。ただし，電源装置の電圧と回路を流れる電流の大きさは変化しないものとする。(　　　J)

4 F中学校の各学級では、図書委員会の提案を受け、次の【資料】を基に、読書量を増やす取り組みについて考えることになった。あなたなら、どのように考えるか。【資料】を読んで、後の条件1から条件5に従い、作文せよ。

【資料】

※雑誌などを除く「本」全般を対象とする。
※紙・電子全て含める。

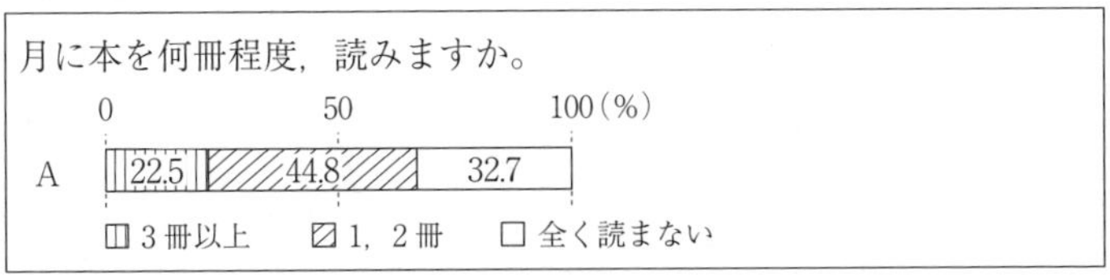

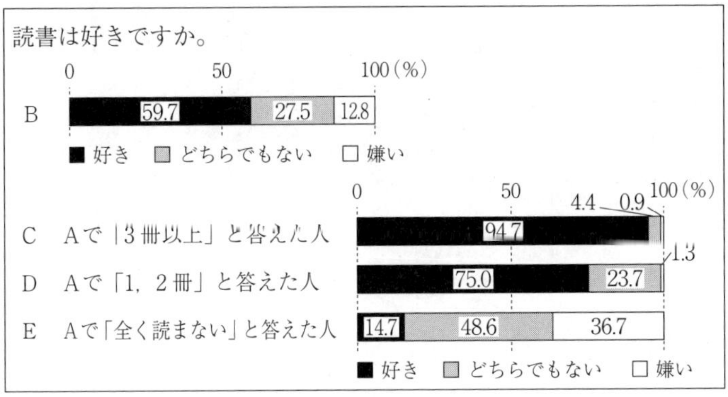

(「18歳意識調査『第30回—読む・書く—』詳細版」
(日本財団 2020年10月30日)を基に作成)

条件1 文章は、二段落構成とし、十行以上、十二行以内で書くこと。

条件2 第一段落には、【資料】のAのグラフと、B～Eのうちいずれかのグラフ(どれをいくつ選んでもかまわない。)から分かることを挙げ、それについてあなたが考えたことを書くこと。なお、グラフはA～Eの記号で示すこと。

条件3 第二段落には、第一段落を踏まえ、読書量を増やす取り組みとしてあなたが考えた案を一つ挙げ、その案を挙げた理由を自分の知識や経験と結び付けて書くこと。

条件4 題名と氏名は書かず、原稿用紙の正しい使い方に従って書くこと。

条件5 グラフの数値を原稿用紙に書く場合は、左の例にならうこと。

例 5・7% 39・1%

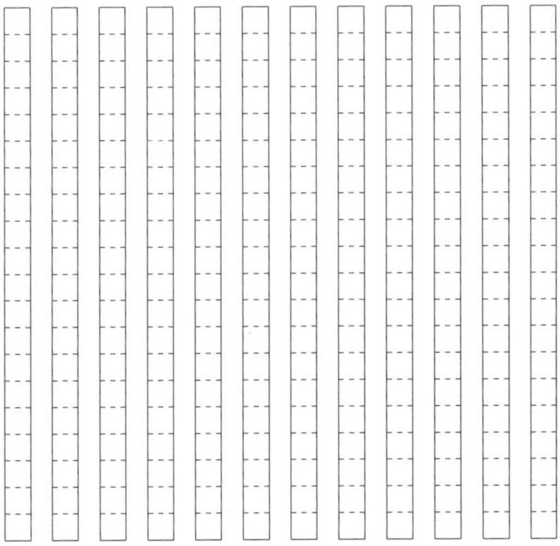

問四　【A】の②安楽に至るに及びてはという書き下し文になるように、解答欄の漢文の適当な箇所に、返り点を付けよ。

及ビテハ　至ルニ　安　楽ニ

問五　次は、【A】と【B】を読んだ平田さんと中村さんと先生が、会話をしている場面である。

平田さん　【A】で魏徴は、太宗の問いに対して「甚《はなは》だ難し」と答え、その理由を説明するときに、対照的な人物を挙げています。

中村さん　そうですね。【A】では、初めに「ア」を挙げ、安泰だった国が「危亡に至る」様子を分かりやすく順に説明しています。次に「聖人」を挙げて、国の安泰を保つための心構えを示しています。

平田さん　【A】には、「安楽」のときに生じる「イ」によって、臣下が君主の心にさからうのを恐れて忠告しなくなる状況が引き起こされるとあります。その結果、国が「危亡に至る」というわけですね。

中村さん　【A】で、「ア」も「ウ」のときには「危亡に至る」ことのないように行動しています。一方、「聖人」は、「ウ」のときだけでなく、常に「危亡に至る」ことのないように エ ということを意識して行動していたと魏徴は考えています。だから、魏徴は太宗の問いに対して「甚《はなは》だ難し」と答えたのですね。

先生　二人とも、登場人物の言動の意味に着目して【A】の内容を考えることができましたね。

(1) ア に入る語句として最も適当なものを、次の1～4から一つ選び、番号を書け。（　）

1 太宗　2 侍中　3 賢能　4 古よりの帝王

(2) イ 、 ウ に入る語句を、【A】からそれぞれ漢字二字で探し、そのまま抜き出して書け。イ□□　ウ□□

(3) エ に入る内容を、十字以上、十五字以内でまとめて書け。

□□□□□□□□□□□□□□□

3　次は、『貞観政要《じようがんせいよう》』という書物にある話【A】と、その現代語訳【B】である。これらを読んで、後の各問に答えよ。句読点等は字数として数えること。

【A】

貞観十五年、太宗《たいそう》、侍臣《じしん》に謂《い》ひて曰《いは》く、①天下を守ること難《かた》きや易《やす》きやと。侍中《じちゆう》魏徴《ぎちよう》対《こた》へて曰く、甚《はなは》だ難しと。太宗曰く、賢能に任じ諫諍《かんさう》を受くれば則《すなは》ち可ならん。何ぞ難しと為《な》すと謂はんと。徴曰く、古《いにしへ》よりの帝王を観《み》るに、憂危の間に在るときは、則ち賢に任じ諫《いさめ》を受く。②安楽に至るに及びては、必ず寛怠を懐《いだ》く。安楽を恃《たの》みて寛怠を欲《ほつ》すれば、事を言ふ者、惟《た》だ競懼《きようく》せしむ。日に陵《りよう》し月に替《たい》し、以《もつ》て危亡に至る。聖人の安《やす》きにをりて危《あやふ》きを思ふ所以《ゆゑん》は、正《まさ》に此《これ》が為《ため》なり。安くして而《しか》も能《よ》く懼《おそ》る。豈《あ》に難しと為さざらんやと。

（注）太宗…唐の第二代皇帝。
侍臣…君主のそば近くに仕える者。
侍中…唐代の上級役人。皇帝への忠告を仕事の一つとする。
魏徴…太宗に仕えた侍中。
聖人…知徳がすぐれて物事のすじみちを明らかに心得ている人。

【B】

貞観十五年に、太宗が左右の侍臣たちに、天下を守ることの難易を問うた。侍中の魏徴は、非常に困難であると答えた。それについて太宗は、賢者や能者を信頼して政務に任じさせ、臣下の厳しい忠告を聞きいれればよろしいではないか。どうして困難というのであるかと反問した。魏徴が言うには、古来からの帝王を観察しまするに、国家の憂危の際においては、賢者を任用し、諫《いさ》めを受けいれます。が、一たび平和になり安楽な状態に寄りかかって、緩み怠りたいと思っているときには、諫めようとする者も、つい君主の心にさからうのを非常に恐れて忠告しなくさせてしまいます。その結果しだいしだいに悪い状態になり、ついには国家の危亡を招くようになります。昔の聖人が国家の安らかなときにも、いつも危難のときを思って緊張していたのは、まさしくこれがためであります。ですから、安らかでありながら大いに警戒しなければなりません。どうして困難でないと言えましょうやと。

（注）能者…才能のある者。
臣下…君主に仕える者。ここでは、賢者や能者を指す。
諫め…自分より地位などが上の人の欠点や過失を指摘して忠告すること。

（「新釈漢文大系　第95巻　貞観政要（上）」より。一部改変）

問一　【A】のをりてを、現代仮名遣いに直し、全て平仮名で書け。（　　）

問二　【A】に徴曰くとあるが、この後から始まる発言の終わりを、【A】からそのまま四字で抜き出して書け。

問三　【A】に①天下を守ること難《かた》きや易《やす》きやとあるが、この問いを発している太宗自身の考えとして最も適当なものを、次の1～4から一つ選び、番号を書け。（　　）

1　賢者や能者の厳しい忠告を太宗自身が聞きいれないので難しい。
2　賢者や能者を任用することを太宗自身が聞きいれないので難しい。
3　賢者や能者の厳しい忠告を太宗自身が聞きいれれば難しくない。
4　賢者や能者を任用することを太宗自身が聞きいれれば難しくない。

会話している場面である。

三田さん　「青色のバトン」を「一本の糸みたいなもの」と表現するのは、［A］という表現の技法です。糸が長くつながっている様は、バトンを次の走者へとつなぎ続けていくイメージと共通点があります。

林さん　「一本の糸みたいなもの」という表現によって、先輩から受け取ったものは、途切れてしまわないように扱う必要のある、かけがえのないものだということが伝わります。そのことに気付いた「俺」が、覚悟を決めて先輩に思いを伝えていることが、「［B］」という「俺」の描写から分かります。

三田さん　なるほど。「［B］」という描写にも、「一本の糸みたいなもの」と同じ表現の技法が用いられていますね。

先生　二人とも、描写に着目してよく考えることができましたね。

(1)　［A］に入る語句を書け。（　　　）

(2)　［B］に入る内容を、本文中から十字で探し、そのまま抜き出して書け。［　　　　　　　　　　］

問四　本文中に③やがて頭の中で鳴り響く号砲が、ここからまた、俺を走らせる。とあるが、この一文が読者に印象付ける内容として最も適当なものを、次の1～4から一つ選び、番号を書け。（　　　）

1　先輩に思いを託されてしまい、今から走り出さなければ許されない「俺」。

2　先輩の思いを受け取ったことで、その思いをつなぐ決意をしている「俺」。

3　先輩のように部の伝統を守ろうと、号砲にせかされ必死で練習する「俺」。

4　先輩に追いつきたいと焦りながら、これから鳴る号砲を待っている「俺」。

ムを引っ張ってきた朝月先輩の背中しか俺は知らない。だけど、当たり前だけどこの人にも新入部員だった時代があり、後輩だった時期があるのだなと――そう思うと、不意に手の中のバトンが重みを増したように感じた。

重荷、ということじゃない。

つながなければ、と強く思った。

「……確かに、受け取りました」

絞り出すように答えると、朝月先輩はうなずいて、終わりゆく季節の狭間《はざま》に吸い込まれるように、静かにグラウンドを去っていった。その真っ白なままのスラックスの尻に、わざわざ着替えてこなかった理由が、やっとわかったような気がする。

ツクツクボウシが鳴いている。大島じゃ、七月から鳴いてるんで気に留めたこともなかったが、本州だと八月の終わり頃に鳴く虫らしい。兄貴が言ってたっけな。

空には少し崩れかけの入道雲。

島を吹き抜ける風には、どことなく秋の気配がある。

夏の終わり。

手の中には、少し汗ばんだ青色のバトン。

そこにあるのは、リレーの道具としてのそれじゃない。かといって伝統とか、責任みたいな、そんな大仰《おおぎょう》なものでもなくて……上手《うま》く言葉にできないけれど、もっとシンプルに、切れることなくここまで届いた――そう、一本の糸みたいなものだ。

その先端を、俺は今、握りしめている。

――オン・ユア・マーク。

頭の中で、声が響いた。

反射的に二度、軽くジャンプしてから、クラウチング・スタートの体勢をとった。

――セット。

腰を上げる。

スタートラインの少し手前をぼんやり見つめる。

③やがて頭の中で鳴り響く号砲が、ここからまた、俺を走らせる。

（天沢夏月「ヨンケイ!!」より。一部改変）

（注）伊豆大島…東京都心から南の海上に位置する伊豆諸島最大の島。
100や200…100メートル走や200メートル走。
スラックス…ズボンの一種。ここでは、制服のズボンのこと。
オン・ユア・マーク…「位置について」の意の号令。
セット…「用意」の意の号令。

問一　本文中に①実感とあるが、この場合の「実感」とは、何についてのものか。本文中から二十四字で探し、初めの六字を抜き出して書け。

［　　　　　　］

問二　次は、本文中の②不思議な顔について述べたものである。［ア］に入る内容を、五字でまとめて書け。また、［イ］に入る内容を、本文中から十字で探し、そのまま抜き出して書け。

ア［　　　　　］　イ［　　　　　　　　　　］

「けど、確かに渡したからな」と言った先輩は、リレーのときと同じ「揺れる瞳」をしている。この瞳は、［ア］という心情の表れに見えるが、陸上部やリレーへの強い思いの表れである「［イ］」によって揺らいで見えているのである。

問三　次は、本文中の表現の工夫について、三田さんと林さんと先生が

2　次の文章を読んで、後の各問に答えよ。句読点等は字数として数えること。

【ここまでのあらすじ】　伊豆《いず》大島の高校生の「俺」は、陸上部に所属している。４×１００メートルリレー、いわゆる四継《よんけい》の第一走者である。八月某日、「俺」はリレーの第四走者だった朝月《あさつき》先輩に、突然グラウンドに呼び出された。制服姿の先輩は、青いリレー用のバトンを持ち、石灰で引かれたスタートラインのところに座って「俺」を待っていた。先輩の提案で、先輩から「俺」へとバトンをつないで走った。

「おまえ、最近、調子どうだ」
「なんすか急に……」
　スタートラインまで戻ってきて、乱れた呼吸を整えながら、汗の滲《にじ》んだワイシャツを第二ボタンまで開けて、並んで天を仰ぐ。質問というより、確認みたいな訊《き》き方をした朝月先輩は「難しいもんだな、渡すってのも」なんてぼやきながら、大していいバトンワークでもなかったわりには清々《すがすが》しく笑っている。
　調子どうだ、って言われてもな。俺の走りの話？　それとも……ちらと頭をよぎったのは、この夏、朝月先輩から渚台《なぎさだい》高校陸上部の部長を引き継いだこと。
　うちは男女で特に部が分かれてるわけじゃない。だから、部長は男女ひっくるめて一人だけで、当然男子でも女子でもかまわない。歴代には女子の部長もいたと聞く。そういう意味では酒井《さかい》でもよかったし、もちろん雨夜《あまや》でもよかった。だけど朝月先輩は、俺を部長に指名した。それは強制ではなかったけれど、俺は引き受けた。
　別に深い意味はない。酒井部長や雨夜部長の下でやっていく自分が、想像できなかったというだけだ。
「別に……普通っすね」
　そう答えたら、朝月先輩は顔をしかめた。
「なんだよ、普通って」
「いや……まだ、①実感できるほど時間経《た》ってないですし」
「そっか。ま、そりゃそうだよな」
「っす」
　ともに過ごした時間は、一年半とない。特別仲のいい先輩後輩でもなかった。リレーじゃ一走と四走は一番離れている。そんな距離感が、いまだに会話に滲む。いや、でも――手の中のバトンを見つめる。つい今しがた、届くはずのない四走から届いた、青色のバトン。それはひょっとしてそういう……？
　顔を上げると、揺れる瞳がそこにあった。
「けど、確かに渡したからな」
　朝月先輩が、リレーのときにだけ見せる②不思議な顔がある。１００や２００では、芯の通った、迷いのない目をしているのに、リレーのときだけはどことなく不安そうな、迷っているような……でもそれは実は、瞳の奥に秘めた強い光に、陽炎《かげろう》のように揺らいで見えるだけなのだ。
　なぜ今その目をしているのか、なんとなくわかったから、茶化すことはできなかった。
　この人はこの人なりに、俺のことをずっと見てくれていたということなのだろうか。
　自分が入部したときにはすでに部長だった。だから、部長としてチー一方、若者には［ B ］力があるという点で、若さは世界を変えていく力であるともいえる。

(2) 次の【資料】は、(1)の【文章】を読んで、脳の研究に興味をもった山下さんが図書館で読んだ本の一部である。脳科学者をめざす人に向けたメッセージが述べられた【資料】を読んで、後の各問に答えよ。

【資料】

Ⅰ

まず，①身体と心を鍛えておくこと。研究は集中力のたまもの。体力がないと集中できませんから。それと若いときに早めに一度挫折を体験すること。そこからもう一度，立ち上がることで強くなります。

研究分野でいえば，脳科学はまだ分からないことだらけです。世界中の脳科学者がこの分からない分野を相手に研究活動を続けています。どうしたらこの②謎に満ちた脳を少しでも理解できるのか。ぜひこの③（　）踏の分野に飛び込んで研究してほしいですね。

Ⅱ

研究者をめざす人には，いろいろな本を読んだり幅広い経験をしたりして，自分は何に興味があって何が面白いのか，「④好きなこと」を見つけてと言いたいですね。そしてそこだけにとどまらないで，楽しいと思ったことからどんどん世界を広げていってほしいと思います。

（朝日新聞出版編『いのちの不思議を考えよう③　脳の神秘を探ってみよう　生命科学者 21 人の特別授業』による。一部改変）

問一 (1)の【文章】の……線を施した部分と同じような状況を言い表している一文を、【資料】から探し、初めの三字を抜き出して書け。［　　　］

問二 【資料】のⅠに①身体と心をとあるが、この連文節における文節どうしの関係と、次の1～4の――線を施した連文節における文節どうしの関係が同じものを、1～4から全て選び、番号を書け。（　　）

1 本で調べている。　2 彼は優しくて親切だった。

3 夢や希望がある。　4 意外と簡単なので解けた。

問三 【資料】のⅠの②謎の漢字の読みを、平仮名で書け。（　　）

問四 【資料】のⅠに③（　）踏とあるが、「まだ足をふみ入れたことがないこと」という意味の二字熟語になるように、（　）に当てはまる漢字を、次の1～4から一つ選び、番号を書け。（　　）

1 非　2 無　3 不　4 未

問五 【資料】のⅡの④好きなの品詞と、次の1～4の――線を施した語の品詞が同じものを一つ選び、番号を書け。（　　）

1 新しいことを始めた。　2 大きな目標を掲げた。

3 急に予定が変わった。　4 考えを簡潔に述べた。

問六 次は、山下さんが行書の学習を生かして毛筆で書いた文字である。アとイの部分に表れている行書の特徴として最も適当なものを、次の1～4からそれぞれ一つ選び、番号を書け。

ア（　　）イ（　　）

1 点画の連続　2 筆順の変化

3 点画の省略　4 点画の変化

たしかに、何をするにせよ勉強して覚えるべきことは多い。新生ニューロンに限らず、何か新発見をするほどの研究者になりたいのであればなおさらだ。しかし知識量で勝る者が強者かというと、現実はそうなっていない。実は新発見というものは、発見者が一五～一六歳の頃からその種を自分の中に宿していることが多い。つまり、あなたたちの年になにかの「種」が宿されるということ。これは分野によらない。このことが端的に示しているのは、世界を変える力は知識ではなく「若い力」だということだ。若い力とは「知らない」力であり、「知っている」ということよりも「知らない」ということのほうが重要なのである。

理由の一つが「エラー」、つまり「失敗」する可能性だ。膨大な知識の体系に分け入った若者は、それを骨肉化しようとするとき、誤った理解をすることもしばしばある。物事は、教えられたとおりに学ぶとは限らないからだ。新発見は、それまでの常識からすればエラー、あるいはアクシデントと呼ばれる事態の中でなされることが多い。人間が何かを成し遂げる力は、エラーにこそある。生物としての人類もそうやって進化してきたはず。突然変異というエラーを利用することで環境に適応し、生き残ってきたのだから。歳をとると失敗を恥じるようになり、エラーを起こせなくなっていくが、エラーを恐れてはならない。④若さとは、弱点であると同時に世界を変えていく力でもあるのだ。

〈小林康夫「学ぶことの根拠」〈「何のために『学ぶ』のか 〈中学生からの大学講義〉1」所収〉より。一部改変〉

(注) メカニズム…仕組み。

問一 本文中の X に入る語句として最も適当なものを、次の1～4から一つ選び、番号を書け。(　　)

1 あいにく　2 ようやく　3 むしろ　4 あらかじめ

問二 次は、本文中の①世界と自分との間にズレを感じる理由についてまとめたものである。 ア に入る内容を本文中から二十字で探し、初めの六字を抜き出して書け。□□□□□□

人間は、言葉を用いて世界を名づけ、 ア から。

問三 本文中の②自由に閉じこめられているの説明として最も適当なものを、次の1～4から一つ選び、番号を書け。(　　)

1 学問が高度で複雑になり、知識量の強者と弱者が生まれ、世界が閉鎖的になるということ。

2 動物の一員として、人間も鳥や魚と同じように自然に支配される宿命にあるということ。

3 人間は自分が生きている世界を学び、つくり替えていくことから逃れられないということ。

4 学ばなければならないことが増えると、新たな視点で世界を学ぶ意欲を失うということ。

問四 本文中に③第二段階とあるが、この「第二段階」で学ぶものの具体例に当たる部分を、本文中から九字で探し、初めの三字を抜き出して書け。□□□

問五 次は、本文中の④若さについて説明したものである。 A に入る内容を、本文中から十字で探し、初めの三字を抜き出して書け。また、 B に入る内容を、二十字以上、二十五字以内で考えて書け。ただし、**新発見**という語句を必ず使うこと。

A □□□

B □□□□□□□□□□□□□□□□□□□□□□□□□

若者は A も多いという点で、若さは弱点であるといえる。

国語

時間　五〇分
満点　六〇点

1　(1)と(2)について答えよ。

(1)　次の【文章】を読んで、後の各問に答えよ。句読点等は字数として数えること。なお、本文中の‥‥線は(2)の問一に関わるものである。

【文章】

鳥は、本当に自由なのだろうか。私はそうではないと思う。鳥はいわば空の中に閉じこめられている。魚も同様で、水の中に閉じこめられている。鳥は空を「空」とは呼ばず、魚も水を「水」と名づけることはない。人間がするようには自分の住む世界を対象として捉えることがないからだ。人間は言葉を用い、空を「空」と呼び、海を「海」と名づけた。いわば世界と自分をはっきりと分けて認識している。その意味で人間は、世界に閉じこめられてはいない。言い換えれば人間は、鳥や魚と同じような意味では「自然（＝世界）」の中に生きていない。おそらくこのことが、人間、とりわけ若い皆さんが①世界と自分との間にズレを感じる理由だ。

重要なことは、このズレがあるからこそ、人間はほかの動物のように自足することができず、自分が生きる世界を絶えずつくり替えていかなければならないということ。例えば、森を切り拓《ひら》き、田畑をつくる。これこそ人間だけが持っている自由であり、人間が自由である証《あか》しなのだが、見方を変えれば、その②自由に閉じこめられているともいえなくはない。人間は、自分が生きている世界と自分との間に越えがたいズレを感じながら、（孤独ではあるけれども）自由に、世界を学び、世界を自分に合うようにつくり替える努力を積み重ねてきた。それが歴史ということ。私たちは今、その結果としての世界を生きているのだ。

しかし現代において、人間が行っている世界のつくり替えは、あまりにも高度で複雑だ。例えば、地下鉄を通したり、ジェット機を飛ばしたりしているが、そのために何が必要かを挙げてみればわかる。まず、言葉を知らなければならない。世界の仕組みを理解して記述するには、数学がなければならない。物理学も工学も欠かせない。いくつものことを積み重ねて、X ジェット機が一機、空を飛べる。

そうした数学や物理学、工学は、自然そのものではなく、人間が自然を学びながらつくり出した体系であるから、学ぶことには二段階あることになる。星の運行から暦をつくり、めぐる季節の知識を生かした耕作や狩猟を行うなど、自然を学ぶことが第一段階だとすれば、自然を学んだ人間がつくり出したものを学ぶことが③第二段階だ。現代を生きる我々には、この「二重の学び」が宿命づけられており、この第二段階のために特に必要とされているのが学校ということになる。

人間がつくり出したものは数えきれず、一人では到底学びきれない。人間は学ぶべきことを増やしすぎたのではないかと思うほどだ。研究分野の細分化も近年ますます進行している。例えば、脳の「海馬《かいば》」という部分を研究している脳科学者の知人がいる。人間は何かを学ぶたびに海馬の最深部で「新生ニューロン」という神経組織を生成している。知人はこのメカニズムを研究しているのだが、同じ研究に取り組む研究チームは世界におよそ一〇〇チームもあり、日々成果を競っているという。

2024年度／解答

数　学

1 【解き方】(1) 与式 $= 7 + (-12) = -5$

(2) 与式 $= 10a + 5b - 3a + b = 7a + 6b$

(3) 与式 $= 3\sqrt{2} + \dfrac{14 \times \sqrt{2}}{\sqrt{2} \times \sqrt{2}} = 3\sqrt{2} + 7\sqrt{2} = 10\sqrt{2}$

(4) $y = \dfrac{a}{x}$ に $x = -4$，$y = 3$ を代入して，$3 = \dfrac{a}{-4}$ より，$a = -12$　$y = -\dfrac{12}{x}$ に $x = 6$ を代入すると，$y = -\dfrac{12}{6} = -2$

(5) 展開して，$x^2 + 7x = 8x + 72$ より，$x^2 - x - 72 = 0$ だから，$(x + 8)(x - 9) = 0$　よって，$x = -8$，9

(6) 相対度数は，$23 \div 65 = 0.353\cdots$　小数第 3 位を四捨五入して，0.35。

(7) $y = -\dfrac{1}{2}x^2$ のグラフは下に開いた放物線で，$x = 2$ のとき，$y = -\dfrac{1}{2} \times 2^2 = -2$ より，点$(2,\ -2)$を通る。

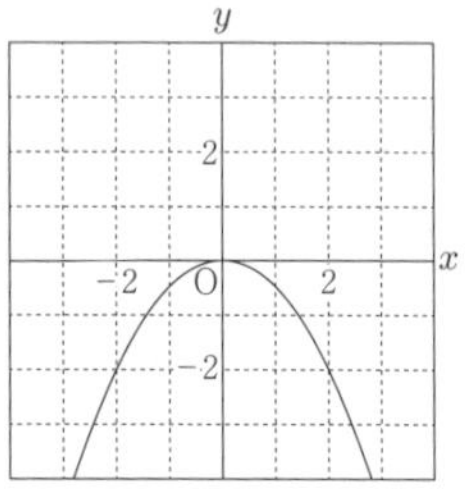

(8) 第 3 四分位数は，回数の大きい方から 3 番目と 4 番目の値の平均になるから，$\dfrac{53 + 56}{2} = 54.5$ (回)

(9) 無作為に抽出した 60 人のうち，外国の文化に興味があると回答した生徒の割合は，$\dfrac{45}{60} = \dfrac{3}{4}$ だから，全校生徒では，およそ，$560 \times \dfrac{3}{4} = 420$ (人)と推定できる。

【答】(1) -5　(2) $7a + 6b$　(3) $10\sqrt{2}$　(4) -2　(5) $x = -8$，9　(6) 0.35　(7) (前図)　(8) 54.5 (回)
(9) (およそ) 420 (人)

2 【解き方】(1) 2 個の玉の取り出し方は全部で，$4 \times 4 = 16$ (通り)　2 個とも赤玉が出るのは，$1 \times 1 = 1$ (通り)だから，求める確率は，$1 - \dfrac{1}{16} = \dfrac{15}{16}$

【答】(1) $\dfrac{15}{16}$

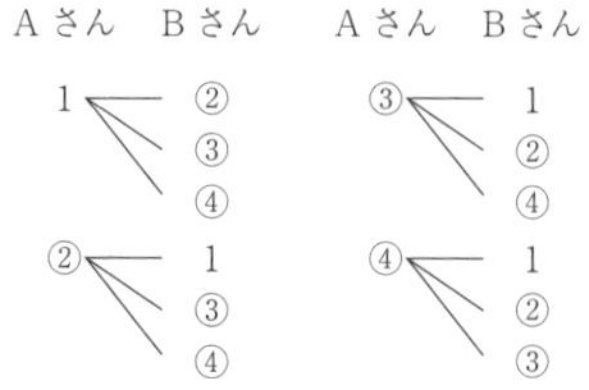

(2) 赤玉を 1，白玉を②，③，④とする。A さんと B さんの玉の取り出し方は右図のようになる。白玉が出る確率は，A さんの場合が，$\dfrac{3}{4}$　B さんの場合が，$\dfrac{9}{12} = \dfrac{3}{4}$　確率は等しいので，白玉の出やすさに違いがない。

3 【解き方】(1) 連続する 3 つの整数の和は，$n + (n + 1) + (n + 2) = 3n + 3 = 3(n + 1)$　$n + 1$ は整数だから，連続する 3 つの整数の和は，3 の倍数であり，真ん中の数 $n + 1$ の 3 倍である。

(2) 真ん中の数と最も大きい数の積から，最も小さい数と真ん中の数の積をひいた差は，$(n + 1)(n + 2) - n(n + 1) = n^2 + 3n + 2 - n^2 - n = 2n + 2 = 2(n + 1)$　また，$2n + 2 = (n + 2) + n$ より，最も大きい数と最も小さい数の和になる。

(4) 連続する 4 つの整数は，最も小さい数を n として，n，$n + 1$，$n + 2$，$n + 3$ と表される。X，Y はそれぞれ，$\mathrm{X} = n + (n + 1) = 2n + 1$，$\mathrm{Y} = (n + 2) + (n + 3) = 2n + 5$ であるから，X と Y の積は，$\mathrm{XY} = (2n + 1)(2n + 5) = 4n^2 + 12n + 5$　(C) にあてはまる選択肢の内容は，連続する 4 つの整数のうちの 2 数であり，その 2 数の積の 4 倍が $4n^2 + 12n + 5 +$ (正の整数Ⓠ) と等しくなることから，$4n^2 + 12n +$

5＋(正の整数Ⓠ)が4の倍数になればよい。$4n^2$，$12n$ はともに4の倍数だから，5＋(正の整数Ⓠ)が4の倍数になるためには，Ⓠ＝3　このとき，$4n^2 + 12n + 5 + 3 = 4n^2 + 12n + 8 = 4(n^2 + 3n + 2) = 4(n + 1)(n + 2)$　よって，2番目に小さい数と2番目に大きい数の積の4倍になる。

【答】 (1) 3　(2) A. $2(n + 1)$　B. ウ

(3) 連続する3つの整数は，最も小さい数を m として，m，$m + 1$，$m + 2$ と表される。真ん中の数の2乗から1をひいた差は，$(m + 1)^2 - 1 = m^2 + 2m + 1 - 1 = m^2 + 2m = m(m + 2)$（したがって，連続する3つの整数のうち，真ん中の数の2乗から1をひいた差は，最も小さい数と最も大きい数の積になる。）

(4) Ⓠ 3　C. ウ

4 **【解き方】** (1) $400 + 24 \times 80 = 2320$ (円)

(2) $a > 400$ より，$x = 0$ のとき，B社のグラフはA社のグラフより上になる。$b < 24$ より，B社のグラフで $0 \leqq x \leqq 120$ の範囲にある直線の傾きは，A社のグラフで $0 \leqq x \leqq 200$ の範囲にある直線の傾きより小さい。また，$c > 20$ より，B社のグラフで $120 \leqq x \leqq 350$ の範囲にある直線の傾きは，A社のグラフで $200 \leqq x \leqq 350$ の範囲にある直線の傾きより大きい。この条件を満たすグラフは，イ。

(3) C社で240kWhをこえた使用量に対して1kWhあたり d 円かかるとすると，350kWhのときの1か月の電気料金が8400円だから，$4000 + (350 - 240)d = 8400$ より，$d = 40$　よって，C社を利用する場合の x と y の関係を表したグラフは右図のようになる。$240 \leqq x \leqq 350$ の範囲で，A社を利用したときとC社を利用したときの1か月の電気料金が同じなるときの使用料を t kWhとすると，$5200 + 20(t - 200) = 4000 + 40(t - 240)$ より，$t = 340$　よって，C社を利用する方がA社を利用するよりも安くなるのは，電気の使用量が150kWhをこえて340kWhよりも少ないときである。

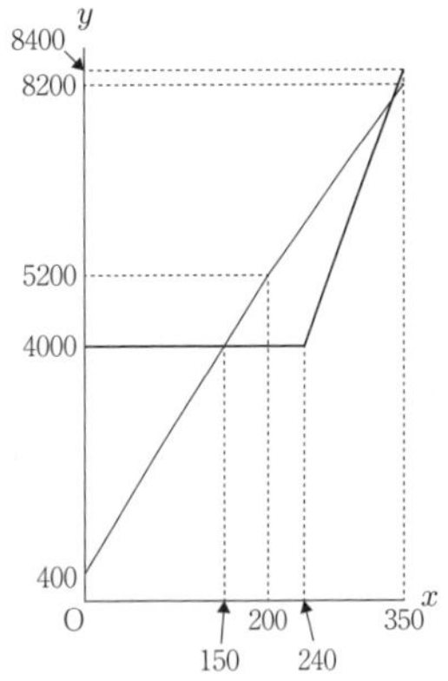

【答】 (1) 2320 (円)　(2) イ　(3) 340

5 **【解き方】** (1) 点い，う をそれぞれ点P，Qとすると，AP＝AQ，PR＝QRより，△APR≡△AQRであるから，四角形APRQは直線ARを対称の軸とする線対称な図形となり，AR⊥PQとなる。

(3) ∠AEB＝∠ADB＝90°より，点D，EはABを直径とする円周上にあるから，4点A，B，D，Eは1つの円周上にある。また，∠CDF＝∠CEF＝90°より，点D，EはCFを直径とする円周上にあるから，4点C，D，E，Fも1つの円周上にある。

(4) △ACDは30°，60°の直角三角形だから，$AD = \sqrt{3}CD = 5\sqrt{3}$ (cm)　△BCEも30°，60°の直角三角形だから，△BDFも30°，60°の直角三角形であり，$FD = \dfrac{BD}{\sqrt{3}} = \dfrac{11\sqrt{3}}{3}$ (cm)　よって，$AF = 5\sqrt{3} - \dfrac{11\sqrt{3}}{3} = \dfrac{4\sqrt{3}}{3}$ (cm)　AG∥BDより，$AG : BD = AF : DF = \dfrac{4\sqrt{3}}{3} : \dfrac{11\sqrt{3}}{3} = 4 : 11$ だから，$AG = \dfrac{4}{11}BD = 4$ (cm)　AG∥BCより，$BE : EG = BC : AG = (11 + 5) : 4 = 4 : 1$　よって，$\triangle ABG = \triangle ABE \times \dfrac{4 + 1}{4} = \dfrac{5}{4}\triangle ABE$　△ABG，△BCGは高さをADとすると，それぞれ底辺がAG，BCになるから，$\triangle ABG : \triangle BCG = AG : BC = 1 : 4$ より，$\triangle BCG = 4\triangle ABG = 4 \times \dfrac{5}{4}\triangle ABE = 5\triangle ABE$　よって，四角形 $ABCG = \triangle ABG + \triangle BCG = \dfrac{5}{4}\triangle ABE + 5\triangle ABE = \dfrac{25}{4}\triangle ABE$ だから，$\triangle ABE = \dfrac{4}{25}$ 四角形ABCG　したがって，$\dfrac{4}{25}$ 倍。

【答】(1)（点 P，Q とする 2 点）い，う　（図形）ア

(2) $\triangle$AFE と$\triangle$BCE において，BE $\perp$ AC だから，$\angle$FEA = $\angle$CEB = 90°……①　$\triangle$ADC は$\angle$ADC = 90°の直角三角形だから，$\angle$EAF + $\angle$BCE = 90°……②　$\triangle$BCE は$\angle$CEB = 90°の直角三角形だから，$\angle$EBC + $\angle$BCE = 90°……③　②，③より，$\angle$EAF = $\angle$EBC……④　①，④より，2 組の角がそれぞれ等しいので，$\triangle$AFE $\backsim$ $\triangle$BCE

(3)（A，B，D，E），（C，D，E，F）(4) $\dfrac{4}{25}$（倍）

6 【解き方】(1) 面 EFGH に垂直な辺は，辺 AE，BF，CG，DH　このうち，辺 AD とねじれの位置にあるのは，辺 BF，CG。

(2) 右図の展開図の一部において，線分 AC と辺 EF，FG との交点をそれぞれ点 P，Q とすると，AP + PQ + QC の長さが最も短くなる。PE : CH = AE : AH = 4 : (4 + 4) = 1 : 2 より，PE = $\dfrac{1}{2}$CH = $\dfrac{1}{2}$ × (8 + 4) = 6 (cm)　よって，PF = 8 − 6 = 2 (cm)　GQ : HA = CG : CH = 4 : 12 = 1 : 3 より，GQ = $\dfrac{1}{3}$HA = $\dfrac{8}{3}$ (cm)　よって，QF = 4 − $\dfrac{8}{3}$ = $\dfrac{4}{3}$ (cm)

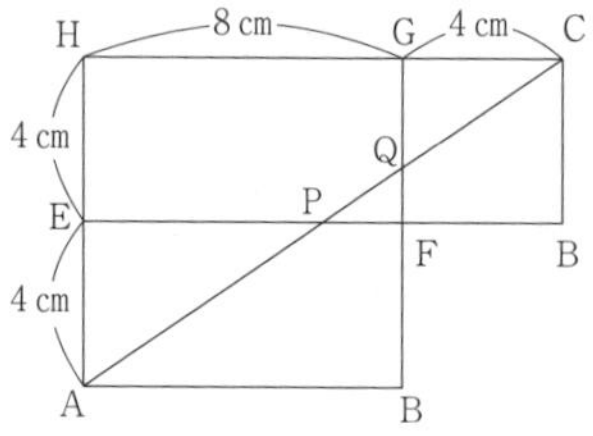

$\triangle$FPQ において三平方の定理より，PQ = $\sqrt{2^2 + \left(\dfrac{4}{3}\right)^2} = \dfrac{2\sqrt{13}}{3}$ (cm)

(3) FC = $\sqrt{2}$FG = $4\sqrt{2}$ (cm)　また，EK = x cm とすると，KF = $(8 - x)$ cm だから，$\triangle$CKF において三平方の定理より，$\mathrm{KC}^2 = (4\sqrt{2})^2 + (8 - x)^2 = x^2 - 16x + 96$　EK = KC より，$\mathrm{EK}^2 = \mathrm{KC}^2$ だから，$x^2 = x^2 - 16x + 96$　これを解くと，$x = 6$　ここで，I，J がそれぞれ AB，HG の中点であることから，EI，CI，EJ，CJ はすべて，直角を挟む 2 辺が 4 cm の直角二等辺三角形の斜辺で，その長さは等しい。これと EK = CK より，四角すい KEICJ は平面 IJK に関して対称であるから，平面 IJK で 2 つの合同な三角すい EIJK，CIJK に分けられる。三角すい EIJK の体積は，底面を$\triangle$EJK，高さを EA として，$\dfrac{1}{3} \times \left(\dfrac{1}{2} \times 6 \times 4\right) \times 4 = 16$ (cm^3)　よって，四角すい KEICJ の体積は，16 × 2 = 32 (cm^3)

【答】(1) 辺 BF，辺 CG　(2) $\dfrac{2\sqrt{13}}{3}$ (cm)　(3) 32 (cm^3)

英　語

1 【解き方】問題 1. (1) How much is ～? =「～はいくらですか？」。値段を答える。(2) 家で音楽を聞くかどうかを答える。(3) どちらの野球の帽子を買いたいかを答える。The blue one =「青いもの（帽子）」。one は cap を指す代名詞。

問題 2. (1)「駅の隣にある店に歩いて行くことを決めた」と言っているので，ジョンはアイスクリームを買いに行く。(2) ミドリ駅からキャンディ店までバスで行く場合にかかる時間を答える。

問題 3. (1) 久美は「来週日本に戻るつもりだよ」と言っている。(2) 久美は「初日，私は独りだった。だからあなたが私に話しかけてくれたとき，私はとてもうれしかった」と言っている。イの「学校で久美が独りだと感じたときにマイクが話しかけてくれたから」が適切。(3) 久美は「今では私は自分の意見を表現することは大切だということを知っている」と言っている。エの「オーストラリアで彼女は自分の意見を表現することは大切だということを学んだ」が正しい。

問題 4. 〈問 1〉(1) 質問は「裕二は博物館の中でどこに最初に行くでしょうか？」。裕二が所属する C 班は最初にルーム 1 に行く。(2) 質問は「裕二はルーム 3 で何を見るでしょうか？」。「今日，私たちはアメリカの映画を選びました。あなたたちはそれをルーム 3 で見ます」と述べられている。(3) 質問は「裕二は博物館を去る前に何のプレゼントを手に入れるでしょうか？」。「私たちはあなたたちにノートをプレゼントとしてあげるつもりです」と述べられている。〈問 2〉映画を作ることについて質問する英文を書く。「誰が映画の俳優たちを決めるのですか？」などが考えられる。

【答】問題 1. (1) ウ　(2) エ　(3) ウ　問題 2. (1) Ice Cream　(2) 20 minutes

問題 3. (1) ア　(2) イ　(3) エ

問題 4. 〈問 1〉(1) ア　(2) American, movie　(3)（例）He will get a notebook.（5 語）〈問 2〉（例）Who decides the actors in movies?（6 語）

◀全訳▶　問題 1.

(1) こんにちは。私はハンバーガーがほしいです。それはいくらですか？

ア．3 回です。　イ．2 つのカップです。　ウ．4 ドルです。　エ．5 時間です。

(2) ジェーン，あなたは家で音楽を聞きますか？

ア．いいえ，ポップ・ミュージックです。　イ．はい，あなたはそうです。

ウ．いいえ，あなたはしません。　エ．はい，毎日です。

(3) ルーシー，どちらの野球の帽子をあなたは買いたいですか？

ア．2 つのボールをお願いします。　イ．彼女は競技場にいます。　ウ．青いものです。

エ．それはあなたのものです。

問題 2.

(1) ジョンはミドリ駅にいて，彼は町中を歩く予定です。彼は地図上の店の 1 つに行きたいと思っています。彼は駅の隣にある店に歩いて行くことを決めました。彼は何を買う予定ですか？

(2) サキとエイミーは次の土曜日にミドリ町を訪れる予定です。彼女たちはキャンディが大好きで，地図上で素敵なキャンディ店を見つけました。ミドリ駅からその店まで，バスでどのくらいかかるでしょうか？

問題 3.

マイク：久美，僕は君がもうすぐオーストラリアで勉強することを終えると聞いたよ。

久美　：そうだよ，マイク。私は来週日本に戻るつもりだよ。私はあなたがいないのをとても寂しく思うでしょうね。

マイク：僕も君がいないのを寂しく思うだろう。君はどのようにして僕たちが友達になったのかを覚えているかい？

久美　：ええ，もちろん。初日，私は独りだった。だからあなたが私に話しかけてくれたとき，私はとてもうれしかった。それから，あなたはあなたの同級生を私に紹介して，私が友達を作るのを助けてくれたね。

マイク：君はそのとき少し恥ずかしがりやだったけど，君は活発になって今では学校生活を楽しんでいるね。

久美　：ええ，そうよ。ああ，私が決して忘れないことがもう１つあるよ。私がここに来たとき，私はとても緊張していたから授業で自分の意見を共有することが難しかった。でも私が挑戦したとき，あなたは私にそれはいい考えだと言ったね。今では，私は自分の意見を共有するとき緊張しないよ。

マイク：僕はそれを聞いてうれしいよ。僕たちは君と話すことによってたくさんのことを学んだよ，久美。

久美　：ありがとう。今では私は自分の意見を表現することは大切だと知っている。日本に戻ったあと私はそうすることを恐れないだろうね。

質問(1) 久美は来週日本に戻るつもりですか？

質問(2) なぜ久美はオーストラリアの学校の初日にうれしかったのですか？

質問(3) 久美について正しいのはどれですか？

問題４.

〈問１〉 世界映画博物館へようこそ。私の名前はケイトです。今日私たちはあなたたちに博物館中を案内するつもりです。あなたたちは３つの班，Ａ班，Ｂ班，あるいはＣ班のうちの１つにいます。私たちには映画について学ぶ３つの部屋があります。あなたたちは３つの部屋全てを訪れます。私はあなたたちにそれぞれの班の最初の部屋をお知らせします。Ａ班はルーム２に行きます。Ｂ班はルーム３に行きます。Ｃ班はルーム１に行きます。

それでは，それぞれの部屋を紹介します。ルーム１では，あなたたちは映画で使われた本物の衣装，帽子，そして靴を見ることができます。ルーム２では，私たちのスタッフがあなたたちにどのように映画が作られるのかについてお話しします。そしてルーム３は映画館です。私たちはたくさんの国から映画を集めています。今日，私たちはアメリカの映画を選びました。あなたたちはルーム３でそれを見ます。

２つの部屋を訪れたあと，私たちはレストランで昼食をとります。それから，あなたたちは最後の部屋を訪れます。

あなたたちが博物館を去る前に，私たちはあなたたちにノートをプレゼントとしてあげるつもりです。

もし何か質問があれば，私たちに知らせてください。

〈問２〉 映画を作ることについてあなたは何をルーム２のスタッフに尋ねたいですか？　質問を１つ書きなさい。

2 **【解き方】** A. タカシのバスケットボールの大会での試合について話している。直後のタカシの「うん！　次の日曜日に僕たちの最後の試合があるんだ」という返答に注目。イの「君たちはその試合に勝ったの？」が適切。

B. リサがエマの選んだ筆箱について感想を言っている。「それはよさそうに見えるけど」に続き，エマの「ええと，私はたくさんのペンと鉛筆を持っているの」につながる文を選ぶ。アの「それは大きすぎるかもしれないよ」が適切。

C. 直後でケンタロウが「２週間です」と答えている。イの「あなたはどのくらいロンドンに滞在するつもりですか？」が適切。How long は期間の長さを尋ねる疑問文。

D. 直後の「あなたの言う通りです。彼らは親切な人々です」という返答に注目。エの「ロンドンの人々は観光客に対して友好的です」が適切。

【答】 A. イ　B. ア　C. イ　D. エ

3 **【解き方】** 問１. ①「ずっと～している」は現在完了進行形〈have ＋ been ＋～ing〉で表す。are が不要。②「Ａ に Ｂ をあげる」＝ give A B。「私たちが必要としていた情報」＝ information we need。information のあとには目的格の関係代名詞が省略されている。giving が不要。

問２.「この地域の人々はほかのものを食べていましたか？」というベル先生の質問に対する返答。直後でジェームズが水田について述べている。ウの「はい，彼らは米も食べていました」が適切。

問 3. (1) 直後に「私たちにはほかのグループと私たちの調査を共有する時間がありました。私は彼らからいくつかのヒントを得ました」とある。アの「協力することは私たちが新しい考えを見つける手助けをします」が適切。(2) 質問は「どれが香織とジェームズが行う発表にとって最もよいタイトルですか？」。香織の2つ目のせりふに「私たちはこの地域の人々が昔に食べていた食べ物を調査しようとしています」とあり，そのあともこの地域の人々が昔に食べていたものについての会話が続いている。イの「この地域の食べ物の歴史」が適切。

【答】 問 1. ① have been talking about　② gave us information we　問 2. ウ　問 3. (1) ア　(2) イ

◀全訳▶

ベル先生　：こんにちは，香織とジェームズ。発表のためのあなたたちの調査はどうですか？

香織　　　：ベル先生，私たちは自分たちの調査をよりよくする効果的な方法についてずっと話しているのですが，次に何をすべきかわかりません。

ベル先生　：ええと，あなたたちが何を発見したのか私に教えてください。

香織　　　：わかりました。私たちはこの地域の人々が昔に食べていた食べ物を調査しようとしています。私たちは私たちの市の歴史についてのいくつかのウェブサイトを見ました。私たちはそれらからたくさんの情報を見つけました。

ベル先生　：よさそうですね。あなたたちは何を発見したのですか？

ジェームズ：僕たちの市は海の近くに位置しており，この地域の人々は約2,000年前に魚を食べていました。

ベル先生　：それは興味深いですね。この地域の人々はほかのものを食べていましたか？

ジェームズ：はい，彼らは米も食べていました。彼らは水田を作るために木々を切り倒しました。その水田のいくつかは僕たちの学校の近くに位置している遺跡になりました。

香織　　　：実は，私たちはその水田の遺跡を訪れ，それらについてたくさん知っている女性に出会いました。

ベル先生　：あなたたちは彼女にインタビューしましたか？

香織　　　：はい。彼女は私たちに私たちが必要としていた情報をくれました。例えば，その水田の広さ，この地域の人々が作っていた米の種類，そしてどのように彼らがそれを料理したかです。

ベル先生　：あなたたちはいっしょにたくさん学びましたね。もしもっと多くの情報が必要なら，あなたたちは歴史の先生に尋ねることができます。彼は私に私たちの市の歴史を教えてくれました。

ジェームズ：ああ，ヤマダ先生ですか！　それはいいですね！　香織，放課後に彼に尋ねましょう。

香織　　　：うん！　私はもし私たちがいっしょに活動し続ければ，きっと私たちは発表を改善してよいタイトルを選ぶと思うわ。

ベル先生　：私もそう思います。あなたたちは発表のタイトルについて考え始めるべきです。

問3の全訳

> 今日の目標：調査の次の段階を決めよう！
> 今日私はいっしょに活動することは私たちが新しい考えを見つけることを助けると学びました。私たちにはほかのグループと私たちの調査を共有する時間がありました。私は彼らからいくつかのヒントを得ました。今私は私たちが訪問すべきよいウェブサイト，調査すべき場所，そしてインタビューすべき人々を知っています。
> 私は私たちの市の水田についてもっと多くの情報が必要なので，放課後にヤマダ先生に尋ねるつもりです。

4 **【解き方】** 問 1. 直前の It は「この夏にケンを訪ねること」を指す。空欄に experience を入れると，「それはよい経験になるでしょう」となり意味が通る。

問 2. 質問は「なぜ年老いた男性は驚いたのですか？」。直後の男性の発言から，自分を訪ねてきたユミが 25 年前に自分のピザ屋に住んでいたトモコの娘であることに驚いている。「彼はユミがトモコの娘だとわかったから」などの文が適切。Why ～?に対しては Because ～.で答える。

問 3. ケンは直前で「僕は人々にはすばらしい思い出があると思うんだ。僕は写真を通してそれらを共有したいんだ」と言っており，それが彼の夢の内容である。

問 4. ア．第 2 段落の中ほどを見る。写真が撮られたのは日本ではなくニューヨーク。イ．第 2 段落の後半を見る。ユミとケンがピザ屋を訪れたのは昼食のため。ウ．第 3 段落の前半を見る。ユミはピザ屋に行ってすぐに写真の男性を見つけた。エ.「トモコはニューヨークの大学生だったとき，ピアノを勉強していた」。第 3 段落の中ほどの男性の発言を見る。内容に合っている。オ．第 3 段落の後半を見る。男性に「彼女（トモコ）は今何をしているんだい？」と尋ねられたユミは「彼女は音楽の先生です」と言っている。カ.「ケンが彼の夢についてユミに話したとき，ユミはわくわくして自分の夢を見つけたいと思った」。第 4 段落の後半を見る。内容に合っている。

問 5. 質問は「もしあなたが自分の古い写真を見つけたら，何をしますか？」。解答例は「私はその写真の場所を再び訪れます」。「私は～します」= I will ～。

【答】 問 1. ウ　問 2.（例）Because he found Yumi was Tomoko's daughter.（7 語）

問 3. それぞれの人々がもっているすばらしい思い出を，写真を通して共有すること。（同意可）

問 4. エ・カ　問 5.（例）I will visit the place in the photo again.（9 語）

◀全訳▶　ユミは福岡の高校生です。彼女の兄のケンはニューヨークで写真技術を勉強しています。ある日彼らの母親のトモコが「ユミ，この夏にケンを訪ねたらどう？　それはよい経験になるでしょう」と言いました。ユミは長い間そこに行きたかったので，それを聞いてわくわくしました。

夏に，ユミはニューヨークを訪れました。ニューヨークの空港で，ケンが待っていました。彼女は彼にそこで会えてとてもうれしかったです。彼らが夕食を食べている間，ケンは古い写真をユミに見せました。その写真の中で，ある男性と若い女性がピザ屋の前で立っていました。その女性は彼らの母親でした。その写真はニューヨークで撮られ，そのピザ屋の住所がそれに書かれていました。ケンは 1 年前に日本を去る前にそれを手に入れました。ユミはケンに「私はお母さんがニューヨークに住んでいたことを知っているけれど，彼女は一度も私に詳しいことを話さなかったわ」と言いました。「僕はこのピザ屋に一度も行ったことがない。明日昼食にそこを訪れるのはどう？」とケンは言いました。ユミは賛成しました。

次の日，彼らはそのピザ屋に行きました。ユミはすぐに写真の中の年老いた男性を見つけました。ユミはその写真を彼に見せて，「あなたはこの女性を覚えていますか？」と尋ねました。彼はその写真を見て，「もちろん，それはトモコだね。あなたはトモコの娘かい？」と言いました。ユミは「はい，そうです！」と言いました。その年老いた男性は驚いて，「わあ！　僕はトモコの娘が僕の前にいることが信じられないよ！　トモコは 25 年前にこの建物の 3 階に住んでいたんだ。彼女は音楽の先生になるために大学でピアノを勉強していて，毎日とても一生懸命に練習していたよ。彼女は今何をしているんだい？」と言いました。ユミは「彼女は音楽の先生です」と答えました。彼は「ああ，よかった！　彼女はいつも音楽を通して人々を幸せにしたいと言っていたんだ。よし。ピザを食べよう。僕が君たちにもっと話してあげるよ」と言いました。ユミとケンがピザを食べる間，彼らはトモコの思い出を聞くことを楽しみました。

話してピザを食べたあと，ユミはその年老いた男性に「この写真のおかげで，私はあなたに会うことができました。私は次回はお母さんといっしょにあなたをもう一度訪ねるつもりです！」と言いました。ユミとケンはその男性に別れを告げ，ピザ屋を去りました。ユミはケンになぜ彼が写真技術を勉強するのかを尋ねました。彼は「僕は人々にはすばらしい思い出があると思うんだ。僕は写真を通してそれらを共有したいんだ。それが僕の夢だよ」と答えました。ユミはわくわくして，「それはいいね！　私も自分の夢を見つけたいわ」と言いました。

5 【解き方】日本の自然を楽しむのに最適な月を，8月，10月，12月の3つの中から選び，理由とともに考えを説明する。解答例は「10月がもっともよい月です。日本にはたくさんの美しい山があります。10月は山でハイキングをするのによい時期です。木は色を変えつつあります。あなたはすばらしい眺めを楽しむこともできます」。

【答】(例) October ／ There are a lot of beautiful mountains in Japan. October is the good time for hiking in the mountains. The trees are changing colors. You can enjoy wonderful views, too. (30語)

社　会

1 【解き方】問1. 国風文化は平安時代に栄えた文化。清少納言は，かな文字を使って随筆『枕草子』を著した。1・2は奈良時代，4は飛鳥時代の人物。

問2. 1はC（近世），2はA（古代），3はD（近代）に関するできごと。

問3. 1は1392年，2は1221年の承久の乱後，3は1467年に始まった応仁の乱以後，4は1185年のできごと。

問4. ㋑「御成敗式目」は，1232年に鎌倉幕府の3代執権北条泰時が定めた，日本で最初の武士のための法令。㋺ 幕府が年貢を安定的に取り立てるために，土地の売買は禁止された。

問5. ㋩ 初代内閣総理大臣に就任した人物。㋥ 大日本帝国憲法では，人権は法律によって制限され，臣民の権利とされていた。

問6. ㋭「生糸」は当時の最大の貿易港であった横浜に近い，東日本を中心に生産されていた。㋬ 金と銀の交換比率は，外国では1対15であったのに対し，日本では1対5と容易に引き替えることができた。㋣ 外国への金の流出を防ぐために幕府が小判の質を落としたため，貨幣の価値が下がり，物価上昇につながった。

【答】問1. 3　問2. 4　問3. 4→2→1→3　問4. ㋑ b　㋺ d　問5. ㋩ b　㋥ 法律

問6.（番号）1　㋣ 物価が上昇した（同意可）

2 【解き方】問1. 民本主義を唱えた吉野作造らが中心となって展開した運動。

問2. ㋑ 資料Ⅰは，1951年に調印したサンフランシスコ平和条約の内容。bの「日中平和友好条約」は1978年に結ばれた条約。㋺ 資料Ⅱの日ソ共同宣言の調印により，ソ連との国交が回復した。また，国際連合の安全保障理事会の常任理事国であったソ連の支持を受けたことで，日本の国際連合への加盟が実現した。

問3. 高度経済成長期は1955年ごろ～1973年。資料Ⅲより，1世帯あたりの収入額が増加していること，資料Ⅳより，家庭電化製品が普及していく様子が読み取れる。人々の生活水準は，高度経済成長期に大きく向上したことがわかる。

問4. あは1993年，いは2015年，うは1967年のできごと。

【答】問1. 大正デモクラシー　問2. ㋑ a　㋺ d

問3. 1世帯あたりの収入額が大幅に増え，家庭電化製品が普及した（同意可）　問4. う→あ→い

3 【解き方】問1. 赤道はインドネシアを通ること，日本標準時子午線は兵庫県明石市などを通る東経135度の経線であり，オーストラリア大陸のほぼ中央を通ることから判断する。

問2. 略地図の🄰はオセアニア州，🄱は北アメリカ州，🄲はアジア州，🄳はアフリカ州，🄴は南アメリカ州，🄵はヨーロッパ州にあたる。世界の人口の半分以上の割合をしめるwは，それぞれ14億人以上の人口を抱えるインドと中国が位置するアジア州。xは人口の割合がアジア州に次いで高い一方で，穀物生産量の割合が低いことから，人口の増加に対して，穀物の生産量が追いつかない国を多く抱えるアフリカ州。残るyとzのうち，yは穀物生産量の割合がアジア州に次いで高いことから，小麦やとうもろこしの生産が盛んなアメリカ合衆国が位置する北アメリカ州，zが南アメリカ州と判断できる。

問3. Pの国は中国。経済特区は中国南部の沿岸部（シェンチェン，チューハイ，スワトウ，アモイ，ハイナン省の5か所）に設けられている。

問4. Qの国はナイジェリア，Rの国はエチオピアにあたり，資料Ⅱ・資料Ⅲより，国の経済が特定の鉱産資源や農産物の輸出に依存していることがわかる。

問5. 資料Ⅴより，チェコとスロバキアはフランスとドイツに比べて製造業における賃金が低いこと，資料Ⅵより，それらの2つの国は2004年以降にEUに加盟していることが読み取れる。東ヨーロッパの国には同じような国が多く，西ヨーロッパの国の資本が多く入り込むようになっている。

【答】問1. 1　問2. y　問3. 経済特区を設け，外国企業を受け入れる（同意可）

問4. ㋐ モノカルチャー経済　㋑ a　㋒ d

問 5. 西ヨーロッパに比べて賃金が安く，EU 加盟国の間では関税がかからない（同意可）

4 【解き方】問 1. P は日本海側の気候に属しており，冬に雪が多く降ることから 4，R は瀬戸内の気候に属しており，一年を通して温暖で降水量が少ないことから 2 となる。Q は 3，S は 1。

問 2. 人口が多く経済活動が活発な地域や観光客が多い地域では，サービス産業を含む第三次産業人口の割合が高くなる。

問 3. あ は「米の産出額」の割合が最も高いことから B 地方。い は「輸送用機械の出荷額等」の割合が最も高いことから，自動車工業が盛んな中京工業地帯が位置する D 地方。う は「印刷・関連製品の出荷額等」の割合が最も高いことから，新聞社や出版社が多く集まっている東京が属する C 地方。残る え・お のうち，え は「畜産の産出額」の割合が最も高いことから G 地方，残った お が E 地方と判断できる。

問 4. ㋑ 宮城県の県庁所在地である仙台市は，B の東北地方で唯一の政令指定都市。㋺ 福岡県には，北九州市と福岡市の二つの政令指定都市がある。㋩ 仙台市，福岡市はともに地方中枢都市であり，交通だけでなく，政治や経済などあらゆる面で各地方の中心的な役割を担っている。

問 5. A は北海道地方。資料 V より，他の地方と比べて，耕地面積は広いが，農業従事者数は少ないことから，農業従事者一人あたりの耕地面積が広いことがわかる。また，写真より，広大な耕地を生かして大型の機械を使った農作業が行われていると考えられる。

【答】問 1. P. 4　R. 2　問 2. 3　問 3. お

問 4. ㋑ 宮城(県)　㋺ 福岡(県)　㋩ 人口と事業所数，高速バスの輸送客数が多い（同意可）

問 5. 農業従事者一人あたりの耕地面積が広く，大型の機械を使って農作業をしている（同意可）

5 【解き方】問 1. ㋺ 国民は，勤労の義務を負うとともに，勤労の権利も認められている。

問 2.「最高裁判所長官の指名」は内閣の仕事であり，R が裁判所，P が国会にあたる。また，「衆議院の解散」は内閣が国会に対して行うこと。

問 3. 地方公共団体では，首長と地方議会の議員がともに住民による直接選挙で選ばれることに特徴がある。

問 4.「金融政策」は日本銀行，「財政政策」は政府が行う経済政策。

問 5. (1) 金融機関は，家計（または企業）からお金を預かり，預かったお金を企業（または家計）に貸し出している。(2) 企業は，株式を発行することで資本金を集めることができる。

問 6. (1)「健康で文化的な最低限度の生活を営む権利」を保障している。(2) 社会保障給付費の財源の多くは，収入のある現役世代（生産年齢人口）が担っている。

【答】問 1. ㋑ 教育　㋺ 勤労　問 2.（内閣）Q　（衆議院の解散）イ

問 3.（首長が,）住民から，直接選挙で選出されていること。（同意可）　問 4. ⓑ エ　ⓒ ウ

問 5. (1) 金融機関に集まった家計からの預金を資金として調達する（同意可）　(2) 株〔式〕

問 6. (1) 2　(2) 老年人口の割合が増加し，生産年齢人口の割合が減少する（同意可）

6 【解き方】問 1.「持続可能な開発目標」の略称。1 は政府開発援助，2 はアジア太平洋経済協力，4 は環太平洋パートナーシップ協定の略称。

問 2. 資料 I より，過剰に漁獲されている魚介類の割合は，1979 年は 20 % 未満であったが，2019 年には 40 % に近いことが読み取れる。

問 3. 海に廃棄されたプラスチックごみは，やがてマイクロプラスチックとなり，海洋生物や食物連鎖を通じて人間にも悪影響をおよぼすおそれがあるとされる。

【答】問 1. 3

問 2. 過剰に漁獲されている魚介類の割合が増えていることで，漁獲を維持できなくなる（同意可）

問 3.（例）私たち消費者が，マイバッグを使用することで，レジ袋の供給が減り，海洋プラスチックごみを削減することが期待できる。

理　科

1【解き方】問1．ペンギンは鳥類，クジラはホニュウ類。
【答】問1．2・4　問2．A．えら　B．肺
問3．(1) C．うろこ　D．乾燥　(2) 体内で子としての体ができてからうまれる。(同意可)

2【解き方】問2．表より，デンプンがつくられたのはBの部分。図2より，BとDでは光の有無の条件だけが異なる。また，AとBでは葉が緑色の部分か，ふの部分かだけが異なる。Aの部分ではデンプンがつくられなかったので，デンプンがつくられるのは葉の緑色の部分。
【答】問1．葉を脱色するはたらきがあるから。(同意可)
問2．ア．B(と)D(順不同)　イ．A(と)B(順不同)　ウ．P
問3．(名称) 対照(実験)　(内容) 光があたっているときは，タンポポの葉が二酸化炭素をとり入れること。(同意可)

3【答】問1．(試験管Aに,)空気が入らないようにするため。(同意可)　問2．黒　問3．〔金属〕光沢
問4．2CuO (＋) C (→) 2Cu (＋ CO_2)

4【解き方】問3．塩酸の電離のようすは，塩酸→水素イオン＋塩化物イオン。水酸化ナトリウムの電離のようすは，水酸化ナトリウム→ナトリウムイオン＋水酸化物イオン。図2のXより，Xの水素イオンは2個，塩化物イオンは2個。B液を加えたときアルカリ性になったので，Yの水素イオンは0個。塩化物イオンは溶液中ではイオンのままなので2個。Zのナトリウムイオンは3個なので，B液は水酸化ナトリウム3つ分を加えたと考えられる。よって，Xにナトリウムイオン3個，水酸化物イオン3個を加えたことになり，水酸化物イオン2個は水素イオン2個と中和してなくなる。Yのイオンは，塩化物イオンが2個，ナトリウムイオンが3個，水酸化物イオンが，3(個)－2(個)＝1(個)

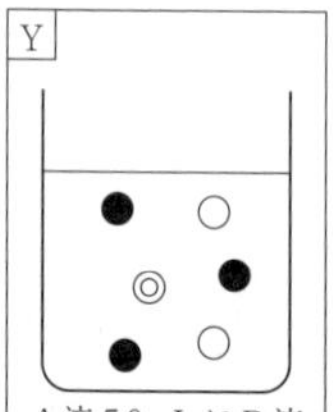

A液5.0mLにB液6.0mL加えた液

問4．消石灰はアルカリ性なので，酸性の土にまいて中和させる。
【答】問1．塩化水素　問2．(こまごめピペットの先端を)上に向けないようにする。(同意可)　問3．(前図)
問4．① P　② 中和

5【解き方】問1．地層は下から堆積し，この地層では上下の逆転がないので，上の地層ほど新しい。
【答】問1．A　問2．流れる水のはたらきによって角がけずられたから。(同意可)　問3．示相(化石)
問4．石灰岩は気体が発生するが，チャートは気体が発生しない。(同意可)

6【答】問1．年周運動　問2．光を反射する(同意可)　問3．金星は地球に近づいている(同意可)
問4．金星は地球より内側を公転している(同意可)

7【解き方】問2．表より，おもりの数が1個のとき，ばねAののびは2.4cm，ばねBののびは0.8cm。よって，ばねAののびは，ばねBののびの，$\frac{2.4\,(\text{cm})}{0.8\,(\text{cm})} = 3$(倍)
問3．おもり1個からばねにはたらく力の大きさは，$1\,(\text{N}) \times \frac{20\,(\text{g})}{100\,(\text{g})} = 0.2\,(\text{N})$　よって，おもりを1個増やすごとに，ばねに加えた力の大きさは0.2Nずつ大きくなる。
問4．次図イより，力Fを分解したとき，糸aの分力は4マス分，糸bの分力は3マス分。表より，ばねAののびが9.6cmのとき，ばねAに加わる力はおもり4個分なので，ばねBに加わる力はおもり3個分。よって，表より，ばねBののびは2.4cm。

図ア

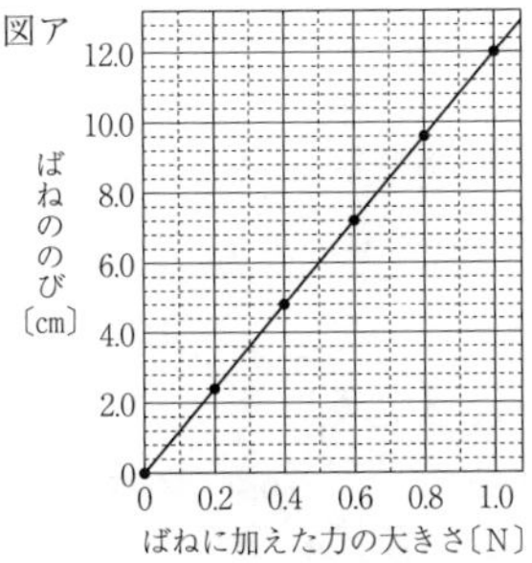

図イ

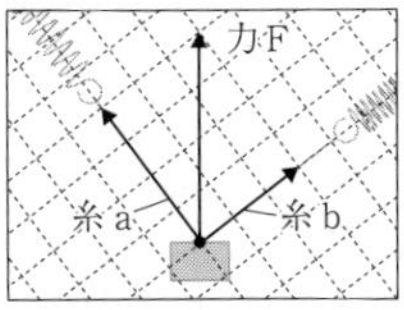

【答】 問1. 弾性　問2. 3（倍）　問3.（前図ア）　問4.（前図イ）（ばねBののび）2.4（cm）

8 **【解き方】** 問2. 電源装置の＋極からの導線を電圧計の＋端子につなぐ。アイ間に加わる電圧は1.2Vなので，－端子は3Vにつなぐ。

問3. 図1より，電熱線aと電熱線bは直列につながっているので，各電熱線に加わる電圧の和は電源装置の電圧と等しい。よって，3.0（V）－1.2（V）＝1.8（V）

問4. (1) 図1で，電熱線aに加わる電圧は1.2V，流れる電流は，60mA＝0.06A　オームの法則より，電熱線aの抵抗の大きさは，$\frac{1.2\,(\mathrm{V})}{0.06\,(\mathrm{A})}=20\,(\Omega)$　図2で，100mA＝0.1Aより，回路全体の抵抗の大きさは，$\frac{3.0\,(\mathrm{V})}{0.1\,(\mathrm{A})}=30\,(\Omega)$　電熱線aと電熱線cは直列につながっているので，各電熱線の抵抗の大きさの和は回路全体の抵抗の大きさと等しい。よって，電熱線cの抵抗の大きさは，30（Ω）－20（Ω）＝10（Ω）　(2) 回路全体の消費電力は，3.0（V）×0.1（A）＝0.3（W）　3分間電流を流したとき，回路全体で消費した電力量は，3分＝180秒より，0.3（W）×180（s）＝54（J）

【答】 問1. 導体　問2. 3　問3. 1.8（V）　問4. (1) 10（Ω）　(2) 54（J）

国　語

1 【解き方】(1) 問一.「ジェット機を飛ば」すためには,「言葉を知らなければならない」し,「数学」や「物理学」「工学」も必要となる。こういったものを手間をかけて積み重ね,やっと「ジェット機が一機,空を飛べる」と述べている。

問二. 文頭に「おそらくこのことが」とあるので,前に注目。「鳥」や「魚」と異なり,人間は言葉を使って「空を『空』と呼び,海を『海』と名づけ」ているように,「自分の住む世界を対象として捉え」ていることをおさえる。

問三.「世界と自分との間にズレを感じる」からこそ,「人間はほかの動物のように自足することができ」ないため,例えば「森を切り拓き,田畑をつくる」といったように,「自由に,世界を学」んで,「自分が生きる世界を絶えずつくり替えていかなければならない」と筆者は述べている。

問四.「自然を学ぶことが第一段階だとすれば,自然を学んだ人間がつくり出したものを学ぶことが第二段階」だと述べていることに注目。前で「ジェット機」を飛ばすために必要な学問を挙げ,それらは「人間が自然を学びながらつくり出した体系」だと説明している。

問五. A.「若い」ということは「知らない」ことの方が多いため,「『失敗』する可能性」が高い。「誤った理解をすることもしばしばある」点を,「若さ」の弱点だと述べている。B.「世界を変える力」は「若い力」であり,「若い力」とは「知らない」力であると説明していることに注目。「新発見」は「エラー,あるいはアクシデントと呼ばれる事態の中でなされることが多」く,「人間が何かを成し遂げる力は,エラーにこそある」と述べている。

(2) 問一.「およそ一〇〇チームも」とあるので,世界の多くの研究者が,ある研究に取り組んでいるといった内容を探す。

問二.「身体と心を」と2・3は,並立の関係。1は,補助の関係。4は,修飾・被修飾の関係。

問五.「好きな」と3は,活用のある自立語で,言い切りの形が「～だ」となる形容動詞。1は,活用のある自立語で,言い切りの形が「～い」となる形容詞。2は,活用のない自立語で,体言を修飾する連体詞。4は,活用のない自立語で,主語にすることができる名詞。

問六. ア. 行書では,次の画に速く向かうように書く特徴があるため,楷書では払いきる部分が,行書では変化する。イ. 楷書では,「究」の二画目と三画目を分けて書くが,行書では,前の点画の終わりと後の点画の始めを重ね,連続して書く特徴がある。

【答】(1) 問一. 2　問二. 世界と自分を　問三. 3　問四. 数学や　問五. A. 誤った　B. エラーの中から新発見を生み出し,何かを成し遂げる (24字) (同意可)

(2) 問一. 世界中　問二. 2・3　問三. なぞ　問四. 4　問五. 3　問六. ア. 4　イ. 1

2 【解き方】問一. 朝月先輩が言った「なんだよ,普通って」に対する返答であることに注目。朝月先輩に「おまえ,最近,調子どうだ」と聞かれ,何の「調子」の話であるかを考えた「俺」は,朝月先輩から「部長」の指名を受けて,引き受けたことについての話だと理解し,部長として過ごすことについて,「別に……普通っすね」と言っている。

問二. 朝月先輩は,100や200での「芯の通った,迷いのない目」をする一方で,リレーでは「どことなく不安そうな,迷っているような」目をしている。しかし,実際には「瞳の奥に…揺らいで見えるだけ」と「俺」は気づいている。

問三. (1)「みたいな」に注目。「青色のバトン」を,「一本の糸」という他のものに例えることで,情景を捉えやすくしている。(2)「『一本の糸みたいなもの』と同じ表現の技法が用いられていますね」という発言をふまえて探す。朝月先輩からの「部長」としての「バトン」を,「つながなければ」と強く思い,「確かに,受け取りました」と「俺」が伝えているところに着目する。

問四．朝月先輩から「部長」として渡された「青色のバトン」は，「リレーの道具としてのそれ」ではなく，かつ「伝統とか，責任」といった大げさなものでもなく，「切れることなくここまで届いた」ものだと「俺」は捉えている。そういった部長の思いを「つながなければ，と強く思」いながら，「バトン」を受け取っていることをふまえて考える。

【答】 問一．朝月先輩から　問二．ア．不安や迷い（同意可）　イ．瞳の奥に秘めた強い光

問三．(1) 比喩《ゆ》　(2) 絞り出すように答える　問四．2

3 **【解き方】** 問一．助詞以外の「を」は「お」にする。

問二．「天下を守ること」の難易について，「何ぞ難しと為すと謂はん」と言った太宗に対し，古来からの帝王や聖人の事例を挙げて理由を説明しつつ，「豈に難しと為さざらんや」と反論している。

問三．魏徴の「甚だ難し」という返答を聞いて，太宗は「賢能に任じ諫諍を受くれば則ち可ならん。何ぞ難しと為すと謂はん」と述べていることに着目する。

問四．一字戻って読む場合には「レ点」を，二字以上戻って読む場合には「一・二点」を用いる。

及ビテハレ至ルニ二安楽ニ一

問五．(1)「憂危の間に在るとき」は「賢に任じ諫を受」けるが，「安楽」のときには「寛怠を懐」くため，「事を言ふ者」も君主を恐れて言えなくなってしまい，「危亡に至」ってしまうという事例で，取り上げられている者をおさえる。(2) イ．「安楽」のときに緩み怠りたいという気持ちを抱くと，「事を言ふ者」も君主を恐れて忠告できなくなってしまい，その結果「危亡に至」ってしまうと述べている。ウ．古来からの帝王も聖人も，「『危亡に至る』ことのないように」行動するときを探す。(3)「安楽」のときに緩み怠りたいという気持ちを抱いて，「危亡に至」ってしまう古来からの帝王とは異なり，聖人は国家が平穏なときであっても「危きを思ふ…安くして而も能く懼る」と述べていることに着目する。

【答】 問一．おりて　問二．ざらんや　問三．3　問四．(前図)

問五．(1) 4　(2) イ．寛怠　ウ．憂危　(3) 緊張し，警戒しなければならない（15字）（同意可）

4 **【答】**（例）

AとEによると，本を「全く読まない」と答えた人のうちの半数近くが，「読書は好きでも嫌いでもない」と回答している。この人たちがおもしろい本に触れる機会をもっと増やすような取り組みを考えるのがよいと思う。

そこで，読書好きの生徒が好きな本を紹介する冊子を作り，教室に置くことを私は提案したい。私も読書に興味がなかったが，友達が昼休みに読んでいた本を貸してもらったところ，その世界に夢中になり，シリーズを読破した。身近な人がすすめた本であれば興味を持ちやすく，読書のきっかけになると思う。（十二行）

~MEMO~

~MEMO~

~*MEMO*~

~MEMO~

~MEMO~

福岡県公立高等学校

2023年度
入学試験問題

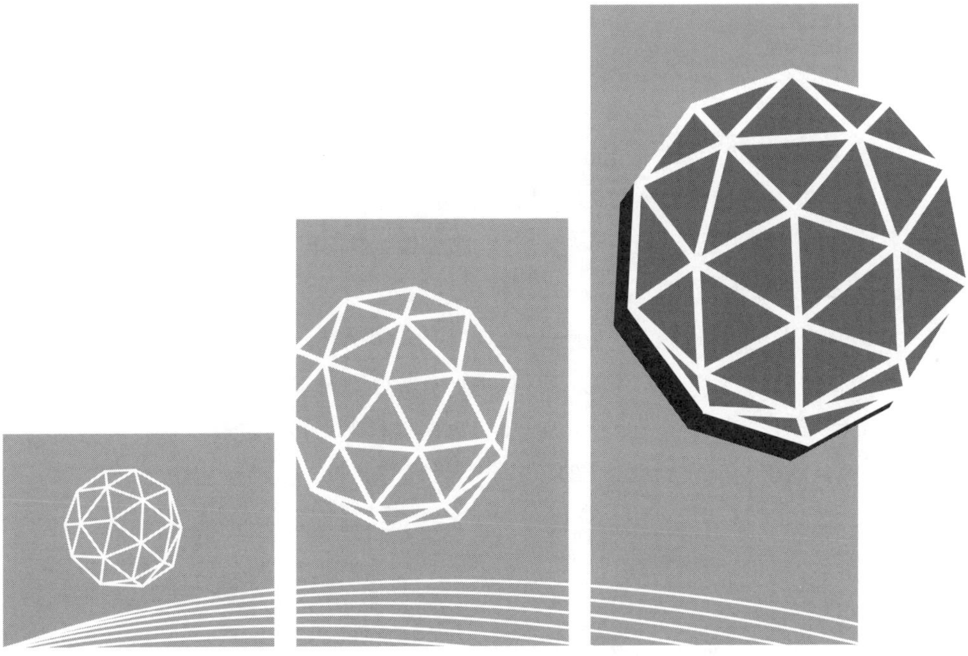

数学

時間　50分　　　　　満点　60点

（注）答えが数または式の場合は，最も簡単な数または式にすること。
答えに根号を使う場合は，$\sqrt{}$ の中を最も小さい整数にすること。

1　次の(1)～(9)に答えよ。

(1)　$9 + 4 \times (-3)$ を計算せよ。(　　　)

(2)　$2(5a + 4b) - (a - 6b)$ を計算せよ。(　　　)

(3)　$\dfrac{18}{\sqrt{3}} - \sqrt{27}$ を計算せよ。(　　　)

(4)　2次方程式 $(x - 5)(x + 4) = 3x - 8$ を解け。(　　　)

(5)　1から6までの目が出る2つのさいころA，Bを同時に投げるとき，出る目の数の積が偶数になる確率を求めよ。
ただし，さいころはどの目が出ることも同様に確からしいとする。(　　　)

(6)　関数 $y = -2x + 7$ について，x の値が -1 から 4 まで増加するときの y の増加量を求めよ。
(　　　)

(7)　関数 $y = -\dfrac{4}{x}$ のグラフをかけ。

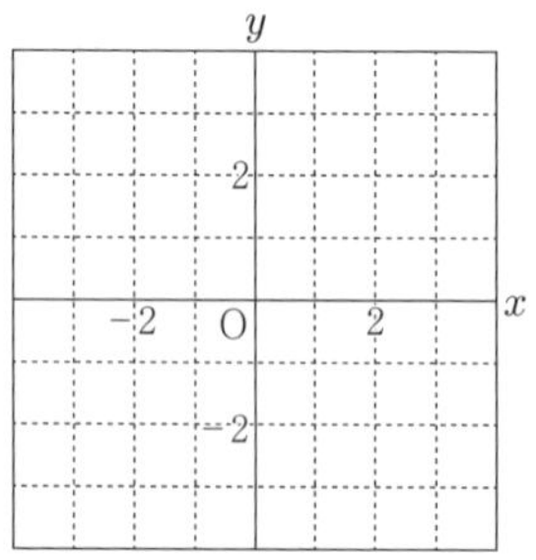

(8)　M中学校の全校生徒450人の中から無作為に抽出した40人に対してアンケートを行ったところ，家で，勉強のためにICT機器を使用すると回答した生徒は32人であった。
M中学校の全校生徒のうち，家で，勉強のためにICT機器を使用する生徒の人数は，およそ何人と推定できるか答えよ。(およそ　　　人)

(9)　図のように，線分ABを直径とする半円Oの $\overset{\frown}{AB}$ 上に点Cをとり，△ABCをつくる。線分ACに平行で点Oを通る直線と線分BC，$\overset{\frown}{BC}$ との交点をそれぞれD，Eとし，点Cと点Eを結ぶ。
$\angle CAB = 56^\circ$ のとき，$\angle DEC$ の大きさを求めよ。(　　　)

図

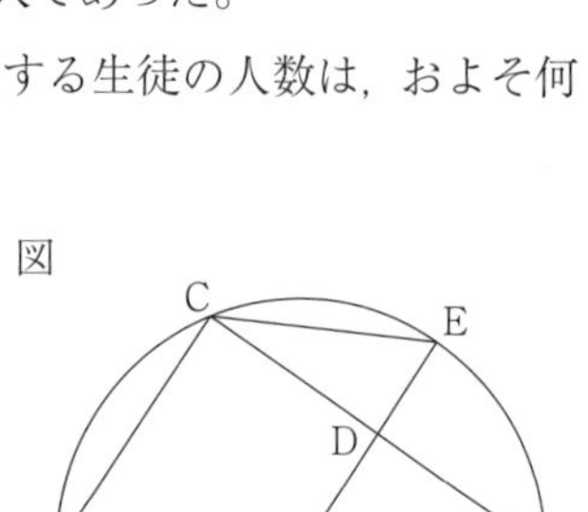

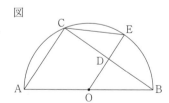

2　あめを買いに行く。

次の(1)，(2)に答えよ。

(1)　あめは，定価の 20 %引きの a 円で売られている。

このとき，あめの定価を a を用いた式で表せ。(　　　　円)

(2)　あめを買い，その全てを何人かの生徒で分ける。

あめを生徒 1 人に 5 個ずつ分けると 8 個余り，生徒 1 人に 7 個ずつ分けると 10 個たりない。

このとき，あめを生徒 1 人に 6 個ずつ分けるとすると，あめはたりるか説明せよ。

説明する際は，あめの個数と生徒の人数のどちらかを x として（どちらを x としてもかまわない。）つくった方程式を示し，あめの個数と生徒の人数を求め，その数値を使うこと。

説明(　　　　　　　　　　　　　　　　　　　　　　　　　　　　　　　　　　)

3　農園に 3 つの品種 A，B，C のいちごがある。孝さんと鈴さんは，3 つの品種のいちごの重さを比べるために，A～C のいちごをそれぞれ 30 個ずつ集め，1 個ごとの重さのデータを図 1 のように箱ひげ図に表した。

図 1

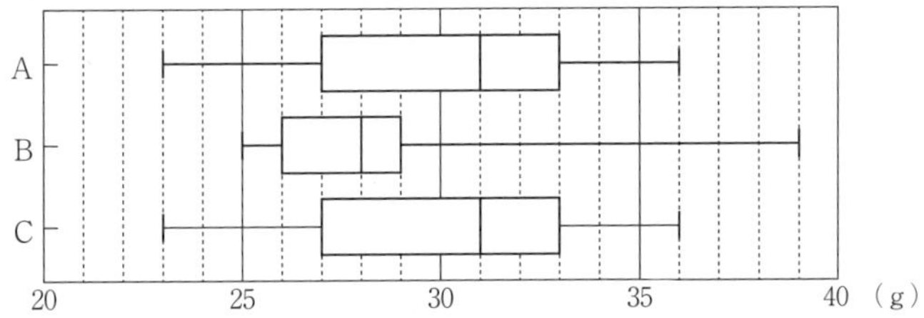

下の会話文は，孝さんと鈴さんが，図 1 をもとに，「重いいちごの個数が多いのは，A～C のどの品種といえるか」について，会話した内容の一部である。

孝さん

孝さん：A と C は，箱ひげ図が同じ形だから，①範囲や四分位範囲などが異なる A と B を比べたいけど，どうやって比べたらいいかな。

鈴さん

鈴さん：基準となる重さを決めて，比べたらどうかな。例えば，基準を 25 g にすると，25 g 以上の個数は，B の方が A より多いといえるよ。図 1 から，個数の差が 1 個以上あるとわかるからね。

孝さん：基準を 34 g にしても，34 g 以上の個数は，ひげの長さの違いだけではわからないから，A と B のどちらが多いとはいえないなあ。

鈴さん：基準を 30 g にすると，30 g 以上の個数は，A の方が B より多いといえるよ。

孝さん：②図 1 から，30 g 以上の個数は，A が 15 個以上，B が 7 個以下とわかるからだね。

鈴さん：箱ひげ図を見て基準を決めると，重いいちごの個数が多いのは，A と B のどちらであるか比べられるね。では，箱ひげ図が同じ形の③A と C のデータの分布の違いをヒストグラムで見てみようよ。

次の(1)～(3)に答えよ。

(1)　下線部①について，Aのデータの範囲とAのデータの四分位範囲を求めよ。

範囲(　　　g)　四分位範囲(　　　g)

(2)　下線部②は，次の2つの値と基準の30gを比較した結果からわかる。

AのデータのⓍ，BのデータのⓎ

Ⓧ，Ⓨは，それぞれ次のア～カのいずれかである。Ⓧ，Ⓨをそれぞれ1つずつ選び，記号をかけ。また，AのデータのⓍとBのデータのⓎを数値で答えよ。

記号　Ⓧ(　　　)　Ⓨ(　　　)　数値　AのデータのⓍ(　　　g)　BのデータのⓎ(　　　g)

ア　最小値　　イ　第1四分位数　　ウ　中央値

エ　平均値　　オ　第3四分位数　　カ　最大値

(3)　下線部③について，図2は，Aのデータをヒストグラムに表したものであり，例えば，Aの重さが22g以上24g未満の個数は1個であることを表している。

図2

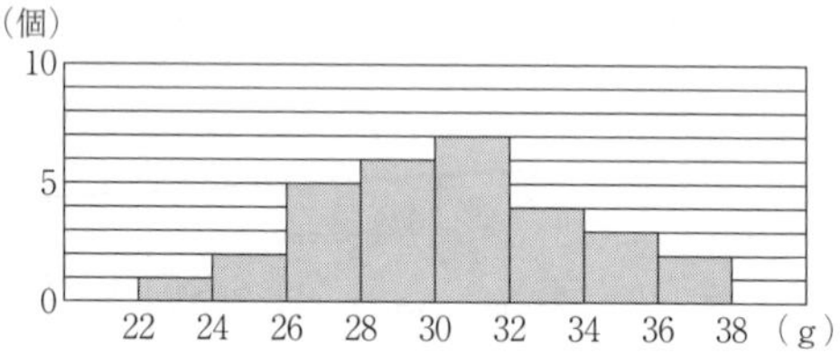

図2において，重さが30g未満の累積度数を求めよ。また，Cのデータをヒストグラムに表したものが，次のア～エに1つある。それを選び，記号をかけ。累積度数(　　　個)　記号(　　　)

ア

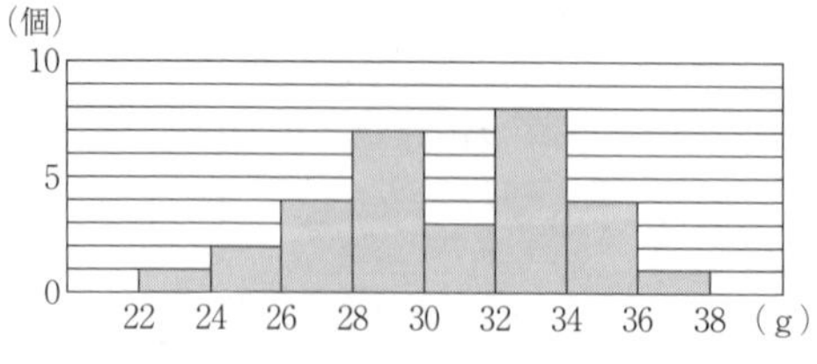

イ

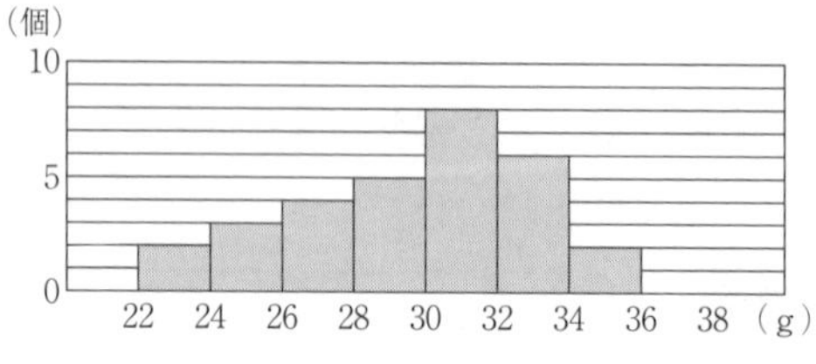

ウ

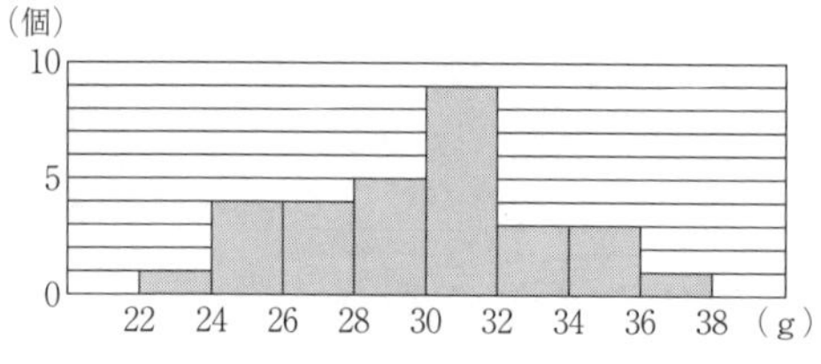

エ

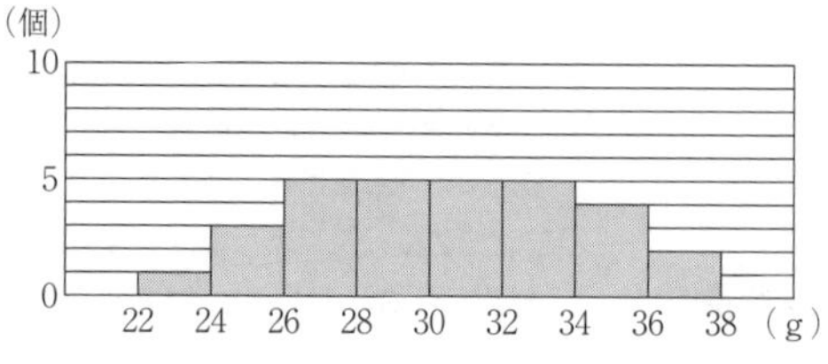

4　東西に一直線にのびた道路上にP地点がある。

バスは，P地点に停車しており，この道路を東に向かって進む。次の式は，バスがP地点を出発してから30秒後までの時間と進む道のりの関係を表したものである。

式　バスについての時間(秒)と道のり(m)

$$(\text{道のり}) = \frac{1}{4} \times (\text{時間})^2$$

自転車は，P地点より西にある地点から，この道路を東に向かって，一定の速さで進んでいる。自転車は，バスがP地点を出発すると同時にP地点を通過し，その後も一定の速さで進む。次の表は，自転車がP地点を通過してから8秒後までの時間と進む道のりの関係を表したものである。

表　自転車についての時間(秒)と道のり(m)

時間	0	4	8
道のり	0	25	50

下の図は，バスがP地点を出発してから30秒後までの時間を横軸（x軸），P地点から進む道のりを縦軸（y軸）として，バスについての時間と道のりの関係をグラフに表したものに，自転車の進むようすをかき入れたものであり，バスは，P地点を出発してから25秒後に自転車に追いつくことを示している。

図

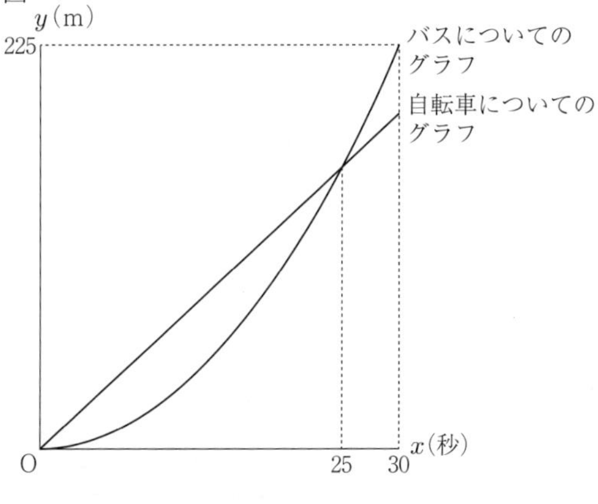

次の(1)〜(3)に答えよ。

(1)　バスについてのグラフ上にある2点(0，0)と(6，9)を直線で結ぶ。この直線の傾きは，バスについての何を表しているか。正しいものを次のア〜エから1つ選び，記号をかけ。(　　　)

ア　P地点を出発してから6秒間で進む道のり

イ　P地点を出発してから9秒間で進む道のり

ウ　P地点を出発してから6秒後までの平均の速さ

エ　P地点を出発してから9秒後までの平均の速さ

(2)　この道路上に，P地点から東に100m離れたQ地点がある。バスがQ地点を通過するのは，自転車がQ地点を通過してから何秒後か求めよ。(　　　秒後)

(3)　タクシーは，この道路を東に向かって，秒速10mで進むものとする。タクシーは，バスがP地点を出発した 10 秒後に P 地点を通過する。

このとき，タクシーは，バスより先に自転車に追いつくことができるか次のように説明した。

説明

タクシーとバスのそれぞれが自転車に追いつくのは，バスが P 地点を出発してから，タクシーが［ Ⓣ ］秒後で，バスが 25 秒後である。 ［ Ⓣ ］は 25 より①(ア　大きい　　イ　小さい) ので，タクシーは，バスより先に自転車に追いつくことが②(ウ　できる　　エ　できない)。

説明の［ Ⓣ ］にあてはまる数を求め，下線部①，②の（　　）にあてはまるものを，それぞれ 1 つ選び，記号をかけ。Ⓣ(　　　)　①(　　　)　②(　　　)

5　正方形ABCDで，辺BC，CD上に，点E，Fを，$BE = CF$となるようにそれぞれとる。

このとき，$AE = BF$であることを，図1をかいて，$\triangle ABE \equiv \triangle BCF$を示すことで証明した。

図1

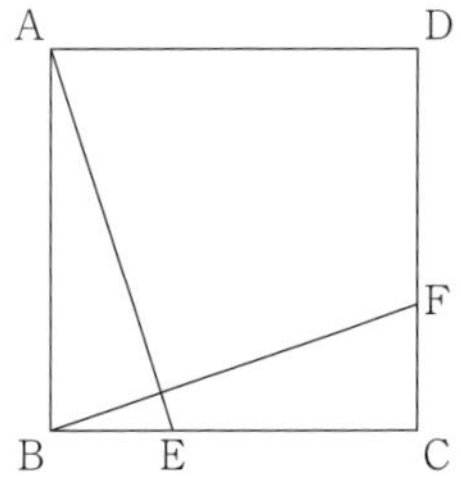

証明

> $\triangle ABE$と$\triangle BCF$において
> 仮定から，$BE = CF$……①
> 四角形ABCDは正方形だから
> 　$AB = BC$……②
> 　$\angle ABE = \angle BCF = 90°$……③
> ①，②，③より，□がそれぞれ等しいので
> 　$\triangle ABE \equiv \triangle BCF$
> 合同な図形では，対応する線分の長さはそれぞれ等しいから
> 　$AE = BF$

次の(1)〜(4)に答えよ。

(1)　□にあてはまる言葉をかき，上の証明を完成させよ。(　　　　　　　　　　)

(2)　上の証明をしたあと，辺BC，CD上に，点E，Fを，図1の位置とは異なる位置に，$BE = CF$となるようにそれぞれとり，図2をかいた。

図2においても，図1と同じように$AE = BF$である。

このことの証明について，正しいことを述べているものを，次のア〜エから1つ選び，記号をかけ。(　　　)

図2

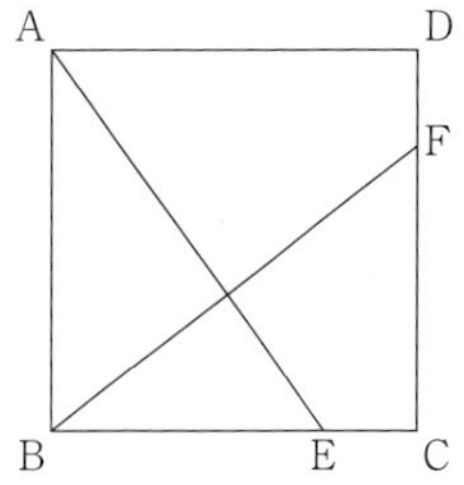

ア　上の証明をしても，あらためて証明しなおす必要がある。

イ　上の証明で，すでに示されているので，証明しなおす必要はない。

ウ　上の証明の一部をかきなおして，証明しなければならない。

エ　上の証明をしても，線分AEと線分BFの長さを測って確認しなければならない。

(3)　図3は，図2において，線分AEと線分BFとの交点をGとしたものである。

図3において，$\triangle ABE \backsim \triangle AGB$であることを証明せよ。

ただし，$\triangle ABE \equiv \triangle BCF$であることは使ってよい。

図3

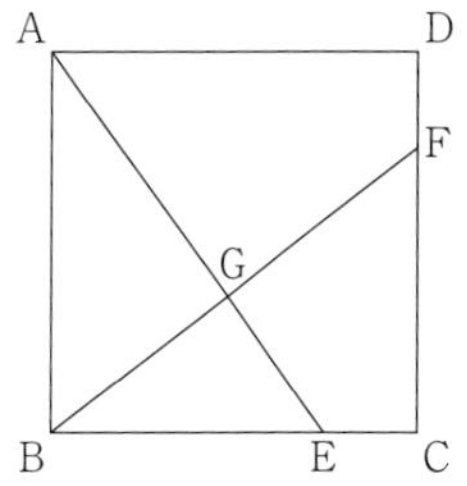

(　　　　　　　　　　　　　　　　　　　　)

(4)　図3において，$BE : EC = 3 : 1$のとき，四角形GECFの面積は，正方形ABCDの面積の何倍か求めよ。(　　　倍)

6　図1は，半径4cmの円Oを底面とし，母線の長さが6cmの円すいを表しており，円すいの頂点をAとしたものである。

次の(1)～(3)に答えよ。答えに円周率を使う場合は，πで表すこと。

図1

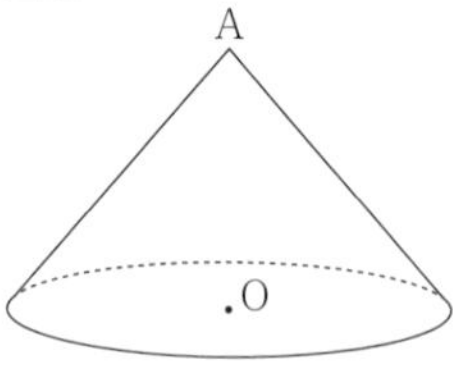

(1)　図1に示す円すいの表面積を求めよ。(　　　cm²)

(2)　図1に示す円すいと底面が合同で，高さが等しい円柱の容器に，高さを4等分した目盛りがついている。この容器の底面を水平にして，水を入れる。

このとき，図1に示す円すいの体積と同じ量の水を入れた容器を表したものが，次のア～エに1つある。それを選び，記号をかけ。また，選んだ容器の底から水面までの高さを求めよ。

ただし，容器の厚さは考えないものとする。記号(　　　)　高さ(　　　cm)

ア

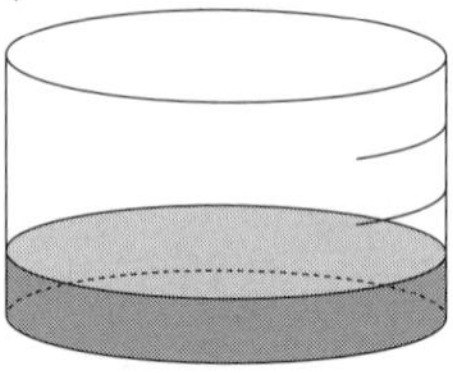

イ

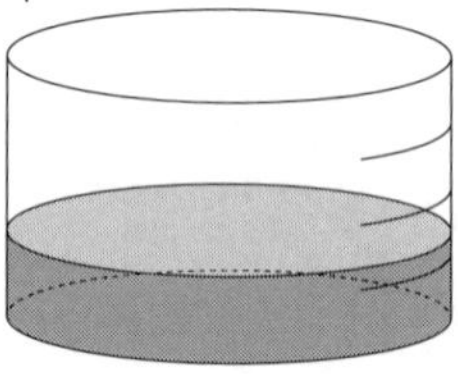

ウ

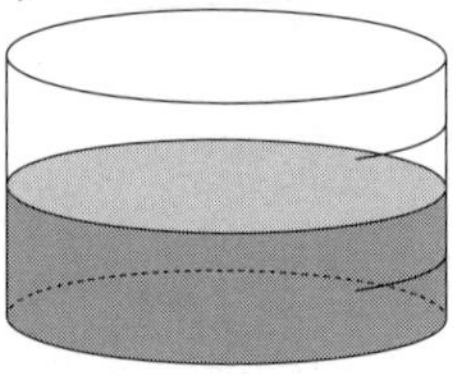

エ

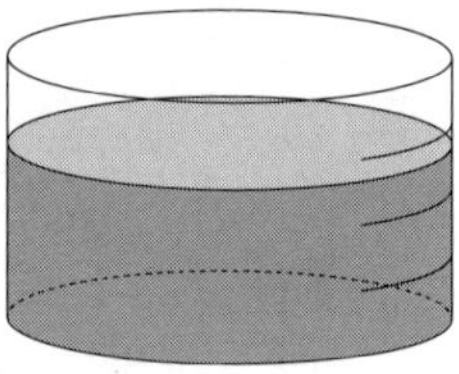

(3)　図2は，図1に示す円すいにおいて，円Oの円周上に点B，Cを，∠BOC＝120°となるようにとり，△ABCをつくったものである。

図2に示す円すいにおいて，線分BC上に点Dを，AD＝CDとなるようにとるとき，線分ODの長さを求めよ。(　　　cm)

図2

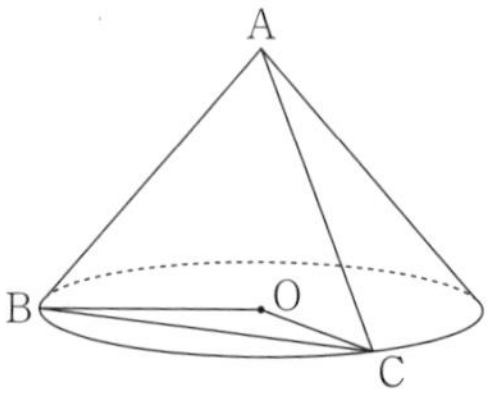

英語

時間 55分　　満点 60点

（編集部注） 放送問題の放送原稿は英語の末尾に掲載しています。
音声の再生についてはもくじをご覧ください。

1 放送を聞いて，問題1，問題2，問題3，問題4に答えよ。

問題1 英語の短い質問を聞き，その後に読まれるア，イ，ウ，エの英語の中から，答えとして最も適当なものを一つずつ選ぶ問題

※記号で答えよ。問題は3問ある。

※英語は1回だけ読まれる。(1)(　　) (2)(　　) (3)(　　)

問題2 表や図を見て，質問に答える問題

※答えとして最も適当なものを表や図の中から抜き出して答えよ。(1)(　　) (2)(　　)

(1)

School Festival at Minami High School			
Room / Time	A	B	C
10 a.m.~	Dance	Chorus	
1 p.m.~	Speech		Movie
3 p.m.~		Dance	Movie

(2)

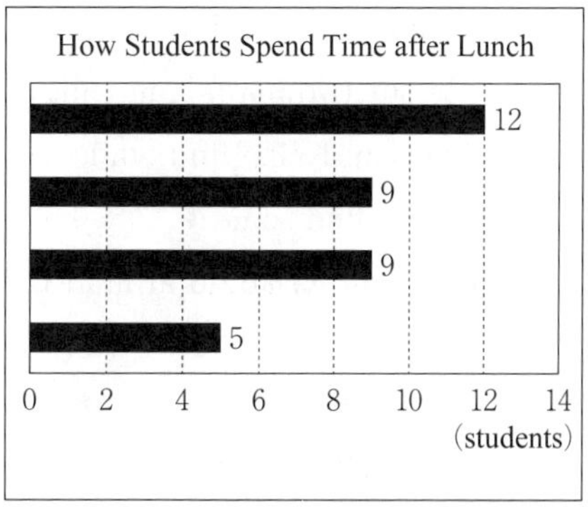

問題3 生徒会長の健斗（Kento）とアメリカからの留学生サラ（Sarah）の対話を聞いて，質問に答える問題

※答えとして最も適当なものをア，イ，ウ，エの中から一つずつ選び，記号で答えよ。

(1)(　　) (2)(　　) (3)(　　)

(1) ア Yes, she did.　イ No, she didn't.　ウ Yes, it was.　エ No, it wasn't.

(2) ア Because all the students were cleaning the school by themselves.

イ Because students were cleaning only their classrooms in the school.

ウ Because students in America were cleaning the school with staff members.

エ Because staff members were cleaning the school in Japan.

(3) ア He thinks staff members should clean the school in Japan, too.

イ He thinks students in America should clean the school by themselves.

ウ He is going to tell Sarah's classmates in America about Japan.

エ He can understand more about Japan by learning about America.

問題4 英文を聞いて，質問に答える問題

〈問1〉 オーストラリアに留学している恵子（Keiko）が，自然宿泊体験〔Nature School〕につ

いて資料を見ながら，先生から説明を受ける。それを聞いて，(1)～(3)の質問に答えよ。

※(1)はア，イ，ウ，エの中から一つ選び記号で，(2)は（　　）内にそれぞれ **1 語の英語**で，(3)は **2 語以上の英語**で答えよ。

(1)　How long will it take from Keiko's school to Green National Park by bus?（　　　）

ア　About thirty minutes.　　イ　About one hour.　　ウ　About two hours.

エ　About two hours and thirty minutes.

(2)　What can Keiko find while she is walking in the forest?

She can find some（　　　）（　　　）.

(3)　What will Keiko do around the lake on the second day?

（　　　　　　　　　　　　　　　　　　　　　　　　　　　　　　　）

〈問 2〉　英語の指示にしたがって答えよ。

※ **4 語以上の英語**で文を書け。

（　　　　　　　　　　　　　　　　　　　　　　　　　　　　　　　.）

[2] 次の1～3の各組の対話が成り立つように，[A]～[D]にあてはまる最も適当なものを，それぞれのア～エから一つ選び，記号を書け。A (　　) B (　　) C (　　) D (　　)

1 *John:* Will you watch the rugby game on TV next Sunday?

Takumi: Oh, the Japanese national team?

John: Yes. You should watch it! [A]

Takumi: How about watching it together at my house?

A ア I have already watched the game. イ I think the game will be exciting.

ウ I will play rugby in the game. エ I wanted you to win the game.

2 *Mother:* Tom! Emily! Please help me carry these bags.

Tom: Sure. You bought a lot of food today.

Mother: Yes, for our party tomorrow. Where is Emily?

Tom: She is in her room. [B]

Mother: Wow, she is very interested in that book.

B ア She has been to parties many times.

イ She has no book to read there.

ウ She has to buy more food at the shop.

エ She has been reading a book for three hours.

3 *Kumi:* Ms. Beck, I have a question for my report. What do you do for your health every day?

Ms. Beck: I run for 50 minutes every morning.

Kumi: Sounds hard. [C]

Ms. Beck: Yes. I feel good and can sleep well.

Kumi: How can you keep doing it?

Ms. Beck: [D] So, I can see something new when I run.

Kumi: How wonderful! Thank you for your time, Ms. Beck.

C ア Are there any good points about running for you?

イ Is it difficult for me to run every day?

ウ Do you have any problems when you run?

エ Do you want to stop running in the future?

D ア Running is a good topic for my report.

イ Running in the morning is boring for me.

ウ I take different running courses every day.

エ I feel tired after running in the morning.

③ 次の英文は，健太（Kenta）と佐希（Saki）が，ミラー先生（Ms. Miller）と会話をしている場面と，その後に健太と佐希が書いた手紙の一部である。これらを読んで，後の各問に答えよ。

Ms. Miller: Hi, Kenta and Saki. What are you doing?

Kenta: Hello, Ms. Miller. We are reading our town's newspaper. ①<u>This page shows (what / people / events / it / have) joined in our town</u>. The number of people who take part in local events is decreasing.

Saki: There are many interesting events in our town. Everyone can join them. I go to some events to help the staff members at the community center every year. Those events give me a chance to meet many people.

Ms. Miller: You're right. I went to a summer festival last year and became friends with people there. But I didn't know there were other events in this town. Many people from other countries may not know that, either.

Kenta: ②<u>We should let (know / at / newspapers / them / about) written in several languages</u>. They can get some information about local events from those newspapers.

Ms. Miller: That's good. What is the next event, Saki?

Saki: We will have *mochitsuki* at the community center next month. I'd like to become friends with people who speak different languages.

Ms. Miller: Sounds nice! I'm sure my friends in our town will be interested in the event. They are English speakers.

Kenta: Oh, I want to talk with them in English to become friends! Then, why don't we write a message in English to tell them about *mochitsuki*? Ms. Miller, could you □?

Ms. Miller: Yes, of course. They will be happy to receive your message in English because it's a little difficult for them to read Japanese.

> Hello. We are students of Midori junior high school. Do you know that [　　] in our town? We'll introduce one of them. Next month, our town will have *mochitsuki* at the Midori community center. *Mochitsuki* is a traditional Japanese event to make rice cakes. We look forward to meeting you at the community center. Let's make and eat delicious rice cakes together! We want to communicate with you in English! See you soon!

（注） decreasing…減っている　community center…公民館　chance…機会
mochitsuki…もちつき　rice cakes…もち　look forward to ～…～を楽しみに待つ

問１　英文中の下線部①，②が，会話の内容から考えて意味がとおるように，それぞれ（　　）内から４語を選び，それらを正しい語順に並べて書け。

①(　　　　　　　　　　　　　　)　②(　　　　　　　　　　　　　　)

問2　英文中の［　　　］には，次のア～エのいずれかが入る。会話の内容から考えて，最も適当なものを，一つ選び，記号を書け。(　　　)

ア　take local people to the community center

イ　tell us about some events in your country

ウ　write a message in Japanese to our friends

エ　give our message about the event to your friends

問3　英文中の［　　］には，次のア～エのいずれかが入る。会話と手紙の内容から考えて，最も適当なものを，一つ選び，記号を書け。(　　　)

ア　we have many local events everyone can join

イ　we can make more community centers for events

ウ　we have a summer festival only for local people

エ　we cannot get any information about our town's newspapers

問4　次の質問の答えとして，会話と手紙の内容から考えて，最も適当なものを，後のア～エから一つ選び，記号を書け。(　　　)

Why did Kenta and Saki write a message to Ms. Miller's friends in their town?

ア　Because it is necessary for Kenta and Saki to practice English with people from other countries.

イ　Because Kenta and Saki wanted to communicate with Ms. Miller's friends and become friends.

ウ　Because Ms. Miller told Kenta and Saki to take their friends to the traditional Japanese event.

エ　Because making rice cakes will be a good way for Ms. Miller's friends to visit Midori junior high school.

4 次の英文を読んで，後の各問に答えよ。

Kana is a member of the English club in her high school. She often talks with Mr. Brown, an English teacher. He traveled around the world before coming to Japan. He often talks about his experiences in many countries. Kana enjoys listening to them in her club. She wants to do something related to foreign countries, but she hasn't decided what to do in the future. One day, she consulted with Mr. Brown. He said, "I have an American friend who works in many different countries. His name is Mark. He'll come to Japan soon. If you talk with him, you may get some ① clues from him."

Three days later, Mark visited Kana's school. Kana told him about her concerns. He said, "In my high school days, I didn't have any clear goals about my future. When I was a university student, I did volunteer work abroad. Then, I realized I liked teaching children. After graduation, I founded a company for giving an education to children around the world. We have some popular classes, like foreign languages, music, and art." Kana wanted to listen to him more. He told her that she could work as a volunteer member in his company. She was a little worried, but she decided to try it.

During her volunteer work, Kana made a plan for an English class with picture books. She taught small children English with Mark. It was a great experience for her. After the class, Kana asked Mark, "What makes you happy in your work?" He answered, "Many children improve their English through my classes. ② That is my driving force to work hard." Kana was impressed by his words.

Later at school, Kana talked with Mr. Brown. Kana said, "Mark took his first step by doing volunteer work and found his own career. He really enjoys his work now. I also want to find my own career." Mr. Brown said, "You've already taken one step forward!"

Kana has learned an important thing. People should try something even if they don't know what to do in the future. Now she is very interested in working in other countries, so she is going to study abroad. She will keep moving forward to find her own future goal.

(注) related to ～…～に関係のある　consulted with ～…～に相談した
concerns…心配なこと　volunteer…ボランティアの　founded…設立した
driving force…原動力　was impressed…感銘を受けた　career…生涯の仕事
forward…前方へ，先へ　even if ～…たとえ～だとしても

問1 次の質問の答えを，7語以上の英語で書け。

What does Kana enjoy doing in the English club?

(　　　　　　　　　　　　　　　　　　　　　　　　　　　　　　　　)

問2 下線部①を別の語で表現する場合，最も適当なものを，次のア～エから一つ選び，記号を書け。(　　　)

ア memories　イ hints　ウ questions　エ tests

問3 下線部②の具体的な内容を，英文中から探し，日本語で書け。

(　　　　　　　　　　　　　　　　　　　　　　　　　　　　　　　　)

問4　英文の内容に合っているものを，次のア～カから二つ選び，記号を書け。(　　　)(　　　)

ア　Mark worked as a volunteer member in foreign countries when he was a high school student.

イ　The company Mark started gives an education to children around the world.

ウ　In her volunteer work, Kana was given a plan for an English class and taught small children with picture books.

エ　Kana was impressed by Mr. Brown's words when she talked with him after her volunteer work.

オ　Mr. Brown told Kana that she had to do volunteer work to find her own career.

カ　Kana realized that it's important to take action and try to find what to do in the future.

問5　次の質問にどう答えるか。6語以上の英語で書け。

What would you teach children if you were a teacher?

(　　　　　　　　　　　　　　　　　　　　　　　　　　　　　　　　)

5　あなたは，今年の夏，海外で1週間ホームステイをする予定である。ホームステイ先の家族から，どこへ一緒に行きたいかメールでたずねられた。あなたはどのような返事を書くか，行きたい場所を次の三つから一つ選び，【条件】にしたがって書け。

・a supermarket　　・an art museum　　・the sea

【条件】

・最初の文は，I want to go to [　　　].を用いること。

　解答欄の[　　　]の中にある，選んだ語句を丸で囲むこと。

・最初の文は語数に含めずに，選んだ理由とともに30語以上の英語で書くこと。

(I want to go to [a supermarket / an art museum / the sea].

　　　　　　　　　　　　　　　　　　　　　　　　　　　　　　　　)

〈放送原稿〉

これから，2023年度福岡県公立高等学校入学試験「英語リスニングテスト」を行います。問題は，問題1から問題4まであります。なお，放送中にメモをとってもかまいません。

問題1（チャイム）

それではテストを始めます。問題1を見なさい。これから，英語で短い質問をします。その後に続けて読まれるア，イ，ウ，エの英語の中から，答えとして最も適当なものを一つずつ選び，記号で答えなさい。問題は3問あり，英語はそれぞれ1回だけ読まれます。それでは始めます。

(1) Lucy, can I sit next to you?

ア Me, too.　イ You, too.　ウ Yes, of course.　エ No, I can't.

(2) Ms. Baker, what drink would you like?

ア It's so delicious.　イ I like cooking.　ウ OK, let's begin.　エ Tea, please.

(3) Hi, Jane. Where are you going?

ア I went to London.　イ To the post office.　ウ From school.　エ I live in Kyoto.

問題2（チャイム）

問題2を見なさい。これから，表や図について英語で質問します。その答えとして最も適当なものを，表や図の中から抜き出して答えなさい。英語はそれぞれ2回繰り返します。それでは始めます。

(1) Satoshi has a sister who goes to Minami High School. He will visit its school festival in the afternoon. His sister will take part in the speech contest, so he is going to listen to her speech. He wants to watch the movie this year because he watched the dance performances last year. Which room will he visit at 3:00 p.m.?

——（繰り返し）——

(2) Akiko asked her classmates how they spend their time after lunch. The number of students who play sports and the number of students who study are the same. Some students read books, but more students talk with their friends. How many students talk with their friends?

——（繰り返し）——

問題3（チャイム）

問題3を見なさい。これから，生徒会長の健斗とアメリカからの留学生サラが対話をします。その対話の後で，「クエスチョン（Question）」と言って英語で質問します。その答えとして最も適当なものをア，イ，ウ，エの中から一つずつ選び，記号で答えなさい。英語は2回繰り返します。それでは始めます。

Sarah: Hello, I'm Sarah. Nice to meet you.

Kento: Nice to meet you too, Sarah. I'm Kento. Welcome to our school! Have you ever been to Japan?

Sarah: No, I haven't. I've wanted to come to Japan, so I'm very excited!

Kento: I'm glad to hear that. How was your first day at school?

Sarah: It was great. I was surprised because all the students were cleaning the school.

Kento: Yes, we usually clean the classrooms, the library, and many other places for 15 minutes every day.

Sarah: Wow! My school in America has staff members who clean the school. I think it's hard to clean the school by ourselves.

Kento: Sometimes it's hard, but we think it's important for us to clean the places we use.

Sarah: That's nice. I'll tell my friends in America that Japanese students clean their schools by themselves.

Kento: Oh, good! It's very interesting to find different points between us. By learning about your country, I can understand my country more.

Question 1 Was it the first time for Sarah to come to Japan?

Question 2 Why was Sarah surprised?

Question 3 Which is true about Kento?

「2回目」――（繰り返し）――

問題4（チャイム）

問題4を見なさい。

〈問1〉 これから，オーストラリアに留学している恵子が，自然宿泊体験について，資料を見ながら先生から説明を受けます。それを聞いて，(1)から(3)の質問に答えなさい。(1)はア，イ，ウ，エの中から一つ選び記号で，(2)はカッコ内にそれぞれ1語の英語で，(3)は2語以上の英語で答えなさい。なお，説明の後には，記入の時間が約40秒ずつあります。英語は2回繰り返します。それでは始めます。

Hello, everyone. We will go to Green National Park for Nature School this weekend. I'll tell you about the plan.

It will start on Saturday. Please come to the school by 8:30 a.m. Our bus will leave the school at 9:00 a.m. and get to the park at about 11:00 a.m. After lunch, we will walk in the forest. Some old trees have been there for more than 500 years. You can find them while you are walking.

After dinner, you will have night activities. You can choose one of the three; Watching the Night Sky, Singing Songs, or Telling Stories. Teachers will support you in each activity.

On the second day, we will go around the lake in the next town to watch birds. There are beautiful birds that live only in East Australia. We'll come back to the school by 2:30 p.m.

Let's enjoy Nature School. If you have any questions, please ask us.

「答えを記入しなさい。」

「2回目」――（繰り返し）――

〈問2〉 これから英語で質問と指示をします。その指示にしたがって4語以上の英語で文を書きなさい。なお，質問と指示を2回繰り返した後，記入の時間が約40秒あります。それでは始めます。

What do you want to ask the teachers about the night activities? Write one question.

「2回目」――（繰り返し）――

「答えを記入しなさい。」

これで，「英語リスニングテスト」を終わります。なお，この後の筆記テスト中に，見直して，訂正してもかまいません。それでは，筆記テストの解答を始めなさい。

社会

時間　50分　　　　満点　60点

1　優子さんは，わが国の20世紀前半までの各時代の特色について調べ，略年表とカードを作成した。略年表とカードをみて，各問に答えよ。

〈略年表〉

世紀	6	7	8	9	10	11	12	13	14	15	16	17	18	19	20
											←		Z	→	
時代				ア					イ				ウ		エ

〈カード〉

A　武家《ぶけ》による支配が始まり，やがてその支配が全国に広がった。また，土倉《どそう》《とくら》や酒屋《さかや》があらわれ，富をたくわえるようになった。	B　ⓐ律令《りつりょう》に基づいた政治が行われ，やがて摂関政治《せっかんせいじ》がさかんになった。また，貴族や寺社が荘園《しょうえん》をもちはじめた。
C　ⓑ中央集権国家のしくみが整えられ，やがて議会政治が始まった。また，一部の資本家は財閥《ざいばつ》に成長していった。	D　幕府と藩《はん》による支配が行われたが，やがてその支配が揺《ゆ》らいだ。また，商品作物が栽培され，貨幣経済が広がり，P手工業が発達した。

問1　カードA～Dは，略年表のア～エのいずれかの時代にあてはまる。カードA，Dはどの時代にあてはまるか。ア～エからそれぞれ一つ選び，記号を書け。

カードA(　　　)　カードD(　　　)

問2　下線部ⓐ，ⓑについて述べた次の[　　]内の（ ㋑ ），（ ㋺ ）にあてはまるものを，後の1～5からそれぞれ一つ選び，番号を書け。㋑(　　　)　㋺(　　　)

> ⓐ　中央から派遣された（ ㋑ ）が，郡司《ぐんじ》を指揮して政治を行った。
> ⓑ　中央から派遣された（ ㋺ ）などが，地方を統治した。

1　大名《だいみょう》　　2　守護《しゅご》　　3　県令《けんれい》　　4　国司《こくし》　　5　地頭《じとう》

問3　次の[　　]内は，略年表のア～エのいずれかの時代の文化の特色について説明したものである。この文化の特色があらわれる時代を，ア～エから一つ選び，記号を書け。(　　　)

> 国際色豊かな文化が栄えた後に，日本の風土や生活に合った文化が生まれ，かな文字がつくられた。

問4　次の[　　]内は，カードA～Dのいずれかと同じ時代の社会の様子について，右の資料をもとにまとめたものである。（ ㋩ ），（ ㊁ ）にあてはまる語句を正しく組み合わせたものを，後の1～4から一つ選び，番号を書け。また，〔 ㋭ 〕にあてはまる内容を，「分割《ぶんかつ》」と「領地《りょうち》」の語

〈資料〉

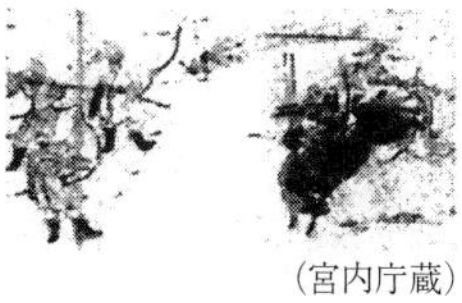

(宮内庁蔵)

句を使って書け。番号(　　　)　㋭(　　　　　　　　　　　　　　　　　)

> わが国は，(㋩)の皇帝である(㋥)から服属《ふくぞく》を要求されたが，わが国が要求を拒否したため，(㋩)軍が襲来《しゅうらい》した。このできごとの後の幕府からの恩賞《おんしょう》が不十分だったことや，〔 ㋭ 〕ことなどで，御家人《ごけにん》の生活が苦しくなったため，幕府は徳政令《とくせいれい》を出した。

1　㋩は宋《そう》，㋥はチンギス＝ハン　　2　㋩は元《げん》，㋥はフビライ＝ハン

3　㋩は元，㋥はチンギス＝ハン　　4　㋩は宋，㋥はフビライ＝ハン

問5　略年表のZの期間にあてはまるできごとを，次の1～4から三つ選び，選んだできごとを年代の古い方から順に並べ，番号で答えよ。(　　→　　→　　)

1　アメリカと条約を結び，下田など2港の開港を認めた。

2　東南アジアの国々に朱印船《しゅいんせん》を派遣して，貿易を行った。

3　倭寇《わこう》と正式な貿易船を区別するため，勘合《かんごう》を用いた貿易を始めた。

4　ポルトガル船の来航を禁止し，次いでオランダ商館を出島《でじま》に移した。

問6　次の□内は，優子さんが，下線部Pについてまとめたものである。〔　　〕にあてはまる内容を，「分業」の語句を使って書け。(　　　　　　　　　　　　　　　　　)

> わが国では，この時代に，一部の地主や商人が道具をそろえ，工場に〔　　　　　　〕という，工場制手工業が生まれた。

② 太郎さんは，わが国の世界遺産について調べ，カードにまとめた。カードをみて，各問に答えよ。

〈カード〉

<table>
<tr><td rowspan="2">①<u>富岡製糸場《とみおかせいしじょう》</u>
○ （ A ）県富岡市
○ 西洋技術を導入した官営模範《もはん》工場で，新技術の開発と普及に貢献。</td><td colspan="2">明治日本の産業革命遺産　製鉄・製鋼《せいこう》，造船，石炭産業</td><td rowspan="2">原爆《げんばく》ドーム
○ 広島県広島市
○ 被爆《ひばく》当時の姿を伝え，④<u>国際平和</u>の大切さを訴えることに貢献。</td></tr>
<tr><td>官営八幡製鉄所《やはたせいてつしょ》
○ 福岡県北九州市
○ 鉄鋼などを生産することで，その後の②<u>産業の発展</u>に貢献。</td><td>三池炭鉱《みいけたんこう》・三池港
○ 福岡県大牟田市等
○ 石炭の生産を増やし，③<u>エネルギー</u>面から産業の発展に貢献。</td></tr>
</table>

問1　次の□内は，下線部①についてまとめたものである。㋑の（　）にはあてはまるものを，㋺の（　）にはカードの（ A ）にあてはまるものを，それぞれ一つ選び，記号を書け。

㋑(　　　)　㋺(　　　)

> 富岡製糸場は，わが国の輸出品の中心であった㋑（a　綿糸，b　生糸）を増産するために，㋺（c　群馬，d　長崎）県に建てられた。

問2　後の□内は，下線部②について，資料Ⅰ，Ⅱをもとにまとめたものである。㋩，㋥の（　）にあてはまるものを，それぞれ一つ選び，記号を書け。㋩(　　　)　㋥(　　　)

〈資料Ⅰ〉わが国の生産総額とその内訳

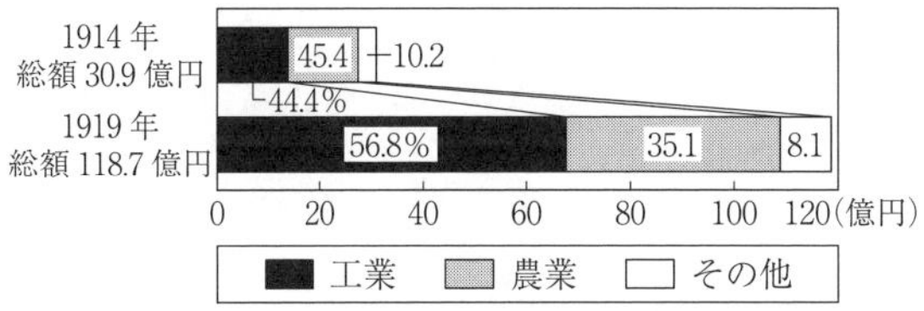

(「日本資本主義発達史年表」から作成)

〈資料Ⅱ〉わが国の貿易収支の変化

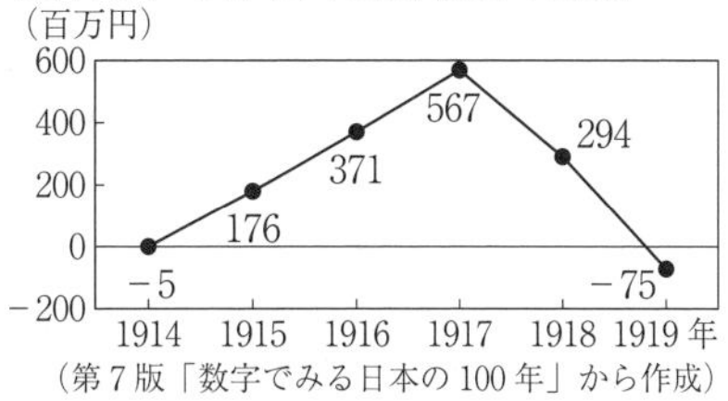

(第7版「数字でみる日本の100年」から作成)

> 第一次世界大戦の影響で，資料Ⅰの工業と農業の生産額ののびを比較すると，わが国では，1914年から1919年にかけて，特に㋩（ア　工業，イ　農業）が大幅にのびたことが読み取れ，資料Ⅱから，1915年から1918年のころのわが国は，㋥（ウ　好景気，エ　不景気）であったことがわかる。

問3　次の□内は，下線部③についてまとめたものである。〔　　〕にあてはまる内容を，資料ⅢのPが示す語句を使って書け。

(　　　　　　　　　　　　　　　　)

> 資料Ⅲの時期に，わが国におけるエネルギー資源の中心が，〔　　　　　〕ことがわかる。

〈資料Ⅲ〉わが国のエネルギー資源の供給割合の推移

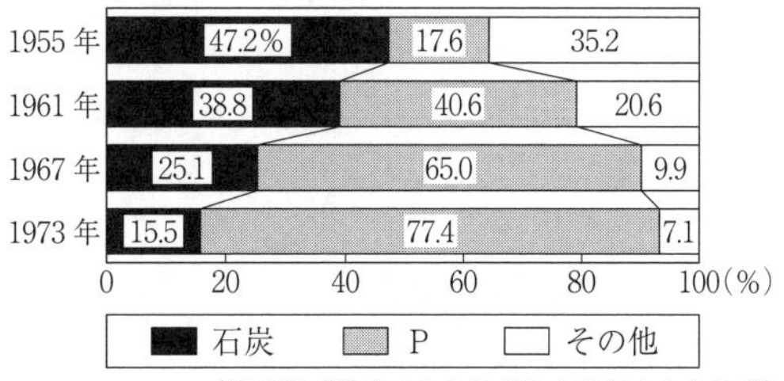

(第7版「数字でみる日本の100年」から作成)

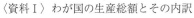

問４　下線部④について，ⓐ群の あ～う と最も関係の深いものを，ⓑ群の x～z からそれぞれ一つ選び，記号を書け。あ(　　　)　い(　　　)　う(　　　)

ⓐ群　あ　冷戦の終結が宣言された。　　い　国際連合が設立された。

　　　う　アジア・アフリカ会議が開かれた。

ⓑ群　x　平和維持活動（PKO）の実施　　y　バンドンで平和共存の路線を確認

　　　z　東西ドイツの統一

3　光一さんは，世界の州や国の特色などについて調べるため，資料集を作成した。資料集をみて，各問に答えよ。

〈資料集〉

〈略地図〉

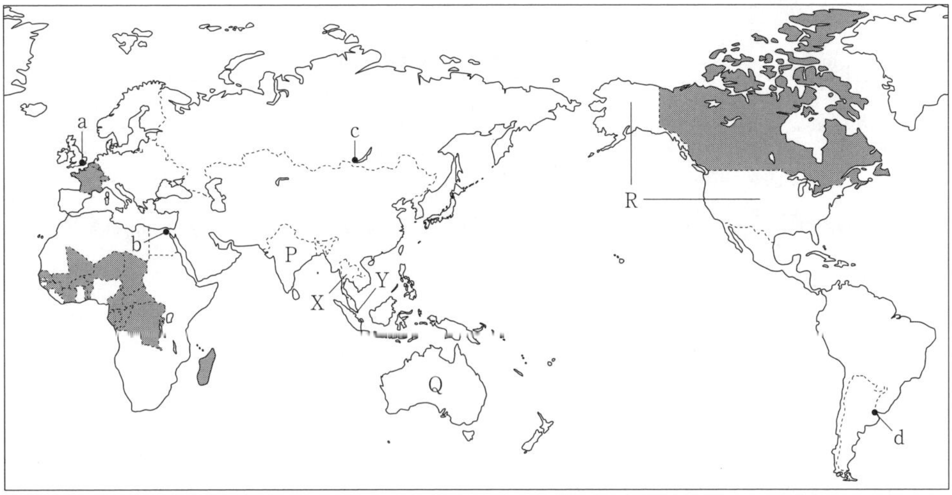

〈資料Ⅰ〉 各国のエネルギー消費量，一人あたりエネルギー消費量，石炭の自給率（2019 年）

項目／国	エネルギー消費量（石油換算百万ｔ）	一人あたりエネルギー消費量（石油換算ｔ）	石炭の自給率（%）
あ	2 213	6.7	144.8
い	415	3.3	0.4
う	129	5.1	1 351.8
え	938	0.7	72.9

（2022 年版「エネルギー・経済統計要覧」等から作成）

〈資料Ⅱ〉 おもな農産物の州別生産量の割合（2019 年）

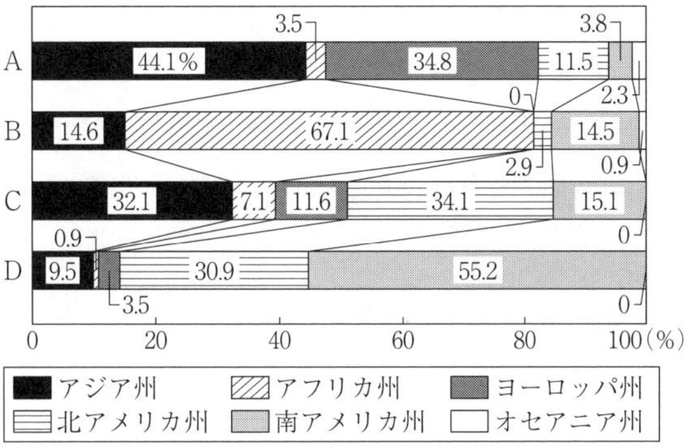

（2022 年版「データブック　オブ・ザ・ワールド」から作成）

〈資料Ⅲ〉 X，Y の国に進出した日本企業数（製造業）

国／年	1982 年（社）	2020 年（社）
X	171	1 324
Y	211	203

（「海外進出企業総覧 2021」等から作成）

〈資料Ⅳ〉 日本，X，Y の国の一人あたり 1 か月平均賃金（製造業）（2020 年）

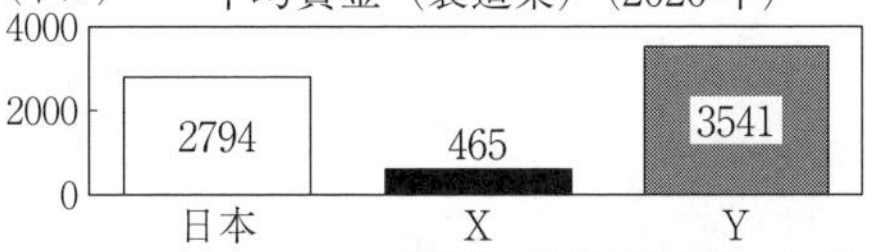

（「世界の統計 2022」から作成）

〈資料Ⅴ〉 X の国の輸出総額と輸入総額

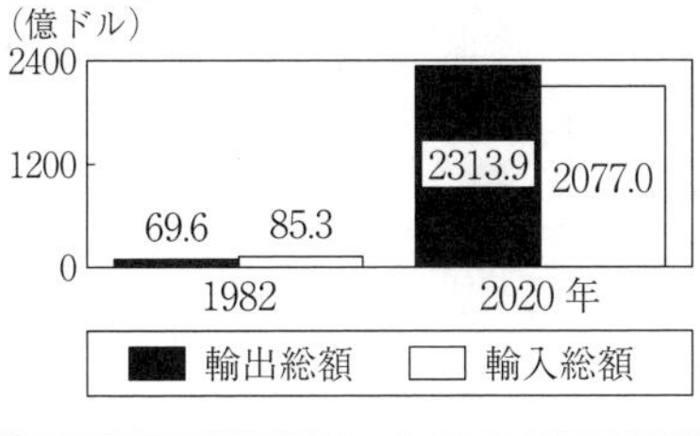

〈資料Ⅵ〉 X の国の輸出総額の内訳

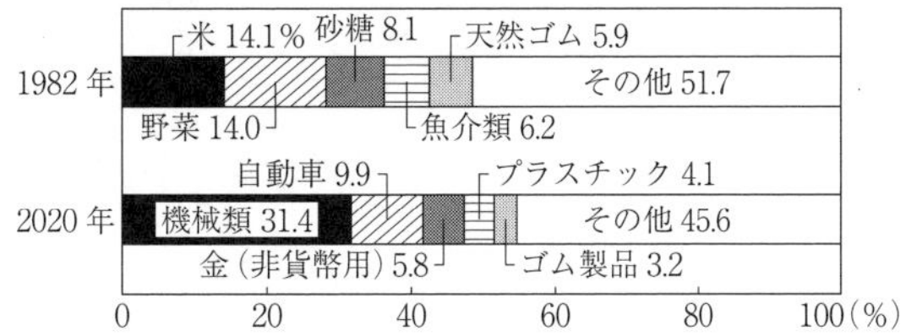

（資料Ⅴ，Ⅵは，2022／23 年版「世界国勢図会」等から作成）

問1　次の 1～4 は，略地図の a～d のいずれかの都市の雨温図である。a の都市の雨温図を，1～4 から一つ選び，番号を書け。（　　　）

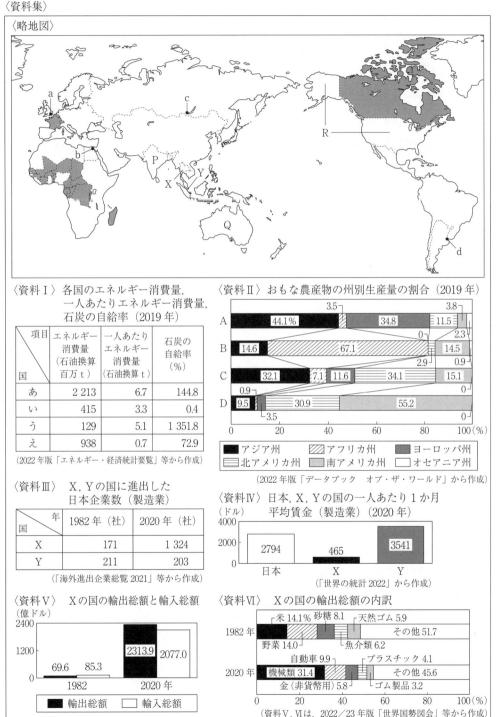

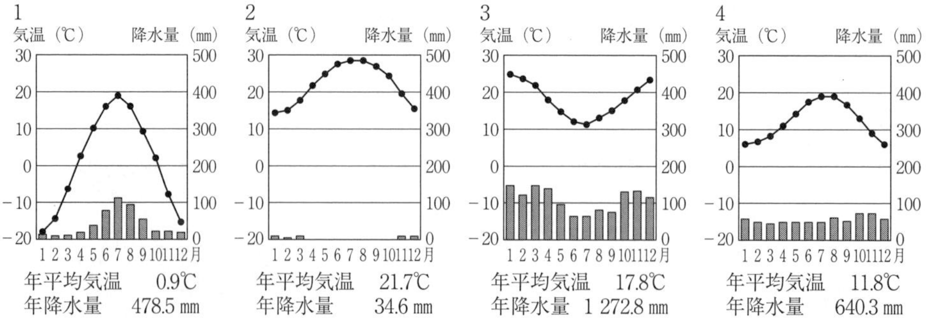

（令和３年「理科年表」から作成）

問２　略地図ので示された国々において，共通して公用語となっている言語名を書け。

（　　　　語）

問３　資料Ⅰのあ～えは，略地図のP～Rの国および日本のエネルギー消費量，一人あたりエネルギー消費量，石炭の自給率を示している。Qの国にあてはまるものを，あ～えから一つ選び，記号を書け。（　　　）

問４　資料ⅡのA～Dは，小麦，とうもろこし，大豆，カカオ豆のいずれかの州別生産量の割合を示している。小麦にあてはまるものを，A～Dから一つ選び，記号を書け。（　　　）

問５　略地図のXの国について，⑴，⑵に答えよ。

⑴　資料Ⅲは，略地図のX，Yの国に進出した日本企業数（製造業）を示し，資料Ⅳは，日本とX，Yの国の一人あたり１か月平均賃金（製造業）を示している。資料Ⅲにみられる変化の理由の一つを，資料Ⅳから読み取り，「Xの国では，」の書き出しで書け。

（Xの国では，　　　　　　　　　　　　　　　　　　　　　　　　　　）

⑵　次の［　　　］内は，光一さんが，資料Ⅴ，Ⅵから，略地図のXの国についてまとめたものである。〔㋑〕，〔㋺〕にあてはまる内容を，資料から読み取って書け。

㋑（　　　　　　　　　　　　　　　　　　　　　　　　　　　　　　）

㋺（　　　　　　　　　　　　　　　　　　　　　　　　　　　　　　）

> 資料Ⅴから，Xの国の輸出総額と輸入総額の変化をみると，〔　　㋑　　〕ことがわかる。また，資料Ⅵから，〔　　㋺　　〕ことがわかる。このような変化が，Xの国の経済の成長や発展につながった理由の一つと考えられる。

4　千春さんは，日本の様々な地域の特色について調べ，資料集を作成した。資料集をみて，各問に答えよ。

〈資料集〉

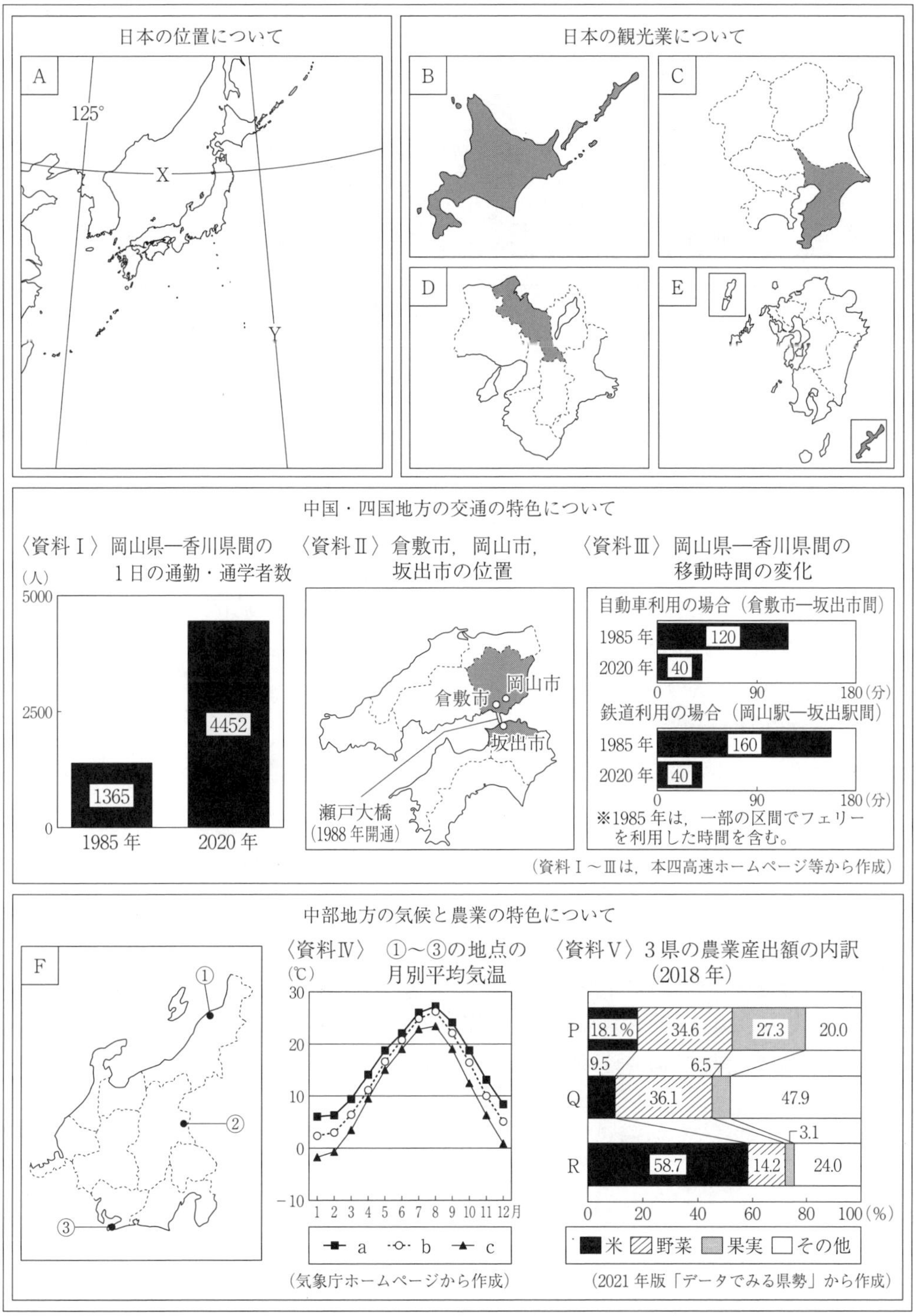

(略地図A～F，資料Ⅱの図法，縮尺は同じではない。)

問1　略地図Aについて，Xは緯線，Yは経線を示す。Xの緯度とYの経度とを正しく組み合わせ

たものを，次の1～4から一つ選び，番号を書け。（　　　）

1　Xは北緯50度，Yは東経145度　　2　Xは北緯50度，Yは東経155度

3　Xは北緯40度，Yは東経145度　　4　Xは北緯40度，Yは東経155度

問2　表のア～エは，略地図B～Eの地方のうち，で示す道府県のいずれかである。表のイにあてはまる道府県を含む地方を，B～Eから一つ選び，記号を書け。（　　　）

〈表〉

項目／道府県	人口（万人）	国際線航空旅客輸送数（十万人）	宿泊施設でののべ宿泊者数（十万人）	温泉地数	国宝指定件数（件）
	2017年	2017年	2017年	2017年	2023年
ア	625	147	246	91	4
イ	532	19	356	244	1
ウ	144	19	217	9	2
エ	260	—	189	40	237

（文化庁ホームページ等から作成）

問3　中国・四国地方の交通の特色について，資料Ⅰのような変化がみられる理由の一つを，資料Ⅱ，Ⅲから読み取って書け。

（　　　　　　　　　　　　　　　　　　　　　　　　　　　　　　　　　　　）

問4　中部地方の気候と農業の特色について，資料Ⅳのa～cは，略地図Fの①～③のいずれかの地点の月別平均気温を示している。また，資料ⅤのP～Rは，略地図Fの①～③の地点が含まれるいずれかの県の農業産出額の内訳を示している。⑴，⑵に答えよ。

⑴　略地図Fの②，③の地点の月別平均気温を示すものを，資料Ⅳのa～cからそれぞれ一つ選び，記号を書け。②（　　　）　③（　　　）

⑵　次の□内は，千春さんが，中部地方の農業の特色についてまとめたものである。（ あ ）にあてはまるものを，資料ⅤのP～Rから一つ選び，記号を書け。また，〔 い 〕にあてはまる内容を，資料Ⅴから読み取れることと，「都市」の語句を使って書け。

あ（　　　）　い（　　　　　　　　　　　　　　　　　　　　　　　　　　）

中部地方は，大きく三つの地域に分けられており，農業にもそれぞれ特色がみられる。略地図Fの③の地点を含む県の農業産出額の内訳を示すものは（ あ ）である。略地図Fの③の地点を含む県の農業の特色の一つは，〔　　い　　〕ことである。

5　健一さんと洋子さんの学級では，公民的分野で学んだことについて，班ごとにテーマを決めて発表するため，調べた内容の一部を発表原稿にまとめた。発表原稿をみて，各問に答えよ。

〈発表原稿〉

1班

テーマ　地球環境問題と国際協力

①地球温暖化など地球規模の環境問題を世界共通の課題としてとらえ，国や地域などが連携して国際的な枠組みをつくり，それが守られるよう努力することが必要です。

2班

テーマ　日本国憲法の基本的原理

日本国憲法の前文には，この憲法が制定された理由や目的が書かれています。ここから，日本国憲法は，国民主権，②基本的人権の尊重，平和主義の三つを基本的原理としていることがわかります。

3班

テーマ　国会，内閣，裁判所の役割

日本では，国会が法律の制定や③予算の審議などを行い，内閣が国の内政や外交の基本方針を検討し，決定します。また，争いや事件を法に基づいて解決する役割を④裁判所が担っています。

4班

テーマ　日本経済における日本銀行と政府の役割

⑤日本銀行は日本の中央銀行として，通貨の量を調整して，景気や物価の安定を図る金融政策を行い，政府は⑥歳入や歳出を通じて，景気の安定を図る財政政策を行っています。

問1　次の□内は，下線部①についてまとめたものである。㋑の（　　）にあてはまるものを一つ選び，記号を書け。また，〔 ㋺ 〕にあてはまる内容を書け。

㋑（　　　）　㋺（　　　　　　　　　　　　　　）

> 1997年に地球温暖化の問題について，㋑（あ　京都議定書，い　パリ協定）が採択され，その中で，先進国に〔　　㋺　　〕の削減を義務づけることが定められた。

問2　次の□内は，下線部②についてまとめたものである。㋩，㋥の（　　）にあてはまるものを，それぞれ一つ選び，記号を書け。㋩（　　　）　㋥（　　　）

> 人は，一人一人がかけがえのない存在であり，日本国憲法の第13条において，すべて国民は，㋩（A　個人，B　主権者）として尊重されるとされているが，その実現のためには，社会的身分や性別などを理由とした差別を禁止し，日本国憲法の第14条に示される㋥（C　請願権，D　平等権）を保障することが必要である。

問3　下線部③について，後の□内は，健一さんと，洋子さんが，資料Ⅰをもとに会話した内容の一部である。（ ㋭ ）にあてはまる語句を書け。また，〔 ㋬ 〕にあてはまる内容を，「国会」の語句を使って書け。ただし，同じ記号は同じ語句を示している。

㋭（　　　）

㋬（　　　　　　　　　　　　　　）

〈資料Ⅰ〉ある年の国会における予算案の審議

4月16日 衆議院で可決
↓
5月15日 参議院で否決
↓
5月15日（ ㋭ ）の開催
↓
5月15日 意見が一致しないため，〔　㋬　〕

（衆議院ホームページから作成）

洋子：衆議院で可決された後，参議院で否決された場合，予算案の審議は，どのような結果になるのかな。
健一：衆議院と参議院の議決が異なった場合，（ ほ ）が開催されることになっているよ。資料Ⅰの場合は，参議院で予算案が否決された日と同じ日に，（ ほ ）が開催されたけど，意見が一致しないため，〔　　へ　　〕になるね。

問4　下線部④について，次の□内は，健一さんと，洋子さんが，図Ⅰをもとに会話した内容の一部である。ⓟ，ⓠの（　　）にあてはまるものをそれぞれ一つ選び，記号を書け。また，〔 ⓡ 〕にあてはまる内容を，「有罪か無罪か」と「刑罰」の語句を使って書け。
ⓟ(　　　)　ⓠ(　　　)
ⓡ(　　　　　　　　　　　　　　　　　　　　　　)

〈図Ⅰ〉
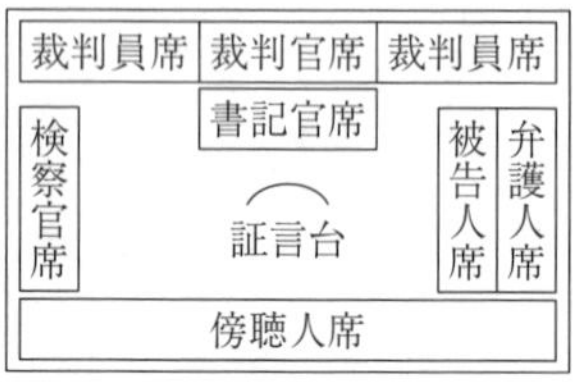

健一：図Ⅰは，ⓟ（ア　民事，イ　刑事）裁判の，ⓠ（ウ　第一審，エ　第二審）の法廷の様子であることがわかるよ。
洋子：図Ⅰに示される，裁判員制度は，2009年から実施されているね。この制度はどのようなしくみと目的で導入されるようになったのかな。
健一：国民の中から選ばれた裁判員が，裁判官とともに，〔　　ⓡ　　〕というしくみだよ。この制度は，裁判を国民にとって身近なものにして，裁判への信頼を深めていくことを目的の一つとしているよ。

問5　下線部⑤について，健一さんは，日本銀行のはたらきについて調べるため，図Ⅱを作成した。図Ⅱの（ a ）～（ c ）には，家計，政府，銀行のいずれかがあてはまる。図Ⅱの（ a ），（ b ）にあてはまる語句をそれぞれ書け。a(　　　)　b(　　　)

〈図Ⅱ〉
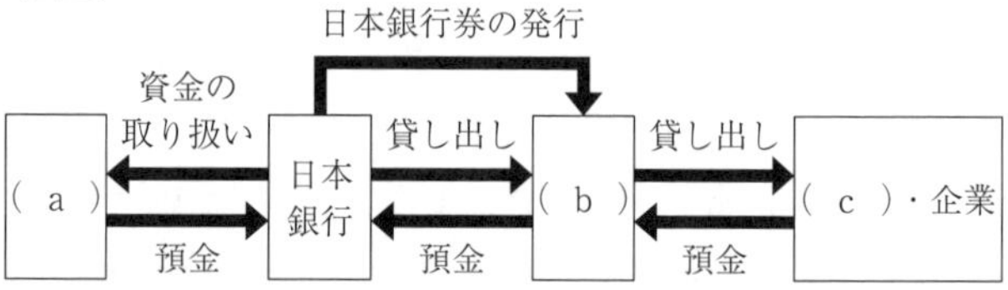

問6　下線部⑥について，健一さんは，表，資料Ⅱを作成した。(1)，(2)に答えよ。

〈表〉

納め方の違い ＼ 納付先の違い	(あ)	(い)
(う)	(例) 所得税 法人税	(例) 消費税 関税
(え)	(例) 自動車税	(例) ゴルフ場利用税

〈資料Ⅱ〉わが国の歳出における社会保障関係費の内訳（2021年度）
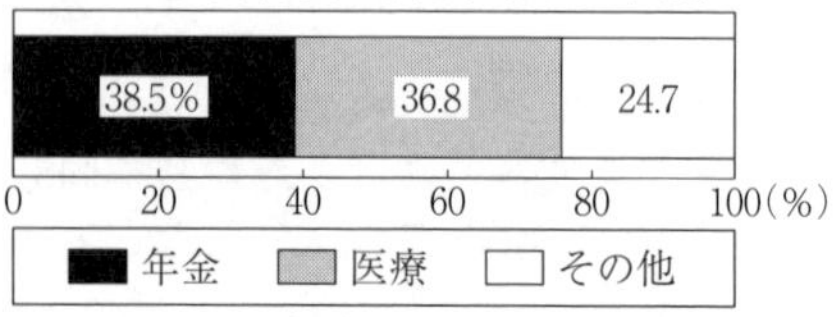

(厚生労働省ホームページから作成)

(1)　表は，歳入のうち，税金についてまとめたものである。表の(あ)～(え)にあてはまる語句のうち，二つを正しく組み合わせたものを，次の1～4から一つ選び，番号を書け。(　　　)

1　㋐は直接税，㋒は地方税　　2　㋑は直接税，㋓は国税　　3　㋐は間接税，㋒は国税
4　㋑は間接税，㋓は地方税

(2)　次の□内は，健一さんが，わが国の歳入と歳出についてまとめたものである。〔 X 〕にあてはまる内容を書け。また，（ Y ）にあてはまる語句を，後の1～4から一つ選び，番号を書け。X（　　　　　　　　　　　　　　　　　）　Y（　　　）

> 2021年度のわが国の歳入は，〔　　X　　〕を目的に発行される国債の額の割合が約4割を占めており，わが国の歳出は，社会保障関係費が最も大きな割合を占めている。資料Ⅱから，わが国の歳出における社会保障関係費の内訳で最も大きな割合を占めているのは，社会保障制度の柱のうち，（ Y ）に関するものであることがわかる。

1　社会福祉　　2　公的扶助　　3　公衆衛生　　4　社会保険

6　次の□内は，由紀さんと健太さんが，「地域の活性化に向けて」というテーマで会話した内容の一部である。会話文を読み，各問に答えよ。

> 由紀：わが国の人口について調べてみると，東京，（ ア ），名古屋の三大都市圏や地方の大都市を中心に人口が集中する一方，山間部や離島を中心に人口が減少しているところがあるね。人口の減少は，教育や医療，防災などの地域社会を支える活動が困難になる過疎につながるよ。
>
> 健太：そうだね。例えば，資料Ⅰから，全国と東京都の年齢別人口割合を比べると，東京都は，〔 イ 〕の割合が高いね。また，全国とA町を比べると，A町は，〔 ウ 〕の割合が高いことから，A町では，労働力が減少していくことが考えられるよ。課題の解決に向け，どのような取り組みを行っているのかな。
>
> 由紀：A町では，資料Ⅱのような取り組みを行い，成果を上げているよ。資料Ⅱのような取り組みを行うことで，〔　　エ　　〕ができているのだね。
>
> 健太：このような取り組みを他の地域でも進めていくために大事なことは何かな。
>
> 由紀：地域の様々な立場の人たちが，協力して取り組んでいくことが大事ではないかな。そのことが，地域の活性化に結びつくと考えられるよ。

問1　会話文の（ ア ）にあてはまる語句を書け。（　　　）

問2　会話文の〔 イ 〕，〔 ウ 〕にあてはまる内容を，資料Ⅰから読み取って書け。

イ（　　　　　　　　　）　ウ（　　　　　　　　　）

問3　会話文の〔 エ 〕にあてはまる内容を，資料Ⅱ～Ⅳから読み取れることを関連づけて，「雇用」の語句を使って書け。（　　　　　　　　　　　　　　　　　　　　）

〈資料集〉

〈資料Ⅰ〉全国，東京都，A町の年齢別人口割合（2005年）

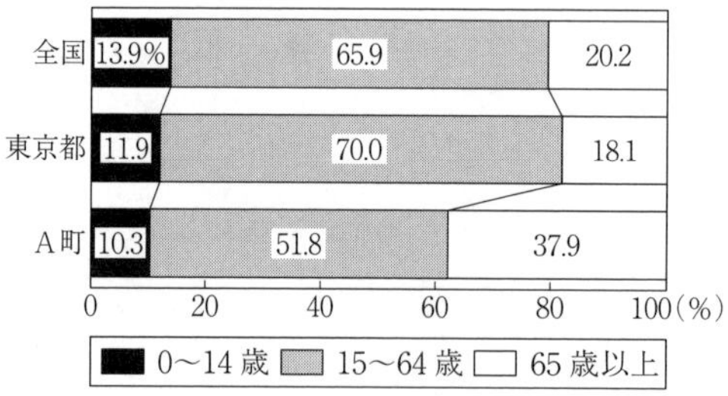

（総務省ホームページから作成）

〈資料Ⅱ〉2005年以降のA町での取り組み

○　商品開発や販売のため，町役場が中心となって出資し，企業を立ち上げる。

○　町役場や地元の漁師，農家が協力して，A町の海産物や農産物を使用した加工食品などの開発や生産を行い，地元の市場に出荷するだけでなく，直接，大都市の小売業者に販売する。

（内閣府ホームページから作成）

〈資料Ⅲ〉A町の加工食品などの商品の売上高の推移

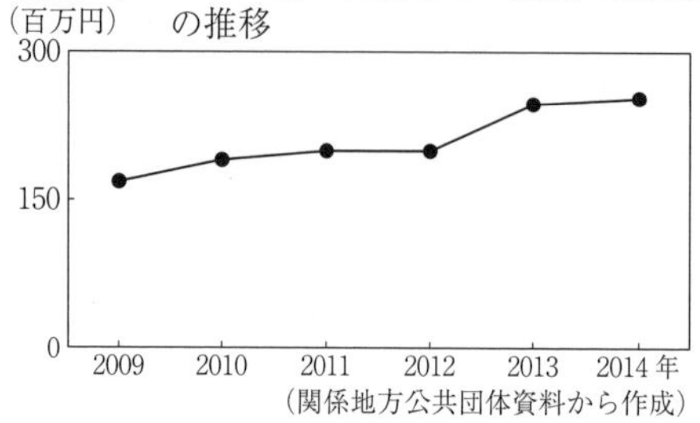

（関係地方公共団体資料から作成）

〈資料Ⅳ〉A町の農林漁業及び食料品製造業の事業所数と従業者数の変化

2009年の事業所数を1としたときの2014年の事業所数の割合	1.31
2009年の従業者数を1としたときの2014年の従業者数の割合	1.46

（総務省ホームページから作成）

理科

時間　50分　　　満点　60点

1　アジサイの葉の吸水量を調べる実験を行った。下の□内は，その実験の手順と結果である。

【手順】

① 大きさがほぼ同じ4枚のアジサイの葉を，表のa～dのように準備する。

② 太さの同じシリコンチューブを4本準備し，図1のように，水の入った水槽《すいそう》に沈め，水を入れた注射器でシリコンチューブの中にある空気をそれぞれ追い出す。

③ 水の入った水槽の中で，a～dとシリコンチューブを，空気が入らないようにそれぞれつなぐ。

④ 葉の表側を上にしてバットに置き，シリコンチューブ内の水の位置に合わせて，シリコンチューブにそれぞれ印をつけ，図2のような装置A～Dをつくる。

⑤ 直接日光の当たらない明るい場所にA～Dを置き，20分後に水の位置の変化をものさしで調べる。

表

a	ワセリンを表側にぬった葉
b	ワセリンを裏側にぬった葉
c	ワセリンを表側と裏側にぬった葉
d	ワセリンをぬらない葉

図1

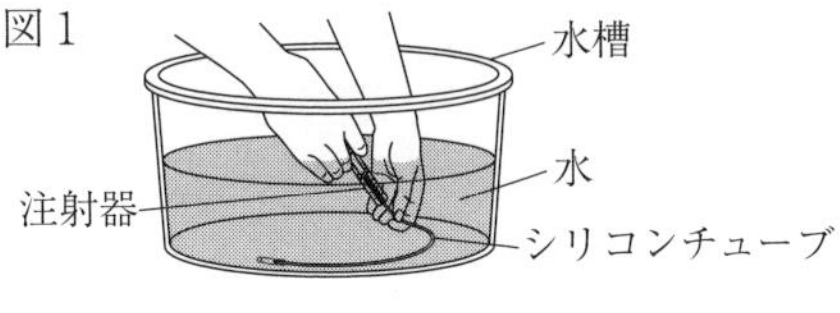

図2

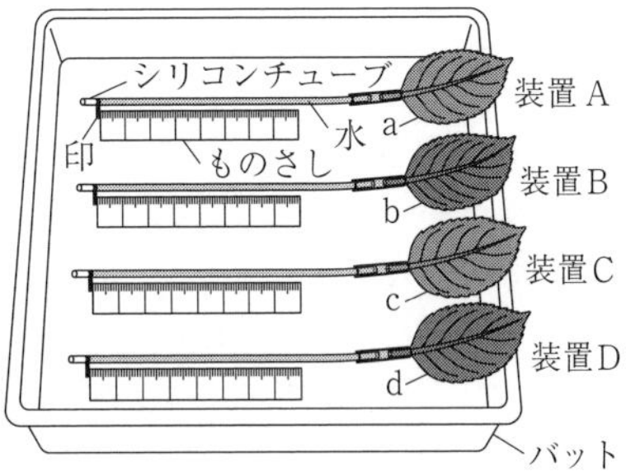

【結果】

装置	A	B	C	D
水の位置の変化〔mm〕	31	11	2	45

問1　アジサイは，双子葉類である。双子葉類を，次の1～4から全て選び，番号を書け。(　　　)

1　トウモロコシ　　2　アブラナ　　3　アサガオ　　4　ツユクサ

問2　主に葉から水が水蒸気として出ていくことによって，吸水が起こる。植物の体の中の水が水蒸気として出ていく現象を何というか。(　　　)

問3　次の□内は，この実験について考察した内容の一部である。文中のア［(　　)と(　　)］のそれぞれの(　　)にあてはまる装置を，A～Cから1つずつ選び，記号を書け。また，イの(　　)内から，適切な語句を選び，記号を書け。

ア(　　　と　　　)　イ(　　　)

　ワセリンをぬらなかった葉を用いたDの吸水量が，最も多くなった。また，ワセリンを葉にぬることで吸水量にちがいが見られた。ワセリンをぬった葉を用いたA～Cのうち，ア［（　　）と（　　）］の２つの結果を比べると，主に葉のイ（P　表側　　Q　裏側）から，水が水蒸気として出ていくと考えられる。

問４　下の□内は，実験後，根のつくりと水を吸収するはたらきについて，生徒が調べた内容の一部である。文中の（　　）にあてはまる内容を，簡潔に書け。（　　　　　　　　　　）

　根は，先端近くにある根毛によって土から水などを吸収する。根毛は細いので，土の小さな隙間《すきま》に広がることができる。また，根毛があることで，根の（　　）ため，水などを効率よく吸収することができる。

2　下の□内は，カエルの有性生殖について，生徒が調べた内容の一部である。図1は，カエルの受精から新しい個体ができるまでのようすを，模式的に表したものである。

> 雌《めす》の卵巣《らんそう》で①卵がつくられ，雄《おす》の精巣《せいそう》で②精子がつくられる。卵と精子が受精すると受精卵ができ，③受精卵は細胞分裂《さいぼうぶんれつ》をくり返しながら，形やはたらきのちがうさまざまな細胞になり，やがて個体としての体のつくりが完成する。

図1

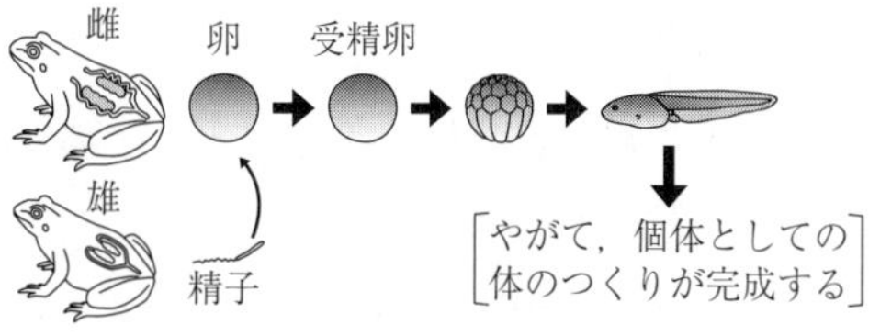

問1　下線部①，②は，有性生殖を行うための特別な細胞である。この特別な細胞の名称を書け。（　　　）

問2　下線部③の過程を何というか。（　　　）

問3　図2は，カエルが有性生殖を行うときの卵，精子，受精卵の中にある染色体をモデルで表そうとしたものである。図2の卵，精子，受精卵の中にある染色体のモデルとして最も適切なものを，次の1～4から1つ選び，番号を書け。（　　　）

図2

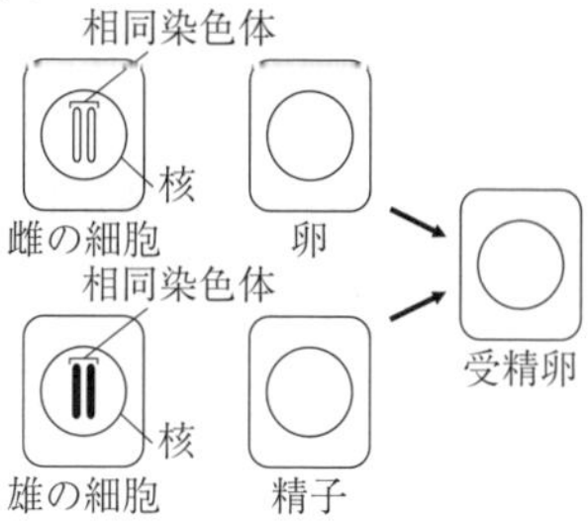

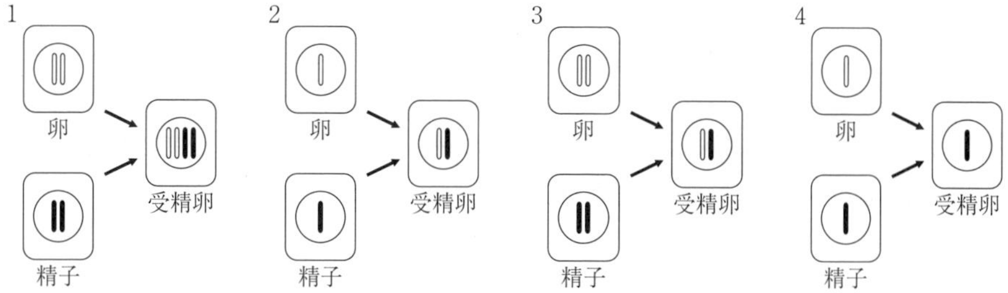

問4　下の□内は，農作物をつくるときの有性生殖と無性生殖の利用について，説明した内容の一部である。下線部について，無性生殖を利用するのは，無性生殖における染色体の受けつがれ方と形質の現れ方に，どのような特徴があるからか。「子」，「親」の2つの語句を用いて，簡潔に書け。

（　　　　　　　　　　　　　　　　　　　　　　　　　　　　）

> 収穫量が多いジャガイモと，病気に強い別のジャガイモを交配することで，両方の優れた形質をもつジャガイモができることがある。その両方の優れた形質をもつジャガイモを親として，無性生殖をさせることで，両方の優れた形質をもつ子のジャガイモを多くつくることができる。

③　金属の密度を調べるために，質量と体積をはかる実験を行った。下の　　　内は，その実験の手順と結果である。ただし，温度による金属の体積の変化はないものとする。

【手順】

①　物質名がわからない単体の金属 A～D を準備し，それぞれの質量をはかる。

②　30.0mL の水が入っているメスシリンダーに，A を静かに入れて完全に水に沈める。

③　図 1 のように，水平な台の上にメスシリンダーを置き，目盛りを読み取り A の体積を求める。

④　B～D についても，②，③の操作を行い，体積をそれぞれ求める。

⑤　質量と体積から，金属の密度をそれぞれ求める。

図 1

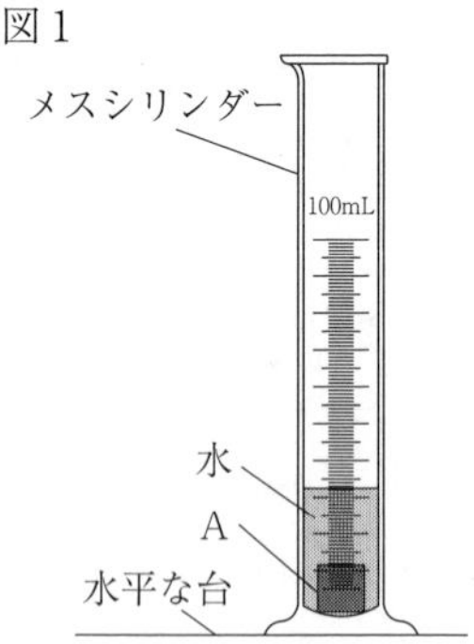

【結果】

金属	A	B	C	D
質量〔g〕	18.2	10.9	40.5	8.9
体積〔cm^3〕	2.3	4.0	4.6	3.3
密度〔g/cm^3〕	7.9	2.7	(　　)	2.7

問 1　手順④で，B を入れた後のメスシリンダーの一部を模式的に表した図として，最も適切なものを，次の 1～4 から 1 つ選び，番号を書け。(　　　)

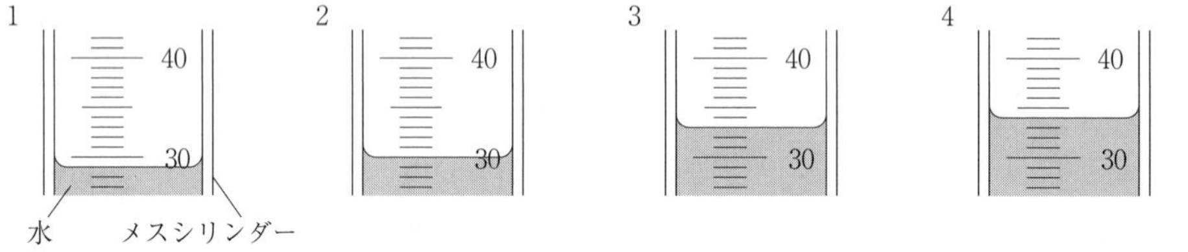

問 2　【結果】の (　　) に入る，数値を書け。なお，数値は小数第 2 位を四捨五入し，小数第 1 位まで求めること。(　　　)

問 3　下の　　　内は，この実験について考察した内容の一部である。文中の〔　　〕にあてはまる内容を，「種類」という語句を用いて，簡潔に書け。

(　　　　　　　　　　　　　　　　　　　　　)

結果から，A～D のうち，B と D は同じ物質であると考えられる。これは，〔　　〕が決まっているからである。

問4　下の□内は，図2のように，水銀に鉄を入れたときのようすについて説明した内容の一部である。また，表は，20℃における水銀と鉄の密度を示したものである。文中のアの（　　）内から，適切な語句を選び，記号を書け。また，（ イ ）にあてはまる内容を，「密度」という語句を用いて，簡潔に書け。

ア（　　　）　イ（　　　　　　　　　　　　　　　　　　　　　　　）

図2

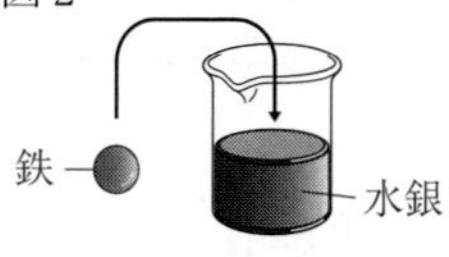

表

物質	密度〔g/cm³〕
水銀	13.55
鉄	7.87

20℃における水銀は，液体の状態である。水銀に鉄を入れると，鉄はア（P　浮く　　Q　沈む）。これは，鉄は，（ イ ）からである。

4　金属の種類によって，イオンへのなりやすさにちがいがあるかを調べる実験を行った。下の［　　］内は，その実験の手順と結果である。

【手順】

① 図1のように，金属板と水溶液の組み合わせを示した台紙と，マイクロプレートを準備する。

② 図2のように，台紙に合わせてマイクロプレートを置く。

③ マイクロプレートのAとBに銅板を，CとDに亜鉛板を，EとFにマグネシウム板を，それぞれ入れる。

④ CとEに硫酸銅水溶液を，AとFに硫酸亜鉛水溶液を，BとDに硫酸マグネシウム水溶液をそれぞれ入れ，金属板付近での変化のようすを観察する。

図1

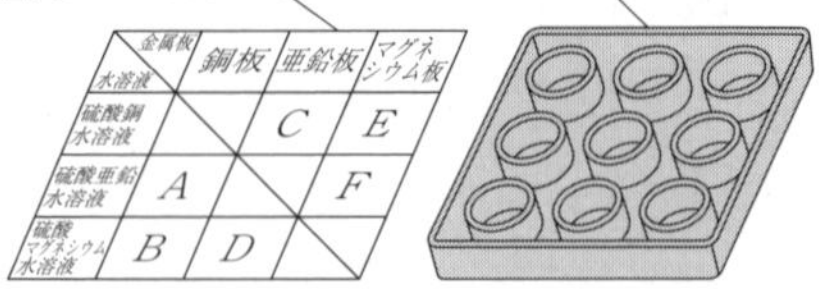

図2

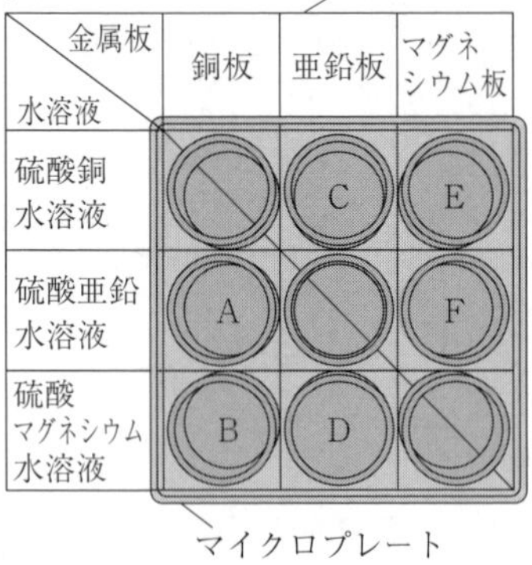

【結果】

○ Fでは，金属板の表面に黒い物質が付着した。

○ C，Eでは，金属板の表面に赤い物質が付着した。

○ A，B，Dでは，変化が起こらなかった。

問1　下の［　　］内は，マイクロプレートを用いた実験について説明した内容の一部である。文中の（　）にあてはまる内容を，「薬品」という語句を用いて，簡潔に書け。（　　　　　）

> マイクロプレートを用いることで，一度にたくさんの実験を，同じ環境のもとで行うことができる。さらに，実験の規模が小さくなり，（　）で実験を行うことができるため安全性が上がる。

問2　Fで，金属板の表面に付着した黒い物質を，化学式で書け。（　　　）

問3　Eの金属板の表面で起こる，マグネシウム原子が電子を放出してマグネシウムイオンとなる化学変化を，化学反応式で表すとどうなるか。解答欄の図3を完成させよ。ただし，電子はe^-を使って表すものとする。

図3

Mg →（　　　）+（　　　）

問4　下の［　　］内は，この実験について考察した内容の一部である。文中の（ ア ），（ イ ），（ ウ ）に，それぞれ適切な金属の名称を書け。ア（　　　）　イ（　　　）　ウ（　　　）

> C，E，Fでは，水溶液中でイオンになっている金属よりも，金属板の金属の方がイオンになりやすいため，化学変化が起こる。このことから，実験で用いた3種類の金属では，（ ア ）が最もイオンになりやすく，次に（ イ ），（ ウ ）の順でイオンになりやすいと考えられる。

5　火山岩と深成岩のつくりのちがいを調べるために，火山岩と深成岩をルーペで観察し，それぞれスケッチした。表は，観察結果を示したものである。

表

<table>
<tr><th></th><th>火山岩</th><th>深成岩</th></tr>
<tr><td>岩石のスケッチ</td><td></td><td>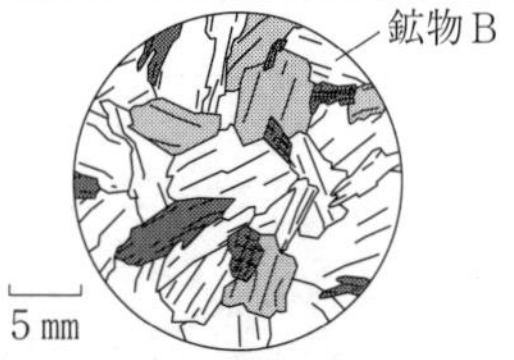</td></tr>
<tr><td>気づいたこと</td><td colspan="2">火山岩は，やや大きい鉱物が，粒《つぶ》のよく見えない部分に散らばっていた。深成岩は，同じくらいの大きさの鉱物がきっちりと組み合わさっていた。また，深成岩は，火山岩に比べて白っぽい色をしていた。</td></tr>
</table>

問1　下線部のような深成岩のつくりを何というか。(　　　)

問2　下は，火山岩と深成岩のつくりと色のちがいについて考察しているときの，愛さんと登さんと先生の会話の一部である。

先生：火山岩と深成岩のつくりに，ちがいができるのはなぜですか。

愛さん：火山岩と深成岩ができる場所によって，マグマが冷え固まるまでの時間にちがいがあるからだと思います。

先生：よく気づきましたね。それでは，できる場所と冷え固まるまでの時間に着目して，火山岩と深成岩のでき方のちがいを説明してみましょう。

登さん：火山岩は，マグマが(X)冷え固まってでき，深成岩は，マグマが(Y)冷え固まってできます。

先生：そうですね。それでは，観察した深成岩が火山岩に比べて，白っぽい色をしているのはなぜか，考えてみましょう。

愛さん：火山岩と深成岩に含まれる鉱物は，有色の鉱物と白色や無色の鉱物に分けられることを学習しました。観察した深成岩が白っぽい色をしているのは，〔　　〕が小さいからだと考えられます。

先生：そのとおりです。

(1)　会話文中の(X)，(Y)にあてはまる内容を，それぞれ簡潔に書け。

X(　　　　　　　　　　　　)　Y(　　　　　　　　　　　　)

(2)　会話文中の下線部について，火山岩には黒色の長い柱状をした鉱物Aが，深成岩には無色で不規則な形をした鉱物Bが見られた。鉱物A，Bの名称の正しい組み合わせを，次の1～4から1つ選び，番号を書け。(　　　)

1　A：カンラン石　　B：キ石　　2　A：カンラン石　　B：セキエイ

3　A：カクセン石　　B：キ石　　4　A：カクセン石　　B：セキエイ

(3)　会話文中の〔　　〕にあてはまる内容を，簡潔に書け。(　　　　　　　　)

6　下の［　　　］内は，日本の春の天気図とつゆの天気図をもとに，生徒が調べた内容の一部である。図1は，日本周辺の気団X～Zを模式的に示したものであり，図2，図3は，ある年の3月12日，7月8日のそれぞれの日における，午前9時の日本付近の気圧配置などを示したものである。また，図2の……… は前線の位置を示している。

図1

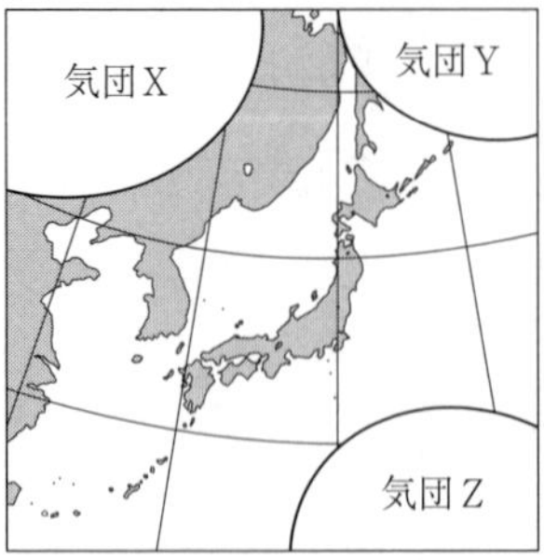

図2（3月12日午前9時）

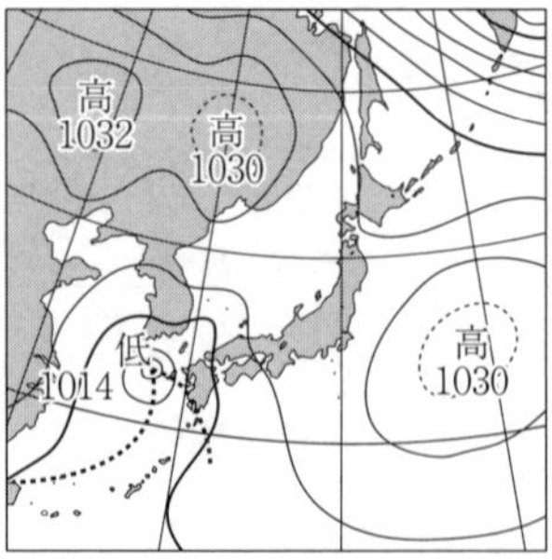

図3（7月8日午前9時）

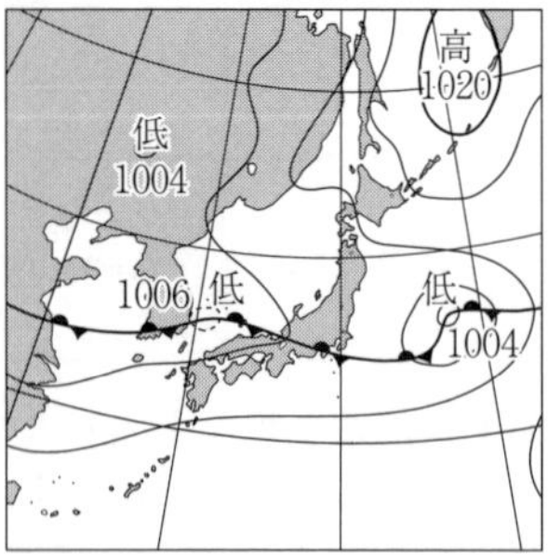

図1のように，日本付近には特徴の異なる気団があり，日本の気象に影響を与えている。

春は，4～6日くらいの周期で天気が変わることが多い。高気圧が近づいてくると晴れとなり，図2で見られるような低気圧が近づいてくると雲がふえ，雨になることが多い。

つゆの時期には，北の冷たく①（ア　しめった　　イ　乾燥した）気団Yと，南のあたたかく②（ウ　しめった　　エ　乾燥した）気団Zがぶつかり合い，図3で見られるような停滞前線ができるため，長雨となる地域がある。

問1　表は，福岡県のある地点における3月12日午前9時の気象観測の結果を示したものである。この結果を，解答欄の図4に天気図記号で表せ。

表

天気	風向	風力
雨	北東	1

図4

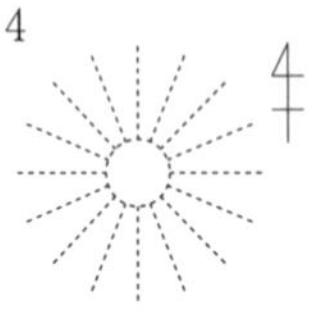

問2　図2で見られる低気圧の中心からできるそれぞれの前線を示した図として，最も適切なものを，次の1～4から1つ選び，番号を書け。（　　　）

1
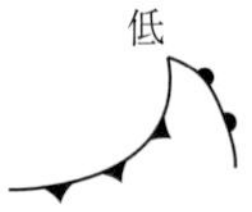

2
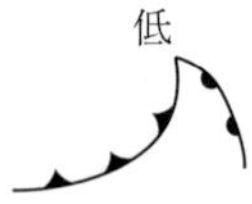

3
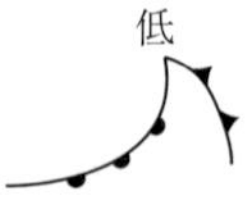

4
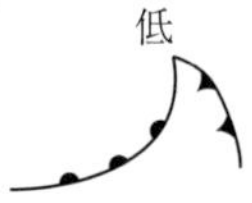

問3　文中の①，②の（　　）内から，それぞれ適切な語句を選び，記号を書け。
①（　　　）　②（　　　）

問4　次の［　　　］内は，図3で見られる停滞前線について説明した内容の一部である。文中の（　　）内から，適切な語句を選び，記号を書け。また，〔　　〕にあてはまる内容を，簡潔に書け。記号（　　　）　内容（　　　　　　　　　　）

図３で見られる停滞前線は，梅雨前線とよばれている。梅雨前線は，５月の中頃に沖縄付近に現れ，ゆっくりと北上し，６月の中頃から７月にかけて，本州付近に停滞することが多い。７月の中頃になると，（P　シベリア気団　　Q　小《お》笠原《がさわら》気団）の〔　　〕なり，梅雨前線は北におし上げられ，やがて見られなくなる。

7 電熱線に電流を流したときの水の温度変化を調べるために，A～Cの3つの班に分かれ，異なる種類の電熱線を用いて図1の装置をつくり，実験を行った。

実験では，発泡ポリスチレンのカップに水100gを入れ，しばらくしてから水温をはかった。次に，カップの中の水に電熱線を入れ，電圧計の値が6.0Vになるように電圧を調整して，回路に電流を流した。その後，水をガラス棒でゆっくりかき混ぜながら1分ごとに5分間，水温をはかった。

図1

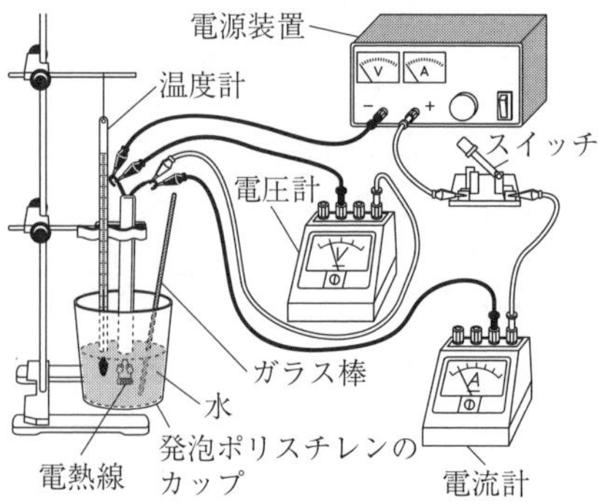

表1は，電圧が6Vのときに消費する，各班が用いた電熱線の電力を示したものであり，表2は，実験結果を示したものである。

表1

	電力〔W〕
A班	6
B班	9
C班	3

表2

電流を流した時間〔分〕		0	1	2	3	4	5
水温〔℃〕	A班	16.0	16.8	17.6	18.4	19.2	20.0
	B班	16.1	17.3	18.5	19.7	20.9	22.1
	C班	16.0	16.4	16.8	17.2	17.6	18.0

問1 下線部について，発泡ポリスチレンのカップが，この実験に用いる器具として適している理由を，「熱量」という語句を用いて，簡潔に書け。

(　　　　　　　　　　　　　　　　　　　　)

問2 図1の装置に用いられている回路の回路図を，電気用図記号を使って解答欄に記入せよ。ただし，図1に示されている電気器具を全て記入すること。

問3 表2のA班の結果をもとに，「電流を流した時間」と「水の上昇温度」の関係を，解答欄の図2にグラフで表せ。なお，グラフには水の上昇温度の値を•で示すこと。

図2

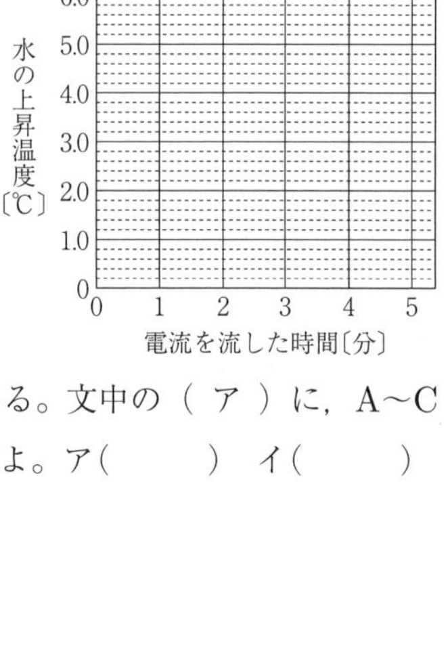

問4 次の［　　　］内は，この実験について考察した内容の一部である。文中の（ ア ）に，A～Cのうち，適切な記号を書け。また，（ イ ）に，適切な語句を入れよ。ア(　　　) イ(　　　)

電力と5分後の水の上昇温度の関係をグラフで表すと，図3のようになった。表1から，最も電気抵抗が小さいのは，（ ア ）班の電熱線であることがわかるので，図3から，電気抵抗の小さい電熱線の方が，発熱量が（ イ ）と考えられる。

図3

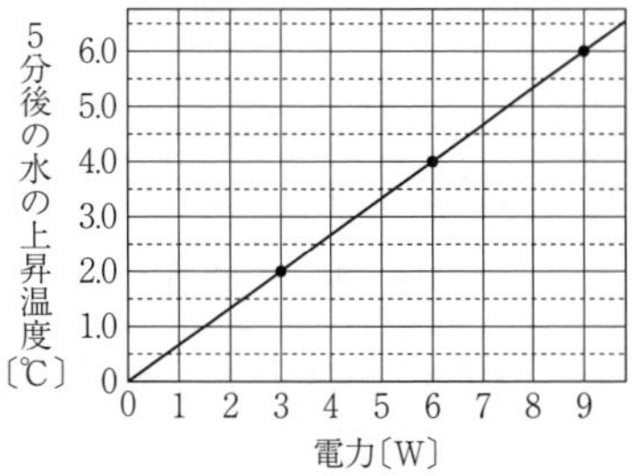

8　斜面を下る台車の運動を調べる実験を行った。下の［　　　］内は，その実験の手順である。ただし，摩擦や空気の抵抗，テープの重さ，テープの伸びは考えないものとする。

手順1　図1のように，斜面に固定した記録タイマーに通したテープを，斜面上のA点に置いた台車につける。
手順2　テープから静かに手を離し，台車がA点からB点まで斜面を下るようすを，$\frac{1}{60}$秒ごとに打点する記録タイマーで記録する。
手順3　テープのはじめの，打点の重なっている部分は使わずに，残りのテープを打点が記録された順に6打点ごとに①～④に切り分ける。
手順4　図2のように，①～④を順に左から台紙にはる。
手順5　図2の①～④のテープの長さから，各区間の台車の平均の速さを求め，表に記入する。

図1
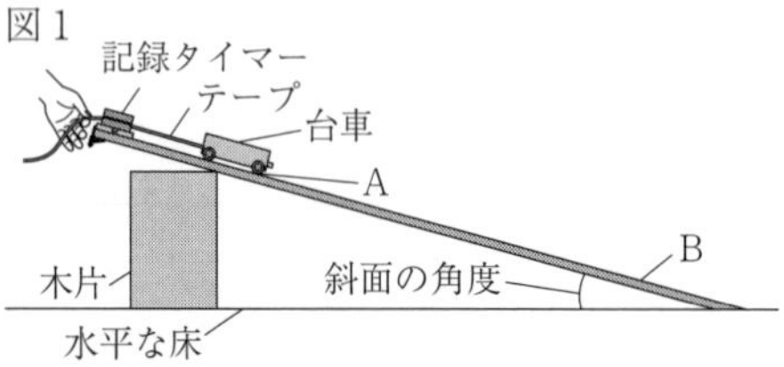

図2
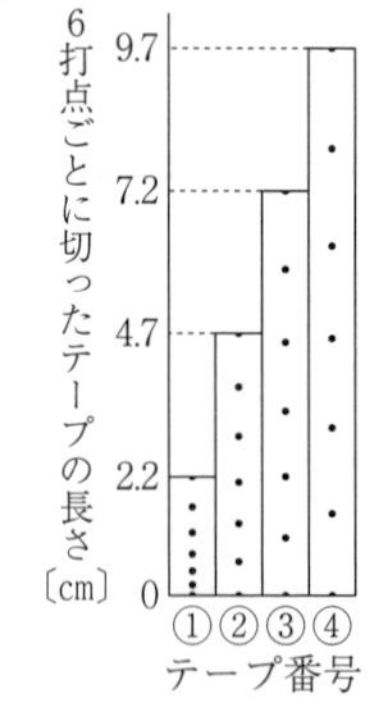

表

区間（テープ番号）	①	②	③	④
台車の平均の速さ〔cm/s〕	22	47	72	97

問1　図3は，手順3で切り分ける前のテープを表している。P点が打点されてから，Q点が打点されるまでの，台車の平均の速さを求めよ。(　　　cm/s)

図3
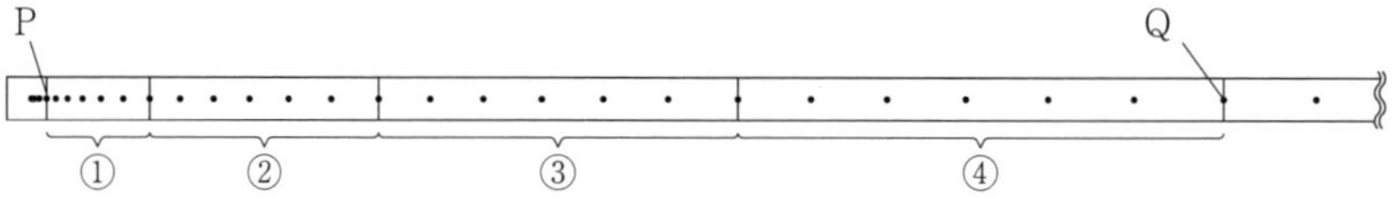

問2　下は，表をもとに，台車の速さの変化について考察しているときの，花さんと健さんと先生の会話の一部である。

先生

先生：表から何か気づいたことはありませんか。

花さん：各区間の平均の速さが増加していくことから，台車はだんだん速くなっていることがわかります。

花さん

健さん：表から速さの増え方を求めると，速さが（ X ）とともに一定の割合で変化していることがわかります。

健さん

先生：よく気づきましたね。それでは，台車の速さの変化について，台車が受けている力に着目して考えてみましょう。

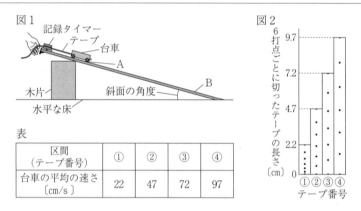

〈花さんの考え〉

台車はだんだん速くなっているので，台車が斜面を下るにつれて，台車が運動の向きに受ける力は大きくなっていくと思います。

花さん

〈健さんの考え〉

速さが一定の割合で変化しているので，斜面を下っている間は，台車が運動の向きに受ける力の大きさは変わらないと思います。

健さん

よく考えましたね。それでは，ばねばかりを用いて，台車が受ける力を調べてみましょう。花さんの考えと健さんの考えを確かめるためには，どのような実験を行えばよいでしょうか。

斜面上のA点とB点で，台車が受けている斜面に平行な力の大きさを，それぞれはかります。私の考えが正しいならば，力の大きさは（ Y ）なると思います。花さんの考えが正しいならば，力の大きさは（ Z ）なると思います。

健さん

そのとおりです。

(1)　会話文中の（ X ）に，適切な語句を入れよ。(　　　　)

(2)　会話文中の（ Y ），（ Z ）に，あてはまる内容として，最も適切なものを，次の1～3からそれぞれ1つずつ選び，番号を書け。Y（　　　） Z（　　　）

1　A点よりB点の方が大きく　　2　A点とB点で等しく

3　B点よりA点の方が大きく

問3　実験後，図4のように，斜面上のC点に台車を置き，静かに手を離した。次に，図5のように，図4よりも斜面の角度を小さくし，水平な床からの高さがC点と同じであるE点に台車を置き，静かに手を離した。このように斜面の角度を小さくすると，図4のC点に台車を置いて静かに手を離した場合と比べて，次のⓐ，ⓘはどうなるか，簡潔に書け。ただし，D点は，斜面と水平な床が接する点である。

図4

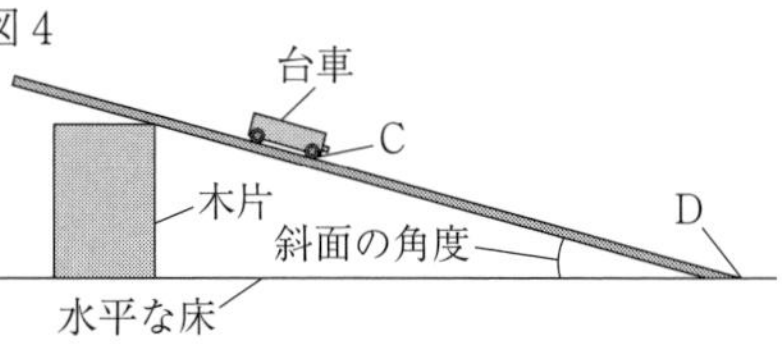

図5

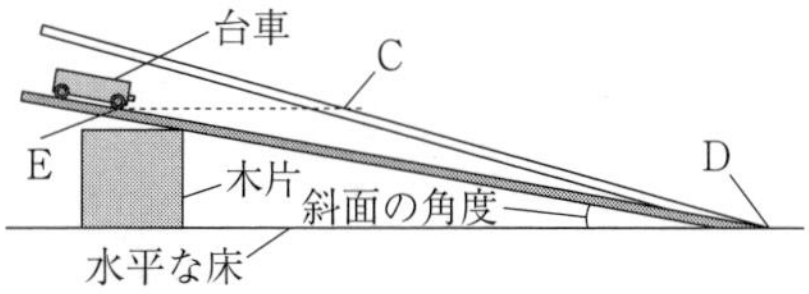

ⓐ　台車の先端がD点に達するまでの時間（　　　　　）

ⓘ　台車の先端がD点に達したときの台車の速さ（　　　　　）

Ⅲ　あなたは，言葉や言葉の使い方について，自分自身に，課題があると思いますか。それとも，そうは思いませんか。（一つ回答）

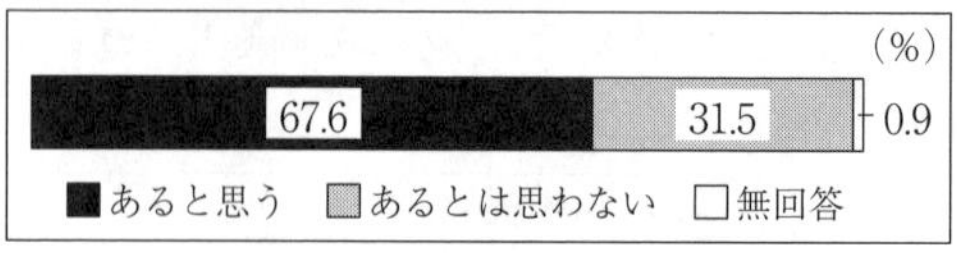

Ⅳ　（Ⅲで「あると思う」と答えた人に対して）
自分自身に，どのような課題があると思いますか。（幾つでも回答）

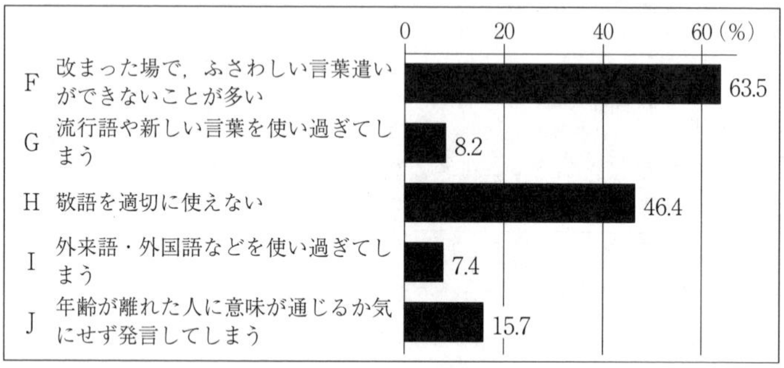

（16歳以上を対象に文化庁が実施した「令和３年度『国語に関する世論調査』」の結果を基に作成）

条件１　文章は、二段落構成とし、十行以上、十二行以内で書くこと。

条件２　第一段落には、【資料】のⅡのA～Eの各項目から一つ、ⅣのF～Jの各項目から一つ選び（どれを選んでもかまわない。）、選んだ二項目を比較して分かることと、それについてあなたが考えたことを書くこと。なお、選んだ二項目は、A～Jの記号で示すこと。

条件３　第二段落には、第一段落を踏まえ、自分自身の言葉や言葉の使い方についてあなたが大切だと考えることを一つ挙げ、自分の知識や経験と結び付けて書くこと。

条件４　題名と氏名は書かず、原稿用紙の正しい使い方に従って書くこと。

条件５　グラフの数値を原稿用紙に書く場合は、左の例にならうこと。

例　0・2%　34・5%

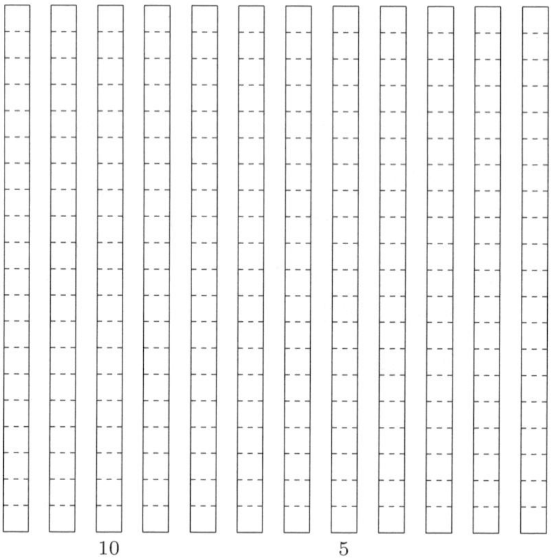

次の1～6からそれぞれ一つ選び、番号を書け。

ア（　　）イ（　　）ウ（　　）

1　荘周　　2　監河侯　　3　三百金

4　鮒魚　　5　斗升の水　　6　西江の水

(2)　エ　に入る内容を、十字以上、十五字以内で考えて書け。

4　森さんの学級では、次の【資料】を基に、言葉や言葉の使い方について考えを述べることになった。あなたならどのような考えを述べるか。【資料】を読んで、後の条件1から条件5に従い、作文せよ。

【資料】

Ⅰ　あなたは，言葉や言葉の使い方について，社会全般で，課題があると思いますか。それとも，そうは思いませんか。（一つ回答）

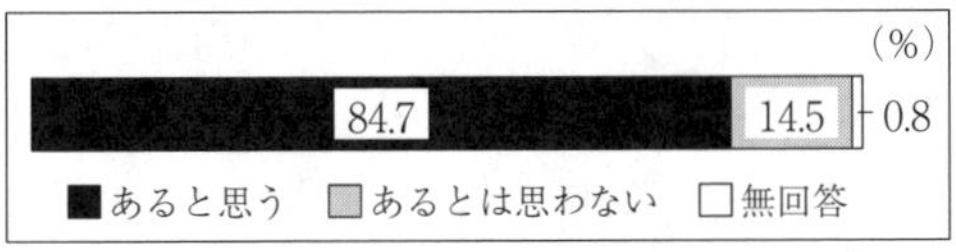

Ⅱ　（Ⅰで「あると思う」と答えた人に対して）
社会全般で，どのような課題があると思いますか。（幾つでも回答）

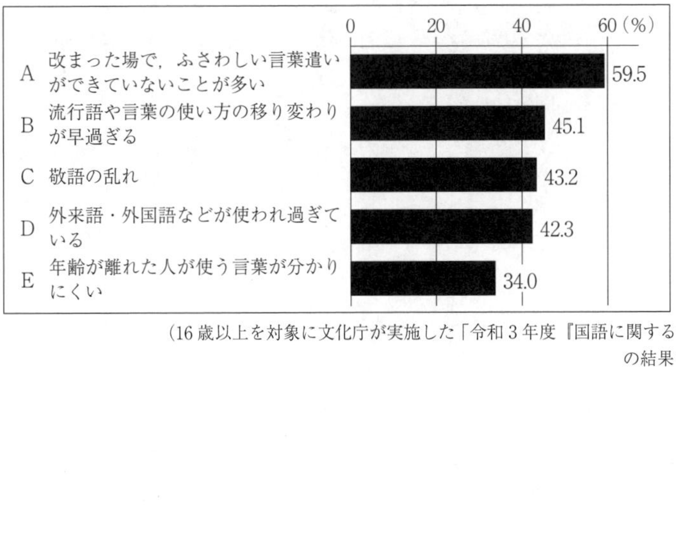

（16歳以上を対象に文化庁が実施した「令和3年度『国語に関する世論調査』」の結果を基に作成）

私を呼びとめる者があった。あたりを見まわすと車輪の跡の水たまりに鮒《ふな》がいた。私が『鮒よ、どうしたのかね。』とたずねた。私は東海の小臣です。どうか少しばかりの水で結構ですから、もってきて私を助けてください。と答えて言った。私が『よろしいとも。私はこれから南方の呉越の王のところに行くところだ。蜀江《しょっこう》の川水を押し流してお前を迎えてやろう。それでどうかな。』と言った。鮒はむっとした顔つきをして言ったものです、『私はなくてはならない水を今失っているので、いる場所がないのです。私はただ一斗か一升ほどの水さえ得られたら生きられるのです。それをあなたがそのように言われる。それなら、いっそさっさと乾物屋の店先にでも行って私を見つけられたらよろしかろう。』とね。」

（注）　乾物屋…乾《ほ》した食品を売る店。

（「新釈漢文大系　第8巻　荘子（下）」より。一部改変）

問一　【A】の①ゆゑにを、現代仮名遣いに直し、全て平仮名で書け。

問二　【B】にⅠ言った、とあるが、この後の「　」で示した部分には、『　』の付いていない会話の部分が一箇所ある。その会話の部分と対応する箇所を【A】から探し、初めの三字をそのまま抜き出して書け。

問三　【A】に②忿然として色を作してとあるが、どの提案を受けて「忿然として色を作し」たのか。【A】から十三字で探し、初めと終わりの三字をそのまま抜き出して書け。

問四　【A】の③吾《われ》は我が常与を失ひ、我、処《を》る所無しという書き下し文になるように、解答欄の漢文の適当な箇所に、返り点を付けよ。

吾ハ　失ヒ　我ガ　常　与ヲ、我、無シ　所　処ル

問五　次は、【A】、【B】を読んだ堤さんと小島さんと先生が、会話をしている場面である。

堤さん　【A】の「曽《すなは》ち早く我を枯魚の肆《し》に索《もと》めんには如《し》かず」という鮒の言葉は、遠回しに言っているけれど、「ア」をもらわないと干からびてしまうという意味なのですね。

小島さん　なるほど。【A】では、「イ」を荘周に、「ウ」を鮒にそれぞれ置き換えて、例え話を進めています。監河侯という職が水利を監督する仕事であることに関連して、鮒を用いる巧みな例えではないかと思います。

先生　そうですね。『荘子』は、日本の古典にも大きな影響を与えています。【A】は、日本の古典『宇治拾遺物語《うじしゅういものがたり》』の中にも収められており、「後の千金の事」という題で話がまとめられています。

堤さん　【A】と「後の千金の事」とでは、内容に何か違いはあるのですか。

先生　例えや内容はほぼ同じですが、千金が入ったらさしあげようと監河侯が言うと、鮒の例えの後に荘周が「今日《けふ》の命、物食《ものく》はずは生《い》くべからず。後の千の金《こがね》さらに益《やく》なし」と言ったことが付け加えられています。

小島さん　特に「後の千の金《こがね》さらに益《やく》なし」を踏まえて考えると、鮒の例えでも荘周の逸話でも共通して言いたいことは、エということだと分かりました。

先生　二人とも、例え話に着目して、【A】の内容について深く考えることができましたね。

(1)　ア、イ、ウに入る語句として最も適当なものを、

したと読み取れる。

問四　本文中に④罰当たりな錯覚とあるが、具体的にはどのようなことか。二十五字以上、三十五字以内で考えて書け。

問五　本文中に⑤漆にかぶれた肌のむず痒《がゆ》さを思いだし、血まみれになるまで掻《か》きむしりたくなるのだとあるが、ここから読み取れる潔の気持ちを、解答欄の下の「気持ち。」という語句に続くように、二十五字以上、三十五字以内で考えて書け。

気持ち。

3　次は、『荘子《そうじ》』という書物にある話【A】と、その現代語訳【B】である。これらを読んで、後の各問に答えよ。句読点等は字数として数えること。

【A】

荘周《さうしう》、家貧なり。①ゆゑに往《ゆ》きて粟《ぞく》を監河侯《かんかこう》に貸る。監河侯曰《いは》く、諾。我将《まさ》に邑金《いふきん》を得んとす。将に子に三百金を貸さんとす、可ならんか、と。荘周、忿然《ふんぜん》として色を作《な》して曰く、周、昨来《きた》るとき、中道にして呼ぶ者有り。周、顧視すれば、車轍中《しやてつちゆう》に鮒魚《ふぎよ》有り。周、之《これ》に問ひて曰く、鮒魚来れ、子は何為《なんす》る者ぞや、と。対《こた》へて曰く、我は東海の波臣なり。君豈《あ》に斗升《としよう》の水有りて我を活《い》かさんか、と。周曰く、諾。我且《まさ》に南のかた呉越の王に遊ばんとす。西江の水を激して子を迎へん、可ならんか、と。鮒魚、②忿然として色を作して曰く、③吾《われ》は我が常与を失ひ、我、処《を》る所無し。吾、斗升の水を得ば然《しか》も活きんのみ。君乃《すなは》ち此《これ》を言ふ。曽《すなは》ち早く我を枯魚の肆《し》に索《もと》めんには如《し》かず、と。

(注)　荘周…中国の戦国時代の思想家。
監河侯…河川の水利を監督する役人。
三百金…黄金三百斤《きん》。一斤は六〇〇グラムに当たる。
斗升…一斗は一升の十倍で、一八・〇三九リットルに当たる。
呉越…呉の国と越の国。

【B】

荘周は家が貧しく食糧に困っていた。そこで監河侯のところへ出かけてゆき食糧を借りようとした。すると監河侯が言った、「よろしいとも。私は近々、領地からの租税が手にはいるはずになっている。そうしたら三百金ほど貸してさしあげよう。それでよいかな。」と。これを聞くと、荘周はむっとして顔色を変えてⅠ言った、「私が昨日ここへ来る途中、道で大学での潔は優秀だった。彼が彫りあげた木像はいずれも高い評価を得た。巧みでなめらかな刀さばきは他学生の追随を許さず、教師陣からも特別視されていた。どいつもこいつも騙《だま》されやがって……と、しかし、潔はほめられるたびに憤《いきどお》っていたのだ。

「俺はたしかに巧《うま》い。器用だ。見目のいい、つるつるの像を彫る。だが、それだけだ。俺だけは俺に騙されなかった」

新たな像に着手するたびに潔は懊悩《おうのう》し、完成させるたびに落胆した。その絶望の深さを知るのもまた自分だけだった。大学二年の秋、潔は突然、大学に退学届《とどけ》を提出した。仏像修復師として働く松浦の姿をとある雑誌の記事で目にしたのは、失意の冬の只中《ただなか》のことだ。

潔はただちに京都へ駆けつけた。両親に無断で大学をやめた彼はいずれにしても勘当同然の身の上だった。

「これだ、と思った。俺は仏師にはなれない。なにかがどうしても足りない。しかし、修復師として仏像に携わることならできる」

子供の頃から乗り物よりも怪獣よりも仏像に心惹かれた彼に残された、それが最後の砦《とりで》だった。

「この手で仏像を彫れないのなら、どこかの誰かが彫った仏像をこの手で救いたい。劣化した木材。風化した彫刻。みじめな仏をこの手で原型の——いや、原型以上の美しい姿にしてやりたい」

仏師への道に挫折した自らのみじめさを、潔は知らずしらず眼前の仏に重ねている。

梵鐘《ぼんしょう》びいきの村人どもからこけにされている不空羂索——。

「俺が直してやる。どこのどいつよりも美しい像にしてやる。誰もが地面にひれ伏して拝まずにいられない最高の仏に……」

心からの哀れみをこめてつぶやくときだけ、潔はこの超越的存在を超越したかのような、④罰当たりな錯覚に酔いしれるのだ。

「直してやる。俺が。完璧に。必ずこの手で……」

その錯覚は彼に言いしれぬ感動を与えた。時として彼は唇を震わせ、時として瞳に涙した。

憎悪《ぞうお》すべきは鐘の音だった。

どこかの誰かがいたずらに鐘を鳴らすたび、潔の感動は断ち切られる。そして⑤漆にかぶれた肌のむず痒《がゆ》さを思いだし、血まみれになるまで掻《か》きむしりたくなるのだ。

（森　絵都「鐘の音」より。一部改変）

（注）儀軌…仏教における、図像に関する規則。
真手…両手。
印相…仏像の手と指で作る形。
美大…美術大学の略。
懊悩…悩み苦しむこと。
梵鐘…寺院で用いるつりがね。

問一　本文中の①面《おもて》と同じ意味の語句を、別の漢字一字で書け。□

問二　本文中の②それの指すものとして最も適当な語句を、本文中から二字で探し、そのまま抜き出して書け。□□

問三　次の文は、本文中の③感謝しながらも、しかし一方で猛然と嫉妬したについて、潔が何に感謝し、嫉妬したかをまとめたものである。ア に入る内容を本文中から六字で探し、そのまま抜き出して書け。また、イ に入る内容を、十字以上、十五字以内でまとめて書け。ア□□□□□□　イ□□□□□□□□□□□□□□□

目の前の仏像に慰められるのは、「名もない一仏師」が「ア」をもっていたおかげだと考えた潔は、その仏師に感謝しつつも、自分にはできなかった イ を偶然にも成し得たことに激しく嫉妬

２　次の文章を読んで、後の各問に答えよ。句読点等は字数として数えること。

【ここまでのあらすじ】　仏像修復師である潔《きよし》は、この仕事をしてもう十三年にもなるが、接着剤として修復に用いる漆にいまだにかぶれてしまう。潔が修復作業のため訪れた玄妙寺《げんみょうじ》には、不空羂索《ふくうけんじゃく》観音像が本尊として安置されており、その仏像に、潔は強く惹《ひ》きつけられた。

孤独が潔をいよいよ仏へ引きよせた。御魂《みたま》は抜いてあるから、仏に功力《くりき》はない。しかし解体され、手足とばらばらに横たえられた不空羂索の①面《おもて》を見ていると、そこにはたしかに、ついこのあいだまで宿っていたなにかのぬくみを感じるのだ。人間の魂によく似たなにか。けれども遥《はる》かに強力で、永遠に損なわれることはない。

どんな仏像にでもそれがあるというわけではなかった。むしろそんな例はごく稀《まれ》だ。ましてやこの不空羂索ほどの強烈な吸引力を前にしたのは初めてのことだった。

彫仏の巧拙。像容の美醜。木質の優劣。そんなものは問題ではなかった。芸術品としての価値からすれば、玄妙寺の不空羂索には見るべきものがない。恐らくは名もない一仏師が、ちょっとめずらしい仏を彫ってやろうと一念発起し、見よう見まねで不空羂索に挑んでみせたのだろう。計算不足のせいか全体のバランスが悪く、台座や光背にも手抜きが見てとれる。納衣《のうえ》の彫りかた一つをとっても青臭く、刀さばきの至るところに生硬さがうかがえる。

にもかかわらず、この像には②それがあった。

仏として人間に仰がれるに足るなにか。

仏として人間を慰むるに足るなにか。

――慈悲。

この仏にふさわしい形容を何日も思いあぐねた末、潔はこの二字に帰着した。格別に美しいわけではない。技巧に秀《ひい》でているでもない。けれどもこの仏は温かい。とこしえの慈《いつく》しみをその目に、唇にたたえている。どうすればこんな面が彫れるのか？

恐らくは偶然だ。どんな仏師も一生に一度くらいは己を超えた面を彫る。けれどもそこで刀を置くことができずにさらなる手を加え、なにもかもだいなしにしてしまう。しかし、この仏師は踏みとどまった。自らの手が成したとはとうてい思えないなにかを宿らせた仏と向かいあう怖気《おじけ》に耐えぬいた。その恐るべき胆力に潔は感謝した。何百年も前に奇跡を起こした彼のおかげで、自分は今、この仏にこれほどまでに慰められている。

③感謝しながらも、しかし一方で猛然と嫉妬した。たいした腕もなく、儀軌《ぎき》にもうとく、真手《まて》の印相《いんぞう》を誤るようなへまをやらかす仏師への羨望《せんぼう》に苛《さいな》まれた。恐らくは生涯パッとせず、歴史になんの名も残さずに消えた貧乏仏師。しかしなにはともあれ、彼はこのような仏像を、少なくとも一体はこの世に遺《のこ》したのだ。

「俺にはそれができなかった」

いつの日からか、暗く湿った堂内でひとり、胴から上を横たえた不空羂索像に語りかけるのが潔の日課と化していた。

「俺には、魂を宿すに値する仏が、どうしても彫れなかった」

美大で彫仏を学んでいた当時をふりかえるたび、潔はそれこそ魂を抜かれた器のようになる。

1～4の══線を施した部分の文の働きが同じものを一つ選び、番号を書け。（　　）

1　今年も見事に咲いた、桜の花が。

2　彼はいつまでも追い続ける、壮大な夢を。

3　見つめた先に、一筋の光が差した。

4　やってみると、どんな困難も乗り越えられる。

問三　本文中の③勇気と同じ構成の熟語を、次の1～4から一つ選び、番号を書け。（　　）

1　朗報　　2　往復　　3　決意　　4　尊敬

問四　本文中のふしぎの──線を施した部分に適切な漢字を当てるとき、ぎと同じ漢字を用いるものを、次の1～4から一つ選び、番号を書け。（　　）

1　講ぎを聴く。　　2　ぎ問を解決する。

3　ぎ論を重ねる。　　4　特ぎを伸ばす。

問五　次の【A】、【B】は、『モモ』を読んだ野村さんが、印象に残ったことを短冊《たんざく》に書いた文字である。野村さんが、文字を書き直したときに気を付けたこととして適当なものを、次の1～5から全て選び、番号を書け。（　　）

【A】　最初に書いた文字

【B】　書き直した文字

1　漢字を仮名よりも小さめに書くこと。

2　紙面の上下左右に余白を適度に取って書くこと。

3　直線的な点画で筆脈を意識して書くこと。

4　漢字の行書に調和する書き方で仮名を書くこと。

5　行の中心に文字の中心をそろえて書くこと。

1　野生のゴリラとの生活を示して人間との違いを明確にすることで、人間が社会資本をつくった過程を説明する役割。

2　野生のゴリラの群れを通して人間同士の関係性を見つめることで、複数の共鳴集団をつくる危うさを伝える役割。

3　野生のゴリラから学んだことを示すことで、人間の言葉の発達について解明できるという主張を印象付ける役割。

4　野生のゴリラと人間の在り方を比較することで、社会における人間同士の関わりを考えさせる契機とする役割。

問五　本文中に『モモ』の話を引用することで、書き手が、現代の日本で必要だと示唆しているのはどのようなことか。二十五字以上、三十五字以内で考えて書け。

(2)　次は、【文章】を読んで、『モモ』という作品に興味をもった野村さんが読んだ【『モモ』の文章の一部】である。これを読んで、後の各問に答えよ。句読点等は字数として数えること。

【『モモ』の文章の一部】

小さなモモにできたこと、それはほかでもありません、あいての話を聞くことでした。なあんだ、そんなこと、とみなさんは言うでしょうね。話を聞くなんて、だれにだってできるじゃないかって。

でもそれはまちがいです。ほんとうに聞くことのできる人は、めったにいないものです。そしてこのてんでモモは、それこそほかにはれいのないすばらしい才能をもっていたのです。

モモに話を聞いてもらっていると、きゅうに①まともな考えがうかんできます。モモがそういう考えをひきだすようなことを言ったり質問したりした、というわけではないのです。ただじっとすわって、注意ぶかく聞いているだけです。②その大きな黒い目は、あいてをじっと見つめています。するとあいてには、じぶんのどこにそんなものがひそんでいたかとおどろくような考えが、すうっとうかびあがってくるのです。

モモに話を聞いてもらっていると、どうしてよいかわからずに思いまよっていた人は、きゅうにじぶんの意志がはっきりしてきます。ひっこみじあんの人には、きゅうに目のまえがひらけ、③勇気が出てきます。不幸な人、なやみのある人には、希望とあかるさがわいてきます。たとえば、こう考えている人がいたとします。おれの人生は失敗で、なんの意味もない、おれはなん千万もの人間のなかのケチなひとりで、死んだところでこわれたつぼとおんなじだ、べつのつぼがすぐにおれの場所をふさぐだけさ、生きていようと死んでしまおうと、どうってちがいはありゃしない。この人がモモのところに出かけていって、その考えをうちあけたとします。するとしゃべっているうちに、ふしぎなことにじぶんがまちがっていたことがわかってくるのです。いや、おれはおれなんだ、世界じゅうの人間のなかで、おれという人間はひとりしかいない、だからおれはおれなりに、この世のなかでたいせつな者なんだ。

こういうふうにモモは人の話が聞けたのです！

（ミヒャエル・エンデ作、大島かおり訳「モモ」より。一部改変）

問一　本文中に①まともな考えとあるが、その具体的な例を本文中から一文で探し、初めの四字をそのまま抜き出して書け。

問二　本文中に②その大きな黒い目は、あいてをじっと見つめています。とあるが、「見つめています」という部分の文の働きと、次のえない。人々のために費やした社会的な時間が社会資本の元手になるのだ。

私はそれを、④野生のゴリラとの生活で学んだ。ゴリラはいつも仲間の顔が見える、まとまりのいい十頭前後の群れで暮らしている。顔を見つめ合い、しぐさや表情で互いに感情の動きや意図を的確に読む。人間の最もまとまりのよい集団のサイズも十〜十五人で、共鳴集団と呼ばれている。サッカーやラグビーのチームのように、言葉を用いずに合図や動作で仲間の意図が読め、まとまって複雑な動きができる集団である。これも日常的に顔を合わせる関係によって築かれる。言葉のおかげで、人間はひとりでいくつもの共鳴集団をつくることができた。でも、信頼関係をつくるには視覚や接触によるコミュニケーションに勝るものはなく、言葉はそれを補助するにすぎない。

人間が発する言葉は個性があり、声は身体と結びついている。だが、文字は言葉を身体から引き離し、劣化しない情報に変える。情報になれば、効率が重視されて金と相性がよくなる。現代の危機はその情報化を急激に拡大してしまったことにあると私は思う。本来、身体化されたコミュニケーションによって信頼関係をつくるために使ってきた時間を、今私たちは膨大な情報を読み、発信するために費やしている。フェイスブックやチャットを使って交信し、近況を報告し合う。それは確かに仲間と会って話す時間を節約しているのだが、果たしてその機能を代用できているのだろうか。

現代の私たちは、一日の大半をパソコンやスマホに向かって文字とつき合いながら過ごしている。もっと、人と顔を合わせ、話し、食べ、遊び、歌うことに使うべきなのではないだろうか。それこそが、モモがどろぼうたちからとりもどした時間だった。時間が金に換算される経済優先の社会ではなく、人々の確かな信頼にもとづく生きた時間をとりもどしたいと切に思う。

（山極寿一「ゴリラからの警告『人間社会、ここがおかしい』」より。一部改変）

（注）リーマン・ショック…二〇〇八年にアメリカの大手証券会社が経営破綻したことをきっかけに起こった世界金融危機のこと。

フェイスブック…登録された利用者同士が交流できるウェブサイトの会員制サービスの一つ。

チャット…コンピューターネットワーク上で、複数の人が同時に交信し、文字等による会話をすること。

スマホ…スマートフォンのこと。

問一　本文中に①「（Ｘ）なり」とあるが、空欄（Ｘ）に入る最も適当な語句を、三字で書け。［　　　］

問二　本文中の②大きな勘違いについて説明した次の文の空欄［ア］に入る最も適当な語句を、本文中から七字で探し、そのまま抜き出して書け。［　　　　　　　］

紙幣や硬貨の価値は、将来も担保されるとは限らないのに、［ア］があると思い込んでいること。

問三　本文中に③人々の信頼とあるが、書き手は、「信頼」をどのようなものと捉えているか。二十字以上、二十五字以内でまとめて書け。ただし、**時間**、**記憶**という二つの語句を必ず使うこと。

［　　　　　　　　　　　　　　　　　　　　　　　　　］

問四　本文中に④野生のゴリラとあるが、野生のゴリラの例が本文中で果たす役割について説明した文として最も適当なものを、次の1〜4から一つ選び、番号を書け。（　　）

国語

時間　五〇分
満点　六〇点

1　(1)と(2)について答えよ。

(1)　次の【文章】を読んで、後の各問に答えよ。句読点等は字数として数えること。

【文章】

「時間どろぼう」という言葉を記憶している読者は多いだろう。ドイツの作家ミヒャエル・エンデ作『モモ』に出てくる言葉である。時間貯蓄銀行から派遣された灰色の男たちによって、人々の時間が盗まれていく。それをモモという少女が活躍してとりもどす。そのために彼女がとった手段は、ただ相手に会って話を聞くことだった。このファンタジーは現代の日本で、ますます重要な意味をもちつつあるのではないだろうか。

時間とは記憶によって紡《つむ》がれるものである。かつて距離は時間の関数だった。だから、遠い距離を旅した記憶は、かかった時間で表現された。「七日も歩いて着いた国」といえば、ずいぶん遠いところへ旅をしたことになった。その間に出会った多くの景色や人々は記憶のなかに時間の経過とともにならび、出発点と到着点を結ぶ物語となった。

しかし、今は違う。東京の人々にとって飛行機で行く沖縄は、バスで行く名古屋より近い。移動手段の発達によって、距離は時間では測れなくなった。

時間にとって代わったのは費用である。①「（X）なり」ということわざは、もともと時間はお金と同じように貴重なものだから大切にしなければいけないという意味だった。ところが、次第に「時間は金で買えるもの」という意味に変わってきた。特急料金をはらえば、普通列車で行くより時間を短縮できる。速達郵便は普通郵便よりも料金が高いし、航空便は船便より費用がかさむ。同時に、距離も時間と同じように金に換算されて話題に上るようになった。

しかし、これは②大きな勘違いを生むもととなった。金は時間のように記憶によって蓄積できるものではない。本来、金は今ある可能性や価値を、劣化しない紙幣や硬貨に代えて、それを将来に担保する装置である。いわば時間を止めて、その価値や可能性が持続的であることを認める装置だ。しかし、実はその持続性や普遍性は危うい約束事や予測の上に成り立っている。今の価値が将来も変わることなく続くかもしれないが、もっと大きくなったり、ゼロになるかもしれない。リーマン・ショックに代表される近年の金融危機は、そのことを如実《にょじつ》に物語っている。

時間には決して金に換算できない側面がある。たとえば、子どもが成長するには時間が必要だ。金をかければ、子どもの成長を物質的に豊かにできるかもしれないが、成長にかかる時間を短縮することはできない。そして、時間が紡ぎだす記憶を金に換算することもできないのだ。社会で生きていくための信頼を金で買えない理由がここにある。信頼は人々の間に生じた優しい記憶によって育てられ、維持されるからである。

③人々の信頼でつくられるネットワークを社会資本という。何か困った問題が起こったとき、ひとりでは解決できない事態が生じたとき、頼れる人々の輪が社会資本だ。それは互いに顔と顔とを合わせ、時間をかけて話をすることによってつくられる。その時間は金では買

2023年度／解答

数　学

1 【解き方】(1) 与式 $= 9 + (-12) = -3$

(2) 与式 $= 10a + 8b - a + 6b = 9a + 14b$

(3) 与式 $= \dfrac{18\sqrt{3}}{3} - 3\sqrt{3} = 6\sqrt{3} - 3\sqrt{3} = 3\sqrt{3}$

(4) 左辺を展開して，$x^2 - x - 20 = 3x - 8$ より，$x^2 - 4x - 12 = 0$ だから，$(x + 2)(x - 6) = 0$　よって，$x = -2,\ 6$

(5) 2つのさいころの目の出方は全部で，$6 \times 6 = 36$ (通り)　このうち，出る目の数の積が奇数になるのは，(A，B) = (1，1)，(1，3)，(1，5)，(3，1)，(3，3)，(3，5)，(5，1)，(5，3)，(5，5)の9通りだから，その確率は，$\dfrac{9}{36} = \dfrac{1}{4}$　よって，出る目の数の積が偶数になる確率は，$1 - \dfrac{1}{4} = \dfrac{3}{4}$

(6) 変化の割合は -2 で，x の増加量は，$4 - (-1) = 5$ だから，y の増加量は，$-2 \times 5 = -10$

(8) 抽出した40人のうち，ICT機器を使用する生徒は32人だから，その割合は，$\dfrac{32}{40} = \dfrac{4}{5}$　よって，全校生徒450人のうち，ICT機器を使用する生徒はおよそ，$450 \times \dfrac{4}{5} = 360$ (人)と推定できる。

(9) 線分ABは半円Oの直径だから，$\angle ACB = 90°$　AC $/\!/$ OEより，$\angle CDE = \angle ACB = 90°$　また，$\angle EOB = \angle CAB = 56°$ だから，円周角の定理より，$\angle ECB = \dfrac{1}{2}\angle EOB = 28°$　よって，△CDEで，$\angle DEC = 180° - (90° + 28°) = 62°$

【答】(1) -3　(2) $9a + 14b$　(3) $3\sqrt{3}$　(4) $x = -2,\ 6$　(5) $\dfrac{3}{4}$　(6) -10　(7) (右図)

(8) (およそ) 360 (人)　(9) 62°

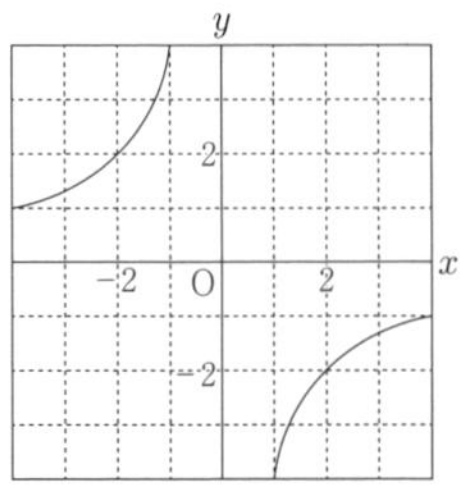

2 【解き方】(1) a 円は定価の80％の金額だから，定価は，$a \div \dfrac{80}{100} = a \times \dfrac{100}{80} = \dfrac{5}{4}a$ (円)

【答】(1) $\dfrac{5}{4}a$ (円)

(2) (例) 生徒の人数を x 人とすると，あめの個数について，$5x + 8 = 7x - 10$ が成り立つ。これを解くと，$x = 9$　したがって，あめの個数は，$5 \times 9 + 8 = 53$ (個)　生徒の人数9人，あめの個数53個は，問題にあう。あめを生徒1人に6個ずつ分けるとすると，必要な個数は，$6 \times 9 = 54$ (個)　あめは53個しかないので，たりない。

3 【解き方】(1) 最小値は23g，最大値は36gだから，範囲は，$36 - 23 = 13$ (g)　また，第1四分位数は27g，第3四分位数は33gだから，四分位範囲は，$33 - 27 = 6$ (g)

(2) Aのデータの中央値は31gで，これは小さい方から15番目と16番目の値の平均なので，30g以上の個数は15個以上とわかる。また，Bのデータの第3四分位数は29gで，これは大きい方から8番目の値となるので，30g以上の個数は7個以下とわかる。

(3) 図2のヒストグラムから，重さが30g未満の個数の合計は，$1 + 2 + 5 + 6 = 14$ (個)　よって，求める累積度数は14個。CとAの箱ひげ図は同じで，最小値は23g，第1四分位数は27g，中央値は31g，第3四分位数は33g，最大値は36g。イは，最大値が34g以上36g未満なので，異なる。第1四分位数は小さい方から8番目の値で，アの28g未満が，$1+2+4=7$(個)だから，アは異なる。第3四分位数は大きい方から8番目の値で，ウの32g以上が，$1+3+3=7$(個)だから，ウは異なる。エは，26g未満が，$1+3=4$(個)，28g未満が，$4+5=9$(個)だから，第1四分位数は26g以上28g未満の階級。30g未満が，$9+5=14$(個)，32g未満が，$14+5=19$(個)だから，小さい方から15番目と16番目の値はともに30g以上32g未満の階級に含まれ，中央値もこの階級に含まれる。また，34g以上が，$2+4=6$(個)，32g以上が，$6+5=11$(個)だから，第3四分位数は32g以上34g未満の階級に含まれる。したがって，エが適している。

【答】(1)(範囲) 13(g)　(四分位範囲) 6(g)

(2)(記号) Ⓧ ウ　Ⓨ オ　(数値)(AのデータのⓍ) 31(g)　(BのデータのⓎ) 29(g)

(3)(累積度数) 14(個)　(記号) エ

4 **【解き方】**(1) 6秒後までに進んだ道のりを時間でわることになるから，6秒後までの平均の速さを表す。

(2) 自転車の速さは秒速$\frac{25}{4}$mだから，自転車についてのグラフの式は$y=\frac{25}{4}x$……Ⓐ　この式に$y=100$を代入して，$100=\frac{25}{4}x$より，$x=16$　また，バスについてのグラフの式は$y=\frac{1}{4}x^2$だから，この式に$y=100$を代入して，$100=\frac{1}{4}x^2$より，$x^2=400$　$x>0$だから，$x=20$　よって，バスがQ地点を通過するのは，自転車がQ地点を通過してから，$20-16=4$(秒後)

(3) タクシーについてのグラフは傾きが10で，点(10，0)を通るから，式を$y=10x+b$とおいて，$x=10$，$y=0$を代入すると，$0=10\times10+b$より，$b=-100$　したがって，$y=10x-100$……Ⓑ　ⒷをⒶに代入すると，$10x-100=\frac{25}{4}x$だから，これを解くと，$x=\frac{80}{3}$　よって，タクシーが自転車に追いつくのは，バスがP地点を出発してから$\frac{80}{3}$秒後で，$\frac{80}{3}$は25より大きいので，タクシーはバスより先に自転車に追いつくことができない。

【答】(1) ウ　(2) 4(秒後)　(3) Ⓣ $\frac{80}{3}$　① ア　② エ

5 **【解き方】**(2) 図1と図2で，BE＝CFの条件は変わっていないので，証明しなおす必要はない。

(4) △ABE≡△BCFだから，(四角形GECF)＝△BCF－△BEG＝△ABE－△BEG＝△ABGである。ここで，正方形ABCDの1辺をaとすると，BE：EC＝3：1より，$\mathrm{BE}=\mathrm{BC}\times\frac{3}{3+1}=\frac{3}{4}a$　$\mathrm{AB}=a$だから，△ABEで三平方の定理より，$\mathrm{AE}=\sqrt{a^2+\left(\frac{3}{4}a\right)^2}=\sqrt{\frac{25}{16}a^2}=\frac{5}{4}a$　△ABE∽△AGBで，相似比は，$\mathrm{AE}:\mathrm{AB}=\frac{5}{4}a:a=5:4$だから，面積の比は，$5^2:4^2=25:16$　したがって，$\triangle\mathrm{AGB}=\frac{16}{25}\triangle\mathrm{ABE}=\frac{16}{25}\times\left(\frac{1}{2}\times\frac{3}{4}a\times a\right)=\frac{6}{25}a^2$　よって，四角形GECFの面積も$\frac{6}{25}a^2$で，正方形ABCDの面積はa^2だから，$\frac{6}{25}$倍。

【答】(1) 2組の辺とその間の角　(2) イ

(3) △ABEと△AGBにおいて，共通な角だから，∠EAB＝∠BAG……①　△ABE≡△BCFより，対応する角の大きさは等しいから，∠BEA＝∠CFB……②　AB∥DCで，平行線の錯角は等しいから，∠GBA＝∠CFB……③　②，③より，∠BEA＝∠GBA……④　①，④より，2組の角がそれぞれ等しいので，△ABE∽△AGB

(4) $\frac{6}{25}$(倍)

6 **【解き方】** (1) 側面積は，$\pi \times 6^2 \times \dfrac{2\pi \times 4}{2\pi \times 6} = 24\pi\,(\mathrm{cm}^2)$　底面積は，$\pi \times 4^2 = 16\pi\,(\mathrm{cm}^2)$　よって，表面積は，$24\pi + 16\pi = 40\pi\,(\mathrm{cm}^2)$

(2) 円すいの体積は，底面積が等しく高さも等しい円柱の体積の $\dfrac{1}{3}$ となるので，水面の高さは円柱の高さの $\dfrac{1}{3}$。よって，イ。また，円すいの高さは，三平方の定理より，$\sqrt{6^2 - 4^2} = 2\sqrt{5}\,(\mathrm{cm})$　円柱の高さも $2\sqrt{5}\,\mathrm{cm}$ となるので，円柱の底から水面までの高さは $\dfrac{2\sqrt{5}}{3}\,\mathrm{cm}$。

(3) △OBC は OB = OC の二等辺三角形だから，右図のように点 O から辺 BC に垂線 OH をひくと，△COH は 30°，60° の直角三角形となるので，$\mathrm{OH} = \dfrac{1}{2}\mathrm{OC} = 2\,(\mathrm{cm})$, $\mathrm{CH} = \dfrac{\sqrt{3}}{2}\mathrm{OC} = 2\sqrt{3}\,(\mathrm{cm})$　したがって，$\mathrm{BC} = 2\mathrm{CH} = 4\sqrt{3}\,(\mathrm{cm})$　次に，△ABC は AB = AC の二等辺三角形，△DAC も AD = CD の二等辺三角形で，∠ACB と ∠DCA は共通の角で等しいので，△ABC ∽△DAC である。よって，AC : DC = BC : AC より，$6 : \mathrm{DC} = 4\sqrt{3} : 6$　これを解くと，$\mathrm{DC} = 3\sqrt{3}\,(\mathrm{cm})$　$\mathrm{DH} = \mathrm{DC} - \mathrm{CH} = \sqrt{3}\,(\mathrm{cm})$ だから，△ODH で，$\mathrm{OD} = \sqrt{2^2 + (\sqrt{3})^2} = \sqrt{7}\,(\mathrm{cm})$

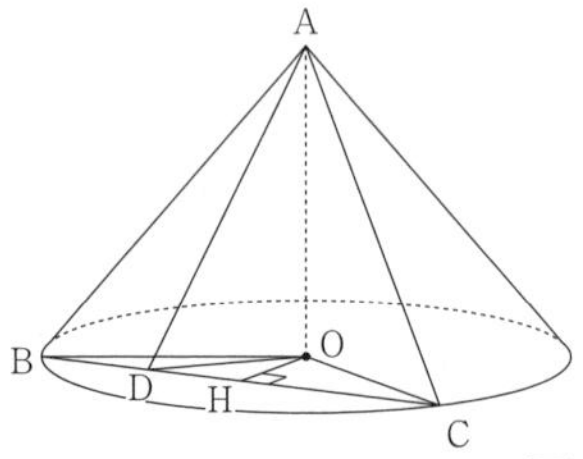

【答】 (1) $40\pi\,(\mathrm{cm}^2)$　(2) (記号) イ　(高さ) $\dfrac{2\sqrt{5}}{3}\,(\mathrm{cm})$　(3) $\sqrt{7}\,(\mathrm{cm})$

英　語

1 【解き方】問題 1. (1) Can I ～? =「～してもいいですか？」。Of course. =「もちろん」。(2) 何の飲み物がほしいのかを答える。(3) 今向かっている場所を答える。

問題 2. (1) サトシは姉のスピーチを聞いてから映画を見る。表を見ると，午後 1 時のスピーチを聞いてから，午後 3 時に Room C で映画を見るとわかる。(2)「スポーツをする生徒の数と勉強する生徒の数は同じ」と言っているので，グラフの 9 人が該当する。「本を読む生徒もいるが，より多くの生徒が友達と話す」と言っているので，5 人が「本を読む」，12 人が「友達と話す」となる。

問題 3. (1) サラは「今までに日本に来たことがあるの？」と尋ねられ，「いいえ」と答えている。(2) サラは「生徒たちが皆，学校を掃除していたので私は驚いた」と言っている。アの「生徒たちが皆，自分自身で学校を掃除していたから」が適切。(3) 健斗は「君の国（アメリカ）について知ることで，僕は自分の国をもっと理解できる」と言っている。エの「彼はアメリカについて学ぶことによって日本についてもっと理解できる」が適切。

問題 4. 〈問 1〉(1) 質問は「恵子の学校からグリーン国立公園までバスでどのぐらいかかるか？」。バスは午前 9 時に学校を出発し，午前 11 時ごろ公園に到着する。(2) 質問は「森を歩いている間に恵子は何を見つけることができるか？」。「何本か古い木が 500 年以上そこにあり，歩いている間にそれらを見つけることができる」と説明している。(3) 質問は「2 日目に恵子は湖の周りで何をするか？」。2 日目について，「私たちは鳥を見るために隣町の湖の周りを回る」と説明している。「彼女は鳥を見るだろう」などの文が考えられる。〈問 2〉夜の活動は「夜空を観察すること，歌を歌うこと，物語を話すこと」の三つ。歌を歌う活動に関して「私たちは何の歌を歌いますか？」などの質問が考えられる。

【答】問題 1. (1) ウ　(2) エ　(3) イ　問題 2. (1)〔Room〕C　(2) 12〔students〕　問題 3. (1) ウ　(2) ア　(3) エ　問題 4. 〈問 1〉(1) ウ　(2)（例）old，trees　(3)（例）She will watch birds.　〈問 2〉（例）What songs will we sing?

◀全訳▶　問題 1.

(1) ルーシー，あなたの隣に座ってもいい？

ア．私もです。　イ．あなたもです。　ウ．はい，もちろんです。　エ．いいえ，私はできません。

(2) ベイカーさん，何の飲み物がほしいですか？

ア．それはとてもおいしいです。　イ．私は料理が好きです。　ウ．わかりました。始めましょう。

エ．紅茶をお願いします。

(3) こんにちは，ジェーン。あなたはどこに行くところですか？

ア．私はロンドンに行きました。　イ．郵便局です。　ウ．学校からです。

エ．私は京都に住んでいます。

問題 2.

(1) サトシはミナミ高校に通う姉がいる。彼は午後にその文化祭を訪れるつもりだ。彼の姉はスピーチコンテストに参加するので，彼は彼女のスピーチを聞く予定だ。彼は昨年ダンスの演技を見たので，今年は映画を見たいと思っている。彼は午後 3 時にどの部屋を訪れるでしょうか？

(2) アキコはクラスメートに昼食後の時間をどのように過ごすか尋ねた。スポーツをする生徒の数と勉強する生徒の数は同じだ。本を読む生徒もいるが，より多くの生徒が友達と話す。何人の生徒が友達と話しますか？

問題 3.

サラ：こんにちは，私はサラよ。はじめまして。

健斗：こちらこそはじめまして，サラ。僕は健斗だよ。僕たちの学校へようこそ！　君は今までに日本に来たことはあるの？

サラ：いいえ，ないわ。私は日本に来たいと思っていたから，とてもわくわくしているわ。

健斗：それを聞いてうれしいよ。学校での１日目はどうだった？

サラ：素晴らしかったわ。生徒たちが皆，学校を掃除していたので私は驚いたわ。

健斗：うん，普段僕たちは教室や図書室，たくさんの他の場所を毎日15分間掃除するよ。

サラ：まあ！　アメリカの私の学校は学校を掃除する職員がいるの。自分たちで学校を掃除するのは大変だと私は思うわ。

健斗：それは時々大変だけど，自分たちが使う場所を掃除することは僕たちにとって大切だと考えているよ。

サラ：それは素晴らしいわ。私はアメリカの友達に日本の生徒は自分たちで学校を掃除すると伝えるわ。

健斗：わあ，いいね！　僕たちの間の異なっている点を見つけるのはとても興味深いね。君の国について知ることによって，僕は自分の国をもっと理解できるよ。

質問 1. サラにとって日本に来るのは初めてでしたか？

質問 2. なぜサラは驚いたのですか？

質問 3. 健斗について正しいのはどれですか？

問題 4.

〈問 1〉こんにちは，皆さん。私たちは今週末に自然宿泊体験のためにグリーン国立公園に行きます。私はあなた方に予定についてお伝えします。

それは土曜日に始まります。学校に午前８時30分までに来てください。私たちのバスは学校を午前９時に出発し，午前11時ごろ公園に到着するでしょう。昼食後，私たちは森を歩きます。何本かの古い木が500年以上そこにあります。歩いている間に，あなた方はそれらを見つけることができます。

夕食後，あなた方は夜の活動をします。夜空を観察すること，歌を歌うこと，あるいは物語を話すことの三つの中から一つを選ぶことができます。先生方がそれぞれの活動であなた方を手伝います。

２日目に，私たちは鳥を見るために隣の町にある湖の周りを回ります。東オーストラリアにだけ生息している美しい鳥がいます。私たちは２時30分までに学校に帰ってきます。

自然宿泊体験を楽しみましょう。もし何か質問があれば，私たちに尋ねてください。

〈問 2〉夜の活動について，あなたは先生方に何を尋ねたいか？　質問を一つ書け。

② **【解き方】** A. 次の日曜日にあるラグビーの日本代表チームの試合について話している。直後の「僕の家で一緒にそれを見るのはどう？」につながる文を選ぶ。イの「その試合はわくわくすると思う」が適切。

B. 荷物を運ぶのを手伝ってほしいとお母さんは言ったが，エミリーは来なかった。直後の「彼女は部屋にいるよ。３時間ずっと本を読んでいるよ」に注目。エの「うわあ，彼女はその本にとても興味があるのね」が適切。現在完了進行形〈have + been +～ing〉の文。

C. ベック先生は健康のために毎日走っていると言っている。直後の「はい，私は気持ちがよくて，よく眠れます」に注目。アの「あなたにとって走ることに関して何かいい点がありますか？」が適切。

D.「どうやってそれ（走ること）をし続けることができますか？」に対する返答。直後の「そうすれば，走るとき私は何か新しいものを見ることができます」とつながる文を選ぶ。ウの「私は毎日違うランニングコースを選びます」が適切。

【答】 A. イ　B. エ　C. ア　D. ウ

③ **【解き方】** 問 1. ①「何の行事に人々が参加したか」は間接疑問〈疑問詞＋主語＋動詞〉を使って表す。「何の行事」は what event,「参加した」は現在完了〈have ＋過去分詞〉で表す。it が不要。②〈let ＋ A ＋原形不定詞〉=「A に～させる」。know about ～ =「～について知る」。「いくつかの言語で書かれた新聞」は過去分詞の後置修飾を使い，newspapers written in several languages とする。at が不要。

問 2. Could you ～? =「～していただけませんか？」。もちつきの行事について英語でメッセージを書いた健太は，それをミラー先生に友達に伝えてもらいたいと思っている。give A to B =「A を B に伝える」。

問 3. メッセージは，自分たちの町にもちつきのような行事があることを伝えている。many local events everyone can join =「誰もが参加できるたくさんの地元の行事」。events のあとには目的格の関係代名詞が省略されている。

問 4. 質問は「なぜ健太と佐希は彼らの町にいるミラー先生の友達にメッセージを書きましたか？」。佐希の最後の発言に「私は様々な言語を話す人と友達になりたいです」とあり，健太の最後の発言に「僕は友達になるために彼らと英語で話したいです！」とある。イの「健太と佐希はミラー先生の友達とコミュニケーションをして友達になりたいと思ったから」が適切。

【答】 問 1. ① what events people have ② them know about newspapers 問 2. エ 問 3. ア 問 4. イ

◀全訳▶

ミラー先生：こんにちは，健太，佐希。あなたたちは何をしているのですか？

健太　　　：こんにちは，ミラー先生。僕たちは町の新聞を読んでいます。このページは僕たちの町で人々が何の行事に参加したかを示しています。地元の行事に参加する人の数は減っています。

佐希　　　：私たちの町にはたくさんのおもしろい行事があります。誰でもそれらに参加することができます。私は毎年公民館でスタッフを手伝うためにいくつかの行事に行きます。それらの行事は私にたくさんの人に会う機会を与えてくれます。

ミラー先生：その通りですね。私は昨年夏祭りに行って，そこで人々と友達になりました。しかしこの町に他の行事があることは知りませんでした。他の国々からのたくさんの人もそれを知らないかもしれません。

健太　　　：いくつかの言語で書かれた新聞について彼らに知らせるべきです。彼らはそれらの新聞から地元の行事について情報を得ることができます。

ミラー先生：それはいいですね。次の行事は何ですか，佐希？

佐希　　　：来月，公民館でもちつきがあります。私は様々な言語を話す人と友達になりたいです。

ミラー先生：よさそうですね！ きっと私たちの町にいる私の友達はその行事に興味があるでしょう。彼らは英語を話す人たちです。

健太　　　：わあ，僕は友達になるために彼らと英語で話したいです！ それでは，彼らにもちつきについて伝えるために英語でメッセージを書きませんか？ ミラー先生，その行事についての僕たちのメッセージをあなたの友達に伝えていただけますか？

ミラー先生：はい，もちろん。日本語を読むのは彼らには少し難しいので，あなたからの英語のメッセージを受け取って彼らは喜ぶでしょう。

> こんにちは。私たちはみどり中学校の生徒です。私たちの町には誰でも参加できるたくさんの地元の行事があることを知っていますか？ 私たちはそれらの一つを紹介します。来月，私たちの町はみどり公民館でもちつきをします。もちつきはもちを作る伝統的な日本の行事です。私たちは公民館であなた方にお会いするのを楽しみにしています。一緒においしいおもちを作って食べましょう！ 私たちは英語であなた方とコミュニケーションしたいです。すぐに会いましょう！

4 **【解き方】** 問 1. 質問は「カナは英語クラブで何をして楽しむか？」。第 1 段落の中ほどを見る。「彼女はブラウン先生の多くの国での経験を聞いて楽しむ」などの文が考えられる。enjoy ～ing =「～して楽しむ」。

問 2. カナはマークと話して何を得られるか。第 2 段落以降で，カナはマイクと話して，生涯の仕事を見つけるための「ヒント」を得ている。

問 3. マークが一生懸命活動するための原動力は何か。前文の「多くの子どもたちが私の授業を通して英語を上達させる」を指す。

問4．ア．第2段落の中ほどのマークの発言を見る。マークがボランティア活動をしたのは大学生のとき。イ．「マークが始めた会社は世界中の子どもたちに教育を与える」。第2段落の中ほどのマークの発言を見る。内容に合っている。ウ．第3段落の冒頭を見る。カナは絵本を使う英語の授業の計画を自分で立てており，与えられたのではない。エ．第3段落の最後の文を見る。カナはマークの言葉に感銘を受けており，ブラウン先生の言葉ではない。オ．「ブラウン先生がカナに自分自身の生涯の仕事を見つけるためにボランティア活動をしなければならないと言った」という記述はない。カ．「カナは行動を起こして将来何をするべきか見つけようとすることが大切であると気づいた」。第5段落の前半を見る。内容に合っている。

問5．質問は「もしあなたが先生なら，子どもたちに何を教えるか？」。解答例は「私は彼らに英語の辞書の使い方を教えるだろう」。質問が仮定法の文なので，助動詞の過去形（would，could）を用いて答える。

【答】 問1．(例) She enjoys listening to Mr. Brown's experiences in many countries. (10語)　問2．イ
問3．多くの子どもたちがマークの授業を通して英語を上達させること。(同意可)　問4．イ・カ
問5．(例) I would teach them how to use English dictionaries. (9語)

◀全訳▶ カナは高校の英語クラブの部員である。彼女はよく英語の先生であるブラウン先生と話す。彼は日本に来る前に世界中を旅行していた。彼はしばしばたくさんの国での彼の経験について話す。カナはクラブでそれらを聞いて楽しんでいる。彼女は外国と関係のある何かをしたいと思っているが，将来何をするべきかは決めていない。ある日，彼女はブラウン先生に相談した。彼は，「私にはたくさんの様々な国で活動しているアメリカ人の友人がいます。彼の名前はマークです。彼はもうすぐ日本に来ます。もし彼と話せば，あなたは彼から手がかりを得るかもしれません」と言った。

3日後，マークはカナの学校を訪れた。カナは彼に彼女の心配なことについて話した。彼は，「高校時代，私は将来についての明確な目標はありませんでした。大学生のとき，私は外国でボランティア活動をしました。そのとき，私は自分が子どもたちを教えることが好きなのだと気づいたのです。卒業後，私は世界中の子どもたちに教育を与えるための会社を設立しました。私たちは外国語，音楽，芸術のような人気のある授業をします」と言いました。カナは彼の言うことをもっと聞きたいと思った。彼はカナに，彼女は自分の会社でボランティアのメンバーとして活動することができると言った。彼女は少し心配だったが，それをやってみることに決めた。

ボランティア活動の間，カナは絵本を使う英語の授業の計画を立てた。彼女はマークと一緒に小さな子どもたちに英語を教えた。それは彼女にとって素晴らしい経験だった。授業のあと，カナはマークに，「活動の中で何があなたを幸せにしますか？」と尋ねた。彼は，「多くの子どもたちが私の授業を通して英語を上達させます。それが一生懸命に活動するための私の原動力です」と答えた。カナは彼の言葉に感銘を受けた。

そのあと学校で，カナはブラウン先生と話した。カナは，「マークはボランティア活動をすることによって第一歩を踏み出し，彼自身の生涯の仕事を見つけました。彼は今，本当に彼の仕事を楽しんでいます。私も私自身の生涯の仕事を見つけたいです」と言った。ブラウン先生は，「あなたはすでに一歩前に踏み出しましたよ！」と言った。

カナは大切なことを学んだ。人々はたとえ将来何をするべきかわからなくても，何かに挑戦するべきだ。今，彼女は他の国々で働くことにとても興味があるので，外国で勉強するつもりだ。彼女は自分自身の将来の目標を見つけるために前に進み続けるだろう。

5 **【解き方】**「スーパーマーケット」「美術館」「海」の中から一つ選び，そこに行きたい理由を書く。解答例は「私はスーパーマーケットに行きたいです。私は独特な食べ物に興味があります。あなたの国のスーパーマーケットには私が日本で見たことがないたくさんの野菜があります。私はあなたにそれらについて尋ね，あなた方の食文化について知りたいです」。

【答】 (例) a supermarket ／ I'm interested in unique food. Supermarkets in your country have many vegetables I've never seen in Japan. I'd like to ask you about them and learn about your food culture. (30語)

社　会

1 【解き方】問1. Aは中世，Dは近世のようす。アは古代，イは中世，ウは近世，エは近代を示している。

問2. ㋑ 国司には中央の貴族が任命されて派遣された。郡司は地方の有力な豪族から選ばれた。㋺ 廃藩置県によって，府知事・県令がそれぞれの府県に派遣された。

問3. 平安時代に栄えた国風文化についての説明になっている。

問4. 資料は鎌倉時代におこった元寇（蒙古襲来）を描いたもの。元の皇帝フビライ＝ハンは日本の服属を要求したが，当時の執権北条時宗が拒否したため，元が大軍で攻めてきた。㋭ 鎌倉時代は分割相続が主流だったことから領地の細分化が進んで御家人が窮乏した。また，限られた領地の相続をめぐって争いがおこるようになり，室町時代になると嫡男《ちゃくなん》のみが相続する単独相続に変わっていった。

問5. 1は19世紀半ば，2は17世紀初め，3は15世紀初め，4は17世紀半ばのできごと。

問6. 工場制手工業（マニュファクチュア）は灘《なだ》・伊丹《いたみ》の酒造業や桐生《きりゅう》・足利《あしかが》などの絹織物業，大阪周辺や尾張などの綿織物業でみられた。

【答】問1.（カードA）イ　（カードD）ウ　問2. ㋑ 4　㋺ 3　問3. ア

問4.（番号）2　㋭ 分割して相続することで，領地が小さくなった（同意可）　問5. 2→4→1

問6. 人を集めて，分業によって製品を生産する（同意可）

2 【解き方】問1. 富岡製糸場の操業開始後，アメリカ向けを中心に生糸の輸出はさらに伸び，1909年には日本が世界最大の生糸輸出国になった。

問2. 第一次世界大戦中の日本は，造船業や鉄鋼業が活況となり，「大戦景気」を迎えた。

問3. エネルギーの中心が石炭から石油に変わったことを「エネルギー革命」という。

問4. あ. 1989年にアメリカとソ連の首脳によるマルタ会談が開かれ，冷戦終結が宣言された。また，翌年の1990年には東西ドイツ統一が実現した。い. 平和維持活動は，世界各地における紛争の解決のために国際連合が行う活動のこと。う. 第1回のアジア・アフリカ会議はインドネシアのバンドンで開催された。

【答】問1. ㋑ b　㋺ c　問2. ㋩ ア　㋥ ウ　問3. 石炭から石油に変わった（同意可）

問4. あ. z　い. x　う. y

3 【解き方】問1. aの都市はロンドン。暖流と偏西風の影響で高緯度の割に温暖な西岸海洋性気候に属している。毎月平均した降水があるという特徴もある。

問2. カナダでは英語とフランス語の2つの公用語がある。アフリカのおもに西側の国々はかつてフランスの植民地であった。

問3. Qの国はオーストラリア。日本も，資源の豊富なオーストラリアから石炭・鉄鉱石・天然ガスを多く輸入している。

問4. 小麦は生産量の1位が中国・2位がインドなのでアジアの割合が高くなる。また，ヨーロッパでは主食となっており，こちらでも広く栽培されている。Bはカカオ豆，Cはとうもろこし，Dは大豆。

問5. (1) X国はタイ。人件費を削減できることから日本をはじめ多くの外国企業が進出している。(2) タイが工業化を果たしたことが見てとれる。

【答】問1. 4　問2. フランス(語)　問3. う　問4. A

問5. (1) (Xの国では,) 日本及びYの国と比べて，一人あたりの1か月平均賃金が安いから。（同意可）　(2) ㋑ 輸出総額と輸入総額がともに増加し，輸出総額が輸入総額を上回った　㋺ おもな輸出品が農産物から工業製品に変わった（それぞれ同意可）

4 【解き方】問1. 秋田県の八郎潟を北緯40度，東経140度が通ること，兵庫県明石市を東経135度が通ることなどから判断する。

問2. Bは北海道，Cは千葉県，Dは京都府，Eは沖縄県を示している。国際線航空旅客輸送数の多いアは成田国際空港がある千葉県。国宝指定件数が多いエは千年以上日本の都が置かれていた京都府。北海道と沖縄県を比べて，温泉地数の多さや人口の多さからイは🄱の北海道と判断できる。

問 3. 橋の開通によりフェリーなどの船を使う人は減り，自動車や鉄道を使う人が増えた。

問 4. ⑴ ② 長野県は一年を通して降水量が少なく，夏と冬の気温差が大きい中央高地の気候に属している。③ 愛知県は，南東の季節風の影響から夏に降水量が多く，気温が高い太平洋側の気候に属している。⑵ 愛知県では野菜や花きなどの近郊農業がさかんだが，果実の栽培は長野県と比べてさかんではない。

【答】 問 1. 3　問 2. 🄱

問 3. 瀬戸大橋(または，本州四国連絡橋)が開通したことで，開通前と比べて，短時間で移動できるようになったから。(同意可)

問 4. ⑴ ② c　③ a　⑵ あ. Q　い. 都市に向けて野菜を生産する園芸農業がさかんに行われている（同意可）

[5] **【解き方】** 問 1. ㋑「パリ協定」が採択されたのは 2015 年。㋺「パリ協定」では先進国だけでなく発展途上国を含むすべての参加国に温室効果ガスの排出削減の努力を求めている。

問 2. ㋥ 憲法第 14 条は「法の下の平等」について定めている。

問 3. ㋭ 衆議院・参議院の代表 10 名ずつが参加して議論が行われる。㋬ 衆議院の優越が認められている事例のひとつ。

問 4. 裁判員制度は重大な事件を扱う刑事裁判の第一審が対象。裁判官 3 人と有権者の中からくじで選ばれた裁判員 6 人で有罪・無罪を決め，有罪であれば量刑までを決める。

問 5. a. 日本銀行は個人や一般企業を相手に取引を行わない。また，日本銀行は政府の資金を取り扱うため「政府の銀行」と呼ばれる。

問 6. ⑴ 税金を負担する人と納める人が同じ税を直接税，税金を負担する人と納める人が異なる税を間接税という。⑵ X. 国債とは，国が国民などからする借金。Y. 年金保険や医療保険は社会保険に含まれる。社会保険は病気・けが・老齢などで経済的に困ったときに備えて，一定のかけ金を積み立てておき，必要が生じたときに給付を受ける制度。

【答】 問 1. ㋑ あ　㋺ 温室効果ガス(または，二酸化炭素)の排出量（同意可）　問 2. ㋩ A　㋥ D

問 3. ㋭ 両院協議会　㋬ 衆議院の議決が国会の議決（同意可）

問 4. ⓟ イ　ⓠ ウ　ⓡ 有罪か無罪かを決め，有罪の場合は刑罰の内容を決める（同意可）

問 5. a. 政府　b. 銀行　問 6. ⑴ 4　⑵ X. 歳出に対する歳入の不足を補うこと（同意可）　Y. 4

[6] **【解き方】** 問 1. 近畿地方の中心都市。

問 2. イ. 東京都は会社勤めや学校に通う人など 15〜64 歳の人口が多く，高齢者の割合は低い。ウ. 過疎が進む地域では 65 歳以上の高齢者の割合が高い。

問 3. 資料Ⅲから A 町の加工食品などの商品の売上高が増加し，資料Ⅳから A 町の農林漁業及び食料品製造業の事業所数と従業者数は増加していることがわかる。これらをヒントに考えるとよい。

【答】 問 1. 大阪　問 2. イ. 15〜64 歳の人口　ウ. 65 歳以上の人口（それぞれ同意可）

問 3. 町役場や地元の漁師や農家が協力して，開発や生産を行った商品の売上高をのばし，雇用を増やすこと（同意可）

理　科

[1]【解き方】問1. トウモロコシ，ツユクサは単子葉類。

問3. 表より，Aは葉の裏側と茎，Bは葉の表側と茎から蒸散する。Aの水の位置の変化の方がBよりも大きいので，葉の裏側から蒸散する方が表側からよりも多いと考えられる。

【答】問1. 2・3　問2. 蒸散　問3. ア. A(と)B　イ. Q　問4. 表面積が広くなる（同意可）

[2]【解き方】問3. 図2より，卵，精子の中にある染色体は，雌，雄の細胞がもつ相同染色体のうち1つとなる。また，受精卵の中には卵と精子の中にあった染色体がどちらもふくまれる。

【答】問1. 生殖細胞　問2. 発生　問3. 2

問4. 子は親の染色体をそのまま受けつぐので，子は親と同じ形質を示すから。(同意可)

[3]【解き方】問1. 表より，Bの体積は 4.0cm^3。$4.0\text{cm}^3 = 4.0\text{mL}$ より，メスシリンダーの水面は，$30.0\,(\text{mL}) + 4.0\,(\text{mL}) = 34.0\,(\text{mL})$

問2. Cの質量は40.5g，体積は 4.6cm^3 なので，$\dfrac{40.5\,(\text{g})}{4.6\,(\text{cm}^3)} \fallingdotseq 8.8\,(\text{g/cm}^3)$

【答】問1. 4　問2. 8.8　問3. 物質の種類によって密度（同意可）

問4. ア. P　イ. 水銀よりも密度が小さい（同意可）

[4]【解き方】問2. 硫酸亜鉛水溶液中の亜鉛イオンが亜鉛原子となってマグネシウム板の表面に付着する。

問3. マグネシウムは，電子を2個放出して陽イオンであるマグネシウムイオンとなる。

問4. Fではマグネシウムがマグネシウムイオンとなり，亜鉛イオンが亜鉛となってマグネシウム板の表面に付着したので，マグネシウムの方が亜鉛よりもイオンになりやすい。Cでは亜鉛が亜鉛イオンとなり，銅イオンが銅となって亜鉛板の表面に付着したので，亜鉛の方が銅よりもイオンになりやすい。よって，イオンになりやすい順に，マグネシウム，亜鉛，銅。

【答】問1. 少ない量の薬品（同意可）　問2. Zn　問3. ($Mg \rightarrow$) Mg^{2+} (+) $2e^-$

問4. ア. マグネシウム　イ. 亜鉛　ウ. 銅

[5]【解き方】問2. (2) カンラン石は黄緑色の短い柱状，キ石は暗緑色の短い柱状。

【答】問1. 等粒状組織

問2. (1) X. 地表や地表付近で急速に　Y. 地下深くでゆっくりと（それぞれ同意可）(2) 4

(3) 有色の鉱物の割合（同意可）

[6]【解き方】問2. 日本付近の温帯低気圧は，西側に寒冷前線，東側に温暖前線をともなうことが多い。また，記号の向きは前線の進行方向を示している。

問3. 気団Yはオホーツク海気団，気団Zは小笠原気団で，どちらも海洋上にできるので，しめっている。

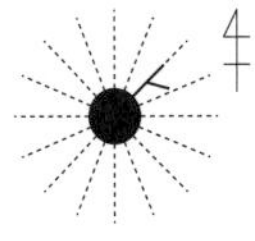

【答】問1. (右図)　問2. 1　問3. ① ア　② ウ　問4. (記号) Q　(内容) 勢力が強く（同意可）

[7]【解き方】問3. 表2より，電流を流した時間が0分のとき，水温は16.0℃で，水の上昇温度は0℃。電流を流した時間が1分，2分，3分，4分，5分のとき，水温は16.8℃，17.6℃，18.4℃，19.2℃，20.0℃なので，水の上昇温度は，16.8(℃) − 16.0(℃) = 0.8(℃)，17.6(℃) − 16.0(℃) = 1.6(℃)，18.4(℃) − 16.0(℃) = 2.4(℃)，19.2(℃) − 16.0(℃) = 3.2(℃)，20.0(℃) − 16.0(℃) = 4.0(℃)

問4. 電圧が一定なので，電力が大きいほど電熱線に流れる電流は大きく，電熱線の電気抵抗は小さい。よって，電力が9WのB班の電熱線が最も電気抵抗が小さい。図3より，5分後の水の上昇温度は電力が9WであるB班が最も大きいので，電気抵抗が小さい電熱線の方が，発熱量が大きい。

【答】問1. 逃げる熱量を少なくすることができるから。(同意可)　問2. (次図ア)　問3. (次図イ)

問4. ア. B　イ. 大きい

図ア

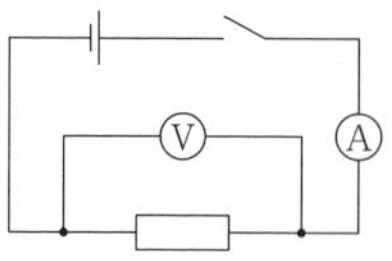

図イ

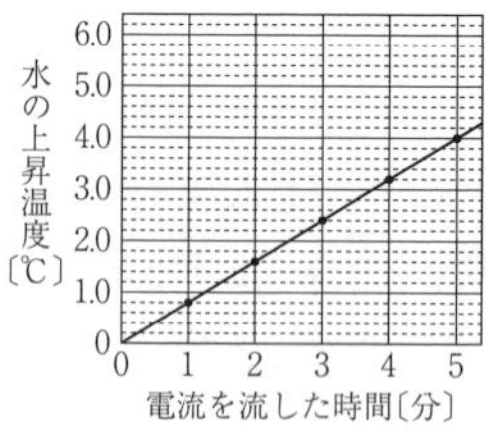

8 **【解き方】** 問 1. 6 打点するのにかかった時間は，$\frac{1}{60}$ (秒) × 6 (打点) = 0.1 (秒) なので，区間①～④までの台車の平均の速さは，$\frac{(2.2 + 4.7 + 7.2 + 9.7)\,(\text{cm})}{0.1\,(\text{s}) \times 4} = 59.5\,(\text{cm/s})$

問 2. ⑴ 表より，区間①から②までに増えた速さは，47 (cm/s) − 22 (cm/s) = 25 (cm/s)　区間②から③までに増えた速さは，72 (cm/s) − 47 (cm/s) = 25 (cm/s)　区間③から④までに増えた速さは，97 (cm/s) − 72 (cm/s) = 25 (cm/s)　よって，速さは時間とともに一定の割合で変化している。⑵ 健さんの考えが正しいならば，斜面を下っている間は，台車が運動の向きに受ける力の大きさは変わらないので，A 点と B 点で受ける力の大きさは等しい。花さんの考えが正しいならば，斜面を下っている間は，台車が運動の向きに受ける力は大きくなっていくので，A 点より B 点で受ける力の大きさが大きくなる。

問 3. ㋐ 台車が運動の向きに受ける力は図 4 のときより小さくなるので，台車の速さの増え方は小さくなる。よって，台車の先端が D 点に達するまでの時間は長くなる。㋑ 台車の先端が D 点に達したときの台車の速さは，台車がはじめにもっていた位置エネルギーの大きさによって決まる。C 点と E 点は水平な床からの高さが等しく，台車がはじめにもっていた位置エネルギーが同じなので，台車の先端が D 点に達したときの台車の速さは等しくなる。

【答】 問 1. 59.5 (cm/s)　問 2. ⑴ 時間（同意可）⑵ Y. 2　Z. 1

問 3. ㋐ 長くなる。㋑ 変わらない。（それぞれ同意可）

国　語

1 **【解き方】** (1) 問一．「もともと時間はお金と同じように貴重なものだから大切にしなければいけないという意味」で，のちに「時間は金で買えるもの」という意味に変化したことわざであることをふまえて考える。

問二．「勘違いを生むもと」が，前で説明している「時間は金で買えるもの」という考え方であることをおさえる。「金」は，今ある「価値や可能性が持続的」だと認める装置であるとした後で，「今の価値が将来も変わることなく続くかもしれないが…ゼロになるかもしれない」と述べていることに着目する。

問三．「社会で生きていくための信頼」は「金で買えない」ものであり，「人々の間に生じた優しい記憶によって育てられ，維持される」ものであると説明している。

問四．「ゴリラ」は「十頭前後の群れで暮らして」おり，「顔を見つめ合い，しぐさや表情で互いに感情の動きや意図を的確に読」んでいると説明した後，「視覚や接触によるコミュニケーション」に勝るものはないと述べている。そして，「いつも仲間の顔」を見て過ごすゴリラとは対称的に，「一日の大半をパソコンやスマホに向かって」過ごす現代の人間に対して，「もっと，人と顔を合わせ，話し…歌うこと」に「時間」を使うべきではないかと問題提起していることから考える。

問五．『モモ』の物語では，「ただ相手に会って話を聞くこと」が，時間をとりもどすための手段となっていることをおさえる。「現代の私たち」が，「身体化されたコミュニケーションによって信頼関係をつくるために使ってきた時間」を「膨大な情報を読み，発信するために費やしている」ことに危機感を持っている筆者が，「金に換算される」時間ではなく，モモがとりもどした時間のように「人々の確かな信頼にもとづく生きた」時間をとりもどしたいと切に願っている点に着目する。

(2) 問一．後に「たとえば，こう考えている人がいたとします」と具体例を述べていることに着目し，モモに話を聞いてもらった人の考えが，どのようなものに変化したのかをおさえる。

問二．「見つめています」は主語の動作や様子などを示しており，述部の働きをしている。1は主部，3が「差した」を修飾する修飾部，4は接続部の働き。

問三．「勇気」と1は，上の漢字が下の漢字を修飾している。2は反意の語の組み合わせ，3は下の字が上の字の動作の対象，4は同意の語の組み合わせ。

問四．1は「義」，2は「疑」，3は「議」，4は「技」。

問五．【A】と【B】を見比べ，文字を書き始める場所や，全体のバランス，平仮名の書き方の違いに着目する。

【答】 (1) 問一．時は金　問二．持続性や普遍性　問三．時間が紡ぎだす記憶により育てられ，維持されるもの。(25字)（同意可）　問四．4　問五．相手と会って話をすることで，金に換算できない生きた時間を取り戻すこと。(35字)（同意可）

(2) 問一．いや，お　問二．2　問三．1　問四．3　問五．2・4・5

2 **【解き方】** 問一．後で，「とこしえの慈しみをその目に，唇にたたえている。どうすればこんな面が彫れるのか？」と述べていることをふまえて考える。

問二．「仏として人間に仰がれるに足るなにか」「仏として人間を慰むるに足るなにか」というように，玄妙寺の不空羂索観音像に「ふさわしい形容を何日も思いあぐねた」結果，「この二字に帰着した」とあることに着目する。

問三．ア．「己を超えた面を彫」ったとしても，そこに「手を加え」て「なにもかもだいなしにしてしまう」仏師が多い中，「自らの手が成したとはとうてい思えないなにかを宿らせた仏と向かいあう怖気に耐えぬい」て不空羂索観音像を作り上げたことを，潔は「恐るべき胆力」ととらえている。イ．「へまをやらかす仏師」「貧乏仏師」と仏師を軽視しつつも，この不空羂索観音像のように「慈悲」をたたえた仏像を「少なくとも一体はこの世に遺した」ことを取り上げ，「俺には，魂を宿すに値する仏が，どうしても彫れなかった」と自らのことを述べていることをおさえる。

問四．まず，「この超越的存在」が「仏」を指していることをおさえる。その「仏」をも超越したかのような感覚で，「直してやる。俺が。完璧に。必ずこの手で…」と，潔が幻想を抱いていることをふまえて考える。

問五．潔は，修復師として働いて十三年にもなるのに「漆にいまだにかぶれてしまう」とある。このことから，「漆にかぶれた肌のむず痒さ」は，潔の未熟さや弱さの象徴であり，「仏師への道に挫折した自らのみじめさ」を思い出させるものであることをおさえる。

【答】 問一．顔（同意可）　問二．慈悲

問三．ア．恐るべき胆力　イ．魂を宿すに値する仏を彫ること（14字）（同意可）

問四．超越的存在である仏を，潔が自分の手で修復できると思い込んでいること。(34字)（同意可）

問五．仏師への道に挫折した絶望の深さを思い起こし，自らのみじめさにいら立つ(気持ち。)（34字）（同意可）

③ **【解き方】** 問一．「ゑ」は「え」にする。

問二．「荘周」が「鮒」に「どうしたのかね」とたずねた後で，「鮒」が「私は東海の小臣です…私を助けてください」と返答していることに着目する。

問三．「鮒」が「むっとした顔つき」をしたのは，直前の「荘周」の「蜀江の川水を押し流してお前を迎えてやろう」という言葉が原因であることをおさえる。

問四．一字戻って読む場合には「レ点」を，二字以上戻って読む場合には「一・二点」を用いる。

問五．⑴ ア．「鮒」が「ただ一斗か一升ほどの水さえ得られたら生きられる」と言っていることから考える。イ・ウ．まず，「荘周」が「監河侯」に食糧を借りようとした際に，「監河侯」が，近々領地からの租税が手にはいるはずなので，手にはいったら三百金ほど貸そうと提案したことをおさえる。これに対して「荘周」は，自身が「鮒」に斗升の水を求められた際に，これから南方の呉越の王のところへ行くので，川水を押し流してやろうと提案したという話を語っている。「荘周」は，「監河侯」の提案は意味がないものだと示すために，「鮒」と自身のやりとりの例を示していることをつかむ。⑵「荘周」に食糧をねだられた「監河侯」の提案も，「鮒」に助けを求められた「荘周」の提案も，今すぐにではなく，後々に助けようとするものであったことをおさえる。また，「荘周」の提案に対して「鮒」が，「なくてはならない水を今失っているので，いる場所がない」「ただ一斗か一升ほどの水さえ得られたら生きられる」と言っていることにも着目する。

【答】 問一．ゆえに　問二．我は東　問三．西江の～迎へん　問四．(右図)

吾ハ失ヒ二我ガ常与ヲ一、我無シレ所レ処ル

問五．⑴ ア．5　イ．2　ウ．1　⑵ 間に合わない援助では意味がない（15字）（同意可）

④ **【答】**（例）

DとIを比べると，社会全般では外来語・外国語が使われ過ぎていると感じている人が四割強いるのに対し，自らがそれらを使い過ぎてしまうと感じている人は一割未満だと分かる。つまり，自分自身は外来語・外国語を使っているつもりがなくても，無意識に日常の中で多用している人が多いと考えられる。

私が言葉を使う上で重視するのは，いかに相手にわかりやすく伝えるかということだ。外国語や難しい言葉も，相手に伝わらなければ無意味に感じる。簡単かつ正しい言葉を使えば，皆が気持ちよく会話できるだろう。(12行)

福岡県公立高等学校

2022年度
入学試験問題

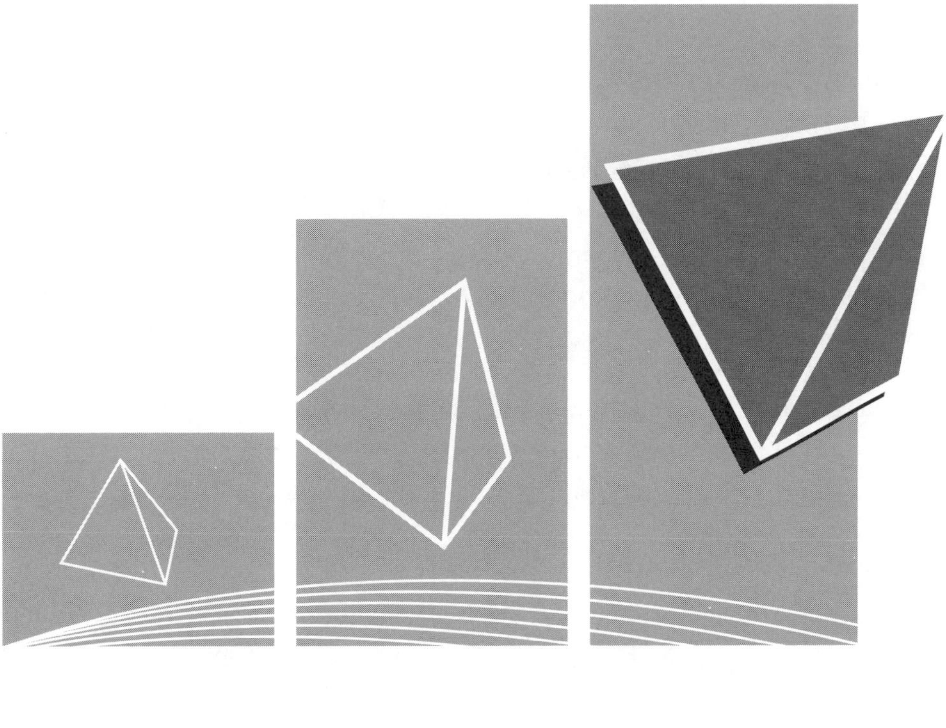

数学

時間　50分　　　　満点　60点

（注）　答えが数または式の場合は，最も簡単な数または式にすること。
答えに根号を使う場合は，$\sqrt{\quad}$ の中を最も小さい整数にすること。

1　次の(1)～(9)に答えよ。

(1)　$6 + 3 \times (-5)$ を計算せよ。(　　　)

(2)　$3(a - 4b) - (2a + 5b)$ を計算せよ。(　　　)

(3)　$(\sqrt{18} + \sqrt{14}) \div \sqrt{2}$ を計算せよ。(　　　)

(4)　2次方程式 $(x - 2)(x + 2) = x + 8$ を解け。(　　　)

(5)　y は x に反比例し，$x = 2$ のとき $y = 9$ である。$x = -3$ のときの y の値を求めよ。(　　　)

(6)　箱の中に1，2，3，4，5の5枚のカードが入っている。この箱から，同時に2枚のカードを取り出すとき，取り出したカードに3のカードがふくまれる確率を求めよ。
ただし，どのカードを取り出すことも同様に確からしいとする。(　　　)

(7)　関数 $y = \frac{1}{4}x^2$ のグラフをかけ。

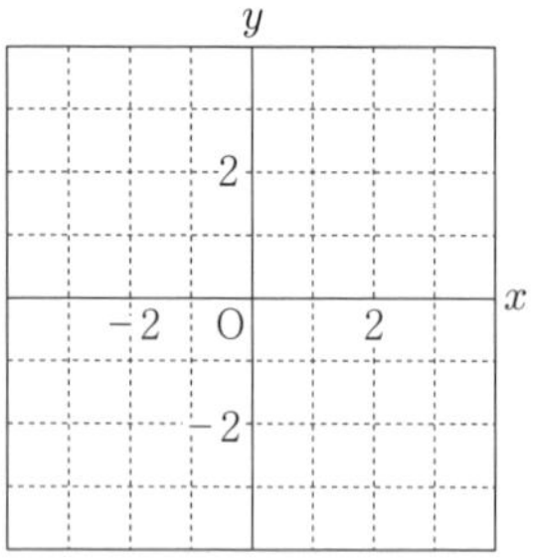

(8)　右の表は，M中学校の1年生男子のハンドボール投げの記録を度数分布表に整理したものである。
この表をもとに，記録が20m未満の累積相対度数を四捨五入して小数第2位まで求めよ。(　　　)

階級(m)	度数(人)
以上　　未満 5 ～ 10	6
10 ～ 15	9
15 ～ 20	17
20 ～ 25	23
25 ～ 30	5
計	60

(9)　ねじがたくさん入っている箱から，30個のねじを取り出し，その全部に印をつけて箱に戻す。その後，この箱から50個のねじを無作為に抽出したところ，印のついたねじは6個であった。
この箱に入っているねじの個数は，およそ何個と推定できるか答えよ。(およそ　　　個)

2　下の図は，バスケットボールの試合を15回行ったときの，AさんとBさんの2人が，それぞれ1試合ごとにあげた得点をデータとしてまとめ，箱ひげ図に表したものである。

図

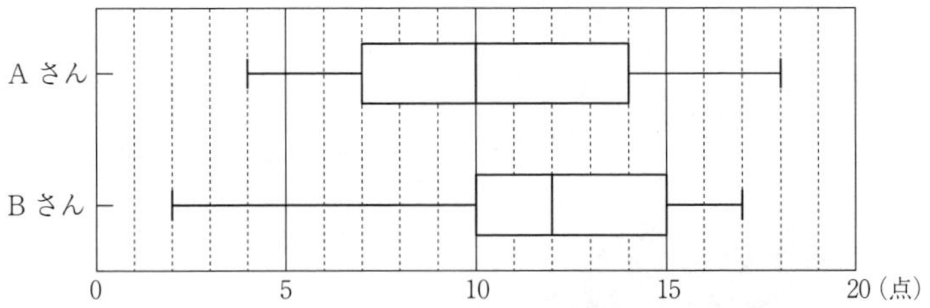

次の(1)，(2)に答えよ。

(1)　図から読みとれることとして，正しく述べているものを次のア～エから全て選び，記号をかけ。
（　　　）

ア　Aさんのデータの第1四分位数は，4点である。

イ　Bさんのデータの最大値は，17点である。

ウ　10点以上のデータは，AさんよりBさんの方が少ない。

エ　データの範囲は，AさんよりBさんの方が大きい。

(2)　光さんと希さんは，図の結果から，次の試合でAさんとBさんのどちらがより高い得点をあげるかを予想した。光さんは，データの最大値を用いて，「Aさんである」と予想したのに対して，希さんは，データの中央値と四分位範囲を用いて，「Bさんである」と予想した。

データの中央値と四分位範囲を用いて，「Bさんである」と予想できる理由の説明を完成させよ。

説明の（ P ）～（ S ）には，あてはまる数をそれぞれかき，Ⓩ には，AさんとBさんのデータの中央値と四分位範囲について，それぞれ数値の大小を比較した結果をかくこと。

P（　　　）　Q（　　　）　R（　　　）　S（　　　）

Ⓩ（　　　　　　　　　　　　　　　　　　　　　　　　　　　）

説明

データの中央値は，Aさんが（ P ）点，Bさんが（ Q ）点，四分位範囲は，Aさんが（ R ）点，Bさんが（ S ）点であり，

Ⓩ

から。

3　図１のように，半径が r m の半円２つと，縦の長さが $2r$ m，横の長さが a m の長方形を組み合わせた形の池がある。

また，図２のように，半径が a m の半円２つと，縦の長さが $2a$ m，横の長さが r m の長方形を組み合わせた形の池がある。

ただし，$a < r$ である。

図１

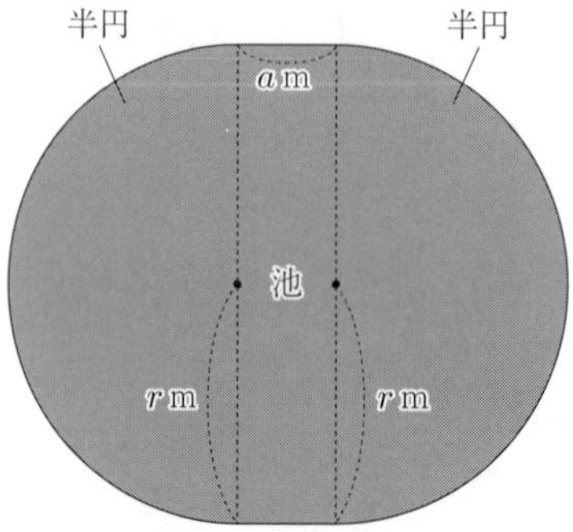

図２

次の(1)，(2)に答えよ。答えに円周率を使う場合は，π で表すこと。

(1)　図１の池の面積を A m^2，図２の池の面積を B m^2 とするとき，A － B を a，r を使って表した式が次のア～エに１つある。それを選び，記号をかけ。(　　　)

ア　$\pi(r^2 - 2a^2)$　　イ　$\pi(r + a)^2$　　ウ　$\pi(r^2 - a^2)$　　エ　$\pi(r - a)^2$

(2)　図３のように，図１の池の周囲に，幅２m の道がついている。このとき，道の面積を S m^2，道のまん中を通る線の長さを ℓ m とする。

図３において，道の面積 S と，道のまん中を通る線の長さ ℓ の関係を表した式は，次のように求めることができる。

図３

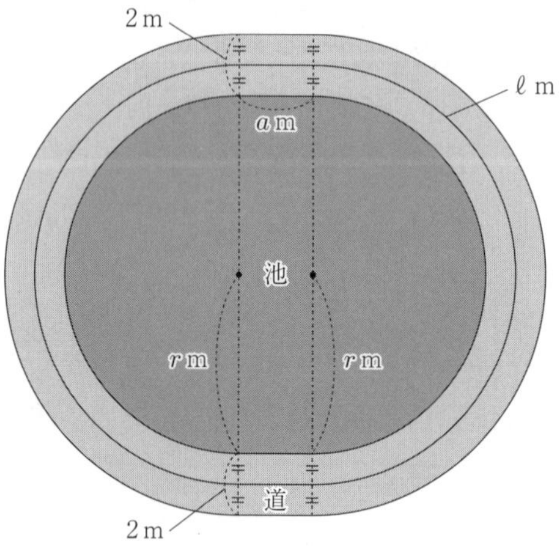

> 道の面積 S を，a，r を使った式で表すと，
>
> S = [X] ……①
>
> また，道のまん中を通る線の長さ ℓ を，a，r を使った式で表すと，
>
> ℓ = [Y] ……②
>
> ①，②より，S と ℓ の関係を表した式は，
>
> [Z] である。

[X]，[Y]，[Z] にあてはまる式をそれぞれかけ。

X (　　　)　Y (　　　)　Z (　　　)

4　室内の乾燥を防ぐため，水を水蒸気にして空気中に放出する電気器具として加湿器がある。

洋太さんの部屋には，「強」「中」「弱」の3段階の強さで使用できる加湿器Aがある。加湿器Aの水の消費量を加湿の強さごとに調べてみると，「強」「中」「弱」のどの強さで使用した場合も，水の消費量は使用した時間に比例し，1時間あたりの水の消費量は表のようになることがわかった。

表

加湿の強さ	強	中	弱
1時間あたりの水の消費量(mL)	700	500	300

洋太さんは4200mLの水が入った加湿器Aを，正午から「中」で午後2時まで使用し，午後2時から「強」で午後5時まで使用し，午後5時から「弱」で使用し，午後8時に加湿器Aの使用をやめた。午後8時に加湿器Aの使用をやめたとき，加湿器Aには水が200mL残っていた。

図は，洋太さんが正午に加湿器Aの使用を始めてからx時間後の加湿器Aの水の残りの量をymLとするとき，正午から午後8時までのxとyの関係をグラフに表したものである。

図

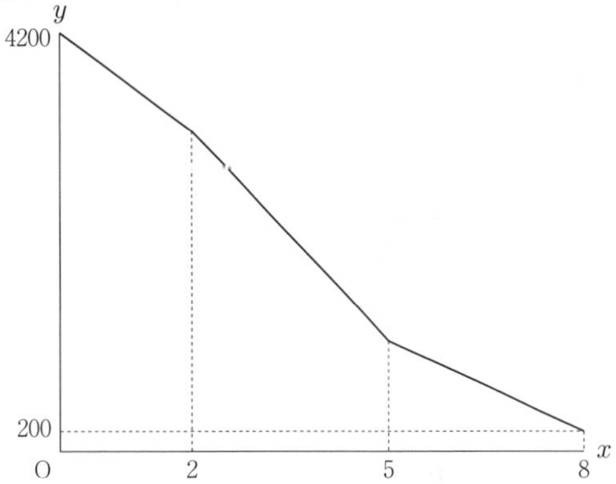

次の(1)～(3)に答えよ。

(1)　正午から午後1時30分までの間に，加湿器Aの水が何mL減ったか求めよ。(　　　mL)

(2)　仮に，加湿器Aを，午後5時以降も「強」で使用し続けたとするとき，正午に加湿器Aの使用を始めてから何時間後に加湿器Aの水の残りの量が0mLになるかを，次の方法で求めることができる。

方法

> 図において，xの変域が$2 \leqq x \leqq 5$のとき，yをxの式で表すと，$y=$ □ $(2 \leqq x \leqq 5)$である。$x \geqq 5$のときも，xとyについて同じ関係が成り立つとして，この式に$y=0$を代入してxの値を求める。

このとき，方法の □ にあてはまる式をかけ。(　　　)

(3)　洋太さんの妹の部屋には加湿器Bがある。加湿器Bは，加湿の強さが一定で，使用した場合の水の消費量は，使用した時間に比例する。

洋太さんが正午に加湿器Aの使用を始めた後，洋太さんの妹は，午後2時に4200mLの水が入った加湿器Bの使用を始め，午後7時に加湿器Bの使用をやめた。午後7時に加湿器Bの使用をやめたとき，加湿器Bには水が200mL残っていた。

午後2時から午後7時までの間で，加湿器Aと加湿器Bの水の残りの量が等しくなった時刻は，午後何時何分か求めよ。(午後　　　時　　　分)

5　桜さんと明さんは，次の問題を解いている。

問題

図1のように，円Oの円周上に3点A，B，Cを，AB = AC，∠BAC < 60°となるようにとり，△ABCをつくる。点Dを，点Bをふくまない$\overset{\frown}{AC}$上に$\overset{\frown}{BC}=\overset{\frown}{CD}$となるようにとり，点Dと点A，点Dと点Cをそれぞれ線分で結ぶ。辺ACと線分BDの交点をEとする。

このとき，AE = ADとなることを証明しなさい。

図1

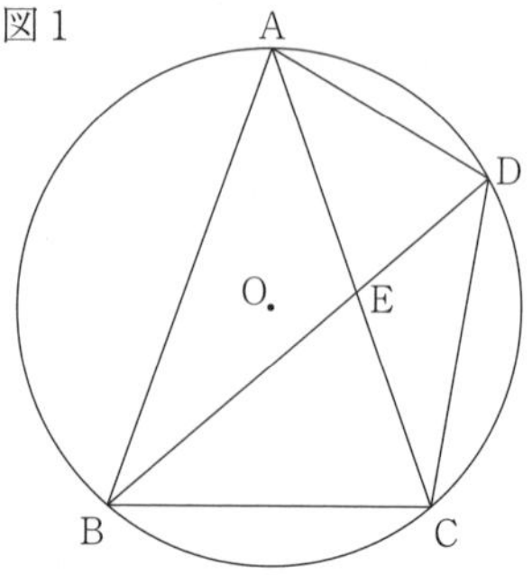

次の会話文は，桜さんと明さんが，問題の解き方について会話した内容の一部である。

△ABCがAB＝ACの二等辺三角形であることを使って，AE＝ADとなることを証明できないかな。

それなら，①△ABC∽（　　）を示すことで，AE＝ADとなることを証明できそうだよ。

なるほどね。他にもAE＝ADとなることを証明する方法があるのかな。

②△ABE≡△ACDを示すことで，AE＝ADとなることを証明できるよ。

次の(1)～(3)に答えよ。

(1)　下線部①の（　　）には，図1において，△ABCと相似な三角形があてはまる。（　　）にあてはまる三角形を1つかけ。（　　　）

(2)　図1において，下線部②であることを証明せよ。

〔　　　　　　　　　　　　　　　　　　　　　　〕

(3)　図2は，図1において，BE = 4cm，∠BAE = 30°となる場合を表している。このとき線分AEの長さを求めよ。（　　　cm）

図2

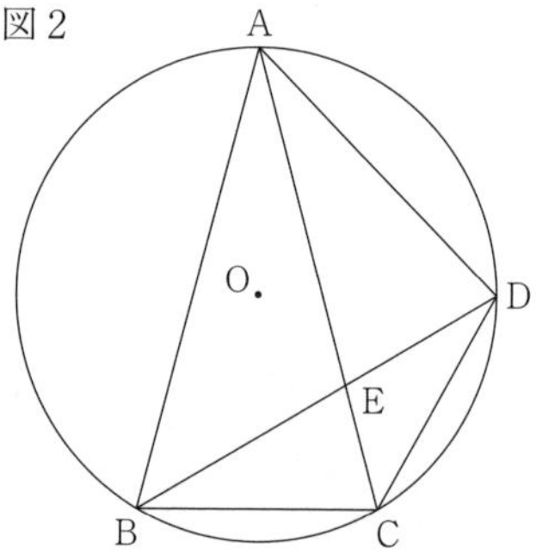

6　図1は，AB = 5cm，BC = 10cm，AE = 9cmの直方体ABCDEFGHを表している。点I，J，K，Lは，それぞれ辺EF，BF，CG，GH上にあり，FI = GL = 2cm，FJ = GK = 4cmである。

図2は，図1の直方体を4点I，J，K，Lを通る平面で分けたときにできる2つの立体のうち，頂点Aをふくむ立体を表しており，点Mは辺IJの中点である。

図1

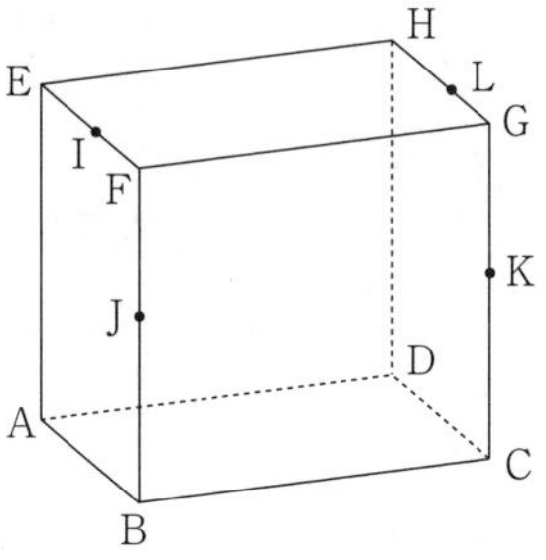

図2

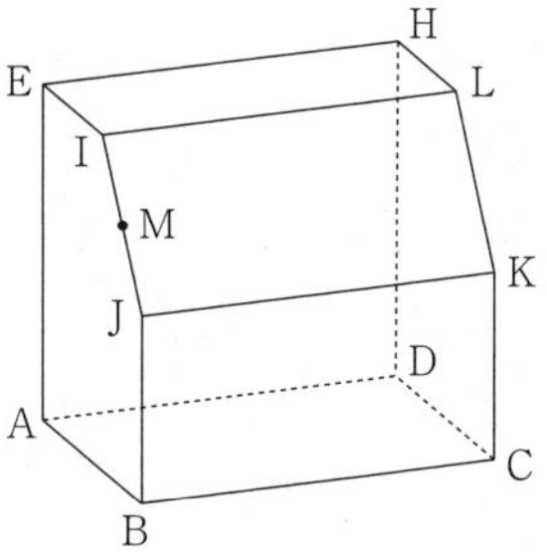

次の(1)～(3)に答えよ。

(1)　図2に示す立体において，辺や面の位置関係を正しく述べているものを次のア～エから全て選び，記号をかけ。(　　　)

ア　辺ABと辺HLは平行である。　　イ　面ADHEと面JKLIは平行である。

ウ　面ABCDと辺BJは垂直である。　　エ　辺DHと辺KLはねじれの位置にある。

(2)　図2に示す立体において，辺AE上に点Pを，MP + PDの長さが最も短くなるようにとる。このとき，三角すいAIPDの体積を求めよ。(　　　cm^3)

(3)　図3は，図2に示す立体において，線分JC上に点Qを，JQ：QC = 2：3となるようにとり，点Aと点Qを結んだものである。

このとき，△AQJの面積を求めよ。(　　　cm^2)

図3

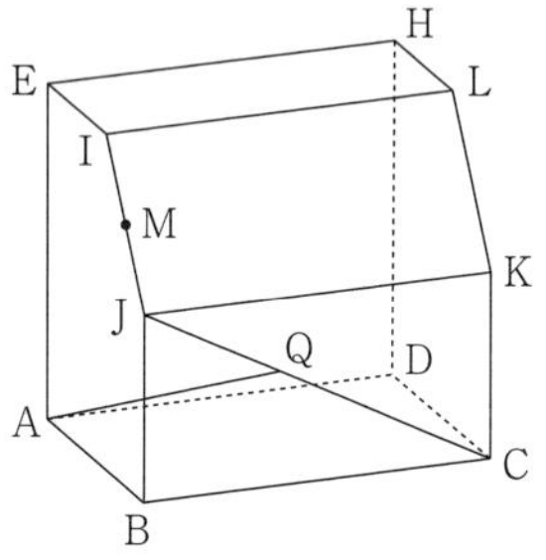

英語

時間　55分　　　　満点　60点

（編集部注）放送問題の放送原稿は英語の末尾に掲載しています。
音声の再生についてはもくじをご覧ください。

1　放送を聞いて，問題1，問題2，問題3，問題4に答えよ。

問題1　英語の短い質問を聞き，その後に読まれるア，イ，ウ，エの英語の中から，答えとして最も適当なものを一つずつ選ぶ問題

※記号で答えよ。問題は3問ある。(1)(　　　) (2)(　　　) (3)(　　　)

問題2　表を見て，質問に答える問題

※答えとして最も適当なものを表の中から抜き出して答えよ。(1)(　　　) (2)(　　　)

(1)

Enjoy Your Vacation in 2022!				
Course	A	B	C	D
How long	2 weeks	1 week	1 week	1 week
Where	London	Kyoto	Sydney	Okinawa
What to do				

(2)

Weekend Events at City Animal Park		
Day / Time	Saturday	Sunday
9:00~10:00	Birds	Cats
10:30~11:30		Dogs
13:00~14:00		Birds
14:30~15:30	Dogs	

問題3　健太（Kenta）と友人であるアメリカ人のジェーン（Jane）の対話を聞いて，質問に答える問題

※答えとして最も適当なものをア，イ，ウ，エの中から一つずつ選び，記号で答えよ。

(1)(　　　) (2)(　　　) (3)(　　　)

(1)　ア　Yes, she is.　　イ　No, she isn't.　　ウ　Yes, she did.　　エ　No, she didn't.

(2)　ア　He wants to go shopping with her.
イ　He wants to eat ice cream with her and young Japanese people.
ウ　He wants to go to the museum with her.
エ　He wants to enjoy the popular culture of Tokyo with her.

(3)　ア　She has been to Tokyo before, so she knows many things about Tokyo.
イ　She wants to try the food young Japanese people don't usually eat in Tokyo.
ウ　She told Kenta about people's lives in Edo like their clothes and food.
エ　She will see old and new things from the culture of Tokyo with Kenta.

問題4　英文を聞いて，質問に答える問題

〈問1〉　留学前の奈美（Nami）が，コンピューターの画面を見ながら，オンラインで説明を受ける。それを聞いて，(1)～(3)の質問に答えよ。

※(1)はア，イ，ウ，エの中から一つ選び記号で，(2)は（　　）内にそれぞれ**1語の英語**で，(3)は**4語以上の英語**で答えよ。

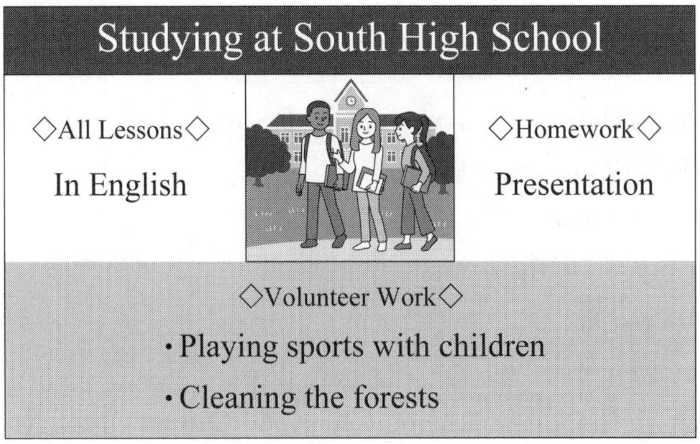
Studying at South High School
◇All Lessons◇
In English
◇Homework◇
Presentation
◇Volunteer Work◇
・Playing sports with children
・Cleaning the forests

(1) What is the most important thing to do before Nami leaves?（　　　）

ア　To study at South High School.

イ　To practice English.

ウ　To finish her homework.

エ　To choose her volunteer work.

(2) What does Nami need to talk about in her presentation?

She needs to talk about（　　　）（　　　）.

(3) Who will do the volunteer work with Nami every Friday afternoon?

（　　　　　　　　　　　　　　　　　　　　　　　　　　　）

〈問2〉 英語の指示にしたがって答えよ。

※**4語以上の英語**で文を書け。

（　　　　　　　　　　　　　　　　　　　　　　　　　　　）

2　次の1～3の各組の対話が成り立つように，［ A ］～［ D ］にあてはまる最も適当なものを，それぞれのア～エから一つ選び，記号を書け。A（　　　）　B（　　　）　C（　　　）　D（　　　）

1　*Fumiko:*　Mr. Jones, I received some big news today. Did you hear about Shelly?

Mr. Jones:　Big news about Shelly? ［ A ］

Fumiko:　She decided to go back to Canada this winter. I'm so sad.

Mr. Jones:　Oh, I didn't know that.

A　ア　What do you mean?

イ　When will you get the news?

ウ　OK. Here you are.

エ　Of course, you are.

2　*Ken:*　I can't go shopping with you tomorrow. Can we change the day?

Daniel:　No problem. When is good for you?

Ken:　［ B ］

Daniel:　Sure, that's good because we have club activities in the morning.

Ken:　Thanks, Daniel.

B　ア　How will the weather be on Saturday?

イ　How about next Saturday afternoon?

ウ　I will be busy on Saturday morning.

エ　I think Saturday is the best for studying.

3　*Satoru:*　Hi, Kacy. Are you going to play in the piano contest next week?

Kacy:　Yes, I am. How did you know that?

Satoru:　［ C ］ She told me about it then. Are you nervous?

Kacy:　I was nervous one month ago, but now I think I will enjoy playing the piano in front of everyone in the hall.

Satoru:　Wow! ［ D ］ Why can you think that way?

Kacy:　Because I practiced many times. Now I believe I can do well.

Satoru:　How wonderful!

C　ア　My sister didn't know about the contest.

イ　I don't know how to play the piano.

ウ　Your sister will come to my house tomorrow.

エ　I met your sister at the station yesterday.

D　ア　If I were you, I couldn't think like that.

イ　I know you're still nervous.

ウ　I think you worry too much.

エ　I wish you could join the contest.

3　次の英文は，トム（Tom）が書いたメールの一部と，裕二（Yuji）と幸（Sachi）が，スミス先生（Ms. Smith）と会話をしている場面である。これらを読んで，後の各問に答えよ。

> Hi Yuji and Sachi,
> I'm writing to you from Australia. ① Thank you for (done / you / since / everything / have) for me in Japan. I especially liked the music class we took. I had a lot of fun when we played the *shamisen* together. I think it's so cool to study traditional music at school. You are still practicing the *shamisen*, right? ② Please (how / tell / you / with / me) have improved your *shamisen* skills since we played together. I will also practice hard here.
> Tom

Yuji:　Ms. Smith, we got an e-mail from Tom. It's nice to hear from him so soon.

Ms. Smith:　From Tom? Let me see it. Oh, I'm glad that [　　].

Yuji:　He also sent us this picture. We played the *shamisen* in our music class with Tom.

Ms. Smith:　The *shamisen* is a traditional instrument of Japan, right?

Sachi:　Yes. We studied it when we learned *kabuki* music.

Ms. Smith:　I have seen *kabuki* in Tokyo before. I couldn't understand what the *kabuki* actors were saying, but I understood the story a little from their performances and the music.

Sachi:　Really? The *shamisen* is an important instrument of *kabuki* because it helps people understand the feelings of the characters. Our music teacher said so. I understood traditional Japanese music better by playing the *shamisen*.

Yuji:　Me, too. I was not so interested in traditional Japanese music at first, □. When I practice the *shamisen* more, I think that the sound of the *shamisen* becomes more interesting to me.

Ms. Smith:　That's great! Playing the *shamisen* motivated you.

Sachi:　Actually, our skills are getting better. We can show you our *shamisen* performance in our culture festival.

Yuji:　Sachi, I have an idea! How about asking Tom to play the *shamisen* together in the festival? We can play it together if we use the Internet!

Sachi:　How nice! I'm sure that all of us can enjoy our traditional music culture more by playing the *shamisen* together. We can share it with his friends in Australia, too.

Ms. Smith:　That's really exciting!

（注）*shamisen*…三味線　skills…技能　e-mail…E メール　hear from ～…～から連絡がある
kabuki…歌舞伎　feelings…気持ち　sound…音　motivated…やる気にさせた

問1　英文中の下線部①，②が，メールの内容から考えて意味がとおるように，それぞれ（　　）内から4語を選び，それらを正しい語順に並べて書け。

①(　　　　　　　　　　　　　　　　)　②(　　　　　　　　　　　　　　　　)

問2　英文中の［　　］には，次のア～エのいずれかが入る。メールと会話の内容から考えて，最も適当なものを，一つ選び，記号を書け。(　　　)

ア　he arrived in Japan so soon

イ　he doesn't like Japanese music class

ウ　he enjoyed his stay in Japan

エ　he will have no time to practice the *shamisen*

問3　英文中の［　　］には，次のア～エのいずれかが入る。会話の内容から考えて，最も適当なものを，一つ選び，記号を書け。(　　　)

ア　so I have never played the *shamisen* since then

イ　so learning about it was interesting to me then

ウ　but it's more difficult to understand *kabuki* performances now

エ　but I want to know more about it now

問4　次の質問の答えとして，メールと会話の内容から考えて，最も適当なものを，後のア～エから一つ選び，記号を書け。(　　　)

Why did Yuji and Sachi decide to play the *shamisen* with Tom for their culture festival?

ア　Because Tom can enjoy learning traditional Japanese music culture at school in Japan.

イ　Because Yuji and Sachi have practiced the *shamisen* hard for people in Australia.

ウ　Because it is important to learn traditional Japanese music culture by using the Internet.

エ　Because playing the *shamisen* together will help them enjoy traditional Japanese music culture.

4 次の英文を読んで，後の各問に答えよ。

Hiroshi is a junior high school student. One day in an English class, his teacher said, "We have many kinds of new technology around us. Computers, the Internet, and AI are good examples. Do you know any people who use them well? In our next project, I want you to introduce one person in class." So at home that night, Hiroshi asked his mother, and she said to him, "Your grandmother, Toshiko, uses new technology well."

A few days later, Hiroshi talked with Toshiko on the Internet about the project. She said, "Well, you know I am a fruit farmer. I didn't use technology very much in the past. But now, I use it every day. There are many ① benefits of using new technology. I collect information about the weather from websites. I can understand my fruit's growth by keeping records and can share that information with researchers and farmers who live in other parts of Japan. Then I can get good ideas from them and make my fruit bigger and better. Now I don't need to give water to my fruit trees because AI technology can do ② that job. Also, it is easy for me to sell more fruit by using the Internet. In these ways, new technology has changed my way of working and made it better. On my website, I show other farmers how to use new technology which helps us grow better fruit." Hiroshi decided to talk about her to his classmates.

A month later, Hiroshi made a speech in front of his classmates. After the speech, his classmate, Asuka, said, "In your speech, I like the story of your grandmother's website. She shows her ideas about using new technology for agriculture. I hope people will be interested in her website. If they see it, they will learn her ways to grow fruit. Then, they will be influenced by her and start working like her. I really respect her."

Hiroshi was very happy to hear that. He said to Asuka, "Using new technology in effective ways has been changing the lives of many people. I want to learn about this more and create a better society in the future."

（注） technology…科学技術　project…学習課題，プロジェクト　growth…成長　records…記録　researchers…研究者　grow…栽培する　agriculture…農業　be influenced…影響を受ける　respect…尊敬する　society…社会

問1 次の質問の答えを，4語以上の英語で書け。

What did Hiroshi use to talk with Toshiko?

(　　　　　　　　　　　　　　　　　　　　　　　　)

問2 下線部①を別の語句で表現する場合，最も適当なものを，次のア～エから一つ選び，記号を書け。(　　　)

ア difficult points　イ good points　ウ weak points　エ same points

問3 下線部②の具体的な内容を，英文中から探し，日本語で書け。

(　　　　　　　　　　　　　　　　　　　　　　　　)

問4 英文の内容に合っているものを，次のア～カから二つ選び，記号を書け。(　　　)(　　　)

ア　Hiroshi's teacher told him to introduce one person who used English well.

イ　Hiroshi gave Toshiko some ideas by sharing information about fruit and the weather.

ウ　Toshiko changed her way of working as a fruit farmer by using new technology.

エ　Hiroshi talked with Asuka about his grandmother before he made a speech in front of his classmates.

オ　In Asuka's opinion, people who see Toshiko's website will be influenced by Toshiko's ideas about agriculture.

カ　Hiroshi decided to create a better society without new technology in the future.

問５　次の質問にあなたならどう答えるか。５語以上の英語で書け。

How do you use new technology when you study English?

(　　　　　　　　　　　　　　　　　　　　　　　　　　　　　　)

5　あなたは，アメリカから日本に来たばかりの留学生のサム（Sam）と仲良くなるために，今週末の計画を立てている。A，Bのうち，どちらの案を選ぶか，あなたの考えを【条件】にしたがって書け。

A　一緒にスポーツを観戦する。

B　一緒に料理をする。

【条件】

・最初の文は，I will choose ＿＿＿.を用いること。
　その際，＿＿＿には，A，Bいずれかの記号を書くこと。

・二つの案について触れながら，あなたの考えを理由とともに書くこと。

・最初の文は語数に含めずに，30語以上の英語で書くこと。

(I will choose ＿＿＿.

)

〈放送原稿〉

これから，2022年度福岡県公立高等学校入学試験「英語リスニングテスト」を行います。問題は，問題1から問題4まであります。なお，放送中にメモをとってもかまいません。英語はそれぞれ2回繰り返します。

問題1（チャイム）

それではテストを始めます。問題1を見なさい。これから，英語で短い質問をします。その後に続けて読まれるア，イ，ウ，エの英語の中から，答えとして最も適当なものを一つずつ選び，記号で答えなさい。問題は3問あります。それでは始めます。

(1) Wow, look! That's a cool bike. Whose bike is it?

ア It's blue.　イ It's mine.　ウ It's near the park.　エ It's ten years old.

――(繰り返し)――

(2) Lucy, how did you go home yesterday?

ア To cook dinner.　イ In the evening.　ウ About one hour.　エ By bus.

――(繰り返し)――

(3) Ms. Green, when did you start learning Japanese?

ア By listening to music.　イ When I was fifteen.

ウ Because I was interested in it.　エ For three hours.

――(繰り返し)――

問題2（チャイム）

問題2を見なさい。これから，表について英語で質問します。その答えとして最も適当なものを，表の中から抜き出して答えなさい。それでは始めます。

(1) Takuya has one week for a trip this summer. He wants to travel around Japan because he went abroad last summer. He enjoyed walking around famous places by himself then, so he wants to enjoy the next trip in the same way. Which is the best course for him?

――(繰り返し)――

(2) This weekend, Kenji will join an event at City Animal Park to play with animals. He has a cat at home, so he wants to play with another kind of animal. He can go to the park only on Sunday morning. What time does the event he will join start?

――(繰り返し)――

問題3（チャイム）

問題3を見なさい。これから，健太と友人であるアメリカ人のジェーンが対話をします。その対話の後で，「クエスチョン（Question）」と言って英語で質問します。その答えとして最も適当なものをア，イ，ウ，エの中から一つずつ選び，記号で答えなさい。それでは始めます。

Kenta: Our train will get to Tokyo soon, Jane. You look excited.

Jane: Yes! This is my first time to visit Tokyo. I like the popular culture of Tokyo. I want to enjoy shopping and eating special ice cream like young Japanese people. What do you think, Kenta?

Kenta:　Great idea. But first I want to go to the Edo Tokyo Museum with you.

Jane:　The Edo Tokyo Museum? I know that Tokyo was called Edo a long time ago. What can we see there?

Kenta:　Well, the museum shows the history and culture of Edo. You can learn about people's lives in Edo like their clothes and food.

Jane:　Interesting. If I know these things about Edo, I think I can enjoy Tokyo more.

Kenta:　I think so, too. It's important to learn about old and new things from a culture when you try to understand it.

Jane:　So, we will go to the museum and go shopping.

Question 1　Is Jane excited when she is talking with Kenta?

Question 2　What does Kenta want to do with Jane in Tokyo first?

Question 3　Which is true about Jane?

「2回目」――（繰り返し）――

問題4（チャイム）

問題4を見なさい。

〈問1〉　これから，留学前の奈美が，コンピューターの画面を見ながらオンラインで説明を受けます。それを聞いて，(1)から(3)の質問に答えなさい。(1)はア，イ，ウ，エの中から一つ選び記号で，(2)はカッコ内にそれぞれ1語の英語で，(3)は4語以上の英語で答えなさい。なお，説明の後には，記入の時間が約40秒ずつあります。それでは始めます。

Hello, everyone. My name is Lyn, a teacher at South High School. You will start to study with us next month. Now, I will talk about three things which you should do before leaving your country.

First, please practice English. This is the most important thing for all of you because you will take your lessons in English. I know you feel nervous, but don't worry. Our students will help you.

Second, you should finish your English homework. You need to make a presentation to introduce your country. You will have presentation time in the first English lesson.

The last thing is about volunteer work. Every Friday afternoon, you will do volunteer work with people living near the school. Please choose one, playing sports with children or cleaning the forests. If you have any questions about the volunteer work, please let us know.

See you soon!

「答えを記入しなさい。」

「2回目」――（繰り返し）――

〈問2〉　これから英語で質問と指示をします。その指示にしたがって4語以上の英語で文を書きなさい。なお，質問と指示を2回繰り返した後，記入の時間が約40秒あります。それでは始めます。

What do you want to ask about the volunteer work of South High School? Write one question.

「2回目」――（繰り返し）――

「答えを記入しなさい。」

これで，「英語リスニングテスト」を終わります。なお，この後の筆記テスト中に，見直して，訂正してもかまいません。それでは，筆記テストの解答を始めなさい。

社会

時間　50分　　　　満点　60点

1　花子さんは，わが国の古代から近代の各時代の特色について，政治と人々のくらしをカードにまとめた。カードをみて，各問に答えよ。

〈カード〉

古代	中世	近世	近代
○ ①律令《りつりょう》に基づいた政治が行われた。	○ ②武士による支配のしくみが整えられた。	○ ③幕府による大名支配のしくみが整えられた。	○ アジアで最初の④立憲《りっけん》制国家となった。
○〔　ア　〕	○〔　イ　〕	○〔　X　〕	○〔　ウ　〕

問1　次の□内は，下線部①についてまとめたものである。（　　）にあてはまる人物を，後の1～4から一つ選び，番号を書け。（　　　）

> 壬申《じんしん》の乱に勝利した（　　）は，天皇《てんのう》を中心とする国家の建設をすすめた。

1　聖武《しょうむ》天皇　　2　天武《てんむ》天皇　　3　桓武《かんむ》天皇　　4　藤原道長《ふじわらのみちなが》

問2　次の□内は，下線部②についてまとめたものである。（ ㋑ ）と（ ㋺ ）にあてはまる語句を書け。㋑（　　　）　㋺（　　　）

> 将軍《しょうぐん》が御家人《ごけにん》に領地《りょうち》の支配を認め，守護《しゅご》や地頭《じとう》に任命するという（ ㋑ ）と，御家人が京都や鎌倉を警備し，合戦に参加するという（ ㋺ ）の主従《しゅじゅう》関係をもとに，幕府の支配のしくみが成り立っていた。

問3　花子さんは，下線部③に関する資料Ⅰを作成した。資料Ⅰと最も関係が深い制度を何というか，語句で答えよ。（　　　）

〈資料Ⅰ〉福岡藩《はん》の総支出の内訳（1773年）

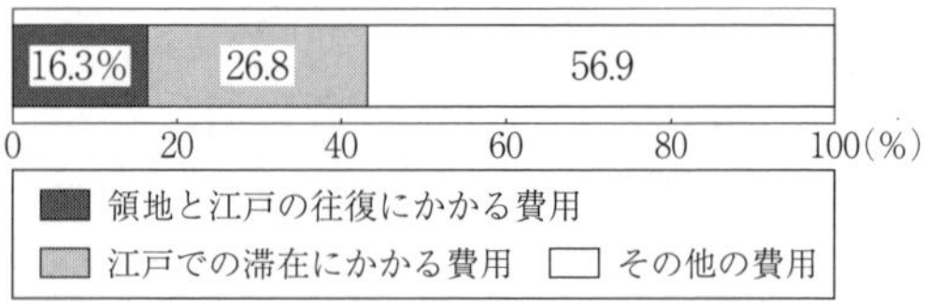

（「福岡県史」から作成）

問4　下線部④に関する次の1～4のできごとを，年代の古い方から順に並べ，番号で答えよ。

（　　→　　→　　→　　）

1　大日本帝国《ていこく》憲法が発布された。　　2　内閣制度が創設された。

3　五箇条《ごかじょう》の御誓文《ごせいもん》が出された。　　4　民撰議院《みんせんぎいん》設立建白書が提出された。

問5　古代から近代の人々のくらしについて，(1)，(2)に答えよ。

(1)　カードの〔 ア 〕～〔 ウ 〕には，次の1～4のできごとがあてはまる。〔 ア 〕～〔 ウ 〕にあてはまるものを，1～4からそれぞれ一つ選び，番号を書け。ア（　　　）　イ（　　　）　ウ（　　　）

1　名主《なぬし》（庄屋《しょうや》）・組頭《くみがしら》・百姓代《ひゃくしょうだい》などの村役人が，年貢納入の責任を負った。

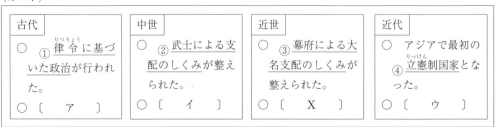

2　惣《そう》とよばれる自治組織がつくられ，寄合《よりあい》を開いて村の掟《おきて》が定められた。

3　6歳以上の人々には口分田《くぶんでん》が与えられ，税や労役が課された。

4　土地を所有する権利が認められ，土地の所有者には地券《ちけん》が発行された。

(2)　花子さんは近世の社会の様子に興味をもち，資料Ⅱをもとに，カードの〔 X 〕に農村の変化をまとめた。〔 X 〕にあてはまる内容を，「自給自足に近い生活から，」の書き出しで，「商品作物」と「購入」の語句を使って書け。

（自給自足に近い生活から，　　　　　　　　　　　　　　　　　　　　　　　　）

〈資料Ⅱ〉 近世の農村の様子

○　百姓は，菜種《なたね》を作り，それを売って肥料代などにあてるのである。
○　百姓も，日頃の買い物は，銭《ぜに》で支払いをすませるようになった。

（大蔵永常《おおくらながつね》「広益国産考《こうえきこくさんこう》」，荻生《おぎゅう》徂徠《そらい》「政談」から作成）

2　勇平さんは，わが国で新しい紙幣が発行されることを知り，紙幣に新しく描かれる人物と過去に描かれた人物について，カードにまとめた。カードをみて，各問に答えよ。

〈カード〉

①文化の発展に貢献した人		経済の発展に貢献した人	国際関係の発展に貢献した人
 津田梅子《つだうめこ》 学校教育が普及する中，女子教育の発展に尽力し，女子英学塾を設立した。	 （Ａ） 破傷風《はしょうふう》の血清療法《けっせいりょうほう》の発見など，世界的にも最先端の研究を行った。	 渋沢栄一《しぶさわえいいち》 銀行業や②紡績《ぼうせき》業など，様々な業種で，数百の企業の設立に関わった。	 新渡戸稲造《にとべいなぞう》 事務局次長として活躍した③国際連盟の平和の理念は④国際連合に受け継がれた。

問１　次の□内は，勇平さんが下線部①について調べ，まとめたものの一部である。あの（　）にはあてはまるものを，いの（　）にはカードの（Ａ）にあてはまる人物を，それぞれ一つ選び，記号を書け。あ（　　）　い（　　）

全国に小学校を設立するあ（a　学制《がくせい》，b　教育勅語《ちょくご》）が定められ，日露戦争後には就学率が 100 ％に近づいた。教育の広がりを背景に近代文化が発展し，い（c　夏目漱石《なつめそうせき》，d　北里柴三郎《きたさとしばさぶろう》）など，すぐれた科学者が活躍した。

問２　下線部②について，資料Ⅰにみられる変化を輸出量と輸入量に着目して書け。また，その変化の理由の一つを，資料Ⅰから読み取り，「軽工業」の語句を使って書け。

変化（　　　　　　　　　　　　　　　　）

理由（　　　　　　　　　　　　　　　　　　　　　　　　　　　　）

〈資料Ⅰ〉わが国の綿糸の生産量と輸出入量の変化

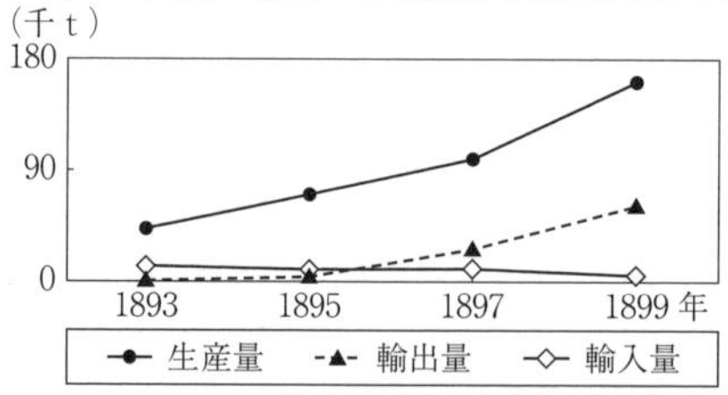

（「日本長期統計総覧」から作成）

問３　次の□内は，下線部③について説明したものである。（㋑）にあてはまる語句を書け。また，㋺の（　）にあてはまる人物を一つ選び，記号を書け。㋑（　　）　㋺（　　）

第一次世界大戦後に開かれた講和会議の後，（㋑）条約が結ばれた。この講和会議で㋺（あ　ウィルソン，い　レーニン）が提案し，国際連盟の設立が決定された。

問４　下線部④について，資料ⅡのＶ～Ｚは，アジア州，アフリカ州，オセアニア州，南北アメリカ州，ヨーロッパ州（旧ソ連を含む）のいずれかを示している。アフリカ州にあてはまるものを一つ選び，記号を書け。また，資料Ⅱのようにアフリカ州の国際連合の加盟国数が変化した主な理由を書け。

〈資料Ⅱ〉国際連合の加盟国数の変化

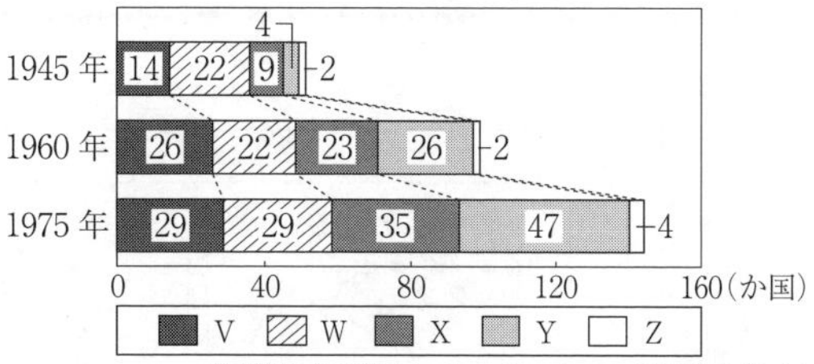

（国際連合広報センターホームページ等から作成）

記号（　　　）

理由（　　　　　　　　　　　　　　　　　　　　　　　　　　　）

3　次郎さんは，世界の州や国の特色を調べ，資料集を作成した。略地図のa～fは，世界の六つの州を示し，表の6か国は，それぞれの州の ◯ で示した国である。資料集をみて，各問に答えよ。

〈資料集〉

〈略地図〉

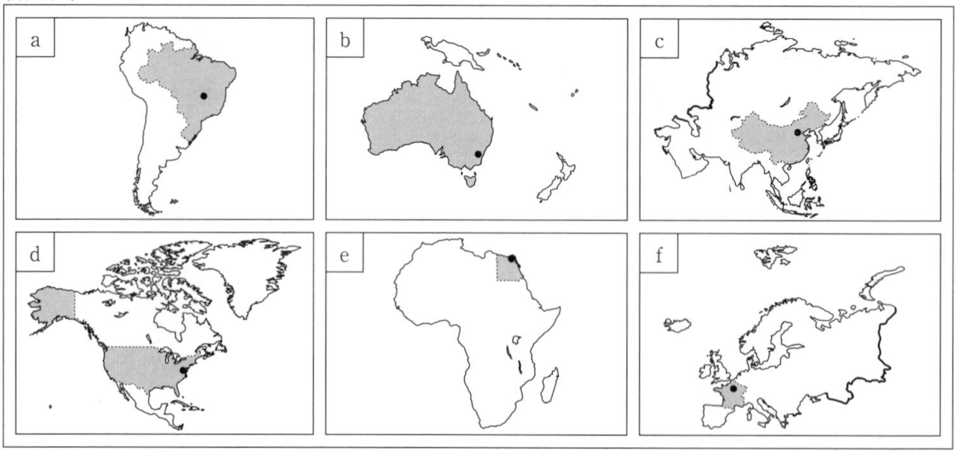

a～f の図法，縮尺は同じではない。〜は州境を示す。a～f の•は，それぞれの ◯ で示す国の首都を示す。

〈表〉

州・国 ＼ 項目		面積（万km²）	人口（百万人）	P（万 t）	Q（万 t）	R（万 t）	日本への輸出額第1位の品目
		2020 年	2020 年	2019 年	2019 年	2019 年	2017 年
a	ブラジル	852	213	560	11 427	1 037	鉄鉱石
b	オーストラリア	769	26	1 760	2	7	石炭
c	中国	960	1 439	13 360	1 572	20 961	電気機器
d	アメリカ	983	331	5 226	9 679	838	一般機械
e	エジプト	100	102	900	4	669	液化天然ガス
f	フランス	64	68	4 061	43	8	医薬品

（2021／22 年版「世界国勢図会」等から作成）

問1　図の1～6は，表の6か国の首都の位置を示している。ブラジルとフランスの首都の位置を，1～6からそれぞれ一つ選び，番号を書け。ブラジル(　　　)　フランス(　　　)

〈図〉

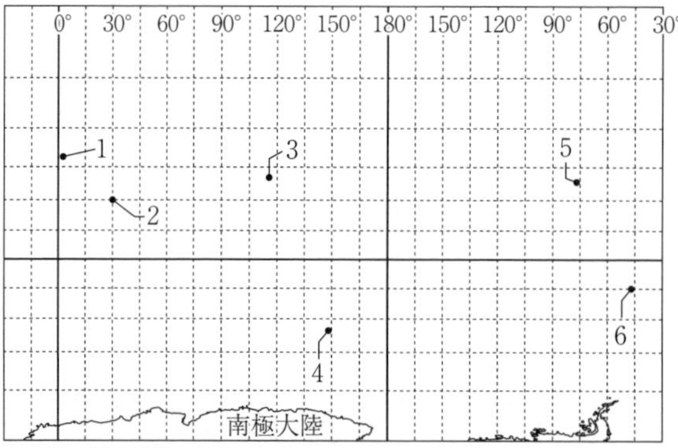

略地図，図の図法，縮尺は同じではない。

問2　資料Ⅰの W～Z には，a～fの州のうちヨーロッパ州と南アメリカ州以外の州があてはまる。bの州にあてはまるものを，W～Z から一つ選び，記号を書け。(　　　)

〈資料Ⅰ〉人口，面積の州別の割合（2020年）

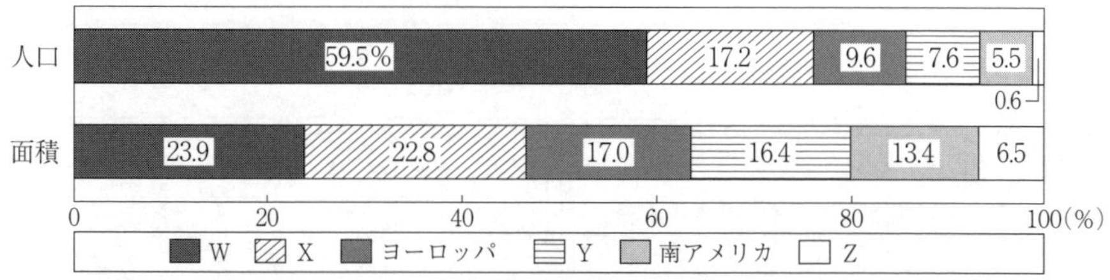

（2022年版「データブック　オブ・ザ・ワールド」から作成）

問3　表のP～Rは，米，小麦，大豆のいずれかの生産量を示している。米と大豆を示すものを，P～Rからそれぞれ一つ選び，記号を書け。米（　　　）　大豆（　　　）

問4　次の□内は，次郎さんが，中国の工業の特色について調べ，説明したものである。〔　　〕にあてはまる内容を，「経済特区」と「受け入れる」の語句を使って書け。また，資料Ⅱ，Ⅲのア～カは，表の6か国のいずれかを示す。中国にあてはまるものを一つ選び，記号を書け。

内容（　　　　　　　　　　　　　　　　　　　　　　　　　　　　）　記号（　　　）

中国は，〔　　　　　　〕など，工業化を進めてきたが，沿岸の都市部と内陸の農村部との経済格差が，大きくなっているという課題がある。

〈資料Ⅱ〉6か国の輸出総額に占める割合の第1位の品目と輸出総額の変化

項目／国	1987年		2017年	
	輸出品目第1位〈輸出総額に占める割合〉	輸出総額（百万ドル）	輸出品目第1位〈輸出総額に占める割合〉	輸出総額（百万ドル）
ア	繊維《せんい》品〈26.9%〉	2 037	野菜・果実〈10.6%〉	25 943
イ	機械類〈10.1%〉	26 229	大豆〈11.8%〉	217 739
ウ	機械類〈28.4%〉	245 421	機械類〈24.9%〉	1 545 609
エ	機械類〈20.6%〉	143 401	機械類〈19.8%〉	523 385
オ	繊維品〈15.1%〉	39 437	機械類〈43.3%〉	2 263 371
カ	石炭〈13.4%〉	26 486	鉄鉱石〈21.1%〉	230 163

〈資料Ⅲ〉6か国の国内総生産と一人あたり国内総生産（2017年）

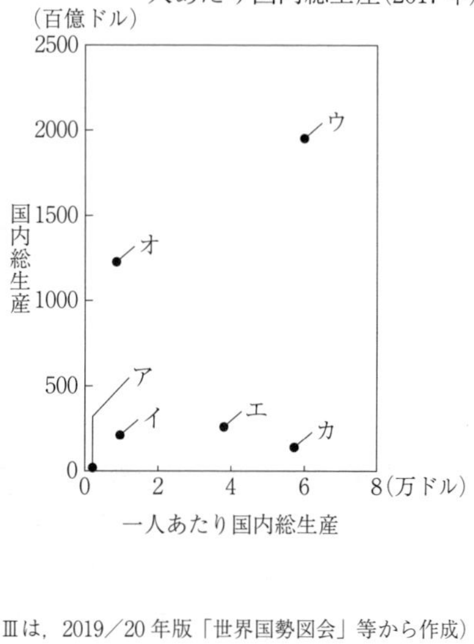

（資料Ⅱ，Ⅲは，2019／20年版「世界国勢図会」等から作成）

4　洋一さんは，日本の様々な地域の特色について調べ，資料集を作成した。資料集をみて，各問に答えよ。

〈資料集〉

都道府県の人口の変化

〈資料Ⅰ〉1980年と比較した2020年の人口の増減

（総務省ホームページから作成）

北海道地方と九州地方の畜産業

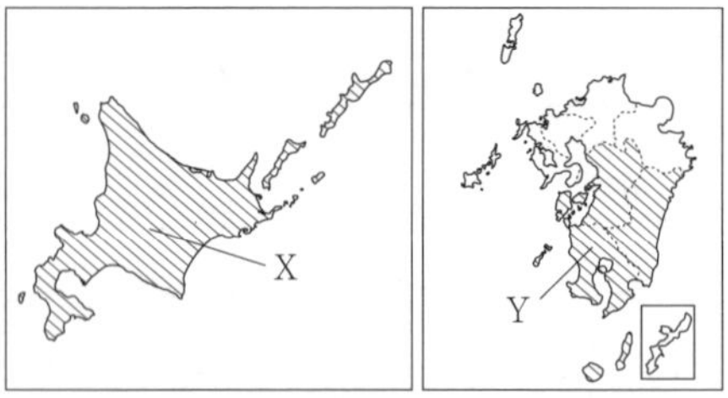

〈資料Ⅱ〉豚と乳牛の飼育頭数の割合（2019年）

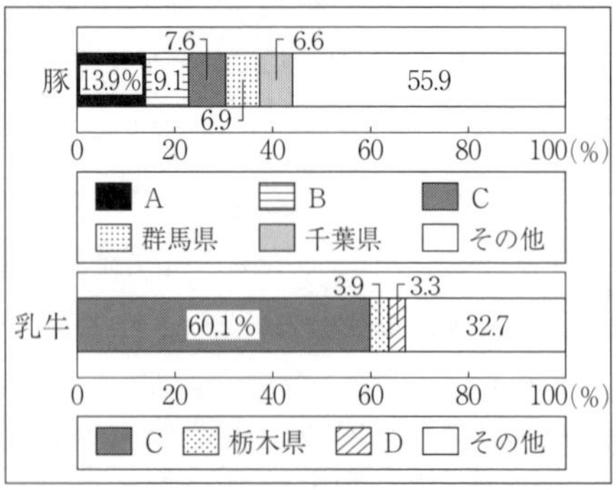

（2021年版「データでみる県勢」等から作成）

中部地方と中国・四国地方の自然環境と農業

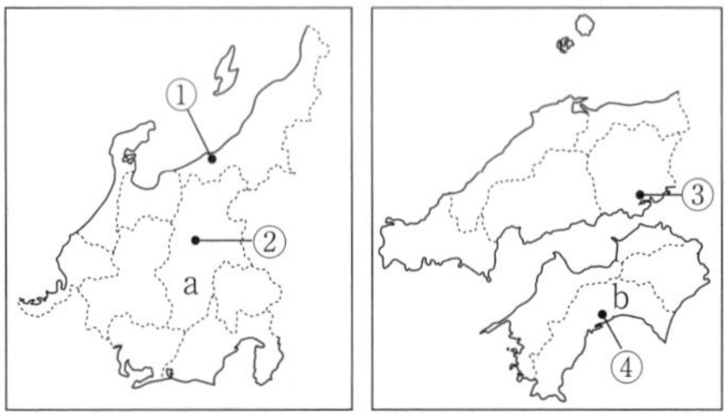

〈資料Ⅲ〉①～④の都市の月平均気温と月降水量

都市＼項目	月平均気温(℃)		月降水量(mm)	
	1月	7月	1月	7月
あ	6.3	26.7	58.6	328.3
い	－0.4	23.6	35.9	138.4
う	4.9	27.2	34.2	160.9
え	2.4	24.6	419.1	210.6

（令和3年「理科年表」から作成）

〈資料Ⅳ〉東京都中央卸売市場へのレタスとなすの出荷量（2019年）

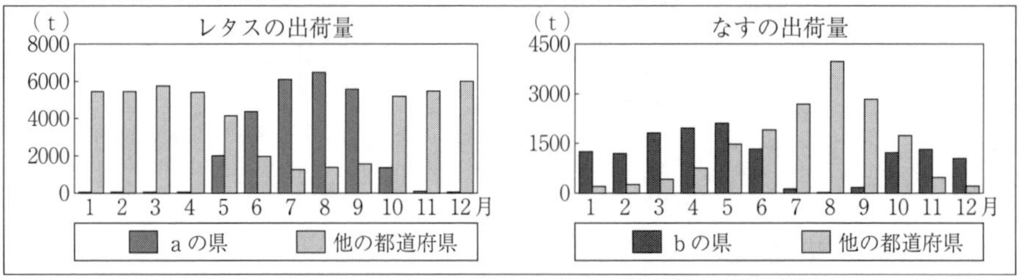

（東京都中央卸売市場ホームページから作成）

資料Ⅰ，略地図の図法，縮尺は同じではない。

問1　日本を七つの地方（九州，中国・四国，近畿，中部，関東，東北，北海道）に区分したとき，資料Ⅰから，次の［　　］内の二つの条件にあてはまる地方を二つ選び，地方名を書け。

（　　　地方）（　　　地方）

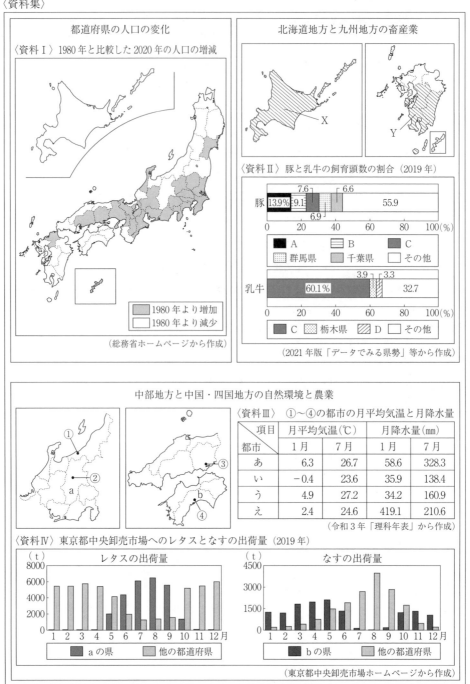

条件１：2020年の人口が1980年から増加している都道府県の数が，減少している都道府県の数より多い地方
条件２：人口が100万人以上の都市が二つ以上ある地方

問２　北海道地方と九州地方の畜産業について，略地図の ▨ で示す道県は，資料Ⅱの A～D のいずれかを示している。略地図の X，Y の道県を示すものを，A～D からそれぞれ一つ選び，記号を書け。ただし，同じ記号は同じ道県を示している。X（　　　）　Y（　　　）

問３　中部地方と中国・四国地方の自然環境と農業について，(1)，(2)に答えよ。

(1)　略地図の①～④は，資料Ⅲの あ～え のいずれかの都市を示している。②の都市にあてはまるものを，あ～え から一つ選び，記号を書け。（　　　）

(2)　略地図の a，b の県に共通する出荷時期の特色を，資料Ⅳから読み取って書け。
（　　　　　　　　　　　　　　　　　　　　　　　　　　　　　　）

問４　洋一さんは，日本の工業の特色について調べ，資料を集めた。(1)，(2)に答えよ。

(1)　資料ⅤのＰにあてはまる品目を，次の1～4から一つ選び，番号を書け。（　　　）
1　パルプ・紙　　2　精密機械　　3　鉄鋼　　4　繊維《せんい》

〈資料Ⅴ〉工業製品出荷額等割合の変化

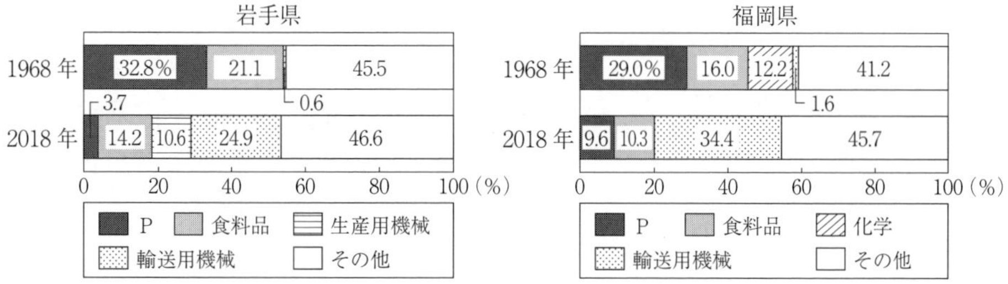

（経済産業省ホームページ等から作成）

(2)　次のQ～Sは，IC（集積回路）工場，自動車組立工場，石油化学コンビナートのいずれかの分布を示し，ア～ウは，洋一さんがそれぞれの分布の特徴を説明したものである。IC（集積回路）工場と，石油化学コンビナートについて，分布を示すものをQ～Sから，分布の特徴を説明したものをア～ウからそれぞれ一つ選び，記号を書け。

	分布	分布の特徴
IC（集積回路）工場		
石油化学コンビナート		

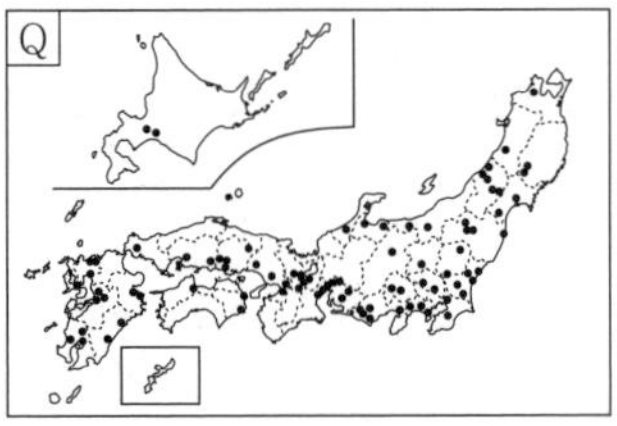

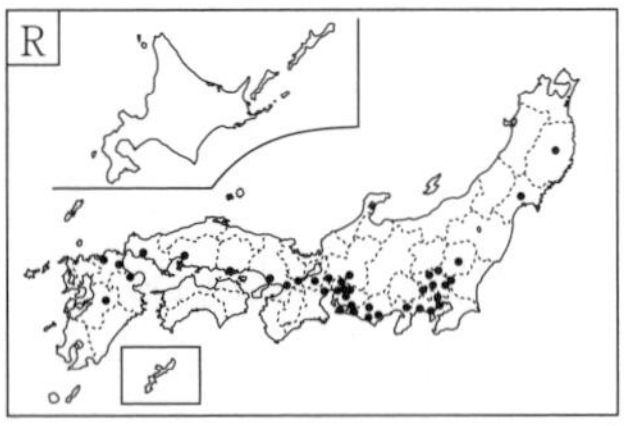

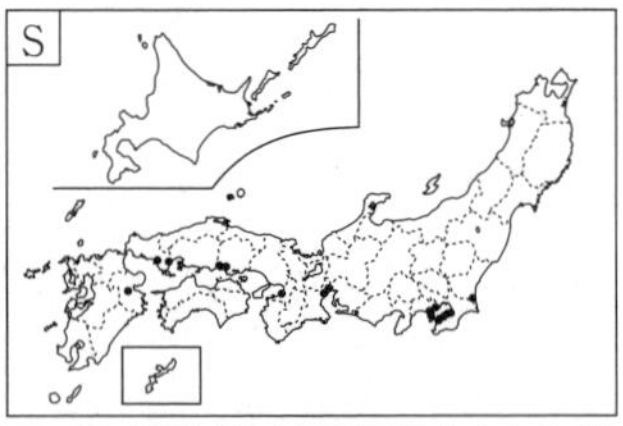

(2019／20 年版「日本国勢図会」から作成)

ア	イ	ウ
原料を輸入するために太平洋ベルトの臨海部に分布している。	製品を輸送するために空港や高速道路の近くに分布している。	愛知県や静岡県に集中し，近年は，北関東にも広がって分布している。

5　下のカードは，健太さんと涼子さんの学級で，班ごとに現代社会の課題に関するテーマを決め，調べた内容の一部である。カードをみて，各問に答えよ。

〈カード〉

1班　テーマ「情報化の進展と基本的人権」

情報化の進展に伴い，①基本的人権の侵害に関する新たな問題が生じている。その解決のためには，法律の整備など，②国会の役割が重要になると考える。

2班　テーマ「私たちの生活の変化と今後の経済活動」

電子マネーなどの普及が，③経済のしくみに影響を与えている。また，グローバル化が進んでいく中で，④自由な貿易を推進することが求められている。

3班　テーマ「今後の社会保障制度のあり方」

少子高齢化の進展は，⑤わが国の社会保障制度にも影響を与えている。今後は，幅広い世代で負担をわかちあっていくことが求められている。

4班　テーマ「国際社会におけるわが国の役割」

わが国は，平和主義のもと国際貢献を進めてきた。今後も，⑥国際連合での活動を中心に，世界の発展に平和的に貢献していくことが求められる。

問1　下の□内は，下線部①についてまとめたものである。㋐の（　　）にあてはまるものを，一つ選び，記号を書け。また，（ ㋑ ）にあてはまる語句を書け。㋐（　　　）　㋑（　　　）

私たちには，自由にものを考え，意見を発表することを保障する，㋐（A　自由権，B　参政権）が与えられているが，インターネット上で，他人の名誉《めいよ》やプライバシーの権利を侵害する事例が生じている。こうした人権の侵害を防ぐために，日本国憲法第12条で，国民は自由や権利を（ ㋑ ）のために利用する責任があると定められており，今後の情報化の進展に伴った，新たな対応が必要となっている。

問2　下の□内は，下線部②に関して作成した資料Ⅰについて，まとめた内容の一部である。〔 Ⓧ 〕にあてはまる内容を書け。また，（ Ⓨ ）にあてはまるものを，資料Ⅰのア～エから一つ選び，記号を書け。Ⓧ（　　　　　　　　　　　　　　　　　　　　）　Ⓨ（　　　）

2016年から2017年に開かれた国会のうち，〔　　Ⓧ　　〕ことを主な議題として開催される特別会にあたるものは，（ Ⓨ ）である。

〈資料Ⅰ〉　2016年から2017年の期間に行われた選挙と開かれた国会（常会を除く）

選挙名	選挙期日
第24回参議院議員通常選挙	2016年7月10日
第48回衆議院議員総選挙	2017年10月22日

国会の種類	召集	閉会
ア	2016年8月1日	2016年8月3日
イ	2016年9月26日	2016年12月17日
ウ	2017年9月28日	2017年9月28日
エ	2017年11月1日	2017年12月9日

（衆議院ホームページ等から作成）

問3　健太さんは，下線部③について，資料Ⅱを作成した。資料Ⅱの X～Z には，企業，政府，家計のいずれかが入り，あ～う には，税，公共サービス，労働力のいずれかが入る。X と あ にあてはまる語句をそれぞれ書け。ただし，同じ記号には同じ語句が入る。X（　　　）　あ（　　　）

〈資料Ⅱ〉経済の三つの主体の関係

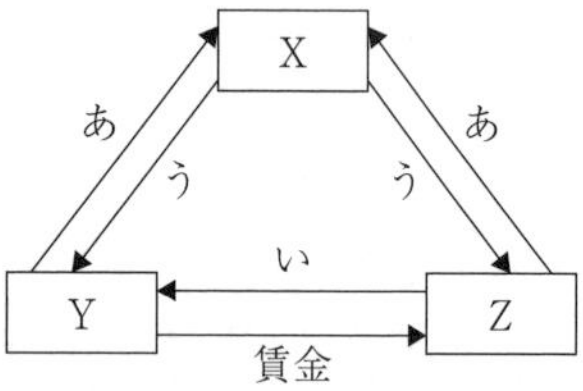

問4　下の□内は，健太さんが，下線部④について，資料Ⅲから読み取ったことをもとにまとめた内容の一部である。㋑～㋩の（　）にあてはまるものを，それぞれ一つ選び，記号を書け。

㋑（　　　）　㋺（　　　）　㋩（　　　）

〈資料Ⅲ〉円とドルの為替レートの推移(年平均)

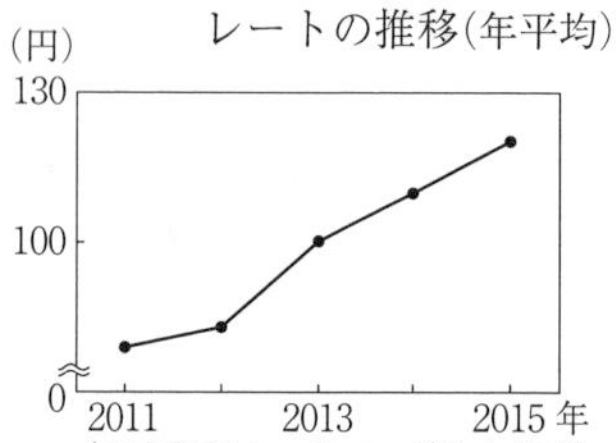

（日本銀行ホームページから作成）

> 2011年に比べ，2015年の為替レートは，ドルに対して円の価値が，㋑（a　上がっている，b　下がっている）。このとき，同じ日本製の商品のアメリカでの価格は，㋺（c　高く，d　安く）なるため，日本にとって㋩（e　輸出，f　輸入）に有利になるといえる。

問5　涼子さんは，下線部⑤の内容について，年金制度に着目し，資料を集めた。今後も図に示される制度が維持されると仮定した場合，資料Ⅳから予想される，わが国の年金制度の課題とその理由を，図と資料Ⅳから読み取って書け。

（　　　　　　　　　　　　　　　　　　　　　　　　　　　　　　　　　）

〈図〉わが国の年金制度のしくみ

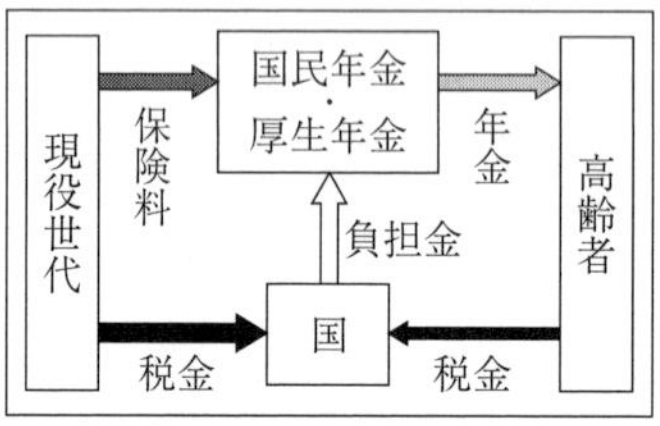

※現役世代は15～64歳を，高齢者は65歳以上を示す。

（厚生労働省ホームページ等から作成）

〈資料Ⅳ〉わが国の年齢別人口割合の推移

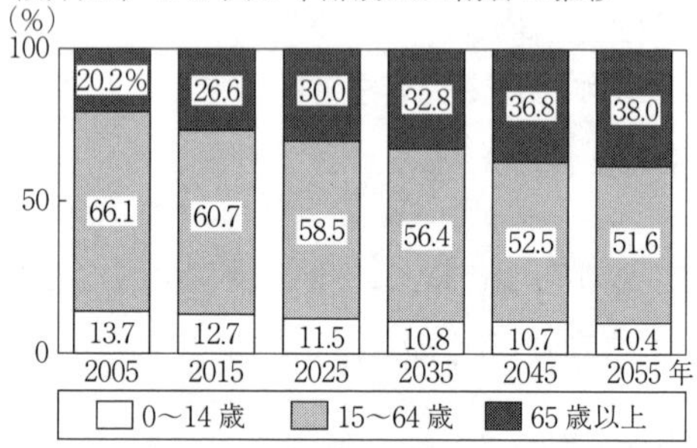

※2025年以降の数値は，予測値を示す。

（国立社会保障・人口問題研究所ホームページから作成）

問6　資料ⅤのR，Sは，下線部⑥のいずれかの機関を示し，資料ⅥのP，Qは，資料ⅤのR，Sのいずれかの機関で話し合われた議題と採決結果を示している。Pは，どちらの機関で話し合われたものか，あてはまるものを一つ選び，記号を書け。また，そのように考えた理由を，選んだ機関の議決のしくみと採決結果にふれて書け。

〈資料Ⅴ〉国際連合の組織

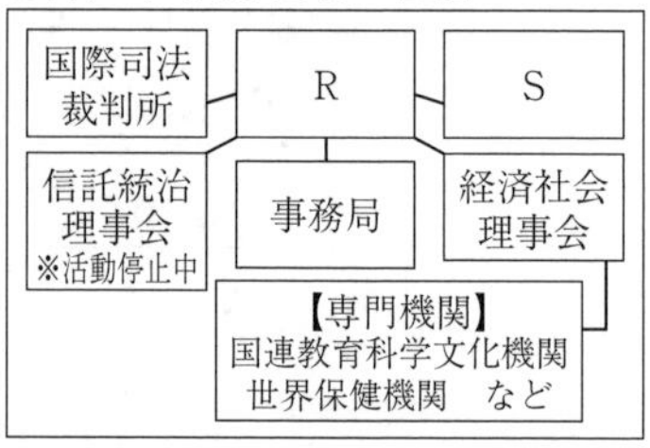

記号（　　　）

理由（　　　　　　　　　　　　　　　　　　　　　　　　　　　　　　　）

〈資料Ⅵ〉 国際連合で話し合われた議題と採決結果

P

議題	シリアへの支援に関する決議案の審議 (2019 年 12 月 20 日)
賛成	13 か国
反対	2 か国（ロシア，中国）
棄権	なし

決議案は否決

Q

議題	核兵器廃絶に関する決議案の審議 (2020 年 12 月 8 日)
賛成	150 か国
反対	4 か国（ロシア，中国など）
棄権	35 か国

決議案は可決

（外務省ホームページ等から作成）

6　洋子さんは，持続可能な開発目標（SDGs）の一つについて調べ，ノートにまとめた。ノートをみて，各問に答えよ。

〈ノート〉

〈図〉

〈写真〉

海抜の低い国や地域の中には，近年，写真のように，満潮や高潮による沿岸の浸食が問題となっているところがある。

（図，写真は，国際連合広報センターホームページ等から引用）

〈メモ〉

経済発展に伴って，〔 ア 〕と考えられる。 ➡ 対策が行われないと，写真の状況は，さらに深刻化するおそれがある。 ➡ 自分にできる具体的な対策を考える必要がある。

問1　メモの〔 ア 〕にあてはまる内容を，次の資料Ⅰ～Ⅲから読み取れることを全て関連づけて書け。（　　　　）

〈資料Ⅰ〉世界の年平均気温の推移

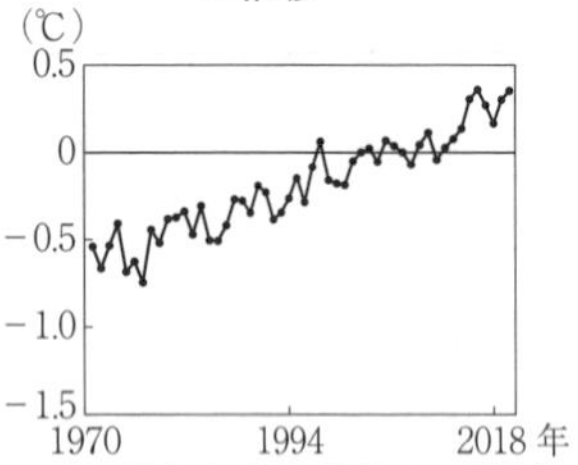

※1991年から2020年までの平均気温との差を示す。

〈資料Ⅱ〉世界の海面水位の変化と将来予測

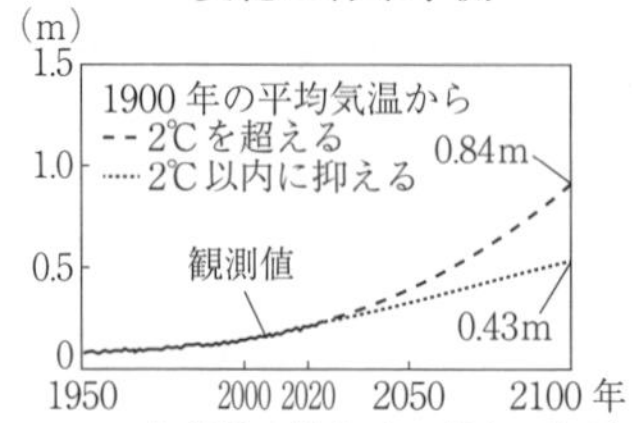

※2020年以降の数値は，将来の海面水位の変化を予測したものを示す。

〈資料Ⅲ〉世界の温室効果ガスの排出量の推移

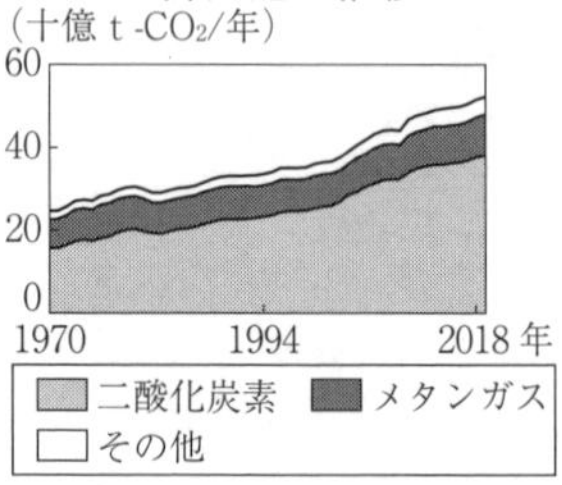

※二酸化炭素は工業や化石燃料の使用，メタンガスは牧畜（家畜）や稲作（水田）が主な排出源である。

（資料Ⅰ～Ⅲは，環境省ホームページ等から作成）

問2　洋子さんは，メモの下線部について調べ，考えたことをまとめた。〔 イ 〕には，後の資料Ⅴから読み取れることを書け。また，〔 ウ 〕には，あなたができることを書け。

イ（　　　　）

ウ（　　　　）

【考えたこと】

政府が，資料Ⅳのような取り組みを行う意義は，資料Ⅴから，1990年に比べ，2020年には，〔　イ　〕という課題を解決することにある。資料Ⅳ，Ⅴから，今の私にできることは，〔　ウ　〕ことだ。

〈資料Ⅳ〉政府が推奨する取り組みのロゴマークと内容

○　インターネットで，各家庭の二酸化炭素排出量や排出の原因を調べることができる。

○　専門の診断士から，各家庭に応じた二酸化炭素排出削減の対策についてアドバイスを受けられる。

（環境省ホームページから作成）

〈資料Ⅴ〉わが国の部門別二酸化炭素排出量の推移

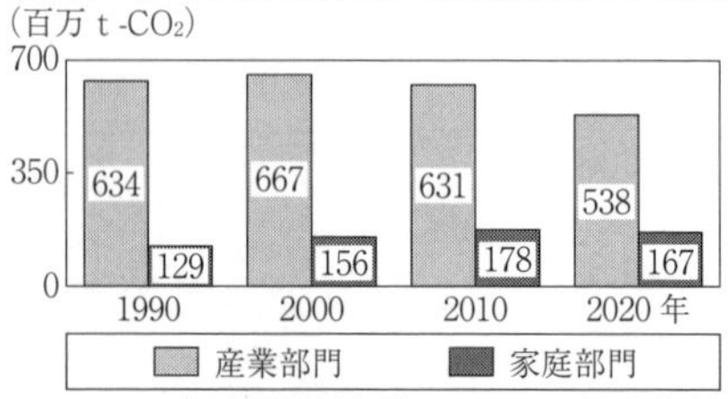

（国立環境研究所ホームページから作成）

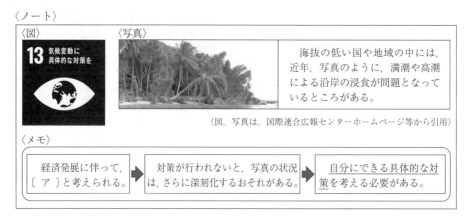

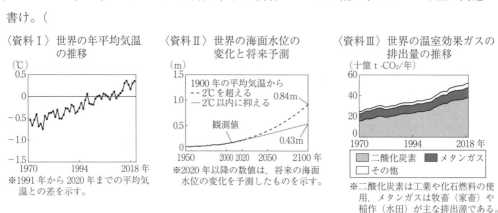

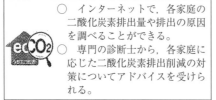

理科

時間　50分　　　　満点　60点

1　恵さんは，アブラナの花とマツの花のつくりとはたらきについて調べ，発表するための資料を作成した。図はその資料の一部である。図の中のア，イは，マツのりん片を表している。

図

アブラナの花とマツの花に共通して見られる特徴
- ■胚珠《はいしゅ》と花粉がある
- ■受粉をする
- ■（ A ）

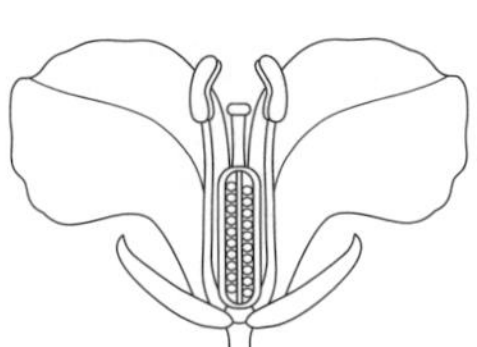

アブラナの花の断面の模式図

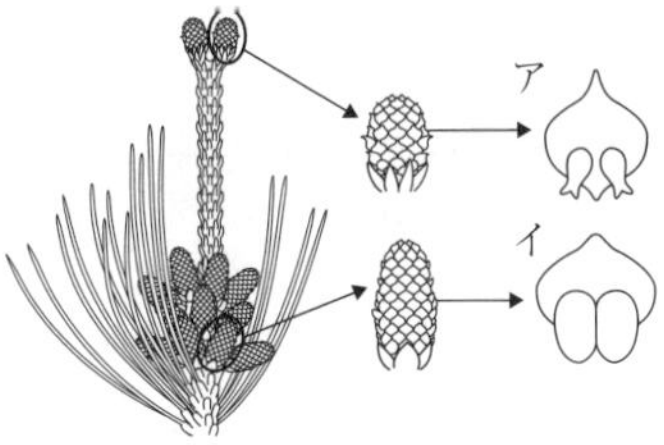

マツの枝先の模式図

アブラナの花だけに見られる特徴
- ■おしべとめしべがある
- ■胚珠は子房の中にある
- ■花粉はおしべのやくに入っている
- ■（ B ）

マツの花だけに見られる特徴
- ■雄花と雌花がある
- ■（ C ）
- ■花粉はりん片の花粉のうに入っている

問1　図の中の下線部を示す部分を，解答欄のア，イの中で，全てぬりつぶせ。

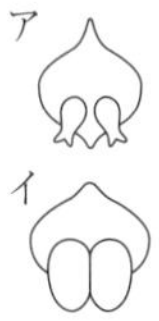

問2　図の中の（ A ）～（ C ）にあてはまる特徴として，最も適切なものを，次の1～4からそれぞれ1つずつ選び，番号を書け。A（　　）　B（　　）　C（　　）

1　胚珠はむき出しになっている　　2　果実をつくる　　3　胞子のうがある

4　種子をつくる

問3　発表後，恵さんは，被子植物が受粉した後の花粉の変化について調べた。下の［　　］内は，その内容の一部である。文中の（　　）にあてはまる内容を，簡潔に書け。

（　　　　　　　　　　　　　　　　　　　　）

> 被子植物では，花粉が柱頭につくと，胚珠に向かって（　　）ことにより，花粉の中にある精細胞は胚珠まで運ばれ，精細胞と胚珠の中の卵細胞が受精する。

問4　種子植物を，次の1～4から全て選び，番号を書け。（　　　）

1　スギナ　　2　イチョウ　　3　イネ　　4　ゼンマイ

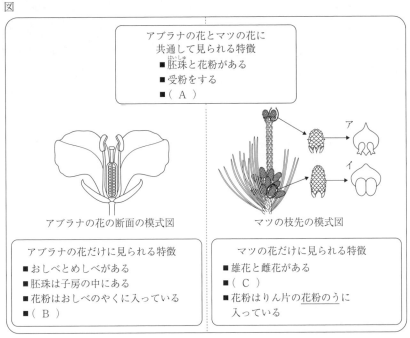

2　デンプンに対するだ液のはたらきを調べる実験を行った。下の□内は，その実験の手順と結果である。

【手順】

① デンプン溶液 5 mL ずつを入れた試験管 A～D を用意し，A と B には水 2 mL を入れ，C と D には水でうすめただ液 2 mL を入れ，それぞれよく混ぜ合わせる。

② 図1のように，A～D を約 40 ℃の湯に 10 分間入れる。

③ A と C にヨウ素液を，B と D にベネジクト液を，それぞれ数滴加える。

④ 図2のように，B と D に沸騰石《ふっとうせき》を入れ，試験管を振りながら加熱する。

⑤ A～D に入っている液の変化をそれぞれ記録する。

図1

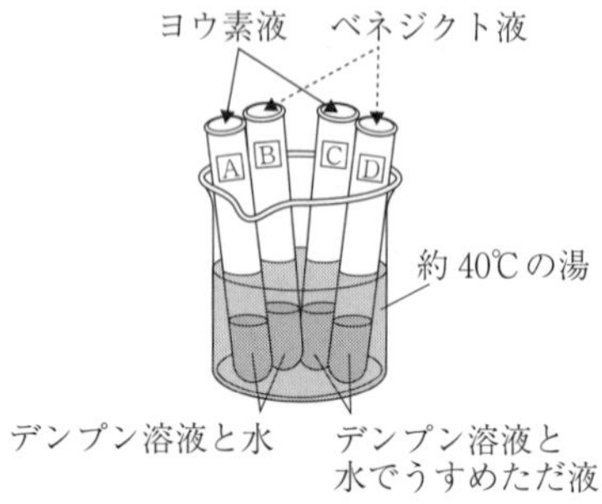

図2

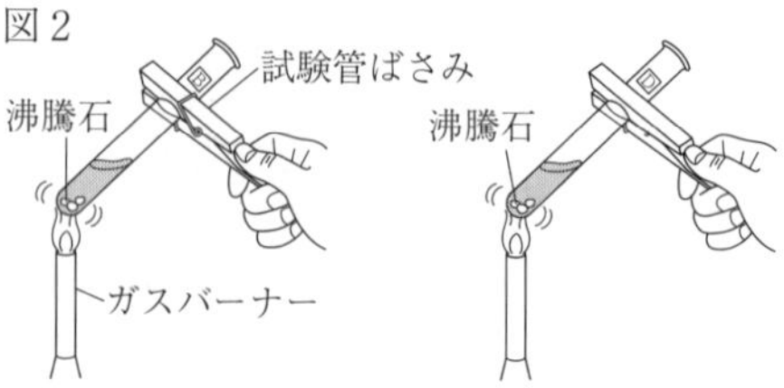

【結果】

試験管	液の変化
A	青紫色に変化した
B	変化しなかった
C	変化しなかった
D	赤褐色の沈殿ができた

問1　下線部の操作を行う理由を，簡潔に書け。

（　　　　　　　　　　　　　　　　）

問2　下の□内は，この実験について考察した内容の一部である。文中の ア[（　）と（　）]，イ[（　）と（　）] のそれぞれの（　）にあてはまる試験管を，A～D から選び，記号を書け。ア（　　と　　）　イ（　　と　　）

ア[（　）と（　）] の結果を比べると，だ液のはたらきによって，デンプンがなくなることがわかった。また，イ[（　）と（　）] の結果を比べると，だ液のはたらきによって，ベネジクト液に反応する糖ができることがわかった。これらのことから，だ液には，デンプンを分解するはたらきがあると考えられる。

問3　次の□内は，実験後，ヒトが食物から養分をとり入れるしくみについて，生徒が調べた内容の一部である。

だ液，胃液，すい液の中や小腸の壁などにあり，食物の養分を分解するはたらきをもつ物質を（ P ）という。（ P ）のはたらきによって分解されてできたブドウ糖やアミノ酸は，小腸の柔毛で吸収されて毛細血管に入り，肝臓を通って全身の細胞に運ばれる。

⑴ 文中の（ P ）に，適切な語句を入れよ。（　　　）

⑵ 文中の下線部について，肝臓のはたらきとして適切なものを，次の1～4から全て選び，番号を書け。（　　　）

1 ブドウ糖の一部を，グリコーゲンに変えて貯蔵する。

2 血液中から尿素などの不要な物質をとり除く。

3 周期的に収縮する運動によって，全身に血液を送り出す。

4 アミノ酸の一部を，体に必要なタンパク質に変える。

3　化学変化の前後で，物質全体の質量が変化するかどうかを調べる実験を行った。下の□内は，その実験の手順である。

【実験1】

①　図1のように，うすい硫酸20mLとうすい水酸化バリウム水溶液20mLをそれぞれビーカーA，Bに入れ，全体の質量をはかる。

②　Bの中のうすい水酸化バリウム水溶液に，Aの中のうすい硫酸を全て加えて混ぜ合わせ，変化のようすを観察し，A，Bを含む全体の質量をはかる。

図1

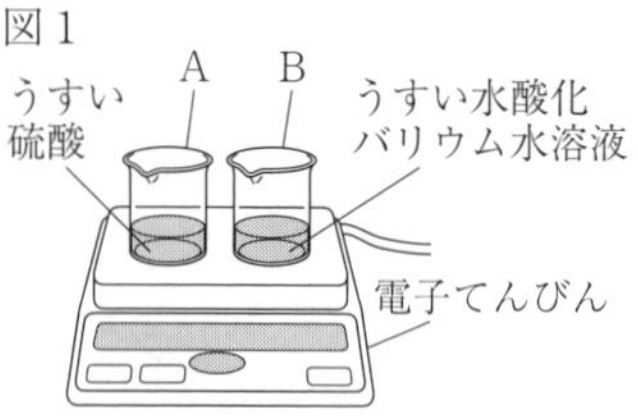

【実験2】

①　図2のように，プラスチック容器にうすい塩酸5mLと炭酸水素ナトリウム1gを別々に入れて密閉し，容器全体の質量をはかる。

②　容器を傾けて，うすい塩酸と炭酸水素ナトリウムを混ぜ合わせて，変化のようすを観察し，反応が終わってから容器全体の質量をはかる。

図2

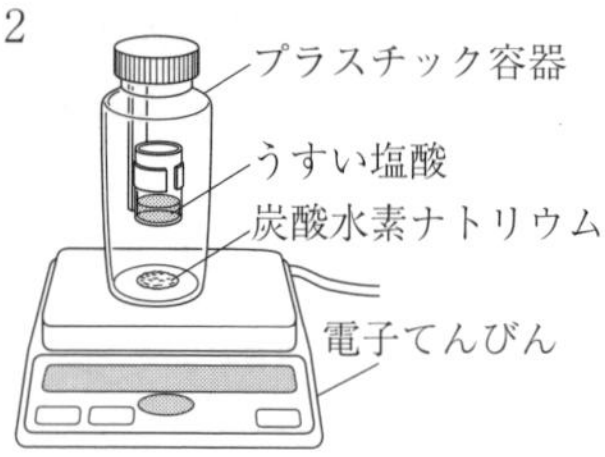

問1　下線部の操作によって，白い沈殿ができた。この操作によって起こった化学変化を，化学反応式で表すとどうなるか。解答欄の図3を完成させよ。

図3

(　　　)＋(　　　)→ $BaSO_4$ ＋(　　　)

問2　下の□内は，実験1，2の結果について説明した内容の一部である。文中の（ X ），（ Y ）にあてはまる語句の正しい組み合わせを，あとの1～4から1つ選び，番号を書け。また，（ Z ）に，適切な語句を入れよ。番号(　　　)　Z(　　　)

化学変化の前後では，物質をつくる（ X ）は変化するが，（ Y ）は変化しないため，化学変化に関係する物質全体の質量は変化しない。これを（ Z ）の法則という。

1　X：原子の種類　　　　　Y：原子の組み合わせと数
2　X：原子の種類と数　　　Y：原子の組み合わせ
3　X：原子の組み合わせと数　Y：原子の種類
4　X：原子の組み合わせ　　Y：原子の種類と数

問3　実験2②の操作の後，容器のふたをゆっくり開けるとプシュッと音がした。その後，再びふたを閉めてから，容器全体の質量をはかった。容器全体の質量は，ふたを開ける前と比べてどうなるか。次の1～3から1つ選び，番号を書け。また，そう判断した理由を，「気体」という語句を用いて，簡潔に書け。

番号(　　　)　理由(　　　　　　　　　　　　　　　　　　　　　　　　　　　　　)

1　増加する　　2　減少する　　3　変化しない

4 ダニエル電池をつくり，電気エネルギーをとり出す実験を行った。下の［　　］内は，その実験の手順と結果である。

【手順】

① 1.5 %の硫酸亜鉛水溶液と 15 %の硫酸銅水溶液を用意する。

② 図1のように，中央をセロハンで仕切ったダニエル電池用水槽《すいそう》の一方に硫酸亜鉛水溶液と亜鉛板を入れ，もう一方に硫酸銅水溶液と銅板を入れる。

③ 亜鉛板と銅板に電子オルゴールをつなぎ，電子オルゴールが鳴るかどうかで電流の向きを調べる。

④ 図1の電子オルゴールを，図2のプロペラつき光電池用モーターにつなぎかえて，モーターの回り方を調べる。

図1

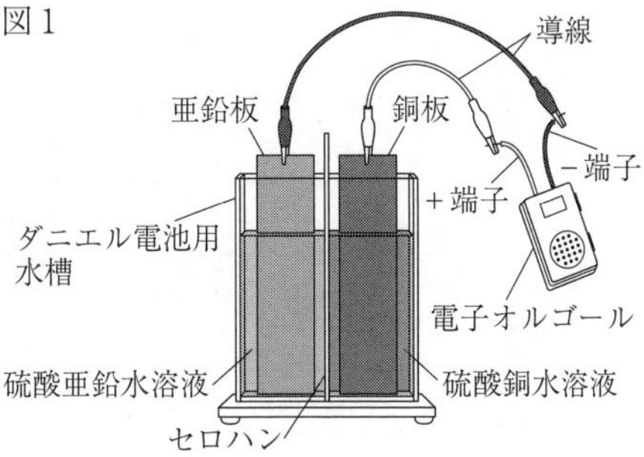

図2

⑤ 電流を流し続けた後，亜鉛板と銅板をとり出し，表面の変化のようすを観察する。

【結果】

電子オルゴール	亜鉛板を－端子に，銅板を＋端子に接続したとき音が鳴った。 亜鉛板を＋端子に，銅板を－端子に接続したとき音は鳴らなかった。
プロペラつき光電池用モーター	モーターは回転した。金属板をつなぎかえると，回る向きが逆になった。
電流を流し続けた後のようす	亜鉛板の表面は凹凸ができて黒くなっていた。銅板の表面に赤い物質が付着していた。

問1 下は，ダニエル電池のしくみについて考察しているときの，花さんと健さんと先生の会話の一部である。

先生

結果からどのようなことがわかりますか。

電子オルゴールが鳴ったり，モーターが回転したりしたことから，ダニエル電池によって電気エネルギーをとり出せることがわかりました。

花さん

電流を流し続けた後，亜鉛板と銅板の表面に変化がみられたことから，化学変化が起こっていることがわかります。

健さん

そうですね。それでは，亜鉛板と銅板の表面では，それぞれどのような化学変化が起こっているのか考えてみましょう。

亜鉛板の表面に凹凸ができて黒くなっていたのは，亜鉛は銅に比べて（ X ）ので，亜鉛原子が電子を放出して水溶液中に溶《と》け出したためだと考えられます。

銅板の表面では，硫酸銅水溶液の中の銅イオンが電子を受けとり，銅原子になって付着したと思います。

そうですね。それでは，ダニエル電池では，電子がどのように移動することで，電気エネルギーをとり出しているのでしょう。

ダニエル電池では，電子が（ Y ）に移動することで，電気エネルギーをとり出しています。

その通りです。

(1)　会話文中の（ X ）にあてはまる内容を，「イオン」という語句を用いて，簡潔に書け。
(　　　　　　　　　　　　　　　　　　　　　　　　　　　　　　　　　　)

(2)　会話文中の下線部の化学変化を，化学反応式で表すとどうなるか。解答欄の図3を完成させよ。ただし，電子は e^- を使って表すものとする。

図3

（　　　）+（　　　）→ Cu

(3)　会話文中の（ Y ）にあてはまる内容として，最も適切なものを，次の1～4から1つ選び，番号を書け。(　　　)

1　銅板から導線を通って亜鉛板　　2　銅板から水溶液中を通って亜鉛板
3　亜鉛板から導線を通って銅板　　4　亜鉛板から水溶液中を通って銅板

問2　電池の内部で電気エネルギーに変換される，物質がもつエネルギーを何エネルギーというか。
(　　　　エネルギー)

問3　下の□内は，実験後，花さんが，身のまわりの電池について調べた内容の一部である。文中の（　　）に，適切な語句を入れよ。(　　　)

私たちの身のまわりでは，さまざまな電池が利用されている。水素と酸素の化学変化から電気エネルギーをとり出す装置である（　　）は，自動車の動力などに使われている。この装置では，化学変化によってできる物質が水だけであるため，環境に対する悪影響が少ないと考えられている。

5　次の各問に答えよ。

問1　理科室の空気の露点を調べる実験を行った。下の□内は，その実験の手順と結果である。

【手順】

① 理科室の室温をはかる。

② 金属製のコップの中にくみ置きの水を入れ，水温をはかる。

③ 図1のような装置を用いて，氷を入れた大型試験管を動かして水温を下げ，コップの表面がくもり始めたときの水温をはかる。

④ ②，③の操作を数回くり返す。

図1

【結果】

理科室の室温	25.0℃
くみ置きの水の平均の水温	25.0℃
コップの表面がくもり始めたときの平均の水温	17.0℃

(1) 下線部について，金属製のコップが，この実験に用いる器具として適している理由を，「熱」という語句を用いて，簡潔に書け。(　　　　)

(2) 下の□内は，この実験についてまとめた内容の一部である。文中の(　　)に適切な数値を書け。(　　　)

理科室の空気の露点は，(　　)℃である。コップの表面がくもったのは，コップに接している空気が冷やされることで，空気中の水蒸気が水になったためである。

問2　理科室の空気の湿度について乾湿計で観測を行った。図2は観測したときの乾湿計の一部を模式的に示したものである。また，表1は湿度表の一部，表2はそれぞれの気温に対する飽和水蒸気量を示したものである。ただし，理科室の室温は気温と等しいものとする。

乾湿計で観測を行ったときの理科室の空気について，湿度〔%〕と1 m^3 中の水蒸気量〔g〕をそれぞれ書け。なお，1 m^3 中の水蒸気量〔g〕の値は，小数第2位を四捨五入し，小数第1位まで求めること。湿度(　　　%)　水蒸気量(　　　g)

図2（乾球温度計）（湿球温度計）

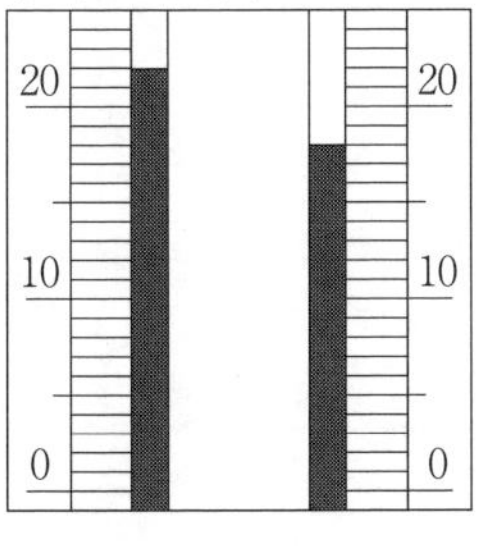

表1

乾球の読み〔℃〕	乾球と湿球との目《め》盛《も》りの読みの差〔℃〕					
	0.0	1.0	2.0	3.0	4.0	5.0
23	100	91	83	75	67	59
22	100	91	82	74	66	58
21	100	91	82	73	65	57
20	100	91	81	72	64	56
19	100	90	81	72	63	54
18	100	90	80	71	62	53
17	100	90	80	70	61	51
16	100	89	79	69	59	50

表2

気温〔℃〕	飽和水蒸気量〔g/㎥〕
16	13.6
17	14.5
18	15.4
19	16.3
20	17.3
21	18.3
22	19.4
23	20.6

6　福岡県のある地点で，よく晴れた夏至《げし》，冬至《とうじ》のそれぞれの日に，太陽の１日の動きを調べるために，下の［　　　］内の手順で観察を行った。図１はその観察結果である。

【手順】

①　白い紙に透明半球と同じ直径の円をかき，円の中心Ｏで直交する２本の線を引いて，透明半球を円に合わせて固定する。

②　固定した透明半球を水平なところに置いて，２本の線を東西南北に合わせる。

③　午前９時から午後３時まで１時間ごとに，油性ペンの先端の影がＯと一致する透明半球上の位置に，印をつける。

④　③でつけた印をなめらかな線で結び，その線を透明半球の縁《ふち》まで延長する。

図１

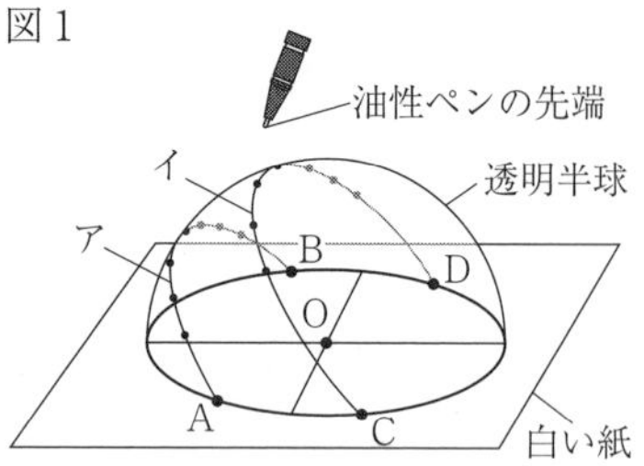
油性ペンの先端
透明半球
イ
ア
B
D
O
A
C
白い紙

〔ア，イは，観察したそれぞれの日の，太陽の道すじを示し，Ａ～Ｄの印は，ア，イと透明半球の縁との交点である。〕

問１　透明半球上に記録された太陽の動きのように，１日の間で時間がたつとともに動く，太陽の見かけ上の運動を，太陽の何というか。また，このような太陽の見かけ上の運動が起こる理由を，簡潔に書け。

名称（　　　）　理由（　　　　　　　　　　　　　　　　　　　　　　　　　　　　　　）

問２　図１のイにそって紙テープをあて，Ｃ，Ｄの印と太陽の１時間ごとの位置の印を•印で写しとり，•印の間隔をはかった。図２は，その模式図である。イを記録した日における日の出の時刻として，最も適切なものを，次の１～４から１つ選び，番号を書け。（　　　）

図２

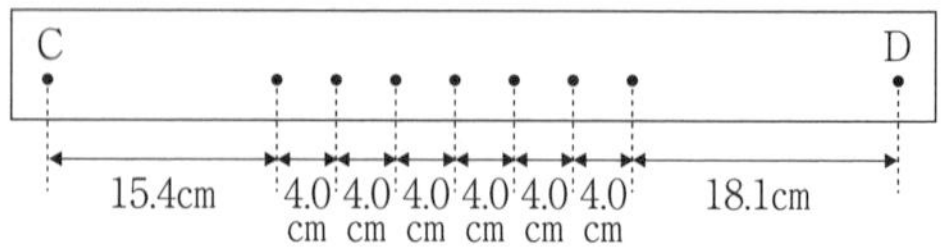
C
D
15.4cm
4.0 cm
4.0 cm
4.0 cm
4.0 cm
4.0 cm
4.0 cm
18.1cm

１　午前４時28分　　２　午前５時９分　　３　午前５時15分　　４　午前６時７分

問３　下は，結果をふまえて考察しているときの，登さんと愛さんと先生の会話の一部である。

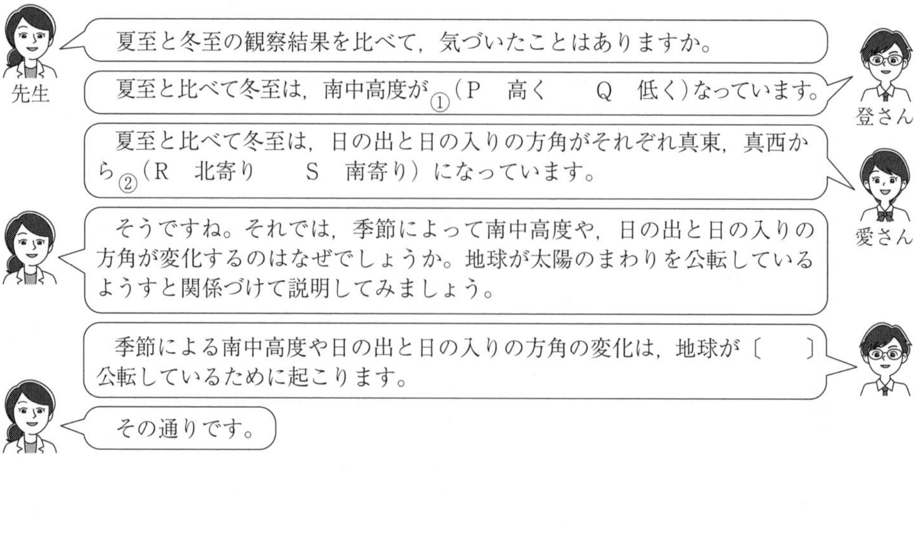
先生
夏至と冬至の観察結果を比べて，気づいたことはありますか。
夏至と比べて冬至は，南中高度が①（Ｐ　高く　　Ｑ　低く）なっています。
登さん
夏至と比べて冬至は，日の出と日の入りの方角がそれぞれ真東，真西から②（Ｒ　北寄り　　Ｓ　南寄り）になっています。
愛さん
そうですね。それでは，季節によって南中高度や，日の出と日の入りの方角が変化するのはなぜでしょうか。地球が太陽のまわりを公転しているようすと関係づけて説明してみましょう。
季節による南中高度や日の出と日の入りの方角の変化は，地球が〔　　〕公転しているために起こります。
その通りです。

(1) 会話文中の①，②の（　　）内から，それぞれ適切な語句を選び，記号を書け。

①(　　　)　②(　　　)

(2) 会話文中の〔　　〕にあてはまる内容を，「公転面」という語句を用いて，簡潔に書け。

(　　　　　　　　　　　　　　　　　　　　　　　　　　　)

7　次の各問に答えよ。

問1　図1のように，鏡を用いて，反射した光の進み方について調べる実験を行った。実験では，方眼紙上のA～C点につまようじを立て，P点の位置から鏡にうつる像を観察した。図2は，鏡と方眼紙を真上から見た図である。ただし，つまようじの先端は全て同じ高さで，鏡とつまようじは，板に垂直に立てられているものとする。

図1
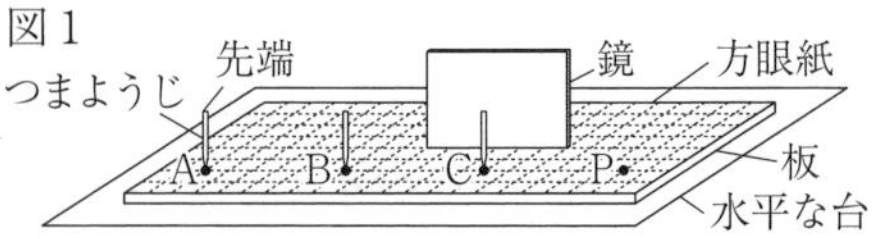

P点の真上で，つまようじの先端と同じ高さから鏡を見たとき，鏡にうつって見えるつまようじは何本か。解答欄の図2に作図することによって求めよ。

図2
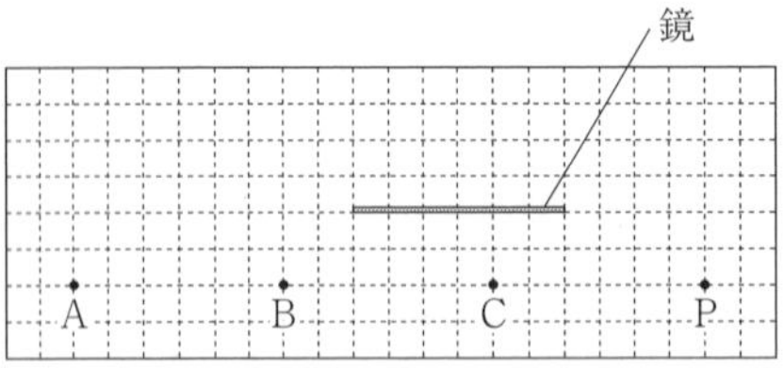

鏡にうつって見えるつまようじの本数（　　　）本

問2　図3のように，水平な台に固定した光源装置から出た光を透明な半円形ガラスにあてて，光の進み方を調べる実験を行った。ただし，O点は，分度器の中心である。

図3
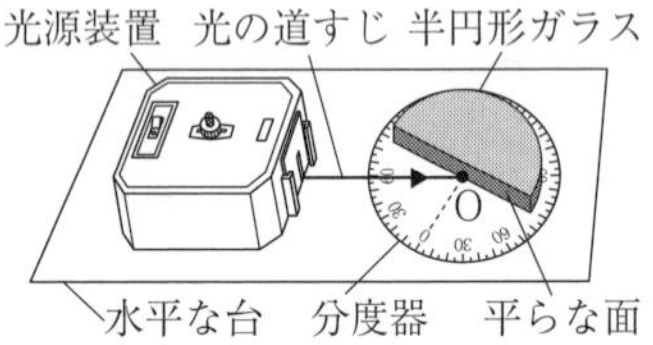

(1)　半円形ガラスの平らな面に光をあてると，空気と半円形ガラスの境界面で反射する光と，半円形ガラスの中に進む光が観察できた。図3の実験を真上から見たとき，半円形ガラスに入ったあとの光の道すじとして，最も適切なものを，図4の1～4から1つ選び，番号を書け。（　　　）

図4
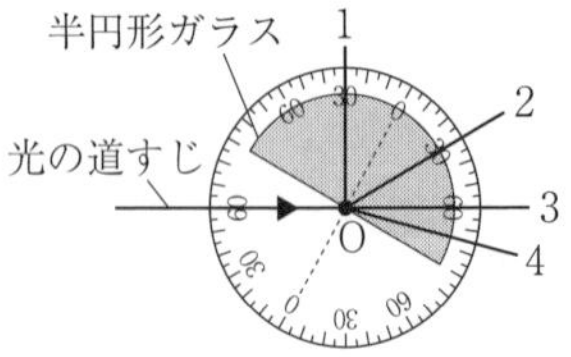

(2)　次に，図5のように，光源装置から出た光の道すじが，半円形ガラスの平らな面と垂直になるように，半円形ガラスを置いた。その後，図6のように，O点を中心に半円形ガラスを回転させた。下の□内は，この実験についてまとめた内容の一部である。文中の①，②の（　）内から，それぞれ適切な語句を選び，記号を書け。また，下線部の現象を何というか。

①（　　　）　②（　　　）　現象（　　　）

図5
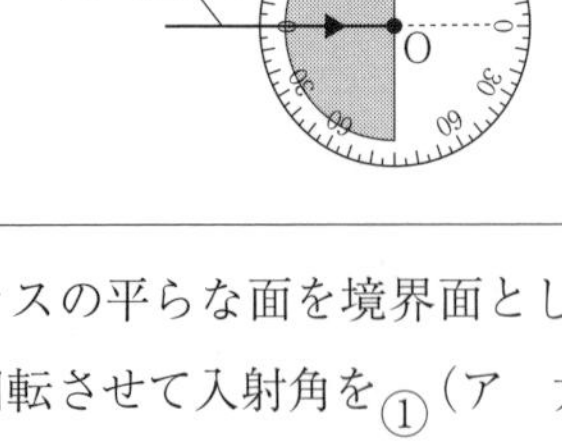

図6
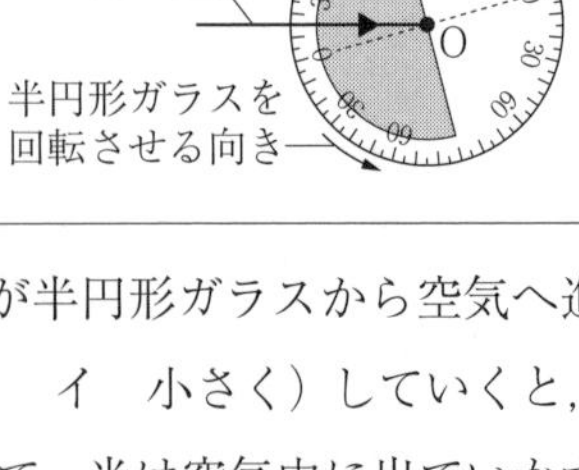

半円形ガラスの平らな面を境界面として，光が半円形ガラスから空気へ進むとき，半円形ガラスを回転させて入射角を①（ア　大きく　　イ　小さく）していくと，屈折角はしだいに②（ウ　大きく　　エ　小さく）なり，やがて，<u>光は空気中に出ていかずに，半円形ガラスと空気の境界面で全て反射する</u>ようになる。

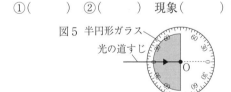

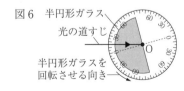

8　図1のように，直方体の物体Aとばねばかりを用いて，物体にはたらく浮力の大きさを調べる実験を行った。実験では，ばねばかりにつないだ物体Aを，その下面が水平になるようにしながら，少しずつ水に入れ，水面から物体Aの下面までの距離とばねばかりの値を記録した。表は，実験の結果を示したものである。ただし，物体Aの下面は，水槽《すいそう》の底面に接していないものとする。また，質量100gの物体にはたらく重力の大きさを1Nとし，糸の体積と質量は考えないものとする。

図1

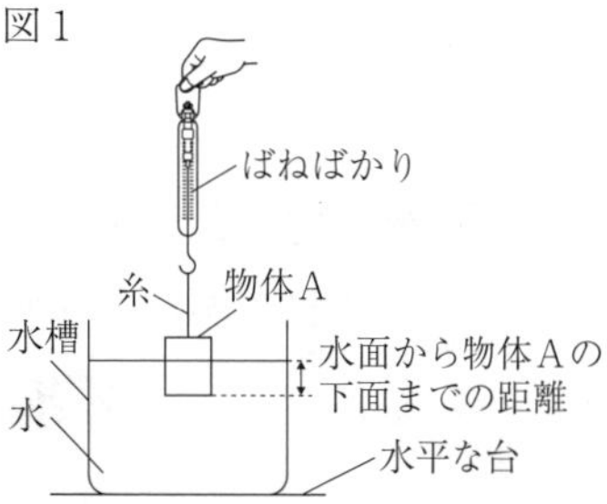

表

水面から物体Aの下面までの距離〔cm〕	0	1.0	2.0	3.0	4.0	5.0	6.0	7.0
ばねばかりの値〔N〕	0.60	0.52	0.44	0.36	0.28	0.20	0.20	0.20

問1　表をもとに，「水面から物体Aの下面までの距離」と「ばねばかりの値」の関係を，解答欄の図2にグラフで表せ。なお，グラフには測定値を•で示すこと。

図2

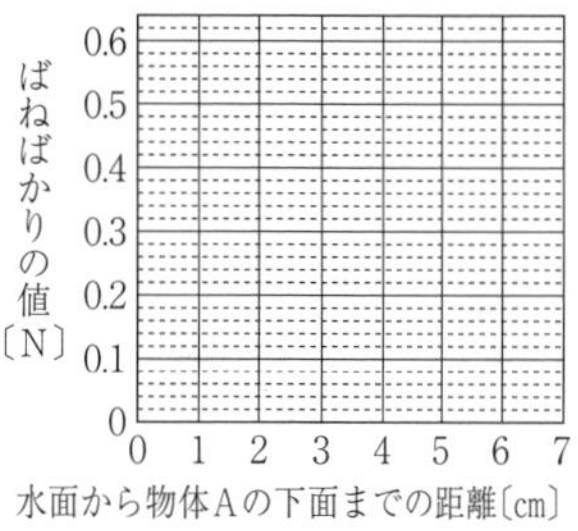

問2　水面から物体Aの下面までの距離が2.0cmのとき，物体Aにはたらく浮力の大きさは何Nか。(　　　N)

問3　下の□内は，この実験について考察した内容の一部である。文中の（ ① ）にあてはまるものを，あとの1～4から1つ選び，番号を書け。ただし，矢印の向きは水圧の向きを，矢印の長さは水圧の大きさを表している。また，（ ② ）にあてはまる内容を，「水圧」という語句を用いて，簡潔に書け。

①(　　　)　②(　　　　　　　　　　　　　　　　　　　)

物体Aの全体が水中に入っているとき，物体Aにはたらく水圧の向きと大きさは（ ① ）のような模式図で表すことができる。このとき，（ ② ）ため，物体Aにはたらく浮力の大きさは深さによって変わらない。

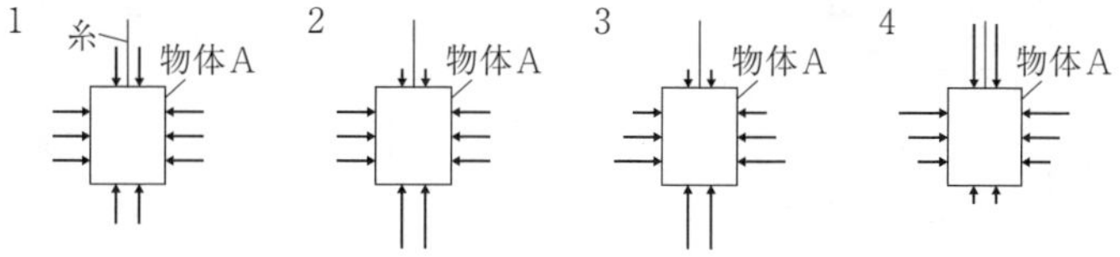

問4　実験後，ばねばかりにつないだ物体Aを水から出し，図3のように，水平な台の上にゆっくりとおろしていった。ばねばかりの値が0.40Nを示しているとき，物体Aが台におよぼす圧力の大きさは何Paか。ただし，物体Aと台がふれ合う面積を8.0cm^{2}とし，物体Aの表面についた水の影響は考えないものとする。(　　　Pa)

図3

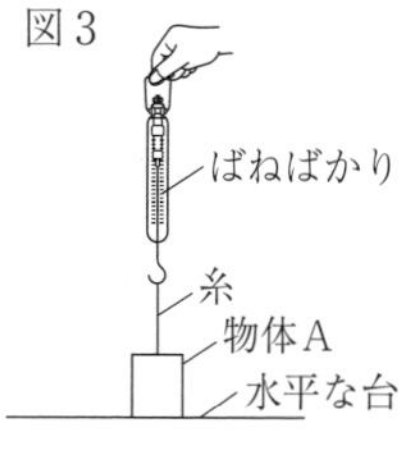

【案】

A

『附子』主人と家来の知恵くらべ！

あおげ，あおげ
あおぐぞ，あおぐぞ
太郎冠者《かじゃ》
次郎冠者

この話の主人は「砂糖」を猛毒「附子」だとうそをつき，外出します。留守番の二人の家来は砂糖だと知り，全部食べてしまいます。さて，二人は主人にどのような言い訳をしたのでしょうか？

続きは体験教室で！

B

「狂言の体験でござる」

～これであなたも狂言師！～

「エヘ，エヘエヘエヘ」と声を上げ，そろえた手を顔の前に持ってきて，腰を折り，前かがみになる。

何を表すしぐさ？

1　食べる
2　飲む
3　笑う
4　泣く

犬は何と鳴く？

1　ネウネウ
2　ビョウビョウ
3　クワーイ
4　トッテンコー

答えは体験教室で！

条件1　文章は、二段落構成とし、十行以上、十二行以内で書くこと。

条件2　第一段落には、【案】AとBのそれぞれのよさに触れた上で、どちらの案を選ぶか（どちらを選んでもかまわない。）、あなたの考えを書くこと。

条件3　第二段落には、第一段落を踏まえ、あなたが選んだ案について、さらに工夫できることを考えて、理由とともに書くこと。

条件4　題名と氏名は書かず、原稿用紙の正しい使い方に従って書くこと。

堤さん　その逸話も踏まえると、自分の名誉や利益を求める気持ちがない「許由」は、[イ]を持たない人物でもあったと思います。

小島さん　『徒然草』には、そのような人物について、[ウ]ことへの兼好法師の嘆きが表れていると思います。

先生　二人とも、『蒙求』と『徒然草』を比べて読んで、考えを深めることができましたね。

(1)　[ア]、[イ]に最もよく当てはまる熟語を、それぞれ漢字二字で考えて書け。ア[　　]　イ[　　]

(2)　[ウ]に入る内容を、十字以上、十五字以内で考えて書け。

[　　　　　　　　　　　　　　　]

4　狂言とは、六百年以上の歴史を持つ日本の伝統芸能で、滑稽なせりふやしぐさを中心に演じる劇である。次は、F市で開催を予定している中学生対象の「狂言体験教室」について、多くの中学生に興味を持ってもらうために、市役所の担当者が作成中の【ポスター】である。これを見て、後の問に答えよ。

【ポスター】

F市中学生「狂言体験教室」

狂言を知ろう，見よう，やってみよう！

プログラム

① 狂言についての説明
② 鑑賞『附子《ぶす》』
③ 狂言体験

[　　　　　　　　　　]

日　時：10月30日（日）10：00～11：30
会　場：F市民センター
入場料：無料

問　【ポスター】の空白部分[　]の内容として、次の【案】AとBについて、中学生の考えを聞かせてほしいと、市役所の担当者から中学校に依頼があった。あなたならどのような考えを伝えるか。後の条件1から条件4に従い、作文せよ。

も伝へけめ、これらの人は、語りも伝ふべからず。

現代語訳

人は、わが身をつつましくして、ぜいたくをしりぞけ、財宝を所有せず、俗世間の名誉や利益をむやみに欲しがらないのが、立派だといえよう。昔から、賢人であって富裕な人は、めったにいないものである。

中国で許由といった人は、少しも身についた貯えもなくて、水さえも手でもってすくいあげて飲んでいたのを人が見て、なりびさこ（瓢箪《ひょうたん》）というものを与えたところが、ある時、木の枝にかけてあったその瓢箪が、風に吹かれて鳴ったのを、やかましいといって捨ててしまった。それからはまた前のように手ですくって水も飲んだ。［Ｉ］。孫晨は、冬季に夜具がなくて、一束の藁があったのを、日暮れになるとこれに寝て、朝になると取りかたづけたということである。

中国の人は、これらを立派なことだと思えばこそ、書き残して後世にも伝えたのであろうが、我が国の人は、語り伝えさえしそうにもないことである。

（注）瓢箪…ウリ科の植物。熟した実の中をくりぬいたものを、水をすくう道具などとして用いる。

（「新編日本古典文学全集　44　徒然草」より。一部改変）

問一　『蒙求』の飲みをはりてを、現代仮名遣いに直し、全て平仮名で書け。（　　）

問二　『蒙求』の①人一瓢《いっぺう》を遺《おく》りという書き下し文の読み方になるように、解答欄の漢文の適当な箇所に、返り点を付けよ。

人　遺リ　一　瓢ヲ

問三　『蒙求』の②煩はしと同じ意味で用いられている語を『徒然草』から探し、そのまま抜き出して書け。（　　）

問四　『徒然草』に③いかばかり心のうち涼しかりけんとあるが、どういうことか。現代語訳の［Ｉ］に入る内容として最も適当なものを、次の1～4から一つ選び、番号を書け。（　　）

1　どんなにか心の中はすがすがしかっただろうか
2　どんなにか心の中は寂しかっただろうか
3　どんなにか心の中はわびしかっただろうか
4　どんなにか心の中は楽しかっただろうか

問五　次は、『蒙求』、『徒然草』を読んだ小島さんと堤さんと先生が、会話をしている場面である。

小島さん　『蒙求』に出てくる「許由」は、水をすくう道具でさえ必要ないと思うような［ア］な生活を実践した人物だと思います。

堤さん　そうですね。出家して草庵《そうあん》で暮らしたといわれる兼好法師は、『徒然草』のこの部分で、ぜいたくを嫌ってつつましく生きた立派な人物の例として「許由」と「孫晨」の逸話を引用しているのでしょうね。

先生　「許由」が俗世間を避けて、『蒙求』の中にある「箕山」で暮らしたのは、王が「許由」に帝位を譲ろうとした時に、それを断ったのがきっかけであるという逸話もありますよ。

らいのものかということ。

4　「駆けまわる」宝良が、実際の試合で、どのように動いて球を打ち返したかということ。

5　「23・77×10・97メートルのコート」は、具体的にどのようなものなのかということ。

問二　【資料】の装着の漢字の読みを、平仮名で書け。（　　）

問三　【資料】の考慮の＝＝線を施した漢字を楷書で書いたときの総画数と、次の1～4の＝＝線を施した部分に、適切な漢字をあてて楷書で書いたときの総画数が同じものを、1～4から一つ選び、番号を書け。（　　）

1　立派なこう績をあげる。　　2　親こう行する。

3　こう沢のある布を使う。　　4　こう福を手に入れる。

問四　「兼用」の対義語を、【資料】の中から探し、そのまま抜き出して書け。（　　）

問五　【資料】の中で用いられている次の文字の、Aの部分に表れている「点画の省略」という行書の特徴と同じ特徴が表れている部首を、次の1～4から一つ選び、番号を書け。（　　）

A

1　貝（かいへん）　　2　扌（てへん）

3　竹（たけかんむり）　　4　雨（あめかんむり）

3　次は、中国の唐の時代の『蒙求《もうぎゅう》』の一部と、それを題材にした鎌倉時代末期の『徒然草《つれづれぐさ》』の一部と、『徒然草』の現代語訳である。これらを読んで、後の各問に答えよ。句読点等は字数として数えること。

『蒙求』

許由《きょいう》、箕山《きざん》に隠れ、盃器《はいき》無し。手を以《もつ》て水を捧《ささ》げて之《これ》を飲む。①人一瓢《いつぺう》を遺《おく》り、以て操《と》りて飲むことを得たり。飲みをはりて木の上に掛くるに、風吹き瀝瀝《れきれき》として声有り。由以て②煩はしと為《な》し、遂《つひ》に之を去る。

（注）　箕山…今の河南省にある山。

瀝瀝…風の音の意。

（「新釈漢文大系　第58巻　蒙求　上」より。一部改変）

『徒然草』

人は、おのれをつづまやかにし、おごりを退けて、財《たから》を持たず、世をむさぼらざらんぞ、いみじかるべき。昔より、賢き人の富めるは稀《まれ》なり。

唐土《もろこし》に許由と言ひつる人は、さらに身にしたがへる貯《たくは》へもなくて、水をも手して捧げて飲みけるを見て、なりびさこといふ物を人の得させたりければ、ある時、木の枝にかけたりけるが、風に吹かれて鳴りけるを、かしかましとて捨てつ。また手にむすびてぞ水も飲みける。③いかばかり心のうち涼しかりけん。孫晨《そんしん》は、冬月《ふゆのつき》に衾《ふすま》なくて、藁一束《わらひとつか》ありけるを、夕《ゆふべ》には是《これ》に臥《ふ》し、朝《あした》には収めけり。もろこしの人は、これをいみじと思へばこそ、記しとどめて世に

【資料】

車いすテニスの主なルールと使用するコート

　ルールと，使用するコートや道具は，一般のテニスとほとんど同じです。大きく異なるルールは，車いすを使用することを考慮して，「2 バウンド以内の返球」が認められていることです。
　また，車いすを操作する際には，臀《でん》部を浮かして球を打つこと，足を使ってブレーキや方向転換操作をすること，地面に足をつけることは禁止されています。

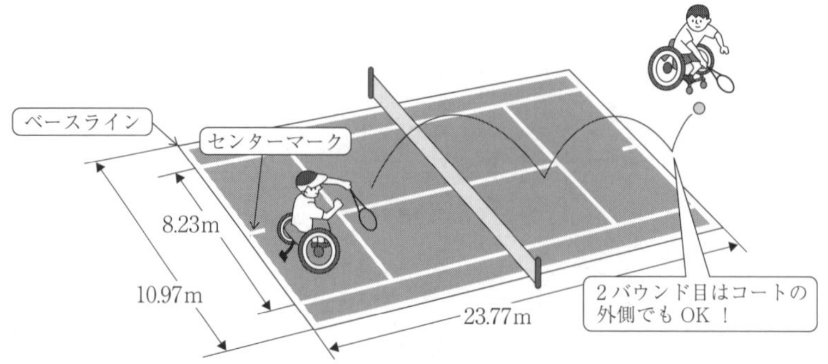
ベースライン
センターマーク
8.23m
10.97m
23.77m
2バウンド目はコートの
外側でも OK ！

競技用車いす

技術の結晶

　使用する車いすは，競技のために，専用に作られたものです。車いすに乗った状態でプレーがしやすいように，さまざまな工夫が見られます。トップ選手の車いすは，シートの厚さや高さ，タイヤの角度，選手の体格などを考えて作られています。

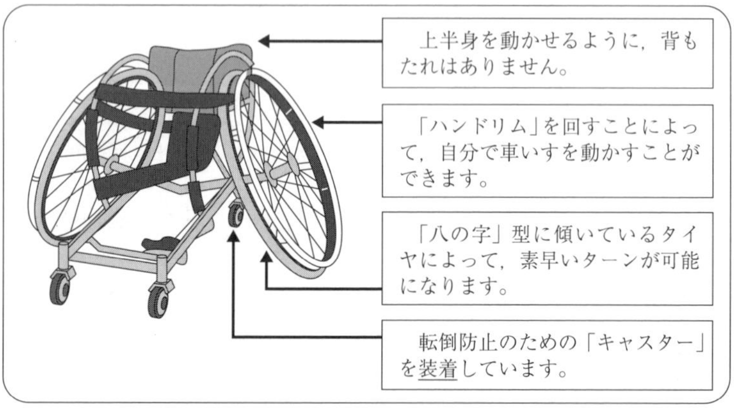
上半身を動かせるように，背もたれはありません。
「ハンドリム」を回すことによって，自分で車いすを動かすことができます。
「八の字」型に傾いているタイヤによって，素早いターンが可能になります。
転倒防止のための「キャスター」を装着しています。

（公益財団法人日本障がい者スポーツ協会「かんたん！車いすテニスガイド」を基に作成）

問一　【資料】を読むことで、【文章】の［　　］の中のどのようなことが詳しく分かるか。次の1～5から全て選び、番号を書け。

（　　　）

1　「ポニーテールをひるがえし」ながら宝良が体を傾けていたのはどの方向かということ。

2　「手の皮が剝《む》けるまで」練習した宝良が操作していたのは「ハンドリム」だということ。

3　「球を追って」とあるが、宝良が追っていた球の速さがどのく

「私たちも、そんな車いすを作りたいと常に願っています。藤沢の車いすを必要としてくれるすべての人のために」

　この面接から三日後、自宅に藤沢製作所の社名入りの封筒が届いた。百花は震える指で封を開け、採用通知を見た時、玄関先の郵便受けの前で泣いた。

（阿部暁子「パラ・スター〈Side《サイド》　百花〉」より。一部改変）

（注）インターハイ…全国高等学校総合体育大会のこと。
チェアワーク…車いす操作。　グレード…等級。
チェアスキル…車いす操作の熟達した技術。
ブリッジ…眼鏡の左右のレンズをつなぐ部分。

問一　本文中に（　）裏とあるが、「頭の中」という意味の二字熟語になるように、（　）に当てはまる漢字を楷書で書け。

（　　）裏

問二　本文中の═══線を施したa～cの「あなた」のうち、指し示す人物が異なるものを一つ選び、記号を書け。また、選んだ記号の人物が誰を指すのかを本文中から探し、そのまま抜き出して書け。

記号（　　）　人物（　　）

問三　次は、本文中の①百花は頭がまっ白になってしまった。について、その理由を整理したものである。[I]に当てはまる内容を、十字以上、十五字以内でまとめて書け。ただし、体言止めを用いて書くこと。

・予想外の質問
・[I]
・こちらを見据えた小田切の視線への気づき
→ 百花は頭がまっ白になってしまった。

問四　次は、本文中の②『いい車いす』とは、どんなものだと思いますか？の前後における描写についてまとめたものである。[ア]、[イ]に入る内容を本文中から探し、[ア]は七字で、[イ]は十一字で、それぞれ本文中からそのまま抜き出して書け。また、[ウ]に入る内容を、二十字以上、二十五字以内で考えて書け。ただし、実現という語句を必ず使うこと。実現については、活用させてもよい。

ア　[　　]　イ　[　　]

ウ　[　　]

「[ア]」から、動揺せず、安心して自分の考えを述べてほしいという由利子の思いが読み取れる。その思いを感じ取った百花は、自分の考えを全力で由利子に伝えた。百花の言葉を聞いた後のより温かみのある「[イ]」からは、[ウ]という百花の考えが、由利子の常に願っていることと合致したことが読み取れる。

問五　本文の構成や表現の特徴を説明した文として最も適当なものを、次の1～4から一つ選び、番号を書け。（　）

1　回想の場面と現在の場面とを交互に描くことによって、車いす作りに対する百花の今後の夢を明確に述べている。
2　短文を連続して用いることで、緊張して面接に臨みつつも、質問に間髪をいれず答える百花の姿を強調している。
3　比喩と反復の表現を多用することによって、登場人物の言動を強調するとともに百花の人物像を際立たせている。
4　様々な登場人物の会話文を入れたり、百花の心の声を地の文で述べたりすることで、面接の臨場感を表している。

(2)　次は、【文章】を読んで、車いすテニスに興味を持った東さんが調べた【資料】である。これを読んで、後の各問に答えよ。

すが」

「はい。友人が最高のプレーができるような、いい競技用車いすを作りたいです」

「それでは、君島選手がもし将来的に競技をやめたら、a あなたにとっても車いす作りは意味がなくなるんですか?」

予想もしていなかった質問に、え、と声がもれた。

そんなことはない、と答えようとしたが、本当にそんなことはないのか? と自分の内なる声に問いただされて迷いが生じ、小田切のこちらを見据えて逸《そ》れることのない視線に気づくとなおさら言葉がもつれて、①百花は頭がまっ白になってしまった。

石巻が眼鏡のブリッジを押し上げながら咳払《せきばら》いした。

「小田切くん、そういう小意地の悪い質問で若者をいじめるのはよしなさい。圧迫面接だのパワハラだの、今はすぐにネットで広まるのは知ってるだろう」

「自分はいじめる意図はなく、ただ疑問に思ったことを」

「人が何かをめざすきっかけは本当にさまざまだし、それはたいてい身近で個人的なものだったりします。ただ、きっかけはきっかけでその人の意志をずっと規定するものではないでしょう。年月と経験を重ねるごとに仕事への思いは変化していく。b あなたもよく知っているようにね」

由利子がやわらかく笑いかけると、小田切は少し黙ってから「その通りです」と声を落とした。由利子は百花と目を合わせると、ゆるぎない微笑を浮かべた。

「c あなたは車いすテニスをするお友達のために、いい車いすを作りたいと言いましたね。では②『いい車いす』とは、どんなものだと思いますか?」

この質問にもまた百花は焦った。採用試験のために勉強したから車いす作りの工程はおおむねわかっている。でも『いい車いす』の定義とは何なのか。速いこと? 軽いこと? 丈夫なこと? どれも重要だが決定的ではない気がして、脈ばかり速くなる。

それでも、この問いかけには、全力で答えなければならない。そう思った。どんなに拙くても、今の自分が持っている精いっぱいの言葉で、自分が作りたいと願う車いすのことを、自分が一緒に働きたいと望むこの人たちに伝えなければならない。

「――その人を、自由にする車いすです」

長い沈黙のあとに口を開いた時、声が少し震えた。こんなにも真剣に言葉を探したことも、こんなにも切実に伝えたいと願ったことも、今までになかった。

「その人が、やりたいことを、やりたい時に、やりたいようにできる。その手助けをする車いすです。そんな、その人を自由にする車いすを、わたしは作りたいです」

言葉を切ったその時、宝良の姿が（　　）裏をよぎった。ポニーテールをひるがえし、手の皮が剝《む》けるまで車いすを走らせ、球を追ってテニスコートを駆けまわる宝良。

ああ、そうだ。23・77×10・97メートルのコート。あの場所でもっと宝良を自由にする車いすを作る。それが、わたしの夢だ。

長机の上で手を重ねた藤沢由利子が、親愛のこもったほほえみを浮かべた。

問六　本文の展開や内容について説明した文として最も適当なものを、次の1～4から一つ選び、番号を書け。（　　）

1　具体的な事例を織り交ぜながら、超高齢社会においてシンパシーを身に付けることの大切さを主張している。

2　論の中心となる語句について初めに書き手の解釈を示した上で、今後の人口減少社会で重要なことを述べている。

3　世界の人口や出生数を提示して、人口減少社会において諸外国との関係で起きる問題を具体的に述べている。

4　他の考え方に対する書き手の反論を具体例を挙げて示し、超高齢社会における人々の在り方を主張している。

2　次は、【文章】とそれに関する【資料】である。

(1)　次の【文章】を読んで、後の各問に答えよ。句読点等は字数として数えること。

【文章】

【ここまでのあらすじ】　老舗車いすメーカーの藤沢製作所で働く山路百花《やまじももか》は、採用面接のことを回想している。面接者は、社長の藤沢由利子、社員の小田切、石巻であった。由利子に志望理由を問われた百花は、親友で車いすテニス選手の君島宝良《きみじまたから》がきっかけとなって車いすに興味を持ち、競技用車いすの製作を仕事にしたいと思うようになったことを、情熱をこめて答えた。すると、宝良の活躍が話題になった。

「ただ彼女の場合は、その前の一般テニスのキャリアも相当のものですから。高校二年で受傷する前はインターハイ出場経験もあるそうで、テニス技術はずば抜けています。ただ、まだチェアワークがベテラン勢に追いつかず、そのせいでグレードの高い大会では優勝争いに食い込めずにいるんですが、これでチェアスキルも身につければ七條玲《しちじょうれい》に次ぐ日本のトッププレイヤーになると思います」

　百花は、宝良がいずれ日本だけではなく世界までも舞台にして戦う車いすテニスプレイヤーとなることを疑ったことはなかった。けれど、自分以外の誰かがはっきりと宝良の力を認めるのを聞いたのは初めてで「ありがとうございます！」と自分のことでもないのに小田切に勢いよく頭を下げた。小田切は少したじろいだように身を引いて、百花の履歴書のコピーを手に取った。

「山路さんは、競技用車いす部門への配属を希望しているとのことでにつれて、直接会うよりも正確な情報のやり取りや意思の疎通が求められるようになってくる。これまで以上に相手の立場になってものを考え、世代を超えた相互理解を図るべく積極的に努力しない限り、社会は円滑に回っていかなくなるということである。エンパシーとは、人口減少社会になくてはならない②潤滑油なのである。

言うまでもなく、他人に寄り添う気持ちの強さは、誠実さや礼儀正しさなどと並ぶ日本人のc代表的な国民性であり、美徳だ。そうした意味では、エンパシーが日本社会に定着しやすい素地はある。すでに身に付けているという人も少なくないことだろう。［X］子供について考えるならば、エンパシーが自らの体験の中から学ぶものである以上、価値観が異なる人との交流や、異文化に接する体験はなるべくd小さな頃から積んでおいたほうがよいが、一方で最近は少子化で学級数は減っており、クラス替えすらままならないという学校も増えてきている。今後は幼少期の教育の中において、高齢者との交流や外国人と一緒に行動したり、遊んだりする機会を意図して増やしていくことも考えなければならなくなるだろう。

多くの人がエンパシーを身に付け、相手を思いやることが当たり前の社会となったならば、日本の未来は大きく変わる。

（河合雅司「未来を見る力　人口減少に負けない思考法」より。一部改変）

（注）社人研…国立社会保障・人口問題研究所の略。
AI…人工知能。推論、判断などの知的な機能を備えたコンピューター・システム。

問一　本文中の二箇所の空欄［X］に共通して入る語句として最も適当なものを、次の1～4から一つ選び、番号を書け。（　）

1　では　2　または　3　なぜなら　4　ただ

問二　本文中のa必要な、bさまざまな、c代表的な、d小さなのうち、品詞が異なるものを一つ選び、記号を書け。（　）

問三　本文中に①世代を超えたコミュニティーを形成し、生かしていくとあるが、そのために書き手が必要だと述べている内容として最も適当なものを、次の1～4から一つ選び、番号を書け。（　）

1　高齢者がふだん感じている喜びや悩みに耳を傾け、新たな商品市場を開拓することで、個人の利益を追求すること。
2　働く世代の人々に限定して、高齢者と交流して情報のやり取りを行う機会を増やし、世代間の交流を図ること。
3　高齢者の置かれた状況を疑似体験するなどして理解し、解決に向けた策を講じるため積極的に努力すること。
4　日常生活で高齢者が感じている困難に理解を示した上で、高齢者同士が自立して助け合う意識を高めること。

問四　本文中の②潤滑油とは、エンパシーのどのような働きをたとえたものか。解答欄の下の「働き。」という語句に続くように、十字以内でまとめて書け。

［　　　　　　　　　　］働き。

問五　次は、本文中の「しなやかさ」について述べたものである。

書き手の述べる「しなやかさ」とは、人口減少に伴い［ア］が役に立たなくなる中で、［イ］できる柔軟性のことである。

(1)　［ア］に入る内容を、本文中から九字で探し、そのまま抜き出して書け。［　　　　　　　　　］

(2)　［イ］に入る内容を、二十五字以上、三十字以内で考えて書け。ただし、**価値観**、**変化**という二つの語句を必ず使うこと。

国語

時間　五〇分
満点　六〇点

1　次の文章を読んで、後の各問に答えよ。句読点等は字数として数えること。

私は人口減少がもたらす変化に対応するための「しなやかさ」を身に付けるには、エンパシーと呼ばれる力が極めて重要になると考える。エンパシーには日本語にピタリとはまる訳語がなく、聞きなれない言葉だが、シンパシーと似ている。[X]その意味は少々異なっていて、シンパシーが「自分は違う立ち位置にいて、相手に同情する」ことを指すのに対し、エンパシーは「自分も相手の立場に立って、気持ちを分かち合う」ことを意味する。

例えば、穴に落ちて困っている人への対応をイメージすれば分かりやすい。落ちた人を穴の上から覗《のぞ》いて心配することがシンパシーだ。これに対して、自分も穴の中に降りていって、一緒に解決策を考えるのがエンパシーである。自分と違う価値観や理念を持っている人が何を考えているかを想像する力とも言えるだろう。コミュニケーション能力の基礎である。

なぜ人口減少社会においてエンパシーが極めて重要になるのかと言えば、これから訪れる社会はいままでの日本とは全く異なるからだ。繰り返すが人口減少がもたらすこれからの激変は、すべての分野に例外なく起こる。そして誰も経験したことのない大きな変化となる。過去の経験則や知識といったものは役に立たないのだから、各人がおのおのの立場を超えて理解し合い、新たな知恵を出さざるを得ない。私は地域の暮らしにおいて「助け合い」の必要性を繰り返し説いてきたが、①世代を超えたコミュニティーを形成し、生かしていくためにはエンパシーによる相互理解は不可欠なのである。

例えば、二十一世紀の日本は超高齢社会が進んでいく。社人研の推計では二〇六七年の百歳以上人口は五十六万五千人となり、その年の年間出生数五十四万六千人を上回る。九十代に限っても五百八十六万七千人だ。これだけ多くの九十代、百代が暮らす社会は世界のどこを探してもないだろう。予期せぬことがどんな形で起きてくるのか想像もつかない。

現状で言えることは、もしこれらの年代の人々の暮らしが成り立たなくなったならば、若い世代の社会的負担はさらに大きくなり、社会全体に少なからぬ影響が出てくるということだ。九十代、百代の人々の暮らしを支えていくためには、まずはこうした年齢の人々がどのような環境に置かれているのかを知ることだ。どんなことに喜びを感じ、どんな悩みを抱いているのか、理解する必要がある。いまやAIによって、視力の衰えた高齢者の視界がどれほどまでに狭まっているのかを簡単に映像化することができる。筋力の衰えでどれぐらいの歩行スピードとなるのか、あるいは握力が弱り、瓶の蓋はどれぐらいの硬さになったら開けられなくなるのかといったこともシミュレーションし、疑似体験することも可能だ。違う立場の人々を理解するために積極的にアプローチをしないかぎり、真にa必要な政策を講じることはできない。ニーズを把握してマーケットを掘り起こすこともできない。

ビジネスシーンで言うなら、働く世代の激減に伴って外国の人々とbさまざまなチャンネルで交流する機会も増えるだろう。商習慣に始まり、文化や価値観も含めてお国柄の違いに戸惑い、摩擦が生じる場面も断然多くなるだろう。日本人同士でもテレワークや在宅勤務が普及する

2022年度／解答

数　学

1【解き方】(1) 与式＝6＋(－15)＝－9

(2) 与式＝$3a-12b-2a-5b=a-17b$

(3) 与式＝$\dfrac{\sqrt{18}}{\sqrt{2}}+\dfrac{\sqrt{14}}{\sqrt{2}}=\sqrt{9}+\sqrt{7}=3+\sqrt{7}$

(4) 式を展開して整理すると，$x^2-x-12=0$ だから，$(x+3)(x-4)=0$　よって，$x=-3$，4

(5) $y=\dfrac{a}{x}$ とおき，$x=2$，$y=9$ を代入すると，$9=\dfrac{a}{2}$ より，$a=18$　$y=\dfrac{18}{x}$ に $x=-3$ を代入して，$y=\dfrac{18}{-3}=-6$

(6) 2枚のカードの取り出し方は，(1，2)，(1，3)，(1，4)，(1，5)，(2，3)，(2，4)，(2，5)，(3，4)，(3，5)，(4，5)の10通り。このうち，3のカードがふくまれるのは4通りだから，確率は，$\dfrac{4}{10}=\dfrac{2}{5}$

(8) 記録が20m未満の人数は，6＋9＋17＝32(人)だから，累積相対度数は，$\dfrac{32}{60}=0.533\cdots$より，小数第3位を四捨五入して，0.53。

(9) 箱に入っているねじを x 個とすると，$x:30=50:6$ が成り立つ。$6x=1500$ となるから，$x=250$　よって，およそ250個。

【答】(1) －9　(2) $a-17b$　(3) $3+\sqrt{7}$　(4) $x=-3$，4　(5) －6　(6) $\dfrac{2}{5}$

(7) (右図)　(8) 0.53　(9) (およそ) 250 (個)

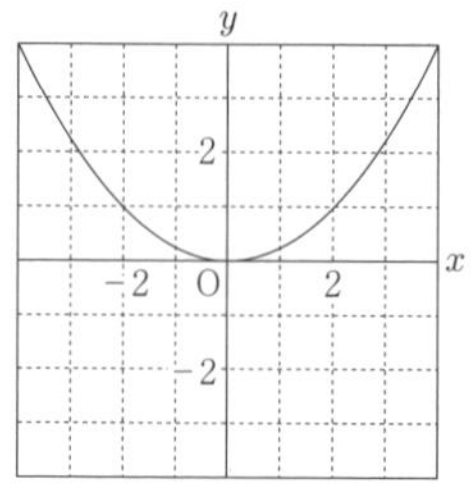

2【解き方】(1) ア…Aさんのデータの第1四分位数は7点。ウ…Aさんのデータの第2四分位数（中央値）が10点，Bさんのデータの第1四分位数が10点だから，10点以上のデータはBさんの方が多い。エ…データの範囲は，Aさんが，18－4＝14(点)，Bさんが，17－2＝15(点)で，Bさんの方が大きい。よって，正しいものは，イとエ。

(2) 四分位範囲は，Aさんが，14－7＝7(点)，Bさんが，15－10＝5(点)

【答】(1) イ，エ　(2) P. 10　Q. 12　R. 7　S. 5　② Bさんのデータの方がAさんのデータより，中央値は大きく，四分位範囲は小さい

3【解き方】(1) A＝$2r\times a+\pi\times r^2=2ar+\pi r^2$ (m^2)　B＝$2a\times r+\pi\times a^2=2ar+\pi a^2$ (m^2)　よって，A－B＝$(2ar+\pi r^2)-(2ar+\pi a^2)=\pi r^2-\pi a^2=\pi(r^2-a^2)$

(2) 道の面積は，縦の長さが2m，横の長さが a mの長方形2つ分の面積と，半径が$(r+2)$ mの円から半径が r mの円を取り除いた部分の面積の和となる。よって，S＝$(2\times a)\times 2+\pi\times(r+2)^2-\pi\times r^2=4a+4\pi r+4\pi$　また，道のまん中を通る線は，a mの長さ2つ分と，半径が$(r+1)$ mの円周を合わせたものになるから，$\ell=a\times 2+2\pi\times(r+1)=2a+2\pi r+2\pi$　よって，S＝$4a+4\pi r+4\pi=2(2a+2\pi r+2\pi)=2\ell$

【答】(1) ウ　(2) X. $4a+4\pi r+4\pi$　Y. $2a+2\pi r+2\pi$　Z. S＝2ℓ

4【解き方】(1) 加湿器Aを「中」で動かすと，1時間に500mLの割合で水を消費するから，正午から午後1時30分までの1.5時間では，500×1.5＝750(mL)の水が減る。

(2) 加湿器Aを「中」で2時間動かすと，$500 \times 2 = 1000$ (mL)の水を消費するから，このとき残っている水の量は，$4200 - 1000 = 3200$ (mL)　そのあと，「強」で3時間動かすと，$700 \times 3 = 2100$ (mL)の水を消費するから，このとき残っている水の量は，$3200 - 2100 = 1100$ (mL)　したがって，グラフは(2, 3200)，(5, 1100)を通る。このグラフの傾きは，$\dfrac{1100 - 3200}{5 - 2} = \dfrac{-2100}{3} = -700$ だから，式を $y = -700x + b$ とおき，$x = 2$，$y = 3200$ を代入すると，$3200 = -700 \times 2 + b$ より，$b = 4600$　よって，$y = -700x + 4600$

(3) 加湿器Bについて，グラフは2点(2, 4200)，(7, 200)を通るので，グラフの式を求めると，$y = -800x + 5800$……①　$x = 5$ のとき，$y = -800 \times 5 + 5800 = 1800$ だから，$2 \leqq x \leqq 5$ の範囲では加湿器Bのほうが残りの水が多い。よって，残りの水の量が等しくなるのは，5時間後から7時間後までの間。加湿器Aについて，$5 \leqq x \leqq 8$ のグラフは2点(5, 1100)，(8, 200)を通るので，グラフの式を求めると，$y = -300x + 2600$……②　②を①に代入すると，$-300x + 2600 = -800x + 5800$ だから，これを解くと，$x = \dfrac{32}{5}$　$\dfrac{32}{5}$ 時間 = 6時間24分より，午後6時24分。

【答】 (1) 750 (mL)　(2) $-700x + 4600$　(3) (午後) 6 (時) 24 (分)

5 **【解き方】** (1) $\overset{\frown}{AB}$に対する円周角より，∠ACB = ∠ADE，$\overset{\frown}{BC} = \overset{\frown}{CD}$より，∠BAC = ∠EAD であることを利用する。

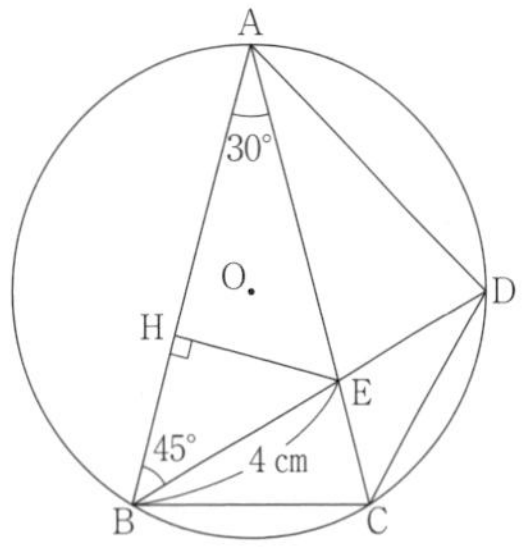

(3) △ABE ≡ △ACD より，∠CAD = ∠BAE = 30°　$\overset{\frown}{CD}$に対する円周角だから，∠CBD = ∠CAD = 30°　△ABC は AB = AC の二等辺三角形だから，∠ABC = (180° − 30°) ÷ 2 = 75°　したがって，∠ABE = 75° − 30° = 45°　右図のように，点Eから辺ABに垂線EHをひくと，△BEHは直角二等辺三角形となるので，$\mathrm{HE} = \dfrac{1}{\sqrt{2}}\mathrm{BE} = \dfrac{4}{\sqrt{2}} = 2\sqrt{2}$ (cm)　△AHE は30°，60°の直角三角形だから，$\mathrm{AE} = 2\mathrm{HE} = 4\sqrt{2}$ (cm)

【答】 (1) △AED（または，△ADE，△BCE，△BEC）

(2) △ABE と△ACD において，仮定から，AB = AC……①　$\overset{\frown}{AD}$に対する円周角は等しいから，∠ABE = ∠ACD……②　$\overset{\frown}{BC} = \overset{\frown}{CD}$だから，∠BAE = ∠CAD……③　①，②，③より，1組の辺とその両端の角がそれぞれ等しいので，△ABE ≡ △ACD

(3) $4\sqrt{2}$ (cm)

6 **【解き方】** (1) ア…AB ∥ DC，DC ∥ HL だから，AB ∥ HL　イ…面ADHE と面JKLI をそれぞれのばすと交わる。ウ…AB ⊥ BJ，BC ⊥ BJ より，面ABCD と辺BJ は垂直に交わる。エ…辺DH と辺KL は同じ面上にあるので，ねじれの位置にはない。よって，正しいものはアとウ。

(2) 面ABJIE と面ADHE を展開図にすると，次図アのようになる。このとき，MP + PD の長さが最も短くなるのは，線分MD と AE との交点を P としたときである。点Mを通り DB に平行な直線と，線分FB との交点を R とし，点Mを通り HD に平行な直線と，線分DB，HF との交点を S，T とする。MR ∥ IF より，JR : RF = JM : MI = 1 : 1　したがって，$\mathrm{RF} = \dfrac{1}{2}\mathrm{FJ} = 2$ (cm)　同様に，MT ∥ JF より，$\mathrm{TF} = \dfrac{1}{2}\mathrm{IF} = 1$ (cm)　よって，MS = RB = 9 − 2 = 7 (cm)，AS = ET = 5 − 1 = 4 (cm)　△DSM で，PA ∥ MS より，PA : MS = DA : DS = 10 : (10 + 4) = 5 : 7 だから，$\mathrm{PA} = \dfrac{5}{7}\mathrm{MS} = 5$ (cm)　三角すい AIPD は次図イのようになり，底面を△API とすると，高さは AD。EI = 5 − 2 = 3 (cm)だから，求める体積は，$\dfrac{1}{3} \times \left(\dfrac{1}{2} \times 5 \times 3\right) \times 10 = 25$ (cm^3)

(3) BJ $= 9 - 4 = 5$ (cm)だから，△ABJ は AB $=$ BJ $= 5$ cm の直角二等辺三角形で，AJ $= \sqrt{2}$ AB $= 5\sqrt{2}$ (cm)　△ABC で三平方の定理より，AC $= \sqrt{5^2 + 10^2} = 5\sqrt{5}$ (cm)　また，△JBC ≡△ABC だから，JC $=$ AC $= 5\sqrt{5}$ cm　次図ウの△ACJ は二等辺三角形だから，点 C から辺 JA に垂線 CU をひくと，AU $= \frac{1}{2}$AJ $= \frac{5\sqrt{2}}{2}$ (cm)　△CAU で，$\mathrm{CU}^2 = (5\sqrt{5})^2 - \left(\frac{5\sqrt{2}}{2}\right)^2 = 125 - \frac{25}{2} = \frac{225}{2}$ だから，CU $= \sqrt{\frac{225}{2}} = \frac{15\sqrt{2}}{2}$ (cm)　JQ : QC $= 2 : 3$ より，△AQJ =△ACJ $\times \frac{2}{2+3} = \left(\frac{1}{2} \times 5\sqrt{2} \times \frac{15\sqrt{2}}{2}\right) \times \frac{2}{5} = 15$ (cm^2)

図ア

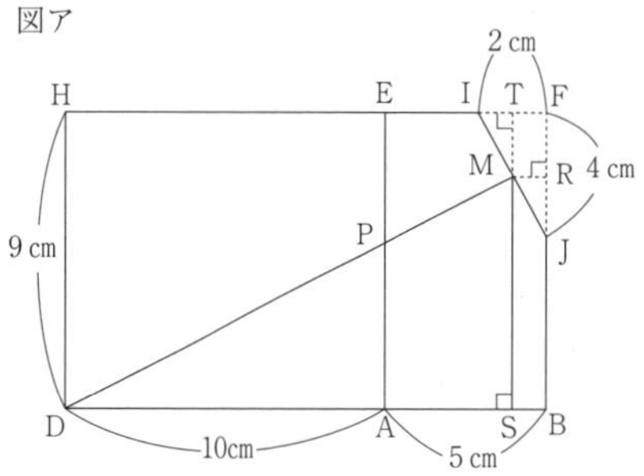

図イ

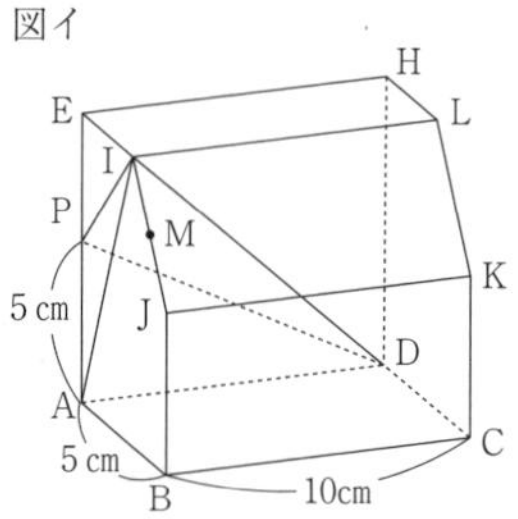

図ウ

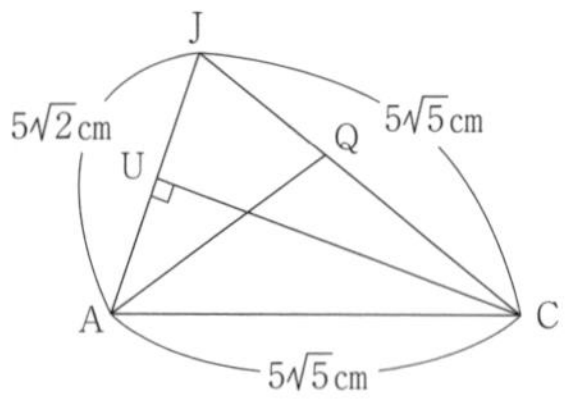

【答】 (1) ア，ウ　(2) 25 (cm^3)　(3) 15 (cm^2)

英 語

1 **【解き方】** 問題1. (1) whose は誰のものかをたずねる疑問詞。mine =「私のもの」。(2) how は手段をたずねる疑問詞。by 〜 =「〜で」。(3) when =「〜とき」。

問題2. (1) タクヤは1週間，日本国内を旅行し，一人で歩いて楽しみたいと思っている。(2) ケンジは日曜日の朝だけ動物公園へ行くことができ，ネコ以外の動物と遊びたいと思っている。

問題3. (1) 健太がジェーンに対して「きみはわくわくしているようですね」と言うと，ジェーンは「そうです」と答えた。(2) 健太は「私は最初にあなたと一緒に江戸東京博物館へ行きたいです」と話している。(3) ジェーンは健太と一緒に博物館へ行って，買い物にも行くので，「東京の文化の古いものと新しいものを見るだろう」。

問題4. 〈問1〉(1) 質問は「奈美が出発する前に最も重要なすべきことは何ですか？」。英語で授業を受けるので，英語を練習することが最も重要なことだと説明されている。(2) 質問は「プレゼンテーションで奈美は何について話す必要がありますか？」。自分の国を紹介するためのプレゼンテーションなので，彼女は「彼女の国」について話さなければならない。(3) 質問は「誰が奈美たちと一緒に毎週金曜日の午後，ボランティアの仕事をするのですか？」。ボランティアの説明の部分で「学校の近くに住んでいる人たちと一緒に行う」と言っている。〈問2〉ボランティアの仕事についての質問を考える。「子どもたちと一緒にどんなスポーツができるのですか？」などが考えられる。

【答】 問題1. (1) イ (2) エ (3) イ 問題2. (1)〔Course〕B (2) 10:30 問題3. (1) ア (2) ウ (3) エ

問題4. 〈問1〉(1) イ (2) her, country (3)(例) People living near the school will. 〈問2〉(例) What sport can I play with children?

◀全訳▶ 問題1.

(1) わあ，見て！ あれはかっこいい自転車です。それはだれの自転車ですか？

ア. それは青色です。 イ. それは私のものです。 ウ. それは公園の近くにあります。

エ. それは10才です。

(2) ルーシー，あなたは昨日どのようにして家に帰りましたか？

ア. 夕食を作るためです。 イ. 夕方です。 ウ. 約1時間です。 エ. バスでです。

(3) グリーン先生，あなたはいつ日本語を学び始めましたか？

ア. 音楽を聴くことによってです。 イ. 私が15才の時です。 ウ. 私がそれに興味があったからです。

エ. 3時間です。

問題2.

(1) タクヤはこの夏，旅行のために1週間あります。彼は去年の夏は外国へ行ったので，日本中を旅したいと思っています。彼はそのとき一人で有名な場所を歩いて回って楽しんだので，同じやり方で次の旅行を楽しみたいと思っています。彼にとって一番良いコースはどれですか？

(2) この週末，ケンジは動物と遊ぶために，市立動物公園でのイベントに参加するつもりです。彼は家でネコを飼っているので，他の種類の動物と遊びたいと思っています。彼は日曜日の朝だけ公園へ行くことができます。彼が参加するイベントは何時に始まるでしょう？

問題3.

健太 ：ぼくたちの電車はもうすぐ東京に着くよ，ジェーン。きみはわくわくしているようだね。

ジェーン：ええ！ 私が東京を訪問するのは今回が初めてなの。私は東京のポップカルチャーが好きよ。私は日本の若者のように，買い物をしたり，特別なアイスクリームを食べたりして楽しみたいの。あなたはどう思う，健太？

健太 ：いい考えだよ。でも，最初にぼくはきみと一緒に江戸東京博物館へ行きたいんだ。

ジェーン：江戸東京博物館？ 私は東京が昔，江戸とよばれていたのは知っている。私たちはそこで何を見ることができるの？

健太　　：えっと，その博物館は江戸の歴史と文化を展示しているんだ。きみは衣類や食べ物のような，江戸の人々の生活について学ぶことができるよ。

ジェーン：おもしろいわね。もし江戸に関するこれらのことを知れば，私は東京をもっと楽しむことができると思うわ。

健太　　：ぼくもそう思うよ。ある文化から古いものと新しいものについて学ぶことは，それを理解しようとするときに重要だ。

ジェーン：じゃあ，私たちは博物館へ行って，そして買い物に行こう。

質問1：健太と話しているとき，ジェーンはわくわくしていますか？

質問2：健太は東京でジェーンと最初に何をしたいと思っていますか？

質問3：ジェーンについて正しいのはどれですか？

問題4.

〈問1〉こんにちは，みなさん。私の名前はリン，サウスハイスクールの教師です。あなたたちは来月，私たちと一緒に勉強を始めます。今から私はあなたたちが自分の国を出発する前に，あなたたちがやるべき三つのことについて話します。

一つ目は，英語を練習してください。あなたたちは英語で授業を受けるので，これはあなたたち全員にとって最も重要なことです。私はあなたたちが緊張しているのはわかっています，けれども心配しないでください。私たちの生徒があなたたちの手助けをします。

二つ目に，あなたたちは英語の宿題を終わらせるべきです。あなたたちは自分の国を紹介するプレゼンテーションを作成する必要があります。あなたたちは最初の英語の授業で，プレゼンテーションの時間があります。

最後はボランティアの仕事についてです。毎週金曜日の午後，あなたたちは学校の近くに住んでいる人たちと一緒にボランティアの仕事をします。子どもたちとスポーツをすること，もしくは森を掃除することから一つを選んでください。もしボランティアの仕事について何か質問があるなら，私たちに知らせてください。

すぐにお会いしましょう！

〈問2〉あなたはサウスハイスクールのボランティアの仕事について何をたずねたいですか？　質問を一つ書いてください。

2 **【解き方】** A. 次にフミコがニュースの内容を伝えているので，ジョーンズ先生が「どういうことですか？」とたずねたことがわかる。What do you mean?＝「(あなたが言いたいことは) どういうことですか？」。

B. ダニエルに都合の良い時間をたずねられて，ケンは「次の土曜日の午後はどうですか？」と答えた。How about ～?＝「～はどうですか？」。

C. ケイシーに「あなたはどのようにしてそれ（来週，ピアノのコンテストで演奏すること）を知りましたか？」とたずねられ，サトルは「昨日，私は駅であなたの妹に会いました」と説明した。

D. ケイシーが「ホールにいるみんなの前でピアノを演奏することを楽しむつもりだ」と話したので，サトルは「もし私があなたなら，そのように考えることはできません」と言った。If I were you＝「もし私があなたなら」。仮定法の文。

【答】 A. ア　B. イ　C. エ　D. ア

3 **【解き方】** 問1. ①「日本であなたたちが私にしてくれたすべてのことに対してありがたく思っています」となる。Thank you for ～＝「～に対してありがたく思う」。目的格の関係代名詞が everything の直後に省略されている文。you have done が後ろから everything を修飾する。since が不要。②「ぼくたちが一緒に演奏してから，きみたちがどれくらい三味線の技能を上達させたのかを教えてください」となる。tell A B＝「A に B を伝える」。how you ～＝「どれくらいきみたちが～」という意味の間接疑問文。with が不要。

問2. トムのメールを読んで，スミス先生がうれしく思ったことを考える。メールには，「彼（トム）が日本での滞在を楽しんだ」ことが書いてあり，スミス先生はそれをうれしく思った。be glad that ～＝「～ことをうれしく思う」。

問 3. 裕二は「私は最初，伝統的な日本の音楽にあまり興味はありませんでした」と言っているが，その後の発言から「今はそれについてもっと知りたいと思っている」ことがわかる。

問 4. 質問は「なぜ裕二と幸が文化祭でトムと一緒に三味線を演奏しようと決めたのですか？」。幸の最後のせりふを見る。エは「一緒に三味線を演奏することは，彼らが伝統的な日本の音楽文化を楽しむ助けになるから」という意味。

【答】 問 1. ① everything you have done ② tell me how you 問 2. ウ 問 3. エ 問 4. エ

◀全訳▶

こんにちは，裕二と幸
ぼくはオーストラリアからきみたちにメールを書いています。日本できみたちがぼくにしてくれたすべてのことに対してありがたく思っています。特にぼくたちが受けた音楽の授業がぼくは好きでした。ぼくたちが一緒に三味線を演奏したとき，とても楽しかったです。学校で伝統的な音楽を勉強することはとてもすてきだとぼくは思います。きみたちはまだ三味線を練習していますよね？ ぼくたちが一緒に演奏してから，きみたちがどれくらい三味線の技能を上達させたのかを教えてください。ぼくもここで一生懸命練習するつもりです。
トム

裕二　　：スミス先生，ぼくたちはトムから E メールをもらいました。こんなに早く彼から連絡があったのはうれしいことです。

スミス先生：トムから？ 私にそれを見せてください。ああ，彼が日本での滞在を楽しんだことを私はうれしく思います。

裕二　　：彼はまたぼくたちにこの写真も送ってくれました。ぼくたちは音楽の授業でトムと一緒に三味線を演奏しました。

スミス先生：三味線は日本の伝統的な楽器ですね？

幸　　　：はい。私たちは歌舞伎の音楽を学んだときに，それを勉強しました。

スミス先生：私は以前東京で歌舞伎を見たことがあります。歌舞伎役者が何を言っているのか私は理解することができませんでしたが，彼らの演技と音楽から，私はその物語を少し理解しました。

幸　　　：本当ですか？ 三味線は，登場人物の気持ちを人々が理解する手助けをするので，歌舞伎の重要な楽器です。私たちの音楽の先生がそのように言っていました。私は，三味線を演奏することによって，伝統的な日本の音楽をより理解しました。

裕二　　：ぼくもそうです。ぼくは最初，伝統的な日本の音楽にあまり興味がありませんでしたが，今はそれについてもっと知りたいと思っています。ぼくが三味線をもっと練習すれば，三味線の音はぼくにとってより興味深くなると思います。

スミス先生：それは素晴らしいですね！ 三味線を演奏することがあなたたちをやる気にさせたのですね。

幸　　　：実際，私たちの技能は上達しています。私たちは文化祭で先生に私たちの三味線の演奏を見せることができます。

裕二　　：幸，ぼくに考えがあるよ！ トムに文化祭で一緒に三味線を演奏してくれるよう頼んだらどうかな？ インターネットを使えば，ぼくたちはそれを一緒に演奏することができるよ。

幸　　　：なんてすてきなんでしょう！ 三味線を一緒に演奏することによって，きっと私たち全員が私たちの伝統的な音楽文化をもっと楽しむことができると思うわ。私たちはそのことをオーストラリアにいる彼の友人たちとも共有することができるわね。

スミス先生：それは本当にわくわくしますね！

4 【解き方】問1．質問は「ヒロシはトシコと話すために何を使いましたか？」。第2段落の最初の文に「数日後に，ヒロシはそのプロジェクトについてインターネットでトシコと話した」とある。

問2．benefit =「利益」。後の3文で新しい科学技術を使うことについての良い点が書かれていることから推測することもできる。

問3．「その仕事」という意味から，トシエの農作業の何かを指していると考える。直前にある果樹に水を与えることがその内容になる。

問4．ア．第1段落の中ごろを見る。ヒロシの先生は，英語ではなく新しい科学技術を上手に使う人を紹介するように言った。イ．第2段落を見る。ヒロシがトシコに自分の考えを述べたとは書かれていない。ウ．「トシコは新しい科学技術を使うことによって，果物農家としての彼女の働き方を変えた」。第2段落の後半を見る。トシコが「新しい科学技術は，私の働き方を変えて，それをより良くしてくれている」と話している。正しい。エ．第3段落の前半を見る。ヒロシとアスカが話をしたのは，ヒロシのスピーチの後である。オ．「アスカの意見では，トシコのウェブサイトを見る人々は，農業についてのトシコの考えに影響を受けるだろう」。第3段落の後半を見る。アスカはトシコのウェブサイトを見る人について，「彼らは彼女から影響を受けて，彼女のように働き始めるだろう」と話している。正しい。カ．最終段落を見る。ヒロシは将来，新しい科学技術を有効に使ってより良い社会を創りたいと考えている。

問5．質問は「あなたは英語を勉強するときにどのように新しい科学技術を使いますか？」。「私は外国の人々と話すため，インターネットを使う」などの文が考えられる。

【答】問1．(例) He used the Internet.　問2．イ

問3．〔トシコの農園の〕果樹に水を与えること。(同意可)　問4．ウ・オ

問5．(例) I use the Internet to talk with foreign people.

◀全訳▶　ヒロシは中学生です。ある日，英語の授業で，彼の先生が「私たちのまわりには多くの種類の新しい科学技術があります。コンピュータ，インターネット，そしてAIは良い例です。あなたたちはだれかそれらを上手に使う人を知っていますか？　私たちの次のプロジェクトで，私はあなたたちに授業で一人の人を紹介してもらいたいと思います」と言いました。そのため，その夜家で，ヒロシは彼の母親にたずね，彼女は彼に「あなたのおばあさん，トシコおばあちゃんは新しい科学技術を上手に使っているわよ」と言いました。

数日後に，ヒロシはそのプロジェクトについてインターネットでトシコと話しました。彼女は「あのね，あなたは私が果物農家ということは知っているわね。私は昔あまり科学技術を使わなかった。でも今，私は毎日それを使っているわ。新しい科学技術を使うことには，多くの利益があるのよ。私はウェブサイトから天気についての情報を集めるの。私は記録をつけ続けることによって，果物の成長を理解することができるし，その情報を日本の他の場所に住む研究者や農家の人たちと共有することができるわ。それから，私は彼らから良いアイデアを得て，私の果物をより大きく，より良いものにすることができるのよ。今，私は果樹に水を与える必要はないの，なぜならAI技術がその仕事をすることができるからよ。それに，インターネットを使うことによって，私にはより多くの果物を売ることが容易なの。このようにして，新しい科学技術は，私の働き方を変えて，それをより良くしてくれているわ。私のウェブサイトで，私たちがより良い果物を育てることを助けてくれる新しい科学技術の使い方を他の農家の人たちに示しているの」と言いました。ヒロシは彼のクラスメイトに彼女について話すことを決めました。

1か月後，ヒロシは彼のクラスメイトの前でスピーチをしました。そのスピーチの後，彼のクラスメイトのアスカが「あなたのスピーチの中で，私はあなたのおばあさんのウェブサイトの話が好きよ。彼女は農業のための新しい科学技術の使い方についての彼女の考えを示している。私は人々が彼女のウェブサイトに興味を持ってくれたらいいと思うわ。もし彼らがそれを見れば，彼らは彼女の果物の育て方を学ぶでしょう。すると，彼

らは彼女から影響を受けて，彼女のように働き始めるわ。私は本当に彼女を尊敬するわ」

ヒロシはそれを聞いてとても喜びました。彼はアスカに「有効なやり方で新しい科学技術を使うことは，多くの人々の生活を変え続けている。ぼくはこのことについてもっと学んで，将来より良い社会を創りたいよ」と言いました。

5 **【解き方】** スポーツ観戦を選ぶ場合は何のスポーツを観戦するのかを決めて，料理を選ぶ場合はどのような料理を作るのかを決めて，その後に具体的な説明を書く。

【答】（例 1）I will choose A. I want to watch a Japanese baseball game with Sam. We can talk about our favorite players from our countries. We can cook Japanese food together if it rains then.（30 語）

（例 2）I will choose B. I want to cook Japanese food Sam likes and enjoy eating it with him. I won't talk much if we watch sports, so we can talk more by cooking together.（30 語）

社　会

[1]【解き方】問 1. 大海人《おおあまの》皇子のこと。天智天皇の息子である大友皇子と皇位を争い，勝利した。

問 2. 土地を仲立ちとした主従関係で，封建《ほうけん》制度という。

問 3. 江戸幕府 3 代将軍であった徳川家光が，1635 年に出された武家諸法度により制度化した。

問 4. 1 は 1889 年，2 は 1885 年，3 は 1868 年，4 は 1874 年のできごと。

問 5. (1) 1 は近世のできごと。(2) 菜種からは油がとれ，そのしぼりかすは肥料に加工された。

【答】問 1. 2　問 2. ㋑ 御恩　㋺ 奉公　問 3. 参勤交代　問 4. 3 → 4 → 2 → 1

問 5. (1) ア. 3　イ. 2　ウ. 4　(2)（自給自足に近い生活から，）商品作物を売って，必要な品物を貨幣で購入するという生活に変化していった。(同意可)

[2]【解き方】問 1. (あ) 1872 年に制定された。(い) c は小説家。代表作は『坊っちゃん』,『三四郎』など。

問 2. 日清戦争の前後から日本でも産業革命がおこり，紡績業などの軽工業が発展した。渋沢栄一は大阪紡績会社の設立にかかわり，輸入機械を使って綿糸の大量生産を行った。

問 3. ㋺ ウィルソンはアメリカ大統領だった人物。ただし，国内で反対があり，アメリカは国際連盟には加盟しなかった。

問 4. V はヨーロッパ州，W は南北アメリカ州，X はアジア州，Z はオセアニア州。なお，1960 年は，植民地支配を受けていたアフリカの多くの国々が独立したことから「アフリカの年」と呼ばれた。

【答】問 1. (あ) a　(い) d

問 2. (変化) 綿糸の輸出量が輸入量を上回るようになった。(理由) 軽工業が発展し，綿糸が大量に生産されるようになったから。(それぞれ同意可)

問 3. ㋑ ベルサイユ　㋺ あ　問 4. (記号) Y　(理由) アフリカ州で独立した国が増えたから。(同意可)

[3]【解き方】問 1. ブラジルは南半球かつ西半球に位置する国。フランスはイギリスと同じく本初子午線の通る国。1 はパリ，2 はカイロ，3 はペキン，4 はキャンベラ，5 はワシントン D.C.，6 はブラジリアの位置。

問 2. [b]はオセアニア州。W はアジア，X はアフリカ，Y は北アメリカ。

問 3. 米はアジア州，大豆は南北アメリカ州の生産量が多い。

問 4. 経済特区にはアモイ，スワトウ，シェンチェン，チューハイ，ハイナン島の 5 か所が指定された。人口の多い中国は国内総生産の総計は多いが，一人あたりでは少なくなる。表中のアはエジプト，イはブラジル，ウはアメリカ，エはフランス，カはオーストラリア。

【答】問 1. (ブラジル) 6　(フランス) 1　問 2. Z　問 3. (米) R　(大豆) Q

問 4. (内容) 経済特区を設け，外国企業を受け入れる (同意可)　(記号) オ

[4]【解き方】問 2. X は北海道。酪農には冷涼な地域が適している。Y は鹿児島県。「かごしま黒豚」などのブランド豚の飼育がさかん。

問 3. (1) ②は夏と冬の気温差が大きく，降水量は年間を通して比較的少ない中央高地の気候に属する。①は え，③は う，④は あ。(2) a では抑制栽培が，b では促成栽培がさかん。

問 4. (1) 岩手県には釜石製鉄所が，福岡県には八幡製鉄所があったことがポイント。(2) IC は小型・軽量で単価も高いので，航空機輸送に向いている。一方，石油化学工業の原料である原油は，海外からタンカーで輸入される。自動車工業は，中京工業地帯の他にも東海工業地域や北関東工業地域でも生産がさかん。

【答】問 1. 近畿(地方)・関東(地方)　問 2. X. C　Y. A

問 3. (1) い　(2) 他の都道府県のレタスやなすの出荷量が少ない時期に，多く出荷している。(同意可)

問 4. (1) 3　(2) (分布・分布の特徴の順に) (IC (集積回路) 工場) [Q], [イ]　(石油化学コンビナート) [S], [ア]

5 【解き方】問1. ㋐ B は国民が政治に参加する権利のこと。㋑ 社会全体の幸福を意味する言葉。

問2. 特別国会（特別会）は，衆議院解散後の総選挙の日から 30 日以内に召集される。特別国会では，冒頭に内閣が総辞職し，その後に新しく内閣総理大臣が指名される。

問3. Y は企業，Z は家計。い は労働力，う は公共サービス。

問4. グラフは円安ドル高を示している。円安が進むとドル建ての商品は割高になるため，輸入産業には不利になる。

問5. 保険料を支払う現役世代の割合が低下する一方で，年金を受け取る高齢者の割合が上昇するため，保険料収入をさらに補う必要があることに注目。

問6. P は 15 か国で構成される安全保障理事会で話し合われたもので，常任理事国のみ拒否権を持つことがポイント。Q は総会で，重要事項であれば 3 分の 2 以上，通常の事項であれば多数決で決議される。

【答】問1. ㋐ A ㋑ 公共の福祉 問2. Ⓧ 内閣総理大臣を指名する（同意可） Ⓨ エ

問3. X. 政府 あ. 税 問4. ㋑ b ㋺ d ㋩ e

問5. わが国の高齢者の割合が高くなるため，現役世代の負担が大きくなるという課題がある。(同意可)

問6. (記号) S (理由) 常任理事国のロシアと中国が拒否権を行使し，決議案が否決されているから。(同意可)

6 【解き方】問1. 経済発展の過程では，電力消費量などが増えるため，石油や石炭などの化石燃料を燃やしてエネルギーを得る必要があるが，一方で地球環境には悪影響を与えている。

問2. ウ. 各家庭で二酸化炭素排出量を減らす方法を述べる。使わない部屋の電気はこまめに消す，入浴の際にシャワーのお湯を流しっぱなしにしない，電力消費量がより小さい省エネタイプの家電を選んで購入する，などの工夫が考えられる。

【答】問1. 二酸化炭素を中心とした温室効果ガスが大量に排出されることにより，世界の年平均気温が上昇する地球温暖化が進み，海面水位が上昇している（同意可）

問2. イ. 産業部門の二酸化炭素排出量は減少しているが，家庭部門は増加している（同意可） ウ.（例）家庭で節電をこころがける

理　科

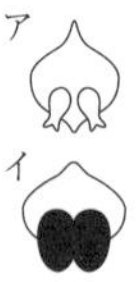

1【解き方】問 1. アは雌花のりん片なので，花粉のうはない。

問 2. アブラナとマツは種子植物なので，種子をつくり，胞子のうはない。アブラナは被子植物なので，子房があり，受精後に子房は果実に変わる。

問 4. スギナとゼンマイはシダ植物。

【答】問 1.（右図）問 2. A. 4　B. 2　C. 1　問 3. 花粉管をのばす（同意可）問 4. 2・3

2【解き方】問 2. デンプンと反応する試薬はヨウ素液なので，A と C を比べるとデンプンがなくなることがわかる。また，糖と反応する試薬はベネジクト液なので，B と D を比べると糖ができることがわかる。

問 3. (2) 2 はじん臓のはたらき，3 は心臓のはたらき。

【答】問 1. 突沸を防ぐため。(同意可)　問 2. ア. A（と）C（順不同）　イ. B（と）D（順不同）

問 3. (1) 消化酵素　(2) 1・4

3【解き方】問 1. 硫酸＋水酸化バリウム→硫酸バリウム＋水

【答】問 1. H_2SO_4（＋）$Ba(OH)_2$（→ $BaSO_4$ ＋）$2H_2O$　問 2.（番号）4　Z. 質量保存

問 3.（番号）2　(理由) 容器の中の気体が容器の外へ出ていったから。(同意可)

4【解き方】問 1. (3) 亜鉛原子が放出した電子が導線を通って銅板に移動し，この電子を銅イオンが受け取って銅原子になるので，電子は亜鉛板から銅板に移動する。

【答】問 1. (1) イオンになりやすい（同意可）(2) Cu^{2+}（＋）$2e^-$（→ Cu）(3) 3　問 2. 化学(エネルギー)

問 3. 燃料電池

5【解き方】問 1. (1) コップの中の水の温度とコップの表面の温度を同じにする必要があるので，熱を伝えやすい金属製のコップが適している。(2) 空気中の水蒸気が水滴に変わるときの温度が露点。

問 2. 図 2 より，乾球温度計の示度は 22 ℃，湿球温度計の示度は 18 ℃，乾球と湿球との目盛りの読みの差が，22 (℃) − 18 (℃) = 4.0 (℃) になるので，表 1 より，理科室の空気の湿度は 66 % になる。乾球の示度が理科室の気温を表し，表 2 より，気温が 22 ℃のときの飽和水蒸気量が $19.4g/m^3$ なので，理科室の空気に含まれる水蒸気量は，$19.4\ (g/m^3) \times \frac{66}{100} \fallingdotseq 12.8\ (g/m^3)$

【答】問 1. (1) 熱を伝えやすいから。(同意可)　(2) 17.0　問 2.（湿度）66 (%)　(水蒸気量) 12.8 (g)

6【解き方】問 2. 図 1 より，C の印が日の出，D の印が日の入りを表している。図 2 の紙テープより，1 時間 = 60 分で太陽が移動する距離が 4.0cm なので，15.4cm の距離を太陽が移動する時間は，$60\ (分) \times \frac{15.4\ (cm)}{4.0\ (cm)} =$ 231 (分) より，3 時間 51 分。よって，日の出の時刻は，午前 9 時 − 3 時間 51 分 = 午前 5 時 9 分

問 3. (1) ② 太陽は東の地平線から出て，南の空を通り，西の地平線に沈むので，図 1 の手前が東，奥が西，左が南，右が北を表している。夏至の日の出の位置が C，日の入りの位置が D，冬至の日の出の位置が A，日の入りの位置が B なので，冬至の日の出と日の入りの位置は真東，真西から南寄りになっている。

【答】問 1.（名称）日周運動　(理由) 地球が自転しているから。(同意可)　問 2. 2

問 3. (1) ① Q　② S　(2) 公転面に対して地軸を傾けたまま（同意可）

7【解き方】問 1. 鏡を対称の軸として，A～C を線対称に移動させた点と P 点を結ぶ。その結んだ線が鏡と交われば，鏡にうつっているということになる。よって，A 点と B 点に立てたつまようじが鏡にうつって見える。

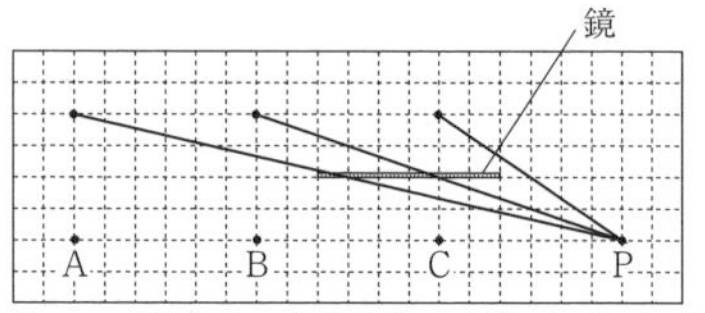

鏡にうつって見えるつまようじの本数（ 2 ）本

問 2. (1) 図 4 のように光が入射するとき，入射角＞屈折角となるように屈折する。(2) ① 入射角はガラスと空気の境界面に立てた垂線と，入射光とのなす角になるので，図 6 の

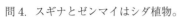

ように半円形のガラスを回転させると，入射角は大きくなっていく。② ガラス中から空気中に光が進むとき，入射角＜屈折角となるように屈折するので，入射角が大きくなると，屈折角はそれ以上に大きくなっていく。

【答】 問 1.（前図） 問 2. ⑴ 2 ⑵ ① ア ② ウ （現象）全反射

8 **【解き方】** 問 2. 表より，水面から物体 A の下面までの距離が 2.0cm のとき，ばねばかりの値が 0.44N で，物体 A に浮力がはたらいていないときのばねばかりの値が 0.60N なので，0.60 (N) − 0.44 (N) = 0.16 (N)

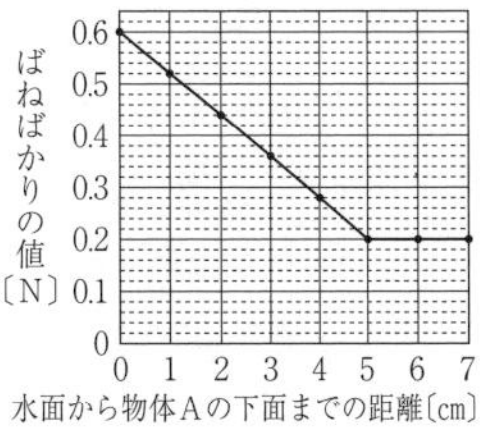

問 3. ① 水圧は水面からの深さが深いほど大きくなる。

問 4. 物体 A が台を押す力の大きさは，0.60 (N) − 0.40 (N) = 0.20 (N)　$8.0\text{cm}^2 = 0.0008\text{m}^2$ より，$\dfrac{0.20\ (\text{N})}{0.0008\ (\text{m}^2)} = 250\ (\text{Pa})$

【答】 問 1.（前図） 問 2. 0.16 (N)

問 3. ① 3 ② 物体 A の下面に加わる水圧と上面に加わる水圧の差は変わらない（同意可） 問 4. 250 (Pa)

国　語

1 **【解き方】** 問一．一箇所目では，「エンパシー」と「シンパシー」が「似ている」と述べたことに，意味が「少々異なって」いることを補足している。二箇所目では，「エンパシー」を身に付けている人が「少なくない」と述べたことに，「子供」は小さな頃から身に付ける機会を持つ必要があることを補足している。

問二．d は活用のない自立語で，体言を修飾する連体詞。他は，活用のある自立語で，言い切りの形が「～だ」となる形容動詞。

問三．直後で「超高齢社会」を例に挙げ，「九十代，百代の人々」が「どのような環境に置かれているのか」「どんなことに喜びを感じ，どんな悩みを抱いているのか」を理解する必要があると述べている。身体的な衰えについては「疑似体験」することも可能であり，「違う立場の人々を理解するために積極的にアプローチ」をして「真に必要な政策」を講じる必要があると訴えている。

問四．「これまで以上に相手の立場になってものを考え…積極的に努力しない限り，社会は円滑に回っていかなくなる」という状況で，「自分も相手の立場に立って，気持ちを分かち合う」ことを意味する「エンパシー」が果たす役割を考える。

問五．(1) これから訪れる社会は「いままでの日本とは全く異なる」ため，「誰も経験したことのない大きな変化」となり，これまで経験してきたことや，そこから得たものが役に立たなくなることをおさえる。(2)「エンパシー」が「自分と違う価値観や理念を持っている人が…想像する力」であり，その力によって「人口減少がもたらす変化に対応するため」の「しなやかさ」を身に付けると述べていることをおさえる。

問六．最初に「エンパシー」という言葉を取り上げてその意味を説明し，人口が減少し高齢化するこれからの社会で重要なのが「エンパシー」であると述べ，人々が「エンパシー」を身に付け，「相手を思いやること」のできる社会になることを訴えている。

【答】 問一．4　問二．d　問三．3　問四．社会を円滑に回す(働き。)（同意可）

問五．(1) 過去の経験則や知識　(2) 異なる価値観や理念を持つ人の考えを想像し，社会の変化に対応（29字）（同意可）

問六．2

2 **【解き方】** (1) 問二．「よく知っているようにね」と言われて，小田切が「その通りです」と認めていることをおさえる。他は，百花を指す。

問三．「予想もしていなかった質問」に「え，と声がもれた」後，「自分の内なる声に問いただされて迷いが生じ」て，さらに「小田切のこちらを見据えて逸れることのない視線」に気づき，言葉がもつれている。「体言止め」は，文や句を名詞や代名詞などの体言で終える技法である。

問四．ア．百花と目を合わせて問いかけている時の，由利子の表情に着目する。イ．百花が「どんなに描くても，今の自分が持っている精いっぱいの言葉で…この人たちに伝えなければならない」と思って真剣に答えた後の，由利子の表情に着目する。ウ．「その人を，自由にする車いすです」「その人が，やりたいことを，やりたい時に…わたしは作りたいです」という百花の言葉を，由利子が「私たちも，そんな車いすを作りたいと常に願っています」と受け入れている。

問五．小田切や石巻，社長の由利子のそれぞれの立場からの言葉が書かれ，質問に百花がはっきりと答えたり，焦りながら「『いい車いす』の定義とは何なのか…軽いこと？　丈夫なこと？」と考えたりする様子が描かれている。

(2) 問一．上の図では，コートの大きさや引かれているラインが描かれている。また，下の図では，車いすの形状が描かれ，「『ハンドリム』を回すことによって…動かすことができます」と説明している。

問三．6画である。1は「功」で5画，2は「孝」で7画，3は「光」で6画，4は「幸」で8画。

問五．「糸」は2画目と3画目が，「雨」は5画目と6画目，7画目と8画目が続けて書かれている。

【答】⑴ 問一．脳(裏)　問二．(記号) b　(人物) 小田切〔くん〕　問三．自分の内なる声で生じた迷い (13字) (同意可)　問四．ア．ゆるぎない微笑　イ．親愛のこもったほほえみ　ウ．乗る人の望みの実現を手助けする車いすを作りたい (23字) (同意可)　問五．4

⑵ 問一．2・5　問二．そうちゃく　問三．3　問四．専用　問五．4

3 【解き方】問一．助詞以外の「を」は「お」にし，語頭以外の「は・ひ・ふ・へ・ほ」は「わ・い・う・え・お」にする。

問二．一字戻って読む場合には「レ点」を，二字以上戻って読む場合には「一・二点」を用いる。

人遺リ㆓一瓢ヲ㆒

問三．木の枝にかけた瓢箪が風で音を立てたときに，許由が思ったことを表す語である。『徒然草』で，「その瓢箪が…鳴ったのを，やかましい」と感じているところに着目する。

問四．人からもらった瓢箪を，音がうるさいからと捨ててしまった後の気持ちを表現している。この「涼し」は，さっぱりしてさわやかであることを意味する。

問五．⑴ ア．水をすくう道具でさえ持たないような，つましい「生活」を表す。イ．「帝位」を断り，「名誉や利益」を求めない人物であることを表す。⑵「もろこしの人」が「これをいみじと思へばこそ　世にも伝へけめ」というのに対し，「これらの人」は「語りも伝ふべからず」ということを嘆いていることをおさえる。

【答】問一．のみおわりて　問二．(右図)　問三．かしかまし　問四．1

問五．⑴ ア．質素　イ．私欲 (それぞれ同意可)　⑵ 日本の人は語り伝えさえしない (14字) (同意可)

◀口語訳▶　許由は，(世俗を離れて) 箕山に隠れ住み，水を入れる器を持っていない。手を使って水をすくって飲む。ある人が瓢箪を一つ与え，これを使って水を飲むことができるようになった。飲み終わって木の上に掛けておいたところ，風が吹いて騒がしく音を立てる。由はこれがやかましいというので，とうとう捨ててしまった。

4 【解き方】Aでは，当日の演目である「附子」について，絵を大きく載せ，物語の一部を文章で説明している。Bでは，狂言そのものについて興味を持てるように，クイズを用いている。

【答】(例)

Aのよさは，物語の絵や説明を見てこの作品のイメージをつかめることである。さらに，物語の続きに興味を持ち，鑑賞が楽しみになる効果がある。また，Bのよさは，狂言に興味を持つように題名やクイズが工夫され，クイズの答えを知りたいと思わせることである。私は，作品の情報を得て体験教室でより深く楽しめるように，Aを選びたいと思う。

ただし，Aの場面についての短い説明がほしい。せりふの意味などを理解しておくことで，実際の鑑賞でもこの場面がより印象的なものになると思うからである。(12行)

~MEMO~

福岡県公立高等学校

2021年度
入学試験問題

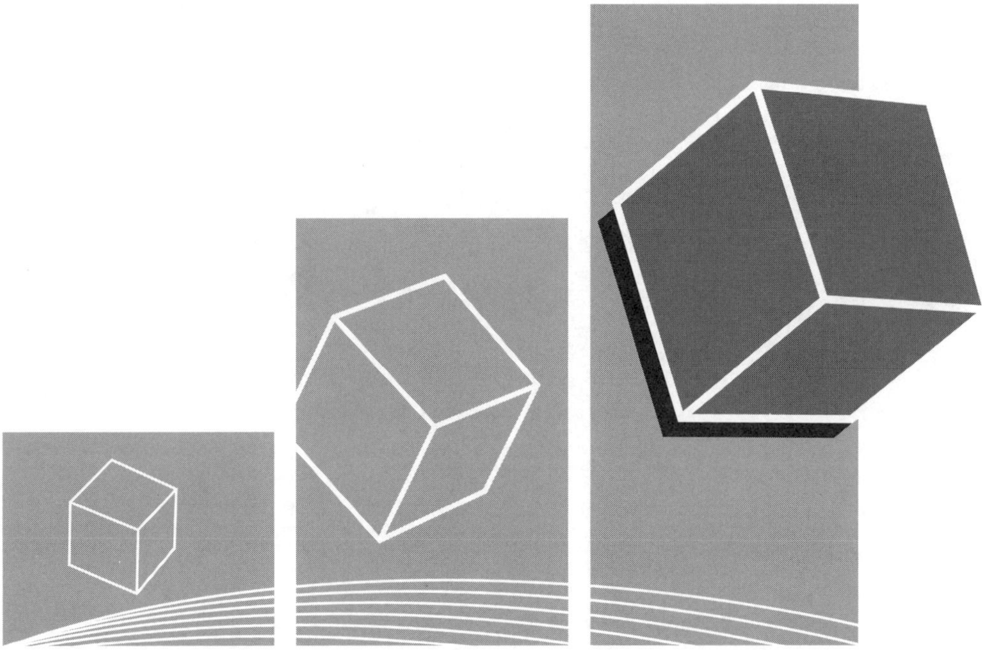

数学

時間　50分　　　　満点　60点

（注）　答えが数または式の場合は，最も簡単な数または式にすること。

答えに根号を使う場合は，$\sqrt{\quad}$ の中を最も小さい整数にすること。

1　次の(1)〜(9)に答えよ。

(1)　$7+2\times(-6)$ を計算せよ。(　　　)

(2)　$3(2a+b)-2(4a-5b)$ を計算せよ。(　　　)

(3)　$\dfrac{14}{\sqrt{2}}-\sqrt{32}$ を計算せよ。(　　　)

(4)　2次方程式 $(x+6)(x-5)=9x-10$ を解け。(　　　)

(5)　4枚の硬貨A，B，C，Dを同時に投げるとき，少なくとも1枚は表が出る確率を求めよ。ただし，硬貨A，B，C，Dのそれぞれについて，表と裏が出ることは同様に確からしいとする。

(　　　)

(6)　関数 $y=\dfrac{1}{2}x^2$ について，x の変域が $-4\leqq x\leqq 2$ のとき，y の変域を求めよ。(　　　)

(7)　関数 $y=-\dfrac{6}{x}$ のグラフをかけ。

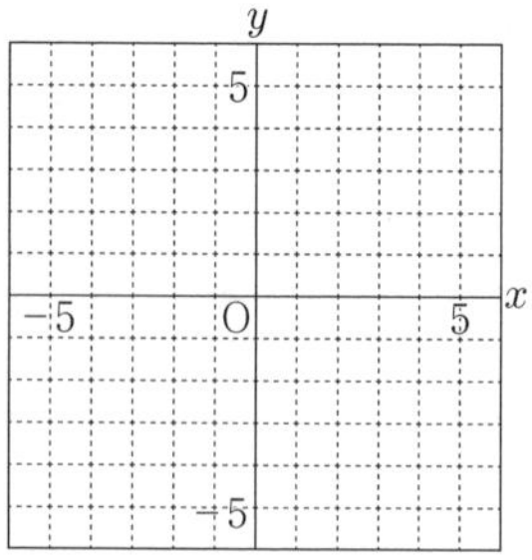

(8)　△ABCにおいて，∠A = 90°，AB = 6cm，BC = 10cmのとき，辺ACの長さを求めよ。

(　　　cm)

(9)　図のように，円Oの円周上に3点A，B，Cを，AB = ACとなるようにとり，△ABCをつくる。線分BOを延長した直線と線分ACとの交点をDとする。

∠BAC = 48°のとき，∠ADBの大きさを求めよ。(　　　)

図

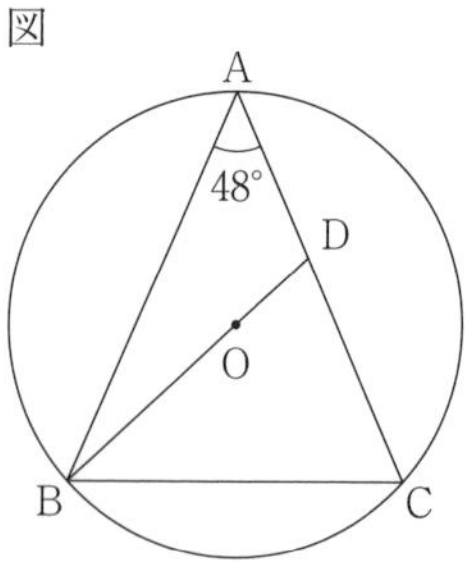

2　紙飛行機の飛行距《きょ》離を競う大会が行われる。この大会に向けて，折り方が異なる2つの紙飛行機A，Bをつくり，飛行距離を調べる実験をそれぞれ30回行った。

図1，図2は，実験の結果をヒストグラムにまとめたものである。例えば，図1において，Aの飛行距離が6m以上7m未満の回数は3回であることを表している。

図1

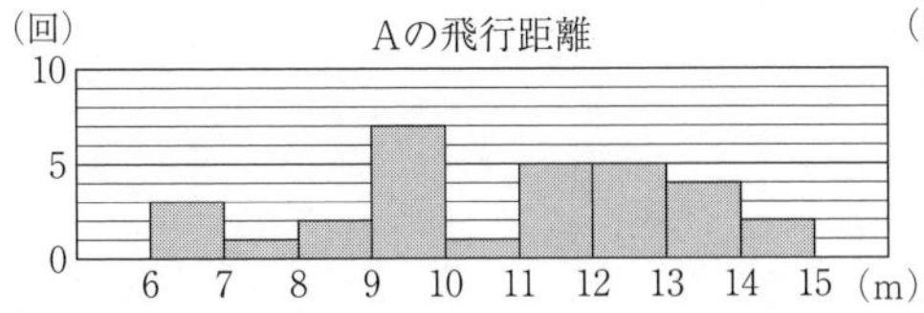

図2

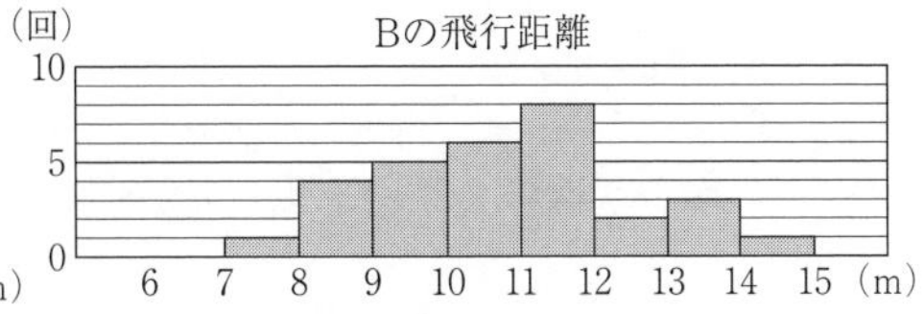

次の(1)，(2)に答えよ。

(1)　図1において，13m以上14m未満の階級の相対度数を四捨五入して小数第2位まで求めよ。

(　　　)

(2)　図1，図2において，AとBの飛行距離の平均値が等しかったので，飛行距離の中央値と飛行距離の最頻値のどちらかを用いて（どちらを用いてもかまわない。），この大会でより長い飛行距離が出そうな紙飛行機を選ぶ。

このとき，AとBのどちらを選ぶか説明せよ。説明する際は，中央値を用いる場合は中央値がふくまれる階級を示し，最頻値を用いる場合はその数値を示すこと。

(説明)(　　　　　　　　　　　　　　　　　　　　　　　　　　)

③　孝さんと桜さんは，連続する２つの偶《ぐう》数の積に１を加えた数がどのような数になるか次のように調べた。

調べたこと

$2\times4+1=9=3^2$ $4\times6+1=25=5^2$ $6\times8+1=49=7^2$	全て奇数の２乗になっている。

調べたことから，次のように予想した。

予想

連続する２つの偶数の積に１を加えた数は，奇数の２乗になる。

次の⑴〜⑶に答えよ。

⑴　予想がいつでも成り立つことの証明を完成させよ。

証明

連続する２つの偶数は，整数 m を用いると，   したがって，連続する２つの偶数の積に１を加えた数は，奇数の２乗になる。

⑵　孝さんと桜さんは，予想の「連続する２つの偶数」を「２つの整数」に変えても，それらの積に１を加えた数は，奇数の２乗になるか話し合った。次の会話文は，そのときの内容の一部である。

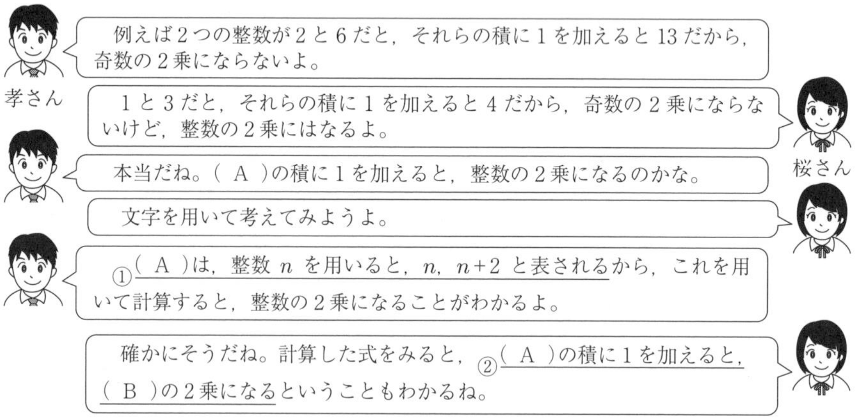

下線部②は，下線部①の n がどのような整数でも成り立つ。（ A ），（ B ）にあてはまるものを，次のア〜クからそれぞれ１つ選び，記号をかけ。A（　　　）　B（　　　）

ア　連続する２つの奇数　　イ　異なる２つの奇数　　ウ　和が４である２つの整数

エ　差が２である２つの整数　　オ　もとの２つの数の間の整数

カ　もとの２つの数の間の偶数　　キ　もとの２つの数の和　　ク　もとの２つの数の差

(3) 次に，孝さんと桜さんは，連続する5つの整数のうち，異なる2つの数の積に1以外の自然数を加えた数が，整数の2乗になる場合を調べてまとめた。

まとめ

> 連続する5つの整数のうち，
> (X)と(Y)の積に(Ⓟ)を加えた数は，(Z)の2乗になる。

上のまとめはいつでも成り立つ。(X)，(Y)，(Z)にあてはまるものを，次のア～オからそれぞれ1つ選び，記号をかけ。また，(Ⓟ)にあてはまる1以外の自然数を答えよ。

X(　　　)　Y(　　　)　Z(　　　)　Ⓟ(　　　)

ア　最も小さい数　　イ　2番目に小さい数　　ウ　真ん中の数　　エ　2番目に大きい数
オ　最も大きい数

4　希さんの家，駅，図書館が，この順に一直線の道路沿いにあり，家から駅までは900m，家から図書館までは2400m離れている。

希さんは，9時に家を出発し，この道路を図書館に向かって一定の速さで30分間歩き図書館に着いた。図書館で本を借りた後，この道路を図書館から駅まで分速75mで歩き，駅から家まで一定の速さで15分間歩いたところ，10時15分に家に着いた。

図

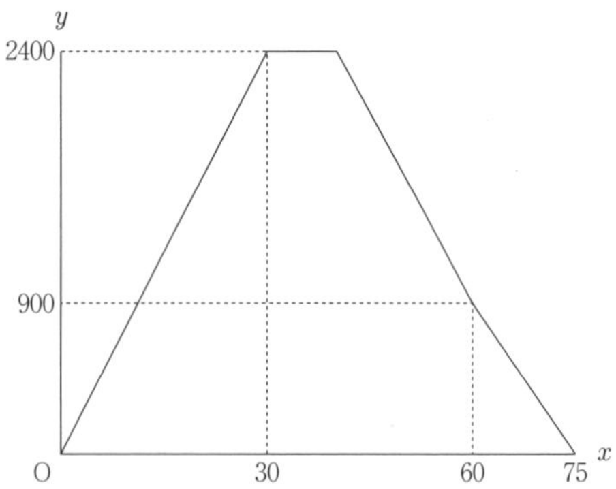

図は，9時からx分後に希さんが家からym離れているとするとき，9時から10時15分までのxとyの関係をグラフに表したものである。

次の(1)～(3)に答えよ。

(1)　9時11分に希さんのいる地点は，家から駅までの間と，駅から図書館までの間のどちらであるかを説明せよ。

説明する際は，$0 \leqq x \leqq 30$におけるxとyの関係を表す式を示し，解答欄の□にあてはまるものを，次のア，イから選び，記号をかくこと。

(説明)(　　　　　　　　　　　　　　　　　　　　　　　　　　　　　　　　　　　　)

したがって，9時11分に希さんのいる地点は，□である。

ア　家から駅までの間　　イ　駅から図書館までの間

(2)　希さんの姉は，借りていた本を返すために，9時より後に自転車で家を出発し，この道路を図書館に向かって分速200mで進んだところ，希さんが図書館を出発すると同時に図書館に着いた。

9時からx分後に希さんの姉が家からym離れているとするとき，希さんの姉が家を出発してから図書館に着くまでのxとyの関係を表したグラフは，次の方法でかくことができる。

方法

> 希さんの姉が，家を出発したときのxとyの値の組を座標とする点をA，図書館に着いたときのxとyの値の組を座標とする点をBとし，それらを直線で結ぶ。

このとき，2点A，Bの座標をそれぞれ求めよ。A(　　　)　B(　　　)

(3)　希さんの兄は，10時5分に家を出発し，この道路を駅に向かって一定の速さで走り，その途中で希さんとすれちがい，駅に着いた。希さんの兄は，駅で友達と話し，駅に着いてから15分後に駅を出発し，この道路を家に向かって，家から駅まで走った速さと同じ一定の速さで走ったところ，10時38分に家に着いた。

希さんの兄と希さんがすれちがったのは，10時何分何秒か求めよ。10時(　　)分(　　)秒

5　平行四辺形ABCDがある。

図1のように，線分AD，BC上に，点E，Fを，DE = BFとなるようにそれぞれとり，点Aと点F，点Cと点Eをそれぞれ結ぶ。

このとき，四角形AFCEは平行四辺形である。

次の(1)〜(3)に答えよ。

図1

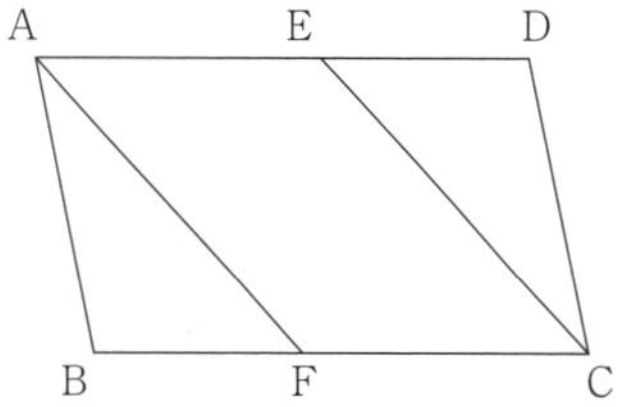

(1)　次は，図1における「四角形AFCEは平行四辺形である」ことの証明である。

証明

> 四角形ABCDは平行四辺形だから
>
> ア AE∥CF……①
>
> イ AD = CB……②
>
> 仮定から，ウ DE = BF……③
>
> ②，③より，エ AD − DE = CB − BF
>
> よって，オ AE = CF……④
>
> ①，④より，カ 1組の向かいあう辺が平行でその長さが等しいので四角形AFCEは平行四辺形である。

図2は，図1における点E，Fを，線分AD，CBを延長した直線上にDE = BFとなるようにそれぞれとったものである。

図2においても，四角形AFCEは平行四辺形である。このことは，上の証明の下線部ア〜カのうち，いずれか1つをかき直すことで証明することができる。

図2

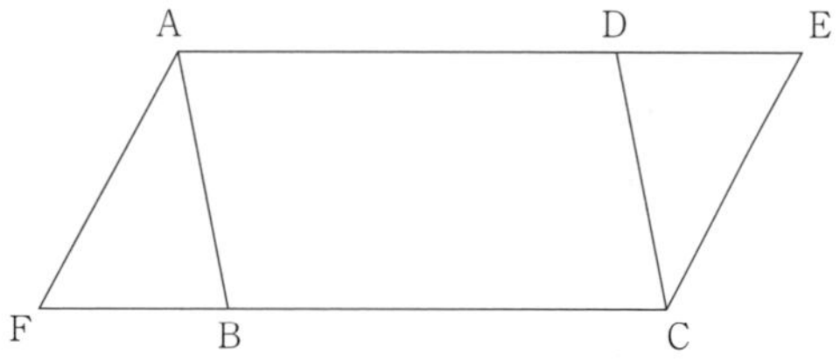

上の証明を，図2における「四角形AFCEは平行四辺形である」ことの証明とするには，どの下線部をかき直せばよいか。ア〜カから1つ選び，記号をかき，その下線部を正しくかき直せ。

記号(　　　)　(解答)(　　　　　)

(2)　図3は，図2において，対角線EFと線分CD，線分ABとの交点をそれぞれG，Hとしたものである。

図3において，△DGE ≡ △BHFであることを証明せよ。

図3

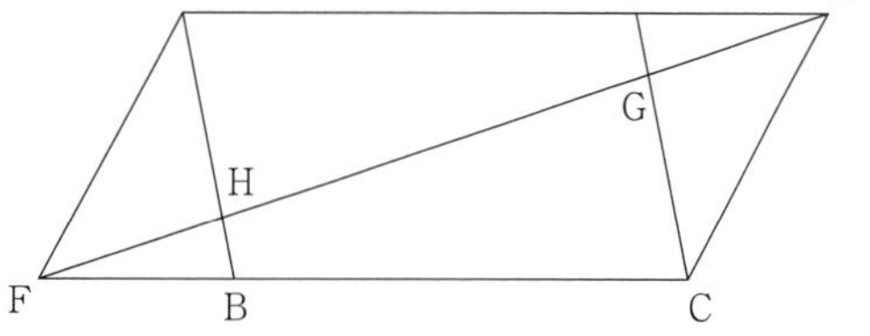

(　　　　　　　　　　　　　　　　　　)

(3)　図4は，図3において，AD：DE ＝ 3：1となる場合を表しており，対角線EFと対角線ACとの交点をOとしたものである。

平行四辺形AFCEの面積が12cm^{2}のとき，四角形HBCOの面積を求めよ。(　　　cm^2)

図4

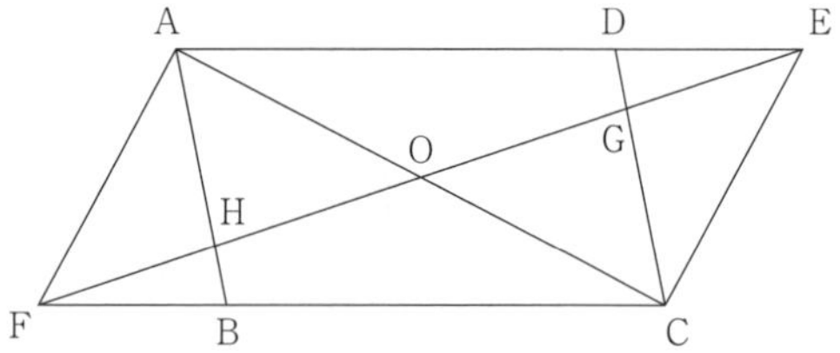

6　図1は，正四角すいと直方体をあわせた形で，点A，B，C，D，E，F，G，H，Iを頂点とする立体を表している。BC ＝ 6cm，BF ＝ 5cmである。

図2は，図1に示す立体において，辺BF上に点Pを，BP ＝ 2cmとなるようにとり，点P，H，E，Cを頂点とする四面体PHECをつくったものである。

図1

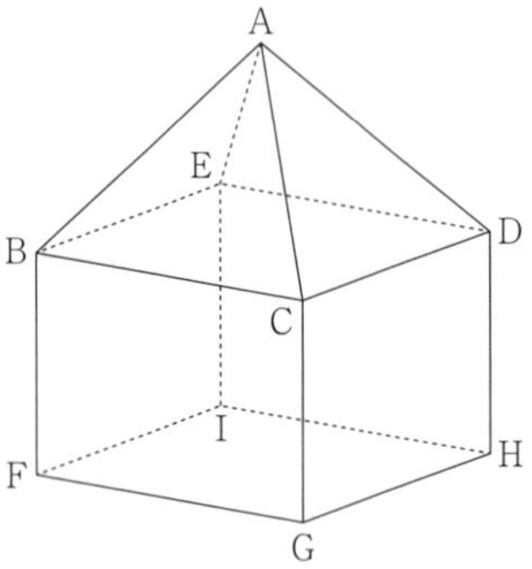

図2

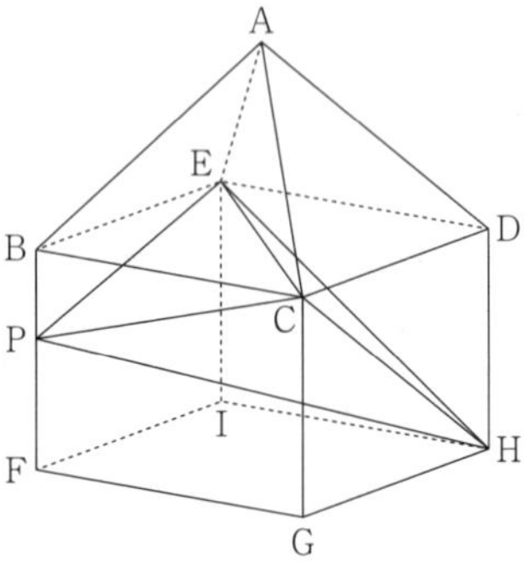

次の(1)～(3)に答えよ。

(1)　図1に示す立体において，次の□の中の①～③の全てにあてはまる辺を答えよ。

(辺　　　)

①　辺ABとねじれの位置にある辺 ②　面BFIEと垂直である辺 ③　面FGHIと平行である辺

(2)　図1に示す立体において，辺AD，AE上にそれぞれ点J，Kを，AJ：JD ＝ 1：2，AK：KE ＝ 1：2となるようにとる。点Jから辺FGに垂線をひき，辺FGとの交点をLとする。

四角形KFGJの面積が$16\sqrt{5}$cm^{2}のとき，線分JLの長さを求めよ。(　　　cm)

(3)　図2に示す立体において，四面体PHECの体積を求めよ。(　　　cm^3)

英語

時間　55分　　　満点　60点

（編集部注）放送問題の放送原稿は英語の末尾に掲載しています。
音声の再生についてはもくじをご覧ください。

1　放送を聞いて，問題1，問題2，問題3，問題4に答えよ。

問題1　英語の短い質問や呼びかけを聞き，その後に読まれるア，イ，ウ，エの英語の中から，答えとして最も適当なものを一つずつ選ぶ問題

※記号で答えよ。問題は3問ある。(1)(　　　)　(2)(　　　)　(3)(　　　)

問題2　表を見て，質問に答える問題

※答えとして最も適当なものを表の中から抜き出して答えよ。

(1)(　　　)　(2)(　　　)

(1)

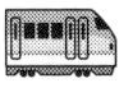 Train	 Green Station	 Spring Station	
A	9:10 ⇨	9:35	2 dollars
B	9:20 ⇨	10:05	2 dollars
C	9:25 ⇨	9:50	2 dollars
D	9:40 ⇨	9:55	3 dollars

(2)

Movie	Time			
	10:00～	12:30～	14:30～	16:00～
Japanese movie		Drama		
Foreign movie	Drama		Animal	Sports

問題3　美佳（Mika）と留学生のケビン（Kevin）の対話を聞いて，質問に答える問題

※答えとして最も適当なものをア，イ，ウ，エの中から一つずつ選び，記号で答えよ。

(1)(　　　)　(2)(　　　)　(3)(　　　)

(1)　ア　Yes, he does.　　イ　No, he doesn't.　　ウ　Yes, he is.　　エ　No, he isn't.

(2)　ア　She asked Kevin many questions about writing English.

イ　She got many letters in English from her teacher in Australia.

ウ　She wrote many letters in English to her friends in America.

エ　She showed her friends a lot of books in English about America.

(3)　ア　Practicing swimming with her is important for him.

イ　Writing letters in English is important for him.

ウ　Using Japanese in communication is important for him.

エ　Speaking about his new school is important for him.

問題4　英文を聞いて，質問に答える問題

〈問1〉　和也（Kazuya）が，国際交流センターでのイベント〔Culture Day〕で，チラシを見ながら説明を受ける。それを聞いて，(1)～(3)の質問に答えよ。

※(1)はア，イ，ウ，エの中から一つ選び記号で，(2)は（　　）内にそれぞれ**1語の英語**で，(3)は**4語以上の英語**で答えよ。

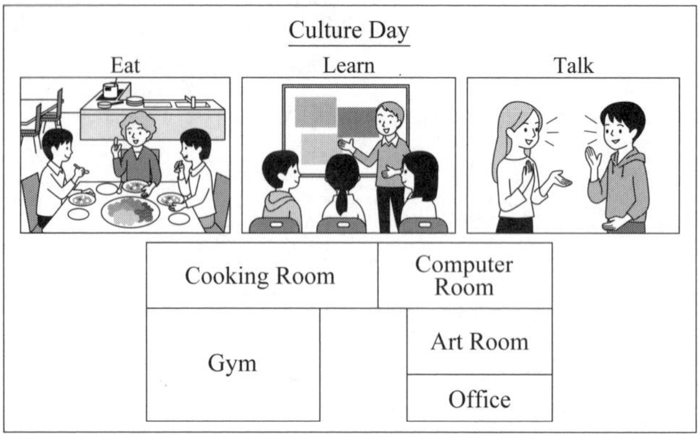

(1)　Which country's food can Kazuya eat in the Cooking Room?（　　　）

ア　Food from France.　　イ　Food from Canada.　　ウ　Food from China.

エ　Food from India.

(2)　What can Kazuya see from one o'clock in the Art Room?

He can see many（　　　）（　　　）of the festivals.

(3)　Kazuya is going to meet the students from Canada in the Gym. What does he need to do at the Office before that?

（　　　　　　　　　　　　　　　　　　　　　　　　　　　　　　　　　　　）

〈問2〉　英語の指示にしたがって答えよ。

※**4語以上の英語**で文を書け。

（　　　　　　　　　　　　　　　　　　　　　　　　　　　　　　　　　　　）

2 次の1～3の各組の対話が成り立つように，[A]～[D]にあてはまる最も適当なものを，それぞれのア～エから一つ選び，記号を書け。A (　　) B (　　) C (　　) D (　　)

1 *Koji:* I'm sorry. I could not call you last night.

Amy: [A]

Koji: Well, I had to help my mother because she didn't feel good.

Amy: Oh, really? I hope she is OK.

A ア Did you call me? イ Were you busy? ウ When did you visit me?

エ Where did you help your mother?

2 *Kanako:* Can I use your umbrella, Mom?

Mother: Where is yours?

Kanako: I could not find it and I have to go to school now.

Mother: [B]

Kanako: Thank you. I'll try to find mine again when I come home.

B ア I have to bring yours to work.

イ I can use yours today because you gave it to me.

ウ You can't go to school today.

エ I have two, so you can take this one today.

3 *Takeshi:* Have you done the homework for next week's science class?

Nancy: Yes. I wrote about cutting too many trees. How about you?

Takeshi: [C] I'm going to write about waste in the sea.

Nancy: Good idea! It's not good for sea animals.

Takeshi: Right. I want to save them. [D] I need ideas before the class.

Nancy: Sure.

(注) waste…ゴミ

C ア I have no homework for the class. イ I haven't done it.

ウ I wrote it last week. エ I will do your homework soon.

D ア Please talk about some ways to do that with me.

イ Please tell me your ideas in the class.

ウ Please show me the animals after the class.

エ Please ask me about cutting many trees.

3　次の英文は，咲（Saki）と貴（Takashi）が，知人で来日中のスミス氏（Mr. Smith）と会話をしている場面と，その後に咲がスミス氏に送ったメールの一部である。これらを読んで，後の各問に答えよ。

Saki:　You started a Japanese cooking class in London, right?

Mr. Smith:　Yes.　I began to think about this class when I was working as a chef in Fukuoka. Look at this. It is a picture of my class.

Takashi:　Oh, “*Washoku* Cooking Class”, is that the name of your class? ①In London, I think it is (you / better / to / name / for) say “Japanese food cooking class”.

Mr. Smith:　Well, that name was not enough for me. You know what *Washoku* means, right?

Saki:　Yes, it means traditional Japanese food culture. We learned about it in home economics class. ②There is some special food (for / is / you / eaten / which) annual events.

Mr. Smith:　Wow, you learned that at school. Many people in London like *sushi* or *tempura*, but they don’t know a lot about *Washoku*.

Takashi:　Do you think people living in London can learn and enjoy *Washoku*?

Mr. Smith:　[　　　　　]　I have seen that many times in my class. We understand more about *Washoku* by cooking Japanese food and eating it. We also enjoy the seasons through the colors and shapes of the food and dishes.

Takashi:　I see. I haven’t tried to show *Washoku* to other people before, but now I want to introduce it to the foreign people around us and enjoy it together.

Saki:　Good idea! Let’s do it! We’ll tell you about it later, Mr. Smith.

Dear Mr. Smith,
Takashi and I talked about *osechi* with our English teacher, Ms. Brown, to introduce *Washoku* to her. We thought she could enjoy *Washoku* more by having some experiences, so [　　]. Her favorite thing was the flower-shaped vegetables because they looked nice and were delicious. She also liked the colors of the food. They showed a beautiful spring in Japan. She said she was happy because this experience taught her more about Japanese culture. We had a very good time together and learned a good way to enjoy foreign cultures.
Saki

（注）　*Washoku*…和食　　enough…十分な　　traditional…伝統的な
home economics…技術・家庭科の家庭分野　　annual events…毎年恒《こう》例の行事

many times…何度も　understand…理解する　through ～…～を通して　colors…色
shapes…形　dishes…皿，食器　introduce…紹介する　*osechi*…おせち料理
experience(s)…経験　flower-shaped vegetables…花の形の野菜　delicious…おいしい

問1　英文中の下線部①，②が，会話の内容から考えて意味がとおるように，それぞれ（　）内から4語を選び，それらを正しい語順に並べて書け。
①(　　　　　　　　　　)　②(　　　　　　　　　　)

問2　英文中の□には，次のア～エのいずれかが入る。会話の内容から考えて，最も適当なものを，一つ選び，記号を書け。(　　)
ア　Yes, of course.　イ　No, I don't think so.　ウ　They can't do that.
エ　I don't see them.

問3　英文中の［　　］には，次のア～エのいずれかが入る。会話とメールの内容から考えて，最も適当なものを，一つ選び，記号を書け。(　　)
ア　she talked about the seasons of her country
イ　she showed us her favorite food of her country
ウ　we made and ate some *osechi* together
エ　we told her about our favorite *osechi*

問4　次の質問の答えとして，会話とメールの内容から考えて，最も適当なものを，後のア～エから一つ選び，記号を書け。(　　)
What did Saki and Takashi learn?
ア　They need to know the way to cook foreign food to understand *Washoku*.
イ　People can understand foreign cultures better if they learn about them through experiences.
ウ　Foreign people understand Japanese culture well because they like *sushi* or *tempura*.
エ　Seeing other cultures is the most important thing to the people of London.

4　次の英文は，信夫（Nobuo）について書かれたものである。これを読んで，後の各問に答えよ。

Nobuo has learned an important lesson about doing his best.

When Nobuo was a junior high school student, he wanted to be an engineer like his father in the future. He knew he had to study harder, but often he was not motivated. He talked about this with Ms. Sato, a teacher of his volleyball club. He said, "I know I have to study hard, but I can't." Ms. Sato said, "Really? You ①are keen to practice in our club. Why do you enjoy practicing hard?" Nobuo thought and said, "Well, I love volleyball, and I can practice hard because my friend, Takuya, inspires me a lot. He started to play volleyball with us last year. He has practiced very hard to be a better player. When I see him during the practice, he is doing his best, so I can also practice harder." "I see. You can study in the same way. Find a person who inspires you like Takuya," she said. Nobuo knew some students were studying at school early in the morning, so he decided to go to school 30 minutes earlier to study with them.

From the next day, Nobuo kept studying before classes every morning. Sometimes he felt tired. When he wanted to stop studying, he looked around him. Other students were studying hard, so he never gave up, and he studied hard. One day, Aya, one of his friends, said, "I'm sleepy today, but I am here to study. Do you know why? You and other students come to school earlier, and all of you are studying hard. ②This inspires me, and I can study hard even when I am alone at home." He understood her words and felt happy because he was a person like Takuya. He said to himself, "People who are doing their best can give others the power to work hard."

Now Nobuo still remembers this lesson, and he will never forget it.

（注）　lesson…教訓　do his best…最善を尽くす　motivated…やる気のある
practice…練習（する）　inspire…やる気にさせる　person…人　decided…決めた
kept ～ ing…～し続けた　never ～…決して～ない　gave up…諦《あきら》めた
even ～…～でさえ　alone…ひとりで　understood…理解した
said to himself…心の中で言った　do their best…最善を尽くす　others…他の人々
power…力　remembers…覚えている

問1　次の質問の答えを，6語以上の英語で書け。

What did Nobuo want to be in the future?

(　　　　　　　　　　　　　　　　　　　　　　　　　　　　　　　)

問2　下線部①を別の語句で表現する場合，最も適当なものを，次のア～エから一つ選び，記号を書け。(　　　)

ア　don't have time to　　イ　will start to　　ウ　really want to　　エ　never try to

問3　下線部②の具体的な内容を，英文中から探し，日本語で書け。

(　　　　　　　　　　　　　　　　　　　　　　　　　　　　　　　)

問4　英文の内容に合っているものを，次のア～カから二つ選び，記号を書け。(　　　)(　　　)

ア　Nobuo asked Ms. Sato about a way to be a better volleyball player.

イ　Ms. Sato told Nobuo to stop practicing volleyball to study harder.

ウ　Nobuo started to go to school earlier to study with other students.

エ　Nobuo was sometimes tired and could not leave home early to study with other students.

オ　Aya told Nobuo that she was motivated because Takuya practiced volleyball hard.

カ　Nobuo thinks that people can give others the power to work hard when they do their best.

問5　次の質問にあなたならどう答えるか。4語以上の英語で書け。

How do you study when you are not motivated?

(　　　　　　　　　　　　　　　　　　　　　　　　　　　　　　)

5　あなたの町でテイラー先生（Ms. Taylor）が，次のA，Bの無料英会話クラスを開くことになった。どちらのクラスを受けたいか，あなたの考えを【条件】にしたがって書け。

クラスA

テイラー先生の英会話教室

日時：毎週金曜日
16：30～17：20
(50分間)
場所：学校
形式：4人グループ

クラスB

テイラー先生のオンライン英会話

日時：毎週月曜日から木曜日
19：00～20：30
(1日15分間，週3日まで)
場所：自宅など
形式：インターネット
先生と1対1

【条件】

・最初の文は，I want to take Class □.を用いること。その際，□には，A，Bいずれかの記号を書くこと。

・二つのクラスについて触れながら，あなたの考えを理由とともに書くこと。

・最初の文は語数に含《ふく》めずに，30語以上の英語で書くこと。

（注）take…（授業などを）受ける

(I want to take Class □.

)

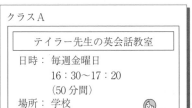

〈放送原稿〉

これから，2021年度福岡県公立高等学校入学試験「英語リスニングテスト」を行います。問題は，問題1から問題4まであります。なお，放送中にメモをとってもかまいません。英語はそれぞれ2回繰り返します。

問題1（チャイム）

それではテストを始めます。問題1を見なさい。これから，英語で短い質問や呼びかけをします。その後に続けて読まれるア，イ，ウ，エの英語の中から，答えとして最も適当なものを一つずつ選び，記号で答えなさい。問題は3問あります。それでは始めます。

(1) Bob, I'm free tomorrow. Let's go shopping.

ア Yes, I am.　イ No, you don't.　ウ That's good idea.　エ Nice to meet you.

――(繰り返し)――

(2) Mike, how long did you study last night?

ア Every night.　イ For two hours.　ウ At ten thirty.　エ On Monday.

――(繰り返し)――

(3) Excuse me, I'm looking for the bookstore. Do you know where it is?

ア Yes, it is.　イ No, it isn't.　ウ On the desk.　エ In front of the hospital.

――(繰り返し)――

問題2（チャイム）

問題2を見なさい。これから，表について英語で質問します。その答えとして最も適当なものを，表の中から抜き出して答えなさい。それでは始めます。

(1) Tom is at Green Station and wants to go to Spring Station by train. It's 9:15 now. He needs to get to Spring Station by 10:00. He can use only 2 dollars to get there. Which train will he use?

――(繰り返し)――

(2) Ken is going to see a movie this afternoon. He likes drama and sports movies better than animal movies. He wants to see a foreign movie. What time does the movie he wants to see start?

――(繰り返し)――

問題3（チャイム）

問題3を見なさい。これから，中学生の美佳と留学生のケビンが対話をします。その対話の後で，「クエスチョン（Question)」と言って英語で質問します。その答えとして最も適当なものをア，イ，ウ，エの中から一つずつ選び，記号で答えなさい。それでは始めます。

Kevin: Hi, Mika. Do you have some time?

Mika: Yes, what's up, Kevin?

Kevin: I can speak Japanese, but it is very difficult for me to write it. How can I practice writing Japanese?

Mika: Well, when I was studying English, I found a good way to practice writing.

Kevin:　Really? What was it?

Mika:　I wrote many letters in English to my friends in America. I enjoyed it very much and now writing English is not so difficult.

Kevin:　Oh, I can write letters too. I will write one in Japanese to the teacher who taught me in Australia. I will tell her that I am enjoying my new school in Japan.

Mika:　Good! It's important for you to write Japanese for communication. People often say, "*If you want to swim well, practice swimming in the water.*"

Kevin:　Now I know. I will use Japanese with other people more.

Question (1)　Does Kevin think it is difficult to write Japanese?

Question (2)　How did Mika practice writing Engiish?

Question (3)　Mika said, "*If you want to swim well, practice swimming in the water.*" What did she want to tell Kevin with these words?

「2回目」――（繰り返し）――

問題4（チャイム）

問題4を見なさい。

〈問1〉　これから，和也が国際交流センターでのイベント〔カルチャー・デイ〕で，チラシを見ながら説明を受けます。それを聞いて，(1)から(3)の質問に答えなさい。(1)はア，イ，ウ，エの中から一つ選び記号で，(2)はカッコ内にそれぞれ1語の英語で，(3)は4語以上の英語で答えなさい。なお，説明の後には，記入の時間が約40秒ずつあります。それでは始めます。

Welcome to Culture Day. My name is Eddy and I'm from Canada. Today you can enjoy a lot of things with people from four different countries, Canada, China, France, and India. There are three things you can do, eating, learning, and talking with new friends.

First, in the Cooking Room, you can eat food from India. Please find a food you like.

Second, from one o'clock in the Art Room, people from China, France, and India will show you a lot of interesting pictures of festivals in their countries. You can enjoy learning about these festivals.

Third, at two o'clock, you can meet and talk with students from Canada in the Gym. They are going to talk about their school in Canada. If you have any questions, you can ask them there. Before you meet them in the Gym, you need to go to the Office and make a name card.

Have a good time at Culture Day.

「答えを記入しなさい。」

「2回目」――（繰り返し）――

〈問2〉　これから英語で質問と指示をします。その指示にしたがって4語以上の英語で文を書きなさい。なお，質問と指示を2回繰り返した後，記入の時間が約40秒あります。それでは始めます。

What do you want to ask about a student's life in Canada? Write one question to ask the students from Canada.

「2 回目」――（繰り返し）――

「答えを記入しなさい。」

これで,「英語リスニングテスト」を終わります。なお, この後の筆記テスト中に, 見直して, 訂正してもかまいません。それでは, 筆記テストの解答を始めなさい。

社会

時間　50分　　　　満点　60点

1　優衣さんは，わが国の各時代の特色について，政治や世界との関わりを中心に表にまとめた。表をみて，各問に答えよ。

〈表〉

時代	政治	世界との関わり
古代	律令《りつりょう》に基づく政治のしくみが整えられた。	遣唐使《けんとうし》の停止後，①文化の国風化《こくふう》が進んだ。
中世	②武家《ぶけ》による支配が始まり，全国に広がった。	〔　A　〕
近世	幕府と藩による支配のしくみが整えられた。	③幕府の政策により，外国との交流が制限された。
近代	中央集権国家のしくみが整えられた。	④欧《おう》米諸国と条約改正の交渉をし，対等な条約が実現した。
現代	占領下において⑤民主化が進められた。	国際連合《こくさいれんごう》に加盟し，国際社会に復帰した。

問1　下線部①について，このことと最も関係が深い人物を，次の1～4から一つ選び，番号を書け。　(　　)

1　雪舟《せっしゅう》　2　松尾芭蕉《まつおばしょう》　3　紫式部《むらさきしきぶ》　4　津田梅子《つだうめこ》

問2　次の□内は，下線部②についてまとめたものである。㋑の(　　)にあてはまるものを一つ選び，記号を書け。また，〔 ㋺ 〕にあてはまる内容を，資料Ⅰから読み取り，「娘《むすめ》」の語句を使って書け。

㋑(　　)　㋺(　　　　　　　　)

〈資料Ⅰ〉平氏《へいし》の系図(一部)

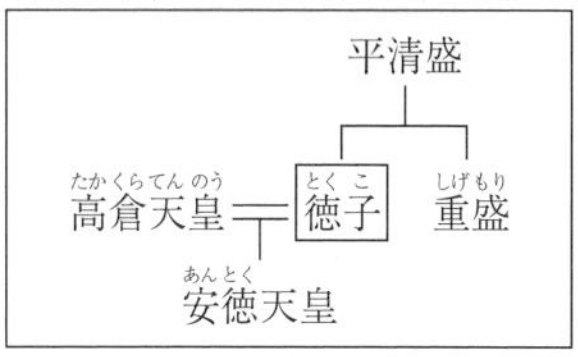

※□は女性，＝は婚姻《こんいん》関係を表す。

> 平清盛《たいらのきよもり》は，㋑(a　征夷大将軍《せいいたいしょうぐん》，b　太政大臣《だいじょうだいじん》)になり，武士として初めて政治の実権を握《にぎ》り，〔　㋺　〕にして，権力を強めた。

問3　〔 A 〕にあてはまる内容を，次の1～4から一つ選び，番号を書け。(　　)

1　異国船《いこくせん》（外国船）打払令《うちはらいれい》が出され，これを批判した蘭学《らんがく》者たちが処罰《ばつ》された。

2　日米安全保障《にちべいあんぜんほしょう》条約が結ばれ，アメリカ軍基地が国内に残された。

3　朝鮮半島の百済《くだら》から仏像や経典《きょうてん》が伝わり，法隆寺《ほうりゅうじ》が建てられた。

4　元《げん》の要求を拒否《きょひ》したため，二度にわたって元軍が襲来《しゅうらい》した。

問4　下線部③について，薩摩《さつま》藩，対馬《つしま》藩に最も関係が深いものを，次の1～4からそれぞれ一つ選び，番号を書け。薩摩藩(　　)　対馬藩(　　)

1　国交回復のなかだちをつとめ，朝鮮から朝鮮通信使《つうしんし》が派遣されるようになった。

2　オランダ人に風説書《ふうせつがき》を提出させ，ヨーロッパやアジアの情報を報告させた。

3　役人を琉球《りゅうきゅう》王国に派遣し，中国との貿易を間接的に行うことで利益を得た。

4　アイヌの人々とサケやコンブなどの海産物の交易を行うことで利益を得た。

問5　優衣さんは，下線部④に関するできごとを調べ，それを表に加えようとした。次の1～4のうち，下線部④に関するできごとにあてはまるものを三つ選び，選んだできごとを年代の古い方から順に並べ，番号で答えよ。(　　→　　→　　)

1　井上馨《いのうえかおる》が鹿鳴館《ろくめいかん》で舞踏会《ぶとうかい》を開くなど，欧化《おうか》政策を進めた。

2　岩倉具視《いわくらともみ》を中心とする使節団が，欧米に派遣された。

3　田中角栄《たなかかくえい》が日中共同声明《にっちゅうきょうどうせいめい》に調印し，中国との国交を正常化した。

4　小村寿太郎《こむらじゅたろう》がアメリカと交渉し，関税自主権を完全に回復した。

問6　下線部⑤について，資料Ⅱのような変化が生じた理由を，「政府（国）が，」という書き出しで書け。

（政府（国）が，　　　　　　　　　　　　　　　　）

〈資料Ⅱ〉自作地と小作地の割合の変化

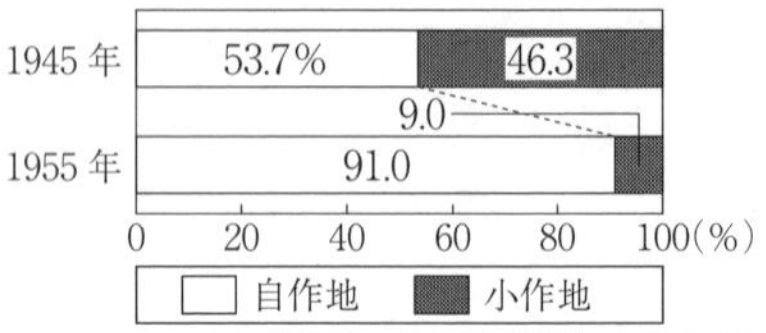

（「完結昭和国勢総覧」から作成）

2　健太さんは，近代以降のわが国と世界の産業や経済に関するおもなできごとをカードにまとめた。カードをみて，各問に答えよ。

〈カード〉

A	B	C	D
①清《しん》との戦争の賠《ばい》償金の一部を使い，官営八《や》幡製鉄所《はたせいてつしょ》が設立された。	わが国で，②高度経済成長が始まり，技術革新が進んだ。	わが国で初めての鉄道が，新橋《しんばし》・横浜《よこはま》間に開通した。	③Pで株価が暴落し，世界恐慌《せかいきょうこう》が始まった。

問１　次の□内は，健太さんが，下線部①のできごとについてまとめたものである。㋑，㋺の（　）にあてはまるものをそれぞれ一つ選び，記号を書け。㋑（　　）　㋺（　　）

甲午《こうご》農民戦争が，㋑（あ　朝鮮，い　台湾）で起こったことをきっかけに，清との戦争が始まったが，わが国が勝利し，下関条約が結ばれた。その後，三国干渉《さんごくかんしょう》により，わが国は，㋺（う　江華島《こうかとう》，え　遼東《りょうとう》半島）を清に返還《へんかん》した。

問２　下線部②について，資料Ⅰのア～ウは，パソコン，自動車，冷蔵庫のいずれかを示している。パソコンと冷蔵庫にあてはまるものをそれぞれ一つ選び，記号を書け。パソコン（　　）　冷蔵庫（　　）

〈資料Ⅰ〉パソコン，自動車，冷蔵庫の普及率の推移

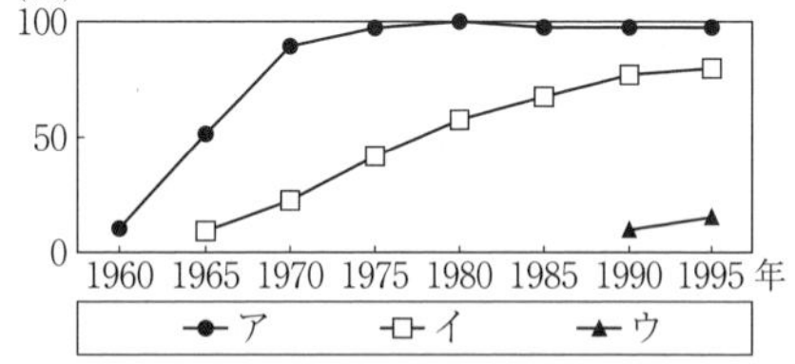

（内閣府ホームページから作成）

問３　健太さんは，下線部③の前後の時期について調べ，資料Ⅱを作成した。下線部③が，わが国の生糸の貿易に与えた影響を，資料Ⅱから読み取り，Dのカード，資料ⅡのPにあてはまる国名を使って書け。

（　　　　　　　　　　　　　　　　　　　　）

〈資料Ⅱ〉わが国の生糸輸出額の推移

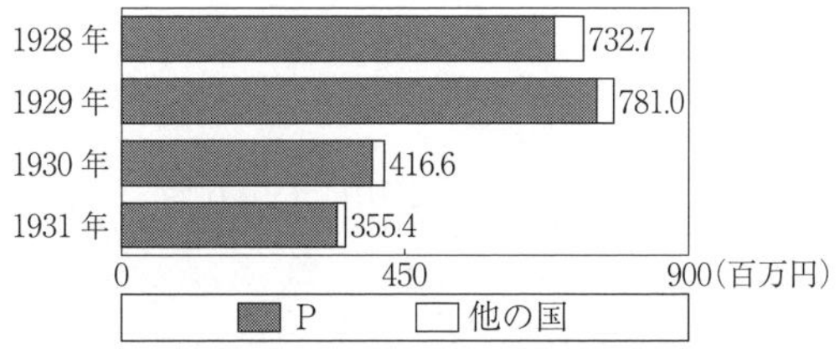

（「日本貿易精覧」から作成）

問４　健太さんは，新たにEのカードを作成した。A～Eのカードを年代の古い順に並べたとき，Eのカードは，年代の古い方から何番目になるか，数字で書け。（　　番目）

E
戦争が長引く中，わが国で，生活に必要な物資の配給制《はいきゅうせい》が始められた。

3　愛子さんは，世界の州の特色などについて調べるため，略地図を作成し，資料を集めた。略地図と資料をみて，各問に答えよ。

〈略地図〉

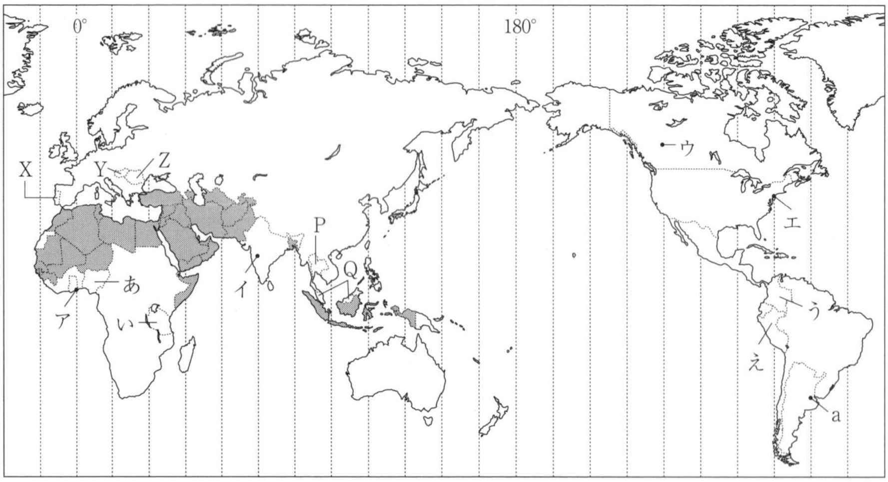

問１　略地図のａの都市の雨温図を，次の1～4から一つ選び，番号を書け。(　　　)

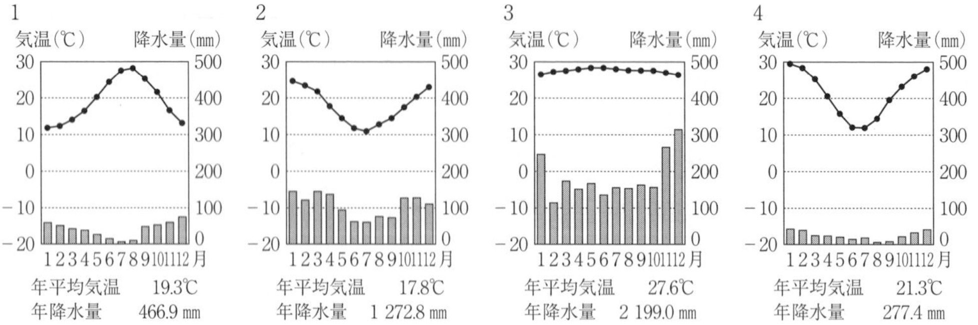

(令和２年「理科年表」から作成)

問２　略地図ので示された国々において，各国の人口の80％以上が信仰している宗教名を書け。(　　　)

問３　日本が12月11日午前８時のとき，12月10日午後６時である都市を，略地図のア～エの都市から一つ選び，記号を書け。(　　　)

問４　次の［　　　］内は，愛子さんと順平さんが，ヨーロッパ州の地域の結びつきについて，資料Ⅰをもとに会話した内容の一部である。(㋑)にあてはまる語句を書け。また，〔 ㋺ 〕にあてはまる内容を書け。ただし，同じ記号には同じ語句が入る。

㋑(　　　)

㋺(　　　　　　　　　　　　　　　　　　　　)

愛子：資料Ⅰから，略地図のX～Zの国とその貿易相手国の上位3か国は，全て（ ㋑ ）の加盟国で占められていることがわかるね。これらの国々では，相互に結びつきを強め，地域統合を進めているよ。

順平：資料Ⅰのように，（ ㋑ ）に加盟している国どうしで貿易をするのはどうしてかな。

愛子：加盟国間では，農産物や工業製品などを，〔　　㋺　　〕という利点があるからだよ。

〈資料Ⅰ〉X～Zの国の貿易相手国の上位3か国

国 ＼ 順位		第1位	第2位	第3位
X	輸出	スペイン	フランス	ドイツ
	輸入	スペイン	ドイツ	フランス
Y	輸出	ドイツ	スロバキア	イタリア
	輸入	ドイツ	オーストリア	ポーランド
Z	輸出	ドイツ	イタリア	フランス
	輸入	ドイツ	イタリア	ハンガリー

（2020年版「データブック　オブ・ザ・ワールド」から作成）

問5　次のノートは，愛子さんが産業の視点からP，Qの国と あ～え の国について，まとめたものである。〔 ㋩ 〕にあてはまる内容を，資料Ⅱ，Ⅲから読み取り，「製品」の語句を使って書け。また，（ ㊁ ）にあてはまる語句を書け。

㋩（　　　　　　　　　　　　　　　　　　　　　　　　　　　　　）

㊁（　　　　）

〈ノート〉

〈資料Ⅱ〉P，Qの国の主な輸出品の内訳（2018年）

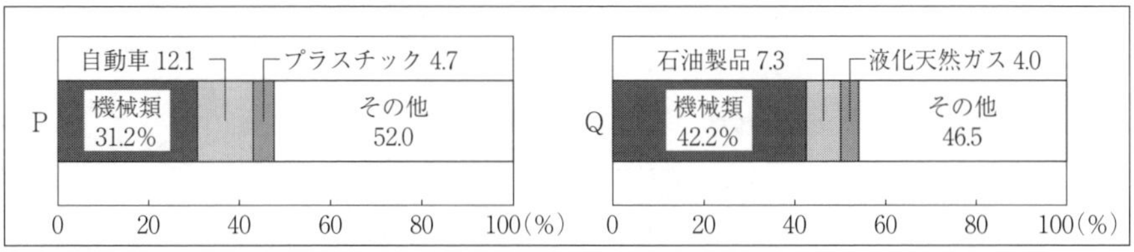

〈資料Ⅲ〉あ～え の国の主な輸出品の内訳（2018年）

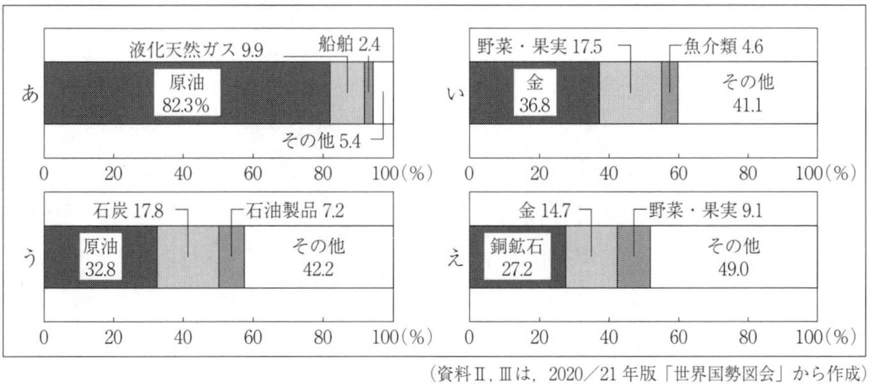

（資料Ⅱ，Ⅲは，2020／21年版「世界国勢図会」から作成）

【考えたこと】

P，Qの国と比べた あ～え の国に共通する特色は，〔　　㋩　　〕ことである。このことは，あ～え の国が（ ㊁ ）経済であることを示しており，年によって価格などの影響を受けやすく，国の収入が安定しないことにつながっている。

④　洋平さんは，日本の様々な地域の特色について調べ，資料集を作成した。資料集をみて，各問に答えよ。

〈資料集〉

人口からみた中国・四国地方について

〈資料Ⅰ〉各県の人口密度

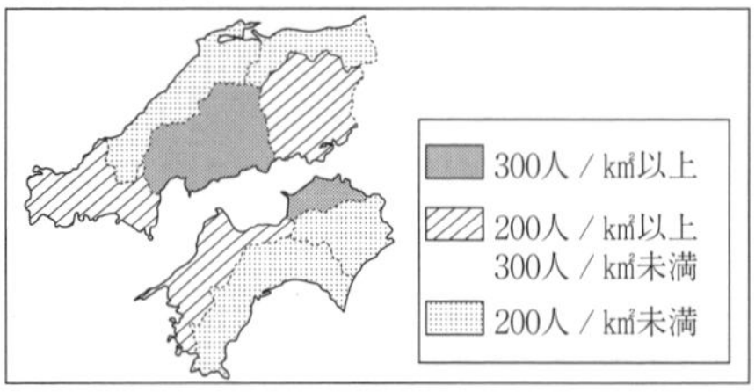

(2020／21年版「日本国勢図会」から作成)

工業からみた関東地方について

〈資料Ⅱ〉製造品出荷額等割合（2017年）

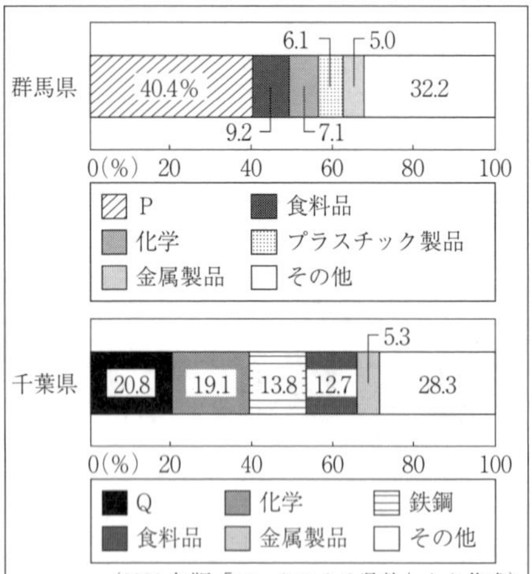

(2020年版「データでみる県勢」から作成)

〈資料Ⅲ〉Qの工場の所在地

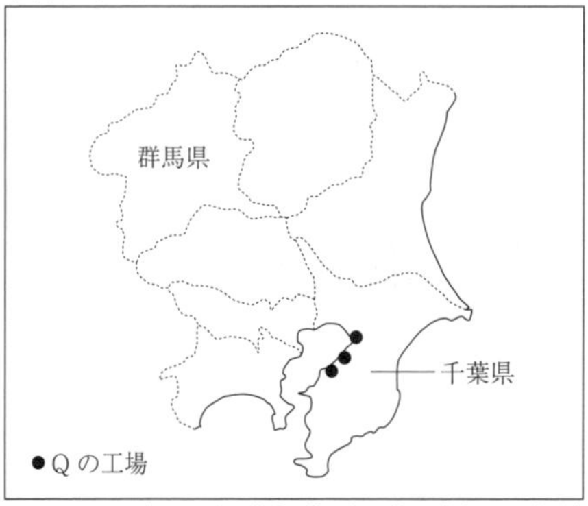

(2020／21年版「日本国勢図会」から作成)

歴史からみた北海道地方について

〈資料Ⅳ〉明治時代の石狩川流域の様子

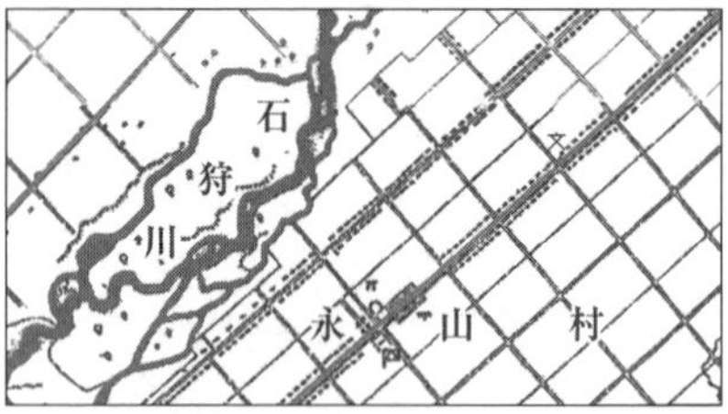

(北海道開発局ホームページ等から作成)

〈資料Ⅴ〉現在の石狩川流域の様子

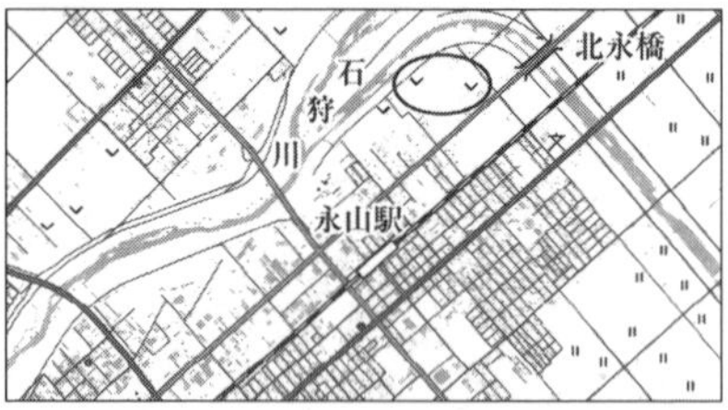

(国土地理院ホームページから作成)

農業からみた四つの地方について

〈資料Ⅵ〉各地方の特色がみられる三つの県

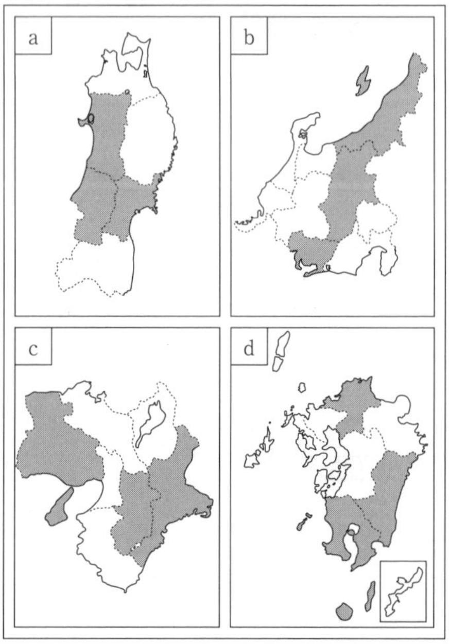

資料Ⅰ，資料Ⅲ～Ⅵの図法，縮尺は同じではない。

問1　資料Ⅰの県のうちから，次の二つの条件にあてはまる県を一つ選び，その県名と県庁所在地名を書け。県(　　　県)　県庁所在地(　　　市)

条件1：人口密度が300人/km^{2}以上の県　　条件2：県名と県庁所在地名が異なる県

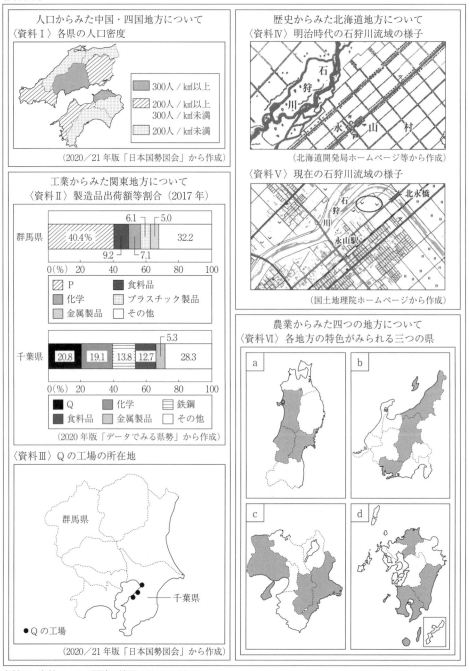

問２　資料ⅡのＰ，Ｑの品目として最も適切なものを，次の１～５からそれぞれ一つ選び，番号を書け。また，資料Ⅲのように Q の工場が立地している理由を，「原料」の語句を使って書け。

Ｐ（　　　）　Ｑ（　　　）　理由（　　　　　　　　　　　　　　　　　　　　　）

１　輸送用機械　　２　繊維《せんい》　　３　石油・石炭製品　　４　印刷　　５　パルプ・紙

問３　次の［　　　］内は，洋平さんが資料Ⅳ，Ⅴから読み取れることをもとにまとめたものである。（㋑）～（㋩）にあてはまる語句を書け。㋑（　　　）　㋺（　　　）　㋩（　　　）

> 資料Ⅳから，石狩《いしかり》川流域の土地が碁盤《ごばん》目状に区画されたことがわかる。このことは，明治時代に農業と北方の警備の役割をかねた（ ㋑ ）によって大規模な開拓《たく》が行われたことと関係が深い。また，資料Ⅴから，現在は，石狩川につながる水路がつくられており，北永《きたなが》橋付近の ◯ で示す土地は，（ ㋺ ）として利用されていることがわかる。北永橋は，永山駅から見て８方位で（ ㋩ ）の方位に位置している。

問４　洋平さんは，資料Ⅵの［a］～［d］の ⬭ で示す県について，資料Ⅶ，Ⅷを作成した。資料Ⅶ，Ⅷの あ～う の全ての県を含《ふく》む地方を，資料Ⅵの［a］～［d］から一つ選び，記号を書け。（　　　）

〈資料Ⅶ〉 農業産出額の内訳（2017 年）

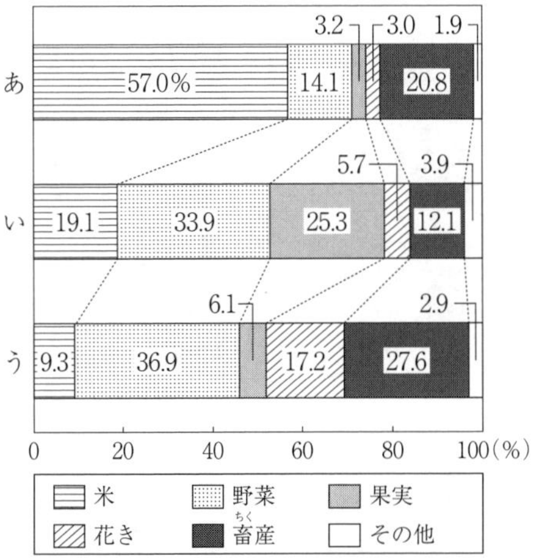

〈資料Ⅷ〉 県の人口と
県庁所在地の平均気温と平均降水量

県＼項目	人口（千人）	平均気温（℃） 1月	平均気温（℃） 7月	平均降水量（mm） 1月	平均降水量（mm） 7月
あ	2 267	2.4	24.3	186.0	192.1
い	2 076	－0.6	23.8	51.1	134.4
う	7 525	4.5	26.4	48.4	203.6

※人口は，2017 年の統計

（資料Ⅶ，Ⅷは，2020 年版「データでみる県勢」等から作成）

5　健人さんは，「情報化の進展と社会の変化」というテーマでレポートを作成した。レポートを読んで，各問に答えよ。

〈レポート〉

私たちは，日頃《ごろ》から，新聞，テレビ，ラジオなどの（ A ）を活用し，情報を得て生活をしている。さらに，近年では，インターネットやスマートフォンなどの情報通信技術が発達し，私たちの社会や生活は変化している。例えば，日本国憲法に明確に規定されていない①新しい人権が主張されるようになったり，②政治参加では，インターネットを活用した選挙運動などが行われたりしている。③企《き》業は，インターネットで商品の情報を幅広い対象に発信するなど，④経済のしくみに影響を与えている。また，消費者は商品を購《こう》入する際に，⑤クレジットカードで支払うなど，支払いの方法も多様化している。

私たちは，情報化が進む社会を生きていくために，得た情報を正しく判断し活用する力や，情報を利用する際の考え方や態度を身につけなければならない。

問1　レポートの（ A ）にあてはまるものを，次の1～4から一つ選び，番号を書け。（　　　）

1　クーリング・オフ　　2　バリアフリー　　3　セーフティネット　　4　マスメディア

問2　次の［　　］内は，下線部①に関する資料Ⅰについて，健人さんが調べ，まとめたものである。ⓐ，ⓑの（　　）にあてはまるものをそれぞれ一つ選び，記号を書け。ⓐ（　　　）　ⓑ（　　　）

〈資料Ⅰ〉

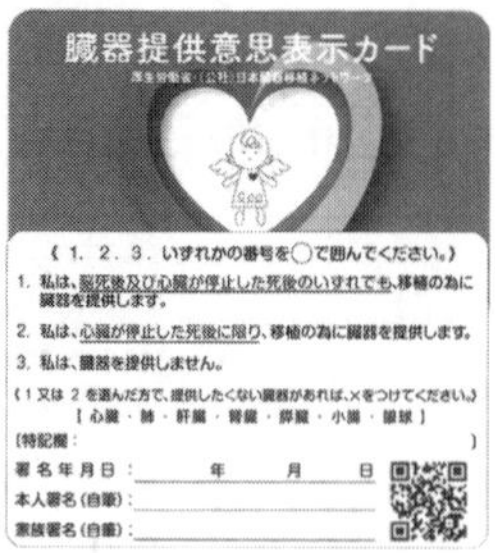

（厚生労働省ホームページから引用）

自分の意思を記入した資料Ⅰのカードを持つことは，日本国憲法第13条に定めているⓐ（あ　平等，い　幸福追求）権をもとにⓑ（う　自己決定権，え　知る権利）が尊重された例の一つである。

問3　次の［　　］内は，下線部②について，健人さんが衆議院議員総選挙について調べ，まとめたものである。〔　　〕にあてはまる内容を，資料Ⅱから読み取れることと関連づけて，「反映」の語句を使って書け。

（　　　　　　　　　　　　　　　　　　）

〈資料Ⅱ〉衆議院議員総選挙（小選挙区）の有権者数と投票者数

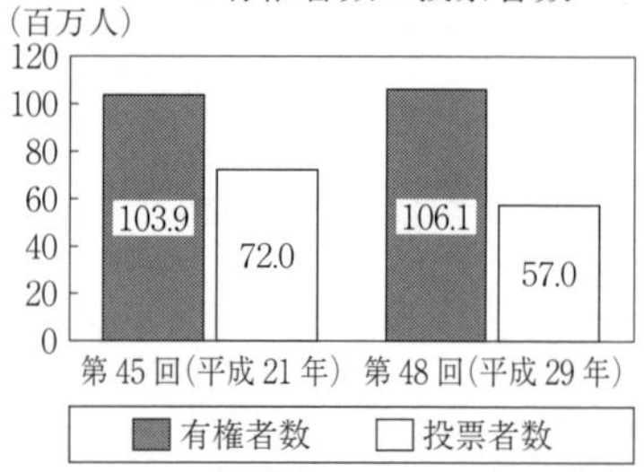

（総務省ホームページから作成）

政治上の課題の一つとして，資料Ⅱで示す選挙の傾向から，〔　　　　　〕と考えられる。そこで，私たちは政治に関心をもち，さまざまな方法で政治に参加していくことが大切である。

問4　次の［　　］内は，下線部③に関する資料Ⅲ，Ⅳについて，健人さんたちが会話した内容の一部である。〔 X 〕にあてはまる内容を，「発行」と「効率」の語句を使って書け。また，(Y) にあてはまる語句を書け。ただし，同じ記号には同じ語句が入る。

X(　　　　　　　　　　　　　　　　　　　　　　　　　　　　　　　)

Y(　　　　)

美鈴：資料Ⅲから，会社企業の多くが株式会社の形態をとっていることがわかるね。

知美：なぜ，会社企業の多くが株式会社の形態をとっているのかな。

健人；それは，資料Ⅳから，株式会社は〔 X 〕という利点があるからだよ。

知美：なるほどね。これに対して，出資者にはどんな利点があるのかな。

健人：例えば，出資者は株主となって，持っている株式の数に応じて，(Y) が支払われたり，株主総会で経営方針などについて議決したりすることができるよ。

〈資料Ⅲ〉会社企業の割合

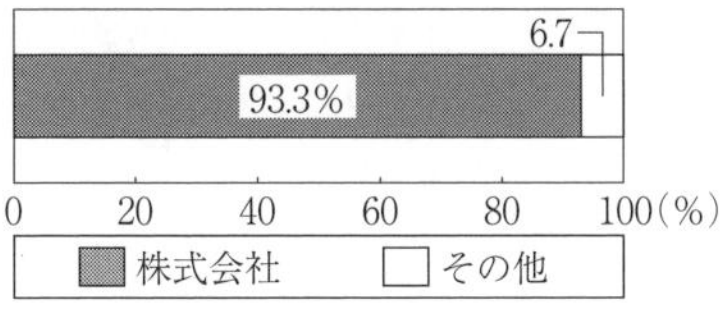

(国税庁ホームページから作成)

〈資料Ⅳ〉株式会社のしくみ（一部）

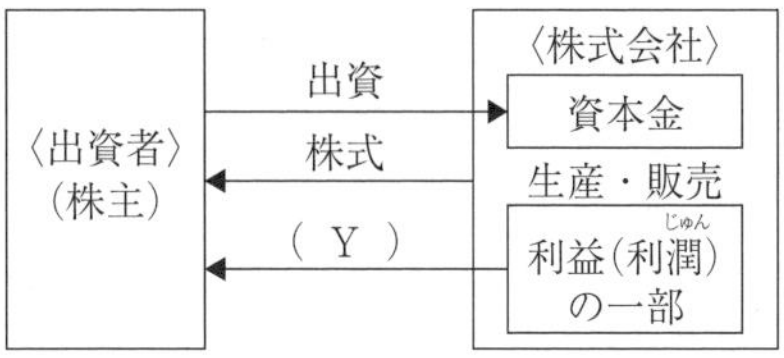

問５　次の□内は，下線部④について，健人さんが，日本銀行が行う金融《ゆう》政策の一部をまとめたものである。㋐～㋒の（　）にあてはまるものをそれぞれ一つ選び，記号を書け。

㋐(　　　)　㋑(　　　)　㋒(　　　)

不景気（不況）が続くと，デフレーションが起こり，通貨の価値が㋐(a　上がる，b　下がる）ことがある。そこで，日本銀行は景気を回復させるために，一般の銀行がもつ国債《さい》などを㋑(c　買う，d　売る）ことで，通貨量を調整する。そうすると，一般銀行は企業に貸し出す際の利子（金利）を㋒(e　上げ，f　下げ）ようとする。

問６　健人さんは，下線部⑤について調べ，図を作成した。(1)，(2)に答えよ。

〈図〉クレジットカードのしくみ（一部）

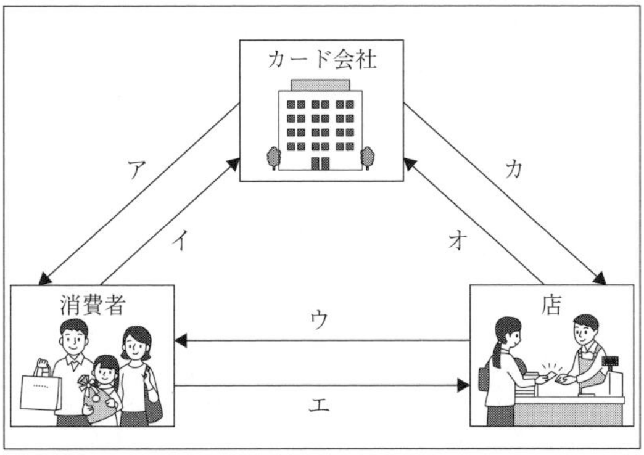

(1)「商品」,「立替《たてかえ》払い」を示すのは，図のア～カのどれか，それぞれ一つ選び，記号を書け。

商品(　　　)　立替払い(　　　)

(2) クレジットカードを利用する際に，消費者として注意しなければならないことを，図をみて，「代金」と「支払い能力」の語句を使って書け。

(　　　　　　　　　　　　　　　　　　　　　　　　　　　　　　　　　)

6　次の会話文は，勇太さんと正子さんが，「安心して暮らせる社会」をテーマに学習した際，資料集をもとに会話した内容の一部である。会話文を読み，各問に答えよ。

勇太：日本の人口の特色をみてみると，資料Ⅰ，Ⅱから，〔　　A　　〕ことが読み取れるので，（ B ）化が進んでいることがわかるね。

正子：（ B ）化が進む日本では，今後，どのような取り組みが求められるのかな。

勇太：国が行っている取り組みの一つである，資料Ⅲを見つけたよ。なぜ，このような取り組みが行われているのかな。

正子：この取り組みが行われている理由の一つは，資料Ⅳから，〔　　C　　〕からだと考えられるね。高齢者が，自分の希望に合った働き方ができるようになるといいね。

勇太：そうだね。わたしたちも，将来働く際には，自分の能力を発揮して，自分が社会で何を実現したいのかを考え，資料Ⅴのような，働くことの意義を見いだしていくことが大切になってくるね。

問1　会話文の〔 A 〕にあてはまる内容を，資料Ⅰ，Ⅱから読み取り書け。また，（ B ）にあてはまる語句を書け。ただし，同じ記号には同じ語句が入る。

A（　　　　　　　　　　　　　　　　　　　　　　　　　　）　B（　　　　）

問2　会話文の〔 C 〕にあてはまる内容を，資料Ⅳから読み取り，「全就業者数」の語句を使って書け。

（　　　　　　　　　　　　　　　　　　　　　　　　　　　　　　　　　　）

問3　会話文の下線部について，資料Ⅴの〔 D 〕にあてはまる内容を書け。

（　　　　　　　　　　　　　　　　　　　）

〈資料集〉

〈資料Ⅰ〉出生数の推移

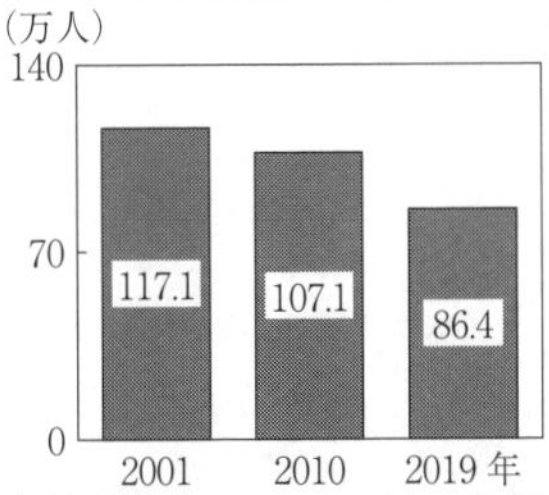

(厚生労働省ホームページから作成)

〈資料Ⅱ〉平均寿命の推移

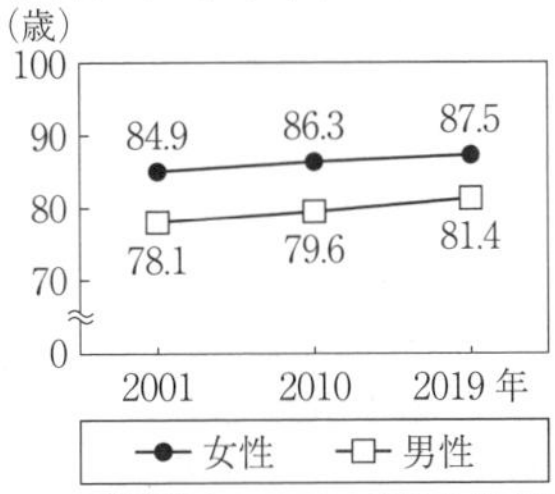

(総務省ホームページから作成)

〈資料Ⅲ〉公共職業安定所（ハローワーク）の取り組み

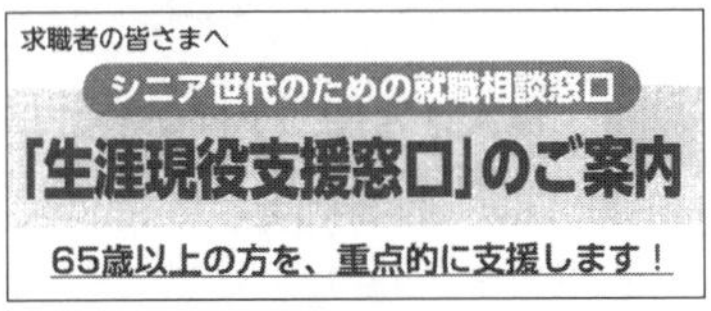

(厚生労働省ホームページから作成)

〈資料Ⅳ〉就業者数の推移

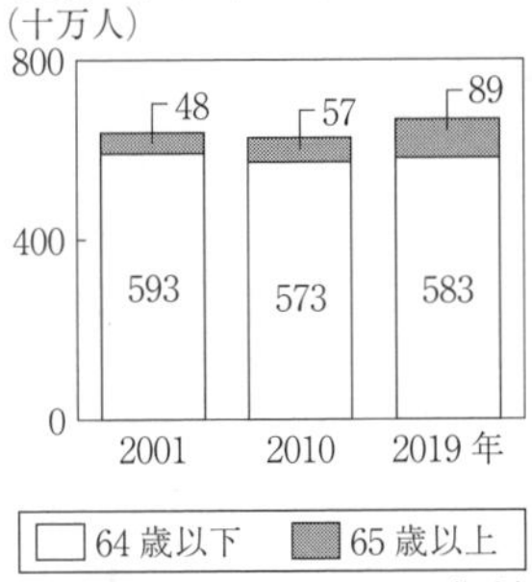

(総務省ホームページから作成)

〈資料Ⅴ〉50歳以上の年代別の働く意義についての意識調査結果（2019年）

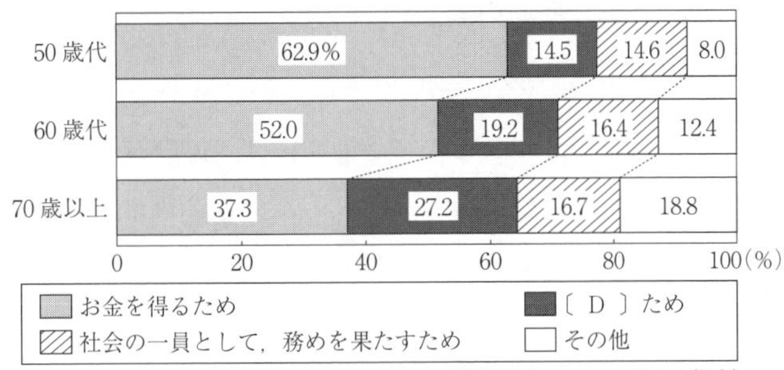

(内閣府ホームページから作成)

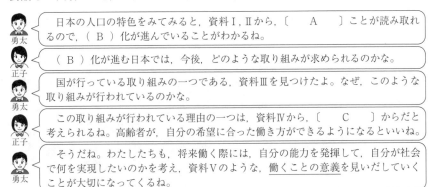

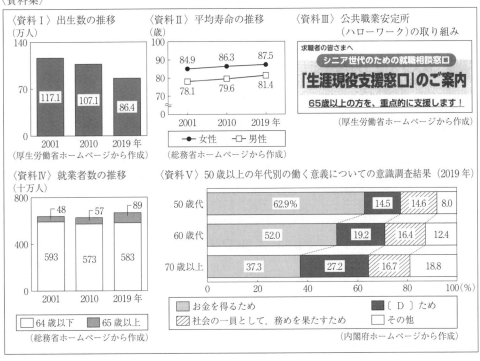

理科

時間　50分　　　　満点　60点

1　明さんは，いろいろなセキツイ動物の「①呼吸のしかた」，「②子のうまれ方」などの特徴《とくちょう》について調べ，カードを作成した。その後，作成したカードを使って，セキツイ動物を分類する学習を行った。下のA～Fのカードは，作成したカードの一部である。

A　カエル

①子…えら呼吸
　おとな…（ ア ）呼吸と
　　　　　（ イ ）呼吸
②卵生《らんせい》

B　トカゲ

①肺呼吸
②卵生

C　メダカ

①えら呼吸
②卵生

D　ハト

①肺呼吸
②卵生

E　カメ

①肺呼吸
②卵生

F　ウサギ

①肺呼吸
②胎生《たいせい》

問1　Aの（ ア ），（ イ ）に，適切な語句を入れよ。ア(　　　)　イ(　　　)

問2　A～Fを，「体温の保ち方」の特徴によって，2つのなかまに分けることができた。この2つのなかまのうち，Fと同じなかまに分けられたカードを，F以外のA～Eから1つ選び，記号を書け。また，Fと同じなかまに分けられたセキツイ動物の体温の保ち方の特徴を，「外界の温度」という語句を用いて，簡潔に書け。

記号(　　　)

特徴(　　　　　　　　　　　　　　　　　　　　　　　　　　　)

問3　A～Fを，魚類，両生類，ハチュウ類，鳥類，ホニュウ類の5つのグループに分けると，2枚のカードは同じグループに分類された。そのグループは，5つのグループのうちのどれか。

(　　　)

問4　下の［　　　］内は，学習後，明さんが，無セキツイ動物のなかまである節足動物と軟体《なんたい》動物の体《からだ》の特徴について調べた内容の一部である。

> カブトムシやカニなどの節足動物には，体の外側をおおっている（ X ）というかたい殻《から》があり，体やあしには節《ふし》がある。イカやタコなどの軟体動物の体には，内臓を包みこむ外《がい》とう膜《まく》というやわらかい膜，節のないやわらかいあしがある。

(1)　文中の（ X ）に，適切な語句を入れよ。(　　　)

(2)　下線部のなかまを，次の1～4から1つ選び，番号を書け。(　　　)

1　クラゲ　　2　クモ　　3　バッタ　　4　アサリ

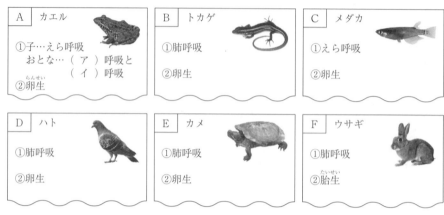

2　花さんと健さんは，根が成長するしくみについて疑問をもち，タマネギの根を顕微鏡《けんびきょう》で観察した。下の□内は，その観察の手順と結果である。

【手順】

① 図1のように，水につけて成長させたタマネギの根の先端部分を，約5mm切りとる。

② 切りとった根を，うすい塩酸に入れて，数分間あたためた後，水洗いする。

③ 水洗いした根を，スライドガラスにのせ，染色液を1滴《てき》落として柄《え》つき針でほぐし，数分間置く。

④ スライドガラスにカバーガラスをかぶせてプレパラートを作成する。

⑤ AとBを，顕微鏡の倍率を同じにして，それぞれ観察し，スケッチする。

図1

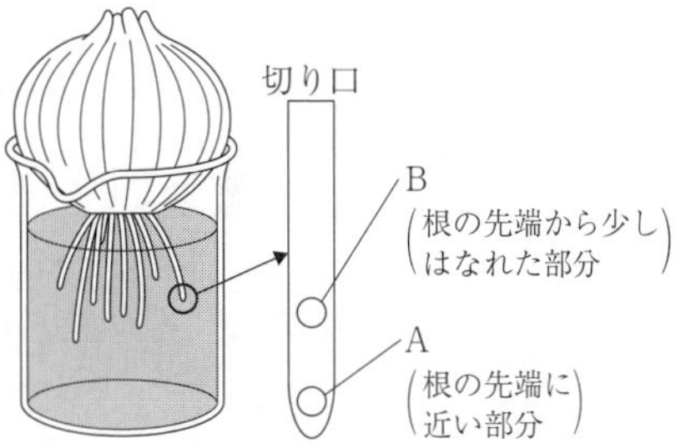

【結果】

部分	A(根の先端に近い部分)	B(根の先端から少しはなれた部分)
細胞のスケッチ	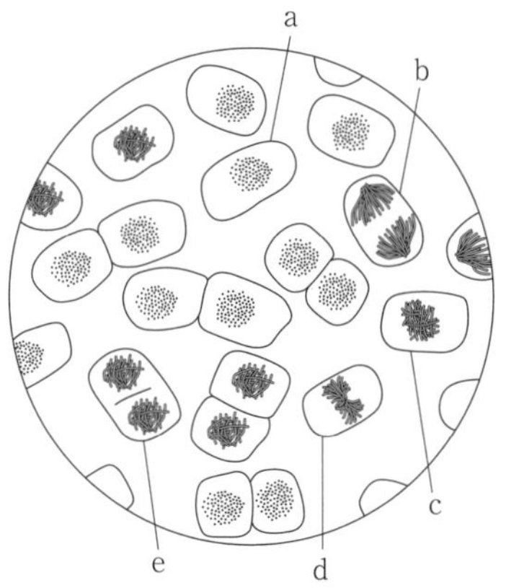	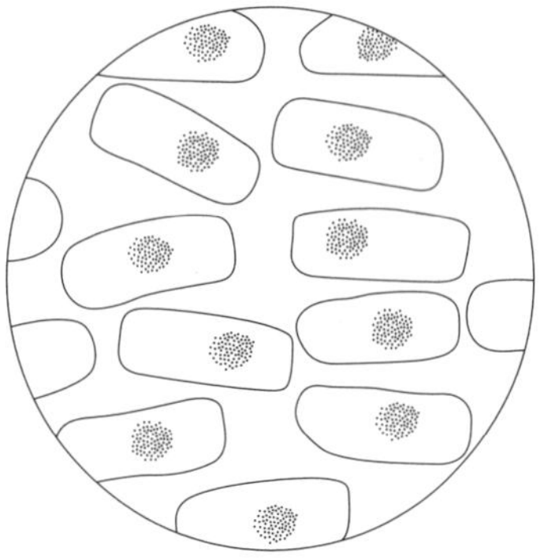

問1　下の□内は，顕微鏡の倍率を高くして観察するときの操作について説明した内容の一部である。文中の（ ア ）に，適切な語句を入れよ。また，（ イ ）に入る，図2のQで示す部分の名称《めいしょう》を書け。

ア(　　　)　イ(　　　)

図2

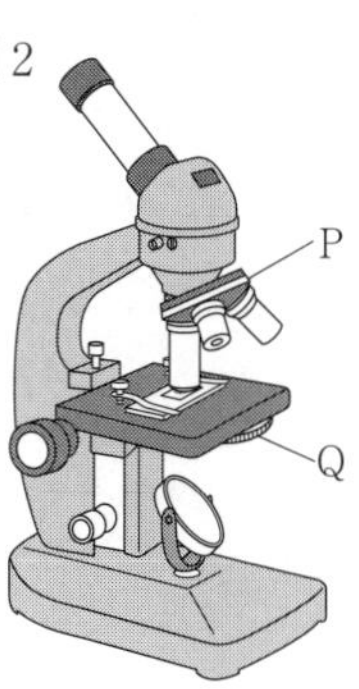

顕微鏡の倍率を高くするときは，見たいものが視野の（ ア ）にくるようにしてから，図2のPで示されるレボルバーを回し，高倍率の対物レンズにする。その後，図2のQで示される（ イ ）を調節して，観察しやすい明るさにする。

問２　下は，結果をふまえて，根が成長するしくみについて考察しているときの，花さんと健さんと先生の会話の一部である。

先生：結果から何か気づいたことはありませんか。

花さん：Ｂに比べてＡでは，細胞の大きさは小さく，さまざまな大きさの細胞がたくさん見られます。

健さん：Ａの細胞の中には，いろいろな形をしたひも状のものが見られますが，Ｂの細胞の中には見られません。

先生：よく気づきましたね。Ａの細胞の中に見られるひも状のものは，染色体といい，細胞が分裂《ぶんれつ》するときに見られます。それでは，結果から気づいたことをもとに，どのようにして根が成長するのか考えてみましょう。

健さん：いろいろな形の染色体が見られたＡで，細胞が分裂することによって根が成長すると考えられます。

先生：そうですね。さらに，花さんが結果から気づいたことに着目して，細胞にどのような変化が起きるか考えてみるとどうですか。

花さん：Ａで細胞が分裂することによって〔　　〕ことで，根が成長するといえます。

先生：その通りです。

⑴　会話文中の下線部について，【結果】のａ～ｅで示す細胞を，ａを１番目として細胞が分裂していく順に並べ，記号で答えよ。（ａ →　　→　　→　　→　　）

⑵　会話文中の〔　　〕にあてはまる内容を，簡潔に書け。

（　　　　　　　　　　　　　　　　　　　　）

問３　下の［　　］内は，タマネギの根の先端に近い部分で起こる細胞分裂について，健さんが調べた内容の一部である。（ Ｘ ）にあてはまる内容を，簡潔に書け。また（ Ｙ ）に，適切な語句を入れよ。

Ｘ（　　　　　　　　　　　　　　　　　　　　）

Ｙ（　　　　）

> タマネギの根の先端に近い部分で起こる細胞分裂では，分裂前の１つの細胞と分裂後の１つの細胞の，それぞれの核《かく》にある染色体の数が等しくなる。このように，染色体の数が等しくなるのは，細胞が分裂する前に，（ Ｘ ）にそれぞれ入るからである。このような細胞のふえ方を（ Ｙ ）という。

3　次の各問に答えよ。

問1　図1のような装置を組み立て，水 20mL とエタノール 5 mL の混合物を加熱し，ガラス管から出てくる液体を試験管 A，B，C の順に約 3 mL ずつ集めた。また，液体を集めているとき，出てくる蒸《じょう》気《き》の温度を測定した。その後，A～C に集めた液体をそれぞれ脱脂綿《だっしめん》につけ，火をつけて液体の性質を調べた。表は，実験の結果を示したものである。

ただし，図1は，枝つきフラスコにとりつける温度計を省略している。

図1

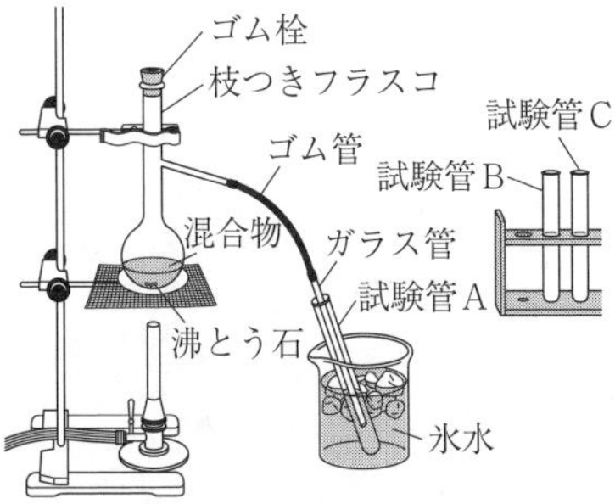

表

試験管	A	B	C
温度〔℃〕	72.5～84.5	84.5～90.0	90.0～93.0
脱脂綿に火をつけたときのようす	長く燃えた。	少し燃えるが，すぐに消えた。	燃えなかった。

(1)　下線部の操作を行うために，枝つきフラスコに温度計を正しくとりつけた図として，最も適切なものを，次の 1～4 から 1 つ選び，番号を書け。(　　　)

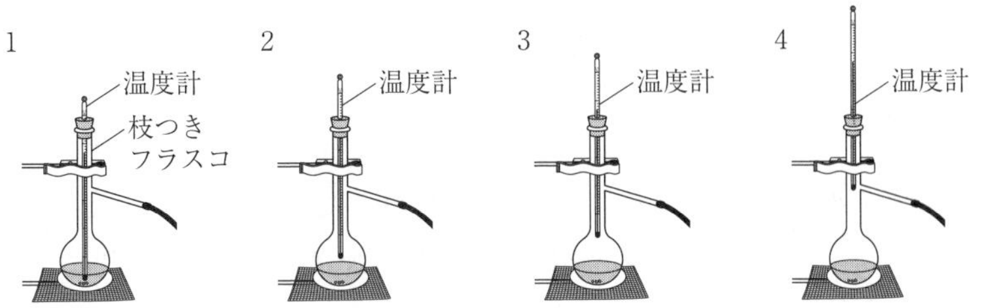

(2)　表の脱脂綿に火をつけたときのようすのちがいから，エタノールを最も多くふくんでいるのは A であることがわかった。A に集めた液体が，エタノールを最も多くふくんでいる理由を，「沸点《ふってん》」という語句を用いて，簡潔に書け。

(　　　　　　　　　　　　　　　　　　　　　　　　　　　　　　　　　　)

(3)　この実験のように，液体を加熱して気体にし，冷やして再び液体にして集める方法を何というか。(　　　)

問2　図2のように，ポリプロピレンの小片を，水とエタノールにそれぞれ入れ，ポリプロピレンの小片の浮き沈みを調べる実験を行った。下の［　　］内は，この実験についてまとめた内容の一部である。文中の〔　　〕にあてはまる内容を，簡潔に書け。(　　　　　　　　　　　　　　)

図2

> ポリプロピレンの小片は，水に入れると浮き，エタノールに入れると沈んだ。このように，ポリプロピレンの小片の浮き沈みにちがいが見られたのは，ポリプロピレンの密度が，〔　　〕からである。

4　炭酸水素ナトリウムを加熱したときの変化を調べる実験を行った。下の［　　］内は，その実験の手順である。

【手順】

① 試験管Aに炭酸水素ナトリウム1.0gを入れ，図1のように炭酸水素ナトリウムを加熱する。

② ガラス管から出てくる気体を，水上置換法で，試験管B，Cの順に2本の試験管に集めた後，ガラス管から気体が出なくなったら加熱をやめる。

③ Bに集めた気体は使わずに，Cに石灰水を入れてよく振り，変化を観察する。

④ 加熱したAの口にできた液体に，乾《かわ》いた塩化コバルト紙をつけて，色の変化を観察する。

⑤ Aが冷めてから，Aの中に残った物質をとり出し，その物質が炭酸水素ナトリウムとは別の物質であることを確認する。

図1

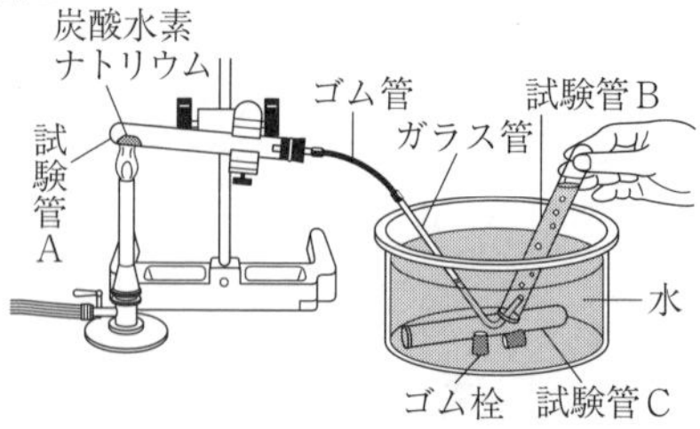

問1　手順④の操作を行ったとき，塩化コバルト紙の色の変化から，炭酸水素ナトリウムを加熱すると，水ができたことがわかった。塩化コバルト紙の色の変化として適切なものを，次の1～4から1つ選び，番号を書け。(　　　)

1　青色から緑色に変化した。　　2　青色から赤色に変化した。

3　赤色から青色に変化した。　　4　緑色から青色に変化した。

問2　手順⑤について，Aの中に残った物質が，炭酸水素ナトリウムとは別の物質であることを確認する実験の方法を，1つ簡潔に書け。(　　　　　　　　　　　　)

問3　下の［　　］内は，この実験についてまとめた内容の一部である。

炭酸水素ナトリウムを加熱すると，固体，気体，液体の3種類の物質に分かれることがわかった。このように，1種類の物質が2種類以上の物質に分かれる化学変化を（ X ）という。

(1) 下線部について，炭酸水素ナトリウムを加熱したときの化学変化を，化学反応式で表すとどうなるか。解答欄の図2を完成させよ。

図2

(　　　)→ Na_2CO_3 ＋(　　　)＋(　　　)

(2) 文中の（ X ）に，適切な語句を入れよ。(　　　)

問4　この実験のように，化学変化によって気体が発生するものを，次の1～4から全て選び，番号を書け。(　　　)

1　亜鉛《あえん》にうすい塩酸を加える。

2　うすい硫酸《りゅうさん》にうすい水酸化バリウム水溶液を加える。

3　二酸化マンガンにうすい過酸化水素水を加える。

4　うすい水酸化ナトリウム水溶液にマグネシウムリボンを入れる。

5　恵さんは，地層の特徴を調べるために，家の近くの道路わきに見られた露頭《ろとう》（地層が地表に現れているがけ）を観察した。下の［　　　］内は，その観察の手順と結果である。ただし，露頭を観察した地域では，地層の上下の逆転や断層はなく，それぞれの地層は，平行に重なっており，ある一定の方向に傾《かたむ》いて広がっていることがわかっている。

【手順】

地層の広がり，重なり，傾きを観察し，露頭全体をスケッチする。次に，地層の厚さ，色，粒《つぶ》の大きさを観察し，それぞれの層の特徴を記録する。また，化石があるかどうかを調べ，記録する。

【結果】

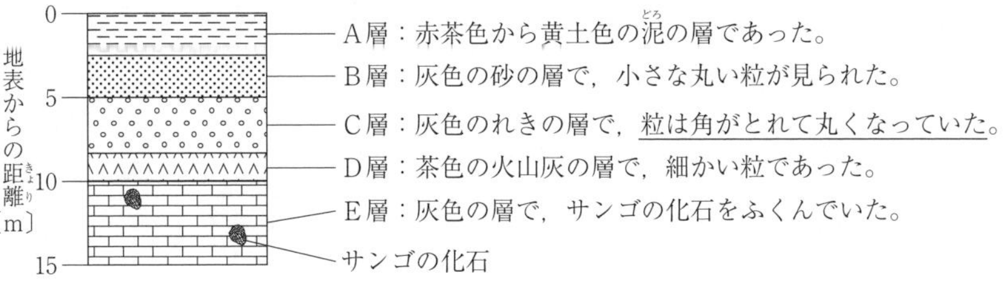

〔スケッチした露頭の模式図〕

問1　A層～E層のうち，最も古い地層はどれか。A～Eから1つ選び，記号を書け。（　　　）

問2　下線部について，C層にふくまれているれきが，丸みを帯《お》びた理由を，簡潔に書け。

（　　　　　　　　　　　　　　　　　　　　　　　　　　　）

問3　E層が堆積した当時，この地層がある地域はどのような環境であったと考えられるか，簡潔に書け。

（　　　　　　　　　　　　　　　　　　　　　　　　　　　）

問4　観察後，恵さんは，露頭を観察した地域で，地層の広がりを調べた。図1は，この地域の地形図を模式的に表したものであり，地点Pは，観察を行った露頭の位置を示している。また，地点Qは，地点Pの真南に位置し，地点Rは，地点Qの真東に位置し，地点Sは，地点Pの真東で，地点Rの真北に位置している。図2は，地点P，Q，Rの柱状図である。

地点Sの地層の重なり方を柱状図で図3に表したとき，E層はどの位置にくるか。E層の位置を，解答欄の図3中で，ぬりつぶして示せ。

図1

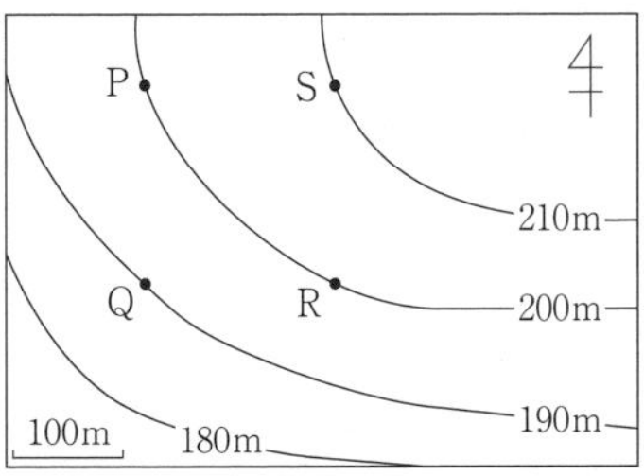

図2

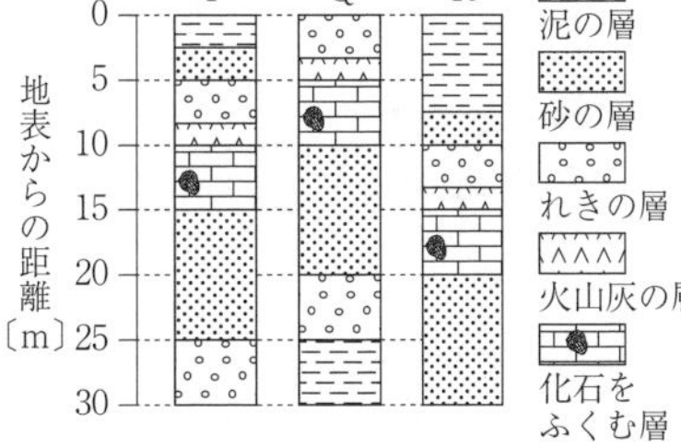

図3

6　図1～図3は，ある年の3月の連続した3日間，それぞれの日の同じ時刻における，日本付近の気圧配置などを示したものである。ただし，図1～図3は，日付の順に並んでおり，図中のXは，同一の地点を示している。下は，地点Xの天気の変化をもとに，日本の春の天気の特徴について考察しているときの，登さんと愛さんと先生の会話の一部である。

図1

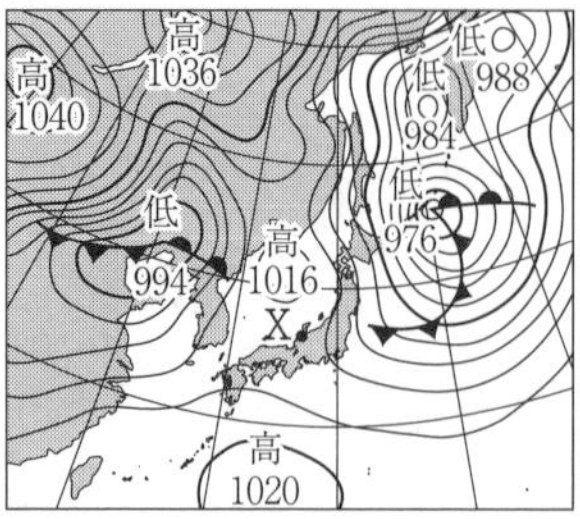

図2

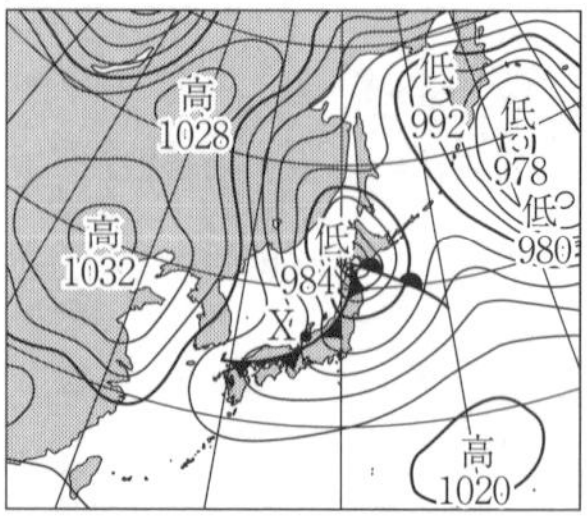

図3

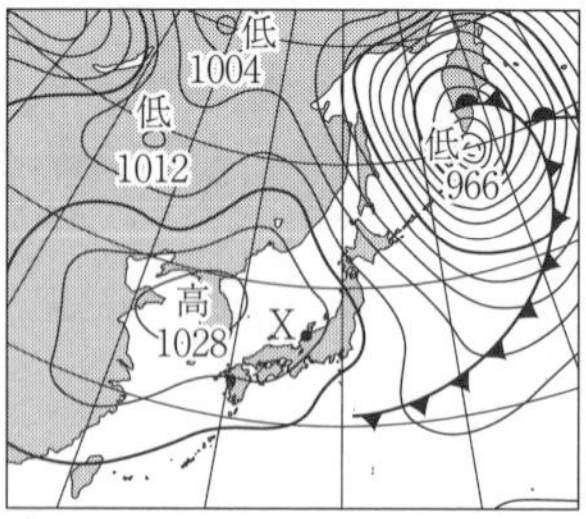

先生：図1から図3をもとに，地点Xの天気を考えてみましょう。

登さん：①図1，図3の地点Xは，近くに高気圧の中心があるので，晴れていたと思います。

愛さん：図2の地点Xは，低気圧にともなう②寒冷前線が通過した後だと考えられるので，雨やくもりになっていたと思います。

先生：そうですね。それでは，考えたことをもとに，日本の春の天気の特徴を，図1，図2，図3の気圧配置の変化と，天気の変化を関係づけて説明してみましょう。

登さん：日本の春の天気は，〔　　〕という特徴があるといえます。

先生：その通りです。

問1　下線部①の高気圧について，中心部の気流と地上付近の風のふき方を示した図として，最も適切なものを，次の1～4から1つ選び，番号を書け。（　　　）

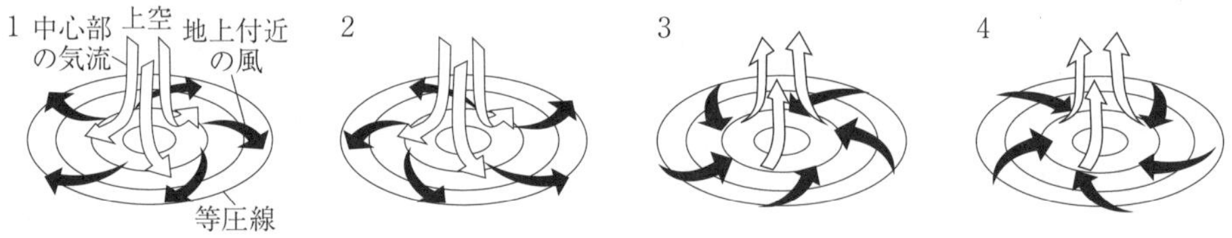

問2　図4は，図2の地点Xにおける，気温，天気，風向，風力の1日の変化を示したものである。

下線部②について，愛さんは，図4から，寒冷前線が図2の地点Xを通過したのは，6時から9時の間であると考えた。その考えの根拠となる気象要素の変化のうち，風向の変化を，図4から読み取って，簡潔に書け。

（　　　　　　　　　　　　　　　　　　　　　）

図4

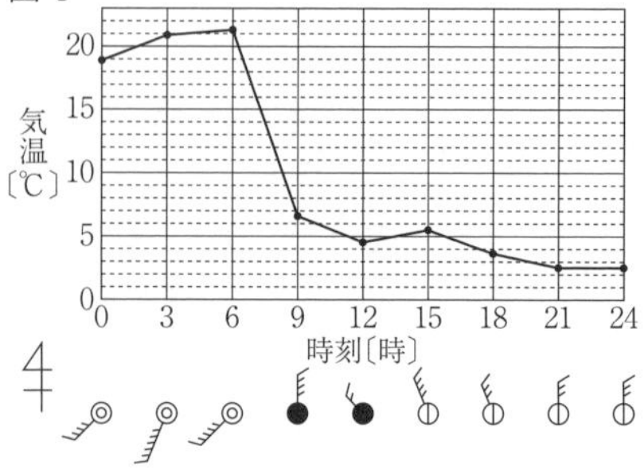

問3　会話文中の〔　　〕にあてはまる内容を，簡潔に書け。（　　　　　　　　　　　　　　　　　　　　　）

7　図1のように，30 Ωの抵抗《ていこう》Xと20 Ωの抵抗Yを用いて，回路AとBをつくり，それぞれの全体の抵抗を調べる実験を行った。実験では，それぞれの電圧計が3.0Vを示すようにして，回路を流れる電流の大きさを測定した。このとき，回路AとBの電流計の針は，それぞれ図2のように示した。ただし，抵抗Xと抵抗Y以外の抵抗は考えないものとする。

図1
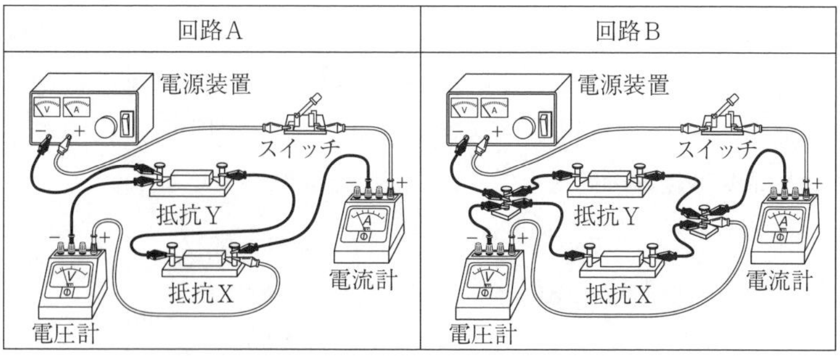

図2
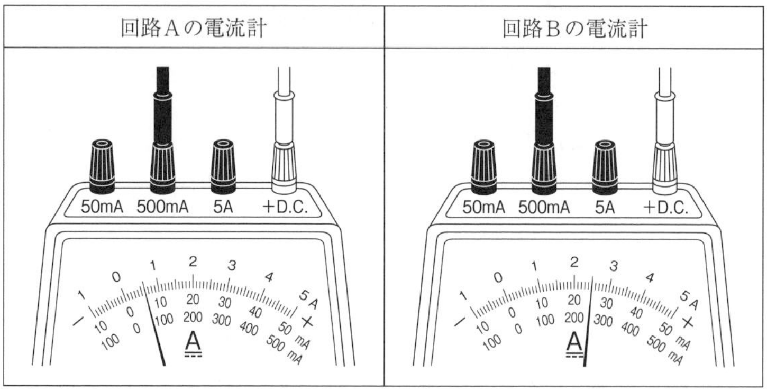

問1　回路Aの回路図を，電気用図記号を使って解答欄に記入せよ。

問2　回路Bの全体の抵抗の大きさは何Ωか。(　　　Ω)

問3　下の□内は，回路AとBのそれぞれの抵抗に流れる電流の大きさの大小関係について考察したものである。文中の(①)，(②)に，＞，＜，＝のうち，適切な記号をそれぞれ書け。①(　　) ②(　　)

回路Aの抵抗Xおよび抵抗Yに流れる電流の大きさを，それぞれP，Qとすると，P(①)Qとなる。また，回路Bの抵抗Xに流れる電流の大きさをRとすると，P(②)Rとなる。

問4　家庭内の電気配線では，電気器具が並列につながれている。100V　1200Wの表示のあるアイロンと，100V　50Wの表示のあるノートパソコンを，それぞれ家庭内の100Vのコンセントにつないで使用した。アイロンをある一定時間使用したときの電力量が，ノートパソコンを80分間使用したときの電力量と等しくなった。アイロンの使用時間は，何分何秒か。(　　分　　秒)

8　図1のような装置を用いて，球がもつ位置エネルギーについて調べる実験を行った。実験では，質量20gの球Xを，球の高さが10cm，20cm，30cmの位置から斜面《しゃめん》にそって静かに転がして木片に衝突《しょうとつ》させ，木片が動いた距離《きょり》をそれぞれはかった。

次に，球Xを，質量30gの球Y，質量40gの球Zにかえて，それぞれ実験を行った。図2は，実験の結果をもとに，球の高さと木片が動いた距離の関係をグラフで表したものである。

ただし，球とレールとの間の摩《ま》擦《さつ》や空気の抵抗は考えないものとし，球がもつエネルギーは全て衝突によって木片を動かす仕事に使われるものとする。また，質量100gの物体にはたらく重力の大きさを1Nとする。

図1

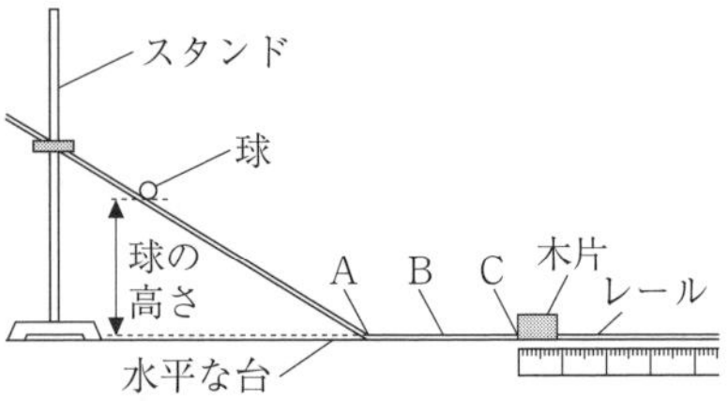

図2

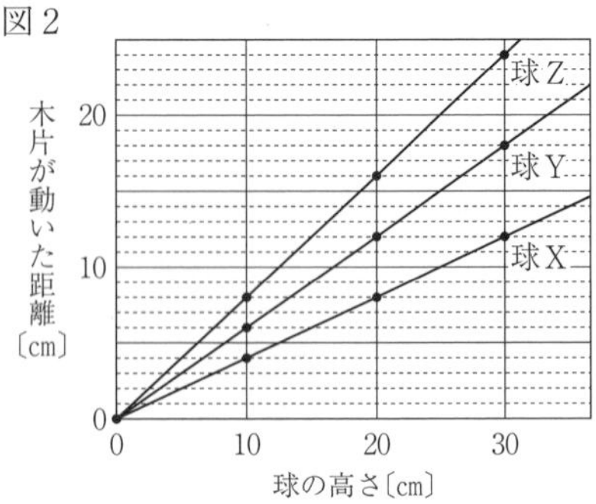

問1　球Xは斜面を転がった後，一定の速さでA点からB点を通ってC点まで水平なレール上を転がった。このように，一定の速さで一直線上を進む運動を何というか。

また，図3は，球XがB点を通過しているときの球Xを表している。このときの球Xにはたらく垂直抗力を，解答欄の図3に力の矢印で示せ。なお，力の作用点を・で示すこと。ただし，図3の1目《め》盛《も》りを0.1Nとする。運動(　　　)

図3

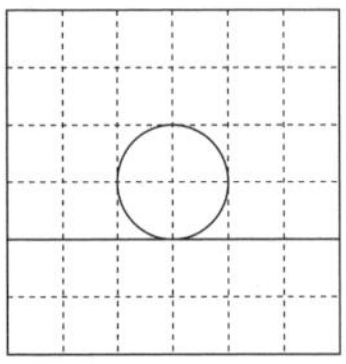

問2　図1の装置を用いて，質量のわからない球Mを，球の高さが10cmの位置から斜面にそって静かに転がすと，木片が11cm動いた。球Mの質量は何gか。(　　　g)

問3　実験後，図4のような装置をつくり，球の運動のようすを調べた。実験では，球XをP点から斜面にそって静かに転がした。このとき，球Xは，Q点，R点，S点を通ってT点に達した。図5は，球XがP点からS点に達するまでの，球Xがもつ位置エネルギーの変化を，模式的に示したものである。球XがP点からS点に達するまでの，球Xがもつ運動エネルギーの変化を，解答欄の図5に記入せよ。

図4

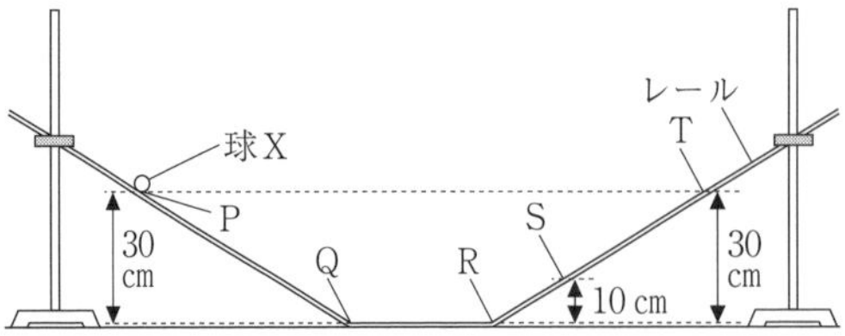

図5

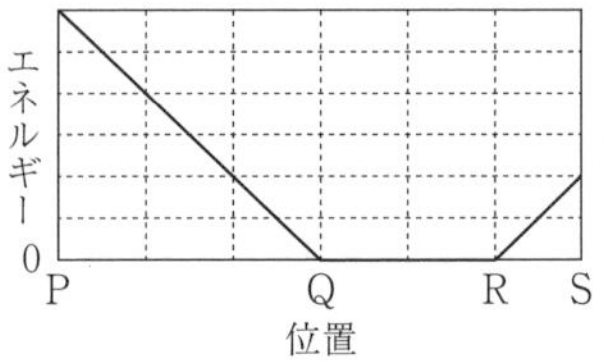

【資料3】「食品ロス削減のために自分にできること」についての意見

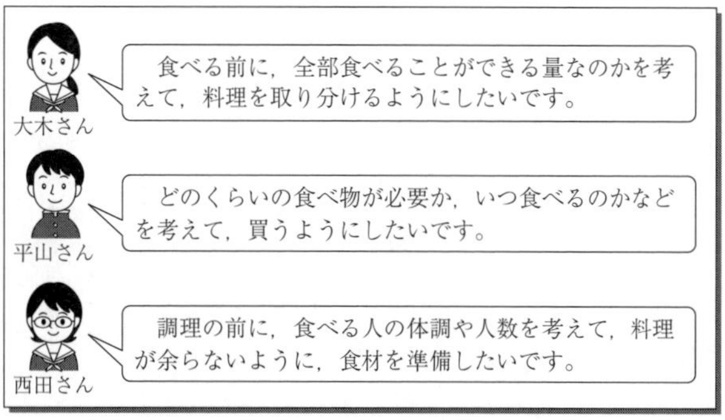
大木さん
食べる前に，全部食べることができる量なのかを考えて，料理を取り分けるようにしたいです。
平山さん
どのくらいの食べ物が必要か，いつ食べるのかなどを考えて，買うようにしたいです。
西田さん
調理の前に，食べる人の体調や人数を考えて，料理が余らないように，食材を準備したいです。

問　林さんは友達の意見を聞きながら、「食品ロス削減のために自分にできること」を考えている。あなたなら、どのように考えるか。次の条件１から条件４に従い、作文せよ。

条件１　文章は、二段落構成とすること。

条件２　第一段落には、【資料３】から共感できる人物（誰を選んでもかまわない。）を一人選び、その理由を【資料１】の◯の中にある三つの言葉のうち、一つを用いて書くこと。

条件３　第二段落には、第一段落を踏まえ、あなたが考える自分にできることを、【資料２】の《食品ロス削減のポイント》のＡ～Ｃのうち一つと関連付けて書くこと。なお、関連付けたポイントは、Ａ～Ｃの記号で示すこと。

条件４　題名と氏名は書かず、原稿用紙の正しい使い方に従い、十行以上、十二行以内で書くこと。

あると思います。

小島さん　私は、実物を参考にせず「あの羽づかひではあつてこそ、それがしが描いたやうには、え飛ぶまい」と言い張って、[イ]点も「下手芸」であると思います。

青木さん　なるほど。どちらにしても絵かきの[ウ]心している点が、「下手芸」であるということができますね。

小島さん　そうか。だから、絵かきは、自分よりすぐれた人が世の中にはたくさんいることに気付くことができないのですね。

先生　二人とも、絵かきの「下手芸」な点についてよく考えることができましたね。

(1) [ア]、[イ]に入る内容を、十字以上、十五字以内の現代語でそれぞれ考えて書け。ただし、[ア]には他人、[イ]には自分という語句を必ず使うこと。

ア

イ

(2) [ウ]に入る最も適当な漢字一字を、【A】からそのまま抜き出して書け。□

4　林さんの学級では、食品ロスの問題について、【資料1】と【資料2】を基に学習している。【資料3】は、学習の際に出た友達の意見である。これらを読んで、後の問に答えよ。

【資料1】食品ロス削減についてのポスター

(福岡《おか》県啓発用ポスター　一部改変)

【資料2】学習で用いる資料の一部

まだ食べられるのに捨てられてしまう食品のことを「食品ロス」といいます。日本では年間612万トンの食品ロスが発生しています。

年間一人当たりの食品ロス量は，48kgにもなります。これは，毎日，お茶碗《わん》約一杯《ぱい》分の食品を捨てていることと同じです。

《食品ロス削減のポイント》

A　食品の期限表示を確認する
※　消費期限：食べても安全な期限
賞味期限：おいしく食べることができる期限

B　買い物，料理，食事をするときの量を考える

C　保存や調理の方法を工夫する

(消費者庁及び福岡県啓発用パンフレットを基に作成)

3　次は、『浮世《うきよ》物語』という本にある話【A】と、その現代語訳【B】である。これらを読んで、後の各問に答えよ。句読点等は字数として数えること。

【A】

自慢《まん》するは下手芸《へたげい》といふ事

今はむかし、物ごと自慢くさきは未練のゆへなり。物の上手の上からは、すこしも自慢はせぬ事なり。我より手上《てうへ》の者ども、広き天下にいかほどもあるなり。

ある者、座敷をたてて絵を描かする。白《しら》さぎの一色を望む。絵描き、「心えたり」とて焼筆をあつる。亭《てい》主のいはく、「①いづれも良さそうなれども、この白さぎの飛びあがりたる、羽づかひがかやうでは、飛ばれまい」といふ。絵描きのいはく、「いやいやこの飛びやうが第一の出来物ぢや」といふうちに、本の白さぎが四五羽うちつれて飛ぶ。亭主これを見て、「あれ見給へ。②あのやうに描きたいものぢや」といへば、絵描きこれを見て、「いやいやあの羽づかひではあつてこそ、それがしが描いたやうには、え飛ぶまい」といふた。

（「新編日本古典文学全集64　仮名草子集」より。一部改変）

（注）　焼筆…柳《やなぎ》などの細長い木の端を焼きこがして作った筆。絵師が下絵を描くのに用いる。

【B】

自慢をするのは芸が未熟だという事

今となれば昔のことだが、どんなことでもやたらに自慢したがるのは、未熟な者のすることだ。□は、何事においても少しも自慢したりしないものだ。それは、自分より技量のすぐれた者が、この広い天下にいくらでもいることを知っているからだ。

ある人が座敷を作って襖《ふすま》に絵を描かせた。白さぎだけを描いて仕上げるように注文した。絵かきは「承知しました」と言って、焼筆で下絵を描いた。それを見て主人が、「どれも一見よくできているようだが、この白さぎが飛び上がっている、こんな羽の使い方では飛ぶことはできないだろう」と言った。絵かきはもったいぶったようすで、「いやいや、この飛び方が、この絵のもっともすばらしいところなのだ」と言っている最中に、本当の白さぎが四、五羽、群がって飛んで行った。主人はこれを見て、「あれを見てください。あんなふうに描いてもらいたいものだ」と言うと、絵かきもこれを見て、「いやいや、あの羽の使い方では、私が描いたように飛ぶことはできないだろう」と言った。

問一　【A】の①いづれも良さそうの読み方を、全て現代仮名遣《づか》いに直し、平仮名で書け。（　　　　）

問二　【A】の物の上手とは、どのような人物か。【B】の空欄□に入る語句を、漢字二字の現代語で考えて書け。□

問三　【A】に②あのやうにとあるが、何がどうする様子かを具体的に表す部分を、【A】からそのまま抜き出して書け。

（　　　　　　　　　　　　　　　　）

問四　次は、【A】と【B】を読んだ青木さんと小島さんと先生が、会話をしている場面である。

先生　この話の主人公である絵かきのどんな点が「下手芸」なのか話し合ってみましょう。

青木さん　私は、絵についての主人の感想に対して、「この飛びやうが第一の出来物ぢや」と言って、[ア]点が「下手芸」で

問二　本文中の②必死に唇《くちびる》を噛《か》んで我慢《まん》したを単語に区切り、切れる箇所に／の記号を書け。

必　死　に　唇《くちびる》　を　噛《か》　ん　で　我　慢《まん》　し　た

問三　本文中の【A】〜【E】のうち、次の一文が入る最も適当な箇所はどこか。A〜Eから一つ選び、記号を書け。（　　）

窓から見えるきれいな真ん丸の月が、じわじわとにじみ、揺《ゆ》れはじめた。

問四　次は、本文を読んだ池田さんと中川さんと先生が、少年の心情について会話をしている場面である。

池田さん　「帰り、ひょっとしたら、ちょっと遅くなるかもしれない」という会話や、「両手で拝んで頼む」という行動から、河野さんのバスに乗りたいという少年の思いが読み取れるよ。河野さんのバスに乗るのを嫌だと思っていたのにね。

中川さん　そうだね。［ア］かもしれないことに対する少年の不安や悲しみの思いを受け止め、回数券を使わなくていいようにしてくれた河野さんに、少年は［イ］の気持ちを伝えたかったんだろうな。

池田さん　そうだよね。少年は［イ］の気持ちを回数券に書いて伝えることも、河野さんから言われたことを守ってバスに乗ることもできて、「バスが走り去ったあと、空を見上げた」ときは、大きな達成感を味わっていたと思うな。

中川さん　そのほかにも、「何歩か進んで振り向くと、車内灯の明かりがついたバスが通りの先に小さく見えた。やがてバスは交差点をゆっくりと曲がって、消えた。」という二文に描き出されている、見えなくなるまでバスを見送る少年の姿から、［ウ］ことに一抹《まつ》の寂しさを感じていることも読み取れるよね。

先生　描写に着目して、少年の心情をしっかりととらえることができていますね。

(1)　［ア］に入る内容を、本文中から十五字でそのまま抜き出して書け。

(2)　［イ］に入る適当な語句を、漢字二字で考えて書け。

(3)　［ウ］に入る内容を、二十五字以上、三十五字以内で考えて書け。ただし、**母**、**河野さん**という二つの語句を必ず使うこと。

に、「早く降りて」と言った。「次のバス停でお客さんが待ってるんだから、早く」――声はまた、ぶっきらぼうになっていた。

　次の日から、少年はお小遣いでバスに乗った。お金がなくなるか、「回数券まだあるのか?」と父に訊かれるまでは知らん顔しているつもりだったが、その心配は要《い》らなかった。

　三日目に病室に入ると、母はベッドに起き上がって、父と笑いながらしゃべっていた。会社を抜けてきたという父は、少年を振り向いてうれしそうに言った。

「お母さん、あさって退院だぞ」

　退院の日、母は看護師さんから花束をもらった。車で少年と一緒に迎えに来た父も、大きな花束をプレゼントした。

　帰り道、「ぼく、バスで帰っていい?」と訊くと、両親はきょとんとした顔になったが、「病院からバスに乗るのもこれで最後だもんなあ」「よくがんばったよね、寂《さび》しかったでしょ?　ありがとう」と笑って許してくれた。

「帰り、ひょっとしたら、ちょっと遅くなるかもしれないけど、いい?　いいでしょ?　ね、いいでしょ?」

　両手で拝んで頼むと、母は「晩ごはんまでには帰ってきなさいよ」とうなずき、父は「そうだぞ、今夜はお寿司《すし》とるからな、パーティーだぞ」と笑った。

　バス停に立って、河野さんの運転するバスが来るのを待った。バスが停まると、降り口のドアに駆《か》け寄って、その場でジャンプしながら運転席の様子を確かめる。

　何便もやり過ごして、陽《ひ》が暮れてきて、やっぱりだめかなあ、とあきらめかけた頃《ころ》――やっと河野さんのバスが来た。

車内は混み合っていたので、走っているときに河野さんに近づくことはできなかった。それでもいい。通路を歩くのはバスが停まってから。整理券は丸めてはいけない。

　次は本町一丁目、本町一丁目……とアナウンスが聞こえると、降車ボタンを押した。ゆっくりと、人差し指をピンと伸ばして。

　バスが停まる。通路を進む。河野さんはいつものように不機嫌な様子で運賃箱を横目で見ていた。

目は合わない。それがちょっと残念で、でも河野さんはいつもこうなんだもんな、と思い直して、整理券と回数券の最後の一枚を入れた。

　降りるときには早くしなければいけない。順番を待っているひともいるし、次のバス停で待っているひともいる。

だから、少年はなにも言わない。回数券に書いた「ありがとうございました」にあとで気づいてくれるかな、気づいてくれるといいな、と思いながら、ステップを下りた。

　バスが走り去ったあと、空を見上げた。西のほうに陽が残っていた。どこかから聞こえる「ごはんできたよお」のお母さんの声に応《こた》えるように、少年は歩きだす。

　何歩か進んで振り向くと、車内灯の明かりがついたバスが通りの先に小さく見えた。やがてバスは交差点をゆっくりと曲がって、消えた。

（重松　清「バスに乗って」より。一部改変）

（注）　回数券…乗車券の何回分かをとじ合わせたもの。ここでは、十回分の値段で乗車券の十一回分をとじ合わせた冊子。
　　かぶりを振って…否定の意を示して。

問一　本文中に①表紙を兼ねた十一枚目の券とあるが、これを言い換えた表現を本文中から九字でそのまま抜き出して書け。

２　次の文章を読んで、後の各問に答えよ。句読点等は字数として数えること。

> 【ここまでのあらすじ】　小学校五年生の少年は、入院した母のお見舞いにバスで行くようになった。初めて一人で乗ったバスで、整理券の出し方を運転手の河野《かわの》さんに叱《しか》られて以来、少年は河野さんのバスに乗るのが怖くなった。回数券を買い足す日、少年が乗ったバスの運転手は河野さんだった。少年は、嫌だ、運が悪いと思ったが、買い方を注意されながらも、どうにか回数券三冊を購《こう》入した。

買い足した回数券の三冊目が――もうすぐ終わる。

最後から二枚目の回数券を――今日、使った。あとは①表紙を兼ねた十一枚目の券だけだ。

明日からお小遣《づか》いでバスに乗ることにした。毎月のお小遣いは千円だから、あとしばらくはだいじょうぶだろう。

ところが、迎えに来てくれるはずの父から、病院のナースステーションに電話が入った。

「今日はどうしても抜けられない仕事が入っちゃったから、一人でバスで帰って、って」

看護師さんから伝言を聞くと、泣きだしそうになってしまった。今日は財布を持って来ていない。回数券を使わなければ、家に帰れない。

母の前では涙《なみだ》をこらえた。病院前のバス停のベンチに座っているときも、②必死に唇《くちびる》を嚙《か》んで我慢《まん》した。【A】でも、バスに乗り込み、最初は混み合っていた車内が少しずつ空《す》いてくると、急に悲しみが胸に込み上げてきた。シートに座る。【B】座ったままうずくまるような格好で泣いた。バスの重いエンジンの音に紛《まぎ》らせて、うめき声を漏《も》らしながら泣きじゃくった。【C】

『本町《もとまち》一丁目』が近づいてきた。【D】顔を上げると、他の客は誰もいなかった。降車ボタンを押して、手の甲で涙をぬぐいながら席を立ち、ポケットから回数券の最後の一枚を取り出した。【E】

バスが停まる。運賃箱の前まで来ると、運転手が河野さんだと気づいた。それでまた、悲しみがつのった。こんなひとに最後の回数券を渡したくない。

整理券を運賃箱に先に入れ、回数券をつづけて入れようとしたとき、とうとう泣き声が出てしまった。

「どうした？」と河野さんが訊《き》いた。「なんで泣いてるの？」――ぶっきらぼうではない言い方をされたのは初めてだったから、逆に涙が止まらなくなってしまった。

「財布、落としちゃったのか？」

泣きながらかぶりを振って、回数券を見せた。

じゃあ早く入れなさい――とは、言われなかった。

河野さんは「どうした？」ともう一度訊いた。

その声にすうっと手を引かれるように、少年は嗚咽《おえつ》交じりに、回数券を使いたくないんだと伝えた。母のこともしゃべった。新しい回数券を買うと、そのぶん、母の退院の日が遠ざかってしまう。ごめんなさい、ごめんなさい、と手の甲で目元を覆《おお》った。この回数券、ぼくにください、と言った。

河野さんはなにも言わなかった。かわりに、小銭が運賃箱に落ちる音が聞こえた。目元から手の甲をはずすと、整理券と一緒に百二十円、箱に入っていた。もう前に向き直っていた河野さんは、少年を振り向かず

【ポップを作成するためのメモ】

《工夫したい点》

1　呼びかけるような表現を用いることで、読み手に直接問いかける。

2　比喩を用いることで、難しい言葉を、分かりやすく伝える。

3　語順を入れ替えることで、強調したり、調子を整えたりする。

4　書体や字の大きさを変えて書くことで、見出しを目立たせる。

5　対照的な内容の語句を同じ組み立てで並べることで、印象を強める。

問一　北山さんが作成している【ポップの下書き】は、(1)【文章】のA～Eのうち、どこを根拠としているか。最も適当な部分を一つ選び、記号を書け。（　　）

問二　【ポップの下書き】の孤独の漢字の読みを、平仮名で書け。（　　）

問三　【ポップの下書き】のはかるの――線を施した部分と、次の1～4の――線を施した部分に適切な漢字をあてるとき、【ポップの下書き】のはかると同じ漢字を用いるものを、1～4から一つ選び、番号を書け。（　　）

1　体重をはかる。　2　相手の気持ちをはかる。

3　問題の決着をはかる。　4　時間をはかる。

問四　次の文字は【ポップの下書き】の一部である。この文字の部首に表れている行書の特徴として最も適当なものを、次の1～4から一つ選び、番号を書け。（　　）

1　点画の変化　2　筆順の変化

3　点画の省略　4　点画の連続

問五　北山さんは【ポップを作成するためのメモ】を基に、【ポップの下書き】を見直した。《工夫したい点》で、取り入れていないことは何か。【ポップを作成するためのメモ】の1～5から全て選び、番号を書け。（　　）

それらの言葉の力により豊かな感情を身に付けることが可能になるということ。

3　人間は思考の手段として言葉を用いるため、読書により他の思考を知ることで多くの刺激を受け、それ以前とは異なる視点から物事をとらえるようになり、より深く考察することが可能になるということ。

4　人間は思考を通じて新たな言葉を習得するという性質をもつため、読書によって新しい言葉を身に付けることは、意思疎通の手段が増えることを意味し、良好な人間関係を保つことが可能になるということ。

問四　本文中の空欄［ア］～［エ］に入る語句の組み合わせとして最も適当なものを、次の1～4から一つ選び、番号を書け。（　　）

1　ア　受け身　イ　反射的　ウ　主体的　エ　創造的
2　ア　主体的　イ　創造的　ウ　受け身　エ　反射的
3　ア　反射的　イ　主体的　ウ　受け身　エ　創造的
4　ア　受け身　イ　創造的　ウ　主体的　エ　反射的

問五　本文中に④むしろかっこいいことなのだとあるが、書き手は、なぜそのように述べているのか。その理由を、「一人で行動できる人は、」に続けて、解答欄に書かれている文字数を含め、五十字以上、六十字以内でまとめて書け。ただし、自信、思考という二つの語句を必ず使うこと。

一人で行動できる人は、

(2)　北山さんの中学校の図書委員会では、読書週間の取り組みで、学校図書館の本を紹介するためのポップを作成している。次の【ポップの下書き】、【ポップを作成するためのメモ】を読んで、後の各問に答えよ。

【ポップの下書き】

私たちに必要な
一人の時間

「一人はかっこ悪い？」

この問いに、あなたはどう答えますか？

この本には、「一人はかっこ悪い」という感受性を克服して、意識改革をはかることの必要性が示されています。

「孤独」に対するイメージが変わります。

大切にしよう！　一人の時間を。

『「さみしさ」の力　孤独と自立の心理学』　榎本博明

C

書の時間をもち、本に書かれた言葉や視点に刺激を受け、それによって心の中が活性化され、心の中をさまざまな言葉が飛び交う。そうした自らの内側から飛び出してきた言葉に刺激され、さらなる言葉が湧き出てくる。③私たちの思考は言葉によって担われているため、それは思考の活性化を意味する。

外的刺激に反応するスタイルに馴染《なじ》み過ぎてしまうと、スマートフォンやパソコンを媒《ばい》介とした接続を遮断されると、何もすることがなくなった感じになり、退屈でたまらなくなる。そこで、すぐにまたネットを介したつながりを求めてしまう。

だが、外的刺激に反応するだけの受け身の生活から脱して、自分の世界に沈潜するには、あえて退屈な時間をもつことも必要なのではないか。

D

近頃は退屈しないように、あらゆる刺激が充《じゅう》満する環境が与えられているが、あえて刺激を絶ち、退屈でしかたがないといった状況を自ら生み出すのもよいだろう。

そんな状況にどっぷり浸かることで、自分自身の内側から何かがこみ上げてくるようになる。心の声が聞こえてくるようになる。

それが、[ア]で[イ]な生活から、[ウ]で[エ]な生活へと転換するきっかけを与えてくれるはずだ。

そこで問題なのは、「一人はかっこ悪い」という感受性である。一人でいられないことの弊《へい》害を考えると、「ひとりはかっこ悪い」といった感受性を克《こく》服する必要がある。

かつてのように、若者たちが孤高を気取る雰《ふん》囲気を取り戻すのは難しいかもしれないが、学校などで群れる時間をもちながらも、一人の時間をもつようにしたい。

E

一人でいられないのは、自分に自信がないからだ。絶えず群れている人間は弱々しく見えるし、頼りなく見える。無駄《だ》に群れて時間を浪《ろう》費しているということは、本人自身、心のどこかで感じているのではないか。

一人で行動できるというのは、かっこ悪いのではなく、④むしろかっこいいことなのだ。一人で行動できる人は頼もしい。一人の時間をもつことで思考が深まり、人間に深みが出る。そこをしっかり踏まえて意識改革をはかることが必要だ。

（榎本《えのもと》博明「『さみしさ』の力　孤独と自立の心理学」より。一部改変）

問一　本文中に①自分の世界に沈潜するとあるが、書き手は、そのためには何が必要だと考えているか。Aの部分から十二字でそのまま抜き出して書け。

問二　本文中に②絶えず目の前の刺激に反応するといった行動様式が常態化し、じっくり考えることができなくなるとあるが、そのことについての具体的な内容を含《ふく》む部分として最も適当なものを、A～Eから一つ選び、記号を書け。（　　）

問三　本文中の③私たちの思考は言葉によって担われているため、それは思考の活性化を意味するの説明として最も適当なものを、次の1～4から一つ選び、番号を書け。（　　）

1　人間は思考することで身に付けた言葉を用いて生活しているため、読書を通じて出会った新たな言葉を使って思考を深めることで、他者に対して説得力のある意見を主張することが可能になるということ。

2　人間は思考の手段として主に言葉を用いることがあるため、本に書かれた内容や表現を通じて感銘《めい》を受ける言葉に多く触れ、

国語

時間　五〇分
満点　六〇点

1　次は、【文章】と、【文章】に基づく【ポップの下書き】、【ポップを作成するためのメモ】である。

(1)　次の【文章】を読んで、後の各問に答えよ。句読点等は字数として数えること。

【文章】

何か迷いが生じたときや、方向性を見失ったときなどは、自分の心の声に耳を傾ける必要があり、そのためには一人になれる時空をもたなければならない。

日常生活を振り返ってみればわかるように、だれかと一緒のときは、目の前にいる相手のことが気になって、①自分の世界に沈潜することができない。つまり、思索《さく》にふけることができない。ＳＮＳでだれかとつながっているときも同様である。

常に人と群れていると、ものごとを自分の頭でじっくり考える習慣がなくなっていく。②絶えず目の前の刺激に反応するといった行動様式が常態化し、じっくり考えることができなくなる。

A

発想を練るのは一人の時間にかぎる。周囲と遮《しゃ》断された状況でないと、思考活動に没頭できない。一人になると、自然に自分と向き合い、さまざまな思いが湧《わ》いてくる。一人の時間だからこそ見えてくるものがある。

こうしてみると、ＳＮＳの発達のせいで、どうしてもつながり依《い》存に陥《おちい》りがちだが、何としても一人でいられる力をつける必要があることがわかるだろう。

自分と向き合う静寂《じゃく》な時間が気づきを与えてくれる。どこかで感じている焦《あせ》りの正体。毎日繰り返される日常への物足りなさ。どこか無理をしている自分。日頃《ごろ》見過ごしがちなこと。どこかに置き去りにしてきた大切なこと。そうしたことを教えてくれる心の声は、一人になって自分の中に沈潜しないと聞こえてこない。

B

今の時代、だれにも邪《じゃ》魔されない一人の時間をもつのは、非常に難しくなっている。電車に一人で乗っていても、家に一人でいても、ＳＮＳでメッセージが飛び込んでくる。そうすると気になり読まないわけにいかない。読めば反応せざるを得ない。そうすると、他の人がどんな反応をするかが気になる。自分の反応に対してどんな反応があるかが気になって落ちつかない。

スマートフォンで他の人たちの動向をチェックする合間に、手持ちぶさただからいろいろネット検索を楽しんだりして時間を潰す。そうしている間は、まったくの思考停止状態となり、自分の世界に没頭することなどできない。

人からのメッセージに反応する。飛び込んでくる情報に反応する。そのように外的刺激に反応するだけで時が過ぎていく。

そんな受身の過ごし方をしていたら、当然のことながら自分を見失ってしまう。そんな状態から脱するには、思い切って接続を極力切断する必要がある。

外的刺激に反応するだけでなく、自らあれこれ思いをめぐらしたり、考えを深めたりして、自分の中に沈潜する時をもつようにする。外的刺激に翻弄《ほんろう》されるのをやめて、自分の心の中に刺激を見つけるのである。

もちろん、そのために外的刺激を利用するのも有効だ。たとえば、読

2021年度／解答

数 学

1 **【解き方】** (1) 与式 $= 7 - 12 = -5$

(2) 与式 $= 6a + 3b - 8a + 10b = -2a + 13b$

(3) 与式 $= \dfrac{14 \times \sqrt{2}}{\sqrt{2} \times \sqrt{2}} - \sqrt{4^2 \times 2} = 7\sqrt{2} - 4\sqrt{2} = 3\sqrt{2}$

(4) 展開して，$x^2 + x - 30 = 9x - 10$ より，$x^2 - 8x - 20 = 0$ だから，$(x + 2)(x - 10) = 0$　よって，$x = -2,\ 10$

(5) 4枚の硬貨の表裏の出方は全部で，$2 \times 2 \times 2 \times 2 = 16$ (通り)　このうち，4枚とも裏が出る場合は1通り。よって，少なくとも1枚は表が出る場合は，$16 - 1 = 15$ (通り)だから，求める確率は $\dfrac{15}{16}$。

(6) $x = 0$ のとき，最小値 $y = 0$，$x = -4$ のとき，最大値，$y = \dfrac{1}{2} \times (-4)^2 = 8$ となるから，$0 \leqq y \leqq 8$

(7) x 座標と y 座標がともに整数となる点は，x 座標が正のとき，$(1,\ -6)$，$(2,\ -3)$，$(3,\ -2)$，$(6,\ -1)$ だから，この4点を通るなめらかな曲線をかく。また，x 座標が負のとき，$(-1,\ 6)$，$(-2,\ 3)$，$(-3,\ 2)$，$(-6,\ 1)$ だから，この4点を通るなめらかな曲線をかく。

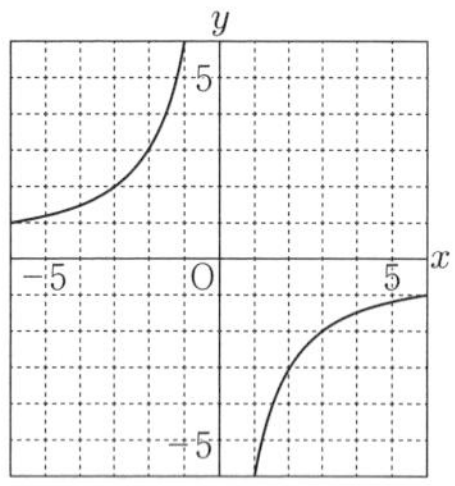

(8) △ABC は右図のような直角三角形だから，三平方の定理より，$AC = \sqrt{10^2 - 6^2} = 8$ (cm)

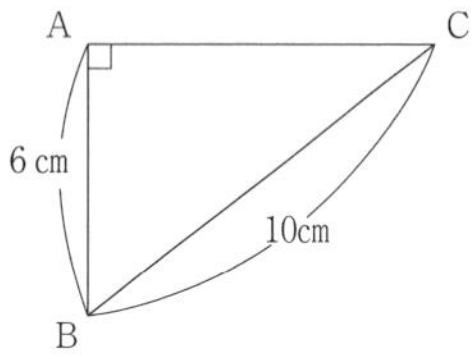

(9) △ABC は AB = AC の二等辺三角形だから，$\angle ACB = (180° - 48°) \times \dfrac{1}{2} = 66°$　線分 OA をひくと，円周角の定理より，$\angle AOB = 2\angle ACB = 2 \times 66° = 132°$　△OAB は OA = OB の二等辺三角形だから，$\angle OBA = (180° - 132°) \times \dfrac{1}{2} = 24°$　よって，△ABD において，$\angle ADB = 180° - 48° - 24° = 108°$

【答】 (1) -5　(2) $-2a + 13b$　(3) $3\sqrt{2}$　(4) $x = -2,\ 10$　(5) $\dfrac{15}{16}$　(6) $0 \leqq y \leqq 8$　(7) (前図)　(8) 8 (cm)　(9) 108°

2 **【解き方】** (1) 13m 以上 14m 未満の階級の相対度数は，$4 \div 30 = 0.133\cdots$　よって，0.13。

(2) 図1，図2ともに度数の合計は30回なので，中央値は記録の小さい方から15番目と16番目の記録の平均になる。図1はともに11m以上12m未満の階級にふくまれ，図2はともに10m以上11m未満の階級にふくまれる。また，最頻値は度数のもっとも多い階級の階級値である。図1では9m以上10m未満の階級の階級値だから，$\dfrac{9 + 10}{2} = 9.5$ (m)，図2では11m以上12m未満の階級の階級値だから，$\dfrac{11 + 12}{2} = 11.5$ (m)

【答】 (1) 0.13

(2) (説明) (例1) 飛行距離の中央値がふくまれる階級は，A が 11m 以上 12m 未満で，B が 10m 以上 11m 未満であり，A の方が B より大きいので，A を選ぶ。(例2) 飛行距離の最頻値は，A が 9.5m，B が 11.5m であり，B の方が A より大きいので，B を選ぶ。

3 【解き方】(2) 下線部①より，Aは，整数nを用いてn，$n+2$で表しているから，差が2である2つの整数である。また，この2つの数の積に1を加えた数は，$n(n+2)+1=n^2+2n+1=(n+1)^2$となり，$n+1$はもとの2つの数の間の整数である。

(3) 連続する5つの整数のうち，最も小さい整数をmとすると，連続する5つの整数は，m，$m+1$，$m+2$，$m+3$，$m+4$と表せる。連続する5つの整数において，選んだ2数の差を考えると，差が1である2つの整数，差が2である2つの整数，差が3である2つの整数，差が4である2つの整数が考えられる。差が1である2つの整数の積は，$m(m+1)=m^2+m$となるので，これに1以外の自然数を加えても整数の2乗にはならない。差が2である2つの整数について，(2)より，1以外の自然数を加えても整数の2乗にはならない。差が3である2つの整数の積は，$m(m+3)=m^2+3m$となるので，これに1以外の自然数を加えても整数の2乗にはならない。差が4である2つの整数の積は，$m(m+4)=m^2+4m$となるので，これに4を加えると，$m^2+4m+4=(m+2)^2$となり，真ん中の数の2乗になる。

【答】(1)（証明）（連続する2つの偶数は，整数mを用いると，）小さい方の数が$2m$，大きい方の数が$2m+2$と表される。連続する2つの偶数の積に1を加えた数は，$2m(2m+2)+1=4m^2+4m+1=(2m+1)^2$　mは整数だから，$2m+1$は奇数である。（したがって，連続する2つの偶数の積に1を加えた数は，奇数の2乗になる。）

(2) A．エ　B．オ　(3) X．ア　Y．オ（XとYは順不同）　Z．ウ　Ⓟ 4

4 【解き方】(1) $0 \leqq x \leqq 30$のとき，変化の割合は，$\dfrac{2400}{30}=80$である。

(2) まず，希さんが図書館から駅まで行くのにかかった時間は，$(2400-900) \div 75=20$（分）だから，図書館を出た時刻は9時40分。このとき，姉は図書館に着いたから，B(40，2400)となる。姉は，家から図書館までを分速200mの速さで進んでいるので，かかった時間は，$2400 \div 200=12$（分）　よって，家を出発したのは，9時，$40-12=28$（分）だから，A(28，0)となる。

(3) 兄が走っていた時間は，10時38分－10時5分－15分＝18（分）だから，兄は家から駅まで，$18 \div 2=9$（分）かかることになる。よって，兄が走る速さは，分速，$900 \div 9=100$（m）　これより，9時からx分後に兄が家からym離れているとするとき，家を出発してから駅に着くまでのxとyの関係を，$y=100x+c$とすると，10時5分は，9時から65分後なので，$x=65$，このとき，$y=0$なので，これらを代入すると，$0=100 \times 65+c$より，$c=-6500$　よって，$y=100x-6500$　$60 \leqq x \leqq 75$のときの希さんのグラフの傾きは，$\dfrac{0-900}{75-60}=-60$だから，$y=-60x+d$として，$x=75$，$y=0$を代入すると，$0=-60 \times 75+d$より，$d=4500$　よって，$y=-60x+4500$　兄と希さんがすれ違った時刻は，$y=100x-6500$と$y=-60x+4500$を連立方程式として解いたときのxの解になるから，これを解くと，$x=68\dfrac{3}{4}$，$y=375$　よって，9時から$68\dfrac{3}{4}$分後となり，$\dfrac{3}{4}$分＝45秒だから，求める時刻は，10時8分45秒。

【答】(1)（説明）$0 \leqq x \leqq 30$における式は，$y=80x$である。この式に$x=11$を代入すると，$y=80 \times 11=880$で，$880<900$である。（したがって，9時11分に希さんのいる地点は）ア（である。）

(2) A(28，0)，B(40，2400)　(3)（10時）8（分）45（秒）

5 【解き方】(1) 図 2 において，AE = AD + DE，CF = CB + BF だから，エを，AD + DE = CB + BF に直せばよい。

(3) △OFC の面積は，平行四辺形 AFCE の面積の $\frac{1}{4}$ だから，△OFC = $12 \times \frac{1}{4} = 3\,(\text{cm}^2)$　また，△AFC の面積は，平行四辺形 AFCE の面積の $\frac{1}{2}$ だから，△AFC = $12 \times \frac{1}{2} = 6\,(\text{cm}^2)$　△AFB と△AFC の面積の比は FB：FC の比に等しく，△DGE ≡△BHF より，ED = FB だから，FB：FC = ED：EA = 1：(1 + 3) = 1：4　よって，△AFB = $6 \times \frac{1}{4} = \frac{3}{2}\,(\text{cm}^2)$　△BHF と△AFB の面積の比は HB：AB の比に等しく，HB：AH = FB：AE = 1：4 だから，HB：AB = 1：(1 + 4) = 1：5　よって，△BHF = $\frac{3}{2} \times \frac{1}{5} = \frac{3}{10}\,(\text{cm}^2)$　したがって，四角形 HBCO =△OFC −△BHF = $3 - \frac{3}{10} = \frac{27}{10}\,(\text{cm}^2)$

【答】(1)（記号）エ　（解答）AD + DE = CB + BF

(2) △DGE と△BHF において，仮定から，DE = BF……①　AE ⫽ CF より，平行線の錯角は等しいから，∠GED = ∠HFB……②　∠EDG = ∠FCD……③　CD ⫽ AB より，平行線の同位角は等しいから，∠FCD = ∠FBH……④　③，④より，∠EDG = ∠FBH……⑤　①，②，⑤より，1 組の辺とその両端の角がそれぞれ等しいので，△DGE ≡△BHF

(3) $\frac{27}{10}\,(\text{cm}^2)$

6 【解き方】(1) 辺 AB とねじれの位置にある辺は，辺 CD，DE，CG，EI，FG，GH，HI，IF。このうち，面 BFIE と垂直である辺は，辺 DE，FG，HI。さらに，面 FGHI と平行な辺は辺 DE だけである。

(2) 右図で，AJ：JD = 1：2，AK：KE = 1：2 より，JK ⫽ DE だから，JK = DE × $\frac{1}{1+2} = 6 \times \frac{1}{3} = 2\,(\text{cm})$　また，JK ⫽ GF だから，四角形 KFGJ は台形で，JL は台形 KFGJ の高さになる。よって，$\frac{1}{2} \times (2 + 6) \times \text{JL} = 16\sqrt{5}$ が成り立つので，これを解くと，JL = $4\sqrt{5}\,(\text{cm})$

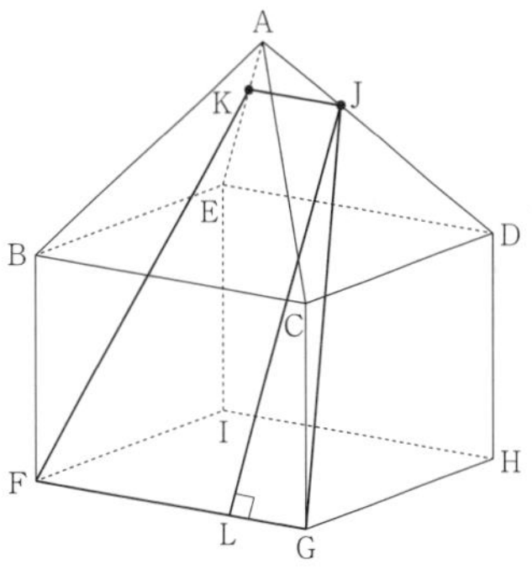

(3) 直方体 BCDE—FGHI の体積は，$6 \times 6 \times 5 = 180\,(\text{cm}^3)$　三角すい P—BCE の体積は，$\frac{1}{3} \times \left(\frac{1}{2} \times 6 \times 6\right) \times 2 = 12\,(\text{cm}^3)$　三角すい H—CDE の体積は，$\frac{1}{3} \times \left(\frac{1}{2} \times 6 \times 6\right) \times 5 = 30\,(\text{cm}^3)$　PF = 5 − 2 = 3 (cm) より，台形 PFGC と台形 PFIE の面積はともに，$\frac{1}{2} \times (3 + 5) \times 6 = 24\,(\text{cm}^2)$ だから，四角すい H—PFGC と四角すい H—PFIE の体積はともに，$\frac{1}{3} \times 24 \times 6 = 48\,(\text{cm}^3)$　よって，四面体 PHEC の体積は，$180 - (12 + 30 + 48 \times 2) = 42\,(\text{cm}^3)$

【答】(1)（辺）DE　(2) $4\sqrt{5}\,(\text{cm})$　(3) $42\,(\text{cm}^3)$

英　語

1 【解き方】問題 1. (1)「買い物に行きましょう」に対する応答として，「それはいい考えです」が適切。(2)「どれくらい勉強しましたか？」に対して，時間の長さを答える。for ～＝「～の間」。(3)「本屋がどこにあるか知っていますか？」に対する応答として，「病院の前です」が適切。「はい」または「いいえ」で答えるならば，Yes, I do./No, I don't となる。

問題 2. (1) 今 9 時 15 分で，トムは 10 時までに 2 ドルだけ使ってスプリング駅に着く必要がある。よって C を使う。(2) ケンは今日の午後，外国のドラマか外国のスポーツ映画を見る予定である。よって 16:00 に始まる。

問題 3. (1) ケビンは二つ目のせりふで，それ（日本語）を書くことはとても難しいと言っている。(2) 美佳は三つ目のせりふで，アメリカにいる友達にたくさんの手紙を書いたと言っている。(3) 美佳は四つ目のせりふで，コミュニケーションのために日本語を使うことが大切だと言っている。

問題 4.〈問 1〉(1) 質問は「和也はどの国の食べ物を調理室で食べることができますか？」。エディは説明の前半で，インドの食べ物を食べることができると言っている。(2) 質問は「和也は美術室で 1 時から何を見ることができますか？」。エディは説明の中ほどで，祭りのおもしろい写真をたくさん見ることができると言っている。(3) 質問は「和也は体育館でカナダ出身の生徒に会うつもりです。彼はそれの前に事務室で何をする必要がありますか？」。エディは説明の後半で，名札を作る必要があると言っている。〈問 2〉カナダの生徒の生活についてたずねる文を英作する。解答例は「カナダでは学校は何時に始まりますか？」。

【答】問題 1. (1) ウ　(2) イ　(3) エ　問題 2. (1)〔Train〕C　(2) 16:00　問題 3. (1) ア　(2) ウ　(3) ウ

問題 4.〈問 1〉(1) エ　(2) interesting，pictures　(3)（例）He needs to make a name card.

〈問 2〉（例）What time does school start in Canada?

◀全訳▶　問題 1.

(1) ボブ，私は明日ひまです。買い物に行きましょう。

ア．はい，私はそうです。　イ．いいえ，あなたはしません。　ウ．それはいい考えです。

エ．はじめまして。

(2) マイク，あなたは昨夜どれくらい勉強しましたか？

ア．毎晩。　イ．2 時間。　ウ．10 時 30 分に。　エ．月曜日に。

(3) すみません，私は本屋を探しています。あなたはそれがどこにあるか知っていますか？

ア．はい，そうです。　イ．いいえ，そうではありません。　ウ．机の上です。　エ．病院の前です。

問題 2.

(1) トムはグリーン駅にいて列車でスプリング駅に行きたいと思っています。今 9 時 15 分です。彼は 10 時までにスプリング駅に着く必要があります。彼はそこに着くのに 2 ドルだけ使うことができます。彼はどの列車を使うでしょう？

(2) ケンは今日の午後映画を見る予定です。彼は動物の映画よりドラマやスポーツ映画が好きです。彼は外国映画が見たいです。彼が見たい映画は何時に始まりますか？

問題 3.

ケビン：やあ，美佳。きみは時間がある？

美佳　：ええ，どうしたの，ケビン？

ケビン：ぼくは日本語を話せるけれど，それを書くことはぼくにとってとても難しいんだ。ぼくはどのように日本語を書く練習をすることができるのかな？

美佳　：そうね，私は英語を勉強していたとき，書く練習のためのよい方法を見つけたわ。

ケビン：本当？　それは何だったの？

美佳　：私はアメリカにいる友達にたくさんの手紙を書いたの。私はそれをとても楽しんだから，今，英語を書くことはそんなに難しくないわ。

ケビン：ああ，ぼくも手紙は書けるよ。オーストラリアでぼくを教えてくれた先生に日本語で手紙を書くよ。ぼくは日本で新しい学校を楽しんでいると彼女に伝えるよ。

美佳　：いいわね！　コミュニケーションのために日本語を書くことがあなたにとって大切よ。人はよく「上手に泳ぎたいなら，水の中で泳ぐ練習をしなさい」と言うわ。

ケビン：今わかったよ。ぼくは他の人といっしょにもっと日本語を使うよ。

質問(1) ケビンは日本語を書くことが難しいと思っていますか？

質問(2) 美佳はどのようにして英語を書く練習をしましたか？

質問(3) 美佳は「上手に泳ぎたいなら，水の中で泳ぐ練習をしなさい」と言いました。彼女はこれらの言葉でケビンに何を伝えたかったのですか？

問題4.

〈問1〉カルチャー・デイにようこそ。私の名前はエディでカナダ出身です。今日あなたたちは四つの異なる国々，カナダ，中国，フランス，そしてインド出身の人といっしょに多くのことを楽しめます。あなたたちができる三つのこと，食べること，学ぶこと，そして新しい友達と話をすることがあります。

一つ目に，調理室で，あなたたちはインドの食べ物を食べることができます。あなたたちが好きな食べ物を見つけてください。

二つ目に，1時から美術室で，中国，フランス，そしてインド出身の人があなたたちに彼らの国の祭りのおもしろい写真をたくさん見せてくれます。あなたたちはこれらの祭りについて楽しく学ぶことができます。

三つ目に，2時に体育館でカナダ出身の生徒と会って話をすることができます。彼らはカナダの彼らの学校について話をする予定です。何か質問があれば，そこで彼らに質問することができます。体育館で彼らに会う前に，事務室に行って名札を作る必要があります。

カルチャー・デイで楽しい時間を過ごしてください。

〈問2〉あなたはカナダの生徒の生活について何を質問したいですか？　カナダ出身の生徒にたずねる質問を一つ書きなさい。

2 **【解き方】** A. コウジが「母を手伝わなければならなかった」と答えていることから，エイミーはコウジに忙しかったのかと聞いている。

B. カナコが「ありがとう」と答えていることから，母は自分の傘を持っていっていいと言った。

C. タケシが「海のゴミについて書くつもりだ」と続けていることから，宿題を終えたかというナンシーの質問に対して，まだやっていないと答えている。

D. タケシが「授業の前に考えが必要だ」と続けていることから，彼はナンシーにいっしょに話すように頼んでいる。

【答】 A. イ　B. エ　C. イ　D. ア

3 **【解き方】** 問1. ① it is ～ for A to …=「Aにとって…することは～だ」。② 主格の関係代名詞を含む文。which is eatenがsome special foodを後ろから修飾している。for annual events =「毎年恒例の行事のために」。

問2. 直後でスミス氏は，自分の料理教室でロンドンに住んでいる人が和食を学び楽しんでいるのを何度も見たと言っている。よって「はい，もちろんです」が適切。

問3.「ブラウン先生がいくつかの経験をすることでもっと『和食』を楽しめると考えた」に続く文なので，いっしょに何かをしたという内容の「いっしょに『おせち料理』を作って食べた」が適切。

問4. 質問は「咲と貴は何を学びましたか？」。彼らはブラウン先生に和食を紹介するときに，経験をすることが外国文化を楽しむよい方法だと学んだ。よって「人々は経験を通して外国文化を学べば，それらをよりよく理解することができる」が適切。

【答】問 1. ① better for you to　② which is eaten for　問 2. ア　問 3. ウ　問 4. イ

◀全訳▶

咲　　：あなたはロンドンで日本の料理教室を始めたのですね？

スミス氏：はい。私は福岡でシェフとして働いていたとき，この教室について考え始めました。これを見てください。私の教室の写真です。

貴　　：ああ，「和食料理教室」，それがあなたの教室の名前ですか？　ロンドンでは「日本食料理教室」と言うほうがあなたたちにとってよいと私は思います。

スミス氏：そうですね，その名前は私にとって十分ではなかったのです。あなたたちは「和食」が何を意味するか知っていますよね？

咲　　：はい，それは伝統的な日本食文化を意味します。私たちはそれについて家庭科の授業で学びました。毎年恒例の行事のために食べられる特別な食べ物もいくつかあります。

スミス氏：わあ，あなたたちは学校でそのようなことについて学んだのですね。ロンドンの多くの人は「すし」や「てんぷら」が好きですが，「和食」について多くを知りません。

貴　　：あなたはロンドンに住んでいる人が「和食」を学び楽しむことができると思いますか？

スミス氏：はい，もちろんです。私は私の教室でそれを何度も見ました。私たちは日本の食べ物を料理し，食べることによって「和食」についてもっと理解します。私たちは食べ物や食器の色や形を通して，季節を楽しむこともできます。

貴　　：なるほど。私は今まで他の人に「和食」を教えようとしたことはありませんが，今私は私たちのまわりの外国人にそれを紹介して，いっしょに楽しみたいです。

咲　　：いい考えね！　そうしましょう！　私たちは後でそれについてあなたにお知らせします，スミスさん。

親愛なるスミスさん，
貴と私は私たちの英語のブラウン先生に「和食」を紹介するために，彼女と「おせち料理」について話をしました。私たちは彼女がいくつかの経験をすることでもっと「和食」を楽しめると考えたので，いっしょに「おせち料理」を作って食べました。彼女の好きなものは花の形の野菜でした，なぜならそれらはすてきに見え，おいしかったからです。彼女は食べ物の色も気に入りました。それらは日本の美しい春を示していました。この経験が彼女に日本文化についてさらに教えてくれたので，彼女はうれしいと言いました。私たちはとても楽しい時間をいっしょに過ごし，外国文化を楽しむよい方法を学びました。
咲

④【解き方】問 1. 質問は「信夫は将来何になりたいと思っていましたか？」。第 2 段落の冒頭を見る。彼は将来父のような技師になりたいと思っていた。

問 2. サトウ先生は一生懸命に勉強ができないと言う信夫に，バレーボールクラブではなぜ一生懸命に練習するのかをたずねている。be keen to ～＝「～したがる，～することに乗り気である」。

問 3. 直前の文の内容を指す。

問 4. ア. 第 2 段落の 3・4 文目を見る。信夫はサトウ先生に自分が一生懸命に勉強できないことを相談した。イ. 第 2 段落の最後から 2 文目を見る。サトウ先生はやる気にさせてくれる人を見つけるよう信夫に言った。ウ.「信夫は他の生徒達と勉強するためにもっと早く学校に行き始めた」。第 2 段落の最後の文を見る。正しい。エ. 第 3 段落の前半を見る。信夫はときどき疲れていたが，決して勉強を諦めなかった。オ. 第 3 段落の後半を見る。アヤは，信夫や他の生徒達が学校に早く来て，一生懸命に勉強しているのでやる気になると言っている。カ.「信夫は，人は最善を尽くすとき，他の人々に一生懸命に取り組む力を与えることができると考えている」。第 3 段落の最後の文を見る。正しい。

問 5. 質問は「あなたはやる気がないとき，どのように勉強しますか？」。解答例は「私は友達と勉強します」。

【答】問 1. (例) He wanted to be an engineer〔like his father〕. 問 2. ウ

問 3. 信夫や他の生徒達が学校に早く来て，みんなが一生懸命に勉強していること。(同意可)　問 4. ウ・カ

問 5. (例) I study with my friends.

◀全訳▶　信夫は最善を尽くすことについて大切な教訓を学びました。

信夫は中学生のとき，将来父のような技師になりたいと思っていました。彼はより一生懸命に勉強をしなければならないとわかっていましたが，しばしばやる気がありませんでした。彼はこのことについてバレーボールクラブのサトウ先生と話をしました。彼は「ぼくは一生懸命に勉強しなければならないとわかっていますが，できません」と言いました。サトウ先生は「本当？　あなたはクラブでは練習したがっていますね。あなたはなぜ一生懸命に練習することを楽しんでいるの？」と言いました。信夫は考えて「そうですね，ぼくはバレーボールが大好きで，友達のタクヤがぼくを大いにやる気にさせるので一生懸命に練習できるのです。彼は去年ぼくたちといっしょにプレーし始めました。彼はよりよい選手になるためにとても一生懸命に練習してきています。ぼくが練習中に彼を見ると，彼は最善を尽くしているので，ぼくもより一生懸命に練習できるのです」と言いました。「なるほど。あなたは同じ方法で勉強できるわ。タクヤのようにあなたをやる気にさせる人を見つけなさい」と彼女は言いました。信夫は何人かの生徒が朝早く学校で勉強していることを知っていたので，彼らといっしょに勉強するために 30 分早く学校に行くことに決めました。

次の日から，信夫は毎朝授業前に勉強し続けました。ときどき彼は疲れたように感じました。彼は勉強するのをやめたいと思ったとき，自分のまわりを見ました。他の生徒達は一生懸命に勉強していたので，彼は決して諦めないで，一生懸命に勉強しました。ある日友達のひとりのアヤが「私は今日は眠いけど，勉強するためにここにいるの。なぜかわかる？　あなたや他の生徒達がもっと早く学校に来ているし，あなたたち全員が一生懸命に勉強しているわ。これが私をやる気にさせて，私は家でひとりでいるときでさえ一生懸命に勉強できるのよ。彼は彼女の言葉を理解し，そして自分がタクヤのような人になれたのでうれしく感じました。彼は心の中で「最善を尽くしている人々は他の人々に一生懸命に取り組む力を与えることができる」と言いました。

今も信夫はこの教訓を覚えており，そして決してそれを忘れないでしょう。

5【解き方】解答例 1 は「私はクラス A を受けたいです。友達といっしょにもっと英語を楽しむことができるので，私は他の生徒と英語を話す練習をしたいです。クラス B では，私は英語で先生としか話すことができません」。解答例 2 は「私はクラス B を受けたいです。私は金曜日の放課後，チームでサッカーをするので，クラス A で英語を練習することはできません。私は夕食後，夜にひまなのでクラス B のほうが好きです」。

【答】(例 1) I want to take Class A. I want to practice speaking English with other students because I can enjoy English more with my friends. In Class B, I can only talk with the teacher in English. (30 語)　(例 2) I want to take Class B. I play soccer on a team after school on Friday, so I can't practice English in Class A. I like Class B better because I'm free at night after dinner. (30 語)

社　会

1【解き方】問 1. 平安時代に『源氏物語』を著した人物。

問 2. 系図からは，天皇の親戚という立場を利用して朝廷の政治にかかわる目的があったことが読み取れる。

問 3. 1 は近世，2 は現代，3 は古代の内容。

問 4. 2 は長崎奉行，4 は松前藩と関係が深い内容。

問 5. 1 の「鹿鳴館」の建設は 1883 年，2 は 1871 年から，3 は 1972 年，4 は 1911 年のできごと。

問 6. 農地改革の内容を説明する。地主が持っていた農地面積を制限することで，寄生《きせい》地主制度の解体を目指した。

【答】問 1. 3　問 2. ㋑ b　㋺ 娘を天皇のきさき〔とし，生まれた子を天皇〕(同意可)　問 3. 4

問 4. (薩摩藩) 3　(対馬藩) 1　問 5. 2 → 1 → 4

問 6. (政府 (国) が，) 地主のもつ小作地を買い上げて，小作人に安く売りわたしたから。(同意可)

2【解き方】問 1. 1894 年に日清戦争が始まり，翌年には下関条約が結ばれた。また，同年に三国干渉が起こった。

問 2.「冷蔵庫」は，1950 年代後半ごろから普及しはじめ，「三種の神器」と呼ばれた電化製品の一つ。「自動車」は 1960 年代半ばごろから普及しはじめた「3C」の一つ。

問 3. P はアメリカ。「世界恐慌」は 1929 年に起こったニューヨーク証券取引所における株価の暴落から始まった。

問 4. Aは 1897 年(操業開始は 1901 年)，Bは 1950 年代後半，Cは 1872 年，Dは 1929 年。Eは米の配給が 1941 年から始まった。

【答】問 1. ㋑ あ　㋺ え　問 2. (パソコン) ウ　(冷蔵庫) ア

問 3. 生糸の最大の貿易相手国であるアメリカへの生糸輸出額が大きく減少した。(同意可)　問 4. 4 (番目)

3【解き方】問 1. a は温帯に属する。なお，南半球は北半球と比べて季節が逆になる点にも注目。

問 2. 唯一神アラーを信仰する宗教で，7 世紀にムハンマドがひらいた。

問 3. 時差が 14 時間ある。経度差 15 度で 1 時間の時差が生じるので，15 × 14 から日本から西へ 210 度の経度差がある都市となる。

問 4. EU は 1993 年のマーストリヒト条約発効により誕生した統合体。加盟国内での貿易には関税がかからない。

問 5. モノカルチャー経済は，かつて植民地支配を受けていた国や開発途上国で多くみられる経済の形態。

【答】問 1. 2　問 2. イスラム教　問 3. エ

問 4. ㋑ ヨーロッパ連合(または，EU)　㋺ 自由に〔国境をこえて〕移動させることができる (同意可)

問 5. ㋩ 製品の原料や燃料となる輸出品の割合が大きい (同意可)　㋥ モノカルチャー

4【解き方】問 2. 群馬県には機械工業がさかんな関東内陸工業地域が，千葉県には石油化学工業がさかんな京葉工業地域が位置している。また，石油や石炭は船を使って輸入している。

問 3. ㋑ ふだんは農業を営むかたわら軍事訓練を行い，非常時には武器を手に取り，兵士として戦えるようにしていた。㋩ 特に断りがない限り，地図は上が北を示す。

問 4. あ は稲作がさかんな新潟県，い は野菜の抑制栽培やりんごなどの果実栽培がさかんな長野県，う は近郊農業がさかんな愛知県。

【答】問 1. (県) 香川(県)　(県庁所在地) 高松(市)

問 2. P. 1　Q. 3　(理由) 原料を輸入するのに便利だから。(同意可)　問 3. ㋑ 屯田兵　㋺ 畑　㋩ 北東

問 4. b

5【解き方】問2.「平等権」は，日本国憲法第14条に規定がある基本的人権の一つ。

問3. 有権者数が増えているにもかかわらず，投票者数が減っていることを読み取る。

問4. 出資者は間接有限責任であり，会社が倒産したときなども出資金額を超えて損失を負うことがないことも資金を集めやすい理由の一つとなっている。

問5. 文章は，買いオペレーションを説明している。

問6. (1) クレジットカード払いは，カード会社が消費者に代わって店に商品代金を立替払いし，後日その金額の支払いを消費者に請求する方法。(2) カード会社が利用可能枠などの制限をかけるなどの工夫も行われている。

【答】問1. 4　問2. ⓐ い　ⓑ う

問3. 有権者数に占める投票者数の割合が小さくなり，国民の意思が政治に反映されにくくなる（同意可）

問4. X. 出資者に株式を発行することで，資本金を効率よく集めることができる（同意可）　Y. 配当〔金〕

問5. ㋐ a　㋑ c　㋒ f

問6. (1)（商品）ウ　（立替払い）カ　(2) 代金を直接払わないので，支払い能力の範囲内で計画的に利用しなければならないこと。（同意可）

6【解き方】問1. A. 医療技術の進歩や生活環境の向上などによる死亡率の低下が，平均寿命の上昇につながっている。

問2. 少子高齢化の進行に伴う，高齢者の年金や医療費などの財政負担の増加に対応するための施策でもある。

問3. 年齢が上がるにつれてDの割合が高まっていることがポイント。

【答】問1. A. 出生数が減少し，平均寿命がのびている（同意可）　B. 少子高齢

問2. 全就業者数に占める，65歳以上の就業者数の割合が大きくなっている（同意可）

問3. 生きがいを見つける（同意可）

理　　科

1【解き方】問2. Fのウサギはホニュウ類で恒温動物。同じ恒温動物は鳥類なので，Dのハト。

問3. 魚類はCのメダカ，両生類はAのカエル，ハチュウ類はBのトカゲとEのカメ，鳥類はDのハト，ホニュウ類はFのウサギ。

問4. (2) クモとバッタは節足動物で，クラゲは無セキツイ動物だが，節足動物でも軟体動物でもない。

【答】問1. ア. 肺　イ. 皮ふ（順不同）

問2.（記号）D（特徴）外界の温度が変わっても，体温が一定に保たれる。(同意可)　問3. ハチュウ類

問4. (1) 外骨格　(2) 4

2【解き方】問2. (1) 細胞分裂の順は，核内に染色体が現れる(c)→染色体が中央に並ぶ(d)→染色体が両端に移動する(b)→しきりのようなものができる(e)→2つの新しい細胞ができる。

【答】問1. ア. 中央（同意可）　イ. しぼり

問2. (1) (a →) c → d → b → e　(2) 細胞の数がふえ，それぞれの細胞が大きくなる（同意可）

問3. X. 染色体が複製され，2つの新しい細胞（同意可）　Y. 体細胞分裂

3【解き方】問1. (1) 枝付きフラスコの枝がわかれているところの温度が測定できるようにする。

問2. 液体に固体を入れたとき，液体の密度より固体の密度が小さいときは固体は液体に浮き，液体の密度より固体の密度が大きいときは固体は液体に沈む。

【答】問1. (1) 4　(2) エタノールの沸点が，水の沸点より低いから。(同意可)　(3) 蒸留

問2. 水の密度より小さく，エタノールの密度より大きい（同意可）

4【解き方】問2. 加熱前の炭酸水素ナトリウムは水に少し溶け，水溶液は弱いアルカリ性を示す。加熱後にできた炭酸ナトリウムは水によく溶け，水溶液は強いアルカリ性を示す。

問3. (1) 炭酸水素ナトリウム→炭酸ナトリウム＋二酸化炭素＋水

問4. 1は水素，3は酸素が発生する。2は硫酸バリウムの白い沈殿ができる反応で，4は反応しない。

【答】問1. 2

問2. 水に溶ける量の違いをみる。(または，水に溶かしてフェノールフタレイン液を加え，色の違いをみる。)(同意可)

問3. (1) $2NaHCO_3$ (→ Na_2CO_3 ＋) CO_2 (＋) H_2O　(2) 分解　問4. 1・3

5【解き方】問1. 下の層ほど古い地層なので，最も古い地層は一番下にあるE層。

問3. E層にはサンゴの化石が含まれているので，あたたかくて浅い海であったと考えられる。

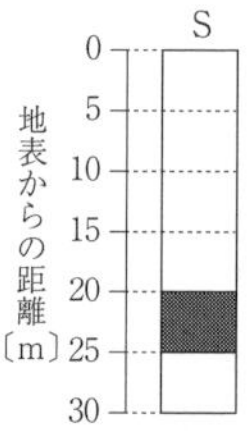

問4. 図1より，地点Pの地表の標高は200m，図2より，地点PのE層と火山灰の層の境目は地表から10m下にあるので，E層と火山灰の層の境目の標高は，200 (m) − 10 (m) = 190 (m)　同じように地点Qと地点RのE層と火山灰の層の境目の標高を求めると，地点Qは，190 (m) − 5 (m) = 185 (m)　地点Rは，200 (m) − 15 (m) = 185 (m)になるので，地点Qと地点Rの結果より，この地域の地層の重なりは東西方向には傾いておらず，地点Pと地点Qの結果より，地点Qの地層が地点Pより，190 (m) − 185 (m) = 5 (m)低くなるように傾いている。よって，地点SのE層と火山灰の層の境目の標高は地点Pと同じ190m。地点Sの地表の標高が210m，E層の幅が5mなので，E層は地表から，210 (m) − 190 (m) = 20 (m)のところから，20 (m) + 5 (m) = 25 (m)のところにある。

【答】問1. E　問2. 流れる水のはたらきによって，角がけずられたから。(同意可)

問3. あたたかくて浅い海。(同意可)　問4.（前図）

6【解き方】問1. 高気圧の中心は周りより気圧が高いので，風は高気圧の中心から吹き出し，北半球では時計回りの向きに風が吹き出す。

【答】 問1. 1　問2. 南西から北に変わった。(同意可)

問3. 高気圧と低気圧が西から東へ交互に通過することで，周期的に変わる (同意可)

7 **【解き方】** 問1. 回路Aの抵抗Xと抵抗Yは直列つなぎで，電圧計はこの2つの抵抗に加わる電圧の大きさを測定するように接続されている。

(例)

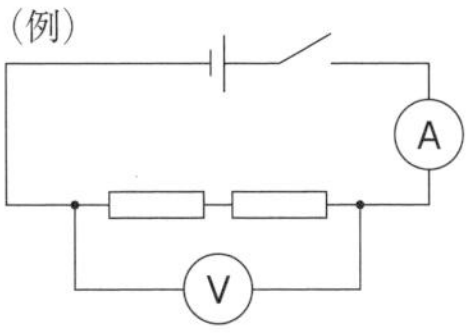

問2. 回路Bの抵抗Xと抵抗Yは並列つなぎで，電圧計が3.0Vを示しているので，回路B全体にかかっている電圧は3.0V。図2より，回路B全体に流れる電流の大きさは，250mA = 0.25Aなので，オームの法則より，回路全体の抵抗の大きさは，$\dfrac{3.0\,(\text{V})}{0.25\,(\text{A})} = 12\,(\Omega)$

問3. 直列回路の回路Aの抵抗Xと抵抗Yに流れる電流の大きさはどちらも同じで，図2より，60mA = 0.06A　回路Bの抵抗Xにかかっている電圧は3.0V，抵抗値は30Ωなので，流れる電流の大きさは，$\dfrac{3.0\,(\text{V})}{30\,(\Omega)} = 0.1\,(\text{A})$

問4. 80分 = 4800秒より，ノートパソコンを80分間使用したときの電力量は，50 (W) × 4800 (秒) = 240000 (J)　よって，消費電力が1200Wのアイロンの使用時間は，$\dfrac{240000\,(\text{J})}{1200\,(\text{W})} = 200$ (秒) より，3分20秒。

【答】 問1. (前図)　問2. 12 (Ω)　問3. ① =　② <　問4. 3 (分) 20 (秒)

8 **【解き方】** 問1. 質量100gの物体にはたらく重力の大きさが1Nなので，質量20gの球Xにはたらく重力の大きさは，$1\,(\text{N}) \times \dfrac{20\,(\text{g})}{100\,(\text{g})} = 0.2\,(\text{N})$　よって，水平面上にある球Xにはたらく垂直抗力の大きさは重力と同じ大きさなので，矢印の長さは2目盛り分になる。

図ア

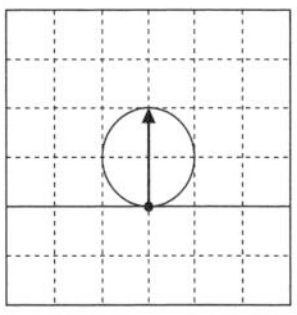

問2. 図2より，10cmの高さから20gの球Xを転がしたときに木片が動いた距離は4cm，30gの球Yを転がしたときに木片が動いた距離は6cm，40gの球Zを転がしたときに木片が動いた距離は8cmなので，同じ高さから球を転がしたときの木片が動いた距離は，球の質量に比例する。よって，木片が11cm動いたときの球Mの質量は，$20\,(\text{g}) \times \dfrac{11\,(\text{cm})}{4\,(\text{cm})} = 55\,(\text{g})$

問3. 球XをP点からそっと動かしているので，そのときの球Xがもつ運動エネルギーは0になり，位置エネルギーと運動エネルギーの和である力学的エネルギーは図5のグラフで，縦軸の6目盛り分になる。球Xがもつ力学的エネルギーは保存されるので，球の位置エネルギーが減少すれば運動エネルギーが増加し，位置エネルギーが増加すれば運動エネルギーが減少して，常に力学的エネルギーが一定になるような運動エネルギーのグラフになる。

図イ

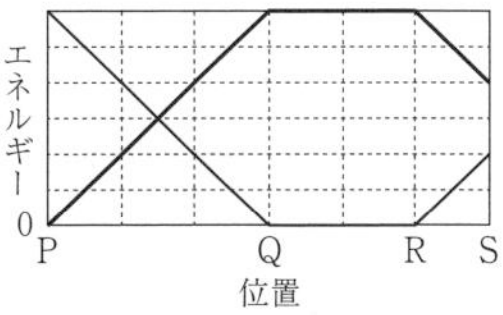

【答】 問1. (運動) 等速直線運動　(前図ア)　問2. 55 (g)　問3. (前図イ)

国　語

1 **【解き方】** (1) 問一.「だれかと一緒のとき」は自分の世界に沈潜することができないので，反対に「発想を練るのは一人の時間にかぎる」「一人になると，自然に自分と向き合い，さまざまな思いが湧いてくる」といった時間が必要になることに着目して探す。

問二. 前で,「SNS でだれかとつながっているときも」思索にふけることができないと述べていることをふまえて考える。

問三.「私たちの思考は言葉によって担われている」に注目。「それ」は，前で述べている「読書の時間」をもつことを指し,「本に書かれた言葉や視点に刺激を受け…心の中をさまざまな言葉が飛び交う」「そうした自らの内側から…さらなる言葉が湧き出てくる」ことに着目する。

問四. 筆者は「外的刺激に反応するだけの受け身の生活」から脱して,「自分の世界に沈潜する」つまり「自らあれこれ思いをめぐらしたり，考えを深めたり」することで，心の声が聞こえるようになるような「思考の活性化」を推奨していることから考える。

問五. 前で「一人でいられないのは，自分に自信がないからだ」と述べ,「一人で行動できる人は頼もしい。一人の時間をもつことで思考が深まり，人間に深みが出る」のだと主張し,「一人で行動できる」ことをほめている。

(2) 問一.【文章】では,「一人になれる時空」の大切さを述べた上で,「一人でいられないことの弊害を考えると,『ひとりはかっこ悪い』といった感受性を克服する必要がある」と結論づけている。【ポップの下書き】で,「『一人はかっこ悪い』という感受性を克服して，意識改革をはかることの必要性が示されています」とあることにも着目する。

問三.「図る」と書く。1 は,「量る」。2 は,「量る」または「測る」。4 は,「計る」。

問四. 部首である「日」の三画目と四画目がつながっている。

問五. まず「一人の時間」という言葉のみ，別の書体で大きく記している。また,「この問いに，あなたはどう答えますか？」と疑問形を用いている。最後には「大切にしよう！　一人の時間を。」と倒置法を用いている。

【答】 (1) 問一. 自分と向き合う静寂な時間　問二. B　問三. 3　問四. 1　問五.（一人で行動できる人は,）自分に自信があるため，一人の時間をもつことで思考が深まり，人間に深みが出て，頼もしく見えるから。(59字)（同意可）

(2) 問一. E　問二. こどく　問三. 3　問四. 4　問五. 2・5

2 **【解き方】** 問一.「最後から二枚目の回数券を…今日，使った」とあり，残りの回数券は「表紙を兼ねた十一枚目の券」のみとなるので，少年が最後に回数券一枚を使う場面を中心にさがす。

問二. 単語は，意味をもつ最小の単位の語にくぎったときのそれぞれのこと。

問三. 一文に「窓から見える」月が「じわじわとにじみ，揺れはじめた」とあるので，涙を必死で我慢していた少年が，ついに泣き始めたタイミングをおさえる。

問四. (1)「少年の不安や悲しみの思いを受け止め，回数券を使わなくていいようにしてくれた河野さん」と続くので，泣きながら「回数券を伝えたくないんだ…ごめんなさい，ごめんなさい」と少年が話したことに着目する。(2) 河野さんの運転するバスに選んで乗り，降りてから「回数券に書いた『ありがとうございました』にあとで気づいてくれるかな」と思っていることをおさえる。(3) 前後に,「見えなくなるまで」バスを見送ったこと,「一抹の寂しさを感じている」とあることから，少年が河野さんの運転するバスに名残惜しさを感じていることをおさえる。この日，母の退院が「あさって」に決まり,「病院かバスに乗るのもこれで最後」であったことにも着目する。

【答】 問一. 回数券の最後の一枚　問二. 必死に／唇《くちびる》／を／噛《か》ん／で／我慢《まん》し／た〔／〕　問三. B

問四. (1) 母の退院の日が遠ざかってしまう　(2) 感謝　(3) 母のお見舞いのために河野さんが運転するバスに乗

るのも今日で最後になる（34字）（同意可）

3 **【解き方】** 問一.「づ」は「ず」にする。また,「au」は「ô」と発音するので,「さう」は「そう」にする。

問二.「どんなことでもやたらに自慢したがる」という「未熟な者」と対比される形で,「何事においても少しも自慢したりしない」者を考える。

問三.「亭主これを見て」とあるので，前にある亭主が見た「白さぎ」の様子をおさえる。

問四. (1) ア.「この飛びやうが第一の出来物ぢや」は，現代語訳では「この飛び方が，この絵のもっともすばらしいところなのだ」にあたる。これは，完成した絵を見て「主人」が「こんな羽の使い方では飛ぶことはできないだろう」と指摘したことに対しての,「絵かき」の反論であることから考える。イ．絵かきは実際に白さぎが飛び立つ様を見ているのに，なおも「あの羽の使い方では，私が描いたように飛ぶことはできないだろう」と自分の絵を支持していることから考える。(2) 絵かきの「下手芸」な点について述べているので,「自慢するは下手芸といふ事」「物ごと自慢くさきは未練のゆへなり」に着目する。

【答】 問一．いずれもよさそう　問二．名人　問三．本の白さぎが四五羽うちつれて飛ぶ〔。〕

問四. (1) ア．他人の評価を受け入れない（12字）　イ．自分の未熟さに気付かない（12字）　(2) 慢

4 **【答】**（例）

食品ロス削減のためには，平山さんが言うように計画的に買うことが大切だと思う。どのくらい食べ物が必要か，いつ食べるのかを考えてかしこく買うだけで，食材を無駄にしたり余らせたりする量を減らせるからだ。

A を頭に入れて，食品を買うときは期限表示を確認し，すぐに食べるものならば消費期限の迫ったものを選ぶように心がけたい。また，食べ物を多く買いすぎたり作りすぎたりしてしまわないように，家族の外食予定を把握しながら献立をたて，予定が変わったときはきちんと連絡を入れてもらうようにする。(12行)

~MEMO~

福岡県公立高等学校

2020年度
入学試験問題

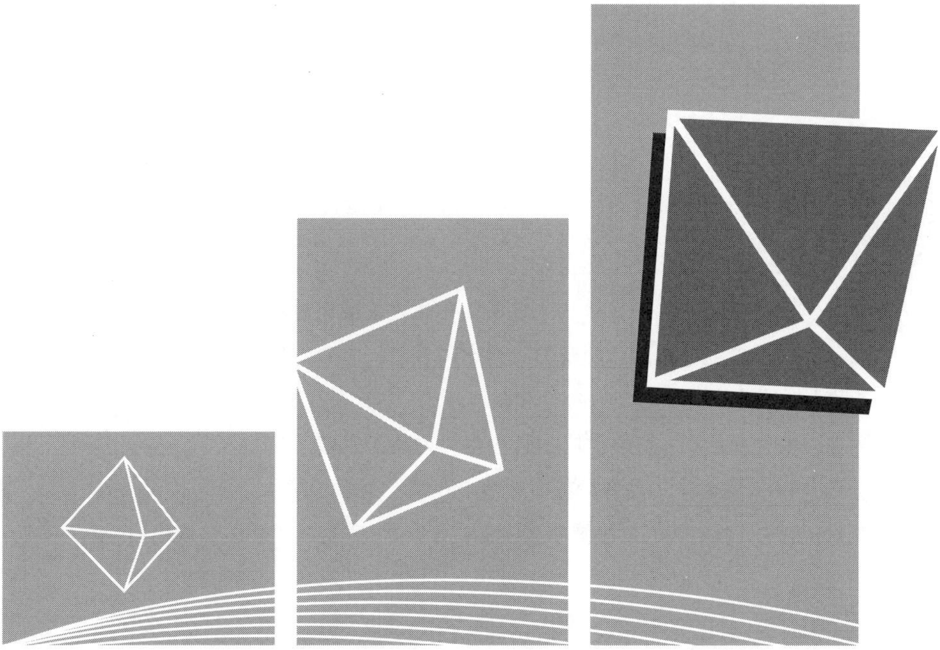

数学

時間　50分　　満点　60点

（注）答えが数または式の場合は，最も簡単な数または式にすること。
答えに根号を使う場合は，$\sqrt{\quad}$ の中を最も小さい整数にすること。
答えに円周率を使う場合は，π で表すこと。

1　次の(1)～(9)に答えよ。

(1)　$8+2\times(-7)$ を計算せよ。(　　　)

(2)　$2(a+4b)-(5a+b)$ を計算せよ。(　　　)

(3)　$\sqrt{75}-\dfrac{9}{\sqrt{3}}$ を計算せよ。(　　　)

(4)　1次方程式 $3(2x-5)=8x-1$ を解け。$x=$(　　　)

(5)　等式 $2a+3b=1$ を，a について解け。$a=$(　　　)

(6)　次の表は，y が x に反比例する関係を表したものである。
$x=3$ のときの y の値を求めよ。$y=$(　　　)

x	…	-2	-1	0	1	2	…
y	…	6	12	×	-12	-6	…

(7)　関数 $y=\dfrac{1}{3}x^2$ のグラフをかけ。

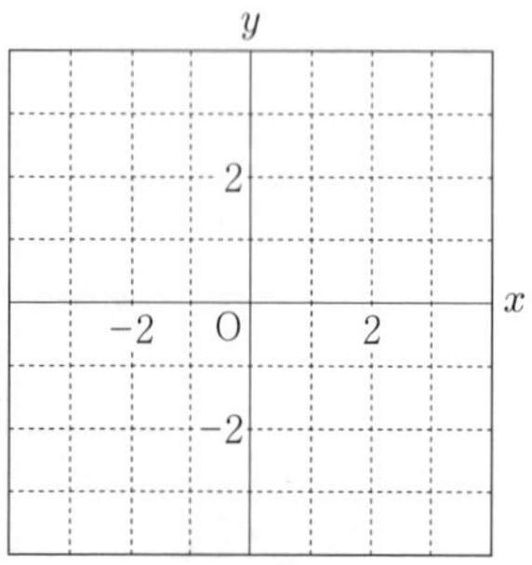

(8)　右の表は，A中学校とB中学校の1年生の生徒を対象に，テレビの1日あたりの視聴時間を調査し，その結果を度数分布表に整理したものである。

この表をもとに，A中学校とB中学校の1年生の「30分以上60分未満」の階級の相対度数のうち，大きい方の相対度数を四捨五入して小数第2位まで求めよ。(　　　)

階級(分)	度数(人)	
	A中学校	B中学校
以上　未満 0 ～ 30	16	28
30 ～ 60	25	32
60 ～ 90	19	31
90 ～ 120	15	27
120 ～ 150	10	18
計	85	136

(9)　ペットボトルのキャップがたくさん入っている箱から，30個のキャップを取り出し，全てに印をつけて箱に戻す。その後，この箱から30個のキャップを無作為に抽出したところ，印のついたキャップは2個であった。

この箱の中に入っているペットボトルのキャップの個数は，およそ何個と推定できるか答えよ。

（およそ　　　個）

2　横の長さが縦の長さの2倍である長方形の土地がある。この土地の縦の長さを x m とする。

次の(1)，(2)に答えよ。

(1)　この土地について，$2(x+2x)$ と表されるものは何か。次のア～オから正しいものを1つ選び，記号で答えよ。(　　　)

ア　土地の周の長さ　　イ　土地の周の長さの2倍　　ウ　土地の面積

エ　土地の面積の2倍　　オ　土地の対角線の長さ

(2)　この土地に，図のような，幅2mの道を縦と横につくり，残りを花だんにしたところ，花だんの面積が $264\mathrm{m}^2$ になった。ただし，道が交差する部分は正方形である。

次のア，イのどちらかを選び，選んだ記号とそれを満たす x についての方程式をかき，この土地の縦の長さを求めよ。

ア，イのどちらを選んでもかまわない。

記号(　　)　方程式(　　　　　)　土地の縦の長さ(　　　m)

ア　左辺と右辺のどちらもが，花だんの面積を表している方程式

イ　左辺と右辺のどちらもが，道の面積を表している方程式

図

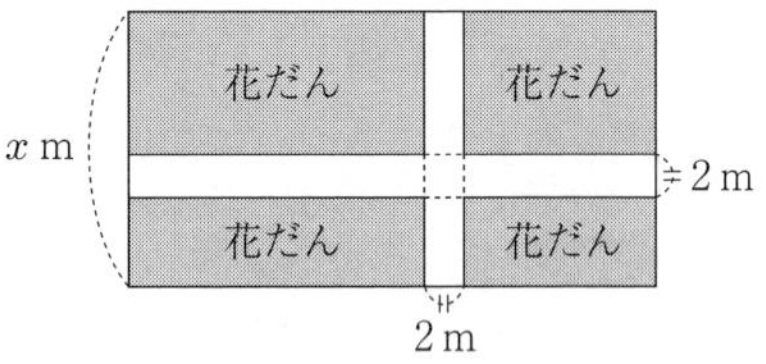

3　右の図のような，A，B，C，Dの4つのマスがある。また，箱の中に，$\boxed{1}$，$\boxed{2}$，$\boxed{3}$，$\boxed{4}$，$\boxed{5}$の5枚のカードが入っている。次の手順を1回行いコマを動かす。

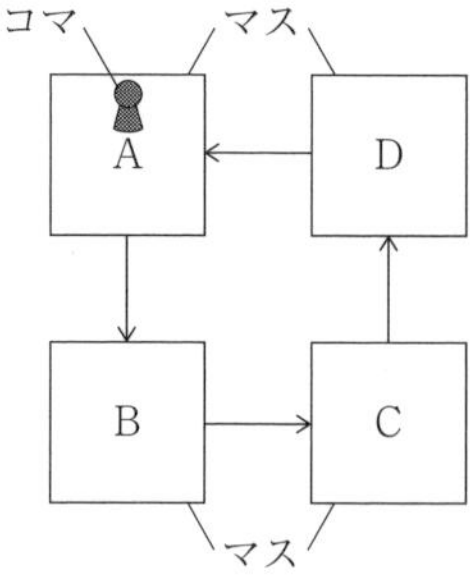

手順

① コマをAのマスに置く。

② 箱から，同時に2枚のカードを取り出す。

③ 取り出した2枚のカードの数の和だけ，Aから，B，C，D，A，…と矢印の向きにコマを1マスずつ動かす。

ただし，どのカードを取り出すことも同様に確からしいとする。

次の(1)，(2)に答えよ。

(1) この手順でコマを動かすとき，コマがDのマスに止まる場合の2枚のカードの組は全部で3通りある。そのうちの1通りは，2枚のカードが$\boxed{1}$，$\boxed{2}$の組で，これを(1，2)と表すこととする。残りの2通りについて，2枚のカードの組をかけ。(　　，　　)(　　，　　)

(2) この手順でコマを動かすとき，Aのマスと Cのマスでは，コマの止まりやすさは同じである。そこで，箱の中の5枚のカードを，$\boxed{1}$，$\boxed{2}$，$\boxed{3}$，$\boxed{3}$，$\boxed{5}$の5枚のカードに変えて，手順を1回行いコマを動かす。

このとき，AのマスとCのマスでは，コマが止まりやすいのはどちらのマスであるかを説明せよ。

説明する際は，樹形図または表を示し，コマがAのマスに止まる場合とCのマスに止まる場合のそれぞれについて，2枚のカードの組を全てかき，確率を求め，その数値を使うこと。

(説明)(　　　　　　　　　　)

4　ある電話会社には，携帯電話の1か月の料金プランとして，Aプラン，Bプラン，Cプランがある。どのプランも，電話料金は，基本使用料と通話時間に応じた通話料を合計した料金である。

次の表は，3つのプランを示したものである。

表

	電話料金	
	基本使用料	通話時間に応じた通話料
Aプラン	1200円	60分までの時間は，1分あたり40円 60分をこえた時間は，1分あたり30円
Bプラン	(ア)円	(イ) 分までの時間は，無料 (イ) 分をこえた時間は，1分あたり (ウ) 円
Cプラン	3900円	60分までの時間は，無料 60分をこえた時間は，1分あたり一定の料金がかかる。

1か月にx分通話したときの電話料金をy円とするとき，図1は，Aプランについて，通話時間が0分から90分までのxとyの関係をグラフに表したものである。

図1

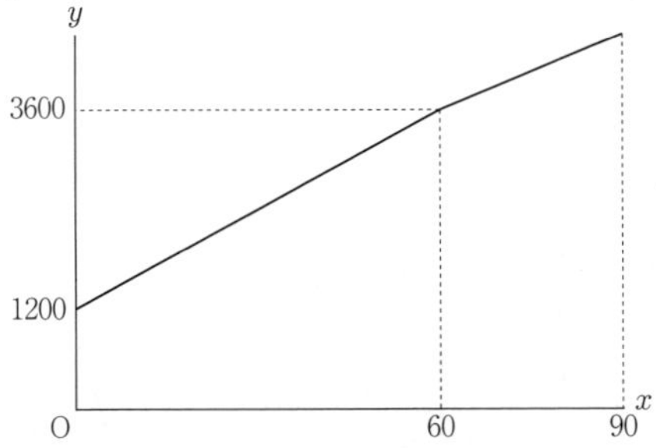

次の(1)～(3)に答えよ。

(1)　Aプランについて，電話料金が3000円のときの通話時間を求めよ。(　　　分)

(2)　図2は，Bプランについて，通話時間が0分から90分までのxとyの関係を表したグラフを，図1にかき入れたものである。下の□内は，Bプランのグラフについて，xとyの関係を表した式である。

図2をもとに，前の表の(ア)，(イ)，(ウ)にあてはまる数を，それぞれ答えよ。

ア(　　　)　イ(　　　)　ウ(　　　)

図2

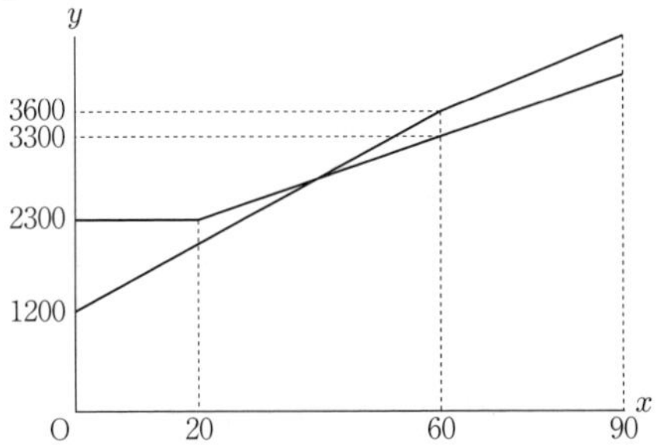

xの変域が$0 \leqq x \leqq 20$のとき，$y=2300$であり，
xの変域が$20 \leqq x \leqq 90$のとき，$y=ax+b$(a，bは定数)である。
ただし，$x=60$のとき，$y=3300$である。

(3)　Cプランの電話料金は，通話時間が90分のとき4350円である。

通話時間が60分から90分までの間で，Cプランの電話料金がAプランの電話料金より安くなるのは，通話時間が何分をこえたときからか求めよ。

解答は，次の□内の条件Ⅰ～条件Ⅲにしたがってかけ。

(解答)(　　　　　　　　　　　　　　　　　　　　　　　　　　　　)

通話時間が□分をこえたときから

条件Ⅰ　AプランとCプランのそれぞれについて，グラフの傾きやグラフが通る点の座標を示し，xとyの関係を表す式をかくこと。

条件Ⅱ　条件Ⅰで求めた2つの式を使って答えを求める過程をかくこと。

条件Ⅲ　解答欄の□の中には，あてはまる数をかくこと。

5　香さんと孝さんは，次の方法で，∠ABCの二等分線を図1のように作図できる理由について，話し合っている。下の会話文は，その内容の一部である。

方法

◇1　点 B を中心として，適当な半径の円をかき，線分 AB，BC との交点をそれぞれ点M，Nとする。

◇2　◇1でかいた円の半径より長い半径で，点Mを中心として円をかく。

◇3　点 N を中心として，◇2でかいた円の半径と等しい半径の円をかき，◇2の円との交点の1つを点Pとする。

◇4　直線BPをひく。

図1

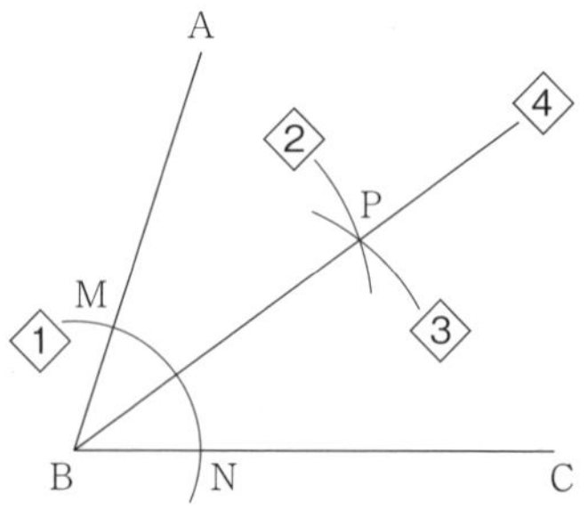

香さん

この方法で直線 BP をひくと，∠ABP＝∠CBP になるのは，どうしてかな。

孝さん

点Pと点M，Nをそれぞれ結んでできる四角形PMBNが（ ① ）な図形だからだよ。

なるほど。△MBP≡△NBPになっているからだね。

そうだよ。方法の◇1から（ ② ），◇2と◇3から（ ③ ）がわかり，共通な辺もあるので，△MBP≡△NBPが示せるね。

次の(1)～(4)に答えよ。

(1)　会話文の（ ① ）には，四角形PMBNがもつ，ある性質があてはまる。（ ① ）にあてはまるものを次のア～エから1つ選び，記号で答えよ。(　　　)

ア　点Bを対称の中心とする点対称　　イ　線分BPの中点を対称の中心とする点対称

ウ　直線BPを対称の軸とする線対称　　エ　点Mと点Nを結ぶ直線を対称の軸とする線対称

(2)　会話文の（ ② ），（ ③ ）には，△MBPと△NBPの辺や角の関係のうち，いずれかがあてはまる。（ ② ），（ ③ ）にあてはまる関係を，記号＝を使って答えよ。②(　　　)　③(　　　)

(3)　図2は，図1の∠ABCにおいて，∠ABC＜90°，3点A，B，Cが円Oの周上にある場合を表しており，∠ABCの二等分線と線分AC，円Oとの交点をそれぞれD，Eとし，点Aと点Eを線分で結び，点Eを通り線分ABに平行な直線と線分AC，BCとの交点をそれぞれF，Gとしたものである。

このとき，△ABD∽△FAEであることを証明せよ。

図2

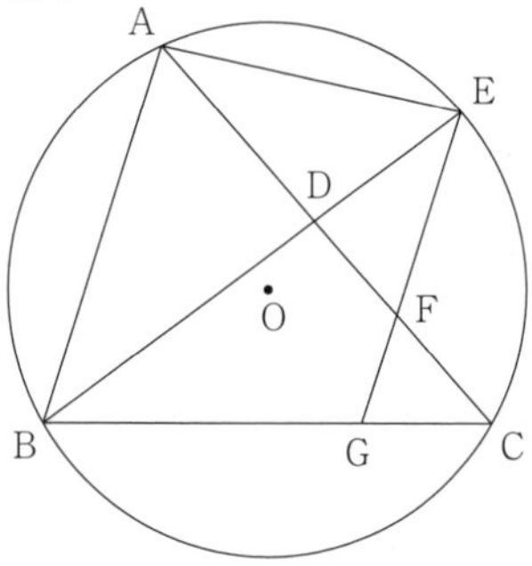

(4)　図3は，図2において，$\angle ABC = 60°$，線分BEが円Oの直径となる場合を表している。

　$\triangle ABC$の面積が$15cm^2$のとき，四角形BGFDの面積を求めよ。

(　　　　cm^2)

図3

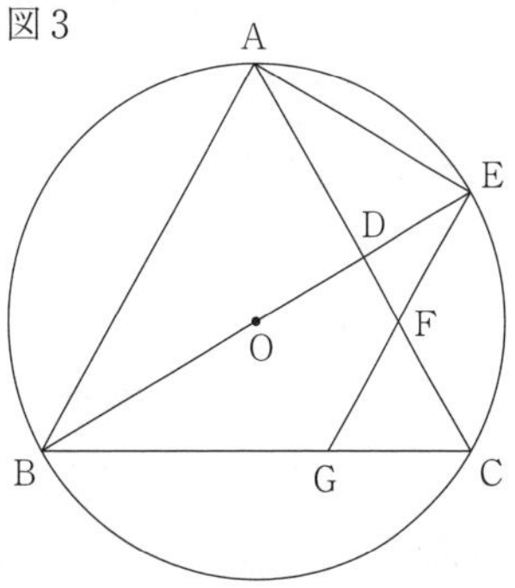

6　図1は，AB = 6 cm，BC = 4 cm，AE = 3 cm の直方体ABCDEFGHを表している。

次の(1)～(3)に答えよ。

図1

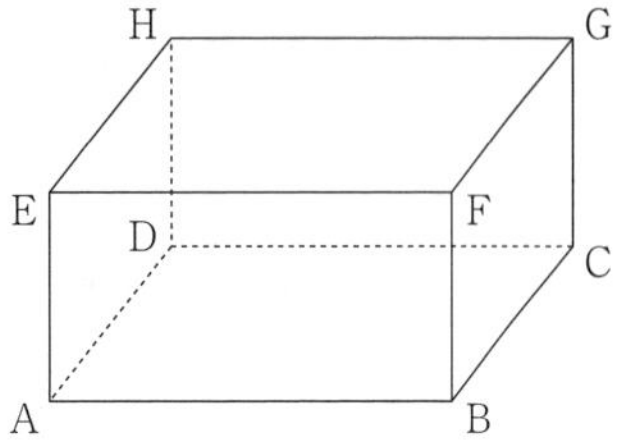

(1)　図1に示す立体において，辺や面の位置関係を正しく述べているものを次のア～エから全て選び，記号で答えよ。(　　　)

ア　面ABFEと辺DHは垂直である。

イ　辺ABと辺ADは垂直である。

ウ　面ADHEと面BCGFは平行である。

エ　辺CDと辺EFはねじれの位置にある。

(2)　図1に示す立体において，辺EFの中点をM，辺FGの中点をNとする。直方体ABCDEFGHを4点A，C，N，Mを通る平面で分けたときにできる2つの立体のうち，頂点Fをふくむ立体の体積を求めよ。(　　　cm^3)

(3)　図2は，図1に示す立体において，辺EH上に点IをEI = 1 cm，線分DG上に点JをDJ：JG = 1：2となるようにとり，点Iと点Jを結んだものである。

　このとき，線分IJの長さを求めよ。(　　　cm)

図2

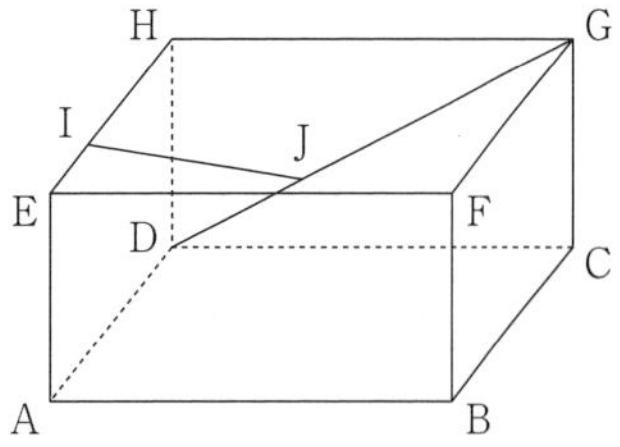

英語

時間　55分　　　　　満点　60点

（編集部注）　放送問題の放送原稿は英語の末尾に掲載しています。
音声の再生についてはもくじをご覧ください。

1　放送を聞いて，問題1，問題2，問題3，問題4に答えよ。

問題1　英語の短い質問を聞き，質問の後に読まれるア，イ，ウ，エの中から，答えとして最も適当なものを選ぶ問題

※記号で答えよ。問題は3問ある。(1)(　　　)　(2)(　　　)　(3)(　　　)

問題2　表を見て，質問に答える問題

※表の中から抜き出して答えよ。(1)(　　　)　(2)(　　　)

(1)

Curry Lunch

	Egg Curry	Beef Curry
Lunch A	6 dollars	9 dollars
Lunch B	7 dollars	10 dollars
Lunch C	8 dollars	11 dollars

【Lunch A】 Curry ＋ Juice
【Lunch B】 Curry ＋ Salad
【Lunch C】 Curry ＋ Salad ＋ Juice

(2)

Sports Festival for Children in Green Town

Time	Sport	Age
9:30～10:30	basketball	7～12
11:00～12:00	badminton	7～15
13:00～14:00	tennis	11～15
14:30～15:30	volleyball	13～15

問題3　隆（Takashi）とスミス先生（Ms. Smith）の対話を聞いて，質問に答える問題

※記号で答えよ。(1)(　　　)　(2)(　　　)　(3)(　　　)

(1)　ア　Yes, he does.　　イ　No, he doesn't.　　ウ　Yes, it is.　　エ　No, it isn't.

(2)　ア　She has not decided what to do this year yet.
　イ　She is going to learn how to wear a kimono.
　ウ　She is going to visit many foreign countries.
　エ　She is going to ask Takashi to wear a kimono.

(3)　ア　Ms. Smith knows a lot about *shogi* because she has been in the *shogi* club.
　イ　Ms. Smith can tell Takashi good stories about *shogi* from her experience.
　ウ　Takashi will try to start learning *shogi* with Ms. Smith this year.
　エ　Takashi will try to talk about *shogi* with people from foreign countries this year.

問題4　英文を聞いて，質問に答える問題

〈問1〉　里沙（Risa）が，動物園で園内図を見ながら，説明を受ける。それを聞いて，(1)～(3)の質問に答えよ。

※(1)は記号で，(2)は（　　）内にそれぞれ**1語の英語**で，(3)は**3語以上の英語**で答えよ。

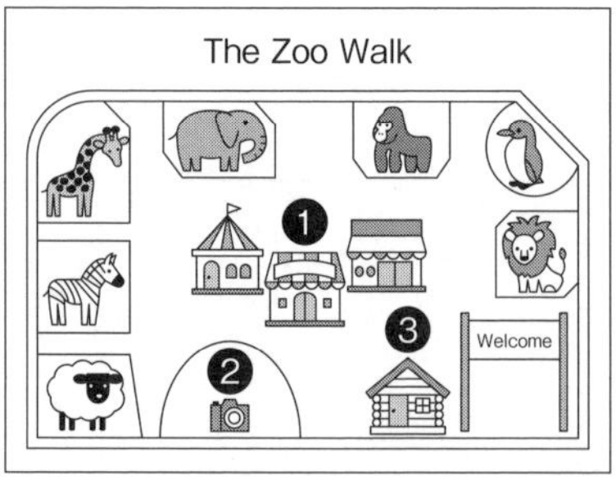

(1)　What time should Risa meet the others to take pictures?（　　　）

ア At eleven.　イ At eleven thirty.　ウ At twelve.　エ At twelve thirty.

(2) What are the animals Risa can see at the end of the Zoo Walk?

They are the (　　　) (　　　).

(3) Why is it bad to give food to the animals in the Zoo Walk?

(　　　　　　　　　　　　　　　　　　　　　　　　　　　　　　　　)

〈問２〉 英語の質問に答えよ。

※ **3語以上の英語**で答えよ。文の数はいくつでもよい。

(　　　　　　　　　　　　　　　　　　　　　　　　　　　　　　　　)

2 次の1～3の各組の対話が成り立つように，[A]～[D]にあてはまる最も適当なものを，それぞれのア～エから一つ選び，記号を書け。A (　　) B (　　) C (　　) D (　　)

1 *Mother:* Kate, I found your cap under your desk.

Kate: Thank you, Mom. I have to take it to school today. [A]

Mother: On the desk. You should put it in your bag now.

A ア Where did you find it? イ Where is it now? ウ What did you see?
エ What should I bring?

2 *Emily:* Excuse me. I think this is my seat.

Man: Really? What's your seat number?

Emily: It's 25, and this seat is 25.

Man: Oh! Sorry. [B] I'll move.

B ア Please find a seat in the next train. イ Your seat is behind this one.
ウ Let's find your seat together. エ My seat is in front of yours.

3 *Father:* When will your friend Mary come to our house?

Sarah: [C]

Father: On that day we will visit Grandmother's house, so the next day will be better. Please tell Mary.

Sarah: OK. At Grandmother's house, can I make something to eat for Mary with Grandmother?

Father: That's a good idea. How about apple pies? [D]

Sarah: Great! I'll ask her to teach me.

C ア She said she wanted to come next Saturday.
イ She said she was free yesterday.
ウ She will be very busy next month.
エ She will come to Grandmother's house next week.

D ア Mary will make them for you.
イ Grandmother has never made them.
ウ We don't think she likes eating them.
エ I loved her apple pies when I was young.

3　次の英文は，健太（Kenta）と友紀（Yuki）が，ジョーンズ先生（Mr. Jones）と会話をしている場面である。これを読んで，後の各問に答えよ。

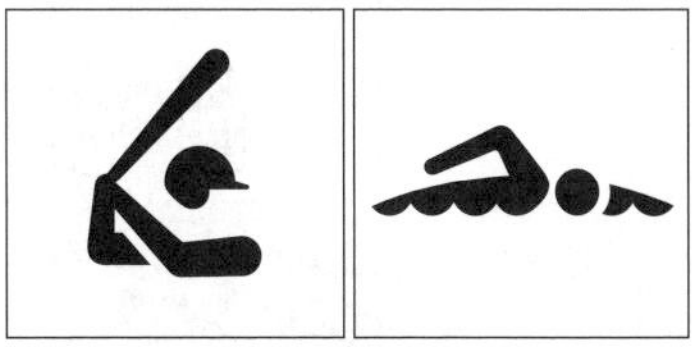

Mr. Jones:　Look at these pictograms.

Kenta:　Pictograms? What are they?

Mr. Jones:　Pictograms are pictures that give information in a simple way.

Kenta:　Well, then the pictograms show baseball and swimming, right?

Mr. Jones:　That's right. They are the pictograms for the Tokyo Olympics. We can also find other pictograms in our town.

Kenta:　Oh, really?

Mr. Jones:　Yes! When I came to Japan, I didn't understand any Japanese. ① Pictograms were very useful for me when I had (to / do / where / find / to) go in the airport.

Yuki:　Oh, I had an experience like that. One day at the station, a woman came to me and said in English, "Excuse me. Where is the restroom?" But I didn't understand the word "restroom," so I took her to the guide map on the wall. She pointed at the restroom pictogram. Then I understood the word and showed her the way to the restroom.

Kenta:　Wow! By using the pictogram you helped the woman from a foreign country.

Yuki:　Yes, but I don't think pictograms are only for foreign people.

Mr. Jones:　That's true. They are also used for many other people and there are some other ways to tell people something without words. One example is color. When we take a bath, we can see colors on the faucet. Usually red means "hot" and blue means "cold." ② I'm (these / make / from / life / sure) easier for a lot of people.

Kenta:　Interesting! Now I want to learn more about pictograms and colors which are used to give information. Mr. Jones, may I talk about them in our English class next week?

Mr. Jones:　Of course!

（注）pictogram(s)…ピクトグラム（案内用図記号）　information…情報　simple…わかりやすい
the Tokyo Olympics…東京オリンピック　restroom…トイレ　guide map…構内図
pointed at ～…～を指し示した　faucet…蛇口

問1　英文中の下線部①，②が，会話の内容から考えて意味がとおるように，それぞれ（　　）内から4語を選び，それらを正しい語順に並べて書け。

①(　　　　　　　　　　　　　　　　　)　②(　　　　　　　　　　　　　　　　　)

問2　次は，この会話の後，健太が英語の授業で発表するために作成したスライドと，発表原稿の一部である。後の各問に答えよ。

Pictograms in Our Town 	We usually tell people something with words, but we have some other ways. For example, pictograms give us information in a simple way.
The Colors on the Faucet 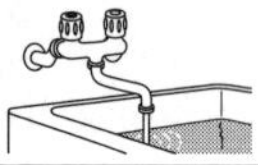	Color is another example. The colors on the faucet, red and blue, mean "hot" and "cold."
Let's Learn Together! 	Let's learn more about these ways to tell all people things and how to use them.

(1) □には，健太の発表のテーマが入る。テーマとして最も適当なものを，ア～エから一つ選び，記号を書け。(　　　)

ア　Information about Famous Things in Our Town

イ　Pictograms Used in Other Countries

ウ　Ways to Give Information to All

エ　Learning the Way to Make New Pictograms

(2) 発表の後，健太は，ジョーンズ先生から次のようなコメントをもらった。＝＝部を別の語句で表現する場合，最も適当な2語を，会話の中からそのまま抜き出して書け。(　　　　)

Kenta, your speech was great! Using words is one important way to share information. Sharing information nonverbally, for example, using pictograms or colors, is also important. You've learned about it and taught it to your friends. I'm very happy about that.

問3　次の質問にあなたならどう答えるか。Because で書き出し，これを含め4語以上の英語で書け。

Why are pictograms useful?

Because (　　　　　　　　　　　　　　　　　　　　　　　　)

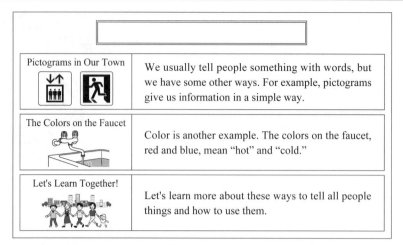

4　次の英文を読んで，後の各問に答えよ。

Saori has two little brothers who go to kindergarten. She always takes care of them to help her mother. She likes playing with them. So, last fall, when Saori had a work experience, she decided to work at a kindergarten.

When the work experience started, Mr. Suzuki, a kindergarten teacher, said, "Teachers in this kindergarten clean all the rooms every morning before the children come." Saori was surprised because she didn't know ① this, but she started cleaning with the other teachers.

All the jobs were fun on the first day. Saori was tired on the second day, but she worked hard. On the third morning, she became very tired and wanted to stop cleaning. Then she saw Mr. Suzuki. He was cleaning the playground. He looked happy. She went there and said, "Do you like cleaning, Mr. Suzuki?" He said, "Well, it is hard but I always do it for the children. This is ② significant work. When we clean the rooms and the playground, we also check their safety for the children. I sometimes feel tired, but I try to think about the children. Then I can work harder. When I see their smiles, I feel happy."

After Saori went home that evening, she talked with her mother about her experience. Her mother said, "You've learned an important thing. In my case, I became a chef because I liked cooking, but I'm really glad when people enjoy the food and look happy in my restaurant." Saori listened to her mother and said, "Before the work experience, I thought people worked for their own happiness. It is an important thing. Today, I learned another important thing about working. We also work for the happiness of others and it brings happiness to us."

On the last day of the work experience, Saori was cleaning in the morning with other teachers again. Mr. Suzuki saw her and said, "Saori, you look happier than before." Saori said, "Yes. I'm happy to work for the children!"

（注）　kindergarten…幼稚園　　work experience…職場体験学習　　playground…運動場
check ～…～を点検する　　safety…安全性　　smiles…笑顔　　case…場合　　happiness…幸せ
bring ～…～をもたらす

問１　次の質問の答えを，(1)は6語以上，(2)は3語以上の英語で書け。

(1)　What does Saori always do to help her mother?

(　　　　　　　　　　　　　　　　　　　　)

(2)　How did Saori look when she was cleaning on the last day?

(　　　　　　　　　　　　　　　　　　　　)

問２　下線部①の具体的な内容を英文中からさがし，日本語で書け。

(　　　　　　　　　　　　　　　　　　　　)

問３　下線部②を別の語句で表現する場合，最も適当なものを，ア～エから一つ選び，記号を書け。

(　　　)

ア　small but popular　　イ　important and special　　ウ　easy and interesting

エ　amazing but different

問4　英文の内容に合っているものを，ア～カから二つ選び，記号を書け。(　　　)(　　　)

ア　Before the work experience at the kindergarten, Saori had no chance to play with little children.

イ　Saori enjoyed all the jobs at the kindergarten during the work experience because they were all new and fun.

ウ　The safety of the rooms and the playground was checked by the teachers when they were cleaning in the morning.

エ　After Saori went home, Saori's mother talked about her own work experience at a kindergarten.

オ　Saori's mother told Saori that working for others was the most important thing when the work experience started.

カ　Saori said that when people worked for the happiness of others, happiness was also brought to them.

5　あなたはホームステイ先で，バスケットボールチームの部員募集ポスターについて，A，B どちらの案がよいか意見を求められた。あなたの考えを以下の【条件】にしたがって書け。

A

B

【条件】

・最初の文は，I think ＿＿＿ is better. を用いること。その際，＿＿＿ には，A，B いずれかの記号を記入すること。

・二つの案について触れながら，あなたの考えを理由とともに書くこと。

・最初の文は語数に含めずに，30語以上の英語で書くこと。

I think ＿＿＿ is better.

〈放送原稿〉

これから，2020年度福岡県公立高等学校入学試験「英語リスニングテスト」を行います。問題は，問題1から問題4まであります。なお，放送中にメモをとってもかまいません。英語はそれぞれ2回繰り返します。

問題1 (チャイム)

それではテストを始めます。問題1を見なさい。これから，英語で短い質問をします。質問の後に続けて読まれるア，イ，ウ，エの英語の中から，答えとして最も適当なものを一つずつ選び，記号で答えなさい。問題は3問あります。それでは始めます。

(1) Mr. Brown, when do you play tennis?

ア For ten years.　イ With my friends.　ウ Every Sunday.　エ At the park.

((1)の繰り返し)

(2) Hi, Bob! Does Tomoko's birthday party start at twelve?

ア Yes, me too.　イ No, she doesn't.　ウ Yes, I do.　エ No, at one.

((2)の繰り返し)

(3) This cake is good. Where did you get it?

ア It was wonderful.　イ I made it.　ウ I didn't think so.　エ My father liked it.

((3)の繰り返し)

問題2 (チャイム)

問題2を見なさい。これから，表について英語で質問します。その答えとして最も適当なものを，表の中から抜き出して答えなさい。それでは始めます。

(1) Tom is going to have lunch at the curry restaurant. He wants to eat egg curry with salad. He doesn't want to buy anything to drink. How much does he need for his lunch?

(繰り返し)

(2) Amy lives in Green Town. Her town has a sports festival for children. She and her brother will try the same sport. Amy is 14 years old and her brother is 12 years old. They are in the tennis club but they want to try another sport. What time does the sport they will join start?

(繰り返し)

問題3 (チャイム)

問題3を見なさい。これから，中学生の隆とスミス先生が対話をします。その対話の後で，「クエスチョン (Question)」と言って英語で質問します。その答えとして最も適当なものを，ア，イ，ウ，エの中から一つずつ選び，記号で答えなさい。それでは始めます。

Ms. Smith: Happy New Year, Takashi. Do you have anything you want to do this year?

Takashi: I want to use English more. What do you want to do, Ms. Smith?

Ms. Smith: Well, I've tried a kimono a few times and I liked it very much. I've decided to learn how to wear a kimono this year.

Takashi: Really? My mother can teach you how to wear a kimono.

Ms. Smith: Wow. That's so nice. I'm excited to learn. When people from foreign countries see a kimono, they often want to wear it. After learning how to wear a kimono, I can teach that to others from my experience.

Takashi: Well, I didn't know how to use English more, but now I do. I've been in the *shogi* club in our town, so I know a lot about *shogi.* I can talk about it in English and share something with people from foreign countries.

Ms. Smith: Great idea! I know you can do that.

Takashi: Thank you, Ms. Smith.

Question (1) Does Takashi want to do something in English this year?

Question (2) What is Ms. Smith going to try this year?

Question (3) Takashi and Ms. Smith are talking about *shogi.* Which is true?

「2回目」――（繰り返し）――

問題4（チャイム）

問題4を見なさい。

〈問1〉 これから，里沙が動物園で，園内図を見ながら，動物園ツアー（ズー・ウォーク）についての説明を受けます。それを聞いて，(1)から(3)の質問に答えなさい。(1)はア，イ，ウ，エの中から一つ選び記号で，(2)はカッコ内にそれぞれ1語の英語で，(3)は3語以上の英語で答えなさい。なお，説明の後には，記入の時間が約40秒ずつあります。それでは始めます。

Hello, everyone! Welcome to our zoo. It's time for the Zoo Walk. I am the guide. We will walk around this zoo for one hour. You can see many animals in our zoo and I will tell you about some of them. Then you will have free time for thirty minutes. Please look at Number 1 in the picture. During your free time, you can go shopping there. Also you can go back to see more animals and ask questions about them. After that, at eleven thirty, we will take pictures together here, at Number 2. Then the last place we will visit will be Number 3. We can see baby lions there! The Zoo Walk will be finished at twelve.

Now, I will tell you two important things about the Zoo Walk. First, don't give any food to animals. They may become sick. Second, you must be quiet near the sleeping animals. OK? I hope all of you will enjoy the Zoo Walk. Let's go!

「答えを記入しなさい。」

「2回目」――（繰り返し）――

〈問2〉 これから英語で質問をします。その質問に対するあなたの答えを，3語以上の英語で書きなさい。文の数はいくつでもかまいません。なお，質問を2回繰り返した後，記入の時間が約40秒あります。それでは始めます。

If you join the Zoo Walk, what do you want to do during the free time?

「2回目」――（繰り返し）――

「答えを記入しなさい。」

これで，「英語リスニングテスト」を終わります。なお，この後の筆記テスト中に，見直して，訂正してもかまいません。それでは，筆記テストの解答を始めなさい。

社会

時間　50分　　　　満点　60点

1　一郎さんは，わが国の歴史に登場した貨幣《かへい》について調べ，カードを作成し，ノートにまとめた。ノートをみて，各問に答えよ。

〈ノート〉

〈略年表〉ア～オは，カード中の年を示す。

世紀	6	7	8	9	10	11	12	13	14	15	16	17	18	19	20	21
			ア							イ		ウ		エ	オ	
時代				古代					中世				近世		近代	現代

〈カード〉

A　この貨幣は，アの年につくられ始めた。この時代は，①律令《りつりょう》に基づく政治が行われ，各地の産物が都の市で売買され，唐《とう》の影響を受けた国際的な文化が栄えた。

B　この貨幣は，イの年に始まった日明貿易により，大量に輸入された。この時代は，武家《ぶけ》による支配が全国に広まり，定期市が各地で開かれ，〔　あ　〕。

C　この貨幣は，ウの年につくられ始めた。この時代は，幕藩体制《ばくはんたいせい》が確立し，交通網が整備され，各地で都市が成長し，〔　い　〕。

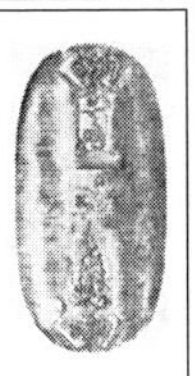

D　この貨幣は，エの年につくられ始めた。この時代は，中央集権国家のしくみを整えながら，殖産興業《しょくさんこうぎょう》や富国強兵を進め，〔　う　〕。

E　この貨幣は，オの年につくられ始めた。この時代は，民主化を果たし，GNP が資本主義国で第 2 位の②経済大国となり，テレビなどの登場により大衆文化が一層栄えた。

※一万円券

問1　下線部①について，このことと最も関係が深い人物を，次の1～4から一つ選び，番号で答えよ。(　　　)

1　後醍醐天皇《ごだいごてんのう》　　2　徳川綱吉《とくがわつなよし》　　3　聖武天皇《しょうむてんのう》　　4　大久保利通《おおくぼとしみち》

問2　一郎さんは，次の1～3のできごとを，カードの〔あ〕～〔う〕にあてはめようとした。〔あ〕，〔う〕にあてはまるものを一つずつ選び，番号で答えよ。あ(　　　)　う(　　　)

1　町人を担《にな》い手とする文化が栄えた

2　欧米の思想や生活様式を取り入れた文化が栄えた

3　公家《くげ》の文化と武家の文化がまじり合った文化が栄えた

問3　資料Ⅰについて，次の各問に答えよ。

〈資料Ⅰ〉

(1)　資料Ⅰに示す札《ふだ》が使用され始めた時期は，略年表のどのころか，次の1～4から一つ選び，番号で答えよ。(　　　)

1　アのころ　　2　イのころ　　3　ウのころ　　4　エのころ

(2)　資料Ⅰに示す札を使って行ったことを，「日本から来た」の書き出しで，「証明」の語句を使って書け。

(日本から来た　　　　　　　　　　　　　　　　　　　　　　　　)

問4　次の□内は，下線部②について，資料Ⅱのように経済成長率が変化した理由を説明したものである。〔 ㋑ 〕と〔 ㋺ 〕にあてはまる語句を書け。ただし，同じ記号には同じ語句が入る。㋑(　　　)　㋺(　　　)

〈資料Ⅱ〉　20世紀後半の経済成長率の推移

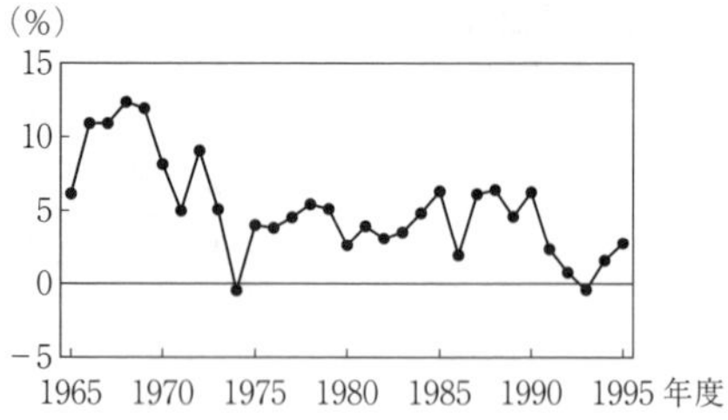

(第6版「数字でみる日本の100年」から作成)

> 20世紀後半に，わが国の経済成長率が，0％を下回った時期が2度あったことがわかる。
>
> 1度目は，〔 ㋑ 〕の影響によるものである。〔 ㋑ 〕は，中東戦争と関係が深い。
>
> 2度目は，〔 ㋺ 〕が崩壊したことによるものである。〔 ㋺ 〕は，実際の経済の力をこえて，株式や土地の価格が急激に上昇したことである。

問5　次の□内は，一郎さんが，Ａ～Ｅのカードが示す時代のうち，いずれかの社会の様子についてまとめたものである。どの時代の様子か，Ａ～Ｅから一つ選び，記号で答えよ。また，〔　　〕にあてはまる内容を，「貨幣経済」と「商品作物」の語句を使って書け。

記号(　　　)　内容(　　　　　　　　　　　　　　　　　　　　　　　　)

> この時代の農村では，自給自足に近い生活に変化が起き，図に示すような経済活動が広くみられるようになっていった。
>
> このような経済活動が広くみられるようになったのは，〔　　　　　〕ことと関係が深い。

〈図〉

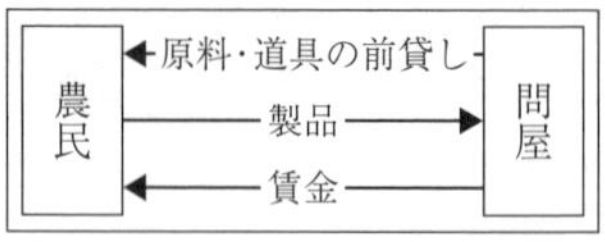

2 優真さんは，平和の大切さについて発表するために，資料とノートを作成した。資料とノートをみて，各問に答えよ。

〈資料Ⅰ〉 20世紀前半の国家財政に占める軍事費の割合の推移

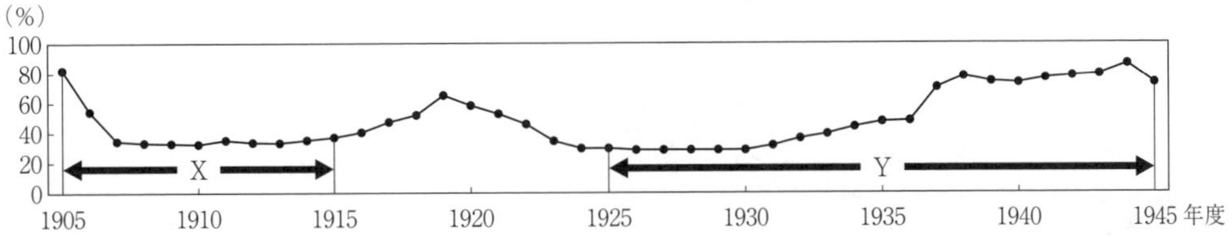

(第6版「数字でみる日本の100年」から作成)

問1 下の□内は，優真さんが，資料ⅠのXの期間の様子について，資料Ⅱ，Ⅲをもとにまとめたものである。(㋑)には，資料ⅢのP，Qからあてはまる記号を一つ選び，〔 ㋺ 〕には，あてはまる内容を「輸出」の語句を使って，それぞれ書け。

㋑(　　　) ㋺(　　　　　　　　　　　　　　　　　　　　)

〈資料Ⅱ〉 Xの期間の貿易収支の推移

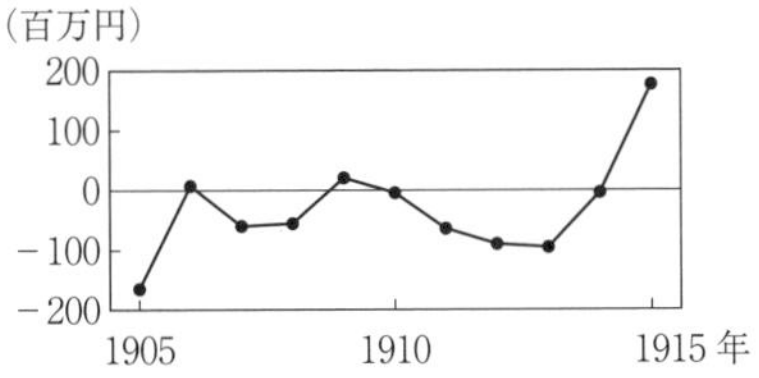

(第6版「数字でみる日本の100年」から作成)

〈資料Ⅲ〉 20世紀前半の国際関係(一部)

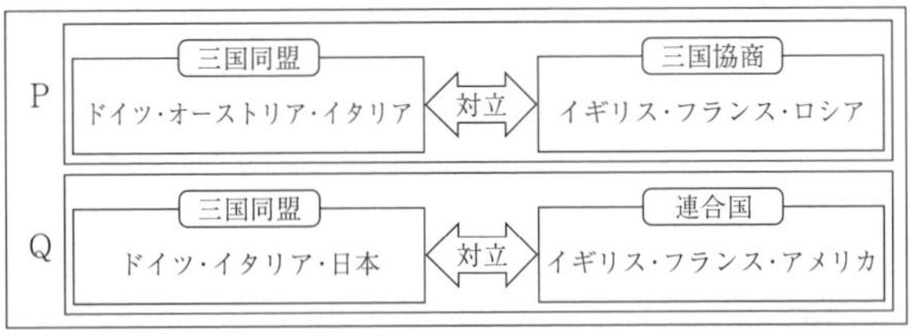

> 資料Ⅱから，Xの期間の最後に，わが国の貿易収支が急激に変化していることがわかる。このことは，資料Ⅲの(㋑)の対立から起こった〔 ㋺ 〕ことを表している。

問2 次のノートは，優真さんが，資料ⅠのYの期間の変化に着目して作成したものである。〔　　〕にあてはまる内容を，資料Ⅳ，Ⅴから読み取れることをもとに，「政党内閣」と「台頭」の語句を使って書け。

(　　　　　　　　　　　　　　　　　　　　　　　　　　)

〈ノート〉

〈資料Ⅳ〉 Yの期間に起こったできごとをまとめた歴史新聞(一部)

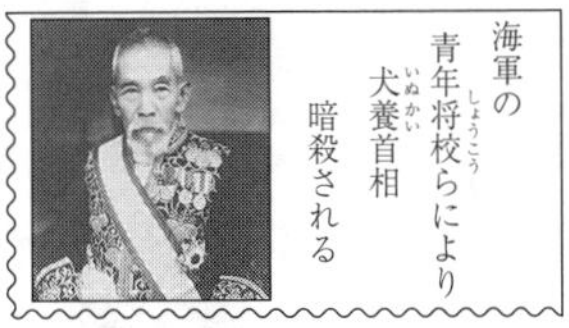

〈資料Ⅴ〉 Yの期間に制定された法律について調べたこと

> 調べた法律の第四条には，政府は議会の承認なしに，戦争に必要な労働力や物資を動員できると定められている。

【考えたこと】

> Yの期間のわが国は，〔　　　　〕ことにより，軍事費の割合が増加し，戦時体制が強まり，大きな戦争につき進んだと考えられる。
> 歴史の学習を通して，文民統制とよばれる原則が，戦争を起こさないために大切なことの一つだと考えた。

3　下の［　　　］内は，里子さんたちが，略地図をみて，G20 大阪サミットについて会話した内容の一部である。会話文を読み，各問に答えよ。

〈略地図〉

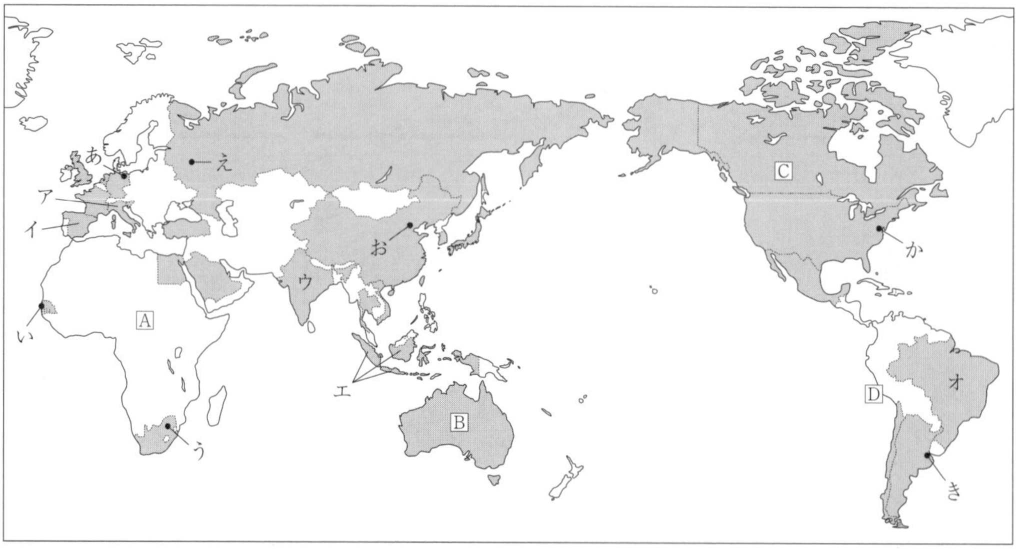

略地図の［　］で示された国は，G20 大阪サミット参加国を示し，A～D は大陸を示す。

〈会話文〉

和子　略地図を見ると，サミットには①世界各地から参加していることがわかるね。

太一　そうだね。参加者の中には，自国の②気候と日本の気候の違いを感じた人もいただろうね。

里子　ところで，大阪サミットでは何が行われたのかな。

和子　資源や③エネルギーの諸課題を，各国でどのように解決していくかについて話し合われたそうよ。

太一　他にも，④貿易の在り方や貧困問題，それに発展途上国への支援などについてもね。

里子　どれも大切な内容ね。それらの視点から世界の様々な地域の様子を調べてみようよ。

問１　図は，地球儀《ぎ》を模式的に描いたものである。下線部①について，略地図あ～き の都市のうち，図の［■］で示された範囲に位置する都市を全て選び，記号で答えよ。（　　　）

〈図〉

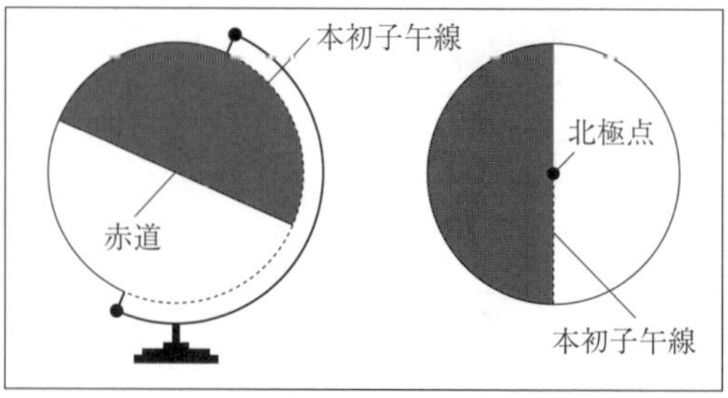

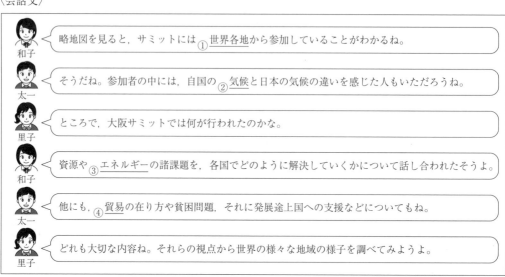

問2　下線部②について，資料Ⅰのw～zは，略地図のⒶ～Ⓓのいずれかの大陸を示している。xにあてはまる大陸を，一つ選び，記号で答えよ。(　　　)

〈資料Ⅰ〉大陸別の気候区の割合（%）

気候＼大陸	w	x	y	z
熱帯	38	5	63	17
乾燥帯	47	14	14	57
温帯	15	14	21	26
亜寒帯	0	43	0	0
寒帯	0	24	2	0

(2019年版「データブック　オブ・ザ・ワールド」から作成)

問3　次のノートは，里子さんたちが，下線部③，④について，略地図中のア～オの国を通して調べた州の様子についてまとめたものである。ノートをみて，各問に答えよ。

〈ノート〉

～エネルギーの視点からみたヨーロッパ州とアジア州について～

〈資料Ⅱ〉　ア～エの国の発電の割合と電力消費量

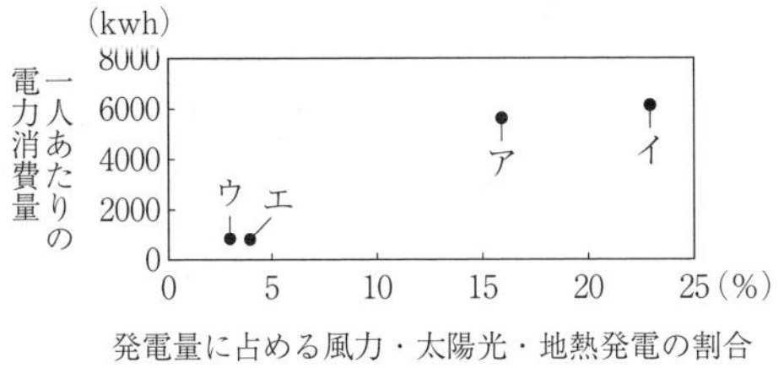

(2018／19年版「世界国勢図会」等から作成)

【考えたこと】

資料Ⅱに示す，アジア州の国々は，経済成長をめざす中でも，〔　㋑　〕ことで，地球環境問題への対処や持続可能な社会の実現が一層可能になる。

～貿易の視点からみた南アメリカ州について～

〈資料Ⅲ〉　オの国の輸出品目の輸出総額に占める割合の上位3品目の変化

順位＼年	1995年	2015年
第1位	機械類〈12.0%〉	大豆〈11.0%〉
第2位	鉄鋼〈9.3%〉	機械類〈8.0%〉
第3位	自動車〈5.6%〉	肉類〈7.5%〉

(2017／18年版「世界国勢図会」等から作成)

〈資料Ⅳ〉　大豆輸入量の推移

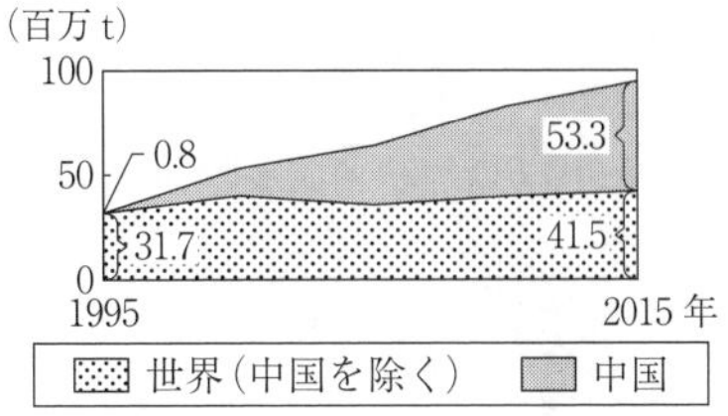

(農林水産省ホームページから作成)

〈資料Ⅴ〉　オの国の森林の変化を示す衛星写真

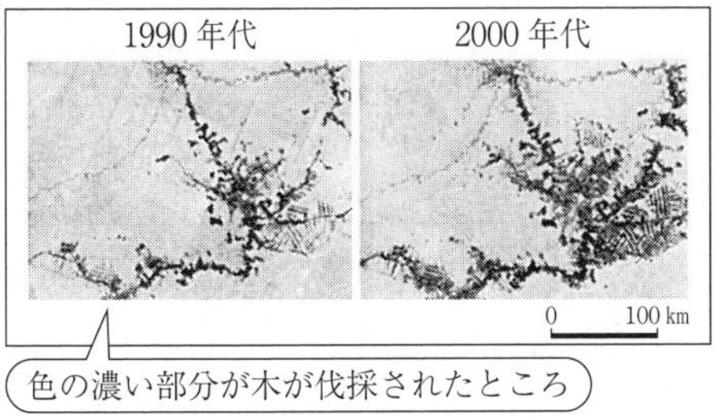

(JAXAホームページから作成)

〈資料Ⅵ〉　オの国の耕地面積の変化

年＼項目	耕地面積（十万ha）
1995年	655
2015年	866

(2018／19年版「世界国勢図会」等から作成)

【考えたこと】

資料Ⅲのように，オの国の輸出品目が変化した理由の一つとして考えられるのは，〔　㋺　〕ことである。

(1)　資料Ⅱから読み取れることをもとに，〔㋑〕にあてはまる内容を，「再生可能エネルギー」の語句を使って書け。(　　　　　　　　　　　　　　　　　　　　　　)

(2)　〔㋺〕にあてはまる内容を，資料Ⅳ～Ⅵを関連づけて，「輸入」と「生産」の語句を使って書け。

(　　　　　　　　　　　　　　　　　　　　　　　　　　　　　　　　)

④　優樹さんは，日本の様々な地域の特色について調べ，ノートを作成した。ノートをみて，各問に答えよ。

〈ノート〉

自然環境の視点からみた日本の様子

主題図A　各都道府県のため池数

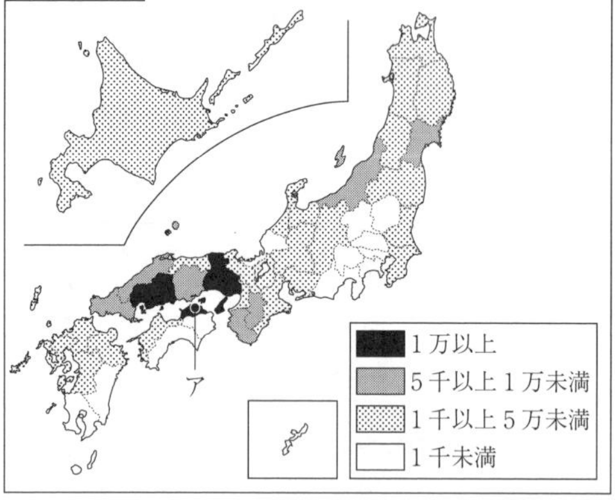

（農林水産省ホームページから作成）

ため池がつくられた理由の一つは，①日本の気候と関係がある。また，ため池の水は，おもに農業用水として使われてきた。

②交通の視点からみた日本の様子

主題図B　一世帯あたりの乗用車保有台数

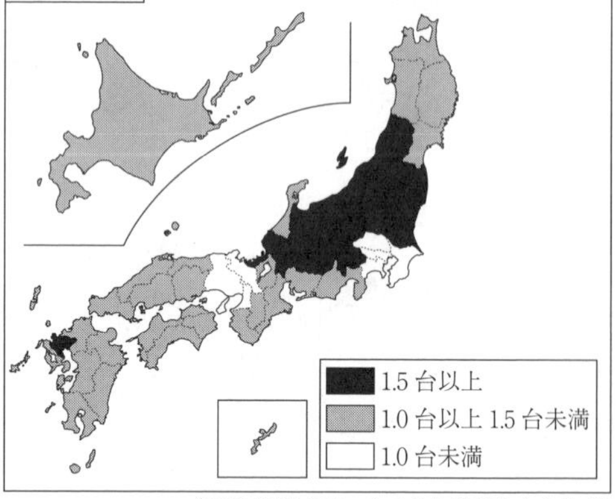

（2020 年版「データでみる県勢」から作成）

〈資料Ⅰ〉　各地方のバス・鉄道による旅客輸送人数

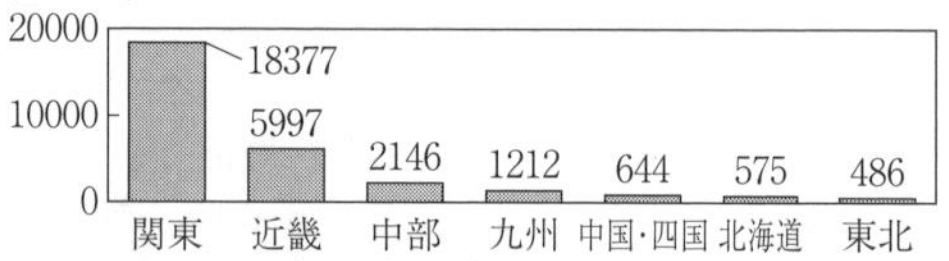

（2020 年版「データでみる県勢」から作成）

九州地方の③農業の特色

主題図C　九州地方の火山灰を成分とする地層の分布

主題図Cのように，火山灰を成分とする地層が広く分布している。その中には，シラスと呼ばれる，保水性の弱いものがある。

（農業・食品産業技術総合研究所機構ホームページから作成）

〈資料Ⅱ〉　九州地方 4 県の農業産出額の内訳

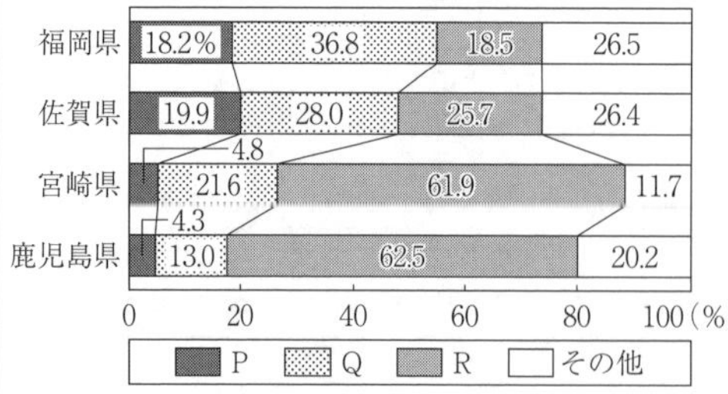

（2019 年版「データでみる県勢」から作成）

主題図Cと資料Ⅱとを関連づけると，九州地方の農業の特色は，〔　㋑　〕ということがわかる。

日本の④工業の変化

〈資料Ⅲ〉　為替相場の推移

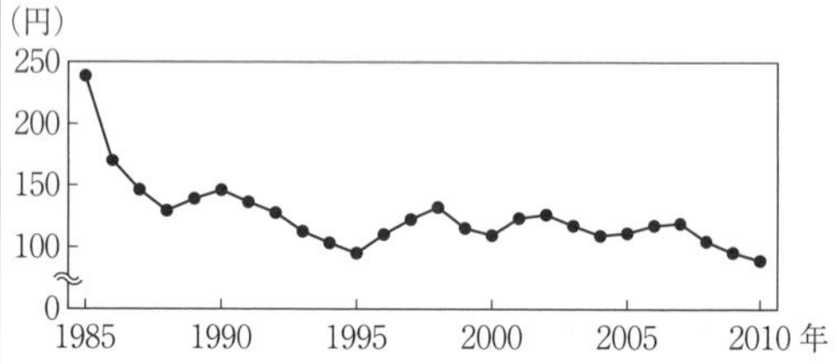

（2019／20 年版「日本国勢図会」から作成）

〈資料Ⅳ〉　海外に進出している企業のうち製造業の海外生産比率の変化

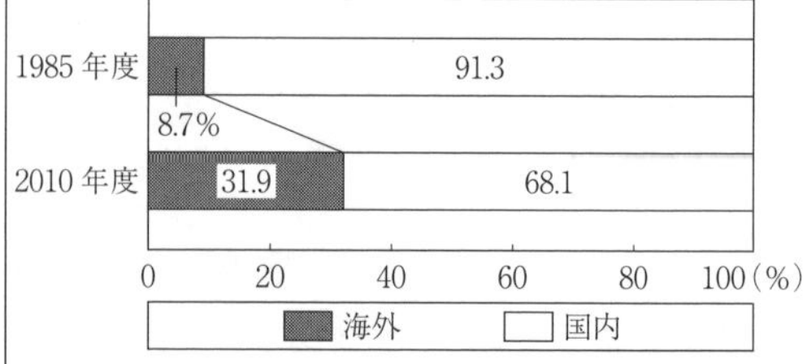

（経済産業省ホームページから作成）

資料Ⅲ，Ⅳを関連づけると，製造業では，円の価値が〔　㋺　〕ことがわかる。

主題図A～Cの図法，縮尺は同じではない。

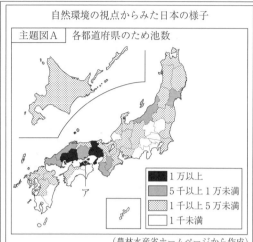

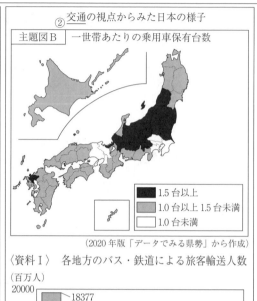

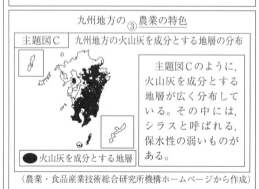

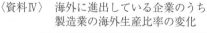

問１　下線部①について，主題図Ａのアの都市の雨温図を，次の１～４から一つ選び，番号で答えよ。

（　　）

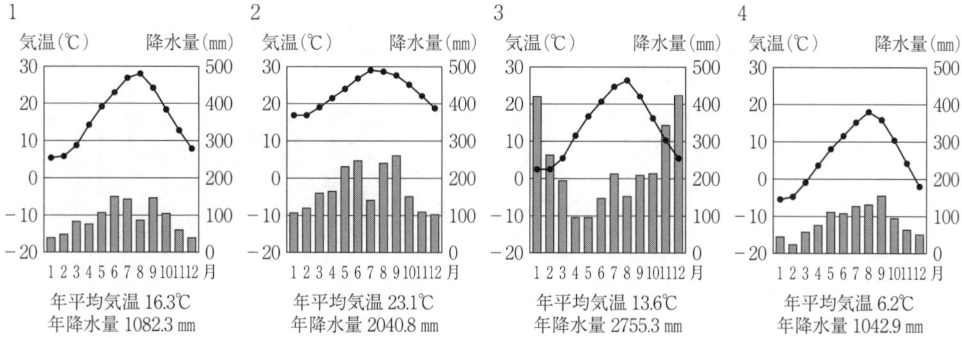

（平成 30 年「理科年表」から作成）

問２　次の□内は，下線部②について，優樹さんが主題図Ｂと資料Ⅰからたてた「問い」と「予想」である。この「予想」を確かめる調査項目として最も適切なものを，下の１～４から一つ選び，番号で答えよ。（　　）

> 「問い」：なぜ，関東地方と近畿地方には，一世帯あたりの乗用車保有台数が 1.0 台未満の都府県があるのだろう。
>
> 「予想」：資料Ⅰから，関東地方と近畿地方は，他の地方と比べ，公共交通機関が発達しているのではないか。

１　$1\,km^2$ あたりの高速道路の実延長（km）

２　鉄道・バス路線の運賃

３　$1\,km^2$ あたりの鉄道・バス路線の実延長（km）

４　年間の観光客数

問３　下線部③について，資料ⅡのＰ～Ｒは，米，野菜，畜産のいずれかを示す。〔 ㋑ 〕にあてはまる内容を，Ｐ，Ｒにあてはまる語句を使って書け。

（　　）

問４　下線部④について，〔 ㋺ 〕にあてはまる内容を，資料Ⅲ，Ⅳから読み取れることを関連づけて，「生産にかかる費用」の語句を使って書け。

（　　）

問５　次の□内は，優樹さんが，身近な地域の調査で作成したものである。次の□をみて，避難方向を，避難地図の案に示すＸ，Ｙから一つ選び，記号で書け。また，そう判断した理由を，避難地図の案から読み取れることをもとに書け。

記号（　　）

理由（　　）

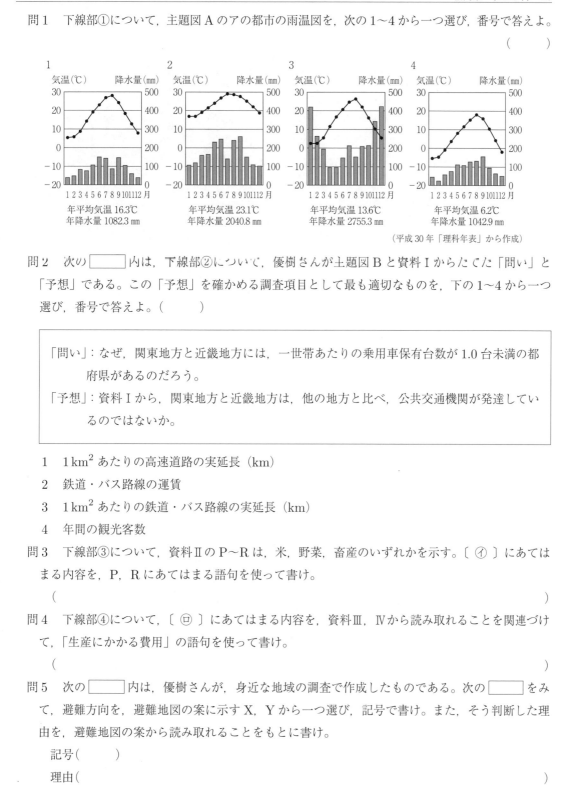

身近な地域の防災

〈学級への提案課題〉

あなたは，略地図Dのａの都市の海水浴客向けの，避難地図を作成することになった。2011年３月の大災害をもとに，避難地図の案に避難方向を矢印で描くとき，最も適切なものを一つ選びなさい。

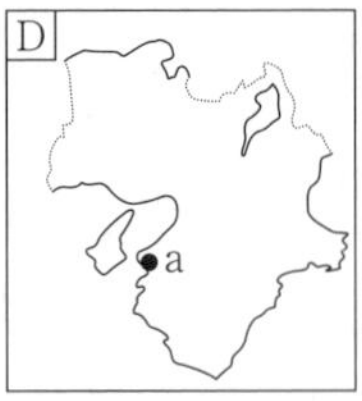

〈避難地図の案〉

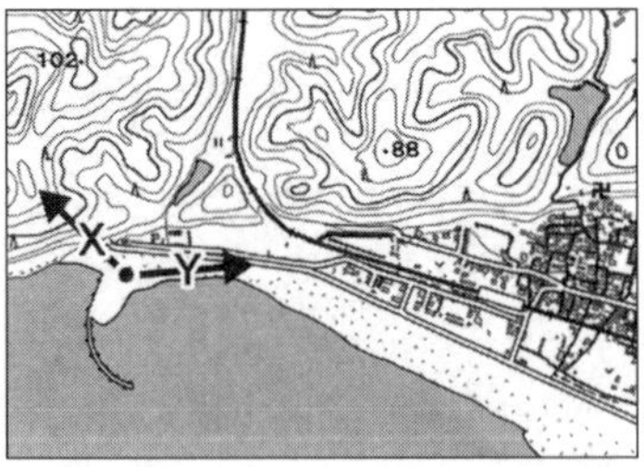

（国土地理院ホームページから作成）

5　次の表は，太郎さんたちが，政党の公約について調べ，意見を出し合い，まとめたものの一部である。表をみて，各問に答えよ。

〈表〉

項目＼政党	○○党	△△党	□□党
政治・安全	①国会の議員定数の見直し	②衆議院の選挙制度の見直し	③国際連合の改革を推進
くらし	④税制度の改正	⑤社会保障制度の充実	⑥労働の条件を改善

問1　下線部①について，資料ⅠのA～Cのうち，国会にあてはまるものを一つ選び，記号で答えよ。また，次の㋑，㋺の仕事を示すものを，ア～オから一つずつ選び，記号で答えよ。国会(　　　)　㋑(　　　)　㋺(　　　)

㋑　内閣不信任の決議

㋺　最高裁判所長官の指名

〈資料Ⅰ〉　国会，内閣，裁判所の関係

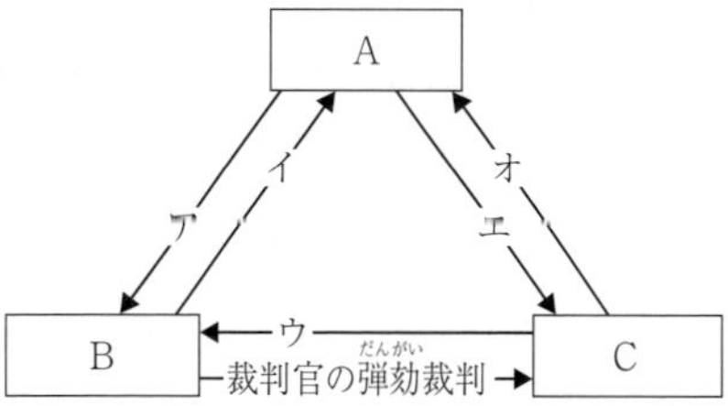

問2　次のノートは，太郎さんが，下線部②について調べたものである。資料Ⅱに示す判決が出された理由を，資料Ⅲ，Ⅳから読み取れることを関連づけて書け。その際，「一票」の語句と資料Ⅳの(ⓐ)にあてはまる語句を使うこと。

(　　　　　　　　　　　　　　　　　　　　　　　　　　　　　　　　　　　　)

〈ノート〉

〈資料Ⅱ〉　衆議院議員選挙に関する新聞記事（平成27年11月）の要約

衆院選
「違憲状態」
最高裁が判決

最高裁判所は、平成二十六年に実施された衆議院議員選挙が違憲状態であったとの判断を示した。

〈資料Ⅲ〉　衆議院議員選挙における二つの小選挙区の有権者数（平成26年12月）

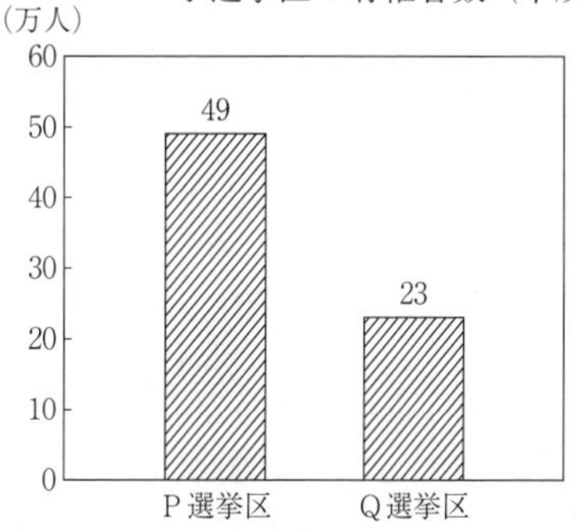

（総務省ホームページから作成）

〈資料Ⅳ〉　日本国憲法第14条（一部）

すべて国民は，法の下《もと》に(ⓐ)であつ《(っ)》て，人種，信条，性別，社会的身分又《また》は門地《もんち》により，政治的，経済的又は社会的関係において，差別されない。

問3　下線部③について，資料Ⅴが示す内容と最も関係が深い機関を，資料ⅥのW～Zから一つ選び，記号で答えよ。(　　　)

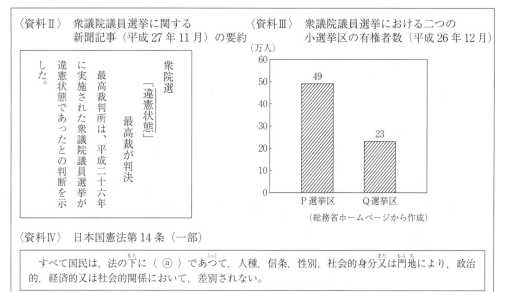

〈資料Ⅴ〉　日本が参加した国際連合の活動

(写真提供：読売新聞社)

活動場所	主な活動内容
カンボジア	停戦遵守《じゅんしゅ》状況の監視 道路の修理　など

(内閣府ホームページ等から作成)

〈資料Ⅵ〉　国際連合のしくみ（一部）

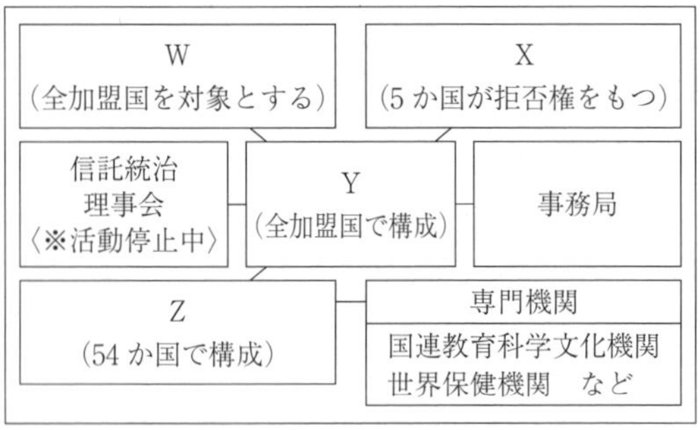

問4　下線部④について，図は，わが国の税制度の一つを模式的に示したものである。この図のように納税者の支払い能力に応じて課税されるしくみが取り入れられた理由を，「税の負担を」の書き出しで書け。

(税の負担を　　　　　　　　　　　　)

〈図〉

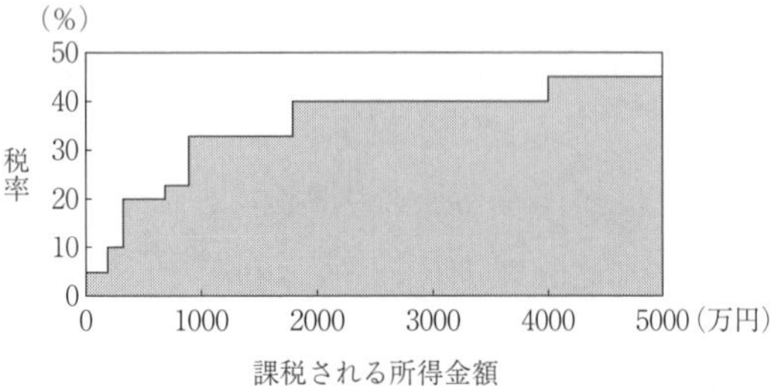

(財務省ホームページから作成)

問5　次の［　　　］内は，下線部⑤について述べたものである。あ，いの（　　）にあてはまるものを一つずつ選び，記号で答えよ。あ(　　　)　い(　　　)

わが国の社会保障制度の一つには，あ(a　20，b　40)歳以上の人が加入し，介護が必要になったときに介護サービスを受けられる制度がある。これは，社会保障制度の四つの柱のうちい(c　社会保険，d　社会福祉)に含まれる。

問6　資料Ⅶは，下線部⑥に関する現状を変えるために，政府が進めている取り組みのシンボルマークである。この取り組みは，資料Ⅷから読み取れる課題と関係がある。資料Ⅷから読み取れる課題を，「日本は，他国と比べて」の書き出しで，「両立」の語句を使って書け。

(日本は，他国と比べて　　　　　　　　　　　　)

〈資料Ⅶ〉

(政府広報オンラインから引用)

〈資料Ⅷ〉　1日の生活時間の国際比較

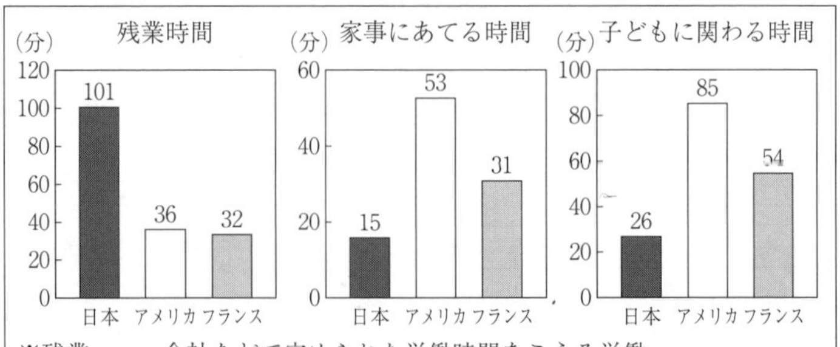

※残業・・・会社などで定められた労働時間をこえる労働

(「データブック国際労働比較2018」等から作成)

6 美奈さんは，「循環型社会の一層の実現をめざして」をテーマに，プラスチックを取り巻く状況について調べ，ノートを作成した。ノートをみて，問に答えよ。

〈ノート〉

「循環型社会の一層の実現をめざして」

【調べたこと】

〈資料Ⅰ〉 廃棄物が自然界で分解されるまでに必要な時間

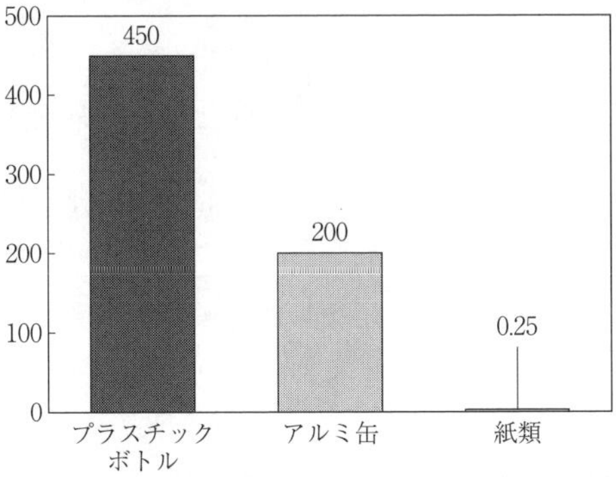

（アメリカ海洋大気庁ホームページ等から作成）

〈資料Ⅱ〉 日本のプラスチックボトルの需要実績の推移

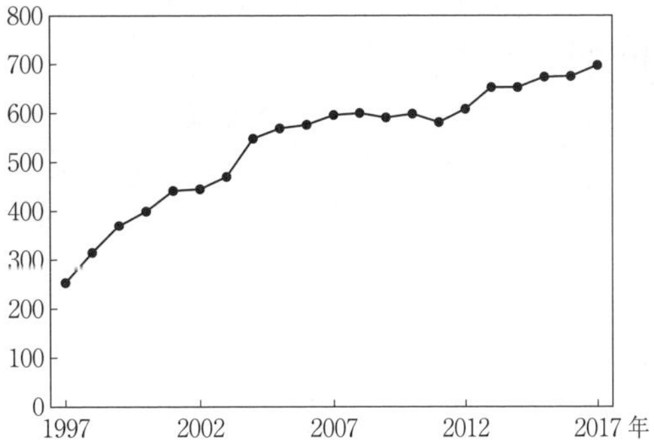

（平成 29 年版環境統計集等から作成）

〈資料Ⅲ〉 日本の廃プラスチックの処理状況

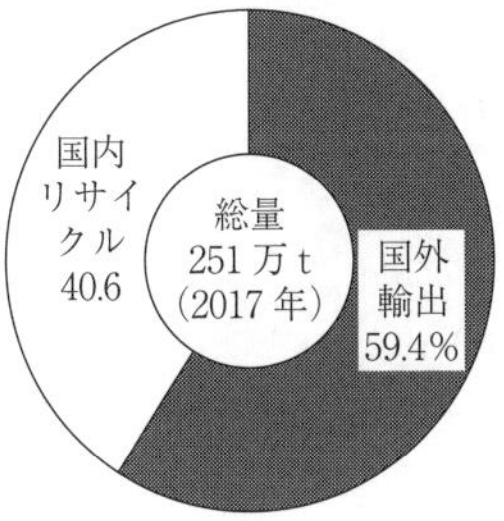

（令和元年版「環境白書」等から作成）

〈資料Ⅳ〉 日本の廃プラスチックの主な輸出先

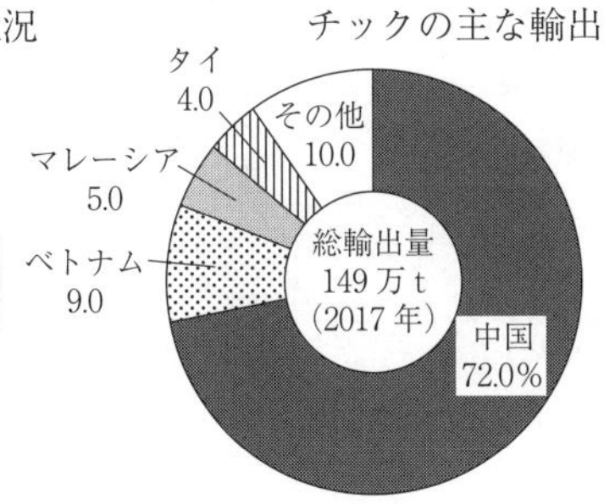

（財務省ホームページ等から作成）

〈資料Ⅴ〉 各国の廃プラスチック対策

国名	決定事項
中国	2018 年に輸入禁止
ベトナム	2018 年から輸入制限
マレーシア	2018 年から輸入制限
タイ	2021 年に輸入禁止

（環境省ホームページ等から作成）

【考えたこと】

○ 資料Ⅰ，Ⅱから，今後，自然環境に影響が生じる可能性がある。その理由の一つは，〔 A 〕からである。

○ 資料Ⅲ～Ⅴを関連づけると，輸出相手国の多くが〔 B 〕というおそれがある。

○ 循環型社会とは，〔 C 〕というような社会をいう。これは，環境への負荷《ふか》をできる限りなくす社会のことである。今後は，循環型社会の一層の実現をめざしていきたい。

問 資料から読み取れることをもとに，〔 A 〕～〔 C 〕にあてはまる内容を書け。

A（ ）

B（ ）

C（ ）

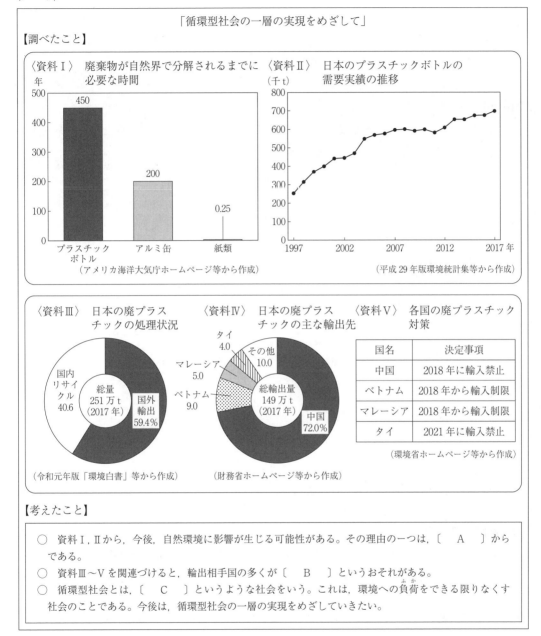

理科

時間　50分　　　　満点　60点

1　光合成について調べるために，鉢《はち》植えしたアサガオの，ふ入りの葉を使って実験を行った。下の□内は，その実験レポートの一部である。

【手順】

図1のように，葉の一部を表裏ともにアルミニウムはくでおおい，暗いところに一晩置いた後，十分《じゅうぶん》に光をあてる。次に，図2のように，茎から葉を切りとり，アルミニウムはくをはずして，あたためたエタノールにひたす。最後に，エタノールから葉をとり出して水洗いし，ヨウ素液につけ，葉の色の変化を観察する。

図1

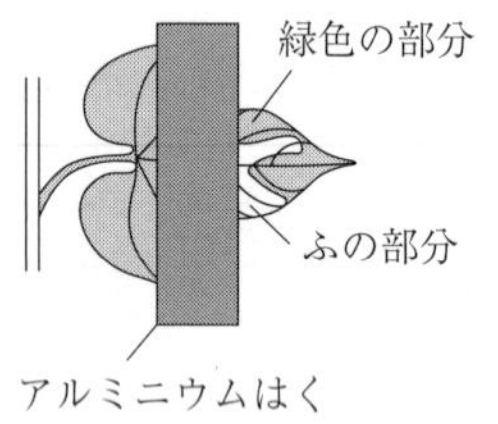

図2

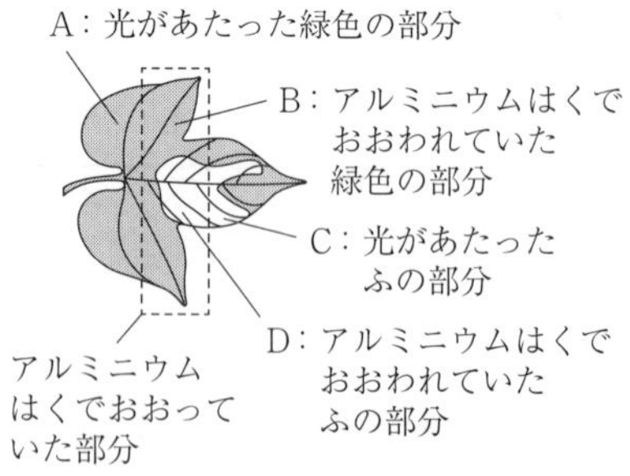

【結果】

図2の葉の部分	ヨウ素液による葉の色の変化
A	青紫色になった。
B	変化しなかった。
C	変化しなかった。
D	変化しなかった。

【考察】

○　AとCの結果を比べると，光合成を行うためには，（ ア ）が必要だとわかった。

○　イ［（　　）と（　　）］の結果を比べると，光合成を行うためには，光が必要だとわかった。

問1　下線部の操作を行ったのは，エタノールにどのようなはたらきがあるからか，簡潔に書け。

（　　　　　　　　　　　　　　　　　　　　）

問2　【考察】の（ ア ）に，適切な語句を入れよ。また，イ［（　　）と（　　）］のそれぞれの（　　）にあてはまる葉の部分を，A～Dから選び，記号で答えよ。

ア（　　　　　）　イ（　　　と　　　）

問3　下の□内は，実験後，生徒が，光合成によって葉でつくられた養分のゆくえについて調べた内容の一部である。図3は，葉の断面の一部を模式的に表したものである。文中の（ P ）に，a，bのうち適切な記号を入れよ。また，（ Q ），（ R ）に，適切な語句を入れよ。P（　　　）　Q（　　　）　R（　　　）

図3

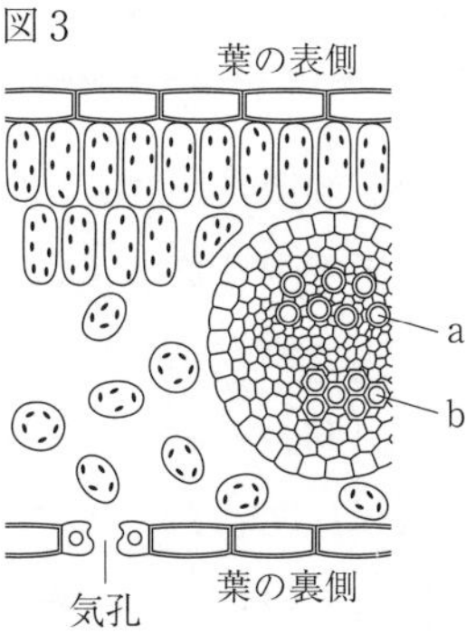

> 葉でつくられた養分は，図3の（ P ）で示される，維管束《いかんそく》の中の（ Q ）という管を通って植物の体《からだ》全体に運ばれる。また，養分が（ Q ）を通るときは，（ R ）に溶《と》けやすい物質になっている。

2　下の□内は，刺激に対するヒトの反応について，生徒が調べた内容の一部である。

> 刺激に対するヒトの反応には，「後ろから肩《かた》を①たたかれたので，振《ふ》り返る（反応 1)」などの意識して行われる反応と，「熱いものに手がふれたとき，熱いと感じる前に，思わず②手を引っこめる（反応 2)」などの③意識と関係なく起こる反応がある。
>
> 刺激を受けとってから反応するまでの時間は，反応 2 に比べて反応 1 の方が長い。この理由は，反応 2 に比べて反応 1 は，受けとった刺激の信号を〔　　〕，再び信号をせきずいに伝えるための時間が必要になるからである。

問 1　下線部①という刺激は，皮ふで受けとられる。皮ふや目，耳のように，まわりのさまざまな状態を刺激として受けとることができる部分を何というか。(　　　)

問 2　下線部②の運動は，筋肉のはたらきで行われており，筋肉は，けんの部分で骨についている。ヒトの腕《うで》の，筋肉，骨，けんの部分のつき方を示した模式図として，最も適切なものを，次の 1～4 から 1 つ選び，番号で答えよ。(　　　)

1

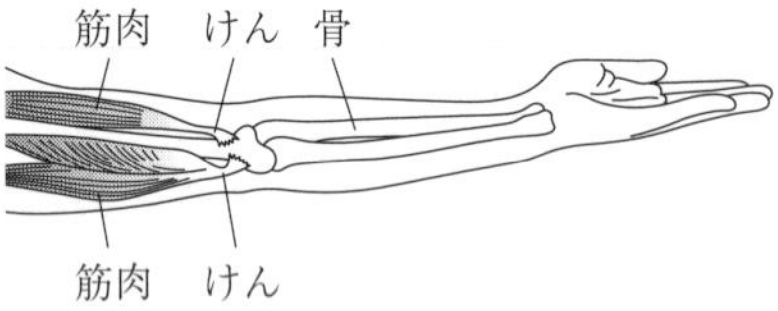

2

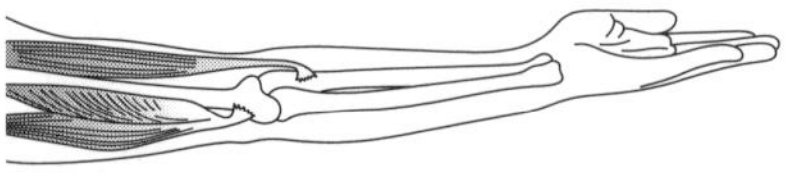

3

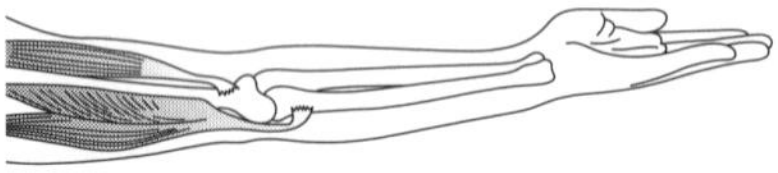

4

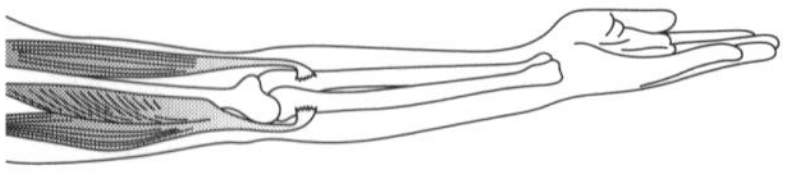

問 3　下線部③を何というか。また，その反応の例として適切なものを，次の 1～4 から 1 つ選び，番号で答えよ。名称(　　　)　番号(　　　)

1　暗いところから明るいところに行くと，ひとみが小さくなった。

2　花火が打ち上げられる音がしたので，その方向を見上げた。

3　携帯電話の着信音が鳴ったので，急いで電話に出た。

4　高く飛んできたバスケットボールを，ジャンプしてつかんだ。

問 4　文中の〔　　〕にあてはまる内容を，「せきずい」，「判断」の 2 つの語句を用いて，簡潔に書け。

(　　　　　　　　　　　　　　　　　　　　　　　　　　　　　　　　　　　)

3　銅と酸素が化合するときの質量の変化を調べるために，銅粉の質量を変え，A～Cの3つの班に分かれて実験を行った。下の□内は，その実験の手順と結果である。

【手順】

① ステンレス皿の質量をはかる。
② ステンレス皿に銅粉をはかりとる。
③ 図1のように，銅粉を皿にうすく広げて，ガスバーナーで加熱する。
④ 冷《さ》ました後，皿をふくめた全体の質量をはかる。
⑤ 金属製の薬さじで，皿の中の物質を，こぼさないようによくかき混ぜる。
⑥ ③～⑤の操作を，くり返す。

【結果】

		A班	B班	C班
銅粉の質量〔g〕		1.20	1.60	2.00
ステンレス皿の質量〔g〕		17.53	17.51	17.55
皿をふくめた全体の質量〔g〕	1回目	18.88	19.35	19.82
	2回目	18.99	19.46	19.97
	3回目	19.03	19.51	20.03
	4回目	19.03	19.51	20.05
	5回目	19.03	19.51	20.05

図1

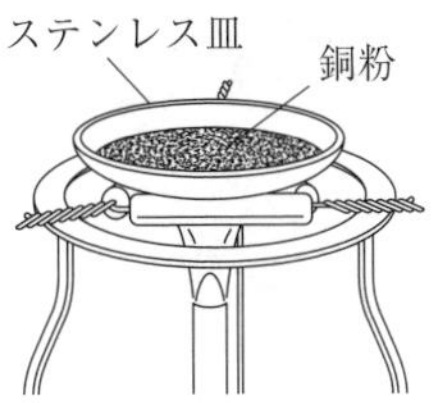

問1　下の□内は，手順③でガスバーナーを操作するとき，点火して生じた赤色（オレンジ色）の炎を，ガスの量を変えずに青色の炎にするための操作について説明したものである。文中の（ ア ）に，a，bのうち適切な記号を入れよ。また，（ イ ）に，X，Yのうち適切な記号を入れよ。

ア(　　　)　イ(　　　)

図2

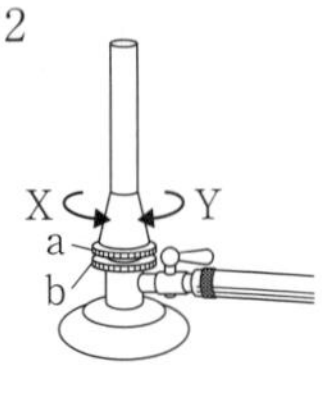

図2に示すガスバーナーのねじ（ ア ）だけを，（ イ ）の方向に回して調節する。

問2　図3は，結果をもとに，加熱の回数と加熱後の物質の質量の関係をグラフに表したものである。また，下の□内は，この実験について考察した内容の一部である。

図3

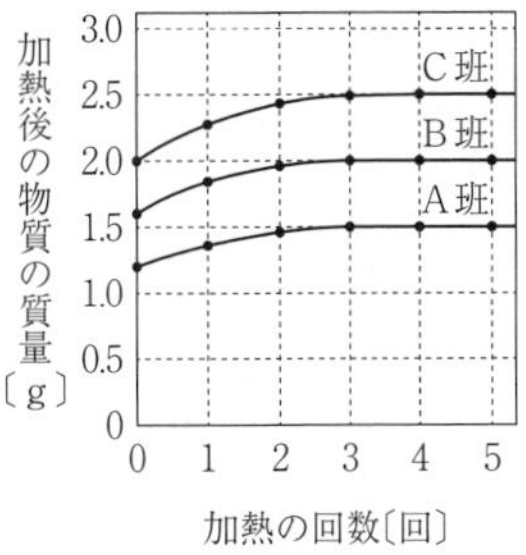

図3のグラフから，加熱後の物質の質量は，〔　　〕ので，一定量の銅と化合する酸素の質量には，限界があることがわかった。また，この実験から，銅の質量と化合する酸素の質量との間には，一定の関係があることもわかった。

(1)　文中の〔　　〕にあてはまる内容を，「加熱の回数」という語句を用いて，簡潔に書け。
(　　　　　　　　　　　　　　　　　　　　　　　　　　　　　　　　　　　)

(2)　下線部のことから，C 班の 2 回目の加熱後の皿には，酸素と化合していない銅は，何 g あったか。(　　　g)

問 3　銅と酸素が化合する化学変化を，化学反応式で表すとどうなるか。解答欄の図 4 を完成させよ。

図 4

2Cu ＋(　　　)→(　　　)

4　塩酸と水酸化ナトリウム水溶液を混ぜ合わせたときの，水溶液の性質を調べる実験を行った。下の［　　　］内は，その実験の手順と結果である。

【手順】

図1

うすい塩酸（A液）と，うすい水酸化ナトリウム水溶液（B液）を用意し，A液5mLをビーカーにとって，BTB液を数滴《てき》加える。

次に，図1のように，B液をこまごめピペットで2mL加えるごとに，ビーカーを揺《ゆ》り動かして液を混ぜる。加えたB液が6mLになったとき，ビーカー内の液の色を観察する。

その後，ビーカー内の液に，A液をこまごめピペットで1滴加えるごとに，ビーカーを揺り動かし，液が緑色に変わったところで，A液を加えるのをやめる。

最後に，この緑色の液をスライドガラスに少量とって水分を蒸発させ，残った固体をルーペで観察する。

【結果】

○　A液5mLに加えたB液が6mLになったときのビーカー内の液は，（　　）だった。その後，A液を加え，液が緑色に変わったとき，加えたA液は1mLだった。

○　スライドガラスに残った固体は，白い結晶《けっしょう》だった。

問1　文中の（　　）にあてはまる色を書け。（　　　色）

問2　下線部は，何の結晶か。その物質の化学式を書け。（　　　）

問3　下の［　　　］内は，この実験についてまとめた内容の一部である。文中の（ ① ）に入る，陽イオンの名称を書け。また，（ ② ）に入る，陰イオンの名称を書け。①（　　　）　②（　　　）

酸性とアルカリ性の水溶液を混ぜ合わせると，お互《たが》いの性質を打ち消し合うことがわかった。これを中和という。中和では，酸の（ ① ）とアルカリの（ ② ）が結びついて水ができる。

問4　図2は，実験で用いたA液とB液を使って，A液6mLにB液を加え，液を中性にするまでの，液中のイオンをモデルで表そうとしたものである。イについて，A液6mLにB液を3mL加えて，完全に中和した液中の，イオンの種類と数を，ア，ウにならって，解答欄のイにモデルで表せ。ただし，液中で塩化水素が電離《でんり》してできる陽イオンを○，陰イオンを⊗で表し，また，必要であれば，水酸化ナトリウムが電離してできる陽イオンを◎，陰イオンを●で表せ。

図2

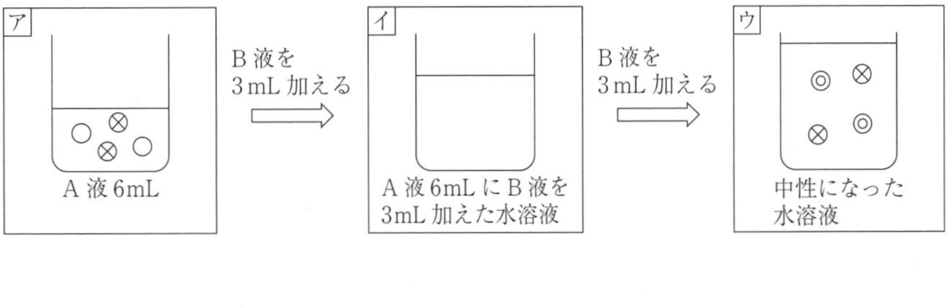

5　下は，雲のでき方を調べる実験を行い，結果を考察しているときの，愛さんと登さんと先生の会話の一部である。

先生

フラスコ内を少量の水でぬらしたあと，フラスコ内に〔　　〕ことで，雲をできやすくし，図のような装置を組み立て，ピストンを引き，フラスコ内のようすと温度変化を観察しましょう。

図

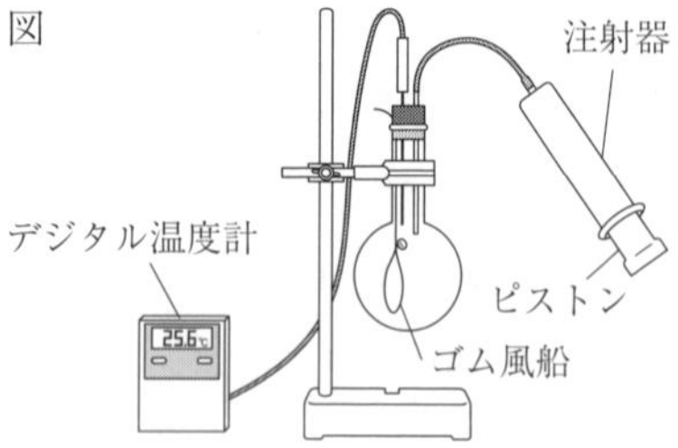

【ピストンを引き，フラスコ内を観察する。】

ピストンを引くと，フラスコ内が白くくもりました。そのとき，ゴム風船は①（P　ふくらみ　Q　しぼみ）ました。

愛さん

ゴム風船の変化から，フラスコ内の気圧は②（R　上がった　　S　下がった）といえます。また，フラスコ内の空気の温度は下がりました。

登さん

よく気づきましたね。では，ピストンを引くと，フラスコ内が白くくもったのはなぜか，露点に着目して考えてみましょう。

<u>ピストンを引くと，フラスコ内の空気の温度が下がり，露点に達します。</u>露点以下になると，水蒸気が（ X ）になるので，フラスコ内が白くくもったと考えられます。

そのとおりです。上空にある雲も，この実験と同じしくみでできています。また，雲は，地上付近にできる場合もあります。地上付近にできた雲を（ Y ）といい，内陸の盆《ぼん》地《ち》などで，深夜から早朝にかけてよく見られます。

問１　会話文中の〔　　〕にあてはまる操作を，簡潔に書け。

（　　　　　　　　　　　　　　　　　　　　）

問２　会話文中の①，②の（　　）内から，それぞれ適切な語句を選び，記号で答えよ。また，（ X ），（ Y ）に，適切な語句を入れよ。①（　　　）　②（　　　）　X（　　　）　Y（　　　）

問３　下線部について，ピストンを引いて，フラスコ内の温度が露点に達するまでの間，フラスコ内の湿度はどうなるか。「飽和水蒸気量」という語句を用いて，簡潔に書け。

（　　　　　　　　　　　　　　　　　　　　）

6　福岡県のある地点で，10月20日の午後6時から午後10時まで2時間ごとに3回，カシオペヤ座と北極星を観察し，それぞれの位置を記録した。図1は，その観察記録である。また，図2は，10月20日の1か月後の11月20日の午後10時に，同じ地点で観察したカシオペヤ座と北極星の位置を記録したものである。

図1

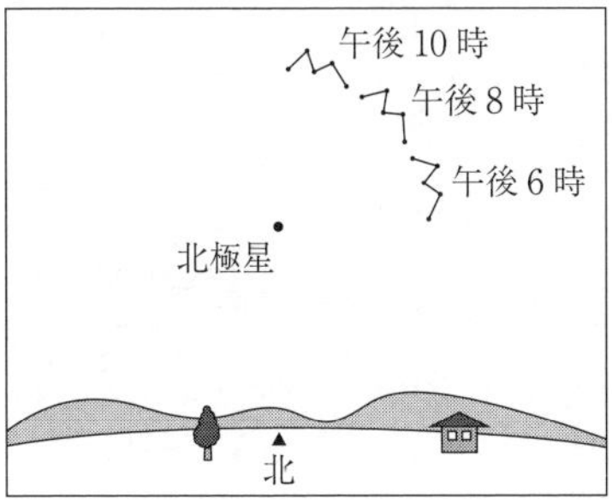

図2

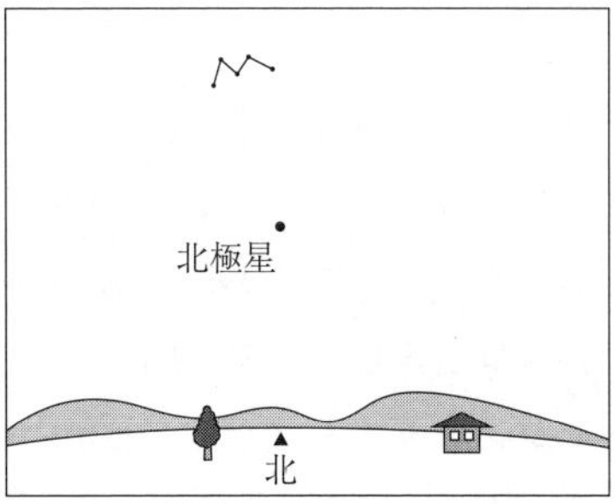

問1　10月20日の観察で見られたカシオペヤ座の動きのように，1日の間で時間がたつとともに動く，星の見かけ上の運動を，星の何というか。また，このような星の見かけ上の運動が起こる理由を，簡潔に書け。

名称(　　　)　理由(　　　　　　　　　　　　　　　　　　　　　　　　)

問2　10月20日に観察している間，北極星の位置がほぼ変わらないように見えた理由を，簡潔に書け。

(　　　　　　　　　　　　　　　　　　　　　　　　　　　　　　　　)

問3　図3のXは，図2に記録したカシオペヤ座の位置を示したものである。

下の□内は，図1と図2の記録から，同じ時刻に観察したカシオペヤ座の位置のちがいに関心をもった生徒が，11月20日の2か月後の1月20日に，同じ地点で観察したときに見えたカシオペヤ座がXの位置にあった時刻について，図3を用いて説明した内容の一部である。

文中の〔　　〕にあてはまる内容を，簡潔に書け。また，(①)にあてはまるものを，図3のa～dから1つ選び，記号で答え，(②)には，適切な数値を入れよ。内容(　　　　　)　①(　　　)　②(　　　)

図3

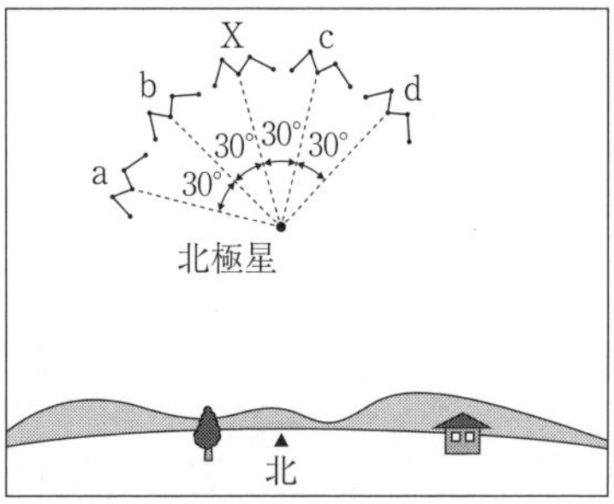

1月20日の午後10時に見えたカシオペヤ座は，地球が〔　　〕ことから，(①)の位置にあったといえます。このことから，1月20日に見えたカシオペヤ座が，Xの位置にあった時刻は，午後(②)時だったといえます。

7　凸レンズによる像《ぞう》のでき方を調べる実験を行った。下の□内は，その実験の手順と結果である。

【手順】

①　図1のような装置を準備し，焦点距離《しょうてんきょり》が10cmの凸レンズAを固定する。

②　フィルター付き光源《こうげん》を動かし，Xを変化させるごとに，スクリーン上に文字Fの像がはっきりとできるように，スクリーンの位置を変える。

③　像がはっきりとできたとき，Yを測定する。

④　凸レンズAを焦点距離がわからない凸レンズBにとりかえ，②，③の操作を行う。

図1

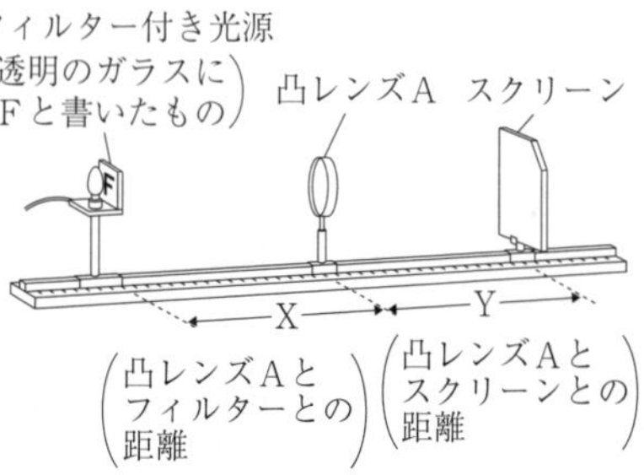

【結果】

凸レンズAとフィルターとの距離(X)〔cm〕	35	30	25	20	15	10	5
凸レンズAとスクリーンとの距離(Y)〔cm〕	14	15	17	20	30	はかれない	はかれない

凸レンズBとフィルターとの距離(X)〔cm〕	35	30	25	20	15	10	5
凸レンズBとスクリーンとの距離(Y)〔cm〕	26	30	38	60	はかれない	はかれない	はかれない

問1　スクリーン上に像がはっきりとできたとき，光源側から見たスクリーン上の像の向きを示した図として，最も適切なものを，次の1～4から1つ選び，番号で答えよ。(　　　)

1 　2 　3 　4 

問2　下の□内は，実験結果を考察した内容の一部である。文中の〔　　〕にあてはまる内容を，「焦点距離」という語句を用いて，簡潔に書け。また，(　　)に，適切な数値を入れよ。

内容(　　　　　　　　　　　　　　　　　　　　　　　　　　　　　　　　　　)

数値(　　　)

凸レンズによって像ができるとき，Xが短くなるとYは長くなることがわかる。また，凸レンズAを用いた実験で，XとYが〔　　〕ことから，凸レンズBの焦点距離は(　　)cmであると考えられる。

問3　図2は，凸レンズAを用いた実験で，Xを30cmにしたときの，フィルター付き光源，凸レンズA，スクリーンの位置関係を示す模式図である。P点を出てQ点を通った光は，その後，スクリーンまでどのように進むか。その光の道すじを，解答欄の図2に━━線で示せ。ただし，作図に必要な線は消さずに残しておくこと。

図2

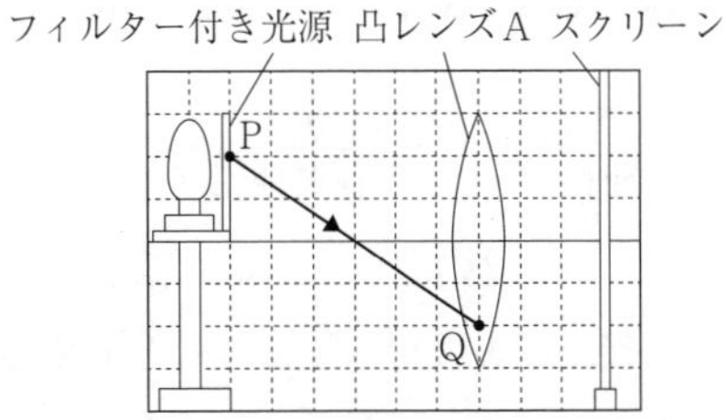

8　電熱線に電流を流したときの水の温度変化を調べるために，A～Dの4つの班に分かれ，抵抗の大きさが同じ電熱線を用いて図1の回路をそれぞれつくり，実験を行った。

実験では，発泡《はっぽう》ポリスチレンのコップに水100gを入れ，しばらくしてから水温をはかった。次に，コップの中の水に電熱線を入れ，各班で電熱線に加える電圧を変えて，回路に電流を流した。その後，水をガラス棒でゆっくりかき混ぜながら1分ごとに5分間，水温をはかった。

表は，この実験で電流を流している間の，各班の電圧，電力の大きさを示したものであり，図2は，実験の結果をもとに，電熱線に電流を流した時間と水の上昇温度の関係をグラフで表したものである。

図1

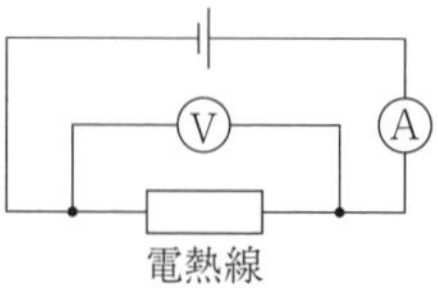

表

	A班	B班	C班	D班
電圧〔V〕	3.0	4.0	5.0	6.0
電力〔W〕	2.2	4.0	6.2	8.8

図2

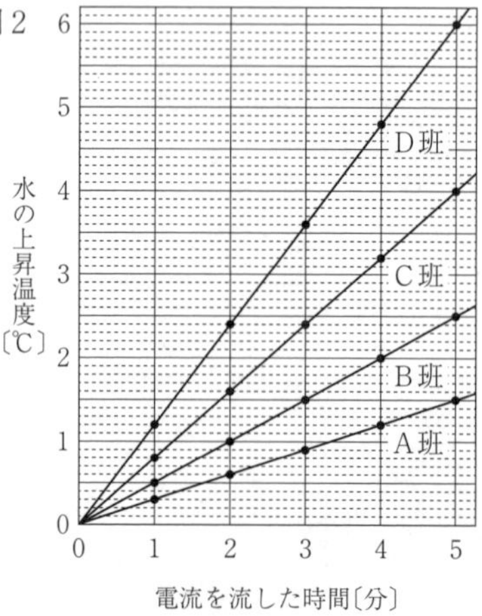

問1　図1の回路を組み立てた実験装置を示した図として，最も適切なものを，次の1～4から1つ選び，番号で答えよ。(　　　)

1

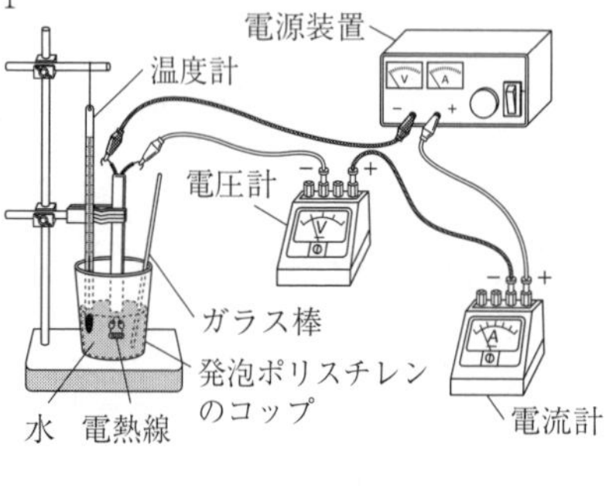

2

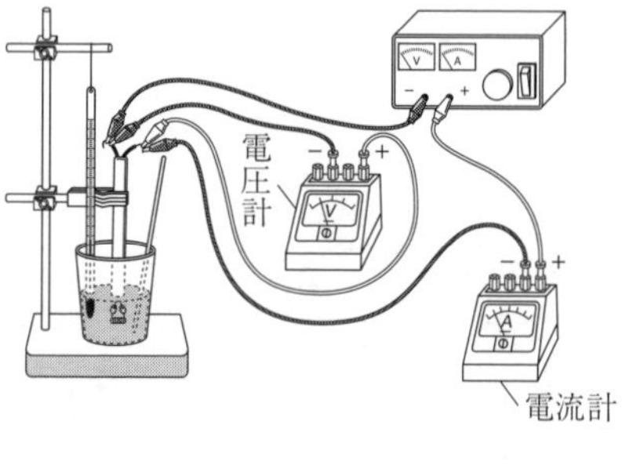

3

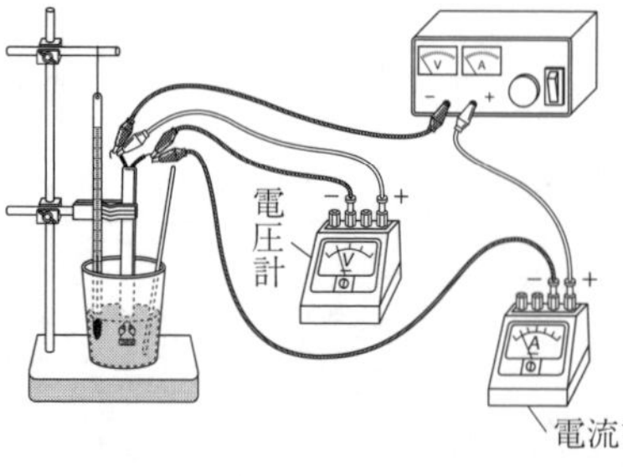

4

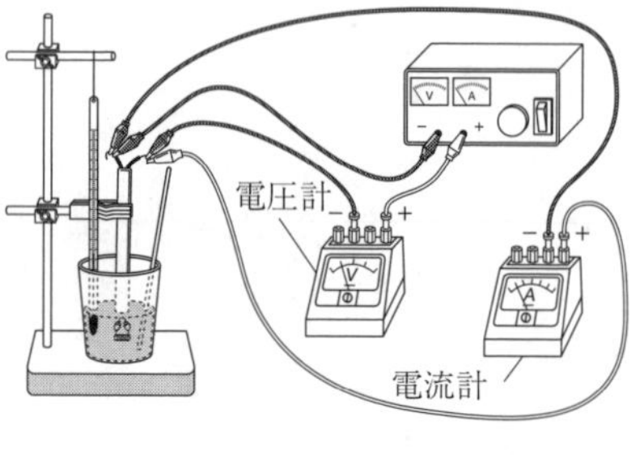

問2　下の［　　］内は，この実験についてまとめた内容の一部である。「電力」と「5分後の水の上昇温度」の関係を，解答欄の図3にグラフで表せ。なお，グラフには，表と図2から読みとった値を●で示すこと。また，文中の〔　　〕にあてはまる内容を，簡潔に書け。

内容(　　　　　　　　　　　　　　　　　　)

図3

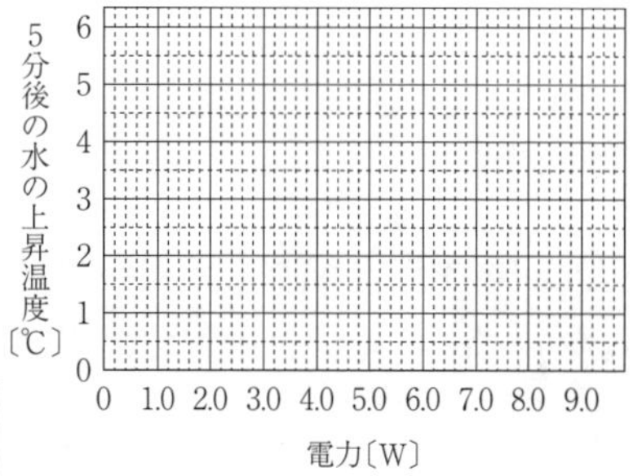
5分後の水の上昇温度〔℃〕
0
1
2
3
4
5
6
0
1.0
2.0
3.0
4.0
5.0
6.0
7.0
8.0
9.0
電力〔W〕

> 図2，図3の2つのグラフから，電流によって発生する熱量は，〔　　〕のそれぞれに比例すると考えられる。

問3　下は，実験後，電熱線の発熱量と水が得た熱量について考察しているときの，花さんと健さんと先生の会話の一部である。

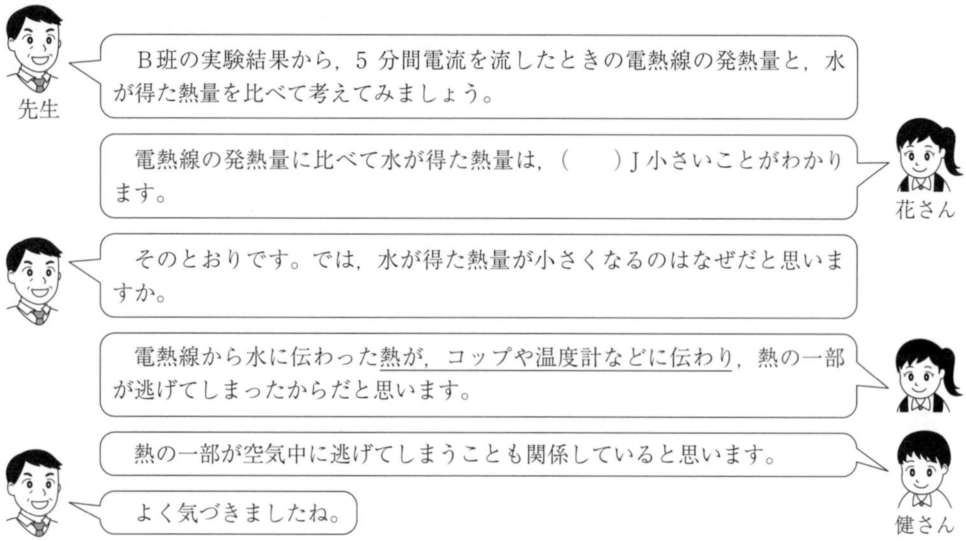
先生
B班の実験結果から，5分間電流を流したときの電熱線の発熱量と，水が得た熱量を比べて考えてみましょう。
花さん
電熱線の発熱量に比べて水が得た熱量は，(　　)J小さいことがわかります。
そのとおりです。では，水が得た熱量が小さくなるのはなぜだと思いますか。
電熱線から水に伝わった熱が，コップや温度計などに伝わり，熱の一部が逃げてしまったからだと思います。
健さん
熱の一部が空気中に逃げてしまうことも関係していると思います。
よく気づきましたね。

(1)　会話文中の(　　)に入る，数値を書け。ただし，1gの水の温度を1℃上昇させるのに必要な熱量を，4.2Jとする。(　　　J)

(2)　下線部について，温度の異なる物体が接しているとき，熱が温度の高いほうから低いほうへ移動する現象を何というか。(　　　)

問4　下の［　　］内は，明るさが同程度の白熱電球とLED電球を用意し，それぞれの電球を一定時間使用したときの，消費電力のちがいについて説明した内容の一部である。文中の(①)に，適切な語句を入れよ。また，②の(　　)内から，適切な語句を選び，記号で答えよ。

①(　　　)　②(　　　)

> 白熱電球に比べてLED電球は，電気エネルギーを(①)エネルギーに変換する際に発生する熱の量が少ないので，消費電力が②(ア　小さい　　イ　大きい)。

【資料2】学級で考えた伝える手段の特徴

	手書きの手紙	電子メール	電話	訪問

情報のやりとり	返信があれば，必要な情報をやりとりできる。	返信があれば，必要な情報を素早くやりとりできる。	その場で，会話を通して，必要な情報をやりとりできる。	その場で，表情を見ながら，必要な情報をやりとりできる。
相手の状況	相手の都合のよいときに見ることができるが，見たかどうかの確認ができない。	相手の都合のよいときに見ることができるが，見たことの確認ができない場合もある。	相手の都合に合わせる必要があるが，確実に伝えることができる。	事前に相手の都合を確認する必要があるが，確実に伝えることができる。

問　田辺さんは、相手に伝えるときに大切にしたいことや、伝えたいことを効果的に伝える手段について考えている。あなたなら、どのように考えるか。次の条件1から条件4に従い、作文せよ。

条件1　文章は、二段落構成とすること。

条件2　第一段落には、あなたが相手に伝える際に最も大切にしたいことを、【資料1】から一つ選び、その理由を書くこと。

条件3　第二段落には、第一段落を踏まえ、あなたの伝えたいことを最も効果的に伝えることができる手段を、【資料2】から一つ選び、その理由を書くこと。

条件4　題名と氏名は書かず、原稿用紙の正しい使い方に従い、十行以上、十二行以内で書くこと。

尽き、犬は後方でくたくたになり、犬も兎もともに疲れ果てて、それぞれその場で死んでしまいました。農夫はこれを見て、何の苦労もなく手柄を独占したのです。今、斉と魏とが久しく対立することで、兵力を鈍らせ、民衆を疲れさせようとしています。私は、強力な秦や広大な楚が、斉や魏の疲弊衰弱につけ込んで、あの農夫のように手柄を得るのではないかと心配しております。」と。斉王は恐れて、将軍を解任し、兵士を帰らせ休ませた。

問一　【A】のいひていはくの読み方を、全て現代仮名遣いに直し、平仮名で書け。（　　）

問二　【A】の功の意味を、【B】の中からそのまま抜き出して書け。（　　）

問三　【A】の①韓子盧《かんしろ》は、何をたとえたものか。最も適当な語句を、【A】から漢字一字でそのまま抜き出して書け。（　　）

問四　【A】に②恐るとあるが、その主語として最も適当なものを、次の1～4のうちから一つ選び、その番号を書け。（　　）

1　淳于髡　　2　斉王　　3　犬兎　　4　田父

問五　次の文は、③斉王懼《おそ》れて、将を謝し士を休すについて説明したものである。［ア］に入る語句を、十字以上、二十字以内の現代語で考えて書け。ただし、国士という語句を必ず使うこと。また、［イ］に入る語句を、八字以内の現代語で考えて書け。

ア［　　　　　　　　　　］

イ［　　　　　　　　］

斉王は、斉と魏の二国が疲弊衰弱している間に［ア］ことを恐れ、魏に対する［イ］ということ。

5　田辺さんの中学校では、毎年五月に行われる体育大会に、地域の方々を招待している。田辺さんの学級は、学習指導のボランティアの方々への案内を担当することになり、相手に伝えるときに大切にしたいことや、伝える手段などについて話合いが行われた。次は、話合いを記録したメモ、【資料1】は「相手に伝えるときに大切にしたいこと」についての意見、【資料2】は学級で考えた伝える手段の特徴である。これらを読んで、後の問に答えよ。

話合いを記録したメモ

〈案内の対象〉
学習指導をしてくださるボランティアの方々

〈案内の時期〉
体育大会1か月前

〈伝える手段〉
手書きの手紙，電子メール，電話，訪問

〈用意した資料〉
プログラム表
※ 資料は，手紙や電子メールで送付したり，直接渡したりできる。

〈伝える内容〉
・日時：5月16日（土）
　　9時開会
・見所：応援合戦11時から

【資料1】「相手に伝えるときに大切にしたいこと」についての意見

中川さん
私は，具体的に詳しく伝えることを大切にします。

山下さん
私は，気持ちを込めて伝えることを大切にしたいです。

上田さん
私は，要点を簡潔に伝えることを大切にしたいです。

本村さん
私は，伝わったかどうかをしっかり確認しながら伝えることを大切にします。

1　己之吉が心を奪われた状態であることや、夫婦間での情愛の深さを印象付ける効果がある。
2　己之吉が恥じ入っている状態であることや、夫婦間の激しい嫉妬を印象付ける効果がある。
3　己之吉が戸惑っている様子であることや、夫婦間の緊張の高まりを印象付ける効果がある。
4　己之吉が誇らしげな様子であることや、夫婦間における敬いの心を印象付ける効果がある。

4　次は、中国の『戦国策』という本にある話【A】と、その現代語訳【B】である。これらを読んで、後の各問に答えよ。句読点等は字数として数えること。

【A】

斉《せい》、魏《ぎ》を伐《う》たんと欲《ほっ》す。淳于髡《じゅんうこん》、斉王にいひていはく、「①韓子盧《かんしろ》なる者は、天下の疾犬《しっけん》なり。東郭逡《とうくわくしゅん》なる者は、海内《かいだい》の狡兎《かうと》なり。韓子盧、東郭逡を逐《お》ひ、山を環《めぐ》る者《こと》三たび、山に騰《のぼ》る者五たび、兎《うさぎ》、前に極《つか》れ、犬、後に廢《たふ》れ、犬兎《けんと》倶《とも》に罷《つか》れて、各ゝ《おのおの》其《そ》の處《ところ》に死す。田《でん》父《ぶ》之《これ》を見、労勌《らうけん》の苦無くして、其の功を擅《ほしいまま》にせり。今、斉・魏久しく相持《あひぢ》して、以《もっ》て其の兵を頓《にぶ》らし、其の衆を敝《つか》らさんとす。臣、強秦《しん》・大楚《そ》の其の後を承《う》けて、田父の功有らんことを②恐る。」と。
③斉王懼《おそ》れて、将を謝し士を休す。

（林　秀一「新釈漢文大系　第47巻　戦国策（上）」より。一部改変）

（注）斉、魏…中国古代の国の名。
淳于髡…斉王の家来。
秦、楚…中国古代の国の名。

【B】

斉が、魏を伐とうとした。（そのことについて、）淳于髡が斉王に向かって言うには、「韓子盧というのは、天下まれに見る足の速い犬（の名前）です。東郭逡というのは、国内まれに見るすばしこい兎（の名前）です。韓子盧が東郭逡を追いかけ、山の周囲を駆け巡ること三たび、山の頂に駆け登ること五たびしていると、兎は前方で力むこと。願いが叶うことを「満願」という。

目黒村…今の東京都目黒区。東部の下目黒には滝泉寺《りゅうせんじ》(通称…目黒不動)がある。ここには、不動明王が祀《まつ》られている。己之吉の店から、約10キロメートル離れたところにある。

損料…衣服・器物などを借りて、その損ずる代償として支払う金銭。借用料。

給金…給料として渡される金銭。

入費…あることをするのにかかる費用。

ぬた…料理の一種。細かく切った魚肉、野菜などを酢味噌《みそ》であえたもの。

小半刻…現在の三十分に相当する。

名題の大目玉…ここでは市川海老蔵のこと。

問一　本文中に①毎日毎日目黒村くんだりまで、水汲《く》みに行ったとあるが、己之吉が海老蔵をどのような人物ととらえていたことが分かるか。最も適当な語句を、本文中から二十一字でそのまま抜き出し、その初めの七字を書け。

問二　本文中に②「安手《やすで》な男だなァ、俺は」とあるが、ここからうかがえる己之吉の心情として最も適当なものを、次の1～4のうちから一つ選び、その番号を書け。(　　)

1　ひいきにしてくれていた海老蔵がまだ来ないのは、ぬたの味が変わったからだと気付けなかった自分に対する情けなさ。

2　ひいきにしてくれていた海老蔵を迎えるため、お園が稼いだ三両を仕込み代金として使い込んだ自分に対する情けなさ。

3　ひいきにしてくれていた海老蔵であれば、ご赦免後、必ず店に来てくれるはずだと己惚れていた自分に対する情けなさ。

4　ひいきにしてくれていた海老蔵が江戸を追放されていたのに、お園と暮らす日々を満喫していた自分に対する情けなさ。

問三　次の文章は、本文中の「お不動様のご利益《りやく》」～己之吉は呟《つぶや》く。から、己之吉とお園の二人の関係を通して読み取れるお園の人物設定についてまとめたものである。ア、イに入る最も適当な語句を、アは五字以内で、イは二字で、それぞれ考えて書け。

ア　　イ

【お園の人物設定】　妻として己之吉をア人物として設定されている。

＊根拠Ⅰ　「お不動様のご利益」と己之吉に囁くことで、今日を迎えることができたのは、己之吉の労によるものであると伝えていることが分かるから。

＊根拠Ⅱ　お園の言葉に対して「波除け様だろう」と呟くことで、今日を迎えることができたのは、自分ではなく、お園によるものだとして、己之吉がお園にイの思いを抱いていることが分かるから。

問四　本文中に③己之吉は棒立ちになったとあるが、この瞬間の己之吉の気持ちを、五十字以上、六十字以内で考えて書け。ただし、**最高のもてなし**、**努力**という二つの語句を必ず使うこと。

問五　本文中に④後に控えているお園の嗚咽《おえつ》が、耳に届くとあるが、この一文があることによってもたらされる効果について説明したものとして最も適当なものを、次の1～4のうちから一つ選び、その番号を書け。(　　)

い。ぜいたくが、骨の髄まで染みこんでいる大立者《おおだてもの》と、海老蔵を見込んだ自分が情ない。

「あら、あんなことを」

お園は軽くかわし、翌日もその翌日も、渋る己之吉をなだめすかして、目黒へ水を汲みに行かせた。

お園の方も、満願で止めたお百度を、またこの日から踏み始めた。

「ふん、お百度の通《つう》じる相手じゃねえや」

己之吉は邪険にいったが、お園は笑ってとり合わない。そして、また、五、六日たった。

その日の川瀬はたてこんでいた。二階の座敷にも、七人もの客がいた。

四つ（十時）近くだったか、客も大方帰り、そろそろ火を落とそうという刻限に、格子戸《こうしど》が、からりと開いて、新規の客が入ってきた。海老蔵だった。連れが一人。顔見知りの狂言作者である。

「さてと、ぬたは、まだありますかね」

つい昨日も立《たち》寄った、といった風情《ふぜい》で小上がりに座を占めると、海老蔵は気軽にいった。

「へえ」

一瞬ぼんやりとして、ただ突っ立っていた己之吉は、大きく一呼吸してから、手早く「ぬた」を拵えて海老蔵の前に供《きょう》した。

「お不動様のご利益《りやく》」

お園が、己之吉の脇をすり抜けながら耳元に囁《ささや》いて行った。

「波除け様だろう」

口の中で、己之吉は呟《つぶや》く。

小半刻《こはんどき》。海老蔵が立ち上がった。己之吉は、片だすきをはずしながら傍《かたわら》に寄り、改めて帰郷の祝いを述べた。

「ありがとうございます」

海老蔵は丁寧に礼を述べてから、自分より上背《うわぜい》のある己之吉を見上げていった。

「それにしてもご亭主、いい料理人になんなすったねえ」

名題《なだい》の大目玉が、己之吉を真っ正面から見据えている。

「恐れ入ります」

上ずった声で受ける己之吉に、海老蔵は追い討ちをかけた。

「ところでお前さん、料理に使う水を、一体どこまで汲みに行きなすった」

「あっ」

③己之吉は棒立ちになった。

「親方……」

己之吉は、ぼそぼそと目黒不動の水を使ったこと、親方に喜んでもらう気でいたが、逆にこっちが誉《ほ》められ、今有頂天になっていること、などを告げた。海老蔵は大きく一つ頷《うなず》いてから、いった。

「今日ほどぜいたくな思いをしたことはありません。お心尽《づく》し、有難《ありがた》く頂戴いたしました。まったくもって役者冥利《みょうり》につきます」

深々と頭をさげる海老蔵を、己之吉は、夢のように見つめていた。

④後に控えているお園の嗚咽《おえつ》が、耳に届く。

（竹田真砂子「七代目」より。一部改変）

（注）お咎め…ここでは、天保の改革で歌舞伎が弾圧の対象となり、海老蔵が捕まったことを指す。

ご赦免…罪を許し、刑罰を免除すること。

お百度…願いごとを叶《かな》えるため、社寺に参り境内を百回往復して拝

4　遺伝子がほぼ同じチンパンジーとヒトとのふるまいの違いに着目することで、人間社会の特徴を説明することができる。

問四　本文中にヒトはどうして血縁のない他人を信頼できるのでしょうかとあるが、そのことについての書き手の考えが書かれているのはどこまでか。最も適当なものを、本文中の(A)～(E)のうちから一つ選び、その記号を書け。（　　）

問五　本文中に③ヒトは生物史上例のない巨大で発展した社会を作り上げたのですとあるが、その社会を作り上げるまでの過程を説明した次の文の□に入る内容を、三十字以上、四十字以内でまとめて書け。

共感能力によって□ことになり、ヒトは巨大で発展した社会を作り上げた。

3　次の文章を読んで、後の各問に答えよ。句読点等は字数として数えること。

【ここまでのあらすじ】　己之吉《みのきち》・お園《その》夫婦の営む料理店「川瀬」をひいきにしてくれていた歌舞伎役者市川海老蔵《えびぞう》が、お咎《とが》めを受け江戸追放になった。早いご赦免《しゃめん》を願い、己之吉は大好きな酒を断ち、お園は波除《なみよ》け神社に参り、お百度を踏んだ。八年後、お咎めが解け海老蔵は江戸へ戻った。己之吉は海老蔵がいつ店を訪れてもいいように、もてなす準備をしていた。だが、海老蔵はまだ訪れない。己之吉は不安になってきた。

「そうさ、からかっていたのさ」

からかわれていたとも知らず、海老蔵に特別扱いされた、と己惚《うぬぼ》れていた自分が恥ずかしい。ぜいたくに馴《な》れた舌には、水の吟味こそ一番のもてなしと、①毎日毎日目黒村くんだりまで、水汲《く》みに行ったのも、ばかげた独りよがりだった。

「水の味なんか、分《わか》るわけがねえ」

損料払って小舟を雇い、桶《おけ》も新しく拵《こしら》えて、お不動様にはお供え物、取り寄せた材料はずいぶん沢山、無駄にした。二十日余りに遣った金は、三両を超えている。

三両といえば、仲働きをしていたお園の一年分の給金である。多くても一朱《しゅ》二朱の勘定しか取らない料理店で、三両の仕込み代金は法外だ。だが、それも、「お蔭《かげ》様で、ここまでやれるようになりました」という気持《きもち》のうちの一つと思い、損得抜きでやってきた。

②「安手《やすで》な男だなァ、俺は」

手間も暇も、かかった入費《にゅうひ》も惜しくはない。惜しくはないが、情《なさけ》な助けられた人はお礼をしようとするでしょう。チンパンジーとは違ってヒトは進んで助け合う生き物です。もちろん個人差はあるでしょうが、どんな冷淡な人でもチンパンジーに比べればよっぽど親切なはずです。

こうした他人を信頼して思いやって助け合うというヒトの稀有な性質が、血縁のない個体間での協力を可能にしたと考えられています。（A）

このような信頼と助け合いの精神は、ヒトの持つ特殊な心のおかげだと考えられています。もっと具体的にいえば、ヒトの持つ高い共感能力によります。相手がうれしければ自分もうれしくなり、相手が悲しければ自分も悲しくなり、笑いかけられれば、ついこちらも笑ってしまうという能力です。共感とは相手の感情が自分の感情になるということです。（B）

さらに、ヒトは相手の気持ちを想像することができます。相手の気持ちが想像できるようになると、相手を助ければ相手が自分に感謝することを予想できるようになります。そうなれば相手からの助けも期待することができます。そうすれば私があなたを助け、あなたが私を助けるという助け合いの関係が生まれます。助け合いが続けば相手との信頼関係が生まれます。自分が協力すれば、きっと相手も協力してくれることが信じられるようになるのです。（C）

信頼関係が築かれたことによって、初めて物と物を交換することが可能になります。交換は信頼できる相手としかできません。信頼できない相手は、偽物《にせもの》を渡してくるかもしれませんし、受け取るだけ受け取って逃げてしまうかもしれないからです。（D）

交換ができるようになって初めて分業が可能になります。交換ができるのであれば、生活必需品をすべて自分で作る必要はなくなり、それよりも人が欲しがるような素晴らしい物を作ればよくなります。専門家が誕生し、技術が発達していくことになります。かくして③ヒトは生物史上例のない巨大で発展した社会を作り上げたのです。（E）

（市橋伯一「協力と裏切りの生命進化史」より。一部改変）

問一　本文中の①ヒトに備わる稀有《けう》な性質が指し示す具体的な内容を、本文中から十字でそのまま抜き出して書け。

問二　本文中の②ナミビアのサン民族やアラスカ・カナダのイヌイットについて説明したものとして最も適当なものを、次の1～4のうちから一つ選び、その番号を書け。（　　）

1　狩猟具を作った者が集団の中で一番多く獲物を手に入れる権利をもつことで、集団の規律を維持している。

2　助け合いの習慣が集団を構成する人々に身に付いており、仕留めた獲物は集団の中で平等に分かち合う。

3　狩りや漁で得た食料を他の家族と分け合うというやり方を守った者が、集団の中での地位を高めていく。

4　人を助けるときはお返しを期待すべきでないという考えを、集団に属する人々が生活の中で共有している。

問三　本文において、チンパンジーとヒトとを比較する効果を説明したものとして最も適当なものを、次の1～4のうちから一つ選び、その番号を書け。（　　）

1　血縁のない個体と協力するチンパンジーの存在に言及することで、チンパンジーとヒトの共通点を示すことができる。

2　自分が獲得した食物に執着するチンパンジーの気質を示すことで、人間社会の改善すべき課題を見い出すことができる。

3　ヒトの行動をまねしようとするチンパンジーの特性を考察することで、ヒトの進化の道筋を明らかにすることができる。

2　次の文章を読んで、後の各問に答えよ。句読点等は字数として数えること。

人類の発展の土台となるのは、血縁のない個体間での分業です。分業が可能となる前提は人と人との協力関係にあります。服を専門に作る人が暮らしていくためには、服を提供する代わりに、食料やその他の必需品を別の人が分けてくれるという前提があります。よっぽど他の人を信頼していないと分業は成立しません。

ヒトはどうして血縁のない他人を信頼できるのでしょうか？　この点を考えてみたいと思います。

血縁関係がない個体どうしが協力できるのは、どうも①ヒトに備わる稀有《けう》な性質のようです。例えば、チンパンジーはヒトと遺伝子にしてわずか１・２％しか違わず、知能もヒトの幼児よりも高いくらいで、そのふるまいも人間じみています。しかし、人間であれば当たり前にすることをチンパンジーは決してしません。交換と助け合いです。

チンパンジーは食物の交換をしません。たとえ自分が食べきれないほどたくさんの食べ物を持っていて、もっとおいしいものとの交換を持ちかけられたとしても応じません。チンパンジーは、一瞬であっても今持っている食べ物を失うことを嫌うのです。

ところが、ヒトはそうではありません。人間の社会は交換にあふれています。ものを買うときは必ず商品とお金を交換します。ほとんどの人はちょろまかすようなことはしませんし、交換することになんの抵抗も感じません。このヒトがなんの苦もなく行っている交換を、チンパンジーはできないのです。

チンパンジーは助け合いもしないことが知られています。ただ、他のチンパンジーを助けることはあります。他のチンパンジーのために檻《おり》を開けてあげたり、人間を助けるようなふるまいも観察されています。まれにではありますが、食物を他のチンパンジーに分け与えることもあるようです。

しかし、チンパンジーが他の個体を助けた場合、助けられたほうのふるまいは人間の場合とは大きく異なります。チンパンジーはたとえ助けてもらってもお返しをしないのです。助けたほうもお返しを期待しないようです。つまり、「助ける」という行為はあっても、それは「助け合い」にまで発展しないのです。

これに対して、ヒトは助け合います。ヒトが大昔から行っていた助け合いの習慣は、現在も主に狩猟採集生活を送っている民族を見るとよくわかります。②ナミビアのサン民族やアラスカ・カナダのイヌイットです。

サン民族は、１から20の家族からなる50から１００人程度の集団で狩猟採集生活をして暮らしています。男たちが狩猟で得た肉は一族全体で分かち合います。実際に獲物を仕留めた者でも、獲物を仕留めそこなった者でも取り分は平等です。平等主義の原則を達成するためにサン民族は並々ならぬ努力をしています。

例えばルールとして獲物の所有権は仕留めた者ではなく、矢など狩猟具を作った者に与えられます。狩猟具は共有品です。誰でも矢を作ることはできるので、狩りの上手い下手にかかわらず平等に獲物を手に入れることができるしくみになっています。イヌイットも同様で、漁でとれた獲物は他の家族とも分け合います。食料の分かち合いは狩猟生活社会に見られる共通の特徴のひとつです。

このような助け合いの精神は現在でもそこら中に見られます。困っている人を見かけたら、たいていの人は助けようとするでしょう。そして、

国語

時間　五〇分
満点　六〇点

1　次は、花子さんが【新聞記事の一部】を見て、祖父と話をしている場面である。これらを読んで、後の各問に答えよ。

【新聞記事の一部】

エスカレーター　歩かないやさしさ

思いやりのある乗り方を

今、エスカレーターの乗り方に関心が集まっている。急いでいない人は片側に立ち止まり、急ぐ人は反対側を歩くのが日常風景のエスカレーター。「立ち止まって、手すりにつかまって乗ろう。」と鉄道事業者や障がいのある人が呼び掛けている。エスカレーターを歩く人がいることにより、転倒などの事故がたえないうえに、障がいのある人にとっては、危険を感じさせるからだ。誰もが安全に利用できるような心遣いが必要である。

東京五輪・パラリンピックに向け見直しの気運が高まっている。

（西日本新聞による。一部改変）

祖父

この記事は，五輪・パラリンピックに向けて，「変わろう，変えよう」という雰囲気ができつつあるという一つの表れだね。

花子さん

障がいのある人や外国から来た人など，いろいろな人に配慮して誰もが安心して利用できる状況に変えたいな。

そうだね。多様性への理解と対応が求められているね。そのためには，いろいろな人の存在を価値あるものとして大切にすることが大事だよ。

問一　たえないに適切な漢字をあて、楷書で書け。なお、送り仮名は平仮名で正しく送ること。（　　）

問二　雰囲気の漢字の読みを、平仮名で書け。（　　）

問三　配慮の類義語を、【新聞記事の一部】から三字でそのまま抜き出して書け。□□□

問四　祖父が話した価値あるものとして大切にすることの内容と同じ意味を表す語句を、漢字二字で楷書で書け。□□

問五　五輪の「輪」を楷書で書いた場合の総画数と、次の1～4の行書の漢字を楷書で書いた場合の総画数が同じものを一つ選び、その番号を書け。（　　）

2020年度／解答

数 学

1 【解き方】(1) 与式 $= 8 - 14 = -6$

(2) 与式 $= 2a + 8b - 5a - b = -3a + 7b$

(3) 与式 $= 5\sqrt{3} - \dfrac{9 \times \sqrt{3}}{\sqrt{3} \times \sqrt{3}} = 5\sqrt{3} - 3\sqrt{3} = 2\sqrt{3}$

(4) かっこをはずして，$6x - 15 = 8x - 1$ より，$-2x = 14$ よって，$x = -7$

(5) $3b$ を移項して，$2a = 1 - 3b$ 両辺を 2 で割って，$a = \dfrac{1 - 3b}{2}$

(6) 反比例の式を，$y = \dfrac{a}{x}$ とおく。$x = 1$，$y = -12$ を代入して，$-12 = \dfrac{a}{1}$ より，$a = -12$ よって，$y = -\dfrac{12}{x}$ に $x = 3$ を代入して，$y = -\dfrac{12}{3} = -4$

(7) $x = 3$ のとき，$y = \dfrac{1}{3} \times 3^2 = 3$，$x = -3$ のとき，$y = \dfrac{1}{3} \times (-3)^2 = 3$ だから，$(-3,\ 3)$，$(0,\ 0)$，$(3,\ 3)$ を通り，y 軸について対称な放物線となる。

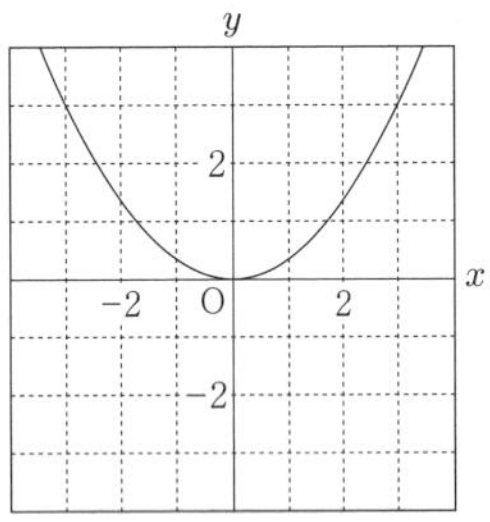

(8) A 中学校は，$25 \div 85 = 0.294\cdots$，B 中学校は，$32 \div 136 = 0.235\cdots$ より，A 中学校の小数第 3 位を四捨五入して，0.29。

(9) ペットボトルのキャップの総数を x 個とすると，$x : 30 = 30 : 2$ が成り立つ。これを解くと，$x = 450$ よって，およそ 450 個と推定できる。

【答】(1) -6 (2) $-3a + 7b$ (3) $2\sqrt{3}$ (4) $(x =) -7$ (5) $(a =)\ \dfrac{1 - 3b}{2}$ (6) $(y =) -4$ (7) (前図) (8) 0.29

(9) (およそ) 450 (個)

2 【解き方】(1) 横の長さは，$x \times 2 = 2x$ (m) だから，$x + 2x$ は縦の長さと横の長さの和になる。よって，$2(x + 2x)$ は縦の長さと横の長さの和の 2 倍だから，土地の周の長さとなる。したがって，ア。

(2) アの場合，右図のように道を移動させて考えると，花だんの面積は，縦が $(x - 2)$ m，横が $(2x - 2)$ m の長方形の面積と等しくなるから，$(x - 2)(2x - 2) = 264$ が成り立つ。左辺を展開して，$2x^2 - 2x - 4x + 4 = 264$ より，$x^2 - 3x - 130 = 0$ よって，$(x + 10)(x - 13) = 0$ より，$x = -10,\ 13$ $x > 0$ より，$x = 13$ また，イの場合，道の面積は，土地全体の面積から花だんの面積をひいて求められるから，$(x \times 2x - 264)$ m^2 と表せる。さらに，前図より，道の面積は，縦が x m，横が 2 m の長方形の面積と，縦が 2 m，横が $2x$ m の長方形の面積の和から，1 辺の長さが 2 m の正方形の面積をひいたものとわかるから，$(x \times 2 + 2 \times 2x - 4)$ m^2 とも表せる。よって，$x \times 2x - 264 = x \times 2 + 2 \times 2x - 4$ が成り立つ。

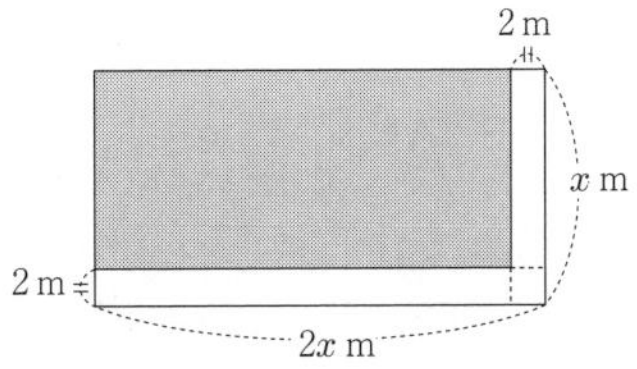

【答】(1) ア

(2) (記号) ア (方程式) (例) $(x - 2)(2x - 2) = 264$ (または，(記号) イ (方程式) (例) $x \times 2x - 264 = x \times 2 + 2 \times 2x - 4$) (土地の縦の長さ) 13 (m)

3 【解き方】(1) D のマスに止まるのは，2 枚のカードの数の和が 3，7 のときで，和が 3 のときは $(1,\ 2)$，和が 7 のときは，$(2,\ 5)$，$(3,\ 4)$ となる。

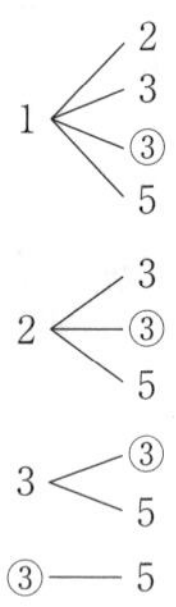

【答】(1) (2，5)，(3，4)

(2) (説明) (例) 5 枚のカードを 1，2，3，③，5 とする。コマが A のマスに止まる場合の 2 枚のカードの数の和は 4，8 なので，その組は，(1，3)，(1，③)，(3，5)，(③，5)の 4 通りである。2 枚のカードの取り出し方は全部で 10 通りあるから，求める確率は，$\dfrac{4}{10}=\dfrac{2}{5}$　コマが C のマスに止まる場合の 2 枚のカードの数の和は 6 なので，その組は，(1，5)，(3，③)の 2 通りである。よって，求める確率は，$\dfrac{2}{10}=\dfrac{1}{5}$　$\dfrac{2}{5}>\dfrac{1}{5}$ なので，コマが止まりやすいのは，A のマスである。

4 【解き方】(1) A プランの $0 \leqq x \leqq 60$ のときの x と y の関係は，$y=40x+1200$ と表せる。この式に $y=3000$ を代入すると，$3000=40x+1200$ より，$x=45$

(2) $x=0$ のとき，$y=2300$ だから，基本使用料が 2300 円となる。また，グラフより，$20 \leqq x \leqq 90$ のときの変化の割合は，$\dfrac{3300-2300}{60-20}=25$ だから，20 分をこえた時間は，1 分あたり 25 円とわかる。

(3) A プランの式は，傾きが 30 だから，$y=30x+b$ として，$x=60$，$y=3600$ を代入すると，$3600=30\times60+b$ より，$b=1800$　よって，$y=30x+1800$　また，C プランの $60 \leqq x \leqq 90$ におけるグラフは，(60，3900)，(90，4350)を通るから，傾きは，$\dfrac{4350-3900}{90-60}=\dfrac{450}{30}=15$　よって，$y=15x+c$ とおいて，$x=60$，$y=3900$ を代入すると，$3900=15\times60+c$ より，$c=3000$　よって，$y=15x+3000$ となる。

【答】(1) 45 (分)　(2) ア．2300　イ．20　ウ．25

(3) (解答) (例) $60 \leqq x \leqq 90$ における A プランのグラフは，傾きが 30 で，点(60，3600)を通る。よって，式は，$y=30x+1800$……①　$60 \leqq x \leqq 90$ における C プランについてのグラフをかくと，2 点(60，3900)，(90，4350)を通る。よって，式は，$y=15x+3000$……②　①，②を連立方程式として解くと，$x=80$，$y=4200$　$60 \leqq x \leqq 90$ だから，これは問題にあう。(通話時間が) 80 (分をこえたときから)

5 【解き方】(4) $\angle ABE=60^\circ\div2=30^\circ$，$\angle BAE=90^\circ$ より，△ABE は 30°，60° の直角三角形だから，AB：AE $=\sqrt{3}:1$　また，$\overset{\frown}{CE}$に対する円周角より，$\angle CAE=\angle CBE=30^\circ$ だから，$\angle BAC=90^\circ-30^\circ=60^\circ$　よって，△ABC は正三角形だから，D は AC の中点で，$\angle ADB=90^\circ$　△ADB は 30°，60° の直角三角形で，△ABD ∽ △FAE より，△FAE も 30°，60° の直角三角形だから，AF：AE $=2:\sqrt{3}$　よって，AB：AF $=\sqrt{3}\,\mathrm{AE}:\dfrac{2}{\sqrt{3}}\mathrm{AE}=\sqrt{3}:\dfrac{2}{\sqrt{3}}=3:2$　ここで，AB＝AC より，AC：AF $=3:2$ となるから，AC：FC $=3:(3-2)=3:1$　AB ∥ EG より，△ABC ∽ △FGC で，相似比は，AC：FC $=3:1$ だから，△ABC：△FGC $=3^2:1^2=9:1$　よって，△ABC：四角形 ABGF $=9:(9-1)=9:8$ だから，四角形 ABGF の面積は，$15\times\dfrac{8}{9}=\dfrac{40}{3}$ (cm²)　△ABD $=\dfrac{1}{2}$△ABC $=\dfrac{15}{2}$ (cm²)だから，四角形 BGFD の面積は，$\dfrac{40}{3}-\dfrac{15}{2}=\dfrac{35}{6}$ (cm²)

【答】(1) ① ウ　(2) ② BM＝BN　③ MP＝NP

(3) △ABD と△FAE において，BE は∠ABC の二等分線だから，∠ABD＝∠CBD……㋐　$\overset{\frown}{CE}$に対する円周角は等しいから，∠CBD＝∠FAE……㋑　㋐，㋑より，∠ABD＝∠FAE……㋒　AB ∥ EG より，平行線の錯角は等しいから，∠BAD＝∠AFE……㋓　㋒，㋓より，2 組の角がそれぞれ等しいので，△ABD ∽ △FAE

(4) $\dfrac{35}{6}$ (cm²)

6 **【解き方】** (1) 面 ABFE と辺 DH は平行だから，アは間違い。辺 CD と辺 EF は平行だから，エは間違い。

図ア

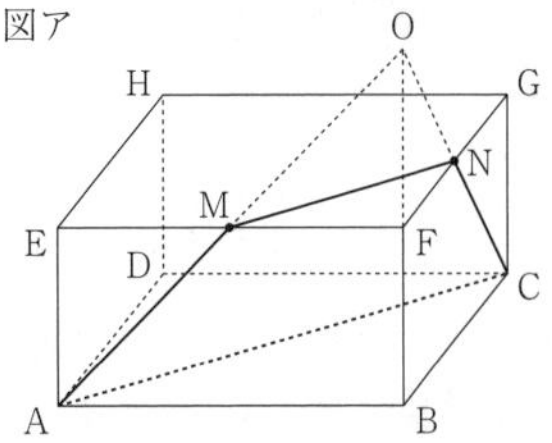

(2) 右図アのように，AM，BF，CN の延長線が交わる点を O とする。△OAB ∽△OMF より，OB : OF = AB : MF = 2 : 1 だから，OF = FB = 3 cm よって，OB = 2FB = 2 × 3 = 6 (cm)となるから，求める立体の体積は，(三角錐 O―ABC) − (三角錐 O―MFN) = $\frac{1}{3} \times \left(\frac{1}{2} \times 6 \times 4\right) \times 6 - \frac{1}{3} \times \left(\frac{1}{2} \times 3 \times 2\right) \times 3 = 24 - 3 = 21$ (cm^3)

図イ

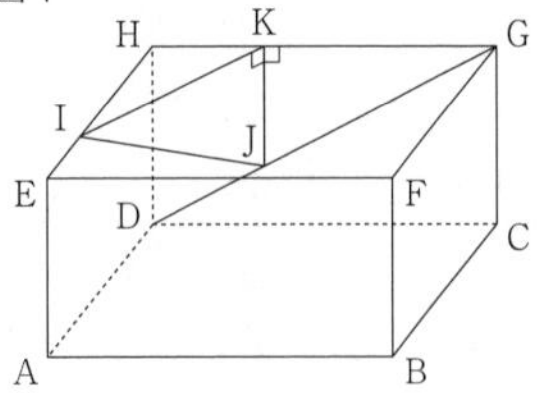

(3) 右図イのように，J から辺 GH に垂線 JK をひくと，△IJK は∠IKJ = 90° の直角三角形になる。JK ∥ DH より，JK : DH = GJ : GD = 2 : (1 + 2) = 2 : 3 だから，JK = $3 \times \frac{2}{3} = 2$ (cm)　また，GK : GH = GJ : GD = 2 : 3 だから，KH : GH = (3 − 2) : 3 = 1 : 3　よって，KH = $6 \times \frac{1}{3} = 2$ (cm)　HI = EH − EI = 4 − 1 = 3 (cm)だから，三平方の定理より，△IKH において，$IK^2 = KH^2 + IH^2 = 2^2 + 3^2 = 13$　△IJK において，$IJ^2 = IK^2 + JK^2 = 13 + 2^2 = 17$　IJ > 0 より，IJ = $\sqrt{17}$ (cm)

【答】 (1) イ，ウ　(2) 21 (cm^3)　(3) $\sqrt{17}$ (cm)

英 語

1 【解き方】問題 1. (1)「いつテニスをするのですか？」という問いに対する返答を選ぶ。Every Sunday.＝「毎週日曜日です」。(2)「トモコの誕生日パーティーは 12 時開始ですか？」という問いに対する返答を選ぶ。No, at one.＝「いいえ，1 時です」。(3)「どこで買ったのですか？」という問いに対する返答を選ぶ。I made it.＝「私が作ったのです」。

問題 2. (1) トムは飲み物なしで，サラダとエッグ・カレーを食べようと思っている。エッグ・カレーにサラダを付けたランチ B セットは 7 ドル。(2)「2 人は同じスポーツをする」，「エイミーが 14 歳で弟が 12 歳」，「2 人はテニス部だが，他のスポーツをしたいと思っている」という条件から，2 人がやろうとしているスポーツは 11 時開始のバドミントンであることがわかる。

問題 3. (1) 隆は「もっと英語を使いたいと思っています」と言っている。(2) スミス先生は「今年は着物の着付けの仕方を習うことに決めました」と言っている。(3) ア．将棋クラブに入っているのはスミス先生ではなく隆。イ．将棋について多くのことが話せるのは隆。ウ．隆はすでに将棋クラブに入っているので，将棋のやり方を知っている。エ．「隆は今年，外国から来た人々と将棋について話そうと思っている」。隆は今年，外国から来た人々と英語で将棋について話し，何かを共有しようと思っているので，正しい。

問題 4. 〈問 1〉(1)「11 時 30 分に，一緒に写真撮影をします」と言っている。(2) 最後に訪れる 3 番では，「ライオンの赤ちゃんを見ることができます！」と言っている。(3) 動物に食べ物を与えてはいけない理由は，「病気になってしまうかもしれないから」。〈問 2〉自由時間にできることとして「買い物に行く」，「もっと多くの動物を見る」という二つのことが挙げられているので，自分のやりたいことを I want to ～に続けて表現する。

【答】問題 1. (1) ウ (2) エ (3) イ 問題 2. (1) 7 dollars (2) 11:00 問題 3. (1) ア (2) イ (3) エ

問題 4. 〈問 1〉(1) イ (2) baby, lions (3)（例）Because they may become sick.

〈問 2〉（例）I want to go shopping.

◀全訳▶ 問題 1.

(1) ブラウンさん，あなたはいつテニスをするのですか？

ア．10 年間です。 イ．友人たちと一緒に。 ウ．毎週日曜日です。 エ．公園で。

(2) こんにちは，ボブ！ トモコの誕生日パーティーは 12 時開始ですか？

ア．はい，私も同じです。 イ．いいえ，彼女は違います。 ウ．はい，私はそうです。

エ．いいえ，1 時です。

(3) このケーキはおいしいです。どこで買ったのですか？

ア．それは素晴らしかったです。 イ．私が作ったのです。 ウ．私はそう思いませんでした。

エ．私の父はそれが好きでした。

問題 2.

(1) トムはカレー・レストランで昼食を食べるつもりです。彼はサラダ付きのエッグ・カレーを食べたいと思っています。彼は飲み物を買いたいとは思っていません。彼が昼食を食べるのにいくら必要ですか？

(2) エイミーはグリーン・タウンに住んでいます。彼女の街では子どもたちのためのスポーツ・フェスティバルを行います。彼女と彼女の弟は同じスポーツをしようと思っています。エイミーは 14 歳で，弟は 12 歳です。彼らはテニス部に所属しているのですが，他のスポーツをやってみたいと思っています。彼らが参加するスポーツは何時に始まりますか？

問題 3.

スミス先生：新年おめでとう，隆。今年何かやりたいことはありますか？

隆　　　　：もっと英語を使いたいと思っています。先生は何がしたいのですか，スミス先生？

スミス先生：そうですね，何度か着物を着てみたのですが，私は着物がとても気に入りました。今年は着物の着付けの仕方を習うことに決めました。

隆　　　：本当ですか？　僕の母はあなたに着物の着付けの仕方を教えることができますよ。

スミス先生：まあ。それはいいですね。習うのが楽しみです。着物を見ると，外国の人たちはしばしば着物を着たいと思います。着物の着付けの仕方を習ってからは，私は自分の経験から外国の人々にそれを教えてあげることができます。

隆　　　：実は，もっと英語を使う方法がわからなかったのですが，今わかりました。僕は街の将棋クラブに入っているので，将棋のことはよく知っています。僕は英語で将棋について話すことができるし，外国から来た人々と何かを共有することができます。

スミス先生：素晴らしい考えですね！　あなたならそれができると思います。

隆　　　：ありがとうございます，スミス先生。

質問(1) 今年，隆は英語で何かしたいと思っていますか？

質問(2) 今年，スミス先生は何をしてみようと思っていますか？

質問(3) 隆とスミス先生は将棋について話しています。正しい文はどれですか？

問題4.

〈問1〉こんにちは，みなさん！　当動物園にようこそ。ズー・ウォークの時間です。私がガイドです。私たちはこれから1時間この動物園の中を歩きます。動物園内で，みなさんはたくさんの動物を見ることができますが，そのうちの何種類かについて私がみなさんに説明します。その後，30分の自由時間があります。絵の1番を見てください。自由時間の間に，みなさんはそこへ買い物に行くことができます。また，もっと多くの動物を見るために戻り，それらについて質問をしてもかまいません。その後，11時30分に，ここ2番で一緒に写真を撮影します。そして私たちが訪れる最後の場所が3番です。そこではライオンの赤ちゃんを見ることができます！　ズー・ウォークは12時に終了予定です。

では，ズー・ウォークについて大切なことを二つお伝えします。一つ目は，動物に食べ物を与えないことです。彼らは病気になってしまうかもしれません。二つ目は，眠っている動物の近くでは静かにしなければならないということです。わかりましたか？　みなさん全員がズー・ウォークを楽しんでくれることを期待しています。では出発です！

〈問2〉あなたがズー・ウォークに参加したなら，自由時間に何がしたいですか？

2【解き方】A.「机の下で帽子を見つけた」という母親に対する質問。母親が「机の上」と答えていることから考える。Where is it now?＝「今，それはどこにあるの？」。

B. 間違ってエミリーの席に座っていた男性のせりふ。男性の席はエミリーの席の前だった。

C. 父親の「友だちのメアリーはいつ私たちの家に来るの？」という質問に対する返答。She said she wanted to come next Saturday.＝「次の土曜日に来たいと言っていた」。

D. 友だちのメアリーのために祖母と一緒に何かを作ろうと思っているサラに対して，父親が「アップルパイはどう？」とアドバイスしている場面。I loved her apple pies when I was young.＝「幼い頃，私は彼女のアップルパイが大好きだった」。

【答】A. イ　B. エ　C. ア　D. エ

3【解き方】問1. ①「空港内でどこへ行けばいいのか見つけなければならなかったとき」。「見つけなければならなかった」＝had to find。「どこへ行けばいいのか」＝where to go。②「これらはきっと生活をより簡単なものにしていると思います」。「きっと～だと思う」＝I'm sure ～。「生活をより簡単なものにする」＝make life easier。

問2. (1) 健太の最後のせりふを見る。健太は「情報を与えるために用いられている」ピクトグラムや色について知りたいと思った。(2) 下線部の後にある「ピクトグラムや色を使うこと」という表現から考える。nonverbally＝「言葉を使わずに」。ジョーンズ先生の最後から二つ目のせりふ中にある without words が同じ意味の語句。

問 3.「多くの人々がそれらから情報を得ることができるから」,「多くの人々がそれらを理解することができるから」などの理由を述べる。

【答】 問 1. ① to find where to ② sure these make life 問 2. ⑴ ウ ⑵ without words

問 3.（例 1）many people can get information from them. （例 2）many people can understand them.

◀全訳▶

ジョーンズ先生：これらのピクトグラムを見てください。

健太　　　　　：ピクトグラム？　それは何ですか？

ジョーンズ先生：ピクトグラムというのはわかりやすい方法で情報を伝える絵のことです。

健太　　　　　：ええと，じゃあ，これらのピクトグラムは野球と水泳を表しているのですね？

ジョーンズ先生：その通りです。それらは東京オリンピックのためのピクトグラムです。私たちの街でも他のピクトグラムを見ることができますよ。

健太　　　　　：へえ，本当ですか？

ジョーンズ先生：そうです！　日本に来たとき，私は全く日本語が理解できませんでした。空港内でどこへ行けばいいのか見つけなければならなかったとき，ピクトグラムが私にとってとても役立ちました。

友紀　　　　　：ああ，私も似たような経験があります。ある日，駅で女性が私の方に来て，「すみません。トイレはどこですか？」と英語で言ったのです。でも私は “restroom” という単語が理解できなかったので，彼女を壁の構内図のところまで連れていきました。彼女はトイレのピクトグラムを指し示しました。それで私はその単語を理解し，彼女にトイレまでの行き方を教えてあげたのです。

健太　　　　　：うわあ！　ピクトグラムを使うことによって，外国の女性の手助けをしたのですね。

友紀　　　　　：はい，でもピクトグラムは外国人だけのためのものであるとは思いません。

ジョーンズ先生：その通りです。それらは他の多くの人たちのためにも利用されています，それに言葉を用いることなく人々に何かを伝える方法は他にもあります。その一例が色です。お風呂に入ると，蛇口に色がついています。通常，赤は「熱い」を意味し，青は「冷たい」を意味します。多くの人々にとって，これらはきっと生活をより簡単なものにしていると思います。

健太　　　　　：面白いですね！　情報を与えるために用いられているピクトグラムや色についてもっと知りたくなりました。ジョーンズ先生，来週の英語の授業でそれらについて話してもいいですか？

ジョーンズ先生：もちろんです！

4 **【解き方】** 問 1. ⑴ 第 1 段落の 2 文目を見る。母親の手助けをするため，サオリは彼女の弟たちの世話をしている。⑵ 最終段落にある鈴木先生の言葉を見る。サオリは以前よりもうれしそうだった。

問 2. 直前の鈴木先生の言葉を見る。Teachers in this kindergarten clean all the rooms every morning =「この幼稚園の先生たちは毎朝全ての部屋を掃除する」。before the children come =「子どもたちが来る前に」。

問 3. 直後の「部屋や運動場を掃除するとき，私たちは子どもたちの安全もチェックしている」というせりふから考える。significant =「意義深い」。

問 4. ア. 第 1 段落を見る。サオリには小さな弟が 2 人いて，彼らと遊ぶのが好きだった。イ. 第 3 段落の 3 文目を見る。サオリは 3 日目に，掃除をやめたくなった。ウ.「部屋や運動場の安全は，午前中に掃除をしているときに，先生たちによってチェックされていた」。第 3 段落にある鈴木先生の言葉を見る。正しい。エ. 幼稚園での職場体験学習について話したのはサオリの母親ではなくサオリ。オ. 職場体験学習が始まったときにサオリの母親がサオリと話している場面はない。カ.「人々が他人の幸せのために働くと，自分たちにも幸せが訪れるのだとサオリは言った」。第 4 段落の最終文を見る。正しい。

【答】 問1. (例) (1) She takes care of her brothers.　(2) She looked happier than before.

問2. 子どもたちが来る前に，この幼稚園の先生たちが，毎朝，全ての部屋を掃除すること。(同意可)

問3. イ　問4. ウ・カ

◀全訳▶ サオリには幼稚園に通う弟が2人います。母親の手助けをするため，彼女はいつも彼らの世話をしています。彼女は彼らと一緒に遊ぶのが好きです。だから，昨年の秋に職場体験学習があったとき，サオリは幼稚園で働くことにしました。

職場体験学習が始まると，幼稚園の鈴木先生が「幼稚園の先生たちは子どもたちが来る前に，毎朝全室の掃除をします」と言いました。このことを知らなかったのでサオリは驚きましたが，他の先生たちと一緒に掃除をし始めました。

初日は全ての仕事が楽しいものでした。2日目，サオリは疲れていましたが，一生懸命に働きました。3日目の朝，彼女はとても疲れたため，掃除をやめたくなりました。そのとき，彼女は鈴木先生を見ました。彼は運動場を掃除していました。彼はうれしそうでした。彼女はそこに行って「鈴木先生は掃除が好きですか？」と言いました。彼は「そうですね，大変ですけど私はいつも子どもたちのために掃除をしています。これは意義深い仕事です。部屋や運動場を掃除するとき，私たちは子どもたちの安全もチェックしているのです。疲れを感じるときもありますが，私は子どもたちのことを考えるようにしています。そうすればもっと一生懸命に働けるのです。子どもたちの笑顔を見ると，私は幸せになります」と言いました。

その日の夕方に帰宅すると，サオリは自分が経験したことについて母親と話しました。彼女の母親は「あなたは大切なことを学んだのね。私の場合は料理が好きだったからシェフになったけれど，私のレストランで人々が料理を楽しんで幸せそうな顔をしてくれると，私はとてもうれしくなるの」と言いました。サオリは母親の言葉を聞いて，「職場体験学習が始まる前，人々は自分たちの幸せのために働いているのだと私は思っていた。それは大切なことよ。今日，私は仕事をする上で，もう一つの大切なことを学んだわ。私たちは他人の幸せのためにも働いていて，それが私たちに幸福を運んでくれるのよ」と言いました。

職場体験学習の最終日，サオリは午前中，再び他の先生たちと掃除をしていました。鈴木先生が彼女を見て「サオリ，以前よりもうれしそうですね」と言いました。サオリは「はい。子どもたちのために仕事ができて私はうれしいです！」と言いました。

5 **【解き方】** Aを選んだ場合は「バスケットボールをするのが好きなメンバーが集まり，楽しくバスケットボールをしているのが感じられる」ことなど，Bを選んだ場合は「一生懸命練習して上手な選手になり，チームを強くしたい」などの理由が考えられる。

【答】 (例1) I think A is better. There are four players who like basketball and enjoy playing it together, so I want to join them. B shows one player and doesn't tell me anything about the team. (30語)

(例2) I think B is better. I want to practice hard to be a cool player like him. A shows a good team, but B gives me more power to do my best in the team. (30語)

社　会

[1]【解き方】問 1. 8 世紀前半は飛鳥時代～奈良時代にあたる。聖武天皇は奈良時代に仏教にたよる政治を展開した。1 は鎌倉時代～室町時代，2 は江戸時代，4 は江戸時代～明治時代の人物。

問 2. あ. 日明貿易が行われたのは室町時代。金閣を代表建築とする北山文化や銀閣を代表建築とする東山文化が栄えた。う. 都市を中心に文明開化が進んだが，農村にはあまり浸透しなかった。

問 3. 資料Ⅰは勘合と呼ばれる合い札。私貿易船や倭寇と，正式な貿易船を区別するために用いられた。

問 4. ㋑ 1973 年の第一次石油危機の原因となったのは，第 4 次中東戦争。㋺ 1980 年代半ばに，バブル景気は始まったが，1990 年代前半に崩壊した。

問 5. 図は，江戸時代に見られるようになった問屋制家内工業の説明。

【答】問 1. 3　問 2. あ. 3　う. 2

問 3. ⑴ 2　⑵ (日本から来た) 正式な貿易船であることを証明した。(同意可)

問 4. ㋑ 石油危機(または，オイル・ショック)　㋺ バブル経済

問 5. (記号) [C]　(内容) 貨幣経済が発達して，商品作物が売買された (同意可)

[2]【解き方】問 1. 1914 年に始まった第一次世界大戦の影響で，日本はアジア諸国に市場を広げ，欧米列強からの物資の注文も多くなり輸出超過となった。

問 2. Y の期間に，日本が満州事変，日中戦争，太平洋戦争を経験していることから考えるとよい。資料Ⅳにある 1932 年の五・一五事件以降，政党内閣は途絶え，軍部による政治介入が強まっていった。

【答】問 1. ㋑ P　㋺ 第一次世界大戦により，輸出が増えた (同意可)

問 2. 政党内閣が終わり，軍部が台頭した (同意可)

[3]【解き方】問 1. 赤道より北の北半球，かつ，本初子午線より西の西半球に位置する国を選ぶ。

問 2. 亜寒帯 (冷帯) は北半球にしか存在しない。[A]も一部は北半球に位置しているが，主に熱帯や乾燥帯に属している。

問 3. ⑴ 資料Ⅱから，アのイタリアやイのスペインのようにヨーロッパ州の先進工業国では再生可能エネルギーの割合が高いが，ウのインドやエのインドネシアのようにアジア州の国々は再生可能エネルギーの割合が低いことがわかる。⑵ 資料Ⅲからブラジルの輸出品目の第 1 位が大豆に変わっていること，資料Ⅳから中国の大豆輸入量が年々増加していることを読み取る。資料Ⅴ・資料Ⅵからは，ブラジルが森林を伐採して耕地にし，大豆などを生産するようになったことが読み取れる。

【答】問 1. い・か　問 2. [C]

問 3. ⑴ 再生可能エネルギーによる発電を増やす (同意可)　⑵ 中国の大豆の輸入が増加し，ブラジルが森林を伐採するなどして耕地に変え，大豆の生産を増やした (同意可)

[4]【解き方】問 1. アの香川県高松市は瀬戸内の気候に属しており，年間降水量が少なく，冬でも温暖なことが特徴。2 は一年を通して温暖で降水量が多い南西諸島の気候，3 は北西からの季節風の影響で冬の降水量が多い日本海側の気候，4 は一年を通して降水量が少なく，冬の寒さが厳しい北海道の気候の各雨温図。

問 2. 公共交通機関が発達しているかどうかを調べるには，公共交通機関である鉄道やバスがどれくらい普及しているかがわかるとよい。

問 3. シラス台地 (火山灰地) が広がる宮崎県・鹿児島県がポイント。水もちが悪いため，稲作には向かず，特に畜産業が発達している。

問 4. 円高の時は外国通貨に対する円の価値が高いので，外国の製品や土地を安く買うことができるため，輸入や海外での生産に有利となる。

問 5. 2011 年 3 月に起こった東日本大震災では，地震にともなって大津波が発生した。津波発生時には，できるだけ海から離れ，高いところに避難することが重要。

【答】 問1. 1　問2. 3

問3. 火山灰を成分とする地層が広く分布している県では，農業産出額に占める米の割合が低く，畜産の割合が高い（同意可）

問4. 高くなったことによって，生産にかかる費用を下げるために，海外生産比率を高めた（同意可）

問5. （記号）X　（理由）海から離れることができ，標高が高いから。（同意可）

5 **【解き方】** 問1. 弾劾裁判所は国会に設置されるので，Bが国会，Cが裁判所。㋑は国会が，㋺は内閣が行う仕事。

問2. ⓐには「平等」があてはまる。1選挙区における有権者数が多いと，当選するためにより多くの票を集めなければならないため，一票の価値が軽くなっている。

問3. 資料Vは国連平和維持活動（PKO）の様子。世界の平和と安全の維持を目的とする機関は安全保障理事会。「拒否権」がヒントとなる。Wは国際司法裁判所，Yは総会，Zは経済社会理事会。

問4. 図のような制度を累進課税制度といい，高所得者と低所得者との間の納税後の収入を近づけて格差を小さくするしくみになっている。

問6. 日本では家庭生活より仕事の比重が大きい人が多いため，政府は「仕事と生活の調和（ワーク・ライフ・バランス）」を推進する政策を行っている。

【答】 問1. （国会）B　㋑ イ　㋺ エ

問2. 二つの小選挙区の有権者数の違いから，一票の格差が生じており，日本国憲法に定められている法の下の平等に反する状態であったから。（同意可）

問3. X　問4. (税の負担を)公平(または，公正)にすることができるから。（同意可）　問5. (あ) b　(い) c

問6. (日本は，他国と比べて)残業時間が長く，家事や子どもに関わる時間が短いため，仕事と家庭生活の両立を難しくしていること。（同意可）

6 **【解き方】** A. 日本での需要が増えているプラスチックボトルは，自然界で分解されるまでの時間がアルミ缶や紙類よりも長いことに注目。

B. 日本の廃プラスチックの処理状況において，「国内リサイクル」の割合を高める必要があることがわかる。

C. 循環型社会を実現するために3R（リデュース・リユース・リサイクル）の取り組みが推進されている。

【答】 A. 自然界で分解されにくいプラスチックボトルの需要が増加している（同意可）

B. 輸入を規制するため，日本の廃プラスチックの処理が困難になる（同意可）

C. 廃棄や消費を抑制し，資源として再利用する（同意可）

理　科

1【解き方】問2．ア．Aの緑色の部分には葉緑体があり，Cのふの部分には葉緑体がない。Aでは葉の色が青紫色になったので，デンプンがつくられたが，Cでは葉の色が変化しなかったので，デンプンがつくられてなかったことがわかる。イ．光合成を行うために光が必要かどうかを調べるためには，光の有無以外はすべて同じ条件になっている部分を比べる。

【答】問1．葉を脱色するはたらきがあるから。(同意可)

問2．ア．緑色の部分（同意可）　イ．A（と）B（順不同）　問3．P．b　Q．師管　R．水

2【解き方】問2．ヒトの腕のけんは，4のように筋肉と関節をこえた骨をつないでいる。腕の内側の筋肉が縮み，腕の外側の筋肉がゆるむと腕が曲がり，腕の内側の筋肉がゆるみ，腕の外側の筋肉が縮むと腕がのびる。

問3．2～4は，脳が命令を出して筋肉を動かしている反応。

【答】問1．感覚器官　問2．4　問3．（名称）反射　（番号）1

問4．せきずいから脳へ伝え，脳で判断して（同意可）

3【解き方】問1．赤色（オレンジ色）の炎は酸素が不足している。aの空気調節ねじをXの方向に回して開き，炎に酸素を供給すると青色の炎になる。

問2．⑵ 図3のC班の実験結果において，2.0gの銅粉が完全に酸素と化合したときの質量は2.5gなので，2.0gの銅粉と完全に化合した酸素の質量は，$2.5\,(g) - 2.0\,(g) = 0.5\,(g)$　加熱前の皿をふくめた全体の質量は，$2.00\,(g) + 17.55\,(g) = 19.55\,(g)$　2回目の加熱後の皿をふくめた全体の質量は19.97gなので，銅粉と化合した酸素の質量は，$19.97\,(g) - 19.55\,(g) = 0.42\,(g)$　0.42gの酸素と化合した銅粉の質量は，$2.00\,(g) \times \frac{0.42\,(g)}{0.5\,(g)} = 1.68\,(g)$　よって，酸素と化合していない銅粉の質量は，$2.00\,(g) - 1.68\,(g) = 0.32\,(g)$

【答】問1．ア．a　イ．X

問2．⑴ 加熱の回数が増えるとともに増加し，やがて変化しなくなった（同意可）⑵ 0.32（g）

問3．（2Cu＋）O_2（→）2CuO

4【解き方】問1．A液5mLにB液6mLを加えたあと，A液1mLを加えたときにBTB液の色が緑色になったことから，A液6mLにB液6mLを加えると完全に中和することがわかる。よって，A液5mLにB液6mLを加えたとき，A液5mLとB液5mLが完全に中和し，B液1mLが中和せずに残っているので，水溶液はアルカリ性となり，BTB液は青色になる。

問4．図2のアより，A液6mL中の塩化水素が電離すると，2個の陽イオン（水素イオン）と2個の陰イオン（塩化物イオン）ができる。A液6mLとB液6mLが完全に中和したあと，液中には2個の塩化物イオンと2個のナトリウムイオンが存在するので，B液6mL中の水酸化ナトリウムが電離すると，2個の陽イオン（ナトリウムイオン）と2個の陰イオン（水酸化物イオン）ができることがわかる。A液6mLにB液3mLを加えたとき，A液中の1個の陽イオン（水素イオン）がB液中の1個の陰イオン（水酸化物イオン）と中和して水分子になる。よって，液中には，A液中の1個の陽イオン（水素イオン），2個の陰イオン（塩化物イオン），B液中の1個の陽イオン（ナトリウムイオン）が存在する。

（例）

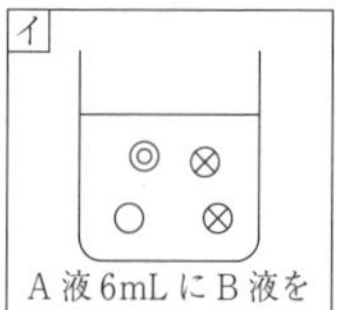

A液6mLにB液を3mL加えた水溶液

【答】問1．青（色）　問2．NaCl　問3．① 水素イオン　② 水酸化物イオン　問4．（前図）

5【解き方】問1．空気中の水蒸気が水滴になるには，核になる小さい粒が必要。

問3．ピストンを引き，フラスコ内の空気の温度が下がると，飽和水蒸気量が減る。

【答】問1．線香のけむりを入れる（同意可）　問2．① P　② S　X．（例）水　Y．（例）霧

問3．飽和水蒸気量が減り，フラスコ内の湿度は高くなる。（同意可）

6【解き方】問3．同じ時刻にカシオペヤ座を観察すると，1か月に約30°ずつ反時計回りにずれていく。11月

20日の午後10時に図3のXの位置に見えたカシオペヤ座は，2か月後の1月20日の午後10時には，30°×2(か月)＝60°だけ反時計回りにずれたaの位置に見える。また，カシオペヤ座は1時間に約15°ずつ反時計回りに動いていくので，2か月後の1月20日にカシオペヤ座がXの位置に見えた時刻は，午後10時の，$\frac{60°}{15°}$ ＝4(時間前)の午後6時。

【答】 問1.（名称）日周運動 （理由）地球が自転しているから。(同意可)

問2. 北極星が，地軸のほぼ延長線上にあるから。(同意可)

問3.（内容）公転している（同意可） ① a ② 6

7 **【解き方】** 問1. スクリーン上には，上下左右が反対向きの実像ができる。

（例）

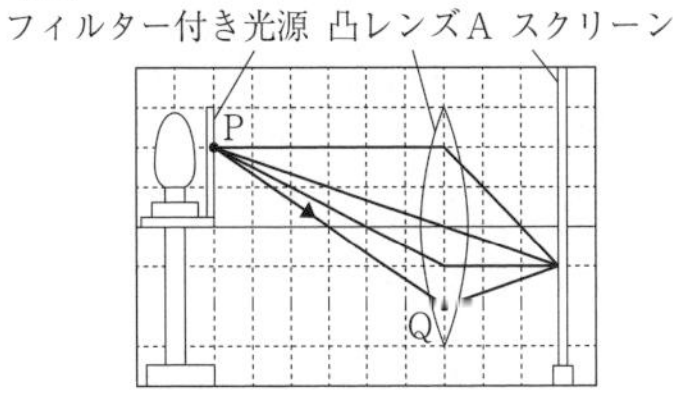

問2. 焦点距離が10cmの凸レンズAとフィルターとの距離（X）を20cmにしたとき，凸レンズAとスクリーンとの距離（Y）も20cmとなるので，焦点距離の，$\frac{20\,(\mathrm{cm})}{10\,(\mathrm{cm})}$ ＝2(倍)の位置にフィルターを置くと，焦点距離の2倍の位置に置いたスクリーン上に像ができる。凸レンズBとフィルターとの距離（X）を30cmにしたとき，凸レンズBとスクリーンとの距離（Y）も30cmとなるので，凸レンズBの焦点距離は，$\frac{30\,(\mathrm{cm})}{2}$ ＝15(cm)

問3. 図2の1目盛りは，$\frac{30\,(\mathrm{cm})}{6\,(\text{目盛り})}$ ＝5(cm)なので，焦点距離は2目盛りとなる。P点を出た光のうち，光軸に平行な光は凸レンズAで屈折したあと焦点を通る。凸レンズAの中心を通った光は直進する。凸レンズAの焦点を通った光は凸レンズAで屈折したあと，光軸に平行に進む。これらの3つの光は同じ点に集まり像ができる。よって，P点を出た光もQ点を通ったあと，凸レンズAで屈折して3つの光が集まった点に到達する。

【答】 問1. 2 問2.（内容）焦点距離の2倍のとき，等しくなる（同意可）（数値）15 問3.（前図）

8 **【解き方】** 問1. 電熱線に対して電流計は直列につなぎ，電圧計は並列につなぐ。電熱線の＋側に電圧計の＋端子をつなぐ。

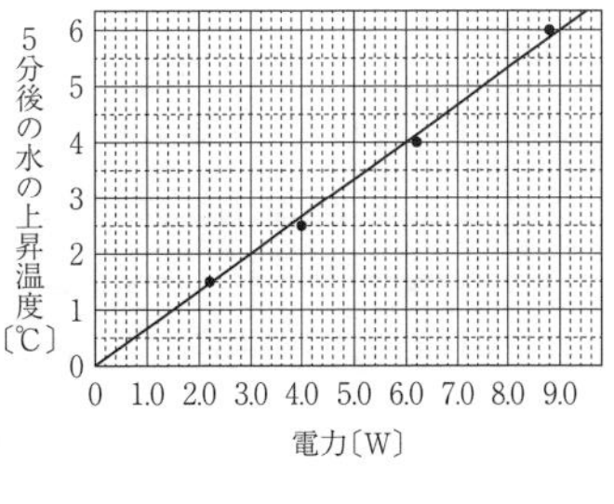

問2. 表と図2より，A班の電力は2.2W，5分後の水の上昇温度は1.5℃。B班の電力は4.0W，5分後の水の上昇温度は2.5℃。C班の電力は6.2W，5分後の水の上昇温度は4.0℃。D班の電力は8.8W，5分後の水の上昇温度は6.0℃。これらの値をグラフ上に点で表し，4つの点のなるべく近くを通るように直線を引く。このグラフより，発生する熱量は，電力に比例することがわかる。また，図2より，発生する熱量は，電流を流した時間に比例することがわかる。

問3. ⑴ B班の電力は4.0Wなので，5分＝300秒より，電流を流したときの電熱線の発熱量は，4.0(W)×300(s)＝1200(J) 5分間で水が得た熱量は，4.2(J)× $\frac{100\,(\mathrm{g})}{1\,(\mathrm{g})}$ × $\frac{2.5\,(℃)}{1\,(℃)}$ ＝1050(J) よって，電熱線の発熱量に比べて水が得た熱量は小さく，その差は，1200(J)－1050(J)＝150(J)

【答】 問1. 2 問2.（前図）（内容）電力の大きさと電流を流した時間（同意可）

問3. ⑴ 150(J) ⑵〔熱〕伝導 問4. ① 光 ② ア

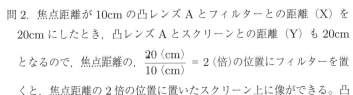

国　語

1 【解き方】問三.「配慮」は，相手のことを思いやること。【新聞記事の一部】では，「誰もが安全に利用できる」ように配慮すべきだと述べている。

問五. 15 画である。1 は 16 画，2 は 17 画，4 は 14 画。

【答】問一. 絶えない　問二. ふんいき　問三. 心遣い　問四. 尊重（同意可）　問五. 3

2 【解き方】問一. チンパンジーと対比させて説明した後で，「他人を信頼して思いやって助け合うというヒトの稀有な性質が…協力を可能にした」とした上で，「このような…精神は，ヒトの持つ特殊な心のおかげだと考えられています」と述べている。

問二. サン民族が「平等主義の原則」を達成するために，平等に獲物を手に入れられる「しくみ」になっていたこと，イヌイットも同様に，漁での獲物を他の家族と分け合うことなどを挙げ，「食料の分かち合い」を「狩猟生活社会に見られる共通の特徴のひとつ」と述べていることをおさえる。

問三.「チンパンジーはヒトと遺伝子にしてわずか 1.2 %しか違わず」と述べることによって，チンパンジーにはなく，ヒトにだけある「性質」がいかに「稀有な」ものであるかを強調している。

問四. チンパンジーとヒトとの違いや，サン民族やイヌイットの例を挙げた上で，「共感能力」や「想像すること」によって「助け合いの関係」が生まれ，その関係が続けば「信頼関係」も生まれると結論づけている。この後には，「信頼関係」が築かれた後のことが書かれた文章が続くことにも着目する。

問五.「共感能力」を持ち「相手の気持ちが想像できるようになる」と，「助け合いの関係」から「信頼関係」が生まれ，そうした関係のもとで「交換」「分業」も可能となり，「専門家が誕生し，技術が発達して」社会が発展していくと述べている。

【答】問一. 信頼と助け合いの精神　問二. 2　問三. 4　問四. C

問五. 信頼関係が築かれ，交換，分業が可能になった結果，専門家が誕生し，技術が発達する（39 字）（同意可）

3 【解き方】問一. 己之吉が「ぜいたくに馴れた舌には，水の吟味こそ一番のもてなし」と考えていたことをふまえて，海老蔵をそうした「もてなし」にふさわしいと見込んでいたことに着目する。

問二.「海老蔵に特別扱いされた，と己惚れていた自分が恥ずかしい」に着目する。江戸へ戻った海老蔵がいっこうに店にやってこないので，海老蔵にひいきにされていたわけではなかったのだと思い，勝手に「己惚れていた」自分のことを「情ない」と恥じている。

問三. ア. 気落ちする己之吉を「なだめすかし」て毎日水を汲みに行かせていたお園が，念願がかなった己之吉に労をねぎらう言葉をかけていることから考える。イ.「今日を迎えることができたのは…お園によるものだ」と思う己之吉が，お園に対して抱く思いを考える。

問四.「いい料理人になんなすったねえ」という言葉をかけられた上に，海老蔵が「料理に使う水」の違いに気づいているとわかったときの気持ちを考える。

問五.「深々と頭をさげる海老蔵を，己之吉は，夢のように見つめていた」に注目。夫婦で海老蔵の早いご赦免を願い，もてなす準備をしてきた己之吉が，海老蔵から感謝の言葉をもらったことから考える。

【答】問一. ぜいたくが，骨　問二. 3　問三. ア. 支える　イ. 感謝（それぞれ同意可）

問四. 最高のもてなしをするために，毎日目黒村まで水を汲みに出かけていた自分の努力を，海老蔵が見抜いていたことに対する驚き。(58 字)（同意可）

問五. 1

4 【解き方】問一. 語頭以外の「は・ひ・ふ・へ・ほ」は「わ・い・う・え・お」にする。

問二. 犬と兎が「其の處に死す」のを見た「田父」が，何の苦労もなく独占したものを考える。

問三.「韓子盧」という犬が「東郭逡」という兎を追いかけ，そのあげく死んでしまったという話をすることで，淳于髡は，斉の国が魏を攻めるという戦いをやめさせようとしている。

問四．斉と魏が争って共に疲弊したところに，「強力な秦や広大な楚」がつけ込んでくるのではないかと心配し，その思いを斉王に伝えた人物を考える。

問五．ア．「強力な秦や広大な楚が，斉や魏の疲弊衰弱につけ込んで，あの農夫のように手柄を得るのではないか」と淳于髡に言われた斉王は，淳于髡と同じことを恐れるようになっている。イ．現代語訳に「将軍を解任し，兵士を帰らせ休ませた」とあることから考える。

【答】問一．いいていわく　問二．手柄　問三．斉　問四．1

問五．ア．強力な秦や広大な楚から国土を奪われる（18字）　イ．攻撃を取りやめた（それぞれ同意可）

5 **【答】**（例）

私は，本村さんの意見と同じで，伝わったかどうかをしっかり確認しながら伝えることを大切にしたいです。学習指導でいつもお世話になっている方々への案内なので，情報を確実にお伝えしたいからです。

電話でも会話を通して伝えられますが，相手の表情や反応が見えたほうが，情報が伝わっているかわかります。対面であれば，相手の表情がくもってもすぐにフォローできます。プログラム表もあるので訪問していっしょに見ながら，反応をうかがいつつ体育大会についてしっかりお伝えしたいです。（12行）

~*MEMO*~

2025年度 受験用
公立高校入試対策シリーズ(赤本) ラインナップ

入試データ	前年度の各高校の募集定員,倍率,志願者数等の入試データを詳しく掲載しています。
募集要項	公立高校の受験に役立つ募集要項のポイントを掲載してあります。ただし,2023年度受験生対象のものを参考として掲載している場合がありますので,2024年度募集要項は必ず確認してください。
傾向と対策	過去の出題内容を各教科ごとに分析して,来年度の受験について,その出題予想と受験対策を掲載してあります。予想を出題範囲として限定するのではなく,あくまで受験勉強に対する一つの指針として,そこから学習の範囲を広げて幅広い学力を身につけるように努力してください。
くわしい解き方	模範解答を載せるだけでなく,詳細な解き方・考え方を小問ごとに付けてあります。解き方・考え方をじっくり研究することで応用力が身に付くはずです。また,英語長文には全訳,古文には口語訳を付けてあります。
解答用紙と配点	解答用紙は巻末に別冊として付けてあります。 解答用紙の中に問題ごとの配点を掲載しています(配点非公表の場合を除く)。合格ラインの判断の資料にしてください。

府県一覧表

3021 岐阜県公立高
3022 静岡県公立高
3023 愛知県公立高
3024 三重県公立高【後期選抜】
3025 滋賀県公立高
3026-1 京都府公立高【中期選抜】
3026-2 京都府公立高【前期選抜 共通学力検査】
3027-1 大阪府公立高【一般選抜】
3027-2 大阪府公立高【特別選抜】
3028 兵庫県公立高
3029-1 奈良県公立高【一般選抜】
3029-2 奈良県公立高【特色選抜】
3030 和歌山県公立高
3033-1 岡山県公立高【一般選抜】
3033-2 岡山県公立高【特別選抜】
3034 広島県公立高
3035 山口県公立高
3036 徳島県公立高
3037 香川県公立高
3038 愛媛県公立高
3040 福岡県公立高
3042 長崎県公立高
3043 熊本県公立高
3044 大分県公立高
3046 鹿児島県公立高

滋賀県特色選抜・学校独自問題

2001 滋賀県立石山高
2002 滋賀県立八日市高
2003 滋賀県立草津東高
2004 滋賀県立膳所高
2005 滋賀県立東大津高
2006 滋賀県立彦根東高
2007 滋賀県立守山高
2008 滋賀県立虎姫高
2020 滋賀県立大津高

京都府前期選抜・学校独自問題

2009 京都市立堀川高・探究学科群
2010 京都市立西京高・エンタープライジング科
2011 京都府立嵯峨野高・京都こすもす科
2012 京都府立桃山高・自然科学科

2025年度受験用

公立高校入試対策シリーズ 3040

福岡県公立高等学校

別冊

解答用紙

●この冊子は本体から取りはずしてご使用いただけます。

●解答用紙（本書掲載分）をダウンロードする場合はこちら↓
https://book.eisyun.jp/

※なお，予告なくダウンロードを終了することがあります。

英俊社

●解答用紙の四隅にあるガイドに合わせて指定の倍率で拡大すると，実物とほぼ同じ大きさでご使用いただけます（一部例外がございます）。

6.3 数学　解答用紙

1

(1)		(7)	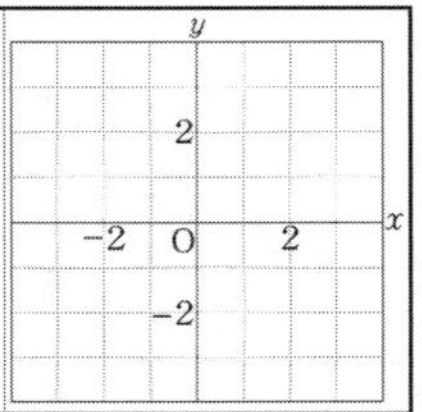
(2)			
(3)			
(4)	$y=$		
(5)	$x=$　　，$x=$	(8)	回
(6)		(9)	およそ　　人

2

(1)	
(2)	（説明）

3

(1)		(2)	A		B
(3)	（証明） したがって，連続する3つの整数のうち，真ん中の数の2乗から1をひいた差は，最も小さい数と最も大きい数の積になる。				
(4)	ⓠ		C		

4

(1)	円
(2)	
(3)	

5

(1)	点P，Qとする2点		図形
(2)	（証明）		
(3)	(㋐，㋑，㋒，㋓)	（　，　，　，　）	（　，　，　，　）
(4)	番		

6

(1)	
(2)	cm
(3)	cm^3

受検番号

※

得点	

※実物の大きさ：195% 拡大（A3 用紙）

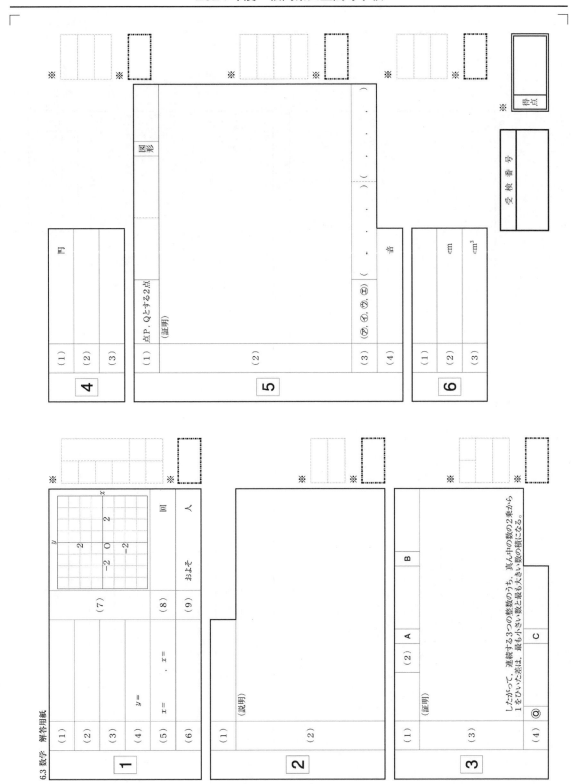

※編集上の都合により，大問番号がずれていますのでご注意ください。

6.3 英語　解答用紙

英語リスニングテスト

問題 1	(1)		(2)		(3)	
問題 2	(1)		(2)			
問題 3	(1)		(2)		(3)	
問題 4	問 1	(1)				
		(2)	He will watch an (　　　) (　　　) in Room 3.			
		(3)				
	問 2					

英語筆記テスト

1	A		B		C		D	

2	問 1	①			
		②			
	問 2				
	問 3	(1)		(2)	

3	問 1	
	問 2	
	問 3	
	問 4	
	問 5	

4	(　　　) is the best month.

受検番号	

※

得点	

※実物の大きさ：195% 拡大（A3 用紙）

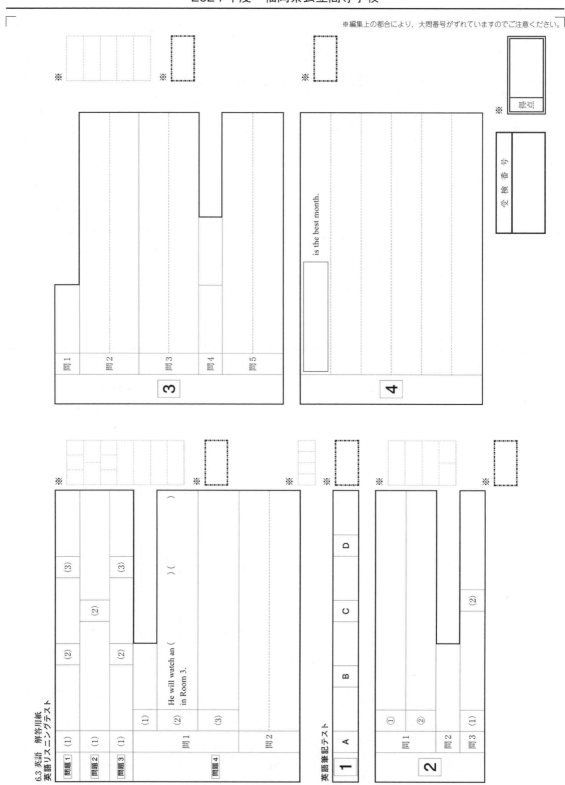

6.3 社会　解答用紙

1	問 1				
	問 2				
	問 3	→ → →			
	問 4	㋑		㋺	
	問 5	㋩		㊁	
	問 6	番号			
		㋣			

※ ※

2	問 1				
	問 2	㋑		㋺	
	問 3				
	問 4	→ →			

※ ※

3	問 1				
	問 2				
	問 3				
	問 4	㋐			
		㋑		㋒	
	問 5				

※ ※

4	問 1	P		R	
	問 2				
	問 3				
	問 4	㋑	県	㋺	県
		㋩			
	問 5				

※ ※

5	問 1	㋑		㋺	
	問 2	内閣		衆議院の解散	
	問 3	首長が，			
	問 4	ⓑ		ⓒ	
	問 5	(1)			
		(2)			
	問 6	(1)			
		(2)			

※ ※

6	問 1	
	問 2	
	問 3	

※ ※

受検番号

※

得点	

※実物の大きさ：195% 拡大（A3 用紙）

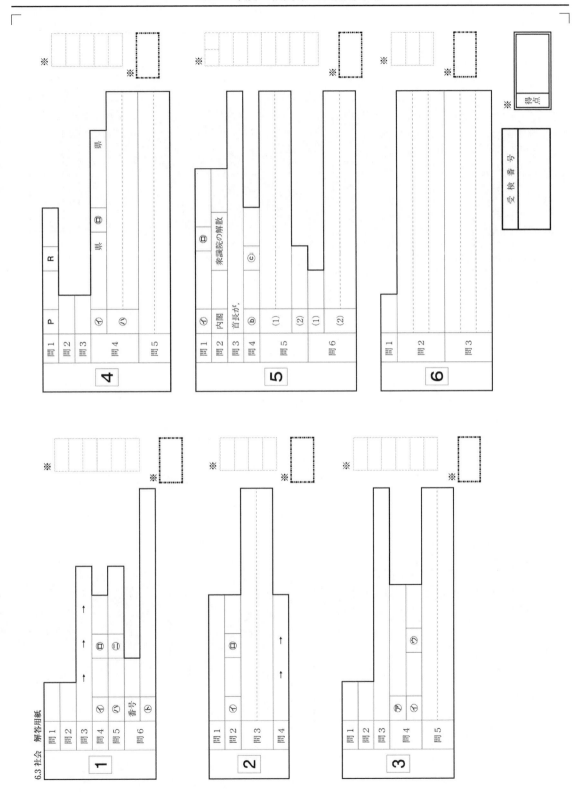

6.3 理科　解答用紙

1

問1
問2　A　B
問3　(1)　C　D
　　(2)
※

2

問1
問2　ア　(　　)と(　　)
　　イ　(　　)と(　　)　ウ
問3　名称　実験
　　内容
※

3

問1　試験管Aに，
問2　問3
問4　図2
(　　)+(　　)⟶(　　)+ CO_2
※

4

問1
問2　こまごめピペットの先端を
問3
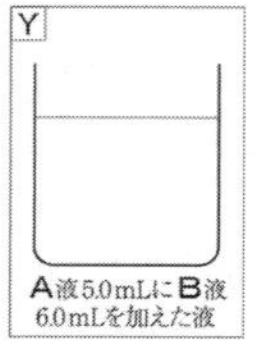

問4　①　②
※

5

問1
問2
問3　化石
問4
※

6

問1
問2
問3
問4
※

7

問1　問2　倍
問3　図2
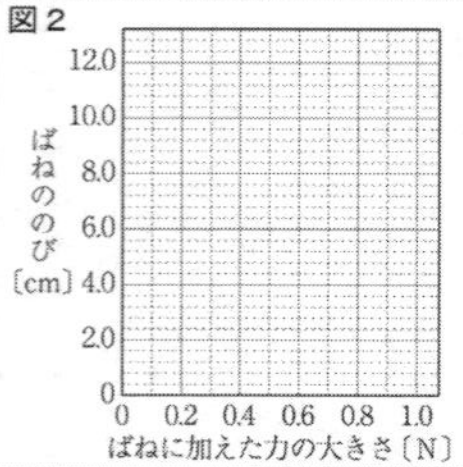

問4　図4
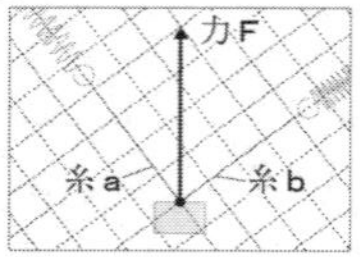

ばねBののび　cm
※

8

問1　問2
問3　V
問4　(1)　Ω　(2)　J
※

受検番号

※ 得点

※実物の大きさ：195% 拡大（A3 用紙）

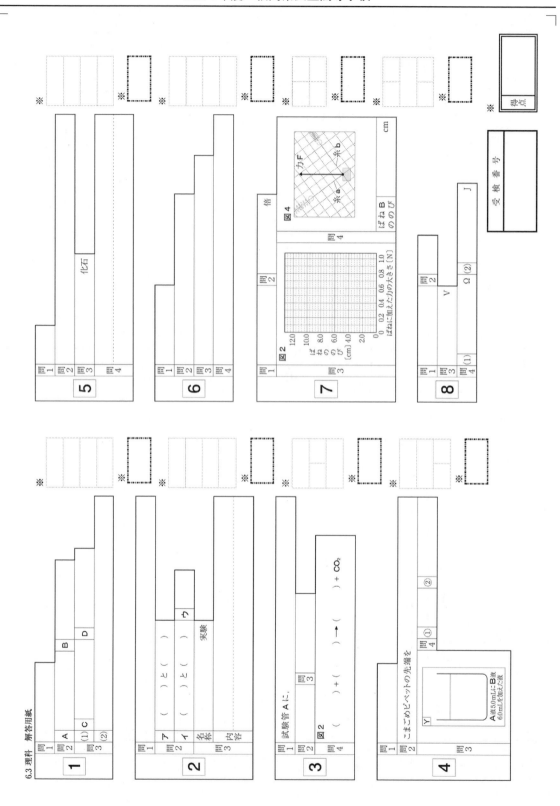

6・3 国語　解答用紙

一
(1)
問一　X
問二　ア
問三
問四
問五　A　B

(2)
問一
問二
問三
問四
問五
問六　ア　イ

二
問一
問二　ア　イ
問三　(1) A　(2) B
問四

三
問一
問二
問三
問四　及ビテハ至ルニ安楽ニ
問五　(1) ア　(2) イ　ウ　(3) エ

四

受検番号

※ 得点

※

※実物の大きさ：195% 拡大（A3 用紙）

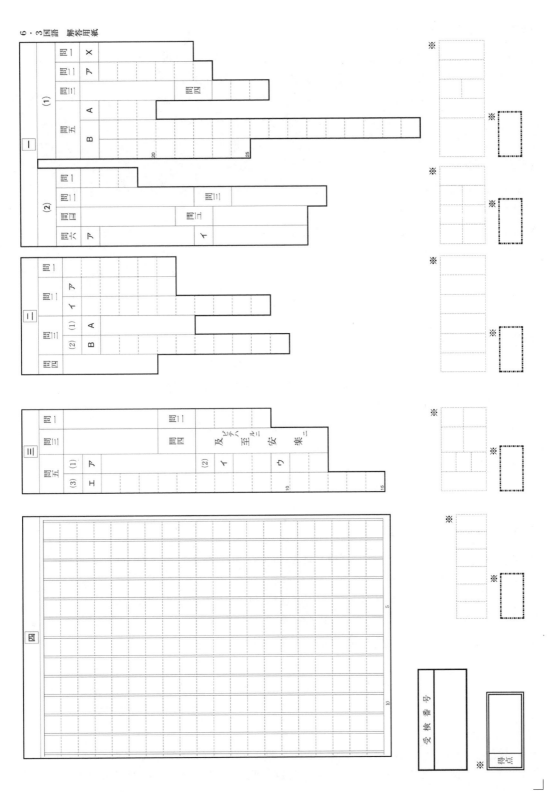

【数　　学】

[1] 2 点×9　[2] (1) 2 点　(2) 3 点　[3] (1) 1 点　(2) 2 点（完答）　(3) 3 点　(4) 3 点（完答）
[4] (1) 2 点　(2) 2 点　(3) 3 点　[5] (1) 2 点（完答）　(2) 5 点　(3) 1 点×2　(4) 3 点
[6] (1) 2 点　(2) 3 点　(3) 4 点

【英　　語】

英語リスニングテスト
問題 1. 1 点×3　**問題 2.** 1 点×2　**問題 3.** 2 点×3
問題 4. 問 1. (1) 1 点　(2) 2 点　(3) 3 点　問 2. 3 点
英語筆記テスト
[1] 2 点×4　[2] 2 点×5　[3] 問 1. 2 点　問 2. 2 点　問 3. 3 点　問 4. 2 点×2　問 5. 3 点　[4] 8 点

【社　　会】

[1] 2 点×6（問 3～問 6 は各完答）　[2] 2 点×4（問 2・問 4 は各完答）
[3] 問 1. 1 点　問 2. 2 点　問 3. 2 点　問 4. ㋐ 1 点　㋑・㋒ 2 点（完答）　問 5. 2 点
[4] 2 点×5（問 1・問 4 は各完答）
[5] 問 1. 1 点×2　問 2～問 4. 2 点×3（問 2・問 4 は各完答）　問 5. (1) 2 点　(2) 1 点
問 6. (1) 1 点　(2) 2 点
[6] 問 1. 1 点　問 2. 2 点　問 3. 3 点

【理　　科】

[1] 問 1. 1 点（完答）　問 2. 2 点（完答）　問 3. 2 点×2（(1)は完答）
[2] 問 1. 2 点　問 2. ア：1 点　イ・ウ：2 点（完答）　問 3. 3 点（完答）
[3] 問 1. 2 点　問 2. 1 点　問 3. 2 点　問 4. 2 点　[4] 2 点×4（問 4 は完答）
[5] 問 1. 1 点　問 2 ～問 4. 2 点×3　[6] 2 点×4
[7] 問 1. 1 点　問 2. 1 点　問 3. 2 点　問 4. 3 点（完答）
[8] 問 1. 1 点　問 2. 1 点　問 3. 2 点　問 4. 2 点×2

【国　　語】

[一] (1) 2 点×6　(2) 問一. 2 点　問二. 2 点（完答）　問三～問六. 1 点×5　[二] 2 点×6
[三] 問一. 1 点　問二. 1 点　問三. 2 点　問四. 2 点　問五. (1) 1 点　(2) 1 点×2　(3) 3 点　[四] 15 点

5.3 数学　解答用紙

1				
(1)		(7)	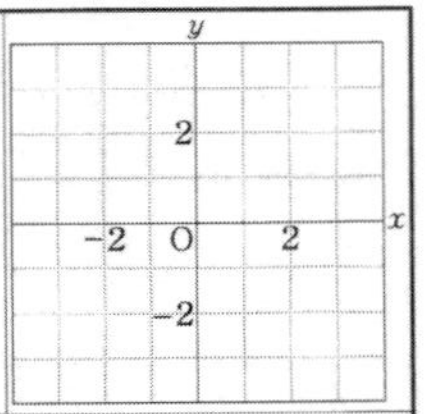	
(2)				
(3)				
(4)	$x=$　　，$x=$			
(5)		(8)	およそ	人
(6)		(9)		°

2		
(1)		円
(2)	(説明)	

3						
(1)	範囲	g	四分位範囲		g	
(2)	記号	Ⓧ		Ⓨ		
	数値	Aのデータの Ⓧ	g	Bのデータの Ⓨ	g	
(3)	累積度数	個	記号			

4				
(1)		(2)	秒後	
(3)	Ⓣ			
	①		②	

5				
(1)		(2)		
(3)	(証明)			
(4)	倍			

6				
(1)	cm^2			
(2)	記号		高さ	cm
(3)	cm			

受検番号

得点	

※

※実物の大きさ：195% 拡大（A3 用紙）

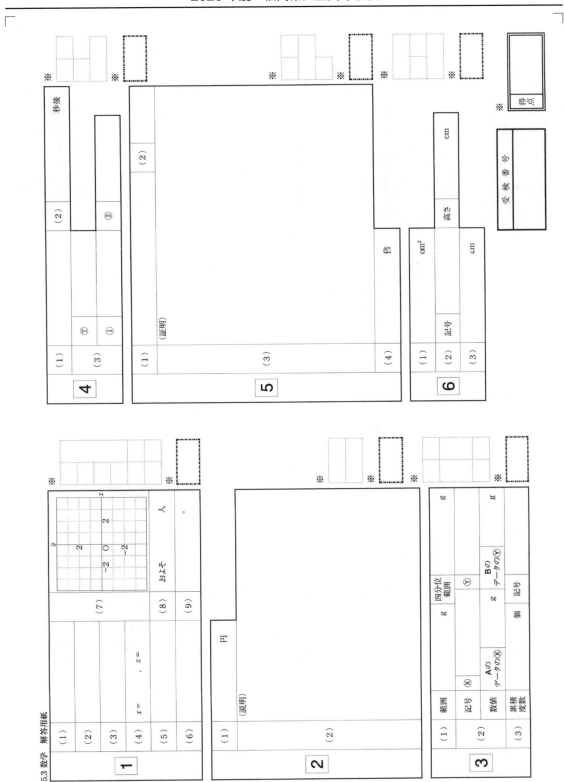

※編集上の都合により，大問番号がずれていますのでご注意ください。

5.3 英語　解答用紙

英語リスニングテスト

問題 1	(1)		(2)		(3)	
問題 2	(1)		(2)			
問題 3	(1)		(2)		(3)	
問題 4	問 1	(1)				
		(2)	She can find some ( ) ( ).			
		(3)				
	問 2					

※

英語筆記テスト

1	A		B		C		D	

※

2	問 1	①	
		②	
	問 2		
	問 3		
	問 4		

※

3	問 1	
	問 2	
	問 3	
	問 4	
	問 5	

※

4	I want to go to [a supermarket / an art museum / the sea].

※

受検番号

※

得点	

※実物の大きさ：195% 拡大（A3 用紙）

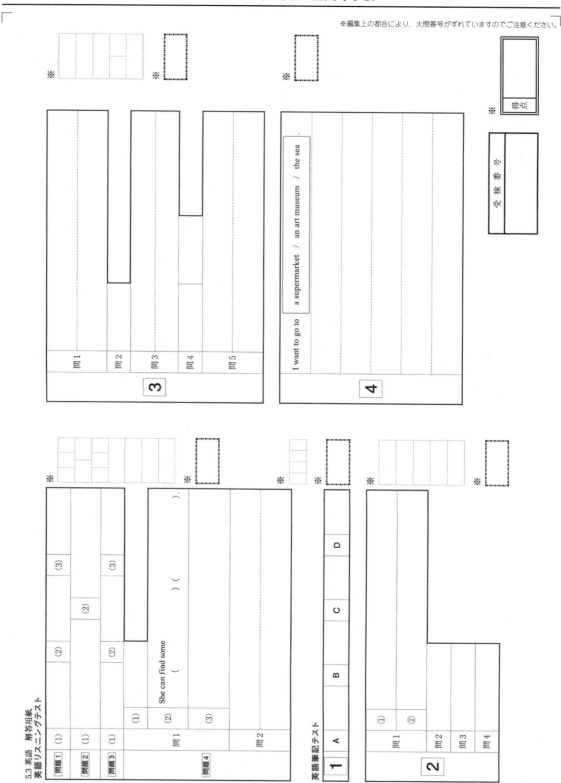

5.3 社会　解答用紙

1	問1	カードA		カードD	
	問2	㋑		㋺	
	問3				
	問4	番号			
		㋭			
	問5	→ →			
	問6				

※

※

2	問1	㋑		㋺			
	問2	㋩		㋥			
	問3						
	問4	あ		い		う	

※

※

3	問1			
	問2			語
	問3			
	問4			
	問5	(1)	Xの国では，	
		(2)	㋑	
			㋺	

※

※

4	問1					
	問2					
	問3					
	問4	(1)	②		③	
		(2)	あ			
			い			

※

※

5	問1	㋑			
		㋺			
	問2	㋩		㋥	
	問3	㋭			
		㋬			
	問4	ⓟ		ⓠ	
		ⓡ			
	問5	a		b	
	問6	(1)			
		(2)	X		
			Y		

※

※

6	問1		
	問2	イ	
		ウ	
	問3		

※

※

受検番号

※

得点	

※実物の大きさ：195% 拡大（A3 用紙）

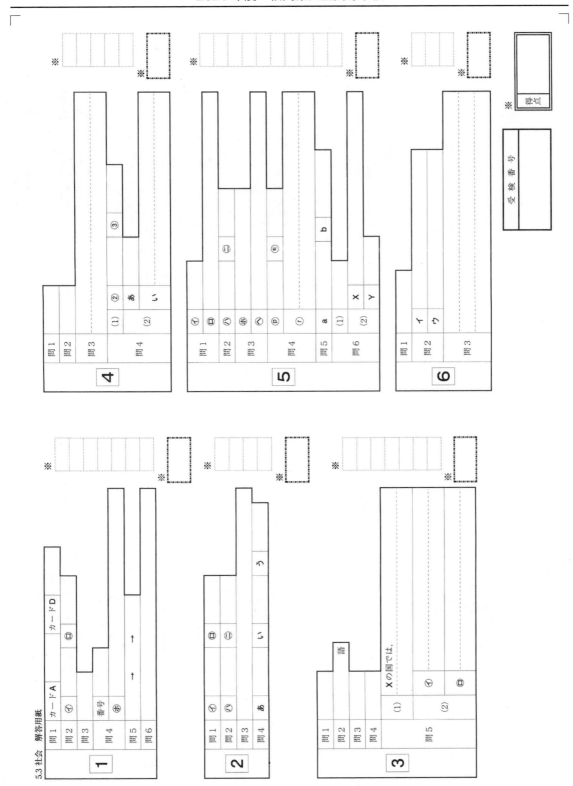

5.3 理科　解答用紙

1

問1

問2

問3　ア　（　　）と（　　）　イ

問4

※

2

問1

問2

問3

問4

※

3

問1

問2

問3

問4　ア　イ

※

4

問1

問2

問3　図3

Mg → （　　　）+（　　　）

問4　ア　イ

ウ

※

5

問1

問2　(1)　X

Y

(2)　(3)

※

6

問1　図4

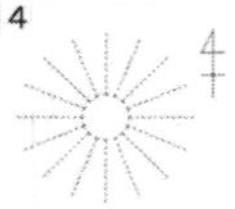

問2

問3　①

②

問4　記号　内容

※

7

問1

問2

問3　図2

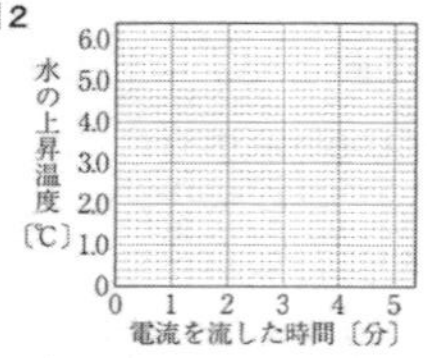

問4　ア　イ

※

8

問1　cm/s

問2　(1)

(2)　Y　Z

問3　㋐　㋑

※

受検番号

※

得点

※実物の大きさ：195% 拡大（A3 用紙）

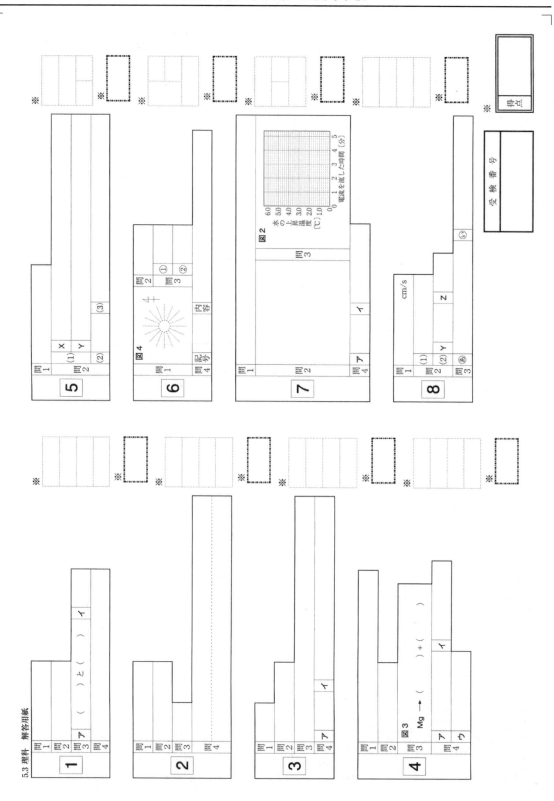

5・3国語　解答用紙

一

(1)
問一　X
問二　ア
問三
問四
問五

(2)
問一　問二　問三
問四　問五

二

問一　問二
問三　ア　イ
問四
問五
気持ち。

三

問一　問二
問三　〜
問四　吾ハ　失ヒ　我ガ　常　与ッ、我、無シ　所　処ル
問五　(1)　ア　イ　ウ
(2)　エ

四

受検番号

得点

※

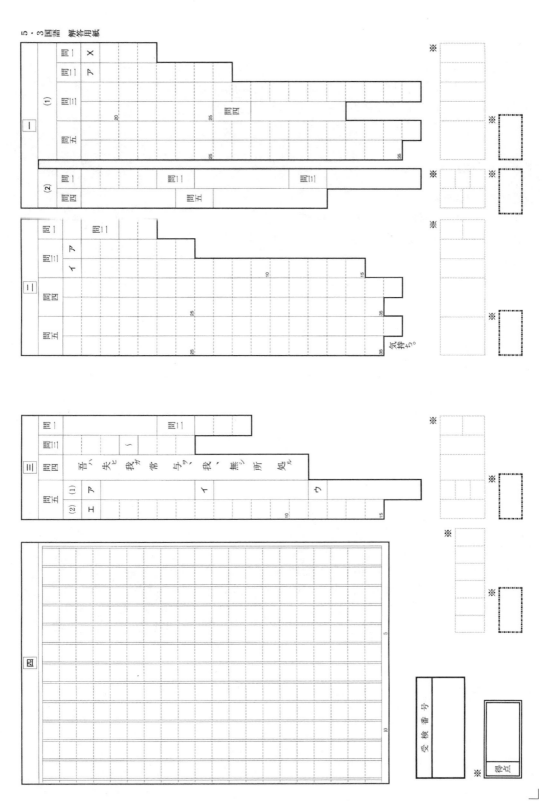

【数　　学】

[1] 2点×9　[2] ⑴2点　⑵4点　[3] ⑴1点×2　⑵1点×2（各完答）⑶累積度数：1点　記号：2点

[4] ⑴2点　⑵2点　⑶Ⓣ3点　①・②1点（完答）　[5] ⑴1点　⑵2点　⑶5点　⑷4点

[6] ⑴2点　⑵記号：1点　高さ：2点　⑶4点

【英　　語】

英語リスニングテスト

問題1. 1点×3　問題2. 1点×2　問題3. 2点×3

問題4. 問1. ⑴1点　⑵2点　⑶3点　問2. 3点

英語筆記テスト

[1] 2点×4　[2] 2点×5　[3] 問1. 2点　問2. 2点　問3. 3点　問4. 2点×2　問5. 3点　[4] 8点

【社　　会】

[1] 問1. 1点（完答）問2. 2点（完答）問3. 2点　問4. 番号：1点　㋭：2点　問5. 2点　問6. 2点

[2] 2点×4（問1・問2・問4は各完答）

[3] 問1～問3. 1点×3　問4. 2点　問5. ⑴2点　⑵㋑2点　㋺1点　[4] 2点×5（問4は各完答）

[5] 問1. 2点（完答）問2. 1点（完答）問3. ㋭1点　㋬2点　問4. ⓟ・ⓠ1点（完答）ⓡ2点
問5. 1点（完答）問6. ⑴1点　⑵X. 2点　Y. 1点

[6] 問1. 1点　問2. 2点（完答）問3. 3点

【理　　科】

[1] 問1. 1点（完答）問2～問4. 2点×3（問3は完答）　[2] 2点×4

[3] 問1. 1点　問2～問4. 2点×3（問4は完答）　[4] 2点×4（問4は完答）

[5] 2点×4（問2⑴は完答）　[6] 問1. 2点　問2. 1点　問3. 2点（完答）問4. 2点（完答）

[7] 2点×4（問4は完答）　[8] 問1. 2点　問2. ⑴1点　⑵2点（完答）問3. 2点（完答）

【国　　語】

[一] ⑴問一. 1点　問二. 2点　問三～問五. 3点×3　⑵問一～問三. 2点×3　問四. 1点　問五. 2点

[二] 問一. 1点　問二. 2点　問三. ア. 1点　イ. 2点　問四. 3点　問五. 3点

[三] 問一. 1点　問二～問四. 2点×3　問五. ⑴1点×3　⑵2点　[四] 15点

4.3 数学　解答用紙

1	(1)		(7)	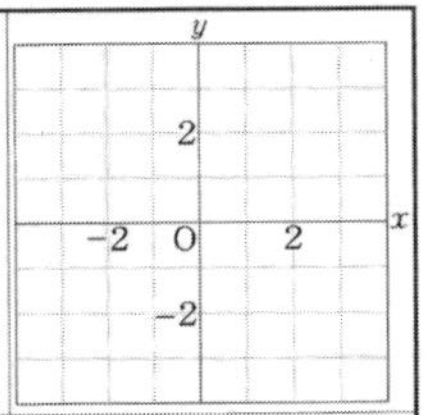
	(2)			
	(3)			
	(4)	$x=$ ， $x=$		
	(5)	$y=$	(8)	
	(6)		(9)	およそ　個

※ ※

2	(1)								
	(2)	P		Q		R		S	
		Ⓩ							

※ ※

3	(1)		
	(2)	X	
		Y	
		Z	

※ ※

4	(1)	mL
	(2)	
	(3)	午後　時　分

※ ※

5	(1)	
	(2)	（証明）
	(3)	cm

※ ※

6	(1)	
	(2)	cm^3
	(3)	cm^2

※ ※

受検番号

※

得点	

※実物の大きさ：195% 拡大（A3 用紙）

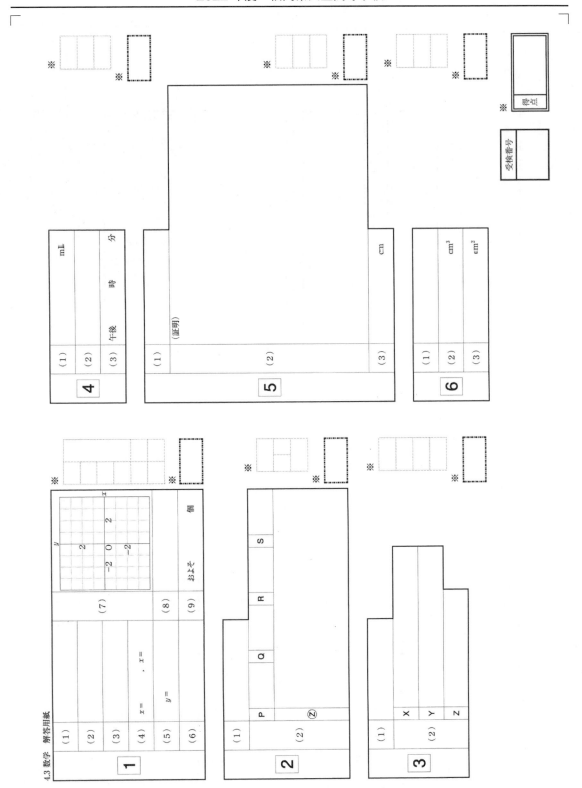

※編集上の都合により，大問番号がずれていますのでご注意ください。

4.3 英語　解答用紙

英語リスニングテスト

問題 1	(1)		(2)		(3)	
問題 2	(1)		(2)			
問題 3	(1)		(2)		(3)	

問題 4	問 1	(1)	
		(2)	She needs to talk about ( ) ( ).
		(3)	
	問 2		

※ ※ ※

英語筆記テスト

1	A		B		C		D	

※

2	問 1	①	
		②	
	問 2		
	問 3		
	問 4		

※ ※

3	問 1	
	問 2	
	問 3	
	問 4	
	問 5	

※ ※

4	I will choose ☐.

※

受検番号	

※

得点	

※実物の大きさ：195% 拡大（A3 用紙）

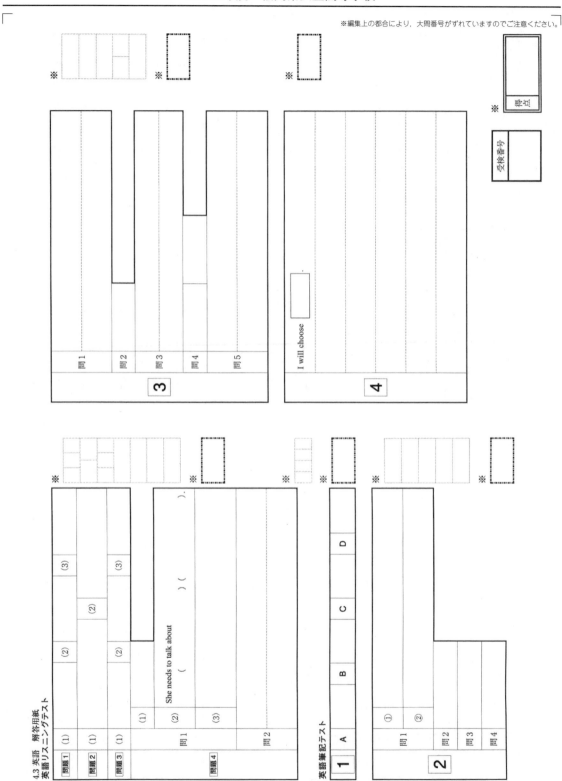

4.3 社会　解答用紙

1								
	問 1							
	問 2	㋑		㋺				
	問 3							
	問 4	→	→	→				
	問 5	(1)	ア		イ		ウ	
		(2)	自給自足に近い生活から，					

2					
	問 1	㋐		㋑	
	問 2	変化			
		理由			
	問 3	㋑		㋺	
	問 4	記号			
		理由			

3					
	問 1	ブラジル		フランス	
	問 2				
	問 3	米		大豆	
	問 4	内容			
		記号			

4					
	問 1		地方		地方
	問 2	X		Y	
	問 3	(1)			
		(2)			
	問 4	(1)			
		(2)		分布	分布の特徴
			ＩＣ（集積回路）工場		
			石油化学コンビナート		

5							
	問 1	㋐		㋑			
	問 2	Ⓧ					
		Ⓨ					
	問 3	X		あ			
	問 4	㋑		㋺		㋩	
	問 5						
	問 6	記号					
		理由					

6			
	問 1		
	問 2	イ	
		ウ	

受検番号	

※

得点	

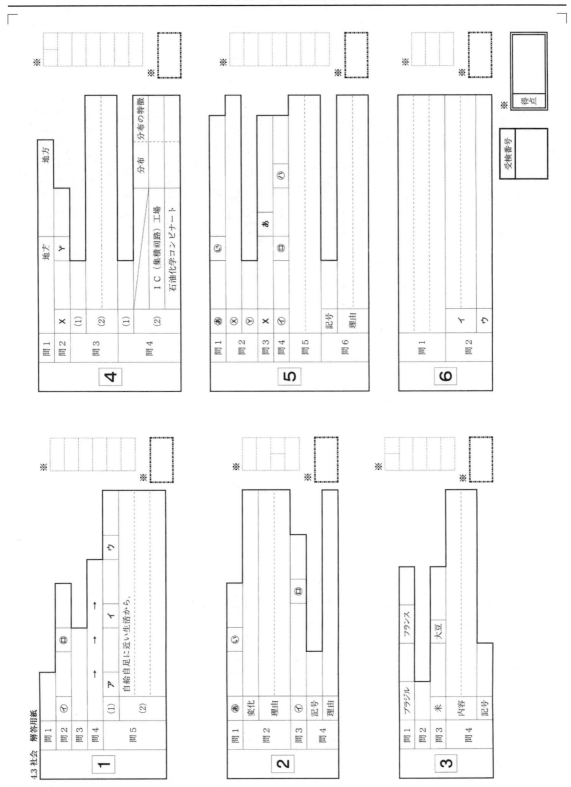

4.3 理科　解答用紙

1

問1 ア  イ 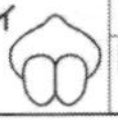

問2 A　B　C

問3

問4

※

2

問1

問2 ア（　　）と（　　）　イ（　　）と（　　）

問3 (1)　(2)

※

3

問1 図3
（　　）＋（　　）→ $BaSO_4$ ＋（　　）

問2 番号　Z

問3 番号　理由

※

4

問1 (1)

(2) 図3
（　　）＋（　　）→ Cu

(3)

問2 エネルギー

問3

※

5

問1 (1)

(2)

問2 湿度　%　水蒸気量　g

※

6

問1 名称

理由

問2

問3 (1) ①　②

(2)

※

7

問1 図2

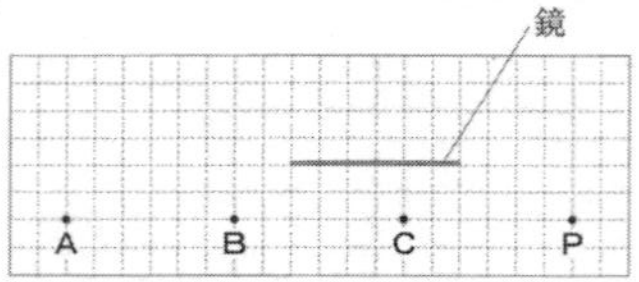

鏡にうつって見えるつまようじの本数（　）本

問2 (1)　(2) ①　②　現象

※

8

問1 図2

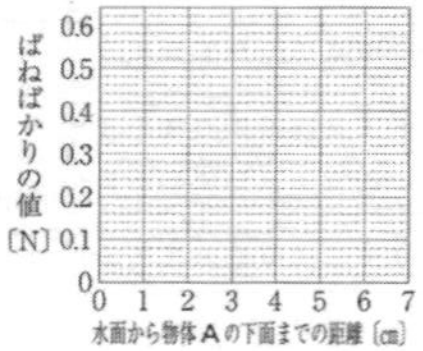

問2　N

問3 ①

②

問4　Pa

※

受検番号

※

得点

※実物の大きさ：195% 拡大（A3 用紙）

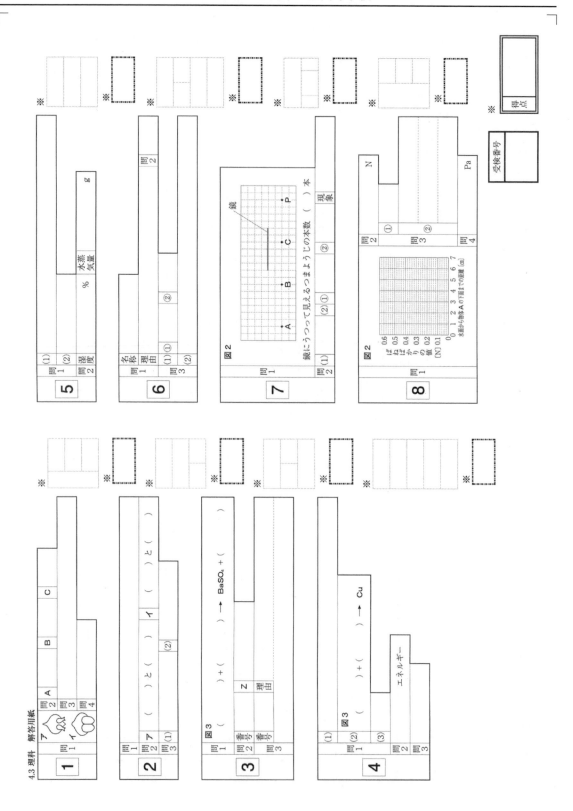

4・3 国語　解答用紙

一
問一　問二
問三　問四　働き。
問五 (1) ア　(2) イ
25　30
問六

二
(1) 問一　裏　問二　記号　人物
問三　10　15
問四　ア　イ　ウ　20　25
問五
(2) 問一　問二
問三　問四　問五

三
問一　問二　人遺リ一瓢ヲ
問三　問四
問五 (1) ア　イ　(2) ウ　10　15

四
5　10

※　※　※　※　※　※　※　※　※　※

受検番号

※　得点

※実物の大きさ：195% 拡大（A3 用紙）

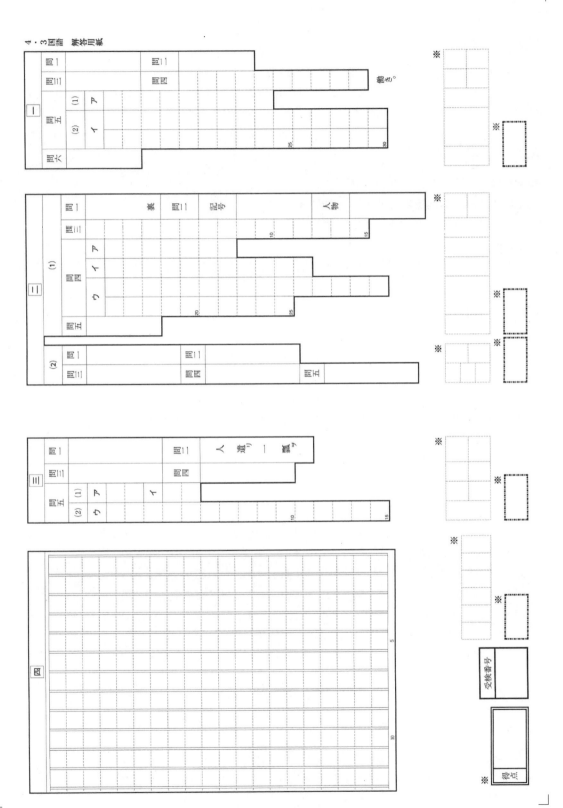

【数　　学】

1 2点×9　2 (1)2点　(2)PQ：1点　RS：1点　Ⓩ：2点

3 (1)2点　(2)X：2点　Y：2点　Z：1点　4 (1)2点　(2)3点　(3)4点　5 (1)2点　(2)5点　(3)4点

6 (1)2点　(2)3点　(3)4点

【英　　語】

英語リスニングテスト

問題1．1点×3　問題2．1点×2　問題3．2点×3

問題4．問1．(1)1点　(2)2点　(3)3点　問2．3点

英語筆記テスト

1 2点×4　2 2点×5　3 問1．2点　問2．2点　問3．3点　問4．2点×2　問5．3点　4 8点

【社　　会】

1 2点×6（問2・問5(1)は各完答）

2 問1．2点（完答）　問2．2点（完答）　問3．1点×2　問4．2点（完答）

3 問1．1点×2　問2．2点　問3．2点（完答）　問4．2点×2

4 問1．1点×2　問2．2点（完答）　問3．(1)1点　(2)2点　問4．(1)1点　(2)1点×2

5 問1．2点（完答）　問2．Ⓧ2点　Ⓨ1点　問3～問5．2点×3（問3・問4は各完答）
問6．3点（完答）

6 問1．3点　問2．イ．2点　ウ．1点

【理　　科】

1 2点×4（問2は完答）　2 問1．2点　問2．2点（完答）　問3．(1)1点　(2)2点

3 問1．2点　問2．番号：2点　Z：1点　問3．2点（完答）

4 問1．2点×3　問2．1点　問3．1点　5 問1．(1)2点　(2)1点　問2．3点（完答）

6 問1．名称：1点　理由：2点　問2．2点　問3．2点×2（(1)は完答）

7 問1．3点　問2．(1)1点　(2)①②：2点（完答）　現象：1点　8 2点×4（問3は完答）

【国　　語】

一 問一．1点　問二．1点　問三．2点　問四．2点　問五．(1)1点　(2)3点　問六．2点

二 (1)問一．1点　問二．2点（完答）　問三．2点　問四．ア．1点　イ．1点　ウ．3点　問五．2点
(2)問一．2点　問二．1点　問三～問五．2点×3

三 問一．1点　問二．1点　問三～問五．2点×5　四 15点

3.3 数学　解答用紙

1

(1)		(7)	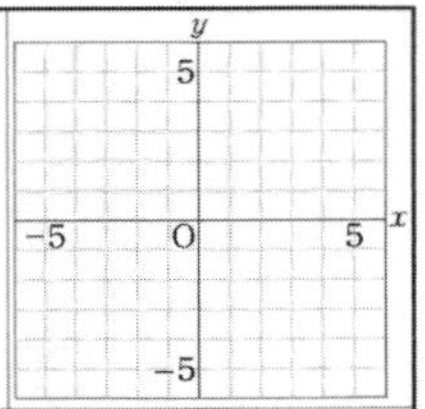
(2)			
(3)			
(4)	$x=$　　，$x=$		
(5)		(8)	cm
(6)		(9)	°

2

(1)	
(2)	（説明）

3

(1)	（証明） 連続する２つの偶数は，整数mを用いると， したがって，連続する２つの偶数の積に１を加えた数は，奇数の２乗になる。
(2)	A　　B
(3)	X　　Y　　Z　　Ⓟ

4

(1)	（説明） したがって，９時11分に希さんのいる地点は，　　である。
(2)	A（　，　），B（　，　）
(3)	10時　　分　　秒

5

(1)	記号　　（解答）
(2)	（証明）
(3)	cm^2

6

(1)	辺	(2)	cm
(3)	cm^3		

受検番号

得点

※

※実物の大きさ：195% 拡大（A3 用紙）

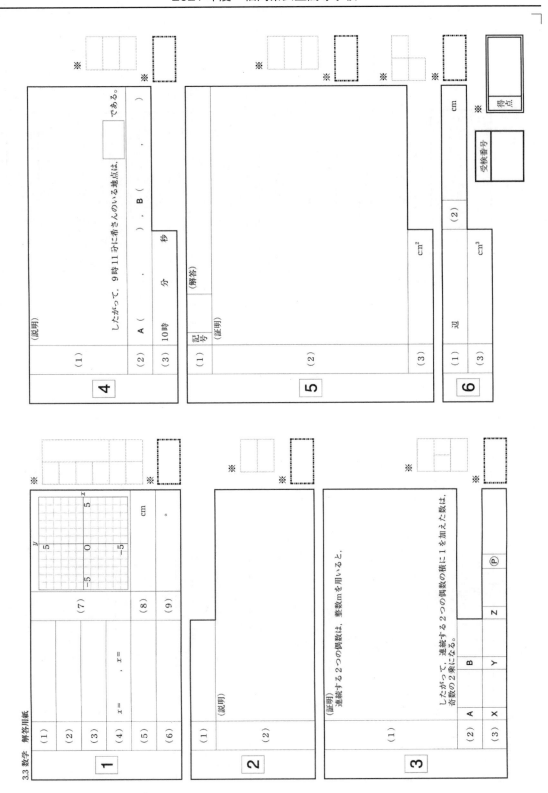

※編集上の都合により，大問番号がずれていますのでご注意ください。

3.3 英語　解答用紙

英語リスニングテスト

問題 1	(1)		(2)		(3)	
問題 2	(1)		(2)			
問題 3	(1)		(2)		(3)	
問題 4	問 1	(1)				
		(2)	He can see many (　　　) (　　　) of the festivals.			
		(3)				
	問 2					

※

※

※

英語筆記テスト

1	A		B		C		D	

※

※

2	問 1	①	
		②	
	問 2		
	問 3		
	問 4		

※

※

3	問 1	
	問 2	
	問 3	
	問 4	
	問 5	

※

※

4	I want to take Class 　　 .

※

受検番号	

※

得点	

※実物の大きさ：195% 拡大（A3 用紙）

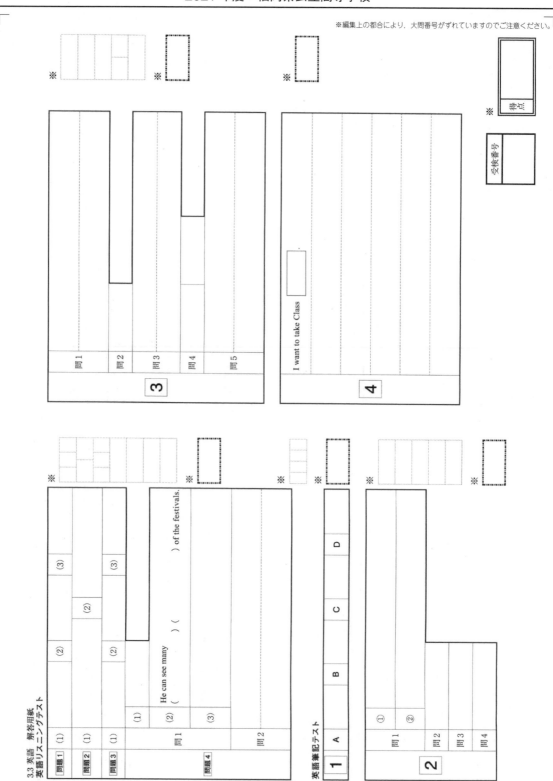

3.3 社会　解答用紙

1	問 1				
	問 2	㋑			
		㋺			
	問 3				
	問 4	薩摩藩		対馬藩	
	問 5	→ →			
	問 6	政府（国）が,			

※

※

2	問 1	㋑		㋺	
	問 2	パソコン		冷蔵庫	
	問 3				
	問 4	番目			

※

※

3	問 1		
	問 2		
	問 3		
	問 4	㋑	
		㋺	
	問 5	㋩	
		㊁	

※

※

4	問 1	県		県	県庁所在地		市
	問 2	P		Q			
		理由					
	問 3	㋑					
		㋺					
		㋩					
	問 4						

※

※

5	問 1						
	問 2	ⓐ		ⓑ			
	問 3						
	問 4	X					
		Y					
	問 5	㋐		㋑		㋒	
	問 6	(1)	商品		立替払い		
		(2)					

※

※

6	問 1	A	
		B	
	問 2		
	問 3		

※

※

受検番号

※

得点	

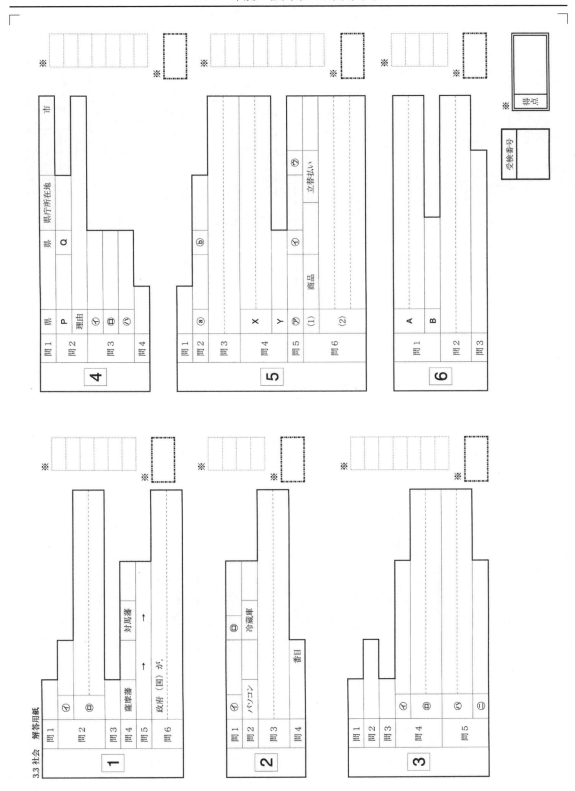

3.3 理科　解答用紙

1

問1　ア　　イ

問2　記号　特徴

問3　問4　(1)　(2)

※

2

問1　ア　　イ

問2　(1)　a →　→　→　→　(2)

問3　X　Y

※

3

問1　(1)　(2)　(3)

問2

※

4

問1

問2

問3　(1)　図2　(　　　)→ Na_2CO_3 +(　　　)+(　　　)　(2)

問4

※

5

問1　問2

問3

問4　図3

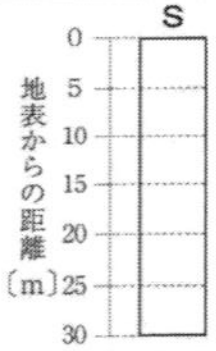

※

6

問1

問2

問3

※

7

問1

問2　Ω

問3　①　②

問4　分　秒

※

8

問1　運動　作図　図3

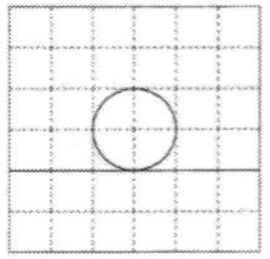

問2　g

問3　図5

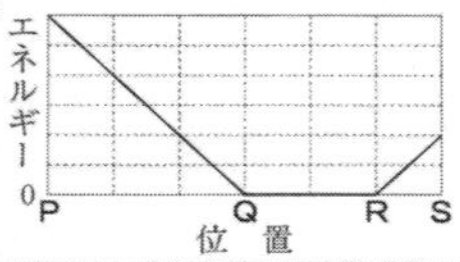

※

受検番号

※ 得点

※実物の大きさ：195% 拡大（A3 用紙）

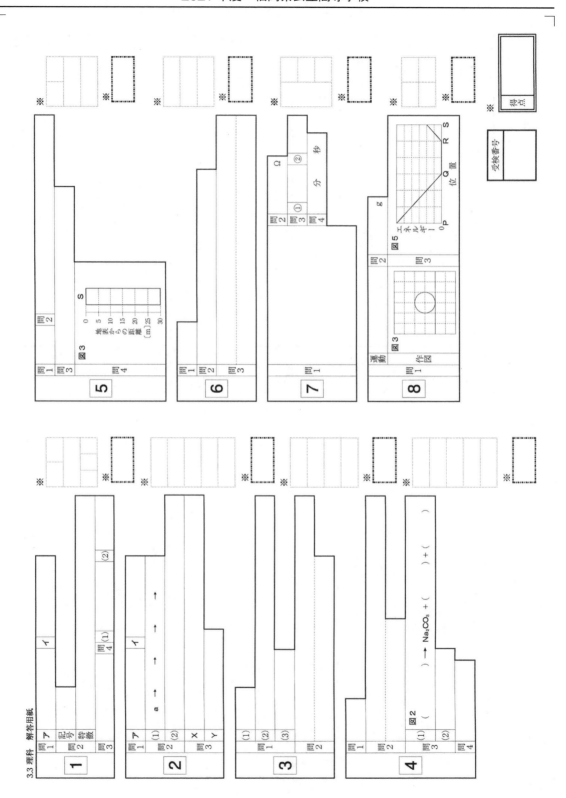

3・3 国語　解答用紙

一

(1)

問一

問二

問三

問四

問五　一人で行動できる人は、

(2)

問一

問二

問三

問四

問五

二

問一

問二　必死に唇《くちびる》を噛《か》んで我慢《まん》した

問三

問四　(1) ア

(2) イ

(3) ウ

三

問一

問二

問三

問四　(1) ア

イ

(2) ウ

四

※

受検番号

得点

※実物の大きさ：195% 拡大（A3 用紙）

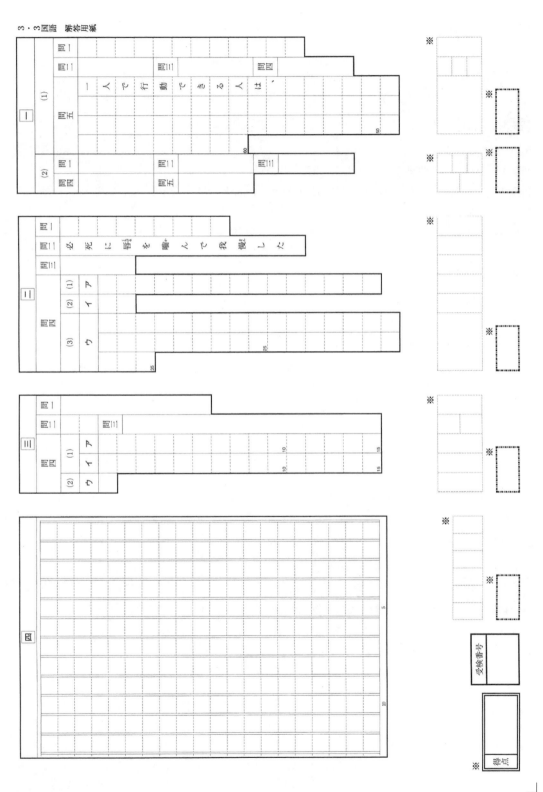

【数　学】

1 2点×9　2 (1)2点 (2)3点　3 (1)4点 (2)1点×2 (3)3点　4 (1)2点 (2)3点 (3)4点
5 (1)2点 (2)5点 (3)4点　6 (1)2点 (2)2点 (3)4点

【英　語】

英語リスニングテスト
問題1. 1点×3　問題2. 1点×2　問題3. 2点×3
問題4. 問1. (1)1点 (2)2点 (3)3点　問2. 3点
英語筆記テスト
1 2点×4　2 2点×5　3 問1. 2点　問2. 2点　問3. 3点　問4. 2点×2　問5. 3点　4 8点

【社　会】

1 問1～問5. 2点×5　問6. 3点　2 問1. 2点　問2. 1点　問3. 2点　問4. 2点
3 問1～問3. 1点×3　問4. ㋑ 1点　㋺ 2点　問5. 2点×2
4 問1. 2点　問2. PQ：1点　理由：2点　問3. 1点×3　問4. 2点
5 問1. 1点　問2. 2点　問3. 3点　問4. X. 2点　Y. 1点　問5. 2点　問6. (1)1点 (2)2点
6 問1. A. 2点　B. 1点　問2. 2点　問3. 1点

【理　科】

1 問1. 1点×2　問2. 2点　問3. 1点　問4. 1点×2
2 問1. 1点　問2. 2点×2　問3. X. 2点　Y. 1点　3 問1. (1)1点 (2)2点 (3)2点　問2. 2点
4 問1. 1点　問2. 2点　問3. (1)3点 (2)1点　問4. 1点
5 問1. 1点　問2. 2点　問3. 2点　問4. 3点　6 問1. 2点　問2. 2点　問3. 3点
7 2点×4　8 問1. 運動：1点　作図：2点　問2. 2点　問3. 2点

【国　語】

一 (1)問一～問四. 2点×4　問五. 4点 (2)問一. 2点　問二. 1点　問三～問五. 2点×3
二 問一. 1点　問二. 2点　問三. 2点　問四. (1)2点 (2)2点 (3)3点
三 問一. 1点　問二. 2点　問三. 3点　問四. 2点×3　四 15点

2.3 数学　解答用紙

1				
(1)		(7)	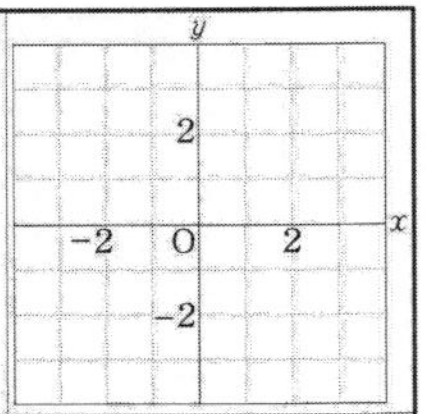	※
(2)				
(3)				
(4)	$x=$			
(5)	$a=$	(8)		※
(6)	$y=$	(9)	およそ　　個	

2			※
(1)			
(2)	記号	方程式	
	土地の縦の長さ	m	※

3		
(1)	(　　,　　), (　　,　　)	
(2)	(説明)	※
		※

4		
(1)	分	
(2)	ア　　イ　　ウ	※
(3)	(解答) 通話時間が　　分 をこえたときから	※

5		
(1)	①	
(2)	②　　③	※
(3)	(証明)	※
(4)	cm^2	※

6			
(1)		(2)	cm^3
(3)	cm		※

受検番号

※ 得点

※実物の大きさ：195% 拡大（A3 用紙）

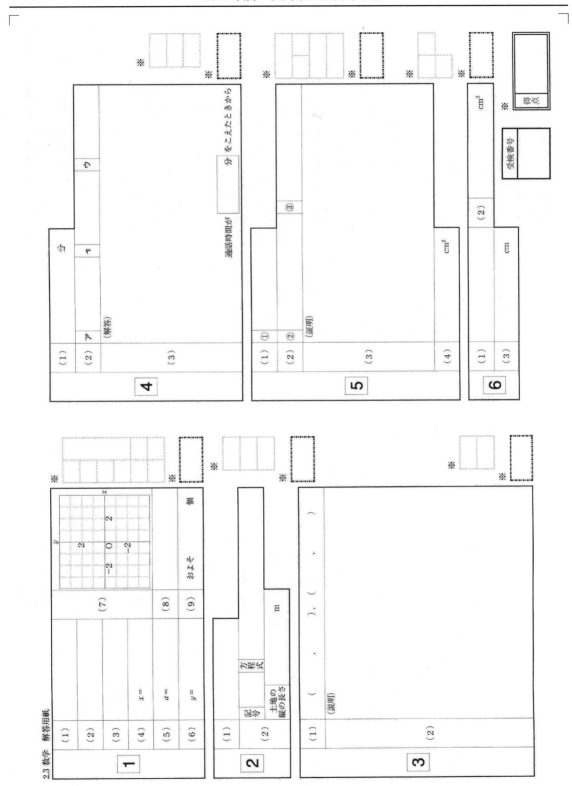

※編集上の都合により，大問番号がずれていますのでご注意ください。

2.3 英語　解答用紙

英語リスニングテスト

問題 1	(1)		(2)		(3)	
問題 2	(1)		(2)			
問題 3	(1)		(2)		(3)	
問題 4	問1	(1)				
		(2)	They are the (　　) (　　).			
		(3)				
	問2					

英語筆記テスト

1	A		B		C		D	

2	問 1	①			
		②			
	問 2	(1)		(2)	
	問 3	Because			

3	問 1	(1)	
		(2)	
	問 2		
	問 3		
	問 4		

4	I think 　　 is better.

受検番号	

※

得点	

※実物の大きさ：195% 拡大（A3 用紙）

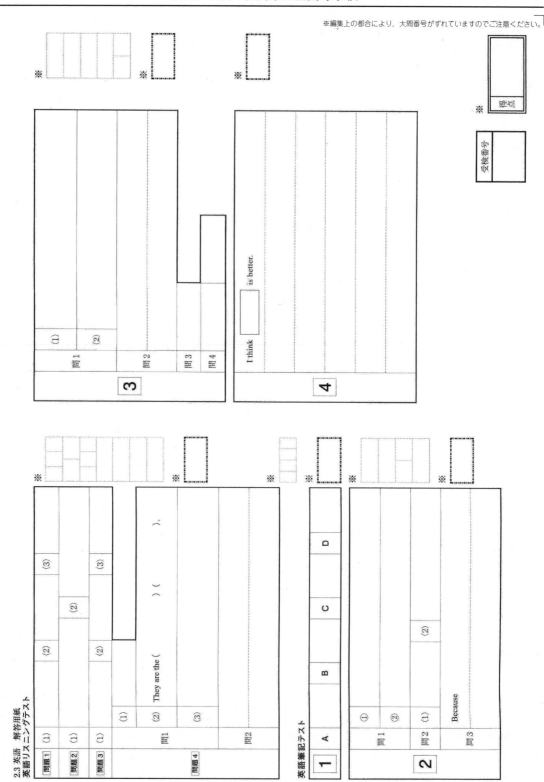

2.3 社会　解答用紙

1	問 1				
	問 2	あ		う	
	問 3	(1)			
		(2)	日本から来た		
	問 4	㋑			
		㋺			
	問 5	記号			
		内容			

※

※

2	問 1	㋑	
		㋺	
	問 2		

※

※

3	問 1		
	問 2		
	問 3	(1)	
		(2)	

※

※

4	問 1		
	問 2		
	問 3		
	問 4		
	問 5	記号	
		理由	

※

※

5	問 1	国会		㋑		㋺	
	問 2						
	問 3						
	問 4	税の負担を					
	問 5	あ		い			
	問 6	日本は，他国と比べて					

※

※

6	A	
	B	
	C	

※

※

受検番号

※

得点	

※実物の大きさ：195% 拡大（A3 用紙）

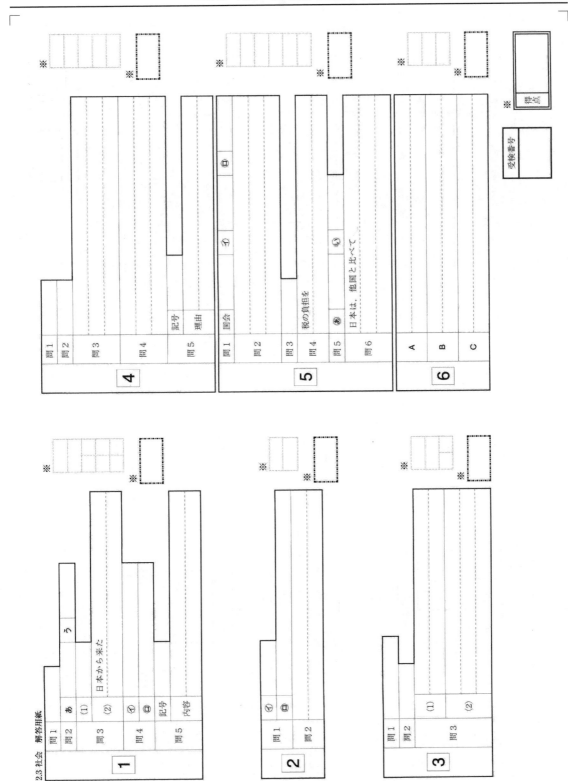

2.3 理科　解答用紙

1

問1		
問2	ア	イ　（　）と（　）
問3	P　Q　R	

※

2

問1		問2	
問3	名称	番号	
問4			

※

3

問1	ア	イ
問2	(1)	(2)　g
問3	図4　2Cu ＋（　）→（　）	

※

4

問1	色	問2
問3	①	②
問4	イ	

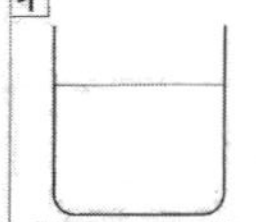

A液6mLにB液を3mL加えた水溶液

※

5

問1				
問2	①	②	X	Y
問3				

※

6

問1	名称	理由	
問2			
問3	内容	①	②

※

7

問1		
問2	内容	数値
問3	図2	

図2

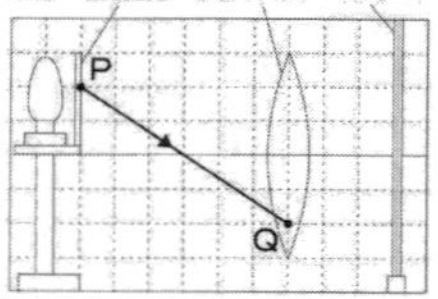

※

8

問1		
問2	作図	内容
問3	(1)　J	(2)
問4	①	②

図3

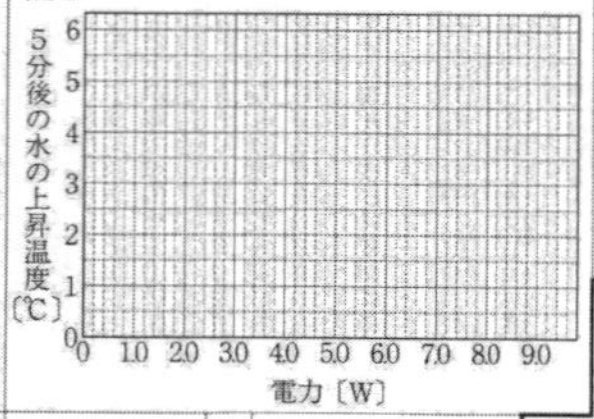

※

受検番号

※

得点	

※実物の大きさ：195% 拡大（A3 用紙）

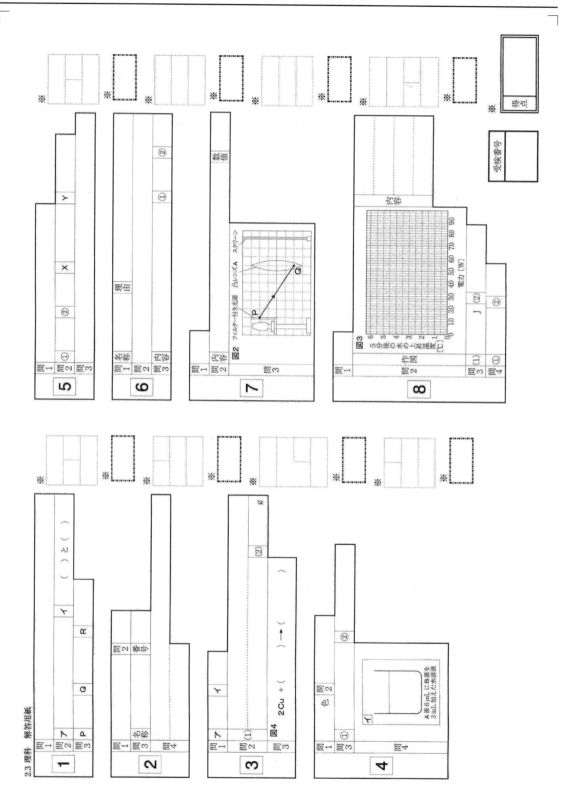

2・3国語　解答用紙

一
問一　問二　問三
問四
問五

二
問一
問二　問三　問四
問五
共感能力によって
ことになり、ヒトは巨大で発展した社会を作り上げた。

三
問一
問二　問三　ア　イ
問四
問五

四
問一
問二　問三　問四
問五
ア
イ

五

※　※
※　※
※　※
※　※
※　※

受検番号

得点　※

※実物の大きさ：195% 拡大（A3 用紙）

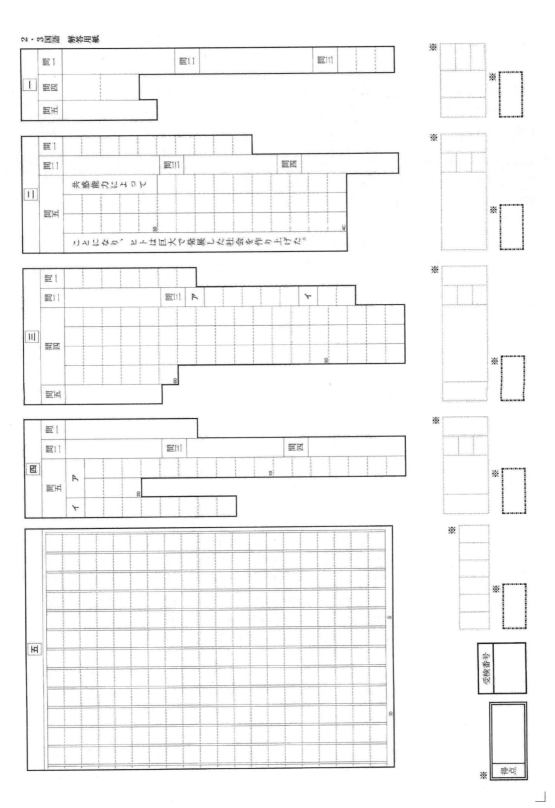

【数　　学】

[1] 2点×9　[2] (1) 2点　(2) 記号・方程式：2点　土地の縦の長さ：2点　[3] (1) 2点　(2) 4点
[4] (1) 2点　(2) 2点　(3) 5点　[5] (1) 1点　(2) 1点×2　(3) 5点　(4) 4点　[6] (1) 2点　(2) 3点　(3) 4点

【英　　語】

英語リスニングテスト
問題1.　1点×3　問題2.　1点×2　問題3.　2点×3
問題4.　問1.　(1) 1点　(2) 2点　(3) 3点　問2.　3点
英語筆記テスト
[1] 2点×4　[2] 問1.　2点×2　問2.　2点×2　問3.　3点
[3] 問1.　2点×2　問2.　3点　問3.　2点　問4.　2点×2　[4] 8点

【社　　会】

[1] 問1.　2点　問2.　2点　問3.　(1) 1点　(2) 2点　問4.　2点×2　問5.　記号：1点　内容：2点
[2] 3点×2　[3] 問1.　2点　問2.　2点　問3.　3点×2
[4] 問1.　1点　問2.　1点　問3.　3点　問4.　3点　問5.　2点
[5] 問1.　2点　問2.　3点　問3～問5.　2点×3　問6.　3点　[6] 2点×3

【理　　科】

[1] 問1.　2点　問2.　ア.　1点　イ.　2点　問3.　2点　[2] 2点×4　[3] 2点×4（問1は完答）
[4] 問1.　1点　問2～問4.　2点×3　[5] 2点×4（問2の①②・XYは各完答）
[6] 問1.　2点　問2.　2点　問3.　3点　[7] 問1.　1点　問2.　3点　問3.　2点
[8] 問1.　1点　問2.　3点　問3.　(1) 3点　(2) 1点　問4.　1点

【国　　語】

[一] 問一.　2点　問二.　1点　問三～問五.　2点×3　[二] 問一～問三.　2点×3　問四.　3点　問五.　3点
[三] 問一.　2点　問二.　2点　問三.　ア.　2点　イ.　1点　問四.　3点　問五.　2点
[四] 問一.　1点　問二.　1点　問三.　2点　問四.　3点　問五.　ア.　3点　イ.　2点　[五] 15点